百魔

其日庵 杉山茂丸

書肆心水

本書出版当時の著者

百魔
其日庵 杉山茂丸著
百魔
其日庵 杉山茂丸著
百魔
其日庵 杉山茂丸著

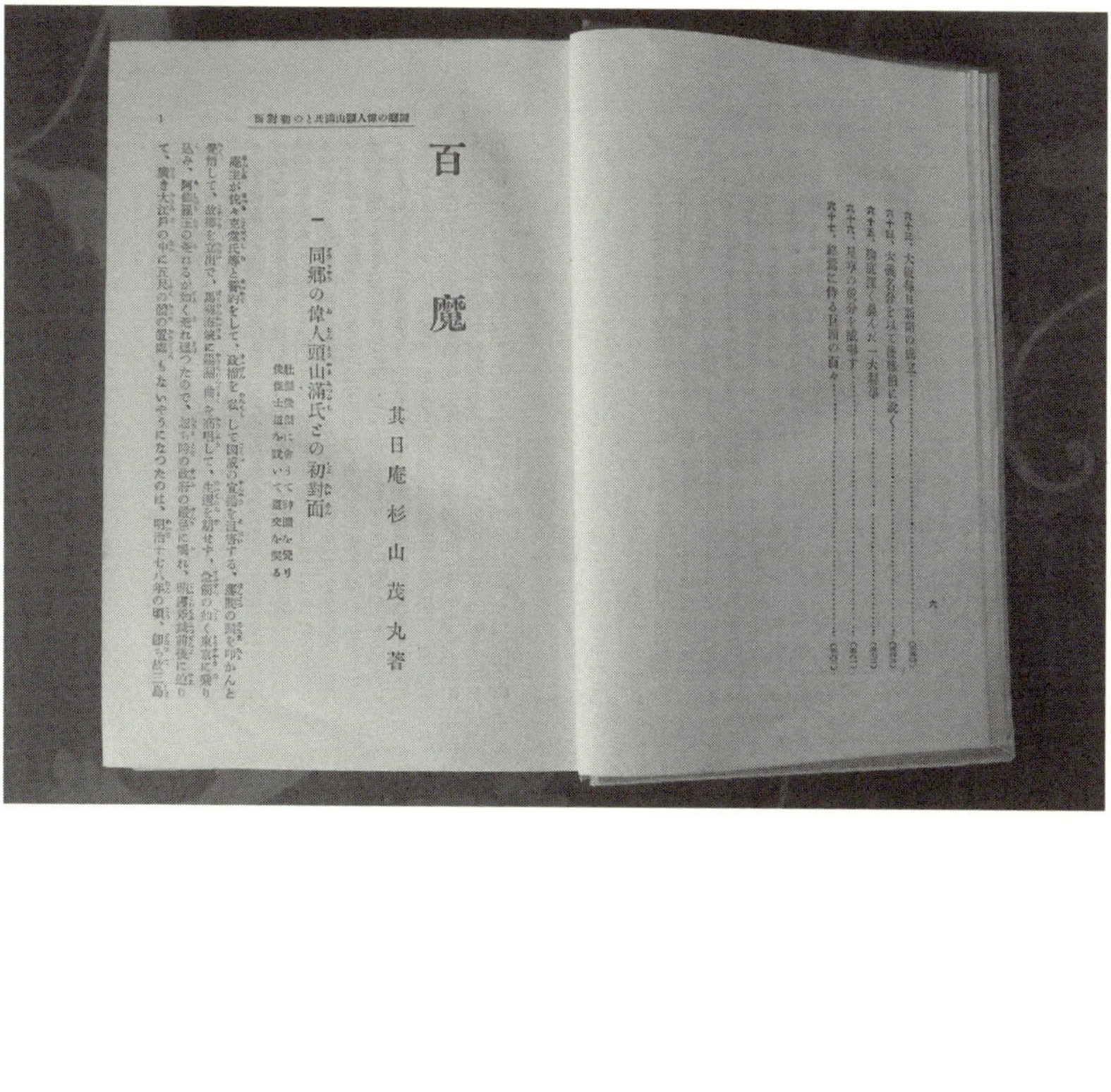
百魔
一 同郷の偉人頭山滿氏との初對面
其日庵 杉山茂丸著

百魔

百魔　続

杉山茂丸略年譜

*年号に添えて杉山茂丸の年齢を数え年で記した。出来事は杉山の諸著作、杉山の伝記著作（野田美鴻著『杉山茂丸傳』堀雅昭著『杉山茂丸伝』）より引いた。年は各杉山著作中の記述と食い違う場合もあり、また、「このころ」の含意が年度を跨ぐ場合もある。
*このごく簡略な年譜は右記の曖昧な要素を含むものであるが、事象整理の些かの便となればとの主旨にて掲載した。

一八六四・元治元年（一歳）八月十五日、父杉山三郎平誠胤〈のぶたね〉、母紫芽〈しげき〉（重喜）の長男として福岡城下に出生。幼名平四郎、のち秀雄。後年、福岡藩主黒田長溥の小姓として城内出仕中に長溥より茂丸誠一〈のぶかず〉の名を授かる。きょうだいに、次男五百枝（二歳下）、三男駒生（六歳下）、妹（紫芽歿後の後妻友〈とも〉の子カホル）。父三郎平は黒田藩士（馬廻組、知行一三〇石。藩校教師および諸藩応接業務の藩庁勤務）、勤王開国思想を奉じる。

一八七一・明治四年（八歳）このころ、一家は城下を出て、遠賀川河口（玄海灘東岸）の蘆屋に移住、薬商の塩田屋久右衛門が家政管理に尽力。このころ、茂丸は女医珍山尼こと秀子の教えを受けて勤王思想を育む。このころ、弟五百枝、材木商養嗣子となる。

一八七二・明治五年（九歳）乱暴につき父より帯刀を禁じられる。母紫芽死去（三十三歳）、父は後妻に友を迎える。

一八七六・明治九年（十三歳）一家、博多の箱崎宮近くに移住。

一八七七・明治十年（十四歳）このころ、一家、山家移住（加島家に寄宿）を経て二タ村に移住（父「敬止義塾」開設）。

一八七八・明治十一年（十五歳）父、重病からの回復思わしくなく、茂丸家督相続。このころ、下駄職に精を出し毎日七里先の博多へ販売に出る。このころ、香月恕経の政社で藩閥政治打倒の説に影響を受け政治に開眼。野田卯太郎と出会う。

一八七九・明治十二年（十六歳）叔父信太郎が行方不明になる。

一八八〇・明治十三年（十七歳）柔道師匠の谷村楊次が弟を切腹せしめる現場を偶然目撃。初上京。約一年半、東京ほか各地を動く。

一八八一・明治十四年（十八歳）大阪で後藤象二郎、藤田伝三郎と出会う。東京では山岡鉄舟の許に起居。このころ、官憲に追われているところを東京神田「都寿司」の八田弥兵衛に匿われ、三月ほど世話になる。

一八八二・明治十五年（十九歳）二タ村（現福岡県筑前町）に帰郷。

一八八三・明治十六年（二十歳）両親に志を告げ東京居住許可を得る。

一八八四・明治十七年（二十一歳）留守宅整理を終え決死の再上京。暗殺目的で伊藤博文邸に潜入するが当人不在。新聞売子経験中に甲申の変の報に接し、援助のため朝鮮渡航を目論むが渡航取締強化のため果せず。歳末から翌正月にかけて脚気衝心のため療養。

一八八五・明治十八年（二十二歳）山岡鉄舟の添書を携えて暗殺目的で伊藤博文を訪うが、説諭を受けて不明を恥じ辞去。このころ、北海道へ逃亡（同地を離れる時より林矩一の偽名使用）。このころ、頭山満と東京で初対面。このころ、大阪で荒尾精と出会う。

一八八六・明治十九年（二十三歳）安場保和を福岡県令に勧誘、福陵新報社創立、幹事となる。頭山満の紹介で広瀬千磨と出会う。

一八八七・明治二十年（二十四歳）年末の保安条例で多数の志士が拘引。杉山一派は伊藤の秘書官井上毅の配慮により拘引を免れる。

一八八八・明治二十一年（二十五歳）ホトリと結婚。『大阪毎日新聞』発刊に尽力。中江篤介（兆民）と出会う。

一八八九・明治二十二年（二十六歳）ホトリとの間に長男直樹出生（大正四年出家し泰道と改名。筆名夢野久作）。ホトリ去家（杉山家家風との関係から離縁）。このころ、星亨と出会う。このころ、海軍相西郷従道、参謀次長川上操六に面会しシベリア問題、中国領土保全問題の国是談義。このころ、香港石炭貿易に着手（香港の英商シーワンを紹介され船を借りる）。来島恒喜の大隈外相爆殺未遂事件関連容疑で博多において拘引され、八十五日間収監（この折に囚人より義太夫を学ぶ）。

一八九〇・明治二十三年（二十七歳）荒尾精の日清貿易研究所に香港石炭貿易の利益を提供。

一八九一・明治二十四年（二十八歳）戸田幾茂（幾毛）と再婚。搭乗船の海難事故で長崎沖伊王島に上陸、叔父信太郎に不意の再会。

一八九二・明治二十五年（二十九歳）香港からの帰路、病気（脳患）のため筑後柳川の船小屋温泉で静養中のところ、選挙干渉運動に巻き込まれ、殺傷放火等裁判事件の関係で大きな借金を作る。このころ、結城虎五郎の朝鮮近海漁業開拓計画資金のために叔父から借金、担保として弟駒生を養嗣子にすることを独断で約す。このころ、児玉源太郎と出会う。次男峻出生。

一八九三・明治二十六年（三十歳）選挙干渉運動事件の借金金策などで上京。参謀次長川上操六に会い対清戦争の必要を説く。佐々友房の添書を携えて山県有朋を初訪問し対清戦争の必要を説き、山県の資金提供にて同志を六人ほど朝鮮に派遣。このころ、シベリア方面密偵活動で新潟滞在中に第五百枝（龍造寺隆邦）の不意の訪問を受け再会。

一八九五・明治二十八年（三十二歳） 下関で日清戦争講和全権大使伊藤博文に講和条件私見呈示（遼東半島割譲には益なく、台湾をおさえることを重視すべき等）。同地で李鴻章狙撃事件容疑者として取り調べを受ける（犯人の自由党系壮士の逮捕により釈放）。このころ、松方正義と銀行制度等経済談義を重ねる。長女瑞枝出生、次男峻死去。

一八九六・明治二十九年（三十三歳） 関門海底鉄道トンネル敷設案建議。米商モールスと関係を持つ。

一八九七・明治三十年（三十四歳） 日本工業発展のための米国資本借款を目的に第一回渡米、工業界視察（カナダへも）。この際に入手した資料が八幡製鉄所創設に寄与。このころ、偽名の林矩一から杉山茂丸に復姓。家族を東京に呼び寄せる。盲腸炎を患う。

一八九八・明治三十一年（三十五歳） 第二回目渡米。大実業家モルガンに面会、日本工業開発のための大借款を提案し、承認が得られたので急遽帰国。総理伊藤と蔵相井上に働きかけ低利永年賦の日本興業銀行設立計画に動くが、日本銀行と既存銀行連の反対で法案は上院で否決（劉宜和尚こと小美田隆義と議会潰しを画策し荒仕事）。このころ、小美田隆義宅を担保に、頓挫しかかった京釜鉄道事業のための金策。児玉源太郎台湾総督赴任に際して台湾製糖業の重要性を進言。台華公司設立。三男五郎出生。

一八九九・明治三十二年（三十六歳） このころ、児玉源太郎と対露戦争の秘密結社活動開始。台湾銀行設立に尽力。父母と長男帰福。

一九〇〇・明治三十三年（三十七歳） このころ、政党大合同のため伊藤に政党結成を勧め多額の資金を渡し、立憲政友会成立。伊藤の政党組織への関与について山県から「石田三成」と罵られる。伊藤内閣成立の際、伊藤の意向で警視総監就任を促されるが固辞。

一九〇一・明治三十四年（三十八歳） 伊藤内閣後継問題で陸軍の桂太郎総理案浮上、児玉・杉山の日露戦争秘密結社に桂加入。秘密結社は日露戦争に向け日英同盟実現を画策。外債募集に第三、四回渡米（成果なし）。帰国後、星亨死後の京浜銀行後始末に着手。

一九〇二・明治三十五年（三十九歳） 父三郎平死去（六十四歳）。

一九〇三・明治三十六年（四十歳） 対露策に関する山県の京都別荘無隣庵会議（伊藤・山県・桂・小村）出張に児玉とともに同行（児玉と杉山は別室に控える。議決内容の弱腰に児玉と杉山は失望）。向島に杉山別邸を拵え、以後ここで秘密結社の談義をなす。

一九〇四・明治三十七年（四十一歳） 次女たみ子出生。

一九〇五・明治三十八年（四十二歳） 日露戦軍機漏洩疑惑の情報入手、満洲軍総参謀長児玉や山県・桂・小村と講和の方向模索。山県

一行の奉天行軍務に同行。同地で児玉より、秘密単独にての満鉄設立計画への協力要請を受け、実行。弟五百枝（龍造寺隆邦）の不意の訪問を受け再会、中国革命参加の意志を聞く（出発時重病発覚し即入院、計画果たせず、闘病のまま大正六年死去）。

一九〇六・明治三十九年（四十三歳） 伊藤韓国統監赴任に内田良平の随行を斡旋。満鉄総裁職への後藤新平引抜き工作。伊藤が予て密約の対韓方針を違えた国際的公言をなしたため京城に赴き諫言、辞職か自決かを迫る（他年説あり）。三女ヒデ（ゑみ子）出生。

一九〇八・明治四十一年（四十五歳） 週刊誌『サンデー』創刊。

一九一一・明治四十四年（四十八歳） 頓挫した東京の電車市有化問題を解決。

一九一二・明治四十五・大正元年（四十九歳） 博多築港事業に動く。関門海底鉄道敷設立案。腸捻転の重患。三男五郎、継母友死去。

一九一五・大正四年（五十二歳） フィリピン買収計画を大隈首相に進言。亡命中のインド独立運動志士R・B・ボースの保護に協力。

一九一六・大正五年（五十三歳） グプタをアメリカに亡命させる。ボースにインド独立への協力を伝達。博多築港株式会社発起人総会。

一九一七・大正六年（五十四歳） 月刊誌『黒白〈こくびゃく〉』発刊。博多築港株式会社起工式で、自筆「神護」を記した基石が湾に沈められる。寺内総理に関門海底鉄道計画案提出。弟五百枝（龍造寺隆邦）長年の闘病の末死去。

一九一九・大正八年（五十六歳） 九州～対馬～朝鮮海底鉄道トンネル案を政府に建議。

一九二三・大正十二年（六十歳） 山県伝脱稿するも二日後の大震災で灰燼に（執筆材料も失う）。国技館再建に尽力。山県伝再起稿。

一九三五・昭和十年（七十二歳） 頭山満・杉山茂丸交友五十年記念「金菊祝賀会」（五月、於東京）。松岡洋右に満鉄総裁を引き受けるよう説く。
七月十九日夜、三年町の自宅で死去。芝増上寺で葬儀（葬儀委員長頭山満）。のち福岡で玄洋社葬。戒名、其日庵隠忠大観居士（頭山満命名）。遺言により遺体は国に献体、東京帝国大学医学部で解剖。遺骨は東大医学部標本室に全身組立保存され（昭和十二年死去の妻の遺骨とともに）、頭山満による以下の文が掲げられた――
杉山茂丸其日庵ト称ス　余ト同郷ノ盟友ニシテ国士也　縦横ノ機略ヲ以テ朝野ノ諸勢力ト相結ビ新興日本ノ諸政ニ参画シ不偏不党国運ノ進展ヲ扶翼シ隠忠ノ誠志ヲ一貫ス　又平生死体国有論ヲ唱ヘ遺言シテ自己ノ遺骸ヲ東京帝国大学ニ寄附セシム　元治元年生レ　昭和十年死ス　享年七十二

杉山茂丸主要著作

『其日庵叢書第一編』一九一一・明治四十四年刊
『乞食勤王』一九一一・明治四十四年刊
『英国小説　盲目の翻訳』一九一一・明治四十四年刊
『盲目の翻訳　英人の日米戦争観』一九一一・明治四十四年刊（同右書改題改版）
『青年訓』《其日庵叢書第二編》一九一四・大正三年刊
『乞食の勤王』一九一四・大正三年刊（『乞食勤王』改題改版）
『百魔　上巻』《其日庵叢書第三編》一九一五・大正四年刊（続巻なく、記述の大部分が『百魔　続篇』に採録）
『屑籠』一九一六・大正五年刊
『児玉大将伝』一九一八・大正七年刊
『英国経綸上の大問題』一九一九・大正八年刊
『桂大将伝』一九一九・大正八年刊
『明石大将伝』一九二一・大正十年刊
『デモクラシーと寡頭政治』一九二一・大正十年刊
『建白』一九二二・大正十一年刊（私家版）
『山縣元帥』一九二五・大正十四年刊
『百魔』一九二六・大正十五年刊
『百魔　続篇』一九二六・大正十五年刊
『浄瑠璃素人講釈』一九二六・大正十五年刊
『俗戦国策』一九二九・昭和四年刊
『涙を垂れて伊藤公の霊に捧ぐ』一九三四・昭和九年刊
『臥榻閑話』一九三四・昭和九年刊
『義太夫論』一九三四・昭和九年刊
『杉山其日庵遺作浄瑠璃集』一九三五・昭和十年刊

百魔

其日庵　杉山茂丸著

凡例

一、本書は、杉山茂丸著『百魔』（一九二六＝大正十五年五月十二日刊行第三版本〔初版刊行同年五月十日〕、大日本雄弁会刊行）を底本とし、その全文を収めたものである。本文の版は二〇〇六年書肆心水刊行『百魔　正続完本』のものを使用した。

一、底本は旧漢字・旧仮名遣いであるが、これは原則として新漢字・新仮名遣いに置き換え、拗音促音小文字表記を採用した。漢字と仮名の置き換えはしていない。

一、踊り字（くりかえし記号）の使用法、傍点の形状、送り仮名、仮名遣い、音便は、その表記揺れも含め底本のとおりに表記した（新仮名遣いへの置き換えに伴う踊り字の使用は原則として避けた）。〳〵は行を跨ぐ場合にも使用した。

一、句点は底本のままを基本方針としたが、読点は若干加減した。

一、底本の鍵括弧遣いとその包含関係は『「　」』であるが、これは「『　』」に置き換えた。本書における《　》は底本における（　）であり、また「『　』」内の括弧としても《　》を使用した。なお、底本における括弧遣いの対応関係と包含関係の乱れ等をいくぶん補訂した。

一、段落単位の字下げ表記は底本を踏襲したものである。なお、底本における段落単位の字下げ組みの意義を一行空けを以て代替したところがある（段落単位の字下げ組みが数ページにわたる場合など）。その他、適宜の一行空けを補ったところが若干ある。

一、「ママ」のルビ注記（原文のままの意）の用法は通例による。

一、底本の本文はいわゆる総ルビであるが（漢数字にはルビの省略が多い）、本書ではこれを選択的に採用した（漢数字にルビを加えたところがある）。底本ルビのうち外来語が平仮名で表記されているものは片仮名に置き換え、外来語のルビについては、アジヤ／アジア等の表記揺れを統一したものがある。

一、本文行内の（　）括り二行割注と（　）括りのルビは本書刊行所によるものである。

一、一行組の短歌の上の句と下の句の間の空白は本書刊行所が施したものである。

自序

天高地濶《てんこうちかつ》の間《あいだ》、四時長《とこし》えに循環して、花鳥風月の偉観《いかん》を呈す。已《すで》に奇と云うべし。而《しか》して天、未だ其《そ》の奇に飽かず、更に人なるものを生んで益々其《そ》の奇巧を弄《ろう》す。蓋《けだ》し其《そ》の性情と境遇とによりて活動の妙機を変顕《へんげん》する奇中の奇、又之《こ》れに過ぎたるものなし。一夜窓外風歇《や》み雨静《しずか》なるの時、瞑目沈思、半世の遭逢《そうほう》交遊の間に於て、其《そ》の奇志奇行あるの人を覓《もと》むるに、躍如として一篇の小説を読むが如し。又、其《そ》の事蹟の、恰《あたか》も支那水滸伝に酷似したるものあるは、愈《いよ〳〵》其《そ》の奇を加うるに足るべし。水滸伝は支那元代、武林の人、施耐庵《せたいあん》、羅漢中《らかんちゅう》等の筆に成ると伝うるも、尽《こと〴〵》く構想寓意によりて趣向を雄大にし、文章を宏濶《こうかつ》にしたるものにして、其《そ》の著述根拠の如きも、只僅《たゞわず》かに宋の張叔夜《ちょうしゅくや》が、賊徒を招撫したる檄文によりて、百八人起伏の状《さま》を叙述したるにあるのみ。而《しか》して此《こ》の小説が、東洋各国の人心を鼓舞し、其《そ》の境遇の機会に触れて、幾多の奇人を現出し、熾《さか》んに歴史の光彩を発揮したるの蹤《あと》あるは、正《まさ》に彼《か》の虚構の小説に挑発せられて、之《こ》れを実際に演現したるには非ざるかを疑うなり。今庵主が記述せんとする百魔なるものは、其《そ》の趣向の幽妙、文章の霊潑《れいはつ》、固《もと》より施耐庵等《せたいあんら》の朦影《もうえい》だも望む能わずと雖《いえど》も、其《そ》の事蹟は、悉《こと〴〵》く庵主が之《こ》れを見聞したる、記憶の領域に蒐輯《しゅうしゅう》し、之《こ》れに庵主筆《ひっ》硯《けん》の枯粧《こしょう》を加えて一の小説的となし、以て童蒙哺乳の具《ぐ》に供う。読者或《あるい》は時に野花一蝶の戯るゝの思いあらん乎《か》。而《しか》して掲《かゝ》ぐる所の人物は、多く今尚《いまなお》存在活動の人に属するを以て、粗漫《そまん》の行文、敢て毀誉褒貶の衝《しょう》に置くに忍びず。故に或《あるい》は人名地名等を変称して之《こ》れを記述せる所もあり。読者幸に諒《りょう》焉せよ。

其日庵主人識

大正丙寅四月花朝

百魔の刊行に就いて

簑笠《さりつ》翁滝沢馬琴は南総里見八犬伝の完成に凡《およ》そ廿六ケ年を費したと聞く。

而《しか》して其《その》着想構図等の奇趣は云わずもがな、これ程の長い年月倦《う》まず撓《たゆ》まず執筆を続けた彼の努力と忍耐とは、如何《いか》に処世の寛《ゆる》やかな時代とは云え、寧《むし》ろ外的より内的に異常なる多大の克己心を要したに相違ないと思わるゝが、只僅《たゞわず》かに余は此《この》点のみを捕えても、東洋不世出の文豪であると思う。後進の我々としては執着も無い、自奮もない、夢幻的な又僥倖《ぎょうこう》的な日々の行動に対して、自《みずか》ら羞恥の念と或種の悲哀とを感ぜずには居《お》られないのである。

然《しか》るに偶ゝ《たま〳〵》、余《よ》の企《くわだて》、即ち化学研究所なる物を独力で経営して見たいと云う心願を起《おこ》し大正十四年の十月二日に世に煩悶病院長の聞《きこ》えある杉山其日庵《そのひあん》先生に訴えた処が、先生は「ウム、賛成じゃ。男子の尊《たっと》む可《べ》きは独立心じゃ、又卑しむ可《べ》きは依頼心じゃ。俺は金が無いから是《これ》でも持って行って基金の一部にせよ。」と云うて玉稿の百魔を与えられた。

余《よ》は此《こ》の教訓を辱《かたじけの》うするさえ恐縮な上に、先生努力の結晶とも云うべき此《この》大切な物を、惜気も無く余《よ》に与えられた慈愛心は、只《たゞ》涙なくては過《すご》されぬのである。余《よ》は先生の膝下《しっか》に哺《はぐく》まれては居《い》るが、未だ百魔の由来や、其《そ》の内容がどんなものであるかは、うっかりして、知らなかったけれ共《ども》、与えられた此の原稿の整理を行って居《い》る中《うち》に、此の原稿が全く昨日や今日のものではなく、明治三十八年、日露戦争の時から今年まで廿二ケ年間、人も知る多忙の身であり乍《なが》ら、総て先生自身の執筆で継続せられ猶且《なおか》つ今も続稿を執筆して居《お》られ、其《そ》の忍耐努力は恰《あたか》も中天《ちゅうてん》に懸《かゝ》る星の光りの様《よう》に、結局何時《いつ》始って何時《いつ》終るかとも分らない物であると云う事に気付いた。彼《か》の馬琴翁が廿六ケ年間の努力に感激した余《よ》は、今更乍《なが》ら、先生の偉大さに驚いたのである。

又更に、其《そ》の原稿の百魔を読み親むに随《したが》って、一番深く余《よ》の肝に銘じた事は、全篇の事実が、旧識故友の言行録となって居《い》るけれど、実は、其日庵《そのひあん》先生の尊き処世訓であって、之《これ》が整理中にも粛然と襟を正しゅうして、想《おも》いに耽《ふけ》った事が度々であった。凡《およ》そ吾々が相当な年輩に達しても、父母や故旧の事を思い出すと云う事は、誠に幸福な、又愉快な事に相違ないが、実際、余《よ》は此《こ》の原稿を手にして居《い》る時は、恰《あたか》も生前の父母に事《つか》え、故旧と物語って居《い》る様《よう》な底知れぬ力強さ、一種云い知れぬ懐しさが胸に漂うて来て、終《つい》に湧き出《い》づるものは、希望となり、勇気となり、光明となるのである。

凡《およ》そ虐げられた者、彷徨《さまよ》える者、そう云う人達にとっては、絶望の闇は此《こ》の上もない悶《もだ》えであり又堪《た》え難い脅威であるが、霊感一度来《ひとたびきた》れば、遽然《きょぜん》、蒙を啓《ひら》いて、明光に接し得るの心地あるは、云い得べからざる愉快である。此《こ》の意味に於て余《よ》は、先生が原稿百魔を付与せられたと云う事は、量り知れない意味と、よく〳〵の御慈愛から出た片鱗《へんりん》であって、余《よ》の一身上に取っては明《あきら》かに復活の萌芽が認められるのである。

願《ねが》くは懊悩と困憊《こんぱい》の極《きょく》にある人々よ、亦《また》得意と驕傲《きょうごう》の限りを尽せる人々よ、御身《おんみ》等は、未来あるを知るならば、よろしく、百魔を座右の銘として日々にその洗礼を受け、人間処世の秘訣の所在を懇《ねんご》ろに探り知られん事を切に希望するのである。

余《よ》は茲《こゝ》に謹んで、其日庵《そのひあん》杉山先生の慈恩を謝すると同時に、震災によりて全く焼尽《やきつく》したる、此《こ》の先生の原稿を日本全国に散乱せる雑誌中より蒐集《しゅうしゅう》せられたる大熊浅次郎《おおくまあさじろう》老人の丹念を多とし、又、剣仙清水潔《しみずきよし》氏及び此《こ》の刊行に尽力せられた大日本雄弁会諸氏の労を感謝し、更《さ》らに一交友の故を以て並々ならぬ、援助を与えられた福光《ふくみつ》美規《みき》君に満腔《まんこう》の敬意を表す。

大正十五年四月

其日庵門下　三角哲夫

1　同郷の偉人頭山満氏との初対面

壮傑俊傑に会うて神機を覚り
俊傑士道を説いて盟交を契る

庵主《あんしゅ》が佐々克堂《さっさこくどう》（佐々友房）氏等《ら》と誓約をして、政権を私《わたくし》して国威の宣揚を沮害《そがい》する、藩閥の頭を叩かんと覚悟して、故郷を立出《たちい》で、馬関《ばかん》海峡に陽関曲《ようかんきょく》を高唱して、生還を期せず、急箭《きゅうぜん》の如く東京に乗り込み、阿修羅王の荒れるが如く荒れ廻ったので、忽《たちま》ち時の政府の厳忌に触れ、鼎鑊《ていかく》（煮殺しの刑具）斧鉞《ふえつ》前後に迫りて、広き大江戸の中に五尺の体の置処《おきどころ》もないようになったのは、明治十七八《しちはち》年の頃、即ち故《こ》三島日本銀行総裁の厳父三島警視総監の宰領であった。幾多の同志は牢獄に繋がれ、刎頸《ふんけい》の親友は道途《どうと》に憤死し、常に志を通ずるの知人も四方に紛散して、運善く庵主丈《だけ》は、同情ある義客侠婦等《ら》の為めに縲絏《るいせつ》（縛られて獄に入る）桎梏《しっこく》の難を免れ、僅《わずか》に新聞売をして人目を忍んで居《い》たのである。此時《このとき》庵主の為めには彼《か》の水滸伝の柴大官人《さいだいかんじん》とも云うべき熊本の八重野範三郎《やえのはんさぶろう》と云う長者が、深く庵主の境遇を憫《あわれ》み、佐々克堂《さっさこくどう》氏等《ら》と共に庵主を同郷の偉人頭山満《とうやまみつる》なる人に紹介せんと勧めた。当時庵主は郷里を見限る事、他郷の如く、郷人を侮蔑する事、異人種の如き時故《ときゆえ》、素《もと》より頭山氏の姓名などを記憶する筈もなく、唯《た》だ単身独歩自分の考えたる事丈《だ》けを実行して、安んじて死に就くの覚悟であった為め、深く八重野氏の厚意を謝すると同時に、堅く同郷人に面会する事を拒絶した。然《しか》るに八重野氏は既に庵主の性情と、胸中の秘事とを観破して居《い》たものか、又は此儘《このまゝ》にして可惜《あたら》若者を道路に斃死せしむる事を余程気の毒に思うたものか、其《その》勧誘の決心は牢《ろう》として抜く可《べ》からざるものがあった。庵主も今は辞するに詞《ことば》なく、えゝ儘《まゝ》よ、一度頭山氏とかに遭いさえすれば、此《この》温厚の長者に対する義理も立ち、又夫《それ》程豪《えら》いと云う頭山氏の人物も分るからと、兎《と》も角《かく》も一度面会の事を承諾した。当時庵主は銀座三丁目裏町の木賃宿に土佐出身の書生一人と同宿して居《い》たから、夫《それ》と寝物語りに「明日は八重野氏の余儀なき紹介にて、福岡の豪傑頭山満と云う人に面会するのだ」と云うたら、其《その》書生が大変正直な物事に気の付く男で、「そんな人に貴方《あなた》面会して、我々の秘密を観破されては駄目ですよ、又今時《いまどき》持て囃《はや》す高姓大名《たいめい》の族《やから》と云うものは、大抵腹抜けの外《そと》踏張り斗《ばかり》であるから、しっかり褌《ふんどし》を〆《し》めて掛《かゝ》らねばいけませんぜ」と云うから、庵主は「何、心配するな、一匹の人間が一匹の人間に遭《お》うて、負けて帰って来て堪《たま》るものか、又、人に云われた位で斯《か》く迄犠牲を払《はろ》うた殺人魂《こん》が止《や》められるものか」と云うた。其《その》翌日十一時頃出掛ける時、其《その》書生が、「貴方《あなた》新聞売なら頬冠《ほおかぶ》りでも良いが、天下を以て任ずるの国士が、同郷の豪傑に面会するのに、帽子も冠《かぶ》らずに往くは恥じゃから、僕が昨晩夜店で七銭で買《こ》うて来た、此《この》帽子を冠《かぶ》ってお出《い》で」と云うから、礼を云って冠《かぶ》って行ったが、今考えると此《これ》が絹《シルク》ハットの古物《こぶつ》である。当時庵主等の仲間は、大抵尻切れの印半纏《しるしばんてん》位を着て働いて居《い》たが、庵主丈《だ》けはどう云う工面であったか、発明初売の紀州フランネルの荒い立縞の単物《ひとえもの》であった。夫《それ》が大兵《だいひょう》肥満で絹帽子《シルクハット》を冠《かぶ》り、尻切れ草履《ぞうり》でのそ〳〵と出掛けたから、其《その》恰好は宛《まる》で褌《ふんどし》担《かつ》ぎが宮中へ参内《さんだい》する様《よう》である。頭山氏の宿は芝口《しばぐち》一丁目の田中屋と云うので、店先で案内を頼むと「二階へ」と云うから登って行って、其《その》部屋を見て先ず第一に驚いた。部屋の入口に「御宿《おんしゅく》料《りょう》十八銭前金《ぜんきん》」と書いた紙が張ってある。破れ襖《ぶすま》を明けると、中が六畳で柱も鴨居も菱形《ひしな》りに曲って居《い》る。壁落ち障子破れた真中に、縁の欠けた火鉢が一ツ赤《あか》ゲットの上に乗って居《い》る。其向《そのむこ》うに久留米絣《がすり》の羽織を着た五分刈の三十四五《しご》のショボ鬚《ひげ》の生《は》えた男が一人坐って居《い》る。「サア是《これ》へ」との声に応じて中に入《い》る。庵主は常から冠《かぶ》り付けぬ帽子故、之《これ》を取る事を忘れ、其上《そのうえ》大男で高い絹《シルク》ハットを冠《かぶ》った儘故《まゝゆえ》、ごつんと鴨居にぶっつかり、ぺこんと潰れて落ちた。其儘《そのまゝ》中に入《い》りて、火鉢の向《むこ》うに座を占め、丁寧に初対面の挨拶をしたら、向《むこ》うも中々《なか〳〵》丁寧であったが、其《その》眼光の炯々《けい〳〵》として人を射る凄まじさは、寧《むし》ろ安宿の破れ座敷も眩《まば》ゆき計《ばか》りの異彩である。間もなく隣室より出て来た人々は、的野半介《まとのはんすけ》、月成元義《つきなりもとよし》、来島恒喜《くるしまつねき》、木本常三郎《きもとつねさぶろう》など云う、皆豹眼虎頭《ひょうがんことう》の壮士斗《ばか》りであった。皆夫々《それ〴〵》の挨拶をして間も無く出ていった迹《あと》に、両人差向いで居《い》ると、頭山氏は左脇の床板《とこいた》の破れに口を付けて「おい〳〵茶を持って来い」と叫んだ。ふいと見ると、其床《そのとこ》の間《ま》の板は一尺余りも破れて、帳場の有様がちゃんと見えて居《い》る、是《これ》でも其《その》宿の破《こわ》れ加減が分る。暫《しばら》くすると頭山氏は徐《おもむ》ろに口を開き、「貴下《あなた》は官員でも仕《し》て居《お》られた事が有りますか」と云わるゝから、庵主は「いや、まだ一度も官員に成った事はございませぬ」と云うと、頭山氏は手を伸ばして傍《かたわら》に転《ころが》って居《い》る絹《シルク》ハットのへこんだのを取上げて、「此《これ》は官員の冠《かぶ》る帽子じゃありませんか」と云うた。庵主は夫《それ》も知らぬから「イエ、夫《それ》は木村屋の麺麭《パン》屋が冠《かぶ》る物と同じです」と云い、之《これ》を動機として色々と咄《はなし》もした。其頃《そのころ》までは、庵主も今程のお饒舌《しゃべり》でも無かったが、沈重《ちんちょう》寡言の頭山氏には、尠《すく》なからず感に打たれたのである。夫《それ》からぽつ〱と双方話《はなし》して、遂に日の暮るゝも忘れ、「貴下《あなた》牛肉で飯を食うてはどうです」と云われた時は、もう外も真暗であった。間もなくランプを灯《とも》し、飯も仕舞《しま》い又深更《しんこう》まで咄《はな》す中《うち》、頭山氏は斯《か》く云うた、「才は沈才たるべし、勇は沈勇たるべし、孝は至孝たるべし、忠は至忠たるべし、何事も気を負うて憤りを発し、出た処勝負に無念晴《ばら》しをするは、其事《そのこと》が仮令《たとえ》忠孝の善事であっても、不善事に勝る悪結果となるものである。此故《このゆえ》に平生無私の観念に心気を鍛錬し、事に当りては沈断不退の行いをなすを要とす、貴下《あなた》方のお考《かんがえ》はどうか知りませぬが、御互に血気に逸《はや》って事を過《あや》まらぬ丈《だ》けは注意したいと思います。古歌に、

斯《かく》までにゆかしく咲きし山桜　おしや盛《さかり》をちらす春雨

と云う事もありますが、僕は有為の知人朋友の為めに、常に心で此《この》感じを持って忘るゝ事が出来ませぬ」と話された。

庵主は此《この》話を聞了《きゝおわ》るまでは恍惚として夢の如く、思いに思うた多年の行為に一々鉄針《てっしん》を刺さるゝが如く、嗚呼《あゝ》六親眷族《けんぞく》を飢寒凍餒《とうたい》の艱苦《かんく》に投じて顧みず、只《た》だ世に対する己れ一個の憤《いきどおり》にのみ一身を没して、結果の如何《いかん》を慮《おもんぱか》らざりしが、人間の誤りと云う物はこんな物か知らん、今日まで悔ゆると云う事を知らざりしは、誤りと云う物を弁《わきま》えざりし結果である。天下に親しむ人もなく、世に畏《おそ》るべき友もなし、今斗《はか》らずも同郷の偉人此《この》頭山氏に会《お》うたは、幸か不幸かまだ分らぬが、何だか変な気持がすると、今まで張り通したる心の弓弦《ゆみづる》は、矢も放たずに何だか切れたように思うた。是《これ》が庵主が大正の聖世丁巳《みよていし》の今年まで残命を持続した一身の維新革命二番目狂言の序幕を切落した初まりである。当時頭山氏は心あって云うたか、又何と感じて庵主とそんな咄《はなし》をしたか分らぬが、庵主には何だか一種天使の声と聞《きこ》えたのである。夫《それ》から別に咄《はなし》もせずに宿に帰ったのは、夜の十時過《すぎ》であったが、寝《しん》に就いても、どたん〱ばたんと寝返り斗《ばか》りをして、

過ぎ越方《こしかた》を思い遣《や》り、天性の強情に理窟の付く丈《だ》けは、自分の方に理窟を付けて考えて見たが、結論は全く自分の考えが誤って居《い》た事に帰着した。あゝ残念と吐息する途端に、窓下《まどした》で鍋焼饂飩《うどん》が大声を張上げた。消え行く春の夜嵐に連れて三縁山《えんざん》の鐘の音《おと》を聞く頃、はッと寝床の上に起直《おきなお》った、「大変だ、俺にはまだ大きな事を考えねばならぬ責任が有った、又《ま》た考える丈《だ》けの脳髄をも持って居《い》た、夫《それ》を仕遂げるにはこうだ、俺は今日《こんにち》まで自分丈《だ》けの事を考えて、正《まさ》に誤まったから、今日《こんにち》からは断然自分以外の事を基《もとい》として、人と世との為めに極力働らくのだ、好し分った、極《き》まった」とこう叫んだに違いない。是《これ》から庵主が頭山氏と寝るには床《とこ》を連ね、食うには卓を共にし、行蔵《こうぞう》一日も苦楽を離れざりし事、丁度十年である。日清戦争の少し前より庵主は独りで東京に上《のぼ》りて戦争道楽の群に入《い》り、川上参謀次長や、陸奥外務大臣等《ら》の間を縫うて、帝国の処分発展に心を傾け、緩急策謀の青藍《せいらん》に身を染めたのである。あゝ思えば長き夢の世や、三十余年の春秋《はるあき》は、霞《かすみ》と霧に打《うち》かすむ、月雪花《つきゆきはな》と眺め越す、幾艱難《いくかんなん》も九十九《つゞら》目織る、世の起き伏しに伴いて、頭山翁も今は早や、頭に宿る霜の影、庵主も負けず父母《ちゝはゝ》が、撫《なで》にき筺《かたみ》の黒髪は、痕形《あとかた》もなく禿山に、雉子《きゞす》も啼《な》かぬ憐《あわれ》さよ、思い出《いだ》して笑わじと、思えど笑う可笑《おか》しさは、知る人のみに限るのである。兎《と》に角《かく》庵主は斯《かゝ》る魔人の頭目に面会して、又不可思議の新天地を開き、又思いも寄らぬ幾多の新魔人に遭遇するの顛末は、此《これ》より追々筆を馳するであろう。

2 平岡浩太郎氏と初対面の悲喜劇

壮士旧恩を追うて墓頭に泣き
怪傑貧窮に処して異名を得る

庵主が頭山《とうやま》氏に面会して、四五《しご》日位の後《のち》、心臓の鼓動も止《とゞ》まる程の驚報を聞いた。夫《それ》は庵主が云うに云われぬ厚恩を蒙《こうむ》った、旧藩主黒田長溥《ながひろ》老公薨去《こうきょ》の報である。庵主は七歳の時から暫《しばら》く此《この》老公の君側《くんそく》に仕候し、初名秀雄《うぶなひでお》と云いしを、改めて今の茂丸《しげまる》と云う名を賜わったのである。去る明治十三年初めて上京の砌《みぎり》、生涯忘るゝことの出来ない老公の御訓誨と、今筆に書くことの出来ない深大の恩恵とに悉《ことごと》く違背して、飽迄《あくまで》の我儘《わがまゝ》と暴戻《ぼうれい》とを続行して、終《つい》に溜池のお屋敷の門前をも通れぬ程の、自分咎《とが》めの大罪を犯したのである。何時《いつ》かは此《この》罪をお詑《わび》せんと思い〳〵て、心苦《こゝろぐるし》く暮して居《い》る中《うち》に、此《この》悲報である、庵主は数日前同郷畏敬の先輩、頭山氏の意見によって、多年強情の骨をへし折られ、其後《そのご》一週間も立たぬ中《うち》に、又此《この》落胆の悲報に、云い得られぬ精神上の打撃を受けたのである、此《この》庵主の心理状態を知る者は、第三者として一人《いちにん》もない故、庵主は苦痛煩悩の余り、初めて此《この》心中の顛末を巨細《こさい》に自白した長文の手紙を、郷里の草の屋に淋しく暮して居《い》る老父に送り、多年剛情の詑言《わびごと》を云うたのである。是《これ》が庵主臍《ほぞ》の緒を切って初めての詑言《わびごと》である。庵主の父は、庵主を生んで庵主を育て、庵主にてこ摺《ず》りて、常に庵主で泣《なき》続けて来た人故《ゆえ》、今此《この》自覚改心の手紙を見た時の悦びは、不日《ふじつ》に来た返書にも躍如として居《い》て、今尚《な》お記憶に新《あらた》なるのである。扨之《さてこれ》は後《のち》の事で、庵主は先ず頭山氏及《および》、郷里の人々と共に、此《この》感慨深き黒田老公の葬儀に列すべく待構えたのであったが、何様《なにさま》一ケ月四円の下宿屋に住み、新聞売を渡世として居《い》る身の上で、突然旧藩主の葬儀に赴くのであるから、其《その》困難は名状すべからずである。先ず理髪店に行って鬚《ひげ》や髪を刈り、宿の主人に事情を咄《はな》して、着物と羽織袴《はかま》を借り、八銭の山桐の下駄を買《こ》うて出掛けたが、其《その》宿の主人は、人並外れた小男であるから、羽織着物は庵主の腕の半《なかば》位の袖で、袴《はかま》は脚の半分位よりないのである。時間間際の事故《ことゆえ》仕方なしに其儘《そのまゝ》出掛けたが、余程不思議の恰好であったろうと思う。一方頭山氏の宿に行くと、氏も生れて初めて、非常に高価な洋服を拵《こしら》えて、今日を晴れと初めて着るのであるが、着方が分らぬ。先《まず》白《ホワイト》シャツを着て、夫《それ》から直《すぐ》にチョッキを着、夫《それ》からズボンを着、其《その》次にフロックの上着をつけたが、後に一つ不思議な物が残って居《い》る、夫《それ》は桃形のネクタイである。夫《それ》を二人で相談をして、「何でも此《これ》は頸飾《くびかざり》に違いない」と云うて、一番後で頸《くび》にピンでブラ下げた。最後にラッコの毛皮付の外套《がいとう》を着たが、サア大変、帽子が無い。そうして又それを買う金が一文《もん》もないのである。「帽子位は無いでも構わぬ」と云うて、頭山氏は市街中《まちじゅう》のそ〳〵濶歩するのである。とう〳〵葬儀を仕舞《しま》い、青山の墓地に行って、思い出多き旧主老公の御遺骸は、地下幾丈の底に永久の眠《ねむり》に就かれたのである。会葬者は広き墓地に充満する程あったが、其中尤《そのうちもっと》も敬虔の意と、悽鬱の感に閉じられた者は身幅の足らぬ借着の庵主と、不揃の洋服姿の頭山氏計《ばか》りでは無かったかと思われた。埋葬式が済んで人は蜘蛛《くも》の子の如く八方に散ったが、其《その》混雑の中《うち》に頭山氏の紹介で、庵主に挨拶を云うた人が、雷名天下に轟いた同郷の先輩平岡浩太郎《ひらおかこうたろう》氏であった。抑ゝ此《そも〱この》平岡氏の厳父仁右衛門《にえもん》氏と母の里方なる林作左衛門《はやしさくざえもん》家とは、浩太郎氏の幼少の時より殆んど同家庭内に暮した程の親敷《したしき》関係があったそうなが、庵主は七歳の頃より無類の悪戯《いたずら》小僧で、諸所に流落して居《い》た為めに、浩太郎氏とは面識をさえ有せぬのであった。浩太郎氏は天資の英邁に加うるに、夙《つと》に深遠の大志を抱き、常に国事を慷慨《こうがい》して各地方の騒乱事件には一として関係せざる事なく、弘《ひろ》く天下の志士と結んで国事を謀議せるより、一種微妙の交際術に長じて、初対面の人等《など》には、一見其人《そのひと》の心を執る程の気魄《きはく》を漂わす人である。頭山氏が青山原頭《げんとう》で庵主を介し、「此人《このひと》は同郷の傑士杉山と云える人なり」と、破格の紹介をするや、平岡氏は慇懃《いんぎん》の辞令に、温厚の態度を以て庵主に荐《しき》りに交歓を促がした。直《たゞち》に自《みず》から奔走して三台の人力車を群集の中《うち》より呼び来《きた》り、庵主と頭山氏とに「さァ之《これ》に乗り給え、今より自分の宿に同行して緩々《ゆる〱》と物語しようではないか」と云《い》うた。庵主は素《もと》より一文《もん》の車代の持合《もちあわせ》もなく、頭山氏も同様と見えて、帰路も又両人でのそ〱歩行すべく思うて居《い》た矢先故《ゆえ》、平岡氏の厚意は至極の幸《さいわい》と思うて、云わるゝ儘《まゝ》に其《その》車に乗って一同乗付《のりつ》けた所は、京橋区《きょうばしく》南鍋町《みなみなべちょう》の山城屋《やましろや》とか云う宿屋にて、(此《この》宿は鹿児島の豪傑故野村忍助《このむらおしすけ》とて平岡氏が西南役《せいなんのえき》以来の戦友の旧宿所たりし家である。後年庵主が此《この》家屋敷を買入れて、門生共《ども》に三興社《こうしゃ》と云う輸入商店を開かせた家であったのは実に一種の奇縁である)庵主も頭山氏も、平岡氏と共に車を乗捨《のり》て、二階に上《あが》り、三人火鉢を囲んで愉快に談話をして居《い》る中《うち》、宿の下女が平岡氏の耳に近寄りて何事か囁《さゝや》くと、平岡氏は目を瞋《いか》らして、「下で払っておけ」と小声で云う、下女はしぶ〱と下《お》りて行く、又暫《しばら》くすると其《その》下女が来て、「帳場に小《こま》かいのが御座いませぬからどうか戴いて来いと申《もう》します」と云うた時の、平岡氏のきまり悪るそうな顔は譬《たと》えるに物なしである。庵主は之《これ》を聞くと同時に、「あ、此人《このひと》も一文《もん》なしじゃなあ、俺が払って遣《や》り度《た》いが素《もと》より一文《もん》なしである。嗚呼《あゝ》車など飛《とん》でも無い物に乗って来た」と後悔したが、頭山氏はと様子を見ると、是《これ》も一文《もん》なしの為めか笑《えみ》を湛《たゝ》えて火箸で火鉢に字を書いて居《い》る。平岡氏は同郷新顔の庵主に初対面の、気前を見せて車に乗せたのは好《よ》かったが、車代を帳場が立替えぬで総《すべ》ての不体裁を露出したのは、当時我々浪人仲間が、如何《いか》に惨憺たる貧乏海《かい》に遊泳して居《い》たかゞ分るのである。夫《それ》から平岡氏も余りのきまり悪さに、「僕は失敬じゃが風を引いて頭が痛いから、寝ながらお咄《はなし》を仕様《しよう》」と云うて、直《たゞち》に西洋寝巻と着替え、側《かたわ》らに床《とこ》を敷いて寝て咄《はなし》始めたが、茲《こゝ》に又第二の毒箭《どくや》は平岡氏の急所を射貫《ぬ》いた。夫《それ》は下女が座敷の隅の方に散在して居《い》る蕎麦《そば》の丼《どんぶり》三四《さんよん》個を取片付けて持下《もちさ》げる序《ついで》に、又平岡氏に向《むか》って、「今、下に蕎麦《そば》屋が昨晩のお蕎麦《そば》の勘定を戴きに参って居《お》りますが如何致《いかゞいた》しましょう」と責め寄せたには、今迄堪《こら》え〳〵て来た平岡氏ももう耐《こら》え切れずに、思わず大声を発して、「五月蝿《うるさ》い、金の無い事は分って居《い》るでないか」と吸鳴《どな》り付け、其《その》返す声で、「おい頭山、知らぬ顔せずに少将の事丈《ことだけ》は早く金を拵《こしら》えて来て片付けて呉《く》れよ。風《かぜ》を引《ひい》て寝て居《い》ても寝かさぬでないか」と叫んだ。此時《このとき》迄庵主も頭山氏も可笑《おか》しさを耐《こら》えに耐《こら》えて居《い》た我慢の堤防は、一時に決潰して只《たゞ》腹も破裂せん計《ばか》りにドット哄笑《こうしょう》した。此《これ》を見た平岡氏も余程可笑《おか》しかったと見えて、ズーッと蒲団を頭から被《か》ぶって蒲団の中でわぁーッと笑い出した。夫《それ》が又可笑《おか》しくて庵主も頭山氏も満身汗になり涙を流して笑い出し、挨拶も何もせぬ儘《まゝ》に只々《たゞ〳〵》笑いに〳〵て二人でぞろ〳〵同道して帰って来た。是《これ》が頭山、庵主、平岡三傑の初対面の記念で、一生涯忘るゝ事の出来ない事柄である。夫《それ》より平岡氏の綽名《あだな》を庵主と頭山氏は少将と付けて、同氏の生涯中は平岡少将と呼《よび》なしたのである。此《この》平岡氏が後に大炭坑の坑主として成功し、明治三十《(三十一)》年の大隈内閣の時には、数百万円の黄金を泥土《でいど》の如くに擲却《てききゃく》し、双手大勢の枢機を握って内閣の興廃を企画した同名同一の平岡氏であろうとは、何人《なんぴと》も予想する事は出来なかったのである。嗚呼《あゝ》世運は梭《おさ》の如く織成《おりな》して、三十余年の年月を、花に紅葉《もみじ》に彩《いろどり》し、眺めに厭《あ》かぬ春秋《しゅんじゅう》も、移ると共に平岡氏は、図《はから》ず二豎《じゅ》に冒《おかさ》れて、今は此《この》世になき魂《たま》を、弔う野辺も松風の、音のみ戦《そよ》ぐ淋《さみ》しさに、只《た》だ頭山氏と庵主のみ、仇事《あだごと》にして餉《かれい》を、潰す浮世の戯れは、可笑《おか》しき事の極みである。斯《か》く物語れば世の中の、憂事《うきこと》知らぬ若冠《わこうど》は、今も昔も均《ひと》しかる、青年血気の世渡りは、後先知らぬ荒事と、只一向《たゞひたぶる》に思わんか、そは大いなる曲事《まがごと》にて、そも筑前と云う国は、文久元治の昔より、維新廃藩の其時《そのとき》まで、夙《つと》に薩長に先駆して、勤王大義の犠牲《いけにえ》に、幾多の名士を失いしが、図らぬ事より藩論の、蹉跌《さてつ》と共に後《おく》れを取り、遂に藩閥の族《やから》に乗り越され、道路に倒れ牢獄や、鼎鑊《ていかく》に就きて憤死せし、先輩傑士の血を受けて、二の手となって駈出《かけいだ》せし、頭山、平岡両氏等《ら》の如き機潑《きはつ》の人々が、空手赤裸と艱難《かんなん》を、命の的《まと》と定めつゝ、君《きみ》と国との犠牲《いけにえ》に、傾け尽す心血の、其《その》惨澹の有様は、貧と飢《うえ》との其後《そののち》は、奴隷《やっこ》となりて大江戸の、街《ちまた》に行吟《さまよ》う苦節こそ、寧《むし》ろ郷国一致の花として、今猶《なお》心に誇って居《い》るのである。之《これ》に引《ひき》かえ一方藩閥の族《やから》は時を得て、日毎夜毎の宴遊に、太平楽の化粧《かそう》会、鹿鳴館の楼上を、照らす火影《ほかげ》の凄まじく、帝都の夜を睨《にら》むのであった。庵主時に詩あり曰《いわ》く、

鹿鳴館上宵如昼。《ろくめいのかんじょうよるひるのごとし》
歌曲騒然翻舞袖。《かきょくそうぜんとしてぶしゅうひるがえる》
誰識檻窓零落中。《たれかしらんかんそうれいらくのうち》
幽囚月下作怨呪。《ゆうしゅうげっかにえんじゅをなすを》

3　庵主が大活躍の序幕

大池の蛟龍霊雲多く
辺陲良二千石を得て山川秀づ

庵主は此《この》機会に於て頭山《とうやま》氏の事を少し書いて置こう。庵主は中年《ちゅうねん》他県の人に紹介せられ旅の空の東京で頭山氏に面会したが、氏は安政二年を以て福岡藩士筒井亀作《つゝいかめさく》氏を父として生れ、幼にして魁悟《かいご》、群童を抜き、風貌皓鶴《こうかく》の如く、心身の素養只《た》だ品位の高潔を以て礎趾《そし》をなし、禅機《ぜんき》満身に往来して、常に汚黷《おとく》の外《ほか》に解脱せり、長《ひと》となるに及んで、早くも志を済世救民の事に傾け、其為《そのな》す所、一も後生の師表《しひょう》たらざる事なく、実に山東《さんとう》の及時雨宋江明《きゅうじうそうこうめい》も斯《か》くやと思わるゝのである。庵主は艱難《かんなん》の中《うち》に長《ひと》となり、天下の各階級に於て数限りなき清濁混淆の知人と交《まじわ》りしが、唯《た》だ此《この》頭山氏との交誼程《ほど》神聖にして、且《かつ》親密なりしものはないのである、随《したが》って氏の性情を知る事も割合に深甚なるを自信するのである。

庵主の見《けん》を以てすれば、頭山氏の事は総て反対に解釈すれば大抵間違はない。氏は無学なようで学識があり、寡言なようで能弁であり、卑近なようで深遠の理《り》を究《きわ》め、そっけないようで深切《しんせつ》であり、恬淡《てんたん》なようで濃厚であり、忘れたようで強記であり、放漫なようで謹厳であり、冷酷なようで慈悲無量であり、無勘定なようで締括りがあり、物を容るゝ事《こと》大海の如くにして、生を愛する事は昆虫も犯さず、功名富貴を見る事《こと》塵芥の如く、特に父母兄長に厚うして、勤王の志《こゝろざし》深き事は、庵主の常に畏服する所である。故に庵主が前《さき》に後生の師表《しひょう》なりと絶叫するのは決して過奨ではないのである。氏も幼少より刻苦の中《うち》に長《ひと》となり、或《あるい》は田を耕して蔬菜《そさい》を作り、或《あるい》は薪《たきぎ》を負うて市井《しせい》に鬻《ひさ》ぎ、或《あるい》は山林に入《い》りて書を読み、或《あるい》は江湖《こうこ》に放吟《ほうぎん》して随所に眠る等《とう》、只管《ひたすら》心身の鍛錬と世運の機要とを察して大いに為《なす》べきの時を待って居《い》たのである、白雲漠々《ばく〳〵》たれども、多く高嶺《こうれい》に懸《か〻》り、渓水滾々《けいすいこん〳〵》たれども尽《こと〴〵》く大江《たいこう》に入《い》る、頭山氏の徳望は覓《もと》めずして四方に響洽《きょうごう》し、天下有為の青年は期せずして其《その》高風を慕い、桃李不言《ふげん》の門前は訪者の為め常に蹊《こみち》を成すに至ったのである。家に儋石《たんせき》の貯《たくわえ》なけれども、気宇万方の富を圧し、身《み》に韋帯《いたい》（まだ仕官しない者のしめる帯）を結べども、居常天下の大責に任ず、是《こゝ》に於て其《その》門下に集欒《しゅうらん》する者は、羆熊豹虎《ひゅうひょうこ》の士尽《こと〴〵》く天下に咆哮するの傑物である。頭山氏の一顰《ぴん》一笑は、実に此等《これら》百千豪傑の馳聘《ちへい》を制するの節旄《せつぼう》（天子が使者に下さるしるしの旗）である、庵主は白面空手の書生を以て此中《このうち》に帰郷し稺《おさ》なじみの青山江河と十数年振りに再会して、実に感慨無量であった。先ず軒《のき》傾ける伏屋《ふせや》に呻吟せる老父母を省みて後、自分の今後に為《な》すべきの事業を考えた。

第一、郷国割拠の風を打破する事。

第二、天下に気脈を通ずる事。

第三、郷国独立の資源を開く事。

第四、地方的開発の事業を起《おこ》す事。

第五、実社会の事物に接触する事。

是丈《これだ》けの事は庵主が頭山氏と共に為《な》す事にして頭山氏が喜ばざる事なく、援助せざる事なく、即ち第一の問題には頭山氏と共に今日迄蛇蝎《だかつ》の如く嫌悪せし地方官憲等《ら》と交歓を通じ、佐賀、久留米、熊本、鹿児島等の有志団体と連衡《れんこう》の道を開く事、第二の問題は人の交通と文書の往復とを以て常に脈絡を天下の士に失わざる事、第三の問題は福岡全県の地下に含有する石炭を政府が海軍予備炭と称して、其《その》採掘を封鎖せるを随意民業に移さしむる事、第四の問題は道路及び九州鉄道の敷設、門司築港の事業を開始する事、第五の問題は総て天下社会的の問題を研究し、又其《その》出来事には洩らさず多少の興味と関係を持って行動する事、此間《このあいだ》殆んど十幾年、庵主海外に遊ぶ事《こと》前後四回、頭山氏の健康と威名は郷里の山川風物と共に長《とこしな》えに秀麗の色を湛《たゝ》えたのである。

茲《こゝ》に面白き一魔人とも云うべきは、安場保和《やすばやすかず》と云う人である。此人《このひと》は熊本の生れで当時元老院議官で前《さき》の目的の為めに芝兼房町《しばけんぼうちょう》の金虎館《きんこかん》と云う宿屋にて面会し、福岡県に知《ち》たるべき事を勧めた処、安場氏曰《いわ》く、明治の聖世に筑前の梁山泊に誘拐《かどわか》されて行って溜るものか、真平《まっぴら》御免だと云うから、庵主曰《いわ》く、「明治の聖世に藩閥高球《こうきゅう》のお鬚《ひげ》の塵《ちり》を払うと何《いず》れが好《い》い、況《いわ》んや筑前の梁山泊は宋江《そうこう》も晁蓋《ちょうがい》も放火殺人の悪戯を廃業して、宋朝の徳政に随《したが》い仁者の民《たみ》たらんとするの時機に於て、其《その》地の県令として之を聖代の化《か》に浴せしむるの良官たるを勧むるのに何が不足ですか、寧《むし》ろ閣下に大功の緒《いとぐち》を授くるものではあるまいか」と云うたら、ウム、中々《なか〳〵》面白い、併《しか》し僕の身上《みのうえ》は山田顕義《あきよし》氏に誓《ちこ》うた事があるから相談の上、返事すべしと云う。庵主曰《いわ》く、藩閥の末輩《まっぱい》山田顕義に一身の進退を托するような閣下では頼み少ない訳じゃけれど、此方《こっち》にも人物稀薄と云う弱身があるから仕方がない、山田氏の事は小生引受《ひきうけ》快諾を得る事に仕《し》ようと云うて別れ、夫《それ》より山田氏に面会して曰《いわ》く、安場氏を此際《このさい》福岡県の県令たらしむるは九州の統一を計る国家の善事だと思《おも》います、又頭山や玄洋社《げんようしゃ》の一統とも交驩《こうかん》的の結托が已《すで》に出来て居《お》りますから、今日安場氏を福岡に知事たらしむるは、政事の為、一大功績事業と思《おもい》ますと云うたら、山田氏曰《いわ》く、「ナニ、福岡の玄洋社や頭山等《ら》と安場が結托をしたと、俺《わし》は安場はそんな男とは思わなかった、あんな非常識な豪賊見《み》たような破壊的の者共《ものども》と結托したとは沙汰の限りじゃ、彼は正義堂々の士と信じて居《い》たのに」と云うから庵主は占《し》めたと思い曰《いわ》く、「閣下は不見不知《みずしらず》の頭山一類を目安として、夫《それ》と交《まじわ》らんとする安場の正義堂々を直《たゞち》に唾棄《だき》せんとせらるゝは何の事です、なぜ従来親交ある正義堂々の安場氏を目安として、夫《それ》が結托せんとする玄洋社や頭山氏等《ら》を信ずるの材料とはせぬのです、斯《か》く云う小生も従来頭山氏等《ら》と少しの交誼もなかりしが、已《すで》に渾身の信用を以て頭山氏等《ら》の正義任侠の俊傑たるを認め国事を結托しました、其《その》活動の初歩として安場氏を勧誘した訳である、安場氏の頭山氏等《ら》を信用するのは頭山氏等《ら》の幸福に非ずして安場氏の幸福で、延《ひ》いては政府の幸福であります、又、小生等《ら》の幸福であります、閣下が安場氏を已《すで》に重信《じゅうしん》して或る事情の為めに俄《にわ》かに之《これ》を軽棄するは、安場氏の不信に非ずして閣下の不明を暴露するものであります、小生は寧《むし》ろ閣下より安場氏に御勧誘を願うものであります、若《も》し安場氏赴任の為めに多年の混乱を極めたる九州の政海に平穏の曙光でも見る如き事あらば、国家に対する閣下の御功績も亦尠《またすく》なしとせずと思います」と云うたら成程夫《なるほどそれ》もそうだ、兎《と》も角《かく》安場に面会して咄《はな》して見《み》ようと山田氏は答えた。庵主は直《たゞ》ちに安場氏に面会して山田氏に面会の顛末を咄《はな》すと、安場氏は目を丸くして、夫《それ》は乱暴だ、自分は頭山等《ら》と結托した事はないでないかと云うから、庵主は曰《いわ》く、結托して居《い》なかったら是《これ》から結托したら良《い》いではありませんか、但し夫《それ》が国家の為めに不善の事なら、已《すで》に結托して居《い》ても何時《いつ》でも破壊せられたがよい。善事と知って何を躊躇するのです、一己《こ》の浅薄な事情の為めに善事と知っても逡巡せられるのなら、閣下は倶《とも》に語るに足らぬ人と絶叫して小生は引下《ひきさが》る迄の事じゃと云うたので、いや実に九州の大事は此秋《このとき》である、早速に面会の上、返事仕《し》ようとの安場氏の約束を聞いて別れた。其後《そのご》庵主が後藤伯に面会したら伯曰《いわ》く、今日山田に面会したら「君《きみ》が紹介したあの杉山と云う小僧は太い奴じゃ、好《い》い加減な事を云うてとう〳〵安場を福岡の県令に淩《さら》っていったが、あれが福岡で甘味《うま》く行くか知らぬ」と云うから、僕は「安場位の犠牲は払《はろ》うても福岡は混ぜ返して置くが国家の為めじゃ」と云うと、「うむ、夫《それ》もそうじゃ」と山田が云うて居《い》たぜと語られ、庵主は甘《うま》いなぁと思うて居《い》た処が、其《その》月の末に安場氏は福岡の県令に任命せられた。是《これ》が庵主等《ら》が福岡で活動を初める序幕であった。

4　大隈外相爆弾事件の嫌疑で

衝冠の壮士外相を狙撃し
一口の匕首自刎を遂ぐ

此《この》新任福岡県令安場保和《やすばやすかず》氏は、馬術の為めに足を折り片崎《かたわ》になられたが、資性至孝にして清廉意気磊落《らいらく》にして雅量に富み、勤王撫民の事に及んでは、日夜を顧みざる恪勤《かくきん》精励の士であって、実に当世得易《えやす》からざる良二千石であった。此《この》人《ひと》が学礎を陽明に置き修養を禅機《ぜんき》に覓《もと》めたる頭山《とうやま》氏と、意気投合したが為め、多年鬱積せる地方の弊竇《へいとう》は悉《ことごと》く以心伝心にて改善の緒に就き、国家的百般の美事善業は、画工が彩色を施すが如くに、見る〳〵中《うち》に九州は別乾坤《べっけんこん》の如く立派になって来たのである、先ず大幅道路の開鑿《かいさく》、九州鉄道、門司《もじ》築港、鉱業鉄道、金辺《きんべ》鉄道、海軍封鎖炭山の開放等、今日九州の天地に磅礴《ほうはく》する文明的大事業の基礎は、皆此時《みなこのとき》に創設せられたのである。庵主が弱冠にして此《この》偉大なる両魔人に接触したのは、実に生涯中に特筆すべき光栄である。是《これ》より間もなく発生した出来事は来島恒喜《くるしまつねき》氏の爆弾事件である。

此《この》来島氏の父は、庵主の父と旧藩中同役の誼《よしみ》ある人にて通称を又左衛門《またざえもん》と云い、至《いたっ》て温厚な士気ある人物で、其《その》次男が即ち恒喜氏である。此人《このひと》も幼少の時は庵主の父の所へ読書などを習いに来て居《い》た。廃藩の後、庵主も恒喜氏も相互に飄蓬《ひょうほう》流離東西に行吟《さまよ》い、前回にも述べた様《よう》に東京の頭山氏を芝口《しばぐち》の宿で面会したは、互《たがい》に八九《はっく》歳の時以来十数年後の事であったが、庵主が頭山氏と共に郷里に帰り、志業の為めに奔走するようになってからは、常に来島氏も庵主の家に来《きた》って眠食《みんしょく》して居《い》た。或日《あるひ》恒喜氏は日当りの好《よ》き縁端《えんばな》に寝転《ねころ》んで、庵主に、「おい杉山、人間の自殺するのは咽管《のどぶえ》を刎《は》ね切れば死ねるかのう」と云うから、庵主は、「馬鹿な事を云うな、咽管《のどぶえ》などを切ったら夫《それ》こそ見苦しい恥《はじ》を掻くぞ、咽管《のどぶえ》に疾患のある時などは医者が刎《は》ね切って護謨《ゴム》管を継ぎ足して呼吸をさせ、其《その》上の方を休ませて治療をするではないか。武士の自殺する時は頸動脈が耳より後にあるから、耳尻に深く短刀を突込んで、斜めに気管に掛けて刎《は》ね切り、短刀を握った儘《まゝ》両手を膝に突き、少し辛抱すれば脳の血液が直《すぐ》に下って出るから、見苦しく居住居《いずまい》を崩さずに死ねるものじゃと、俺は武芸の先生から聞いて居《い》る。併《しか》し此等《これら》の先生も自分で死んで見てそんな事を云う訳でも有《ある》まいが、先ず斯《し》道《どう》古来よりの経験上で云い伝えたのである。君《きみ》は文学染《じ》みた慷慨《こうがい》家であるが、俺は無学で武的観念計《ばか》りで暴れ廻ったから、幼少よりそんな事計《ばか》り心掛けて居《い》たからな」と云うたら、恒喜氏は、「うむそうか」と点頭《うなずい》て居《い》た。二三《にさん》日過ぎて恒喜氏は「俺は一寸《ちょっと》東京に行きたい」と云うから、庵主は彼が強烈な胃病持である上に、其頃《そのころ》大隈外務大臣の条約改正問題で、天下は蜂の如くに乱れ、人心は極度の激昂をして居《い》る時であるから、短気の恒喜氏は行かぬ方が良いと思い、断然之を留めた。元来彼は寡言にして決断に富む男故、別に庵主に反抗もしなかった。其後庵主は用事ありて対州、厳《いず》原《はら》へ三泊の積りで平丸《たいらまる》と云う船に乗って往き、帰って来ると母が「恒喜さんが今夜の船で一寸《ちょっと》東京に行くとて暇乞《いとまごい》に来たよ」と云うから、庵主は何の暗示か異様の感じを起《おこ》して、何だか心配で堪《たま》らず草臥《くたびれ》を休める間もなく直《すぐ》に飛び出した時は、薄暮れの頃であった。途中で林《はやし》 斧助《おのすけ》と云う書林の店先を通ったら、店の内から斧助氏が（此人《このひと》又知名の志士で市井坊間《ぼうかん》の商賈《しょうこ》に身を潜《ひそ》めて居《い》たのである）「おい〳〵」と呼ぶので、其《その》店に立寄ったら、斧助氏曰《いわ》く「来島が今東京に立って行ったが、此《この》手紙を君《きみ》に渡して呉《く》れと置いて往《いっ》たぞ」と云うて一封の手紙を差出した。庵主取って之《これ》を読むと、「君《きみ》が留《と》めたけれど俺は用事があって上京する、其事《そのこと》は着京の上通知する。旅費が入るので斧助氏の店から十八円借りて往《ゆ》く、君直《きみすぐ》に払って置いてくれ、東京でも金が四五《しご》十円位は入《い》るから電信打ったら送ってくれ」という意味が書いてあった。庵主は其《その》手紙を見ると直《すぐ》に駈け出して、商会と云う船場を駈け抜け、浜辺へ往《い》ったら、已《すで》に端艇《はしけ》を一二《いちに》町も海上に漕出《こぎだ》した処であった。暮沈んだ春の夜の海面は鏡の如く静《しずか》に、舷灯と漁火《いさりび》と大空の星とは、互いに濡れた漆《うるし》を辷《す》べるが如く薄鈍き光を流し合《お》うた中に、薄墨の影法師のように二三《にさん》の人の輪廓が見えて居《い》る、浜辺へ駈付けた庵主は「おーい来島ぁー」と呼べば端艇《はしけ》から「おーい誰かぁー」と呼返し、庵主は「俺だアー杉山だー」と答えたら、来島氏は「一寸往《ちょっといっ》てくるから跡を頼むぞー」と答えた。庵主は「夫《それ》はよいが身体を大事にしろよー」と云うと「大丈夫じゃアー」と答えた。其次《その》は問屋の提灯の「ハ」の印の入ったのを高くさし上げて二ツ三ツ振ったが間もなく端艇《はしけ》も黒い波影にめり込んだようになって見えなくなり、只《たゞ》ごとん〳〵と、艪《ろ》を漕ぐ響きのみが微《かす》かに聞《きこ》えた。是《これ》が庵主が来島氏と今生後生の生き別れ、永久再会の期なき火宅分離の交《まじわ》りを、休止するの時であった。其後《そのご》庵主は天下の形勢に鑑み、気掛りで、溜まらぬから左《さ》の意味の手紙を来島氏に送った。

「君《きみ》は短気の為めに長策を誤ってはならぬ。大隈外務大臣の条約改正問題に対しては、天下何者か慷慨《こうがい》せざる者あらんや。併《しか》し斯《か》かる問題の為めに満天下の人心を憤《いきどお》らしむるは、国家的観念を向上せしむるに此上《このうえ》なき好機である。而《しか》して憤《いきどお》るべき憂世の問題は、決して此《この》一事件のみでない。今当路娥冠彩冕《がかんさいべん》の輩《ともがら》は、藩閥相《あい》比周して党を廟堂の中《うち》に樹て、国家の大事を誤る事、挙げて数う可《べ》からず、故に此《この》大隈外相の秕政《ひせい》を責むるを機会として、もっと〳〵志士の激昂を拡大せしめねばならぬ、左《さ》すれば大隈外相事件は、吾人《ごじん》が為《な》さんと欲する事業の端緒である。昔時《むかし》秦、無道なるによりて沛公《はいこう》は志を得たり。大隈外相横暴なるによりて、天下の積弊を掃蕩するの機会を得べし、君庶幾《きみこいねがわ》くは誤る事勿《なか》れ」云々と云うてやった。此《この》手紙が未だ来島氏に到達せぬ中《うち》に、一発の爆裂弾はずどんと霞ケ関の路上に響いた。庵主の手紙は郵便局で押収せられたそうなが、庵主は前後そんな事は知らず、丁度其日《そのひ》は江州《ごうしゅう》の或る富豪と取引事件があって、博多の水茶屋の常盤屋《ときわや》と云う料理屋で昼餐《ちゅうさん》を共にして居《い》たら、どか〳〵〳〵〳〵と警部二人に巡査五人が其《その》席上に闖入して来て、検事の令状を提示し、庵主をぐる〳〵と捕縛《ほばく》して拘引した。其時其《そのときその》富豪先生の驚きと云うたら咄《はな》しにならぬ、丸《まる》で驟雨《ゆうだち》に遭《お》うた山車《だし》の人形のように、瞬《またゝき》もせずに屁《へ》子《こ》垂《た》れて居《い》た。庵主も何が何やら更に分らぬが、ずん〳〵拘引して往《ゆ》かれて留置監にぶち込まれたが、其夜《そのよ》の午前二時頃まで、監獄内は大混雑をして居《い》る模様であった、折柄《おりから》庵主の脊《せ》中がちく〳〵と痛い、何か虫でも螫《さ》したかと思い、今まで凭《よ》り掛《かゝ》って居た後の羽目板を獄窓の前にある硝子《ガラス》灯の投げた光にすかして能《よ》く見たら、藁《わら》のような物が継ぎ目から出てぴん〳〵動いて居《い》る、是《これ》は隣房《りんぼう》の誰かゞ俺を突《つっ》つくのだなと、能《よ》く注意して居《い》ると何か小声に云うて居《い》るようである。夫《それ》から其《その》羽目板の割目に耳を押付けて聞くと「大隈は軽傷か重傷か」と云う。庵主はマダ訳が分らぬから、今度は庵主が口を割れ目に押付け「君《きみ》は誰《た》れじゃ」と問うと「俺は皿茶碗屋じゃ、来島が」と云う声の聞《きこ》えるか聞《きこ》えぬ中《うち》にがちゃ〳〵〳〵と佩剣《はいけん》の音がして、看守が又一人罪人を連れて来て庵主の房内に入れ、「神妙にせねばいかぬぞ」と云うて出て行った。庵主熟々《つく〴〵》と考えてはっと気が付いた。皿茶碗屋とは玉井騰一郎《たまのいとういちろう》と云う人にて、此人《このひと》は維新以来国事犯道楽にて、大村事件から前原一誠《まえばらいっせい》事件、西南事件や福岡、秋月《あきづき》、佐賀の騒動等、何時《いつ》でも関係して居《い》ぬ事のない、途轍もない魔人である。夫《それ》が隣房に収容せられて大隈云々来島云々と云う以上は、来島は何でも大隈外相を何とかしたに違いないと、やっと始めて悟った。そこで庵主もどかんと腰が据り色々と冥想に耽《ふけ》りてうと〳〵する中《うち》に夜も明けた。翌朝の九時頃、檻車《かんしゃ》で裁判所に送られ、更に謀殺未遂の嫌疑で拘引したとの言渡しを受けたから、来島氏は大隈外相を謀殺せんとはしたが、其事《そのこと》が未遂であったと云う事が分った。庵主を調べる検事は津田重照《つだしげてる》と云う人で眼光の炯々《けい〳〵》として見るから意地の悪るそうな、顎鬚《あごひげ》の一面にある五十許《ばか》りの人である。一番に一封の手紙を突付けて、此《この》手紙に覚えがあるかと云う。夫《それ》は来島氏が林斧助《はやしおのすけ》氏に托して残し置いた手紙を庵主の家宅捜索をして押収した物である、其《その》次に提示した手紙が、前に来島氏に送った注意書である。「此《この》手紙は其《その》方《ほう》の自筆であるか」と聞くから「そうだ」と答えると、さぁ調《しらべ》が峻烈である、「双方で斯《か》かる手紙を往復する以上は、今度の謀殺事件を根本的に知らぬ事はあるまい」と大石《おおいし》を屏風倒しするように押掛って来る。さぁ玆《こゝ》で庵主が過《あやま》った。是《これ》は壮年血気の者に得て有る失策である、此等《これら》は青年の者の心得て居《お》らねばならぬ事故《ことゆえ》、斯《か》くは面倒を忍んで書いて置く。庵主胃潰瘍の病後で頭がぐら〳〵する処に、此《この》顚末はまだ〳〵長いから、此《この》位にして後は次回とするが、庵主が此《この》鬼検事と問答して居《い》る時は、恒喜氏は已《すで》に三日以前に東京の霞ケ関で、筑前信国《のぶくに》の短刀を以て右の耳尻より左の耳尻まで突貫《つきぬ》き、力に任せて前へ引いたから、丁度頸《くび》の三分の二は、動脈気管とも一度に切離して、前古未曾有《みぞう》の最後を遂げ、庵主と曾《かつ》て自殺問答の讖《しん》を実行して仕舞《しも》うた、庵主は未だそんな事は知らぬから、せっせと津田検事と論争して居《い》たのであった。

5 庵主が受けた国事犯裁判

内相権を弄して選挙を妨げ
庵主薬泉に泊し公禍を蒙る

大隈伯謀殺未遂事件の嫌疑で庵主を調べる津田検事は、種々様々の論法を設けて、正犯来島と庵主が何等《なんら》かの関係を以て、情を知って幇助《ほうじょ》したものと見做《みな》して掛《かゝ》って来る、甚しきに至っては、或る同志の者が已《すで》に今回の事件に付《つき》、来島と庵主が共謀なる事を白状して、今は遁《のが》るゝ道なし、若《も》し明白に実状を告白すれば、情状を酌量して減刑の処置もあるかの如く威《おど》しつ賺《すか》しつ詰め寄せるのである。庵主年は若し、ぐっと癪《しゃく》に障《さわ》った為め、左《さ》の如き問答となった。夫《それ》が裁判所と云う所に始めて出て、裁判官と云うものと始めて口を利《き》き、従来悪い事も随分したが、縛られた事が始めてゞ、総《すべ》て始めて尽《づく》しである所に、検事が嘘を吐《つ》いて庵主を威《おど》すから起《おこ》った失策である。

庵主「君《きみ》は検事で候《そうろう》と云うて、言語動作共《とも》に傲慢無礼で、総て方角違いの事を云うて人を威嚇するが、一体事実を虚構しても、人を罪に落《おと》せば夫《それ》で満足するのであるか、予《よ》は今嫌疑で捕縛《ほばく》された、即ち罪に対する所謂《いわゆる》疑問の人であるぞ。夫《それ》に対して無礼の言語動作は何事であるぞ、予《よ》は一箇の紳士として、又国士として、君等《きみら》の如き穢《けが》らわしき獄卒同様の者共《ものども》に、侮辱を受ける筈がない。予《よ》に物を問うのなら、先ず君《きみ》が言語動作から改めて、対人の敬意を表し玉《たま》え。然《しか》らずんば以後君《きみ》が何を云うても、決して返答をせぬから左様《さよう》心得よ」

と云い放つと、検事も余程癪《しゃく》に障《さわ》ったと見えたが、其処《そこ》が商売柄。

検事「其方《そのほう》は紳士と云い国士と云うなら、知っても居《お》るであろうが、此処《こゝ》を何と心得てる。此処《こゝ》は天皇に直属して、独立したる司法の大権を執行する裁判所であるぞ、其《その》手続さえすれば、如何《いか》なる大官高位の人々でも、呼捨《よびすて》にして良い。

決して此《この》裁判所の威厳を凌辱する事は出来ぬぞ」

と云われ、庵主はあゝしまったと心には思うたが、今更忌々《いま〳〵》しくて御免なさいとも口には出せず棒立に立った儘《まゝ》に沈黙して居《い》た。処が様々の事を云うて詰め寄せるから、大喝、虎の吼《ほ》える如き大声を発して、

庵主「五月蝿《うるさ》い。貴様の如き獄卒とは口は利《き》かぬ。夫《それ》が悪るければ勝手にせよ」

と、呶鳴《どな》り付けた。此一言《このいちごん》が無用の害となって毎日直立させられるやら、正坐させられるやら、様々の迫害を受けた。

或日《あるひ》又法廷に呼出して、

検事「其方能《そのほうよ》く聞け、此《この》裁判所は他の行政庁と違い、天皇より司法の大権を委任し玉《たも》う所故《ゆえ》、此処《こゝ》で取扱う法律は明鏡の如きものである。其《その》鏡に映った其方《そのほう》故、何と云うても寸毫《すんごう》も仮借する事は出来ぬ」

庵主「其《その》明鏡を君《きみ》の如き根性の曲り拗《くね》った法官が取扱うから、無辜《むこ》の罪人が幾人でも出来るのじゃ、現に予《よ》に提示したる証拠物件、即ち予《よ》が自筆の手紙にもある如く、予《よ》は来島に大隈伯を殺してはいけないと書いてあるでないか。来島と云う男は予《よ》の知友である。剛毅寡言にして決意の明快な男故《ゆえ》、自分の為《な》さんと欲する事を人に語り、又は人より使嗾《しそう》を受くる如き粗末な人格ではない。予《よ》も亦《また》、使嗾《しそう》せねば仕事の出来ぬような来島と思うて居《お》らぬ。此《これ》は予《よ》が死者に対して永久の訣別として其《その》人格を語る予《よ》が残生の友誼である」

と云うた。此等《これら》が庵主が後生に戒しむる血気の言語で、即ちお饒舌《しゃべり》の口は斧鉞《ふえつ》よりも身に禍いすると云う箴言《しんげん》である。若《も》し後生の人が誤りて囚《とらわ》れの身とでもなったなら、必ず法律の命令は天皇の命令であると心得、法官の声は陛下のお声と思い、法廷に立ったら直《たゞ》ちに人間本然の心に復《かえ》り、神と同一の心理を以て少しも罪を遁《のが》れようなどと云う心を出さず、善悪となく正直明瞭に申立てねばならぬのである。夫《それ》が所謂《いわゆる》男のする事で、昔の武士が腹を切る際に様々の迷言《まよいごと》を云うのも、矢張《やはり》引かれ者の小唄と同じで、卑怯未練の動作である、現に来島氏は、善なり悪なり、自分の思うた丈《だ》けの事を仕《し》て、直《す》ぐに死ぬほど潔白であったでないか。其《その》友人の庵主は生存《いきなが》らえて居《い》る上に、口の開《あい》て居《い》るまゝに様々の迷言《まよいごと》を云うた。此《これ》は取返しの付かぬ失策である。唯《た》だ事実の受返答《うけへんとう》丈《だ》けさえ仕《し》て居《い》たならば、法官の心証もよく、法律と云

う陛下の大権に対しても、夫《それ》に服従する国民の良心に対しても、どれ丈《だ》け快いか知れぬのである、実に情けない失策をしたものである。此《この》心で此間《このあいだ》も或る者に云い聞かせた、貴様は金を遣《つか》い、弁護人を雇い、無罪になったと喜び居《い》るが、法律上の罪をさえ遁《のが》るれば、外《ほか》に罪はないと思うて居《い》るが、俺は来島事件で法律の罪人にはならなかったが、法律以外に恥かしいと云う罪を犯して苦《くるし》んで居《い》る。此《この》罪を犯した者は、生前死後までも決して其《その》罪を償う金も弁護人もないものである。先ず世間で法律上の罪人でなく、立派な男だと自分も思い、人も許して居《い》る人物を、俺の此《この》心で無文《むぶん》の法律に照して見ると、其《その》毎日々々に犯す彼等の罪悪は、死刑に処しても足らぬ位である。殺人強盗は其《その》罪が単純であるが、自分の妻子にも打明けられぬ程の大罪を、平然として日毎《ごと》に犯して居《い》る奴許《ばか》りではないかと訓誡したら、見る〳〵中《うち》に其《その》男の顔の色が変になって来て、首を垂れて黙り込んだ、此等《これら》は庵主が実際に経験して云う事であるから、これを聞く青年は、若《も》し過失をしたらば決して卑怯な振舞など仕《し》て貰《もら》いたくない。庵主も此《この》心があるから、個人としては昔日《せきじつ》の大隈侯に対して、常に此《この》物語をもして頗《すこぶ》る温順に、親切の尽される丈《だ》けは誠意を披瀝して居《い》たのである。先ず此《この》話は此位《このくらい》にして、次に起《おこ》った問題は、明治二十五年の選挙干渉の一件である。庵主は当時海外貿易に従事して香港に往来し、一方友人荒尾精《あらおせい》と云う人と咄《はな》し合《お》うて、朝鮮支那の事を都合善く仕《し》ようと手を分けて着手したのであった。当時は大抵東京住居《すまい》であったが、二十四年の冬頃から脳病に罹《か》り、久々振《ぶり》で帰郷し、筑後の船小屋《ふなごや》の温泉に転地療養をして、寝たり起《おき》たりして居《い》たら、翌年の二月頃の或る日に、三四《さんし》十人の青年がぞろ〳〵と遣《や》って来た。曰《いわ》く、

青年「今度議会が解散になって議員の選挙があるとの事で、国の先輩が皆《み》な往《い》って働いてこいと云いました。夫《それ》から其働方《そのはたらきかた》は、杉山の叔父《おじ》さんが船小屋の温泉に居《い》るから、筑後の競争丈《だ》けは総て杉山の叔父《おじ》さんの指図を受けよと云いました」

と、庵主も生れて始めて選挙と云うものに出逢い、左程《さほど》の事でもないと思いはしたが、

庵主「夫《それ》は遣《や》っても好《よ》かろうが、俺は今は商売人で殊に国に居《お》らぬ東京の者である。地方の事情は知らず、又、政党などのする議員競争は大の嫌いじゃ。誰か後から来るであろうから、夫《それ》までお前達は村々へ手分けをして往《い》って、戸別

に今度の議員には誰《だ》れ〳〵を投票して下さいと頼んで歩けば夫《それ》で好《よ》いのじゃ」

と云うて、宿に言い付けて飯を焚《た》かせ、昼飯《ひるめし》を食わせ、其日《そのひ》は少々体の工合が悪いので、夫《それ》なりに寝込んで仕舞《しも》うた。処が其《その》夜の十時半頃巡査が二人と百姓が五人計《ばか》り駆け込んで来て庵主に訴えた。今、玄洋社《げんようしゃ》の青年が、某《それがし》の村で反対党の壮士と衝突して闘争を始め、双方怪我人も出来、又人家間近かい藁《わら》の積んだ稲叢《いなむら》に火を放ったとの事であるから、そんな浮雲《あぶな》い事を仕《し》ては大変だと思い、我破《がば》と刎《はね》起き、二人輓《びき》の車で其《その》場所へ馳せ付けたら、全く昼手分した子供上《あが》りの者が二三《にさん》人其《そ》の村に入《いり》込むと、待伏せして居《お》った三十人計《ばかり》の他党の者が理不尽に殴打し、彼等が自《みず》から火を放って凱歌し、帰路直《たゞち》に警察署に立寄り、福岡の玄洋社の壮士が吾等《われら》を迫害して今火を放ったと告訴したのである。此《この》事実は村民一同と、実地巡回の一巡査の咄《はなし》で、本署に於ては急報に接し、其《その》子供の如き青年を拘引したと聞いた庵主は、実に馬鹿な奴等《やつら》ではあると思い、其《その》村長や証人を引連れ、派出所に出頭して其《その》青年等《ども》を貰《もら》い受け、一方、其《その》他党の壮士等の有様を聞くと、向《むこ》うは土地で有名《なうて》の悪漢共《ども》、此方《こちら》は土地不案内の青年である。夫《それ》に対して如何《いか》にも不法の働きであるから、帰路其《その》選挙の事務所様《よう》の所へ赴き、庵主は車から下りて其処《そこ》に立寄り、頭立《かしらだ》った人に面会して、壮士共《ども》の取締りを注意したらば、居合せた二三《にさん》人の博徒らしい奴が、バラ〳〵と出て来て頗《すこぶ》る劣等な詞《ことば》で罵《のゝし》り合い、直《たゞち》に庵主に打《うっ》て掛《かゝ》るから、庵主はぎょっとして、此《この》様子では今度は只事《たゞごと》ならぬと思い、已《や》むを得ず持ったるステッキで先きに来る奴の胸下《むなした》を突き、返す杖で左に掛《かゝ》る奴の耳下《みゝした》を殴り、縁端《えんはな》に上《あが》りて来たらば一打《ひとうち》と身構えたら、皆よろめいて裏の方に逃げたが、何にしても之《これ》は大変と思い、直《す》ぐに車に乗りて一里計《ばか》りある柳川《やながわ》の城下に行き、郡長の某《ぼう》に面会すべく、先ず永松毅《ながまつき》と云う先生の家を訪問して其《その》顚末を咄《はな》した。其時《そのとき》は最早《もはや》十六ケ所にも争闘が始《はじま》り、永松翁の家には十四五《しご》人の壮士も居《お》りて、八方よりの注進、櫛の歯を引くが如くである。庵主は何とか此《この》処置を考えねばならぬと思い、宿に着いて食膳に向《むか》ったが、如何《いか》にも気分が悪い、直《たゞち》に医者を呼んで診て貰《もら》うと熱がある。病後の体故《ゆえ》、動いてはいけないと云う、困った事だと思う中《うち》、先きに手紙を出した郡長某《ぼう》が訪来《といき》たので、大略顚末を咄《はな》して居《い》る中《うち》、脳病に伴う嘔吐を催し、終《つい》に本当の病人となって仕舞《しも》うた。翌日になって聞けば、今度の選挙競争は、時の内務大臣品川弥二郎《しながわやじろう》氏が、福岡県令の安場保和《やすばやすかず》氏と心を合せ、地方の有志者を結束せしめて、熊本の紫溟会《しめいかい》などと気脈を通じ、筑後方面を挟撃《きょうげき》するのじゃとの事が分り、又、筑後の候補者は、改進党の岡田孤鹿《おかだころく》、官僚派の方は庵主の知友権藤貫一《ごんどうかんいち》であると此時《このとき》始めて分ったので、此《これ》は実に困った事が出来たと思うて居《い》る処に、福岡、熊本よりは二三《にさん》日中に数千人の応援が入込《いりこ》んで来て、皆《みな》庵主を目的にて咄《はなし》を仕掛けるから、今となっては止むに止まれず、どんと決心をして八方の指図を始めたのが、其《それ》から三日過ぎて、庵主の病気も大略軽快した時であった。此《この》競争の為めに家を焼く事《こと》数軒、人を殺害《せつがい》する事《こと》十数人、又負傷せしむる事《こと》数百人であった。此《この》後始末にはとう〳〵六七《ろくしち》万の金と、七八《しちはち》年の年月を、費やしたのである。

6 品川弥二郎子《し》の勤王主義

頑夫巨人を境上に拒み
古史を説いて勤王を論ず

丁度此《ちょうどこの》明治二十五年選挙干渉の後であった。時の内務大臣子爵品川弥二郎《しながわやじろう》氏は、直《たゞ》ちに内相を辞して侯爵西郷従道《さいごうつぐみち》氏と共に、国民協会の組織を発起し、東西に別れて遊説を始めた。品川子《し》は九州方面を巡廻し、先ず熊本に入《い》りて同士を糾合した処が、一番に其《その》旗下に馳せ参じたのが熊本の紫溟会《しめいかい》であった。熊本には相愛社《そうあいしゃ》や改進党などもあったが、其内《そのうち》の一が率先して或る勢力に因縁すれば、他の二党は必ず之《これ》に反対する事に極《きま》って居《い》た。此時《このとき》品川子《し》には紫溟会《しめいかい》が第一番に着到したから、他の二党はぷーっと膨《ふく》れて、反対の態度を取ったのである。品川子《し》は藤崎八幡宮に群衆を集めて演説を始めた、其《その》当時の新聞記事に曰《いわ》く、

(1) 今回の議会解散は、斯《か》く曰《い》う品川弥二郎がしたのである。

(2) 今回の選挙干渉は、今此所《こゝ》に演説して居《い》る品川弥二郎がしたのである。

(3) 品川弥二郎は、改進党と自由党が嫌いである。

(4) 斯《か》く曰《い》う品川弥二郎は、国家の為めに自由党や改進党が嫌いで、国家の為めに議会を解散し、選挙に干渉したのである。

(5) 品川弥二郎は、皇室を本位として国政に臨まんとする者である。決して人民を本位とする者でない。

(6) 品川弥二郎は、皇室本位則ち勤王主義で少壮の時より敲《たゝ》き込んだ根性で、幾多艱難《かんなん》の歴史は皆此《この》主義の結晶である。

(7) 諸君は此《この》品川の主義に賛同し、鞏固《きょうこ》なる勤王党の組織に尽力せられん事を希望するのである。

と説立《ときた》てた。之《これ》を聞いて紫溟会《しめいかい》の老壮は、至大の感動に打たれ、涙を流して歓喜し、躍《おど》り上りて賛同したのである、庵主は元来、品川子《し》とは数々《しば〳〵》往来し、談論を試みた事もあったが、子《し》は極く正直で厳粛で国家に忠実な人で心窃《ひそ》かに畏敬して居《い》た、処が此《この》演説を聞いて壮年血気の庵主は強く落胆したのであった。折柄《おりから》熊本の友人より書状が来た。曰《いわ》く、

(前略)今回品川子爵の来遊は、啻《たゞ》に熊本一地方の幸福でなく、九州全体の人心に至大の感化を与え、延《ひ》いて帝国勤王主義の鼓吹木鐸として絶好の機会逸す可《べ》からざる次第に付《つき》、君《きみ》も其積《そのつもり》にて柳川、久留米、佐賀と巡路歓迎の尽力を切に頼む。

云々の文字《もんじ》が聯《つら》ねてあったから、庵主は直《たゞち》に返書を書いた。曰《いわ》く、

手紙見た。品川子《し》は曾《かつ》て知遇を辱《かたじけの》うし、数々《しば〳〵》謦咳《けいがい》にも接して畏敬して居《い》たが、今回の議会解散始末の演説と、党派組織の主意を聞いて実に失望落胆の至《いたり》である。斯《か》かる粗末の人物を推戴して其《その》旗下に行動する事は、熊本諸士の為《た》めに予《よ》の取らざる所である。此《この》意見の下に品川子《し》の柳川、久留米等に来遊せらるゝは、品川子《し》の為め、熊本諸士の為に、予《よ》は絶対に阻止せんとする者である。若《も》し強《し》いて之《これ》を遂行せんとする諸士の意気旺盛ならば、予《よ》が之《これ》を阻止せんとするの意気も亦《また》旺盛なるべし。予《よ》が山門郡観音山下《やまとごおりかんおんさんか》、本吉村《もとよしむら》の寓《ぐう》を離れざる限りは断じて肥筑の国境を越えしめざるの自信を有す。文辞総て礼を失するに似たれども、多年の親交徒《いたず》らに隠忍するを欲せず、敢て誠悃《せいこん》を披瀝す

云々と云うような主意であった、其《その》翌晩になって、其《その》親友より一通の電報が来た。曰《いわ》く、

　文見た明日十一時高瀬停車場迄来てくれ相談したし直ぐ返まつ

庵主直《たゞち》に返電した。曰《いわ》く、

　電承知

夫《それ》で翌朝早起して高瀬《たかせ》の停車場に着いたら、少し後れて其《その》親友が来た。直《たゞち》に兎《と》ある宿屋に伴《ともの》うて奥まりたる座敷に入った。

彼曰《いわ》く「一体君《きみ》はどうしたのだ。日頃の勤王主義にも似ず変じゃないか」

庵主「君《きみ》こそどうしたのだ。俺の勤王主義は饒舌《しゃべ》らぬ勤王主義じゃぞ。あの品川と云う男は勤王の触《ふれ》売り商人《あきうど》じゃ。彼等は勤王を売って飯を食い、爵位を貪《むさぼ》り、政権に因縁し終《つい》に勤王を売りて人寄せをなし、以て勢力を扶植しようとまで企て丶居《い》るのである。そんな者の尻を追うて、君等《きみら》はどうする積《つも》りだ」

彼曰《いわ》く「君《きみ》そんな事を云うたとて、今、党弊天下に充満し、民党の気焔《きえん》四方《よも》に強烈なる時に当り、品川子《し》が、巍然《ぎぜん》として勤王論を以て、天下に咆哮《ほうこう》するのを、吾人《ごじん》は空谷《くうこく》の跫音《きょうおん》として、歓迎せねばならぬと思う。饒舌《しゃべ》らねば分らぬ勤王論、黙って居《い》て分る勤王論があるか」

庵主「馬鹿な事は休み〳〵言え、元来党派と云うものは、争闘の集団である。然《しか》し勤王論を党派の具《ぐ》に提唱したら、反対党に不勤王論が起《おこ》ったらどうするか。勤王は我国民心理の信念にして、思うて行うべきを条件の第一とする。徒《いたず》らに口に言うて利得便利を得る物ではない。此《この》見地から俺は勤王家と忠義者が大嫌いじゃ。勤王忠義を不断口に云うて居《い》る奴に、昔から碌《ろく》な奴は居《お》らぬではないか、元来君《きみ》が村夫子《そんぷうし》のようになって青年子弟を教養し、俺が商人《あきうど》にまで成下《なりさが》ったのも、藩閥と云う政権の詐偽師が蔓《はびこ》りて、公権を弄《もてあそ》び、私党を廟廊の中《うち》に拵《こしら》えるから、夫《それ》を憤《いきどお》って、身を政界の外に置いて居《い》るのではないか」

彼曰《いわ》く「夫《それ》はそうじゃが、陛下の御信任を受けて、政治に干与するのを、政権の詐偽師とは云えまい」

庵主「君《きみ》がそんな了簡じゃから、品川子《し》などの勤王論に随喜の涙を溢《こぼ》すのじゃ。五十年百年の後には、藩閥を政権詐偽師とは云えまいが、今は確かに詐偽師である。君能《きみよ》く考えて見玉《みたま》え、今上《きんじょう》陛下は、維新の初《はじめ》に於て、王政復古を詔《のり》示《しめ》させ玉《たま》い、天子親政の大御心《おおみごころ》を宣し玉《たも》うたではないか。夫《それ》を翼賛し奉り、所謂此大《いわゆるこのおおみことのり》　詔の御主意を奉体してこそ、従来の政治番頭の幕府を打倒《うち》した。是《これ》が即ち藩閥じゃ。左《さ》すれば越後口《ぐち》や会津や五稜郭の朝敵が片付いた上は、藩閥は維新の元勲たるべき御褒美を頂戴して、各《おの／＼》郷里に帰り、謹んで子弟を教養し、以て再び王事に奉尽《ほうじん》すべき時を待たねば、始め王政復古を翼賛した主意が立たぬではないか。夫《それ》に悪番頭の徳川を追出《おい》した跡に、其《その》徳川よりも劣等な、野武士上《あが》りの藩閥が、又政治番頭に据り込んだ。是《これ》では保元平治や、元弘建武や、元亀天正頃の武門武士の政権争奪よりも、一層劣等な嘘吐《つ》き勤王の、政権の詐偽師ではないか。夫《それ》と同じ径路色彩ある品川子《し》の勤王論を旗幟《きし》として、人間最低の党派を拵《こしら》える事に、君等《きみら》が狂奔するのは、俺は実に残念に思う」

彼曰《いわ》く「何だか議論が脇道へ移ったようじゃが、陛下が御信任あらせられたら、藩閥でも何でも王政ではないか」

庵主「夫《それ》なら清盛も頼朝も尊氏も徳川も、皆、陛下から征夷大将軍の宣下《せんげ》があったら、王政で勤王の臣下と云うのか。藩閥に限って王政の臣で、勤王の士斗《ばか》りと思うて居《い》るか。俺の云う王政とは、古《いにしえ》に復《かえ》る王政である。古《いにしえ》の王政は古史にも明瞭であろうが、一例として俺は曾《かつ》て朝倉の宮の旧記を読んだ事がある。即ち天智天皇の木の丸殿《どの》の事じゃ、曰《いわ》く、

(1) 宮室三椽《てん》と云うて、皇居は三棟であった。
(2) 夫《それ》が皮の付いた丸木柱である。
(3) そうして藁《わら》の苫《とま》で葺《ふい》てある。
(4) 其苫《そのとま》が荒かった為めに、陛下の御袖が夜露に濡れて居《い》たと云うお歌が

　　秋の田の刈穂の庵のとまを荒らみ　我《わが》衣手は露に濡れつゝ、

の御詠《ぎょえい》である。
(5) 又宮垣《きゅうえん》胸に上《のぼ》らずで、木の丸殿《どの》の御垣《みかき》は胸よりも高くなかったとの事である。

(6) 夫《それ》で百姓が早朝野良に往く時、肩にした鍬《くわ》を下し、宮垣《きゅうえん》の外より拝して『上様《うえさま》、お早うございます』と御挨拶を申《もうし》上《あげ》る。
(7) 陛下は『よう稼ぐ男《お》よ』と仰《おお》せられる。
(8) 百姓が野良より帰りに、山百合の花を手折《たお》りて、御垣《みかき》の外に跪《ひざまず》いて、『上様《うえさま》、百合が咲いて居《お》りましたから』と手を伸べて捧げまつると、陛下は御《おん》手ずから『よき花をよ』と宣《のたも》うて、瓶《かめ》に挿し賜《たも》うたのが、

　ときをぞしるき山百合の花

のお歌である。
(9) 或日《あるひ》御垣《みかき》の外を小娘が腰を屈《かゞ》めて、『上様《うえさま》、お早うございます。』と云うて行《ゆき》過ぎた。
(10) 陛下は今物云うて往《い》った娘は、八兵衛の子であったか、杢《もく》兵衛の子であったか、と仰《おお》せられた。即ち、

　朝倉や木の丸殿《どの》に我居《われお》れば
　　名のりをしつゝ行《ゆ》くは誰が子ぞ

とのお歌である。
(11) 斯様《かよう》に古《いにしえ》の王政の天皇は、人民稼穡《かしょく》の事を思召《おぼしめ》して、屢〻《しば〳〵》皇居を遷《うつ》し賜い、丸柱、荒蓆《むしろ》の皇居に在《ま》しまして、直接八兵衛も杢《もく》兵衛も御懇意であった。
さぁ此《かく》の如く君民の間が親しき為め、
(1) 王政の陛下は『民は国の本《もと》なり』と仰《おお》せられる。
(2) 又王政治下の人民は『陛下は我々の父母なり』と慕い奉る。
此《この》王政君民の間には、勤王家も、忠義者も社会党《ソシヤリスト》も、無政府党《アナキスト》も、虚無党《ニヒリスト》もないのである、此《かく》の如きものが王政で、今上《きんじょう》陛下は維新の初めに、夫《それ》に復古すると仰《おお》せられたのである、然《しか》るに勤王家と忠義者が出て来て、折角《せっかく》人民と天皇と親昵《しんじつ》せんとして居《い》るのに、それ頭が高い、物を云うては恐れ多い、お姿を拝しては眼が潰れる、と此《この》親子の中を隔離

し、仲に在って自分が威張るから、不平党や謀叛党などが出てくるのである。夫《それ》で俺が勤王家と、忠義者が、一番嫌いと云うのである。所謂《いわゆる》藩閥などは、此《この》王政を翼賛して起《おこ》って居《い》ながら、此君臣《このくんみん》の間を劣悪に隔離した食言者《しょくげんしゃ》で、俺が政権の詐偽師と云うのは此故《このゆえ》である。お互に生命をも賭して、討伐を企て、一円の月給取《とり》にも成れぬのは之《これ》を憤《いきどお》るからではないか。況《いわ》んや今の王政は、昨今憲法と云う有難い御規則が出来て、此《この》君民の間に各自守るべき道を詔示《のりしめ》させ賜《たも》うた為め、弥《いよ》〳〵勤王家も忠義者も入用《いりよう》でない。日本全国の人民は全部勤王家である。又忠義者である。夫《それ》を品川子《し》如き一介の男が、我物顔に勤王を口にし人寄《ひとよせ》の道具にするとは、言語道断である。元来党派とは同類と云う事で、碌《ろく》な物でない。穢多党、乞食党も党派であるぞ。俺が藩閥を打たんとして、藩閥よりも劣等な党派の有様を見て、夫《それ》を先きに打たんが為めに、未だに藩閥を打ち得ぬのである。唯《ただ》さえ悪い藩閥が、己よりも劣悪な党派まで拵《こし》らえるのを、どうして賛成する事が出来るか。況《いわ》んや今《こん》議会は松方総理に向《むか》って、選挙干渉の攻撃を始めて居《い》る、首相は『政府は決して干渉はせぬ』と頑強に答弁をして居《い》る処に、其《その》旧同僚であった品川子《し》が、藤崎八幡宮の神前に誓い『選挙干渉をしたのは斯《か》く云う品川である、当時の内務大臣である』と告白して居《い》る。若《も》し之《これ》を議会が提《ひっさ》げて松方内閣に肉薄したなら何とする。現閣員に対する責任もなく、友誼もなく、義気もなく、士心もなき、全く狂的落伍者たる品川子《し》を、無暗《むやみ》に推戴する君等《きみら》に、俺が忠告するのが無理か、如何《どう》じゃ。而《そ》して俺が今整理をして居《い》る、旧柳川領は、此《この》品川子《し》干渉の為めに家を焼かれ、人を殺し、多数は今尚《な》お牢獄に繋がれて、人心全く荒《すさ》んで、適従する処を知らぬ有様である、何の面目あってめそ〳〵と此《この》馬鹿演説を為《し》に来るのであるか。又、其《そ》の旗持となって、君等《きみら》がどうしても無理押しに子《し》を引張って来れば、俺は残念ながら我輩青年の生命を賭してまでも、俺の生きて居《い》る間は、一歩も此《この》地には踏み込ませぬと覚悟をして居《い》る」

と云うたら、其《その》庵主の友人は暫《しばら》く考えて居《い》たが「成程《なるほど》政治趣味を知らぬ君《きみ》としては、尤《もっとも》の議論である、能《よ》く分ったから、俺も是《これ》からぼつ〳〵熊本へ帰って考えて置こうよ」と云うて、晩方に別れたが、夫《それ》なりに品川子《し》はとう〳〵柳川、久留米、福岡に来《きた》らず、三角《みすみ》から直ぐ長崎に渡り、船で小倉に廻りて、下の関へ出て、帰東せられた。其後程《そののちほど》経て品川子《し》に会《お》うた時、庵主が二十歳前後の勤王論の咄《はなし》になって、大笑をした事があった。

因《ちなみ》に曰《い》う、庵主が壮年の時の討閥論に引替え、今日其《その》閥族に寧《むし》ろ左袒《さたん》して居《い》るのは、党閥の方が劣等過ぎるのと、藩閥を凌駕する丈《だ》けの人物がないのと、国政の燮理《しょうり》が接続して急を告ぐるからである。此《この》議論の偏固にして、激越なのは青年の時の放漫実写であるからである。読者諸君は此間《このかん》に不言の興味のある事を知って貰《もら》いたい。

7　庵主一代の大失策

衣袍を典じて大辱を蒙り
人格に服して自戒をなす

前回百魔伝中の謹恪者《きんかくしゃ》品川子爵と最も懇意であった庵主の友人荒尾精《あらおせい》氏は、尾張名古屋の産で夙《つと》に身を陸軍の軍籍に置き、深く亜細亜《アジア》東方の将来を憂え、自《みず》から東方斎《とうほうさい》と称して寤寐《ごび》心身を此事《このこと》に打込んだ人傑であった。然《しか》るに此人《このひと》は資性の深謀遠慮あるにも似ず、平生の正直と厳格と友誼の切なるとには誰も或る場合に困る事があった。之《これ》に反して庵主は最も不真面目にして、常に諧謔を加味したる悪戯《いたずら》者であるのを、荒尾氏は何と取違えたか非常に庵主を信用して時に因《よ》りては下らない事まで大真面目に相談をするのであった。或時《あるとき》庵主と頭山満《とうやまみつる》氏と芝《しば》の信濃屋《しなのや》と云う旅館に泊って、其《その》宿が潰ぶれる程《ほど》喰い倒して居《い》る中《うち》に、頭山氏は郷里に緊急な用事があって帰った。其《その》跡に庵主が抵当代りに居残りて居《い》た処が、荒尾精氏が尋ねて来て、庵主等が宿料にまで詰まりて困難をして居《い》る事を聞き、日頃の友情忽《たちま》ちに湧き、千辛万苦の心配をして終《つい》に品川子爵に大義名分を説き、親友杉山等《ら》が巷閭《こうりょ》の旅店《りょてん》に呻吟《しんぎん》するを済《すく》わずんば、顛沛《てんぱい》も自《みず》から安んずる能《あた》わず、斯《か》る憂国の志士を救護するは閣下も亦《ま》た其《その》任に非ずやなどと八方説破して遂に彼《か》の貧乏な品川子《し》をして、工面魂胆を尽して数百金を才覚せしめ、之《これ》を庵主に与えたのであった。庵主は年は若し、又そんな大変な金とは知らず、宿屋の借《かり》も茶屋の借《かり》も、借《かり》を払う上からは同じ事である。之《これ》を茶屋に払えば今夜から又遊びに往《ゆ》かれるから、其方《そのほう》が余程《よほど》便利じゃなどと思い、其《その》晩直《たゞ》ちに茶屋の方《ほう》に払《はろ》うて仕舞《しも》うた処が、其《その》宿屋の媼《ばあ》さんは荒尾氏に密告して、杉山さんは貴方《あなた》の拵《こしら》えて下さったお金を私《わたくし》の方には少しも払わず、全部茶屋の方計《ほうばか》りに払《はろ》うて毎晩遊びに往《い》って帰っては来られぬと訴えた。処が荒尾氏は非常に激怒した。夫《それ》は庵主にではなく、其《その》密告した媼《ばあ》さんに対してゞあった。

荒尾「此媼《このばゝあ》、不届な奴じゃ。杉山氏は左様《さよう》な粗末な人間ではないぞ。彼は大義を弁《わきま》え人情を解し、最も友情に厚き大人《たいじん》である。予《よ》が聊《いさゝ》かの金品を調《とゝの》えて斯《かく》の如き巨人の用に供するは予《よ》の光栄である。傷《きず》つける者に事を欠いて杉山氏等《ら》の人格を誹議《ひぎ》するは、眼あって黒白《こくびゃく》を解せぬ盲人《めくら》である。此《この》以後決して左様《さよう》の事を言うと赦《ゆる》さぬぞ」

と呶鳴《どな》り付けた。され共《ども》払わぬが事実であるから、媼《ばあ》さん今度は荒尾氏の懇意な番頭に帳面を持たせて荒尾氏の宿に遣《や》り、一銭も受取らぬ理由と証拠とを陳弁させたのである。処が荒尾氏は又非常に怒《おこ》った。

荒尾「此《この》証拠や陳弁を聞けば或《あるい》は宿料は払わざりしやも知れぬが、決して茶屋払の方をしてあの金を無駄遣《づかい》に供したなどとは思いも依らぬ事である。彼は彼が責任として支那へ出立《しゅったつ》させねばならぬ男が一二《いちに》人ある。自然其《その》男を支那へ立たせる費用に供したかも知れぬ。予《よ》は今《いま》杉山氏に対して彼の金銭出納の事実などは、聞くさえ無上の無礼であると思う。汝等《ら》決して彼《あの》人を疑《うたぐ》ってはならぬ。予《よ》は又別に金策の考慮をなして汝等《ら》を安んずるの方法を講ずるであろう」

と説諭したそうだ。庵主は後《のち》にて此咄《このはなし》を聞き、如何計《いかばか》り悪摺《わるず》れた厚顔の庵主も、此《この》荒尾氏の資性の美点には辟易《へきえき》せずには居《い》られぬから、何とかして大至急支那に立たせる男の旅費丈《だ》けでも拵《こしら》え、次に宿屋がぎゃあ〳〵云わぬ丈《だ》けの慰安は与えねばならぬと決心した。其《その》翌日庵主が外より帰って来て次の間にある簞笥を見ると抽斗《ひきだし》から何か衣物《きもの》の端が出て居る。其室《そのへや》も素《も》と頭山氏と庵主と二人同居の部屋であって、其《その》簞笥は頭山氏の所有ではあるが、疾《と》くに明殼《あきがら》になって、中身は質屋の庫に宿替をして居《い》るのに、不思議じゃなぁと思いつゝ、上の抽斗《ひきだし》をずうッと引明けると、何やら衣物《きもの》が一杯這《は》入《い》って居《い》る。其《その》次も〳〵四段とも皆充満して居《い》る。そこで庵主は暫《しばら》く考えたが、先ず調べて見ようと思い、晩食の

時に給仕の女中に向い、

「頭山が国に立つ時に質受けをした模様か、どうじゃ」

と問うたら、女中は、

「ハイ、清吉《せいきち》さんが（頭山氏の車夫）お使《つかい》に往《い》って立派にお召替えをなさって御立《おたち》になりました」

と答えたから、庵主は「占《し》めた。ハヽア、頭山の品物があれ程有れば先ず二百円は大丈夫じゃ」と腹の中に北叟笑《ほくそえ》んだ。夫《それ》から食事を仕舞《しま》い襖《ふすま》を締めて悉《ことご》く簞笥を明け、中にある膝掛けの毛布に全部の衣物《きもの》を包み、直《たゞち》に車夫の清吉の処に往って質使《しちづかい》に往《ゆ》くべく命じた。何が扨《さて》半分は質使《しちづかい》専任の車夫だから気軽に受合《うけお》うたが、堂々と質に入れる事は宿の手前もあるから、横丁の路地に清吉を廻《まわ》らせ、庵主が二階から其《その》包を釣下げて清吉に渡し、早速若干の金を得て、直《たゞち》に待ちに待って居《い》た支那行の男に面会をして、明日直《すぐ》にと出立《しゅったつ》を命じた。是《これ》で一つはやッと安心して、今一つは明日より取掛ろうと思いつゝ、宿屋慰安の金策に耽《ふけ》ってうと〳〵と遂に眠《ねむり》に就いて仕舞《しも》うた。所《ところ》が翌朝未明に次の室《へや》が何だかざわ〳〵と騒がしい。夢心に庵主は非常に不快に感じ、

「誰だ、早くから人の座敷に来て立騒ぐ奴は」

と大声に詰《なじ》ると、例の媼《ばあ》さんが、

「どうも相済《あい》みません、御覧下さいませ。あの手前所《ところ》の御定宿《ごじょうやど》の某《ぼう》県の代議士様お二人が、昨冬議会がお休《やすみ》になりまして、お正月を仕《し》に中帰《なかがえ》り遊ばしましたから、お預りのお召物一切を、頭山様のお簞笥が明いて居《お》りましたからお借をして、皆之《これ》に入れて置きましたら、昨夜泥棒が這入《はいり》まして一枚残らず持って往《ゆ》きました。今朝九時に其《その》代議士様は上野にお着《つき》になりますから、お座敷に運んで置こうと思いまして見ましたら、右の始末でございますから、嫁などは気を失わん許《ばか》りに泣いて居《お》ります」

と答えた。庵主大抵の事には驚かぬが、はッと思うて起上《おきあが》った。「サア仕舞《しも》うた。大変な間違を起《おこ》した。是れも知己《ちき》荒尾の正直に釣込まれて、とう〳〵泥棒まで仕《し》て仕舞《しも》うた。全体人間は斯《か》かる時の処置は何とした物であろうか」と、

ぐッと思案に耽《ふけ》り、幼少より学び得た古人の美事善行から、金言格言座右の銘までを頭の中にかい探りて、此事《このこと》の処置処方を考えて見たが、読破十年の書物の中には、顔も知らぬ代議士の衣物《きもの》を質に置いて、宿屋の嚊《かゝあ》の泣くのを慰むる方法などは一字も書いてない。ハヽァ是《これ》は道を聖賢に問わず、例を古今に覓《もと》めず、即ち其日庵《そのひあん》の一流で、事例を百年に遺《のこ》す底《てい》の妙案により、此事《このこと》を片付けねばならぬのじゃなぁと決心して、屹度臍《きっとほぞ》を固めて考えた。即ち逆旅衾上《げきりょきんじょう》の孤客《こかく》が、二三《にさん》十分間の坐禅は、忽《たちま》ちにして妙案を案出した。そこで直《たゞち》に刎《は》ね起き、宿屋の帳場に下りて往《い》った。

「皆《みな》安心せよ、昨夜の泥棒が分《わか》ったぞ」

と云うたら亭主も媼《ばあ》さんも一斉《せい》に、

「エ、どうしてゞす」

と云うから、

「其《その》泥棒は俺じゃ、俺が是々《これ〳〵》の間違で昨夜清吉に質に入れさせたのじゃ」

と云うと一同は又二度びっくり、

「夫《それ》では旦那様どうしたら好《い》いでしょう。只今《たゞいま》番頭がお迎《むかい》に行って居《お》りますから、もう追付《おっつ》けお着《つき》になりますが」

と、おろ〳〵して云う。

「イヤ、心配するな。俺に考《かんがえ》があるから、マァ風呂が沸《わ》いて居《お》れば一杯這入《はい》ることに仕《し》よう」

と云い、風呂に入って上って来たら、今方《いまかた》着いた二代議士は已《すで》に座敷に通り、下女が一寸《ちょっと》顔出をした許《ばか》りで、主人等《ら》は丸《まる》で顔出をせぬとの事である。どの座敷かと問うたら、六番との事故《ことゆえ》、庵主は濡《ぬれ》手拭を下げた儘《まゝ》、其《その》六番の座敷の襖《ふすま》をがらッと明けたら、二人は火鉢にさし向いで、小作りの男が洋服を着てウズ振《ふる》うて居《い》る。庵主がすうッと這入《はい》って往《い》ったので怪訝《けゞん》な顔をして居《い》るから、庵主は静《しずか》に其《その》火鉢の一方に坐り込み叮嚀《ていねい》に辞義をして、

庵主「僕はあの座敷に同県の頭山満と申す者と同宿して居《い》る、福岡の杉山某《ぼう》でありますが、貴下にお詫びをせねばならぬ事があって、推《お》して推参して来た訳です。其《その》事柄は」

云々と、荒尾氏、頭山氏等と共に貧乏をして居《い》る事より、間違の起《おこ》った原因、支那行の男の旅費に困却をした顚末、宿屋の狼狽心痛の有様、庵主が親友の義金を茶屋払にした過失の根元まで、少しの落《おち》もなく物語り、全く宿屋の不埒にあらずして、全部庵主の不始末に属する事である、と委敷《くわしく》陳述し、どうか暫《しばら》くの処、庵主が金策をして質物《しちもつ》を受け出すまで辛抱をして呉れられよと、頗《すこぶ》る真面目に陳謝した処が、一人は少なからず吃驚《きっきょう》の目を瞠《みは》って居《お》ったが、一人の小デップリとした髯《ひげ》のある代議士先生は、耐え難かりしか、ぷうッと笑い出して、

「イヤ、大変面白いお咄《はなし》を聞きました、イヤ、間違は世の中にある物です。其《その》間違も偶《たま》にはこんな面白い事が出来ます、私共《わたくしども》は毎日議会に許《ばか》り往《い》って居《お》りますから、着物はどうでもなります。併《しか》し大変お困りの御様子故《ゆえ》、少々なら御用立《だて》ても宜敷《よろしゅ》うございますが」

と云うから、

「そう願えれば大変有難い訳です」

と、ずう〱敷《しく》云うて見ると、紙入《かみいれ》から三十円出して貸して呉《く》れた。其《その》金で庵主は即日東京を立って大阪に往き、知人の西井某《ぼう》と云う石炭屋に金を五百円借りて、其《その》代議士に送り付け、質受も宿屋も其《その》代議士が程能《よ》く始末をして呉れた、以来永く此《この》二代議士とは面白く交際をし、後には此《この》二人が大変国事上にも尽瘁《じんすい》して呉《く》れたのである。是《これ》が荒尾氏美点の性格によりて、庵主が鞭撻せられ、自勉以て道に進んだ一例である。

8　日清媾和《こうわ》談判に対する警告

大官に謁して大義を論じ
嫌疑に遭うて自説を述ぶ

征清の役《えき》に日本が大捷《たいしょう》（大勝）して、遂に李鴻章《りこうしょう》は日本下《しも》の関《せき》に全権委員として出張し来《きた》り、我国よりは伊藤公が全権委員を任命せられ、春帆楼《しゅんぱんろう》に於て会見することになった。此《この》談判の内容を知りたいと云うは、日本上下《しょうか》の希望であったが、庵主は或る事情の為めに、伊藤公の内意を知って居《い》たから、大いに其《その》不利を憤慨し、下の関阿弥陀寺町の大吉《だいきち》と云う宿屋に泊り込み、始めは長文の意見書を以て、伊藤公に警告した。若《も》し聞かれざる時は此《この》談判を沮《そ》止《し》するの手段までを提出した。公《こう》も余程《よほど》五月蠅《うるさ》く思われたかして、庵主を窃《ひそ》かに春帆楼に呼んで面会の上、慰撫せられたのであるが、とう／＼庵主と意見の一致点を見出す事が出来ず、咄《はなし》はとう／＼破裂した。其《その》庵主の咄《はなし》の要領はこうである。

「戦捷《せんしょう》の代償に遼東半島を日本が領有するのは、日本亡滅の基《もとい》である。なぜなれば遼東の地は烈寒瘠土《せきど》にして天与の富源に乏しく、殊に国土の基礎となるべき人民は、世界最劣悪の民族であって、田畑に高梁《こうりょう》の生育して居《い》る間は百姓をするが、其《その》農作が終ってからは、全国濁流泥土の国と変化し、人民も亦《また》、馬賊や其他《そのた》の不良業に従事して、非人道の事斗《ばか》りを生業として居《い》る土地である。是《これ》が現代に於て始めて発明開業したる業務でなく、先祖代々数百年前よりの因習で、農業と泥坊《どろぼう》とを兼業して居《い》るのである。斯《か》かる人民の充満した土地を取って我国の領土となし、如何《いか》なる財源を以て此《この》国を統治しようと思召《おぼしめ》すか、収入のない国に支出が厖大なる以上は、勢い母国より年々多大の補足を与えねばならぬ。殊に行政の一事に付《つい》ても、斯《か》かる人民を相手に其《その》生命財産を安全に保護する事が出来ますか。一外国人が旅行するに、一のカバンを盗まれても、此《この》厖大なる領土が不秩序にして、全部泥坊《どろぼう》の民族たるものを相手に、どうして犯人を取押える事が出来ますか。止むを得ず苦しいながらも軍政を布《し》かねば仕方がない。さすれば永久戦時状態を持続せねばならぬでは有りませぬか。そんな恐るべき費用の支出が日本に出来ますか。此《こゝ》に於て遼東半島の領有は日本の亡滅を予期するものであります。殊に世界は遼東の地から渤海《ぼっかい》湾の一帯を掛けて、東洋安危の鎖鑰《さやく》と誤解して居《お》ります。東洋安危の鎖鑰《さやく》は渤海湾ではなくて台湾海峡であります。なぜなれば渤海一帯の地に強国が敵となって深入《ふかいり》して来れば、朝鮮、九州の地帯を枢区として日本の軍備に組入れて有りますから、少しも恐るゝ事はありませぬが、若《も》し強外国の敵が台湾海峡を侵して、南清七省の中《うち》に縦令《たとい》小区域でも、軍備の足溜《あしだま》りを拵《こしら》えたなら、世界の列強は皆、機会均等主義で、我も我もと軍備の足溜《あしだま》りを此《この》七省内に拵《こしら》えます、左《さ》すれば帝国の亜細亜《アジア》モンロー主義は忽《たちま》ちに破れるのみならず、日本は戦わざるに直《たゞ》ちに軍備に亡滅して仕舞《しま》います。夫《それ》は西洋にあると思うた強国が、一斉《いっせい》に東洋に移転して来るからであります。故に日本は不利なる遼東の地を取らず、有利なる台湾を押え澎湖島《ぼうことう》の軍備を厳にして、如何《いか》なる強国も南清七省に爪も掛《かけ》得ぬようにせねば、日本は亡びます。今度の日清戦争も、亜細亜《アジア》の領土を完全に保有して、東洋平和の基礎を堅固ならしむる為めにこそ清国を膺懲《ようちょう》したのではありませぬか。然《しか》るに若《も》し遼東半島の地を得るを主眼として談判をなす時は、日本が侵略の目的で戦《たゝかい》を宣した事になって、第一、陛下宣戦の御主意に悖《もと》り、第二、経済的亡国の領土を背負《しょ》い込み、第三、東洋平和の枢区を逸し、第四、世界列強には侵略主義の悪名を叫唱《きょうしょう》せられ、第五、日本は従来手も足も出ぬように、軍備も外交も支那海の東北以内に圧迫せられて、大世界に対する発言権はない事になりますぞ。是《これ》が日本の亜細亜《アジア》領土保全の国是であって、不良無用の遼東を領有して、一時愚民の賞讃を博するような事は絶対に避け、帝国が東洋の安危を保障し得る丈《だ》けの手段に考慮を尽さねばならぬと思います」

　と云うにあった、処が伊藤公は、

「至極　尤《もっとも》の議論ではあるが、自分は命《めい》を奉じて相当の権力を持って居《い》るから、君等《きみら》の如き書生論に習《なろ》うて今日《こんにち》どうするこうすると云う事は出来ぬ。是等《これら》は大政外交の機微に属する事故《ことゆえ》、余り立入って論ぜぬがよい」

　と云われるから、庵主はグッと癪《しゃく》に障《さわ》り、年は若し前後の考《かんがえ》はなし、何でも此媾和《このこうわ》談判が片付いては大変と斗《ばか》り思い、

「夫《それ》でも閣下の談判要領は、私《わたくし》が申上げた通りの主意で御進行になって居《い》ると思いますから、夫《それ》では帝国の不利此上《このうえ》なく、他日臍《ほぞ》を噬《か》むの悔《くい》を遺《のこ》しますから、御警告を申上《もうしあげ》るのであります。閣下は書生論と仰《おお》せらるゝが、私《わたくし》も帝国忠良の臣民でありますぞ。閣下が権力呼《よば》わりで利害顕著なる議論を書生論として、無下《むげ》に排斥せらるゝのは、国家の為めお宜敷《よろしく》ないと思います。私《わたくし》は閣下の如く権力は持ちませぬが、又、青《あお》書生一個の力を持って居《お》ります」

　と云うたら伊藤公はずいと起《た》って、物凄き眼で庵主を睨《にら》み付け、フロックの釦《ボタン》を掛《かけ》ながら、

「君《きみ》は君《きみ》の力で沮止《そし》される丈《だ》け沮止《そし》するがよいわ」

と云うて別室に立去られた。時は丁度午前の十時少し前であった。庵主は憤恨胸に迫り、少時《しばし》低首《ていしゅ》して考えたが、忽《たちま》ちに一決した。是《これ》より直《たゞ》に東京に上《のぼ》り、此《この》談判を喰い止めずに置くものかと、又ずいと起《た》って宿に帰り、一人の書生に出立《しゅったつ》の用意を命じ、宿の勘定等を云《い》い付けて昼餐《ちゅうさん》に取掛ろうとする刹那、警部と巡査がどや〳〵と宿に闖入し来《きた》り、尋問の筋があるから警察まで来《きた》れと云うて、庵主と書生と二人共《とも》に本署に拘引して行《ゆ》き、直《たゞ》に尋問を始めた。夫《それ》は斯《こ》うである。

「其方《そのほう》は今朝九時前後より伊藤公に面謁し、其《その》帰路ピストルを以て支那全権公使李鴻章《りこうしょう》氏を狙撃し負傷せしめたる嫌疑者として二人共《とも》拘引したのじゃ、実状明白に申立《もうしたて》よ」

と云うから、庵主は更《さ》らに合点が行《ゆ》かず、そんな事のあった事も知らぬから、其《その》通りを申《もうし》述べた処が、中々《なか〳〵》聴入れぬ。折柄《おりから》宿の者も主人始め数人呼出され、尋問を受けたから、全く時間も実状も合致して、庵主等《ら》には何等《なんら》関係なき事が分り、又、実際の犯人は小山六之助《こやまろくのすけ》とか云う壮漢で、理髪店に居《お》って李鴻章《りこうしょう》が其《その》旅宿たる引接寺《いんしょうじ》より、春帆楼《しゅんぱんろう》の会場に出席する途上に之《これ》を狙撃したとの事が分ったから、庵主等《ら》は直《すぐ》に宿に返されたのである。庵主は、さぁ大変じゃ。此《こ》の先きはどうなるのであろうかと思うても、下の関では迚《とて》も真相が分らぬ。此《こ》の勝負の仕事は東京だと、こう思うと、直《すぐ》に其儘《そのまゝ》伊藤公にはお悔《くや》みの手紙を送り、直《すぐ》に下の関を出立《しゅったつ》して東京に上《のぼ》ったが、間もなく露独仏の三国干渉となり、両国の休戦となり、引続き吾人《ごじん》が永久不可忘《ふかぼう》的なる遼東半島還附の詔勅となって来て、夫《それ》からよう〳〵やっと台湾の領有と、一億六千万円斗《ばか》りの償金にて、談判の終結となって来た。庵主等《ら》の快哉《かいさい》は殆んど喩《たと》うるに物なく、終《つい》に伊藤公は台湾に出張せられて、李経芳等《りけいほうら》と台湾の受渡を了せられた。其後《そのご》庵主が伊藤公に面謁したら公《こう》は、庵主の顔を見ると同時に、つか〳〵と立寄り、手を出して庵主の手を握り、

「やぁ負けたぞ〳〵。併《しか》し遼東の領有も困難だが、台湾も中々《なか〳〵》困難だぜ。僕は個人として君等《きみら》の議論には実に感服して居《い》たが、談判方針の命《めい》を受けて居《い》る僕には何とも仕方がない。陸奥にも会《お》うたが君等《きみら》の仲間の議論には実に困ったと云うて居《い》たぜ」

と、隔意なく咄《はな》された。庵主は一種異様の感に打たれ碌《ろく》に返事も出来なかった。一体伊藤公は何と云う立派な恬淡《てんたん》たる人格の人であろうかと、心の底より敬服したのであった。夫《それ》より庵主は一年も欠《かゝ》さず台湾に渡航して、台治台政の事に研究の心を傾けて、考え付いた事丈《だ》けは悉《こと〴〵》く伊藤公にも報告して居《い》たが、何だか此《この》台湾統治の善悪は、庵主が自身の毀誉にでも関するが如き感がして、頃刻《けいこく》も念頭を離れた事はなかった。

時は復《ま》た鳴動して来た。夫《それ》は東洋の天地に磅礴《ほうはく》する日露運命の衝突する音響であった。此《この》東洋無比の大戦も、陛下の御稜威《みいつ》と国民忠誠の働《はたらき》の為めに大捷《たいしょう》を続けて、終《つい》に露国は恐るべき厖大な軍容バルチック艦隊の全部を挙げて大艦隊を組織《そしょく》し、以て東洋の小弱国を一呑《ひとのみ》だと云う意気込で海を蔽うて乗込んで来たのである。そこで台湾に総督たる児玉伯は、満洲軍総参謀長として満洲に転戦して居《お》らるゝから、其《その》代理をして居《い》る後藤民政長官は、決死の覚悟で台湾に楯籠《たてこも》るべく準備をした。第一、全島の防備、第二、糧食、第三、医薬、第四、軍器、第五、澎湖島《ぼうことう》大戦闘の用意等にて、絶海の孤島たる台湾は、一人の生存を思うものなく、支那大陸と台湾の海峡は、一人の通過も許すまじと構えた台湾の上《しょう》下《か》必死の決心は天に冲《ちゅう》し、偵察に敏なるロジェストウェンスキー司令官は、終《つい》に台湾海峡を通過する事を止《や》めて、スンダ海峡より日本海に直航して、一直線に浦塩《ウラジオ》に入《い》るを第一の目的とせねばならぬ事になった。さぁ是《これ》が日本の国是たる、亜細亜《アジア》領土保全主義の妙味のある軍事論である。印度《インド》洋より南清の地に立寄る事が出来ずして、日本海に直航するとすれば、即ち万里の航程に労《つか》れた艦隊である。藻苔《そうたい》は船腹に女の髪の毛の如く引いて居《い》る。牡蠣《かき》は岩石の如く附着して居《い》る。其上玄人《そのうえくろうと》筋の咄《はなし》を聞けば、「新鮮の物資を入換え、水兵が一度上陸休養し、酒を呑み女と遊んだ、即ち根拠地を有して居《い》る艦隊は、兵力に三割の強味を有するとの事である」、そこで之《これ》のない艦隊は、反比例に三割減である。其《その》三割減の奴が、戦闘は第二で浦塩《ウラジオ》に入って休養し、新進の鋭気を求むべく予期した艦隊が、日本海に乗込み来《きた》るべく余儀なくさせたものは、支那南部七省の封鎖である。之《これ》を封鎖したものは台湾である。其《その》台湾の妙味は云うに云われぬ所から彼等バルチック艦隊の浦塩《ウラジオ》入りを益々翹望《ぎょうぼう》せしめたのである。此《この》艦隊が待ちに待ったる日本忠烈の全艦隊の真中に飛込み来《きた》り、其上《そのうえ》満身火の如き義勇の戦士が「皇国の興廃此《この》一戦にあり、各員一層奮励努力せよ」などと云うような司令官の訓令を受けたから溜らない。巌石《がんせき》を以て累卵《るいらん》を打つが如く、粉微塵に砕けたのである。此《こゝ》に至っては庵主が列挙して来た数千の魔人などは、跣足《はだし》で逃げ出す計《ばか》りで、即ち日本と云う国は魔人で組織《そしょく》した世界全部の恐怖すべき一大魔国であると云う事が証拠立てられるのである。庵主は筆尖の此《こゝ》に至る時、現今の青年に一層の警告をするのである。「庵主等の魔的思想と行動は、宵の中《うち》の魔物である。偖《さて》、君等《きみら》の方は国家の存亡興廃に関する大々的大魔的行為を意味するのであるぞ。下らない学問に脳髄を過労し妙な腹の足しにもならぬ理窟《りくつ》を覚えて、御園《みその》お白粉《しろい》などを面《かお》に塗り、クラブ洗粉《あらいこ》などで化粧を衒《てら》い、人の舐《しゃぶ》り粕《かす》の理窟《りくつ》の骨に衣物を着て、饒舌《しゃべ》る事計《ばか》り達者になって何になる。尾崎氏や犬養氏をクルップの大砲の前に立たせて演説をさせて何の権威がある。下らない政権争奪の道に迷うて、其《その》演説に拍手喝采して居《い》る中《うち》に此国《この》を取られたらどうするのか」と。

9　政党撲滅策を伊藤公に

政変に遭うて政党撲滅を論じ
時機を逸して政党創設を説く

伊藤公に面会しない以前より、庵主の対伊藤公と云う政治思想は、十七歳位の時からの事で、殆んど生涯の関係と云うてもよい。故に面会後も意見の扞格《かんかく》等より葛藤を惹起《ひきおこ》した事柄は数限りないが、今一つ思い出した事件があるから一寸《ちょっと》書いて置く。夫《それ》は明治三十年前後の事である。公《こう》の内閣の時に大隈伯と板垣伯と聯合《れんごう》して自由党と進歩党とを使嗾《しそう》し、旺《さか》んに伊藤公を包囲攻撃したゝめ、伊藤内閣はとう〳〵と〳〵になって潰れて仕舞《しま》い、跡は所謂《いわゆる》板隈《はんわい》の聯合《れんごう》内閣である。処が此《この》内閣も腰前《こしまえ》が甚だ面白くなって、組織《そしょく》後三ケ月経つか経つぬに両党大喧嘩を始め、どたんばたんと争うた末ぱったりと組んで倒れた。そこで徳大寺《とくだいじ》公は命《めい》を奉じて支那から帰りつゝある伊藤公に、急遽帰京せよとの事を伝

えた。之《これ》を聞いた庵主は、日頃伊藤公と仲悪しきに拘《かゝ》わらず、公《こう》を下の関の春帆楼《しゅんぱんろう》に迎えて大いに政治論を試みた。曰《いわ》く、

「小生が閣下の政府や閣下単独の意見に常に反対するは対国家の問題である。故に国家的の為めには閣下と敵ともなり又味方ともなるは、双互公心の支配に因《よ》るものと云う事を御諒解を願うのである。抑《そも〳〵》小生等が多年藩閥政府を忌憚《きたん》する所以《ゆえん》は、縁故因縁によりて政権を弄《もてあそ》び、朋党比周《ひしゅう》して党を廟廊の上に樹《た》て、終《つい》に国政の基礎を危くするより起《おこ》るのであります。然《しか》れども藩閥の罪悪は其《その》罪悪なる事を知って居《い》るから陰密に之《これ》を行うのである。飜《ひるがえ》って政党なる者を見れば此《この》藩閥よりも又々一層深刻の罪悪を横溢《おういつ》するものであるが故に、小生は藩閥よりも之《これ》を憎むのであります。彼《かれ》政党は公党と称して私団を結び、藩閥の為《な》す悉《こと〴〵》くの罪悪を公然露骨に公表し、我党と云う因縁によりて諸官属を任命し、我党は馬鹿でも賢遇し、他党は悧巧《りこう》でも愚弄す。我党は愚論でもひや〳〵と云い、他党は卓説でもノー〳〵と云う。只《た》だ多数の強みを頼んで擅《ほしい》まゝに政権を弄《もてあそ》ばんとする故に、小生は之《これ》を藩閥以上に忌憚《きたん》するのであります。衆智を集め人才を登庸《とうよう》して国政を料理せず、衆愚を以て国家を弄《もてあそ》ばんとするから、小生が国家的に藩閥以上の罪悪と云うのは、決して無理でありませぬ。閣下は今其《その》衆愚に打《うち》負けて、比較的従来国家に貢献した藩閥の功績をも耗尽《もうじん》し、彼等政党に此《この》貴重なる政権を投与したる人で、或る意味に於て国家の興廃存亡を無視したる非国家的の行為を敢行せられた人である。然《しか》るに彼等政党は閣下の政後を承けて俄然権勢の位置に立ち、更《さ》らに何事を為《な》し得たるぞ。公事を忘れて私事を争い、一念終《つい》に国家の事に及ばずして今や已《すで》に倒潰したのであります。此時《このとき》に方《あた》って 陛下は尚《な》お閣下の前過を咎《とが》め給わず直《たゞ》ちに召還の命を垂れ給《たも》うて、閣下を再び国政救済の大任に当らしめんとし玉《たま》えり。故に閣下は上《かみ》、藩閥先輩の遺勲を顕彰し、下《しも》、衆愚の罪悪を明白にして国家国民に判断をせしむべきの秋来《ときき》たれりと思います。夫《それ》は此際《このさい》閣下は深く国家将来の大患を慮《おもんぱか》りて、少なくも左《さ》の事を 御上奏《ごじょうそう》あらん事を切望します、曰《いわ》く、

「博文《はくぶん》不肖の身を以て過《あやま》って 陛下至仁の寵遇を辱《かたじけの》うし、屢《しば〳〵》国政の重任を負い蹇々《けん〳〵》匪躬《ひきゅう》以て聖謨《せいぼ》を輔翼《ほよく》し奉《たてまつ》らんと勉めましたが、憲政必須の成果と称して天下に咆哮《ほうこう》する各政党は、常に博文等《はくぶんら》の政事を非難し、国政の前面に横《よこた》わりて

菲薄《ひはく》の奉公を困難ならしめたる事、茲《こゝ》に殆んど二十有余年でござります。今や術策尽き進退谷《きわ》まるの境遇と相成《あいなり》ました故、畏《おそ》れ多くも　聖鑑に訴え奉《たてまつ》り、彼等政党をして国政輔弼《ほひつ》の大任を忝《かたじけの》うせしむるに至ったのでござります。然《しか》るに二十有余年、他の政策を非難し、政治の善悪を指摘し、所謂《いわゆる》国政の導師を以て自任したる政党の者共《ものども》が、奉命後僅《わず》かに三月《みつき》を出《い》でずして蹉跌《さてつ》を見るに至りましたのは、全く之《これ》は不慮の蹉跌《さてつ》にして、決して彼等政党、即ち指導者の真価ではないと存じます。博文等《はくぶんら》已《すで》に屢々《しば〳〵》為政の方針を誤り、引責負罪の歴史在《ある》にも拘《かゝ》わらず、陛下鴻大《こうだい》至仁の思召《おぼしめし》を以て、復《ま》た屢々《しば〳〵》為政の大命を蒙《こうむ》りました事も有る次第故《ゆえ》、彼等政党の者共《ものども》へも一度御信任遊ばさせられたる以上は、真に彼等が政治上の力量を闞《みそな》わせらるゝ迄は、幾度も寛大の　聖慮によりて慰諭、任を全うせしむべき、大命と共に辞表を下げさせ給わんことを願い奉《たてまつ》る次第であります。

云々等の主意にて是非とも幾度も彼等を引摺り起《おこ》し〳〵して、多年の政治講釈を実行せよと迫まらねばならぬ時であります。されば今でさえ足腰立たぬ彼等政党等は、又三月《みつき》を待たぬ中《うち》にブッ倒れる事は受合《うけあい》であります。其時《そのとき》、今一度起上《おきあが》って遣《や》れ、と迫《せまっ》ても彼等政党は泥塗《どろまみ》れの儘《まゝ》片息で手を合せて御免〳〵と云うは当然であります。其時《そのとき》、閣下は大声《たいせい》に、汝等《ら》は其態《そのざま》で二十年来他人の政治を非難したか、其態《そのざま》で人の政策を妨害したか、爾後《じご》永久政治上の講釈ケ間敷《ましき》減らず口を敲《たゝ》くか、如何《いか》に、若《も》し秋毫《しゅうごう》の未練でも有るのなら、さぁ起上《おきあが》って今一度遣《や》って見よと責め付け、其上《そのうえ》にて大仕掛けに満天下に向《むか》って、従来藩閥の建てたる勲績と政党の妨害し来《きた》りたる実蹟とを明白に披瀝《ひれき》し、一ケ月位は無政府の状態となして国民に之《これ》を周知せしめ、其上《そのうえ》にて真に憲政の大義に伴う人才を登用し、初めて衆智衆議を集めて茲《こゝ》に美事なる藩閥離れの国政を実現せしめらるゝが唯《ひと》り閣下の責任のみならず、当然閣下の執らるべき機宜《きぎ》の政策と思います」

と云うた処が、永《なが》の年月庵主の議論に一度も賛成した事のない伊藤公も、此《この》議論丈《だけ》には即時に賛成せられて、

「君《きみ》の言う通りの手続きにも行くまいが、兎《と》に角《かく》板垣大隈をして此際《このさい》幾度も幾度も遣《や》らせると云う事は何にしても名案である。僕も憲法の実施に伴う人才の蒐集《しゅうしゅう》方《かた》に付いては種々考えても居《い》るから、此際君《このさいきみ》の議論が最も面白いと思う。僕は明日出立《しゅったつ》して大磯に行き、早速其方《そのほう》に取掛って見ようよ。君《きみ》も成丈《なるた》け早く帰って来給え」

と言われた。此時《このとき》の談話が其後《そのご》庵主等が陰《いん》に日露開戦を献策《けんさく》する前に天下の議論を統一すべく、政友会の組織を伊藤公に慫慂《しょうよう》した基礎である。

夫《それ》から庵主は、一寸《ちょっと》九州に行き、伊藤公は東に向《むか》って去られた。庵主は心窃《ひそ》かに喜んで、多年嫌悪する政党と云う蛇の頭を今度打《うち》砕いて置けば、当分は頭は擡《もた》げ得ぬ、其中《そのうち》に出来る丈《だ》け天下の人才を集めて、衆智政治の端緒を開いてやろうなどと、勝手な事を考えて匆々《そう〳〵》帰京の途につき、直《すぐ》に大磯に伊藤公を訪問したら、公《こう》は庵主がまだ椅子に掛《か》らぬ中《うち》に、

「君《きみ》、あれは駄目だよ。僕はあの翌日立って帰って来て見たら、もう直《すぐ》に平田等《ら》の一派が山県等《ら》を煽《あお》立《り》て〳〵、山県は何でも、御前《ごぜん》に参内《さんだい》したとの事だよ。今日午後から東京に行くが、多分駄目であろうと思うよ」

と云わるゝから、

「夫《それ》は残念至極であります。今度此事《このこと》を遣《や》って置かぬと、政党と云うものは尻尾《しっぽ》の長いものでありますから、頭を潰して置かぬと幾度でも生き返って人に祟《たゝ》りますぞ。平田子《し》は『ブルンチュリー』氏の翻訳書を介して私共《わたしども》の国家学の先生でありますが、非常の智者で又徳望ある所謂《いわゆる》智徳兼備の人でありますから、何か外《ほか》に深い計画が有るかも知れませぬが、私は大抵の事では、今後屹度《きっと》国運の進歩を阻礙《そがい》すべき党害を助長する永久の大患を貽《のこ》すという事を覚悟せねばならぬと思います」

と云うた。伊藤公も「ムー」と云うて居《お》られたが、其後《そのご》間もなく山県内閣は現出して、引続き北清事変が起《おこ》り出兵の止むなきに至り、伊藤公と庵主等《ら》は盛んに業を煮やし、頻《しき》りに人才蒐集《しゅうしゅう》論を持込んで居《い》たが、夫《それ》が脱線して政友会の創設論となり、伊藤公又脱線して政友会を以て山県内閣を十重二十重《とえはたえ》に追取巻《おいとりま》き、山県公の支那出兵の糧道を予算の上で断ち切ったから、山県公は是《こ》れ幸いとして辞表を提出せられ、再び伊藤公の政友会内閣となった。此辺《このへん》に至りては伊藤公の脱線程度の甚しかりし事と云うものは咄《はなし》にならぬ。庵主今更面目次第もない事許《ばか》りで悧巧《りこう》そうな顔をして居《い》るが、全く議論も行為も形《かた》なしであると云う事を門下の青年共《ども》にも自白して置く。併《しか》し腹の底に持つ日露戦争の事丈《だけ》は、日夜

の苦心を紹《つ》いで計画して居《い》た。此頃《このころ》から天下に随分多数の魔人も出て来たが、其《その》魔人中で特筆すべきは桂公（桂太郎）、児玉伯（児玉源太郎）、後藤男《だん》（後藤新平）の三人である。此《この》三人が日露戦争と云う大舞台の上に最も面白き魔術を演出する幕が切って落されたのである。

10 劉宜和尚、親友の妾宅を襲う

友誼を懐うて長鋏を逐い
怪僧を嗾して妖妾を放つ

今茲《こゝ》に叙述する一魔人は、庵主の親友公道館主《こうどうかんしゅ》劉宜《りゅうぎ》と云う大入道《おおにゅうどう》である（本名、小美田隆義）。此《この》豪僧は元《もと》島原の藩士で、剣道真影流《しんかげりゅう》の奥儀を極めたる天下無双の達人であり、故子《こ》爵渡辺昇《わたなべのぼる》翁の如きは口を極めて其《その》技能を推称せられた名人である。庵主が此人《このひと》に面会したのは、慥《たし》か頭山《とうやま》翁の紹介であったと思う。斯人《このひと》は身の長《たけ》六尺に近く、膂力《りょりょく》絶倫、容貌、魁偉《かいい》であって頗《すこぶ》る意気を尚《たっと》び、俠骨《きょうこつ》隆々として山の如しと云う人体《じんてい》である。処で今一つ不思議なのは、斯人《このひと》が善を聞いて移る事と、悪を懲らすの素早き事は恰《あだか》も流箭《りゅうぜん》の如く、何の思慮も分別もなく殆んど無意識に之《これ》を実行するのである。此故《このゆえ》に其為《そのな》す所《ところ》往々にして常軌を逸し、単純急進の結果は取返しの付かぬ大失策となり、又其《その》滑稽さは全く真実と思えぬ程の可笑《おか》しき事が発生するのである。而《しか》して本人は如何《いか》なる事が出来《しゅったい》しても、毫《ごう》も顧慮悔恨等に頓着なく、さっさと先から先の事を実行して、更《さ》らに留滞することがないのである。

劉宜和尚、往年越後地方の石油鉱の紛擾を、故青木子爵《こあおき》と共に世話したとかで、幾多の鉱区が流れ込み、其《その》始末に困って居《い》た処へ、端《はし》なくも時世の一転機に遭遇し、数百万円の大金を得て俄《にわ》か分限と成ることが出来た。和尚の事であるから、金の有るに任せて、芝《しば》の山内《さんない》で故《こ》東京府知事高崎《たかさき》五六男《だん》の旧宅を譲り受け、邸内に広大なる撃剣道場を新築し、其側《そのそば》に角力《すもう》の土俵を拵《こしら》え、剣客や力士や、破れ書生や兇状持《もち》や、浮浪の壮士等を数十人養成し、恰《あだ》かも明治の孟嘗君《もうしょうくん》を気取って澄《すま》し込んで居《い》た。庵主は其《その》家が丁度通りすがらに昼飯を食うのに便利であるから、常に此《この》家に俥《くるま》を駐めて此《こ》処《こ》で飯を食う事にして居《い》た。さぁ此長鋏《このちょうきょう》の徒や、鶏鳴の輩や、屠狗《とく》の族《ぞく》は家内中に跋扈《ばっこ》して、其《その》乱雑名状すべからずである。或日《あるひ》庵主は飯食いに立寄り此《この》有様を見て頻《しき》りに不愉快を感じたから、丁度和尚の不在を幸い、其《その》食客共《ども》全部を座前に呼《よび》集め、一場の説教を試みた。曰《いわ》く、

「人間最終の目的は独立である。人に寄食して生命を保つは禽獣《きんじゅう》にも劣るでないか。試《こゝろみ》に彼《か》の野犬を見よ。掃溜《はきだめ》を漁り廻っても天寿を保って居《い》る。汝等《ら》父母の慈育に生き、鴻大《こうだい》の国恩に成長して、尚《な》お且《か》つ独立の精神に乏しく、人の家に臥し人の糧《かて》を食《くら》うは男子の恥辱此上《このうえ》もない。故に余《よ》、今日《こんにち》汝等《ら》に五円札一枚宛《ずつ》を与えて当家を放逐するから、各《おのおの》其《その》智力と体力とを善能に働かせて、自立の道を講ずるがよい。若《も》し余《よ》が言に違背する者は、人間の恥を知らざる獣類として、余《よ》が懲罰は忽《たちま》ち汝等《ら》の身上《しんじょう》に及ぶであろう」

と、厳誡を下《くだ》した処が、其《その》権幕に辟易《へきえき》したものか、一同各自にのそ〳〵と退散して仕舞《しも》うた。間もなく和尚は俥《くるま》を駆《か》って帰邸した処が、玄関に出迎うる者もなく、一家俄《にわ》かに寂寥の境《きょう》と化して居《い》るので、和尚は怪訝《けゞん》な顔をして庵主に其《その》訳《わけ》を問うから、庵主は澄《すま》し込んで、

「ウム、皆な碌《ろく》な奴は居《お》らぬから、一同に五円宛《ずつ》与えて暇を出して仕舞《しも》うたよ」

と云うと和尚はムッとして、

「貴様は客人の癖に、人の家《うち》の奉公人を無断で何で暇を出したか」

と云うから庵主は厳然と居直り、

「人間自他の分別は、意気を解せず、信仰を弁ぜざるの以前にあり、余《よ》已《すで》に貴様を知り、貴様を解し、貴様と交《まじわ》り、貴様と所信を同《おなじゅ》うして、何で自他の別が有ろうぞ、心已《すで》に均《ひと》し、身《み》同じからざること有らんや、身已《みすで》に同じ両人の所在悉《ことごと》く一家たるを知るべし。況《いわ》んや余《よ》は貴様を以て天下の豪傑と信じて居《い》る以上は、貴様も又余《よ》を以て天下の傑士とし

て知るの光栄を忘るべからず。然《しか》るに貴様は常に余《よ》が枉駕《おうが》を辱《かたじけな》しとするの念なく、狐狸《こり》にも劣る醜類を以て家内に充満せしめ、余《よ》をして不断不快の念を失わざらしむ。無礼何ぞ之《これ》に若《し》かんや。余《よ》が家と雖《いえど》も之《これ》に等しき不良の醜類無きに非《あ》らざるも、余《よ》は常に之《これ》を訓戒して善良の徒に化せしめんと努めつゝあり。貴様は曾《かつ》て之等《これら》を善導するの道を講ぜず、徒《いたず》らに飯を食わせて遊惰放縦に長ぜしむるのみ。是れ唯《ひと》り余《よ》に無礼なるのみならず、貴重の人類を亡燼《ぼうじん》するの罪、決して軽しとせず。見よ余《よ》が一場の訓戒は、日ならずして必ず何等《なんら》かの反応を認むるの時期あるべし。貴様の罪は余《よ》の罪なり。余《よ》の訓戒は貴様の訓戒なり。貴様は余《よ》に謝するの事はあるとも、決して恨むるの事あるべからず」

と其言《そのげん》未だ了《おわ》らざるに和尚は曰《いわ》く、

「好《よ》し分《わか》った。人の家の奉公人を追い出すは少し変なようじゃが、一身一家を同体とすれば何の不思議もないわい」

と、咄《はなし》は之《これ》で融解をし、不断の通りに笑い戯れ、共に飯を食うて別れた。此《この》和尚の得道解脱《とくどうげだつ》は概《おおむ》ね此《かく》の如しである。

又、或時《あるとき》和尚曰《いわ》く、

「某《ぼう》大会社の重役某《ぼう》は、貴様も親友であるが、彼《か》れは金の手廻るに任せて魂性腐り、女に溺れて妾《めかけ》狂いを始め、家庭も紊乱《ぶんらん》し信用も又、危殆ならんとす。他の信友《しんゆう》も屢〲《しばしば》之《これ》に忠言を尽すも毫《ごう》も悔悟の状なし。何とか之《これ》を救済するの法はなきや」

と、庵主曰《いわ》く、

「抑ゝ《そも〱》人を救うと云うことは広大無辺の事業で、非常の善事ではあるが容易に発表の出来ぬ事である。何故《なぜ》なれば、捨身済度と云うて、一方を救えば一方は潰れると云う覚悟がなくてはならぬ。其《その》覚悟が救うと云う効果を現わすのである。それだから貴様が某《ぼう》を済《すく》うと云う決心は、先ず貴様が身を捨てると云う決心の必要がある。余《よ》は之《これ》を梵語学者に聞いたが、南無阿弥陀仏の南無と云う語は、捨身即ち帰命《きみょう》と云うことじゃげな、故に、衆生が身を捨てまするぞ阿弥陀様〱〱〱と、一心不乱に唱誦《しょうじゅ》すれば即ち帰依得脱の果《か》を得《う》ると云うのじゃと。貴様も某《ぼう》の妾《めかけ》狂いを救うのには、身を捨てる事が出来るか」

と尋ねたら和尚言下《げんか》に曰《いわ》く、

「俺も貴様も此《この》薄生温《なまぬる》い世の中に、薄盆鎗《うすぼんやり》と生きて居《い》て、御互にもう困り抜いて居《お》るから、自分の思い立ったことで身を捨てる事が出来れば此上《このうえ》もない仕合《しあわせ》である。どんな事でも遣《や》るから遠慮なしに意見を云うてくれよ」

と云うから庵主は、

「貴様が死ぬ覚悟さえすれば屹度《きっと》遣《や》り損なわずに成功するよ。先ず第一にあの妾《めかけ》は芸者上《あが》りで極々心底《しんてい》の悪るい奴であるから、あれを善化《ぜんけ》をさせる必要があるが、貴様はあの女と姦通をした体《てい》に粧《よそお》う事が出来るか。若《も》し夫《それ》が出来れば某《ぼう》が妾宅《しょうたく》に来る晩に一つ驚《おど》かして遣《や》れ、夫《それ》が救済術の手初めじゃ」

と云うと和尚は、

「好《よ》し〳〵早速遣《や》るよ」

と云うて和尚は浜町《はまちょう》の其妾宅《そのしょうたく》に出掛けて往《い》って下婢《かひ》に、

「主人は今夜此処《こゝ》に来るか」

と問うたれば下婢《かひ》は、

「ハイ、今夜は会社のお客で帝国ホテルに往《ゆ》かれましたが、今電話が掛《かゝ》りまして追付《おっつ》けお出《いで》になります」

と云うので、和尚は直《すぐ》にのそ〳〵と奥深い二階に這入《はい》って往《いっ》たら予《かね》て顔馴染《かおなじみ》の其妾《そのめかけ》が、居間に寝床を敷いてぼんやり主人の帰りを待って居《い》る、和尚は其《その》寝床の上にどっかと坐り、物をも云わず其妾《そのめかけ》を鷲攫《わしづか》みにして夜具《やぐ》を引《ひっ》かぶせ、少しでも声を立てると絞殺《しめころ》すぞと、ぐっと夜具《やぐ》の片端《かたっぱし》の上に坐り込んだ。而《そ》して煙草《たばこ》一服呑《の》むか呑《の》まぬ中《うち》に、主人が帰り、のそ〳〵と梯子《はしご》を昇って来て、酔眼朦朧《もうろう》寝室の方を見ると、友人の和尚が自分の寝床の上に妾《めかけ》を片膝に引敷《ひきし》き胡坐《あぐら》組《か》いて居《い》るから吃驚《びっくり》仰天はしたが其儘《そのまゝ》にもならず、

「何奴《なにやつ》じゃ、人外《じんがい》非道の事をする奴は？」

と叫んだから和尚は雷霆《らいてい》の声を発して、

「公道館主《こうどうかんしゅ》劉宜である、是《これ》へ這入《はい》れ」

と叫んだ。此《この》破天荒的の姦夫の云分《いいぶん》に、又某《ぼう》は一層の驚《おどろき》をして、

「此《この》不埒者、覚えて居《い》よ」

と云うと和尚は眼《まなこ》を瞋《いか》らし、飛蒐《とびかゝ》らんず勢《いきおい》にて恐るべき破鐘声《われがねごえ》を発し、

「待てっ！」

と云うて立上《たちあが》った。之《これ》を見た主人は、名にし負う天下無双の剣客に飛蒐《とびかゝ》られては大変と思い、大狼狽《おおろうばい》にて階子を降《お》り、匆々《そう〳〵》に俥《くるま》を飛ばして逃げ去った。夫《それ》から単純水《みず》の如き和尚は直《たゞち》に庵主の処に来て、斯々《かく〳〵》斯様《かよう》にまでは遣《や》って来たが、是《これ》からどうするが最善の方法かと云うから、

「是《これ》からが大変面白い。此《この》短刀を君に遣《や》るから斯々《かく〳〵》にせよ」

と云うと和尚は直《すぐ》に其某《そのぼう》の本宅へと俥《くるま》を飛ばした。丁度主人は不快の念と、恐怖の念とが心頭に蟠《わだかま》りながら、帰宅後妻君にありし実際を打明ける訳にも往《ゆ》かず、怏々《おう〳〵》として寝に就いて眠《ねむり》もやらず居《い》る処へ、和尚は玄関に佇立《ちょりつ》して面会を求めた。取次の下女が少々お待ち下さいと奥へ行く跡から、和尚はノソ〳〵と尾行して其《その》寝室の前の廊下に立って居《い》た。処が、下女が差出す名刺を一見した主人の驚きと云うたら大変である。恐ろしい押《おし》の強い姦夫も有るもので、向《むこ》うから押掛けて来るなどは古今無比である。兎《と》も角《かく》面会を謝絶せよと命ずる言下《げんか》より、和尚はニュッと主人の枕頭《ちんとう》に顔をさし出し、

「オイ、用があって会いに来たのだ、年来の交際だ、野暮を云わずに会ってくれ」

と云うた所が主人の顔は見る〳〵土の如くなって、妻君と共に飛起き目を睜《みは》って沈黙して居《い》る。和尚は徐《おもむ》ろに、

「オイ君《きみ》、驚くな騒ぐな。悪い事は俺の方がしたのじゃ、俺が今夜来たのは謝罪の為めじゃ、故に其《その》謝罪の仕方は君の命ずる儘《まゝ》だ。殺すか擲《ぶ》つか。若《も》し旧交を思うて武士らしく腹を切らせて呉《く》れるなら、此《この》次の間を借りて君《きみ》の面前で綺麗に屠腹《とふく》して詑《わび》をしよう。其為《そのため》に短刀も用意して持って来た」

と、庵主の与えた大慶直胤《たいけいなおたね》の合口《あいくち》を左手に持って、衷心《ちゅうしん》よりの決意を示し、眼を据《す》えてドッカと坐を占めたので、某《ぼう》は胆《きも》を抜かるゝ程《ほど》驚いて妻女《さいじょ》の手前も面目なく首ウナ垂《だ》れて、

「劉宜君、実《じつ》に私が悪るかった。君《きみ》が僕に対する友誼的の行為は一々心魂に徹した。此上《このうえ》はあの女の処分方《かた》は一に君《きみ》に一任する、もう已《すで》に多額の金も遣《やっ》てあるから、あの妾宅《しょうたく》も本人に与えて綺麗薩張《さっぱ》りと手を切って呉れ玉《たま》え。僕はお蔭で立派に断念したから」

と明言したので、和尚はイキ〳〵と又庵主の処に帰って来て、

「オイ、此処《こゝ》まで遣《や》って来たが、是《これ》からどうするのじゃ」

と云うから庵主は、

「もうそうなれば大丈夫じゃ。此《これ》から飯でも食うて直《すぐ》に又其妾《そのめかけ》の所に行き、斯々《かく〳〵》にするのだ」

と云うと和尚は、

「好《よ》し〳〵」

と云うて茶漬飯を腹一杯食うて出掛けて行った。其妾《そのめかけ》は不思議の驚きと恐怖との為め俄《にわ》かに頭痛を起《おこ》し、氷嚢《こおりぶくろ》を頭に載せて寝込んで居《い》る。其《その》枕元に和尚はドッカと坐り、

「オイ〳〵一寸《ちょっと》起きてくれ。あの後《ご》の顛末は是々斯《これ〳〵こ》う〳〵となったが、実は罪にもお前に濡衣《ぬれぎぬ》を着せて旦那を縮尻《しくじ》らせたのも、俺は一人の友達が惜《おし》いからだ。お前が手管を継続して居《い》る間は、到底あの男が別れる気遣いなしだ。故に思わず手荒の事を仕《し》たが、お前も是迄《これまで》の縁と諦め、今日から俺を旦那として俺の妾《めかけ》とならぬか」

と云うと、其《その》女はムックと起きて身構え、柳眉《りゅうび》を逆立てゝ、ぐッと和尚を睨《にら》まえ、泣声を絞って、

「貴女《ママ》の様《よう》な鬼より恐ろしい人の妾《めかけ》などとは思いも寄らぬ。若《も》しそうならねばならぬようなら、即座に死んで仕舞《しま》います」

と云うから和尚は、

「そうか、夫《それ》なら俺も仕合《しあわ》せじゃ。夫《それ》ならお前もう一度元《もと》の芸者にならぬか。着物の一揃位は杉山が拵《こしら》えて遣《や》ると云うて居《い》た、杉山も俺も只《たゞ》友達一人が惜しいからの仕事だ、若《も》しお前が尚も断念せず、あの男と此後只《このゝちたゞ》の一度でも逢引《あいびき》などをするか、又芸者になるのも嫌と不始末の事を云うて強情張れば、俺も仕方がないから毎日此家《このうち》に来て大飯を食い、お前を妾《めかけ》とする手筈に取掛《とりかゝ》るのだ。併《しか》し夫《それ》はお互に手数《てすう》も掛《かゝ》り、又迷惑もする事故《ことゆえ》、お前は此家丈《このうちだ》けを貰《もら》い受け、俺と杉山とで芸者になる着物を拵《こしら》えて遣《や》るから、暢気《のんき》に面白く芸者の方に取掛《とりかゝ》ったらどうじゃ」

と説立《ときたて》たので、此《この》女も目先の早い性質《たち》だから強情張って此《この》和尚や庵主等《ら》に悪戯《いたずら》の標的とされては迚《とて》も溜まらぬと思うたと見え、素直に稼《で》の着物一着で此《この》問題は落着し、其《その》友人も亦其後妾宅《またそのごしょうたく》など構えれば和尚等《ら》が毎日ノソ〳〵と入浸りに来られても困るから、段々品行もよくなり、永らく其《その》大会社の重役を勤めて天寿を以て死亡した。其《その》女も芸者になって、又大分全盛を極めて居《い》たようだ。事《こと》落着の後《のち》、和尚曰《いわ》く、

「成程甘《なるほどうま》い捨身済度南無阿弥陀仏だ。之《これ》に限る。何事でも不成功は一つもない。人間南無阿弥陀仏に限るものじゃ」

と喜んで居《い》た。

11 外資案計画を時の政府に

紙幣を贋造して一員に賄し
議員を監禁して政府を圧す

此劉宜《このりゅうぎ》という大魔人に就ては、面白き歴史が幾らもある、明治大正の間に有得《ありう》べからざる絶驚の行為を緩〳〵《ゆる〳〵》坦途《たんと》を往《ゆ》くが如く実行する、其人《そのひと》即ち劉宜魔人が、当時庵主と日夜交遊して居《い》たと云うは不思議な位である。

或る年、庵主が我国の工業界に、低利永年賦の資金を供給して、絶大の工業国と変化させようと思い立ち、当局の紹

介状一本をも持たず、単身孤剣、米国に渡航してゼー・ピー・モルガン氏と、日米の資本融通のネゴシエーションを起《おこ》し、不思議に夫《それ》が一致して、一億三千万弗《ドル》の外資を年三朱《しゅ》五厘《りん》にて輸入する事に仮契約を締結し、日本に帰朝して時の総理大臣（伊藤博文）に面会し、総理の尽力によりて大蔵大臣（井上馨）に此《この》議を移した、処が大蔵大臣は其《その》総理大臣よりも勢力強き人にて、絶対に之《これ》を拒絶した、否《いな》、拒絶するのみならず、雷霆《かみなり》の如き声を発して庵主を侮辱した。曰《いわ》く「予《よ》はそんな借金政策は嫌いだ、又貴様のような小僧と国家の財政を議する事はせぬぞ」と罵倒した。そこで黙しても引込まれず、ドンと腰を据えて反論した。曰《いわ》く「貴下《あなた》は　朝命を奉ずる大官なるが故に、辞《ことば》を改めて敬語を用うるが、理《り》の存する処は王侯をも避けぬ。貴下《あなた》が壮若より国政に参与して経営した財政は、外国に金を借りて、元利共《とも》に之《これ》を消費して仕舞《しま》い、其尻《そのしり》は租税に支払《しはろ》うて貰《もろ》うた経験は有ろう。即ち外債と云う物を嚙《かじ》った覚えは有ろうが、外資と云う物を喰うた覚えが有りますか。有るなら云うて御覧なさい……無いでしょう。外資と云う物の味は、何共《なんとも》云えぬ甘《うま》い物でありますよ。此《この》外資は生産事業でなければ喰わされぬもので、儲かる事丈《だ》けに融通するものである。即ち商売の資本である。手形を外国に出せば、チャランと音のする金貨が這入《はい》る。此《この》金貨が無くなった時は、汽車や船にウンと商品が積込んである。此《この》商品が無くなった時は、其《その》出した金より余計になって金が戻って来る。そこで其《その》金を外国に返済すると、元の手形が戻って来て、利益丈《だ》けが残って、外資の責任が解除される時でありますよ。貴下《あなた》は今日まで夢にも喰うた事のない国家富強の大滋薬であります。大蔵大臣が飯と糞《くそ》と間違えて、財政を遣《や》っては大変でありますよ。貴下《あなた》は今日まで糞《くそ》より外《ほか》に喰うた事のない方です。僕は余りお気の毒だから、飯《めし》と云う人間の為めになる甘《うま》い物を貴下《あなた》に喰わせようとするのですよ。又貴下《あなた》は貴様のような小僧と云わるゝが、貴下《あなた》が明治八年、大蔵卿をした時は四十歳です、僕は今三十七《ママ》歳です。貴下《あなた》はたった三ツの違いで、僕を小僧と罵《のゝし》って、財政を論ずる資格がないと呶鳴《どな》りますか。勿論、人間は年に関係なく賢愚はありますが、貴下《あなた》は怜悧《れいり》で、僕は馬鹿と云う。何《どん》様なメートルを持って居《お》れば僕に対して小僧呼《よば》わりを仕《し》ますか。又、貴下《あなた》が国家に尽すのは月給を取って賃銭片手に仕《し》た国政ですよ。僕は一文も賃銭を取らず国民が不憫じゃから自費で世話をするのですよ。貴下《あなた》は勲等官爵と云う、国家の名誉権力を以て国政をするのですよ。僕は無位無官で国家に奉公するのですぜ。貴下《あなた》は困れば屢《しば》〳〵辞表を出して、責任を回避しますが、僕は十六歳より今日まで、一度も国事に辞表を差出しませぬぞ。サア貴下《あなた》の明答を聴くまでは、敬語を以て物を云いますが、徒《いたず》らに非理を以て国家忠勤の士を罵《のゝし》った以上は、答えが出来ねば、僕も受けた丈《だ》けの恥辱は、屹度《きっと》倍加して報いますぞ」と詰め寄せた。処が此《この》大蔵大臣は実に人格の良《い》い人で、非を悟ったら如何《いか》なる人にでも直《たゞち》に豁然《かつぜん》として謝る人故《ゆえ》、「イヤ、是《これ》は僕が悪るかった。気にさえて呉《く》れ玉《たま》うな。緩《ゆっ》くり話も聞き、書類をも拝見しよう」と云われたので、庵主は直立して今の無礼を謝し諄《じゅん》〳〵と説いたら、非常に氷解せられて、「何《いず》れ総理とも相談して再会しよう」と云われた。元々此事《このこと》は彼《か》の劉宜魔人とも相談して仕組んで居《い》た事故《ことゆえ》、直《たゞち》に帰って此事《このこと》を話すと、大変に喜んで「先ず〳〵蔭ながらの御奉公が出来る」と同慶した。其《その》翌々日、総理より呼びに来た、総理曰《いわ》く「大蔵大臣は大変君《きみ》の話を面白く聞いて、何とか法案の工夫をして見ようと云うて居《い》るが、茲《こゝ》に一つ相談がある。夫《それ》は君《きみ》の郷里選出の代議士や、君等《きみら》の友人間の代議士を一括して、融和して貰《もら》いたい、政府は今度増税案を提出する筈だから、此《これ》に君等《きみら》も賛成して、其上君等《そのうえきみら》の交際間《かん》を一括して同意させて貰《もら》いたい」との事であるから、庵主は曰《いわ》く「素《もと》より増税は止《や》むを得ますまい、故に之《これ》に生産計画、即ち外資案を併行して法案を御提出になれば、無論増税も通過するように、直《たゞち》に活動を始めましょう。即ち外資輸入によりて、国家の工業に低利永年賦の資本を供給する、私共《わたくしども》計画の案さえ御採用になれば、責任を以て同志間を纏《まと》めましょう」と答えて帰って来て、復之《またこれ》を劉宜魔人に報告した。処が其《その》翌日又々呼びに来た故、面会したら、昨日話した事を大蔵大臣とも打合せ、有益なる案故《ゆえ》、工業銀行法案として提出し、其《その》社債案として採用する事に極《き》めたから、十分に尽力を乞う」との事だ。庵主は彼《か》の劉宜魔人と共に「サア斯《こ》うしては居《い》られないぞ、今夜から徹夜で議員共《ども》を引纏めよう」と両人一斉《いっせい》に結束して、大活動を始め、山下クラブや帝国党などに、満身の力を傾けて、此《この》両案に大多数の同意をさせたのは何でも夫《それ》から二週間の後《のち》であった。先ず安心と両人大飯《おおめし》を喰うて、一日昼寝をして居《い》たら、又、総理大臣から呼びに来た。往《い》って見ると、蔵相と一緒で、「御苦労であったが、彼《か》の外資案は日本銀行及《および》一般の銀行者と、資本家連が全部反対で今度は迚《とて》も提出されぬ、増税案丈《だ》けにするから、そう思うて居《い》て呉《く》れ玉《たま》え。今日《こんにち》まで君《きみ》の尽力の結果や、費用等は、何《いず》れ弁償の法を立てるから……」との事、そこで庵主は勃然《むっ》として「イヤ、何《いず》れにしても国事でありますから、御随意になされませ、私は裸体《はだか》の増税案提出には一人で屹度《きっと》反対致しますから、今日《こんにち》より之《これ》を否決せしめる事に努めます」と言放《いいはな》ったら、両大臣共俄《ともにわ》かに態度を変え、「夫《それ》は又君《きみ》の御随意である。我々は大多数同意者の届出が已《すで》にある、で、日程の第一に提出する積《つも》りである」と云うから、庵主も笑顔を作って「イヤ、夫《それ》も貴下方《あなた》の御随意である」と云うて帰って来て、夫《それ》から彼《か》の劉宜魔人と相談して「サァ面白くなって来た、今日より二人で此《この》議会を敲《たゝ》き潰すのじゃ」と評議一決し、直《たゞち》に呉服屋に言付けて鼠色の紋服《もんつき》を拵《こしら》え、若《も》し両人が此《この》政府に負けたら、面《つら》当てに此《この》揃いの衣物《きもの》を着て、総理官邸の玄関で見事に腹を切ろうじゃないか、と云うたら、劉宜魔人は「宜しい、薄生《うすな》ま緩《ぬる》い此《この》世の中に持《もち》あぐんだ此身体《このからだ》、一番立派に遣付《やっつ》けよう」と、玆《こゝ》に相談一決した。処で此《この》低利資本供給の大反対者の巨魁は、日本銀行を始め、高利貸の銀行共《ども》で、其《その》代表者として両者を駆け廻り、之《これ》を統一して居《い》るのは某《ぼう》銀行の副頭取の貴族院議員某《ぼう》である。此人《このひと》は庵主も劉宜も年来懇意な男故《ゆえ》「和尚、是《これ》から行って連れて来て、人の分らぬ所に監禁し、其《その》運動の根を絶とうではないか、何にしても同志は二人で、金が少しもなく、相手は政府と両院全体と云う強敵であるから、敵としては実に面白い、若《も》し負けたら腹を切る事も、爰《こゝ》数日にあるのじゃから、何にしても相手も仕事も面白い、さぁ遣《や》れ」と、両人一斉《いっせい》に飛出したのが、其日《そのひ》の午後の六時頃であった。午後十時半頃、劉宜魔人は、ぼんやり帰って来て「如何《いか》に説いても咄《はな》しても、彼《か》の頭取議員奴《め》は小石川原町《こいしかわはらまち》の寓居を離れて出掛けて来ぬぞ、雪は深いし、風は吹く、仕方がないから一先ず帰って来た」と云うから、庵主は気の毒とは思うたが、大喝一声、呶鳴《どな》り付けた。「貴様はもう帰れ！　貴様のような臆病者の意気地なしと、此《この》死生を決する大事は倶《とも》にされぬ。今から俺が一人で遣《や》るから……」と、気は立って居《い》るし、足を挙げて蹴《け》飛ばした。劉宜魔人はにこ〳〵して「好《よ》し〳〵先ず飯を食うてから、今度は決心して最《もう》一遍往《い》くわい」と云うて、茶漬飯を食うて、例の一頭立《だて》の破れた母衣《ほろ》馬車に乗って出掛けた。庵主は独り孤灯に対《むか》って、苦心惨憺の工夫を凝らせども、何分相手は多数に、政府と来て居《い》る、怎《どう》も事前に拘引されるような事を仕出来《しでか》しては、万事休すじゃから、秘密穏便と云うは、総ての基礎であると考えて、玆《こゝ》に一策を思い付いて、出掛ける途端に、劉宜魔人は濡鼠《ぬれねずみ》のようになった彼《か》の貴族院議員を連れて来た。不図《ふと》劉宜魔人の顔を見ると、洋服の満身は泥に塗《まみ》れ、頭髪《かみのけ》も顔も泥を被《かぶ》って居《い》る、其《その》貴族院議員は顔色青蒼《がんしょくせいそう》として、がたく慄《ふる》えて居《い》る。庵主の宿の婆さんはびっくりして「阿方《あなた》、一寸《ちょっと》お待《まち》なさい、其《それ》なりで上《あが》られては堪《たま》りませぬ」と云うて、浴衣《ゆかた》と温袍《どてら》とを持来《もちきた》って、土間《どま》で之《これ》を着替えさせ、直《たゞち》に風呂場に伴うた。すると其《その》議員先生、隙があらば逃げ出そうとするので、劉宜魔人は風呂場の出口の方を背にして、万一に備えて居《い》る。「抑々《そもそも》劉宜魔人が原町《はらまち》の彼の住居に着いた時は、もう殆んど十二時過であって、門扉《もんぴ》は固く閉《とじ》られて居《い》る、叩けば警戒するから、馬車を踏台にして門を乗越し、内から貫木《かんぬき》を外《はず》して玄関に往《い》くと、鎗戸《やりど》が鎖《と》ざしてある。其《その》戸を二枚共《とも》に抱上《だきあ》げると、掛金の儘《まゝ》外《はず》れた、そこで直《たゞち》に主人の寝室に闖入すると、主人は目を覚《さま》して、妻君と共に飛起きたから、劉宜和尚は、『君《きみ》、どうしても一寸《ちょっと》来て呉《く》れぬと、杉山が怒《おこ》って俺を蹴飛《けとば》すから、一寸《ちょっと》来て呉《く》れ』と、手を伸《のば》して引起すと、議員先生何をッ！と抵抗仕《し》ようとするのを、逆に腕を取って羽介締《はがいじめ》にして提《ひっさ》げ、廊下をのそく来ると、妻君が警察に電話を掛けて居《い》るから、片手を挙げてドンと電話器を打つと、ガタンと落ちて仕舞《しも》うた。委細構わず主人を提《ひっさ》げて馬車に乗り、一鞭当てさせて、原町《はらまち》を飛出し、成丈《なるた》け人通りの無い処を選んで、日比谷の練兵場を斜《はす》に芝烏森《しばからすもり》の庵主の寓居へと馳せる途中、練兵場の真中に元《もと》大きい銀杏の樹があったのを、掘取った跡が池ほどの穴になり、溜った水が氷った上に、雪が一ぱい積《つも》って居《い》た。夫《それ》とも知らずに馬を鞭《むちう》ったので、馬は驀地《まっしぐら》に其の池に飛び込み、車台も人もドブンと水中に没して、馬は向《むこ》うに飛上ったので両人とも満身ズブ濡れの次第じゃ」との物語である。夫《それ》から庵主は徐《おもむろ》に其の議員先生に「多年の交誼に背き、理不尽の振舞《ふるまい》ながら、両人茲《こゝ》に死を決しての快挙故《ゆえ》、どうか不承をして二三《にさん》日我慢して呉《く》れ玉《たま》え。但し甘《うま》い物は食い次第、芸者一人は買切り、選択は君《きみ》に任せる。若《も》し君《きみ》が外界に覚らるべき挙動あらば、万止むを得ず、無道とは知りながら非常手段に出るの外《ほか》ないから……」云々と申諭《もうしさと》し、夫《それ》から庵主は嚢底《ふところ》を調べると、金が五百円余り有る。仕方がないから、宿の婆さんを呼んで咄《はなし》をすると、此《この》婆さんは素《もと》より俠気横溢《おういつ》の江戸ッ子気質《かたぎ》の人故《ゆえ》、近処《きんじょ》の質屋を説いて、其《その》家屋抵当の約束で金を七百円借りて来て呉《く》れた。夫《それ》を又、新しい十円札と両替をして貰《もら》い、隣りの帳面屋の老爺を呼んで来て、洋紙を丁度十円札の型に断たせ、其上《そのうえ》に裏表にして十円札を一枚ずつ載せて束となし、一束丈《だ》け本当の千円束を拵《こしら》えて、之《これ》を小さい支那カバンに詰め込み、夫《それ》から多数党の尽力者某《ぼう》を呼びに遣《や》り、庵主は厳《おごそ》かに云うた。曰《いわ》く「君《きみ》は僕と共に当初より此《この》増税案賛成勧誘に付き、日夜絶大の尽力をせられた事が総理閣下を始め、全政府に貫徹し、今夜総理より窃《ひそ》かに一時の慰労として三十万円丈《だ》け送り越された故に、明朝増税案の日程の議事に掛《か》る前、正《しょう》八時に芝山内《しばさんない》の某楼《ぼうろう》まで同志諸君一同の御来臨を乞い、手短に分配をして、僕の責任を果したいと思う」と云うた。夫《それ》が丁度其日《そのひ》の午後八時頃であった。尽力者某《ぼう》には其《その》支那カバンを開いて、本物の千円束一つを取出して渡すと、某《ぼう》は贋札《にせさつ》の千円束が一杯カバンに充満して居《い》るのを、覗《のぞ》き込んでにコッと笑い、百謝して其《その》札束を懐中したから、もう占めたものと思うて居《い》ると、某《ぼう》は大凡《おおよそ》朝の五時頃まで電話の傍《かたわ》らに立詰めて、肩息になって庵主の傍に遣《や》って来て「夜中の事故《ことゆえ》、電話は出ず、一人出れば、先から先へと伝達を嘱して漸《ようや》く今《いま》済ました」と、明朝八時の参会を約して帰ったは十二時前後であった。夫《それ》から庵主は劉宜魔人と入れ替って其《その》監禁議員の監視となり、劉宜魔人は芝山内《しばさんない》の某楼《ぼうろう》に往《い》って、階上に茶菓の用意等を言附け、剣術の門弟二十人斗《ばかり》を結束して待って居《い》ると、丁度七時三十分頃は、階上に満員となって、到着する者六十三人と註《ちゅう》せられた。是《これ》と同時にばら〱と剣客二十人は其《その》階上に押込み、見る間に階段をみり〱と引外《ひきはず》した、其時《そのとき》劉宜魔人は屹立して演舌を初めた、「今日《こんにち》は武士道の一分立難《いちぶんたちがた》き理由あって、我等一死を決して、暫時《しばらく》諸君に御来臨を願う事になった。其《その》理由は追付《おっつ》け申述《もうしのべ》るの機会となるであろう、此《この》事件が相《あい》済んだ上は、素《もと》より厳刑は自覚罷在事故《まかりあることゆえ》、暫時《しばらく》の間《あいだ》御静謐《せいひつ》に願いたし、若《も》し一人にても騒擾ケ間敷《ましき》事あるに於ては、引連れたる者共《ものども》一同は、決死の覚悟を以て御相手致すべし」云々と云放《いいはな》った。之《これ》を聞いた六十三名の議員は、一同瞠若《どうじゃく》として、顔を見合せたが、中に気早の猛者《もさ》が二三《にさん》あって、直《たゞち》に其《その》仲介者の某《ぼう》に喰って掛《か》り「貴様は我等を欺罔《だま》したな」と言い様《ざま》、其横鬢《そのよこびん》を乱打した。最前《さいぜん》より之《これ》を待構えて居《い》た劉宜魔人は「それッ」と一人の門弟に目配せすると同時に、直《たゞち》に猛者《もさ》の議員に組付き、一〆《しめ》して群れ居《い》る議員の中に三間斗《げんばかり》り投《なげ》飛ばして、起上《おきあが》ったら又候《またそうろう》と身構えた。此《この》擬勢に一同は恐れをなし、全体是《これ》は何事で斯《か》る事になったかと云う事も分らず、只《たゞ》呆れ果て、眼を睜《みは》って居《い》るのである。そこで劉宜魔人は又演説を初めた、「我々の無礼は本件の事後に於て諸君の厳刑を甘受する筈故《はずゆえ》、夫《それ》迄は当楼の召使や主人に至るまで、一人の外出をも許さぬ。此《この》儀は不悪《あしからず》御承知を乞う」と云うた。茲《こゝ》に可笑《おか》しい事は、其《その》仲介者の某《ぼう》は、八方よりの攻撃に耐えず、窓際に簇立《ぞくりつ》する赤松の枝に飛付き、袴《はかま》のまゝブラ下って、どうする事も出来ず苦しんで居《い》る。劉宜魔人は之《これ》を見て「馬鹿者奴《め》、袴《はかま》掛けで松の枝にブラ下って暮す奴があるか」と叱咤《しった》して、側《かたわ》らの一青年を呼び、梯子を持来《もちきた》らせ其某《そのぼう》の襟髪を摑んで又元《もと》の二階に投り込んだ。其中《そのうち》に迚《とて》も永くは持てぬので、絶えず庵主の方に「まだか〳〵」と電話が掛《か》る。庵主は又一方の貴族院議員を監視する側《かたわ》ら、衆議院議員の方へ、「どうなった〳〵〳〵」と電話を掛けつゝある。此《こ》処《ゝ》が此《この》戦争の焼点《しょうてん》である。折から議院中に派出して居《い》た細作《しのび》より「今、総理大臣が出席して、演説を為《な》すべく演壇に臨むと、議員の数は反対党の外《ほか》、予約議員の出席がないので、互《たがい》に疑心暗鬼を生じ、或《あるい》は人を外《そと》に馳せ、或《あるい》は終《つい》には自分で退席した。夫《それ》を見た他議員もざわ〳〵と騒ぎ出して、総理の演説も四度路百度路《しどろもどろ》となって、終《つい》に賛成者二十八人と云う少数で、只今《たゞいま》解散を宣布した」との電話である。之《これ》を聞いた庵主は身の居《お》り処も分らぬ程《ほど》歓喜して、直《たゞち》に劉宜魔人に電話で報知し、其儘《そのまゝ》車に飛乗って総理官邸へと馳せ付《つけ》た処が、総理はソーフワに寝転んでシガーを燻《くゆ》らして居《い》た。其《その》前《まえ》に庵主は案内もなく進み寄って、「どうだ、正義で魂を鎧《よろ》うた日本浪人の反対力は！　人を欺弄《だま》した総理大臣の心魂に徹したか？」と、息を詰めて睨《にら》み付けた処が、総理は「イヤ、感心したよ、君《きみ》が国士の自負は今日《こんにち》僕が慥《たしか》に承認したよ、今後弥《いよ〳〵》隔意なく交際しようでないか、ハ、、、、」と笑《わらわ》れた。庵主は夫《それ》より直《たゞち》に劉宜魔人の方に駈け付たら、魔人和尚は悠々と風呂から上って、門弟に給仕をさせて飯を食うて居《い》た。庵主は「夫《それ》からどうした？」と云うた。劉宜和尚は「フ、、ム」と鼻で返辞をして「どうもせぬ、貴様が電話を掛けたから、皆様御苦労でした。是《これ》でもう御解散を願《ねがい》ますと云うて帰って来た。飯を食うて自訴するのだ」と云うから「いや、自訴なら俺も同様だが、被害者が腹の癒《いえ》る丈《だ》けの条件を具《ぐ》して告訴するのを待つ方がよい」と云うたら、劉宜和尚は「そうか、夫《それ》なら二人で昼寝でも仕《し》よう」と云うた。夫《それ》から庵主が宿に帰った時は、彼《か》の監禁の貴族院議員はもう居《い》なかった。其《その》翌日は号外が出て、総理大臣は辞表を提出した。其《その》漢文辞表の全文が発表せられた。庵主は第一に監禁議員に謝罪の為め小石川原町《こいしかわはらまち》の宅に行って面会し、其《その》顛末の委細を陳謝したら、曰《いわ》く「君方《きみがた》が国事上尽瘁《じんすい》に一身を犠牲にせられた事は、慥《たしか》に諒得したよ。併《しか》し僕も君方《きみがた》に監禁された事丈《だ》けは、自衛上自白する訳に行《ゆ》かぬから、お互に今日限り無言とする事に約束仕《し》ようでないか」と云う。

庵主は叩頭百謝《こうとう》して帰って来た。夫《それ》から劉宜魔人は今日か〳〵と待つ告訴事件を二十年後の今日《こんにち》まで一人の告訴者がない。夫《それ》が成程《なるほど》と思わるゝは、告訴したら政府贈賄の金を分配するからとの召集に応じて、芝山内《しばさんない》の某楼《ぼうろう》に馳せ集《あつま》った事がデベロープしては反《かえ》って困るからであろう。兎《と》も角《かく》、悪運強い為とは云いながら、若い時の此《この》罪悪丈《だ》けは自白しなければ、庵主も劉宜も寝心地が悪いと思うて、玆《こゝ》に書いて置くのである。

12 槿花《きんか》一朝の夢

北海道に砂金数百俵を攫得せんことを計り
南洋島にダイヤモンド数千噸を占めんとす

或日劉宜《あるひりゅうぎ》和尚が来《きたっ》て曰《い》うには、

「おい其日庵《そのひあん》よ、貴様も永い年月《としつき》貧乏をして、巷閭《こうりょ》に呻吟《しんぎん》して居《い》たが、其《その》要は国事を憤慨するの余り後進を養成し、何《いず》れの日か世の警醒を期待した事に違いない。夫《それ》でこそお互に今日《こんにち》まで、一度も他人の傭雇を受けず、月給や職役に検束された事の無いのは、悉《ことごと》く此《この》精神の発動に外《ほか》ならぬのである。然るに天運玆《こゝ》に循環して、今度は絶大無比の大金が得らるゝ事になって来たから、大安心をして国事に尽瘁《じんすい》する事が出来るぞ。寸時も早く貴様を喜ばせようと思うてやって来たぞ」

「夫《それ》は実《じつ》に結構な事じゃ。夫《それ》こそ我々の幸福でなく、国家の幸福である。国家の根本を腐敗せしむる事の実行は、之《これ》に要する金の出所《しゅっしょ》の問題で、夫《それ》が玲瓏《れいろう》無垢でさえあれば、是程《これほど》結構な事はない。そこでどんな事で金が這入《はい》るのか」

と問うた。

「夫《それ》は今度の事は最も玲瓏《れいろう》無垢な事で、立派な事業が二つも出来たのだ。第一の事業は先ずこうである。

今度俺《わし》の親友馬城《ばじょう》氏が、南洋探検に廻った所が、ジャワの南方二百八十哩《マイル》の処に一孤島がある。其《その》島は四方共《とも》絶壁で、海抜五百尺以上もあって、其上《そのうえ》がテーブルランドになって居《い》る。其《その》島の南方断崖の中腹二百五十尺の処に、三四《さんし》尺のダイヤモンドの鉱脈が露出して居《い》る。而《そう》して其《その》絶壁の下は、名に高き荒海であって、狂瀾怒濤止《や》む時なく、数哩《マイル》の間は乱石礁岩《しょうがん》一面に散在して、白泡飛沫濛々《もうもう》として亀鰐其間《きがくそのあいだ》に群遊出没し、如何《いか》にするも舟筏《しゅうばつ》の近寄るべき道がない。此《この》故《ゆえ》に此《この》宝礦脈に対して人間の力を以ては到底採収を試むべき手段がないという。馬城《ばじょう》氏は其《その》岸上に立って、遥かに白波の汀渚《ていしょ》を俯瞰した処が、其赫燿《そのかくやく》として波に揉《も》まるゝものは皆ダイヤモンドであって、朝暾《ちょうとん》一たび之《これ》を照らせば、燦爛として人目《じんもく》を眩《げん》し、再度之《ふたゝびこれ》を凝視する事が出来ぬ。今世界に散布するダイヤモンドなる物は、悉《ことごと》く此《こ》の島に産せざるものはない。馬城《ばじょう》氏、土人の採収法を聞くに、先ず数塊の肉片を此《この》岸上より汀渚《ていしょ》に投下し置く時は、一群の巨鳶飛来《きょえんとびきた》りて其《その》肉塊を抓《つか》み、更《さ》らに岸上の大樹に憩《いこ》うて之《これ》を喫《くら》う。其所《そこ》で其《その》樹下の鳥糞を漁れば必ず数箇の小ダイヤモンドを得《う》ると、而《しか》して一方其《その》国王の床上に飾るダイヤモンド塊を一見するに、小は拳大にして大は小児の頭大を過ぐと、曾《かつ》て聞く大英国女帝の蔵するダイヤモンドは縦一寸六分、横一寸四分にして、其《その》価三億六千万円と、是《こゝ》に於て吾人が此《この》宝石脈を採収するに、頗《すこぶ》る文明の器械設備をなし、即ち彼《か》の昇降機《エレベーター》などを以て礦夫を降下し、作業を開始したならば、其《その》採収の易々《いゝ》たること、豈夫《あにそ》れ石炭の採掘と選《えら》む事あらんやである。今、当世に於てダイヤモンドを二千噸宛《トンずつ》も毎月輸入し来たならば、少くも吾人《ごじん》が天下の志士を養い、醜類を掃蕩するの費に乏しきを訴うる事はあるまいと云うのだ。併《しか》し若《も》し此《この》事業が一度他に漏洩して、我利《がり》々々の事業家共《ども》が、一斉《いっせい》に此《この》孤島に麕集《きんしゅう》したならば、或《あるい》は功を一簣《いっき》に欠くの虞《おそれ》あるかも知れぬ。故に今日窃《こんにちひそ》かに遠藤秀景《えんどうひでかげ》氏をして、郵船会社に就き二千噸《トン》級の汽船一ケ月のチャーター料を取調べに往《ゆ》かしめた処である。此咄《このはなし》は数日前より、密かに高島《たかしま》将軍邸に集会して、先ず社長を高島子爵となし、其他《そのた》、立雲《りゅううん》（頭山満の号）氏、馬城《ばじょう》氏、秀景《ひでかげ》氏、僕及君《およびきみ》は、其重《そのおも》なる取締役と定めて置いた。又、他の一事業はこうである。是《こゝ》に昔日榎本武揚《せきじつえのもとぶよう》氏と共に、函館五稜郭に楯籠り、幕恩の大義に満身を染めて官軍に抵抗し、満天下に勇名を轟かした松平某《まつだいらぼう》と云う人がある。此人《このひと》は夙《つと》に北海道通を以て一世に聞《きこ》え、昨今北海道の開発漸《ようや》く其緒《その》に就くに随《したが》って、彼《か》の夕張川砂金鉱区の事に付いて熱誠の研究を重ねた。夫《それ》は夕張川の中流、紅葉山《もみじやま》の下手に河流全幅の落下点があって、恰《あだか》もナイヤガラの瀑布《ばくふ》の如く、常に滔々《どう〳〵》の声をなし落下して居《い》る。然《しか》るに不思議な事には、此瀑布《このばくふ》以下に一の砂金鉱区がない。抑々《そも〳〵》砂金採収の実況は、此瀑布《このばくふ》以上を幾分宛《ずつ》に区切りて許可を取り、其《その》区域内の水が石に堰《せ》かれて、流れ行く最も水勢の激烈なる処にネコブクと称する蓆《むしろ》を水底に布《し》き、其《その》上流を足で烈《はげ》しく掻き混ぜ、暫《しばら》くして其蓆《そのむしろ》を上げ、他の平偏《ひらべっちゃ》な大桶に少許《すこしばかり》の水を入れて、其《その》砂塗《まみ》れの蓆《むしろ》を下伏《うつぶし》に入れ、裏から足で之《これ》を踏みたる後、水を傾け去れば、金砂混入のものを残す。其《その》砂と金とを揺り分けて砂金を得るものである。然《しか》るに彼《か》の瀑布壺《たきつぼ》以下にて此《この》法を施しては、只《たゞ》の一粒の砂金を得る事も出来ぬのは、此瀑布壺《このたきつぼ》に開闢《かいびゃく》以来の砂金が堆積して層を成して居《い》るに、万々間違いないと云うことは、智者を待たずして知るべしである。今、厳冬の時で河流全部堅氷に鎖《と》じられ居《お》る故、之《これ》をダイナマイトを以て粉砕し、其《その》氷塊を拾い除《の》けたる跡には、只《た》だ砂金の堆層を見るのみである。故に之《これ》も先日高島邸で、此瀑布壺《このたきつぼ》のみを砂金鉱区として出願する事に決定すると同時に、取敢《とりあえ》ず叺《かます》五百俵とシャブル五十挺《ちょうだ》丈けは既に注文した。吾党《わが》の士、今日茲《こゝ》に結束して密《ひそ》かに未開の北海道に闖入《ちんにゅう》せば、月余《げつよ》ならずして少くも砂金五百俵は東京に持帰る事が出来るぞ。既に立雲《りゅううん》氏や俺《わし》の如きは、食客多きが為めに、芝《しば》、赤坂、麻布《あざぶ》、麴町《こうじまち》等四区の米屋を食潰して、何《いず》れも倒産の危機に瀕して居《い》る故、昨日《きのう》彼《か》の米屋共《ども》を召集して、来月中旬頃には汝等《なんじら》に各《おの〳〵》砂金二三《にさん》俵宛《ずつ》を取らするから、勉強して家族共《ども》を食わせて置けと申渡《もうしわた》した位である。我々は此《この》一業の為めに、此位《このくらい》熱心に働いて居《い》るから、貴様も茫然《ぼんやり》として居《お》らずに、今日から性根を入れ替えて、共に奔走するが宜《よ》い。実に千載の一遇、盲亀《もうき》の浮木に逢《お》うたようなものである。天下の事、是《これ》より手に唾《つばき》して成るの秋《とき》であるぞ」

と、息継《いきつぎ》もなく説立《ときたて》られた。当時庵主の乾児共《こぶんども》は、上等の部が活版屋の職工で、下等の者は新聞売や薪割である。庵主は破れ洋服の着の身《み》着の儘《まゝ》で、四円五十銭の下宿料が半歳以上も嵩《かさ》んで居《い》ると云う有様である所に、劉宜和尚の此《この》咄《はなし》で、又其《その》論理の整然として、常識を以って之《これ》を判断するも、決して有り得べからざる事とは思われなかったが、只《た》だ余り甘《うま》い咄故《はなしゆえ》、鳩が豆鉄砲を食うたように、暫時《ざんじ》は呆然として居《い》たが、其中《そのうち》庵主は恐るべき勇気を瞬間に湧出して、好《よ》し一番俺も働いて遣《や》ろうと大決心をして、郵船会社の吉川《よしかわ》氏や、農商務省の巨智部《こちべ》氏などの間を手当り次第に説《とき》付け、

各《おの〳〵》身を切るような金を使って奔走した揚句が、此《この》二事業共《とも》、春風に吹払われた霞《かすみ》と消果《きえ》て、、元の野山の貧乏境界、時雨勝《しぐれがち》なる憂草《うきぐさ》に、変わらぬ機《はた》を賤《しず》が織る、麻布《あざぶ》の里の仮住居《かりずまい》、邯鄲《かんたん》ならぬ魂胆《こんたん》の、違《ちご》うた夢も今は早や、阿房烏《あほうがらす》に笑われた、大兵《たいひょう》肥満の髯男《ひげおとこ》が、四五《しご》人出来た始末となった。先ず第一の砂金事業は、夕張川の瀑布壺《たきつぼ》が、表面幾尺の氷の下は水勢箭《や》を射るが如くに流れ、殊に岩石重畳して砂金などは薬に煎じてもないとの事、第二南洋のダイヤモンド事業は、馬城《ばじょう》氏の見た物は慥《たしか》にあるに相違ないが、夫《それ》は硅石《けいせき》とかの一部に属するものであって、何の役にも立たぬとの事、こんな事業が明治末期の魔人劉宜和尚等《ら》の計画する大事業であった。只《た》だ一概に之《これ》を聞く時は庵主等《ら》の生涯は、馬鹿の限りを尽したようであるが、今の学校を卒業して出て来る青二才共《ども》が、乞食のようにして貰《もら》った免状一枚を、手垢の付くまで売り歩いて、人さえ見れば五十円に使って呉《く》れと、天地間、自分の生活難より外《ほか》、更に大事業なしと云うような顔をして、恥かしいとも思わぬ者共《ものども》と比較して見ると、庵主等《ら》の方は自分の食物などを考えた事もなく、只管《ひたすら》に若い者に温い物の一つも食わせて、目前に横《よこた》わった国家の大難中に爆弾の如く飛込んで働いて貰《もら》いたいの外《ほか》、何にも希望なき所から、斯《かく》の如き途方途轍もない大事業に奔走するので、其《その》精神は悉《こと〴〵》く血である。其《その》奔走は悉《こと〴〵》く涙である。故に其《その》幾多事業の大失敗は、失敗する程、悉《こと〴〵》く血と涙の流れた歴史を物語って居《い》るのである。今日から思えば国家の大幸は、庵主等の事業が悉《こと〴〵》く失敗した一事である。夫《それ》が失敗斗《ばか》りであったればこそ各方面に今日まで首の継続を全うした紳士が徘徊して居《い》る事が出来るので、こんな目出度《めでた》い事はない。噫《あゝ》失敗々々庵主等《ら》の失敗は天下太平の福音、庵主等《ら》自個《じこ》の一大賀表であった事が、六十歳以後の今日《こんにち》に始めて理解《わか》ったのである。今、庵主は改めて劉宜和尚魔人等《ら》に一大賀詞を三唱せんとするのである。

13　京釜《けいふ》鉄道引受の魂胆

金策に窮して大都の中を奔走し
家屋を售って鉄道を買わんとす

百魔伝中の大怪僧、劉宜《りゅうぎ》和尚の事に就ては其《その》奇行奇蹟、湧くが如くであるが、過ぎ行く昔《むか》しの出来事にて、手控えとてもなく、思い出す事も中々《なか〳〵》困難であるが、夜の寝覚めに浮《うか》み出た事を其儘《そのまゝ》筆に乗せ、時代遅《おくれ》の青年が、浮世に漂う荒浪を、凌《しの》ぐ板子《いたご》の端にもと、婆心ながらに書遺《かきのこ》すのである。世遠く人亡び、教え緩《ゆる》まり修養の、梶の苧綱《おづな》の切果《きれは》てし、澆季《ぎょうき》の流れは生存と云う大海に浮沈して脳髄次第に過労を来《きた》し、意思の衰弱、神経の鋭敏其《その》度を増すにつけ、只《た》だ一身の生存に、全脳を消費して、国と人との休戚《きゅうせき》を思う心の麻痺するは、世をおしなべたことぞかし。斯《か》る中にも世の為めに、身家《しんか》を忘るゝ心はも、失わざるは人並に、あらざる人の心にて、之《これ》を魔人と謂《い》ゝつべし。

思い起《おこ》す庵主が豪侠生活は絶頂に達し、来往の知人朋友は満天下に数え尽されぬ程の多数となった為、若《も》し孟光《かない》（後漢の梁鴻の妻。賢徳の誉れ高い）に此《この》煩累を及ぼさば、子女の教育より父母の定省《ていしょう》まで殆んど紊乱《ぶんらん》を極めんことを虞《おそ》れ、芝日蔭町《しばひかげちょう》の浜《はま》の家《や》を本拠として、終《つい》に十一年間も料理屋住居《ずまい》をするような事となったのである。丁度其頃《そのころ》の事で、或日《あるひ》端《はし》なく大江卓《おおえたく》氏と竹《たけ》内綱《うちこう》（たけのうち・つな）氏とが来訪せられた。其咄《そのはなし》に、

「預《かね》て君等《きみら》にも世話を掛けた彼《あ》の京釜《けいふ》鉄道創立の事は、段々人を実地に派して調査を遂げたが、収支の点になってどうしても相償《あい》わず、政府が利子の保証でも仕《し》て呉《く》れねば、一株も応募者の見込がない事に確定して、とう〳〵今日委員を事務所に集会して其《その》評議を仕《し》た位じゃが、始め発起人で一人六百円斗《ばかり》ずつ醵出して居《い》た金を凡《およそ》一万五六《ごろく》千円も消費した訳で、一人頭に二百円宛《ずゝ》位の負担損になりそうだ」

との事である。元来庵主が此《この》鉄道の布設を朝野に煽立《あおりた》て、、其《その》事業の成立を熱望した訳は、朝鮮に於ける自強会《じきょうかい》や親露党《しんろとう》の形勢が目睫《もくしょう》の危険で、屹度《きっと》、一度は国家を賭して露国と干戈相見《かんかあいまみ》ゆるに違いないから、瞬間にして黄海の袋の底たる義州《ぎしゅう》や、安東県《あんとうけん》に立《たち》どころに十万の貔貅《ひきゅう》（つわもの）を差遣《さけん》し得るの準備をするが国家の最大急務である。夫《それ》には、第一京釜《けいふ》鉄道、第二京義《けいぎ》鉄道である。此《この》二鉄道は営業利益の有無でなく、国家の存亡に関する動脈なりと考えたからである。然《しか》るに夫程《それほど》重要視した第一の鉄道の事に付《つき》、俄然として此《この》悲報を聞いては、只《た》だ惘然《ぼうぜん》自失の外《ほか》ないのである。併《しか》しそんな事を誰人《たれ》にも公言する訳には行かぬから、

「成程《なるほど》、引合わぬとあれば尤《もっとも》であるが、夫《それ》は何時《いつ》解散するのか」

と聞いたら、

「次の月曜日までには発起人総会をして、解散を宣告する積りである」

「夫《それ》は待って貰《もら》いたい、僕はあの鉄道を道楽としても是非出現させて見《み》たい。僕が其《その》一万六千円の金を拵《こしら》えて欠損を補填仕《し》ようから、月曜日の召集は待って貰《もら》いたい。其《その》金さえ出来れば皆《みな》一文《もん》の損もなくて、僕をして遣《や》れるか遣《や》られぬかを試みさせる事が出来るでないか」

と云うと、

「夫《それ》はよいが、天下の富豪が集まって企てた事業を、政府冷淡の為めに解散せんとする時、君《きみ》が一人で其《その》欠損を補填して遣《や》ろうなどとは、少し例の法螺丸《ほらまる》式で、失礼ながら此浜《このはま》の家《や》のお払いさえ険呑《けんのん》だと友人一同心配して居《い》る処に、一人で一万六千円を投出すは少し受取れぬぞ」

と云うから、

「夫《それ》は其《その》通りじゃが、僕は金を持たぬが、人が持って居《い》る、夫《それ》から其人《そのひと》がそんな風の事に遣《つか》いたいから面白い事を工夫して呉《く》れよと頼んで居《い》る。僕が道楽で少し尽力して見ようと思うから、屹度《きっと》出来ると安心して呉《く》れ玉《たま》え」

「むう、夫《それ》なら面白い、遣《や》って見玉《みたま》え。併《しか》し我々は両人とも明日から関西の方に旅行をする。君《きみ》から通知がなければ

次週には無通告で解散を決行するから、夫《それ》は承知して居《い》て呉《く》れ玉《たま》え」

と云うて晩餐を共にして別れたのは夜の九時頃であった、夫《それ》から庵主は寝床に潜《もぐ》り込んで、一万六千円の金策を工夫した、さぁ、輾転反側《てんてんはんそく》、耳を引き臍《ほぞ》を抉《えぐ》って肝胆を凝《こ》らせ共《ども》、百円の金を拵《こしら》える工夫も出ぬ、とう〳〵後《あと》はうん〳〵と唸《うな》り出して、夜明前にとろ〳〵と眠ったら夢に、「庭の柿の木の枝に妙な嚢《ふくろ》がぶら下って居《い》る。梯子を掛けて取って開いて見たら金が一万六千円這入《はい》って居《い》た」と見て、夢がぱっと覚め朝日が硝子《ガラス》窓にてら〳〵と光って居《い》た、むっくり床《とこ》の上に起上って腕を組み、「は丶ぁ今の夢は桃栗三年柿八年」と云うが、八は坤《こん》なり、何でも坤《ひつじさる》の方向に往って金策をしたら出来るか知らぬ。夫共《それとも》恥の柿損《かきぞん》になるか知らぬ。併《しか》し嚢《ふくろ》に金が這入《はい》って居《い》たから、誰《た》れかの巾着金《きんちゃくがね》を覘《ねら》うがよいのか知らぬなど、丸《まる》で泥棒が今夜の仕事を算段するように考えて居《い》た。其内《そのうち》ふと心付いたのは、庵主の知己《ちき》たる安場《やすば》保和《やすかず》男爵の事を思い出した。貧乏ではあるが此人《このひと》に打明けて咄《はな》して見ようと、直《たゞち》に二人挽《びき》の車を云付《いいつ》けて麻布一本松《あざぶいっぽんまつ》の安場邸へと駈付けた。早起の男爵は直《たゞち》に庵主を居間に延《ひ》いて、

「やぁ、丁度今朝、君《きみ》を呼びに遣《や》ろうと思うて居《い》た処だ。あの君《きみ》と頭山《とうやま》との炭山関係で僕が裏書をした安田銀行の手形が、不払の為め支払命令が昨日来たぞ。等閑《なおざり》も事による、早く相談して片付玉《たま》え」

と、出端《でばな》の頭をごつん、庵主はぎゃふん、只《た》だ目をぱち〳〵させる丈《だ》けである。夫《それ》から直《すぐ》に麹町紀尾井町《こうじまちきおいちょう》の高島将軍邸へと馳せ向《むこ》うた。懇意だからずっと座敷に通ると、書画の幅《ふく》や刀剣、陶器を所狭きまで列《なら》べて、将軍は其中《そのなか》に没頭して二三《にさん》の道具屋めいた者が立働いて居《い》る。は丶ぁ時ならぬ土用干《どようぼし》かなと思うと、将軍は大口を開《あ》いて笑い、

「日向《ひゅうが》の金山《きんざん》から金を取りに来て困るから、今日は家財道具の糶売《せりうり》じゃ、どうじゃ君《きみ》も少し買わぬか」

との咄《はな》しである。庵主は又ぎゃふん、目をぱちくりである。夫《それ》から又、小石川《こいしかわ》、本郷《ほんごう》、牛込《うしごめ》と奔走して見たが、皆《みな》旅行の留守か病気かで結論は不調の一点である。其《その》翌日から庵主は殆んど精神的異状を呈した。一万六千円のお化《ばけ》となったのである。只《た》だ二人挽《びき》の車に乗って江戸中を烏鷺《うろ》〳〵して笹を担がぬ丈《だ》けの狂人《きちがい》が出来上ったのである。丁度四日目の昼頃、芝《しば》の山内《さんない》で腹が空《へ》ったから、例の劉宜和尚の家《うち》に這入《はい》って飯《めし》を食うた。和尚は多数の門弟を相手に撃剣の稽古

をして居《い》たが、宏大な家屋に植木屋などが数人這入《はい》って庭造りをして居《い》る。庭造りのチャンピオンとも云う可《べ》き渡辺《わたなべ》昇《のぼる》子爵は、劉宜和尚の頼みで師弟の間柄黙止難《もだしがた》く、麦藁《むぎわら》帽子を冠《かむ》って頻《しき》りに植木屋の指図をして居《い》られる。庵主は縁《えん》端《ばた》で飯《めし》を食いながら、子爵翁に、

「閣下、此《この》劉宜の家が何程の値打が有《あり》ましょうね」

と聞いたら、

「さぁ、高崎男《だん》から買《こ》うたのが一万八千円で、内普請《うちぶしん》、造作《ぞうさく》、庭作り夫《それ》から倉一棟の建増し等まで一万六七千円計《ばか》り掛けたから、まあ三万四五《しご》千円位の物かね」

と聞いた時に、庵主は箸《はし》をがらりと膳の上に音を立てゝ投出し、直《すぐ》に飛出して横浜の平沼《ひらぬま》銀行の馬場某《ぼう》と云う人を呼寄せて、芝山内《しばさんない》六号の是々《これ〳〵》の家屋抵当で一万六千円貸して呉《く》れと掛合《かけお》うたら、一見の上との事故《ことゆえ》、成《なる》べく迅速にと云うので、明日参るとの事、庵主は其晩《そのばん》初めてぐっと寝込み、翌日朝からの来客で昼飯を食うて居《い》た時ふっと思い出したのは、山内《さんない》家屋を下見に行く云々の事を約しながら、事前に其《その》理由を劉宜和尚に打明け十分の説得を遂行せねばならぬ事を忘却した庵主は、又箸《はし》を投り出して山内《さんない》に駈付けたら、さぁ大変、実に抱腹絶倒である。丁度劉宜和尚も昼飯を食って居《い》る処であったが、庵主を見ると、

「おゝ杉山、丁度好《よ》い処であった、今の先、俺が植木屋を監督旁々《かた〴〵》庭廻りをして居《い》ると、縞の羽織に中折れ帽子の町人風の男が二人で、玄関先から中を見廻り、縁先きや屋根廻りを見廻し、夫《それ》から庭の路次《ろじ》からノソ〳〵這入《はい》って来て、植木や灯籠《とうろう》を撫廻《なでまわ》し、座敷や応接の間などをうろ〳〵覗《のぞ》き込んで居《い》るから、何でも裏町の左官の親方でゝもあるかと気にも留めずに居《い》たら、其奴《そやつ》不埒にも座敷に上《あが》って段々奥深く這入《はい》るから、俺は狂人《きちがい》でも有るかと呼《よび》止めた所が、此《この》家屋敷抵当に金を貸すのだと云うから、此奴《こやつ》弥々《いよ〳〵》狂人《きちがい》に違いないと思い、夫《それ》は何か間違《まちご》うては居《お》らぬかと聞いたら、其奴《そやつ》がいや決して間違はせぬ、芝山内《しばさんない》六号、電話は千十三番、此《この》お宅に違いないと云うから、俺は此家《このいえ》の主人であるが、今、普請中の家を抵当に入れる覚えがないと云うたら、其奴《そやつ》が、いや、昨日横浜の自分の銀行に電話を以て此家《このいえ》を抵当に金

を借《か》るから、直《すぐ》に来京せよと杉山氏からの申込で、丁度望《のぞみ》の場所でもあるから早速に下見に来た訳だとの事、そこで俺は、はゝぁ杉山の友達には随分狂人《きちがい》が多い、此奴《こやつ》弥《いよいよ》狂人《きちがい》に極《きま》ったと思うたから、大声を発して不届《ふとゞき》至極な奴じゃ、武士たる者の家に無断に踏込み形《かた》なき囈言《たわごと》を云う以上は其分《そのぶん》には捨置かぬぞ、直《すぐ》に杉山に電話を掛るから、彼《か》れが来るまで西洋客間に蟄居《ちっきょ》して沙汰を待て、一寸《いっすん》でも動いたら手は見せぬぞと云うて、門弟に云付《いい》けて西洋間に追込んで、今書生二人を番人に付けて貴様の処へ頻《しき》りに電話を掛けて居《い》る処だ」

との事である。庵主は可笑《おか》しさと気の毒さで思わず全身に汗を滲《にじ》ませたが其儘《そのまゝ》でも済まず、

「是《これ》は俺の手落であるが、あの人は古今無双の大忠臣、国家無二の大巨人で、貴様や俺は同席で言語を交ゆる事さえ恐《おそれ》多き程の尊き人である、身分こそ一銀行員であるが、所謂《いわゆる》済世安民の大手腕を持ったと云うは、真にあの人の事であるぞ」

と云うたら、

「そうか、夫《それ》がどうして俺の家を抵当に金を貸すと云うのだ」

と云うから、

「貴様の家屋敷抵当で金を貸すと云うから大忠臣で大巨人であるのだ、先ず静かに聞けよ」

と、前の京釜《けいふ》鉄道云々の顚末を事落《ことおち》もなく咄《はな》し、

「此《この》東洋の危機、国家の大禍に処する軍事政策の大根本とも云うべき京釜《けいふ》鉄道の成立を逸《いっ》せんとする刹那に当り、天下の富豪でさえ前々政府以来の冷淡を憤《いきどお》り、根本より此《この》鉄道計画を抛棄《ほうき》せんず有様になった時、あの縞の羽織の銀行員が、其《その》鉄道を喰い止める金一万六千円を融通せんとするのは是《これ》ぞ国家無比の大忠臣として感謝するの外《ほか》ないのである。貴様の家を無断抵当に入れる事は甚だ不埒に似て居《い》るが、天下の大《だい》より貴様の家を見れば、野末に荒るゝ乞食の蒲鉾《かまぼこ》小屋より浅間敷《あさましき》物である。之《これ》を以て国難を救い億兆を安んずることを得《え》ば、御互《おたがい》両人の得喪休戚《とくそうきゅうせき》は富岳一粒《いちりゅう》の砂にも値せぬのである。半世の知交均しく斯《この》心を一にして、国事を憂うる貴様と俺に何所《どこ》に異なる処があるか、俺に家があれば

決して他の一人には鼻息を聞かせずに片付けるが、俺に家がない故に貴様に有る物を典《てん》ぜんとするに何の不思議が有ろうぞ。寧《むし》ろ有りし事を光栄と心得るが宜しい。速《すみやか》にあの縞の羽織を西洋間より迎え出して両人で、其《その》無礼を謝しようではないか」

と云うと、和尚暫く沈黙して考えて居《い》たが、

「露国は日本を攻落《せめおと》そうと思うて大金を遣《つか》うて計画して居《い》るのに、日本が攻取《せめと》られぬように準備せぬ訳はない、貴様は家も持たずに夫《それ》を防ぐべく心配して居《い》る、俺は家を持《もっ》て居《い》て心配せぬ訳に行かぬ、あの縞の羽織が金を貸すは家が目的かも知れぬが、其《その》金で敵国を防ぐ事が出来れば、成程《なるほど》国家の大忠臣じゃ、左《さ》すれば俺の家が抵当になるのは俺も大光栄である、宜しい、是《これ》から直《すぐ》にあの縞の羽織に両人で詫びをして早速借る事に仕《し》よう」

と、茲《こゝ》に相談一決して、二人連立《つれだち》て西洋間に出掛けて行き、絨毯《じゅうたん》の上に手を突いて謝罪した処が、始め其《その》銀行員の立腹と云ったら、恰《あだか》も河豚提灯《ふぐちょうちん》を拳固で殴ったでこぼこ計《ばか》りのような顔をして怒《おこ》って居《い》たが、段々訳合《わけあい》顛末を咄《はな》して詫びをしたら、漸次に諒解して、今度は向《むこ》うでぴょこ〳〵頭を下げて、

「成程貴方《なるほどあなた》がたの御心掛《おこゝろがけ》と申者《もうすもの》は又格別のもので恐れ入《いり》ました。杉山様とは月二分五厘《りん》の利子でお約束を致しましたが、日歩三銭で宜《よ》うござります」

と云うような咄《はなし》になったから、色々御馳走をして彼は飯《めし》を食うて帰って行った。夫《それ》から直《すぐ》に総理大臣の山県公と外務大臣の青木子《し》とに此《この》顛末を咄《はな》し、「是非国家の為め京釜《けいふ》鉄道の株式に五朱《しゅ》の補給を仰ぎ国防の意味を以て御尽力を頼む」と説破《ときやぶ》ったら、両大臣とも、

「家を売るは珍らしからぬが、国を思うの念慮の誠意は感心する、併《しか》し此事《このこと》は前々政府以来歴代の当局が同意せざりし事なれども、丁度政府は参謀本部との協議も一決して居《い》る処故《ところゆえ》、若《も》し之《これ》を議会の建議案として提出したならば、政府は之《これ》に同意するであろう、左《さ》すれば前任者への都合も好《よ》し、国民の誠意も貫徹する事故《ことゆえ》」

との事であったから、両人の喜びは譬《たと》うるに物なく、早速此事《このこと》を大江《おおえ》、竹内《たけのうち》の両氏に通ずると「夫《それ》なら解散するの

必要はない」と云うて之《これ》を提案する事になった。併《しか》し当時、進歩党と自由党とは鎬《しのぎ》を削って戦って居《い》る時故《ときゆえ》、到底折合の見込もないから、其《その》中間党の帝国党は纔《わず》か二十八人ではあるが一代の徳望家たる佐々友房《さっさともふさ》氏をして提出せしむれば、進、自の両党も一斉《いっせい》に之《これ》を賛成すると云う内交渉が付いたので、其《その》通りにして茲《こゝ》に所謂《いわゆる》挙国一致で、此《この》案が通過する事になった。随《したが》って和尚の家の抵当騒ぎも全く無用の事となったが、之《これ》を動機として縞の羽織の銀行員は、始終庵主等の窮境を救済する事となって、彼《か》の安場氏の方の支払命令も片付き、高島子爵の如きは十数万円を金山《きんざん》資本に融通せしめたとの事である、只《たゞ》だ一向《いっこう》に聞く時は何の興味もないようなれど、理窟や学問で脳味噌を腐らした当今の屁那猪口《へなちょこ》共に、爪の垢程も真似の出来る事柄ではないのである。抑〻《そも〳〵》国家は吾人《ごじん》が護衛すべきものか、国家が吾人《ごじん》を護衛すべきものかの問題は、吾人《ごじん》先ず国家を護衛せざれば吾人《ごじん》を護衛すべきの国家が無くなると云う、其《その》理は即ち此《この》和尚の一挙動で分るのである。いや屁那猪口《へなちょこ》共《ども》汝等《ら》は何のお蔭で四分板一枚の中に安穏に眠り、夏は涼風冷泉の辺《ほとり》に酒婦に戯れ、冬は玻窓《はそう》暖炉の側《かたわら》に坐して、我利《がり》、身勝手の銭勘定をして居《い》るのだ。此《この》劉宜和尚の発揮した魔人振りに、何とか挨拶をして見てはどうじや。其《その》本人は当時尚お矍鑠《かくしゃく》として白衣禅套《びゃくえぜんとう》を身に纏《まと》い、閙市《とうし》門頭に入処《にゅうしょ》を構えて苦笑いをして一世を睥《へい》睨《げい》して居ったぞよ。

14　劉宜・奥村両雄、晴れの御前試合

殿下の台覧武道光輝を放ち
師弟の恩情遺弧煦育を受く

劉宜《りゅうぎ》和尚は前《ぜん》にも云うた通り、渡辺昇《わたなべのぼる》先生を師として日本無双真影流《しんかげりゅう》の達人である。曾《かつ》て日本武徳の衰退を歎いて、小松宮《こまつのみや》殿下の令旨を奉じ、渡辺子爵を会長として、武徳会の創立に着手し、渡辺子《し》と共に、面、小手、竹刀を担いで多

くの門弟を引連れ、日本全国の武者修行を初めたのである。庵主は丁度其時《そのとき》、大阪の花屋に泊り合せて邂逅《かいこう》したのであった。当時岡山の奥村左近太《おくむらさこんた》と云う大先生は、日本に名ある達人にて、多数の門弟をも引立られたが、今は早《はや》七十の坂を越えた老人にて、驪騮《りりゅう》の夢に秋風の寒さを覚ゆる身となり、平常は病褥《びょうじょく》にのみ親んで居《お》られたのである。折柄《おりから》此宮《このみや》殿下令旨の事を聞かれて彼《か》の、

百戦断風千里馬《(ひゃく)せんかぜにいなゝくせんりのうま》。　已離槽櫪入平野《すでにそうれきをはなれてへいやにいる》。　秋高聳耳大江西《あきたかくみゝをそばたつたいこうのにし》。　遠近鼓鼙轟月下《えんきんのこへいげっかにとゞろく》。

の詩の如く、奥村先生はむっくとばかり起き上《あが》り、生きて甲斐なき老の身も、弓を袋の太平に、捨《すつ》べき命の場所もなく、只《た》だ徒《いたず》らに残生を、孫子《まごこ》が尽す介抱に、任せて此儘《このまゝ》朽ちん事、南無宝《なんぽう》無念の至《いたり》ぞと、日毎に悔み暮せしに、枯葉に露の此《この》令旨は、武士の本意に恵まるゝ、此《こ》上《よ》なき君《きみ》の賜《たまもの》なり、左《さ》あれ我身は老果《おいは》てゝも、心は今の生若き、壮夫共《ますらおども》に劣るべき、殊には家に伝え来て、そも総角《あげまき》の頃よりも、手馴れし竹刀の打物《うちもの》を、取りて勝負を決するは、此身《このみ》の面《めん》晴れ家名の誉れ、好《よ》し願《ねがわ》くば宮《みや》殿下の、御前に於て上覧の、試合の庭に老病の、息の緒綱を切れもせば、一期の本懐此上《このうえ》なしと、茲《こゝ》に猛然と決心したる、名も奥村老先生の、心の程ぞ勇ましき。此《この》有様に驚きたる、妻女孫子《まごこ》の止め立ても、引絞りたる梓弓、返さぬ辞《ことば》に説付《ときつけ》られ、各《おの〳〵》勇んで武士道の、誉《ほまれ》に心も打開き、互に交わす生別の、杯了《おわ》りて其儘《そのまゝ》に、孫や倅《せがれ》に助けられ、直《すで》に殿下の御旅館たる、大阪へと馳せ向《むこ》うたのである。殿下の御感斜《ぎょかんなゝめ》ならず、願《ねがい》によりて、明日御前試合を仰《おお》せ出され、渡辺子爵監督の下に其《その》門弟の随一たる、驍勇《ぎょうゆう》無双の劉宜和尚は、彼《かの》奥村大先生の、御相手を勤むべく命ぜられたのである。和尚の名誉は云うも更なり其《その》師友たる渡辺子爵も、殆んど肉も躍《おど》らん斗《ばか》りの喜びである。過ぎし昔は兎《と》も角《かく》も、今、明治の御代《みよ》となり、太平廃技《はいぎ》の武芸をば、竹の園生《そのふ》の御座前《みくらまえ》、雌雄を決する両人こそ、素《もと》より死生の観念は、術《わざ》の極意と諸共《もろとも》に、定まる上の事なれば、迫《せ》まらず後《おく》れず立出《たちいで》しは試合の場所と定めたる、大阪府立学校の教場であった。彼方《かなた》の正面には、殿下御出座にて台覧《たいらん》あり、其側《そのそば》には御附の人々、下手《しもて》には渡辺子爵、特別の役席にて臨検ある。其他《そのた》内外の貴顕紳士は、綺羅《きら》星の如く居《い》並びて、片唾《かたず》を呑んで見物す。既に定めの時刻となれば、奥村先生は一方より、孫の安部某《ぼう》に扶《たす》けられ、小袴《こばかま》筒袖にて入《い》り来《きた》る。其様《そのさま》恰《あだか》も十二三《にさん》歳の小児の如き小兵《こひょう》にて、腰は海老の

如く曲り、頭は禿げて一本の髪毛《かみのけ》もなく、後頭部《ぼんのくぼ》に蜻蜓《とんぼ》の如き髷《まげ》を結び、歩行も素《もと》より自由ならず、病に疲れし身を以て、今日《きょう》の晴《はれ》を浮世の筐《かたみ》に、試合の庭に死果《しにはて》んと、予《かね》て期したる決心は、悠揚迫らざる顔色《かおいろ》の、中《うち》に見す〳〵現われた。一方よりは劉宜和尚、六尺に余る大兵《たいひょう》肥満の大剣客、四尺五寸の大《おお》竹刀の先には、重味を付ける為め、鉛、或《あるい》は樫の木を巻き込み、幾十年と手馴れたる、手足に斉《ひと》しき振込みの、技物《わざもの》を小脇にかい込み、双方息を合せて躙《にじ》り込み、同じ息にて宮《みや》殿下へ、平蜘蛛《ひらぐも》の如く拝礼し、双方別に礼を返し、呼吸気合を計合《はかりあ》い、容易に竹刀に手を掛けぬ。此間大山《このあいだたいざん》も大地に滅込《めりこ》まんず有様に、只《た》だ静粛荘厳の気に満《み》された。奥村先生の竹刀は、何様《なにさま》老年の事故《ことゆえ》、大が長さ一尺六七《ろくしち》寸、小が八九《はっく》寸許《ばか》りの袋竹刀《ふくろじない》である。今や互いに気が合《お》うて、睨《にら》み合《お》うた儘《まゝ》竹刀を引いたが、奥村先生は、小刀の方を正眼《せいがん》に着け、大の方は、静かに中段に構えたが、何分にも腰が海老の様に曲って伸びぬから、片膝ついての構えであるが、其《その》立派さと、柔《やわら》かさと云うたら、始めに見た小児の如き姿はどこへやら、側目《わきめ》には道場一杯になったような心地がするのである。劉宜和尚も、何様《なにさま》日本無双の大先生を、向《むこ》うに廻しての試合であるから、出来得《う》る丈《だ》けの、敬意と警戒とを以て、ピタッと鋩先《きっさき》を下げて、防ぎ一方に構えた。名にし負う、当代随一と謳われたる剣客《けんかく》にして六尺有余の大兵《たいひょう》、比人《このひと》が大上段に構えたら、一人として、逃《の》がれ得た者なしとまで云われた位の人が、下段の構えで敵を防ぎしは、殆んど奥村先生に対して許《ばか》りであったろう。双方此位取《このくらいどり》にて、息で責めおうた間《あいだ》は正さに三十分間、恰《あだか》も猛虎の前に、一小銃を着けた猟師である。満場水《みず》を打ったよう、塵《ちり》も動かず、片唾《かたず》の音もせぬのである。其中《そのうち》に劉宜和尚は、徐《おも》ろにジリ〳〵と寄り始めた。奥村先生も鋩先《きっさき》に押されてジリ〳〵と退《さが》った。此時《このとき》先生は、さも堅固に構えた備《そな》えに一寸《ちょっと》緩みを呉《く》れ、少し小手を見せた。劉宜和尚が其《その》小手をちらりと見たかと思う一刹那、奥村先生の右の太刀は、エイと云う掛声と共に体《たい》は飛鳥《ひちょう》の如く、側目《わきめ》には四五《しご》尺も地を離れて、僅《わず》か一尺六七《ろくしち》寸の竹刀が劉宜和尚の面頭《めんがしら》の真只中《まったゞなか》に、スポーンと這入《はい》った、和尚ピタリと先生の前に跪《ひざまず》き、「有難うござい升《ます》」と拝礼した。満場は只《た》だ武芸の極意に打たれて、拍手の音一つ無いのである。人々互《たがい》に顔を見合せて、暗き夜の明けたように、閉詰《とじつ》めた気が緩んだ、無声の音がしたのである。次に二本目の試合となった。前には奥村先生が死を決して一太刀打ったが、打たれた劉宜和尚は、今度は猛然と満身の精を凝らして、先《せん》を越して死を決した。今度も前と同じ備《そな》えではあるが、劉宜和尚の下段に着けた太刀は、死身《しにみ》の太刀である。此《この》小猿め、只《た》だ一突に串ざしであるぞと、気合が奥村先生に冠《かぶ》り掛《か》ゝって先《せん》を押えて居《い》る。其《その》恐ろしさは、大山《たいざん》の崩れ掛《か》ゝる勢《いきおい》である。之《これ》を見物して居《い》る渡辺先生の有様と云うたら、満面朱《しゅ》を濺《そ》ゝいで、前の手摺《てすり》の大竹《おおだけ》に両手を掛け、双方の息を見詰めて居《お》られたが両掌底《りょうたなそこ》の手脂《てあぶら》は、其《その》摑んだ大竹《おおだけ》を伝《つと》うてポト〱と下に滴《した》ゝって居《い》るのを見た。其《その》中《うち》に劉宜和尚は、御塵《みじん》の息の隙より割り込んで、又ジリ〱と寄り始めた。奥村先生も同じく片膝にしゃがんだまゝ鋩《きっ》先《さき》に押されて、ジリ〱と後《うしろ》に座歩《いざ》られる。和尚は已《すで》に死身《しにみ》の備《そな》えであるから、今度は先生が、小手でも何でも見せられた丈《だ》けが損になる訳故《わけゆえ》、一点の隙もなく、柔《やわら》かに押される儘《まゝ》に座歩《いざ》られる和尚の攻方《せめかた》にも、秋毫《しゅうごう》の隙もない故、押して押して押抜くのである。とう〱先生は、後《うしろ》の羽目板《はめいた》近く退《い》ざられた。是《こゝ》で自然的に奥村先生の方に死身《しにみ》の太刀筋《すじ》が出て来るのである。先生は恰《あだか》も弓の刎《は》ね返すような気合になって、和尚の鋩先《きっさき》に割り込んで、出ようとせらるゝ其気《そのき》鼻《はな》に、和尚がポイと攻め込んだ太刀先を引いて先生の左の小手をポンと打った。奥村先生は思わず声を上げ、「ハアーア有難う、久し振りに善い太刀で打たれた。之《これ》で私《わし》も死土産《しにみやげ》が出来たよ」と云われた。満場は、其《その》勝負の鋭くて、神聖なのに目が及ばず。おや！　どうしたのだと云うような顔をして、又一人の声を出す者もない。此時宮《このときみや》殿下は、渡辺子爵を御前近く召され、「双方共《とも》殊勝の試合大儀であった、休息させよ」と有難き御諚《ごじょう》である。渡辺子爵は立上《たちあが》って、御《ご》諚《じょう》との一声《ひとこえ》に、双方一斉《いっせい》に平伏して、承わり、共に落涙して御座《ぎょざ》を三拝し、劉宜和尚は、奥村先生を肩に扶《たす》けて、御前を下《さが》ったのである。此《この》一試合の如き、恐ろしく尊く、神聖な試合は、古老の咄《はなし》を聞いて見ても、嘉永安政以来殆んどないとの事である。日本武士道の、精を蒐《あつ》めたる武術の極意は、只《た》だ信念ある、意義ある、上品な死の決心一つにあると云う事が、幾千の見物に、委敷《くわし》く、明瞭に、振り仮名付きで、分《わか》ったのである。今の青年共《ども》は、何事にも鍛錬と修養と云う物がないから、死と云う物を、困って、窮《きゅう》して、行止《ゆきどま》って、雪隠《せっちん》詰めに逢《お》うた時にのみ来る物と心得て、泣いたり、悔《くや》んだり、愚痴の百曼陀羅を並べた上でなければ、死なぬのである。併《しか》し先ず夫等《それら》は上等の部で、多くは飲まずに酔うて、眠らずに夢を見て、飯《めし》を食いながら死んで居《い》る奴許《ばか》りである。本当に活界《かっかい》に死味《しみ》を解した先覚者の前に於いて、呼吸を決して一喝したらば、腐敗した河岸《かし》の鮪《まぐろ》に物を云う如く、声と脈の響きとは、疾《と》うに縁が切れて居《い》るのである。薄志弱行と云う、浮世の風呂に茹《ゆで》られ生温《なまぬ》るい情熱に上気《じょうき》して、終《つい》に極度の神経衰弱に陥り、己れの生存して居《い》る境界も分《わか》らず、天を仰《あお》いでは茫々《ぼう〱》たるものと思い、地を望んでは、只《た》だ漠々《ばく〱》たる物とのみ考え、アーア、無情じゃ〱、惨酷だ〱などと、下宿屋の二階も滅《め》り込む程《ほど》溜息計《ばか》り吐《つ》いて、結論は是耶非耶《ぜかひか》の迷路《まよいじ》に行吟《さまよ》うて、華厳の滝や、大森の海位《ぐらい》で、ブク〱往生するのを、死の標本と思うて居《い》る位の物である。

抑〻《そも〱》死なるものは、人間がおぎゃあと、母の腹から飛出した時に書いた証文であって、此《この》手形は、百千万億、微塵《みじん》も間違なく、必ず屹度《きっと》、残さず漏《もら》さず、取付け取立《とりたて》に来るものである。只《た》だ夫《それ》が、無期限の手形で、取付けも取立《とりたて》も、亦《また》無期限である。僅《わず》かなその期間に油断をして、楽観したり、我儘《わがまゝ》を云うたり、身勝手な妄想に耽《ふけ》ったり、自慢をしたり、天狗《てんぐ》になったり、己惚《うぬぼ》れをしたり、吝《けち》を行《おこの》うたり、放縦に陥ったり為《す》るから、何時《いつ》も思いも寄らぬ四九尻《しくじり》に、神と云う債権者を怒《おこ》らせて無期限と云うを幸いに、命の差押《さしおさえ》を食うたり、支払命令を受けたり、終《つい》には破産の判決を頂戴して死の宣告に服従せねばならぬ事になるのである。武士道は、死の法則であって、武術は夫《そ》れの修養鍛錬である。故に死には、信念がなくてならぬ。意義がなくてならぬ。其上《そのうえ》で死様《しによう》の上品が始めて必要になって来る。是丈《これだ》けの仕事が具備したら、さあ何時《いつ》でも好《よ》いと覚悟が出来るから、其時《そのとき》に始めて彼《か》の無期限の手形の所有者、即ち生命の債権者の神様に、逆寄《さかよ》せに通告を発する、「さぁ債権者様、何時《いつ》でも返済の用意が出来ました。無期限の手形だから、何時《いつ》でも取りにお出《いで》なさい、払い升《ます》から」と云い放すのである。是《これ》からは、一日活《いき》れば一日の利益で、毎日配当が取れる、食い儲け、着儲け、飲み儲け、働き儲け、又どんな事でも遣《や》り儲けで、富士山の頂上に、水力電気を思い立っても良い、波の上に、製鉄所を拵《こしら》えても良い、無駄であろうが、困難であろうが、自分さえ我慢すれば、決して、神の債権者の方で怒《いか》りはせぬ。故に同じ骨を折るならば、そんな無駄をせぬでも、国家、社会、民人の為めになる事を道楽と思うて、遣《や》って〱遣《や》り抜いたら、人も喜び自分も気持が良いから、夫《それ》も面白い仕事である。庵主が常に云うて聞かす活界《かっかい》の死《し》味《み》は人間長寿の滋養剤で、今時《いまどき》理窟を考えて、匙《さじ》をひね繰り廻す藪《やぶ》医者共《ども》には、見た事もない名薬である。故に先ず何事をするにも、考えるにも、取敢えず南無阿弥陀仏と云うのじゃ、南無とは、身を捨てると云う梵語だそうだから、目を閉じて、心を淡快にして、身を捨《すて》ます、阿弥陀様〳〵と、四五《しご》度唱えて掛《か》ると、損をしても儲けても、皆《み》な利益のような心持がする。夫《それ》は身を捨てゝ、死と云うものを決した以上は、慾心と云うものが無いからである。

四五《しご》年前死んだ露西亜《ロシア》の経済家ウィッテ伯は、嘗《かつ》てこんな事を教訓した、曰《いわ》く、

「金《かね》と云う物は不思議な物で、必要のある場所には、決して往《ゆ》きたくないと云う性質を有《も》ち、必要のない場所斗《ばか》りを選《え》らんで集まって居《い》る。今日《こんにち》、金がなければ、破産すると云う人の処には、親類の金でも、友人の金でも、一寸《ちょっと》躊躇をする。之《これ》に反して、此頃《このごろ》は、金が多くて困る、俺の金に対して誰か良い借り人はあるまいかと思うて居《い》る人の処には、見ず知らずの赤の他人でも、ヤレ借りて呉《く》れまいか、預かって呉《く》れまいかと、八方から持掛けて来る。夫《それ》で経済家なる者は、此理《このり》を平生能《よ》く弁《わきま》え、金を借《かり》るなら必要のない時に借りて置く、貸すのなら有り余らぬ中《うち》に貸して置《おく》と云うが秘訣である」

と、庵主は此理《このり》に因って、大いに悟った所がある。「人間の死は、必要のない時に死を決して置く。左《さ》すれば我慾と云う物の、道が絶える。人間、慾がなければ、幸福は八方より、貿易風の様《よう》に、吹《ふき》寄せて来る物である」と。夫々《それぞれ》鞏固《きょうこ》なる鍛錬と、修養が第一の必要である。彼《か》の奥村先生が病弱の身を以て、畢生《ひっせい》の鍛錬と修養を提《ひっさ》げて、宮《みや》殿下の令旨に感奮し、一死を決して立向《たちむか》われたればこそ、驍勇《ぎょうゆう》無双の劉宜和尚のお面《めん》を、見事に一撃し得たのである。又、劉宜和尚も、二回目に一死を決すると共に、眼中宮《みや》殿下と奥村先生なく、恐怖と崇拝と共に、観念の外に奔逸して、満身武術の権化となって、只《た》だ一突《ひとつき》に、芋《いも》ざしとの決心をしたればこそ、此《この》鬼神も窺《うかゞ》う事の出来ぬ奥村先生の機先を割って、其《その》小手を打つの妙術が実現したのである。此《この》霊怪限りなき気息こそ、人間総ての成功を実現せしむる妙機であって、其《その》基礎は無慾の決心、所謂《いわゆる》死の定力《じょうりき》の熾烈なると否《しか》らざるとに因由《いんゆう》するのである。庵主は序《ついで》ながら、例の婆心に駆られて、青年者工夫《くふう》の一助にもと思い、茲《こゝ》に筆を馳するのである。

因《ちなみ》に曰《い》う。奥村先生は、之《これ》より劉宜和尚を信じて、嫡孫《ちゃくそん》の安部某《ぼう》を門弟として托《たく》せられ、和尚は其《その》六尺の子を、我子の如くに育てゝ居《い》たが、日露戦役に於て、安部某《ぼう》は陸軍少尉として美事に戦死を遂げ、奥村先生も老病にて日ならず天上不帰の神となられたのであるが、庵主は此神々敷《このこうぐしき》人々の成行《なりゆき》を、心行《ゆ》くまでに思遣《おもいや》って、今尚《な》お蔭ながら楽しんで居《い》るのである。

15 従容死を待つ一代の傑僧

貧者を恵んで氷雪の夜を徹し
大患に罹りて三保の浜に寓す

段々述べて来た如く、魔人劉宜《りゅうぎ》和尚は、性《せい》豪快にして温厚、一見倨傲《きょごう》の如くにして柔順な奇癖をもった人であるから、普通尋常の人にては迚《とて》も交わる事も困難であるが、其《その》性質の凝《こ》って発するや、総て一塊の任侠となって磅礴《ほうはく》するのであるから、庵主等との間に発する葛藤事件なども何時《いつ》でも豁然《かつぜん》として氷解するのである。或時《あるとき》故《こ》児玉大将と劉宜和尚と三人で閑話の際、庵主は斯《こ》う云った。

「我等は、生きて世に尽す事なく、死して後に聞《きこ》ゆる事なくて、三十幾年輦轂《れんこく》の下《もと》の大江戸に住居し、商売もせず月給も取らずして太平楽の我儘《わがまゝ》を云い通して、夫《それ》で人並みの天罰をも蒙《こうむ》らずに暮して居《お》られるのは、大いに其《その》理由がなくてはならぬ、夫《それ》は人の知らぬ快感が己れの胸中に常に往来して居《い》るから、考えた通り、思うた儘《まゝ》、無遠慮に、ズン〳〵突抜いて行けるのである。夫《それ》が太平楽ともなり、我儘《わがまゝ》ともなるのである。我々明日をも思わぬ其日庵《そのひあん》ではあるが、若《も》し夫《それ》を一年も遣《や》り通したならば、其《その》三百六十五日の間には、中々《なか〳〵》数多き罪を犯したに違いない。之《これ》を忘れて顧みず、先から先と、太平楽と我儘《わがまゝ》の仕儲けのように暮らして行ったら、必ず悪因の祟《たゝ》りが、一身に纏《まつ》わる事になるものである。

夫《それ》で其《そ》の一年の終りには、必ず自分の心に快い丈《だ》けの罪滅ぼしをするのである。其《その》自分に快いと云う事は、世間の人に知れぬようにする事が、第一の条件である。庵主は久しい以前から、人知れず世話して居《い》た刑事巡査が一人ある。其人《そのひと》が老年になって遊んで居《い》るから、此人《このひと》に頼んで忠臣、孝子、貞女、義僕の、不運不遇に行吟《さまよ》うて居《い》る者を、常に調べて置いて貰《もろ》うて、工面の良い時は百円か二百円、工面の悪い時は十円か二十円を二三《にさん》円若《も》しくは五六《ごろく》円ずつ、新聞紙で拵《こしら》えた状袋《じょうぶくろ》に入れ『お歳暮』と書いて幾通かを此《この》老刑事に渡すのである。此《この》刑事先生も若い時から、多くの犯人を縛って居《い》るから、罪滅ぼしと思うて、非常に面白く奔走して此《この》状袋の処分をして呉《く》れる。先ず場末の貧民にして、亭主が長《なが》の病気にどっと寝付き、痩枯《やせが》れた小児を抱いた貞操の女房が、カンテラの灯《ともしび》さえ点《とも》し得ず、病夫の枕元に坐して、骨を刺す寒夜《かんや》に、明日の生計《たつき》の思案に沈んで居《い》る、其《その》裏口の戸の隙間から、此《この》金の入った状袋を、ソーッと一つ投げ込んで置くと、其《その》翌朝之《これ》を手に取った其《その》女房が、はっと、電気にでも打たれたように、有難いッ！と思う。其《その》有難いッと思うた一刹那に、真正に庵主の、罪滅ぼしが出来るのである。気立《きだて》の正しい人は、之《これ》を直《すぐ》に警察に持出した者もあるが、明白に『お歳暮』と書いてあるから、『お前に誰か呉《く》れたのだ』と云うて、其《その》女房に下付するから、此《この》活きたる功徳、即ち人の知らぬ妙感が決して余所には酬《むく》わぬのである。百発百中、必ず庵主の上に酬《むく》うて来るのである。其酬《そのむく》うて来る来ぬは議論ではない。酬《むく》うて来るであろうと思うのが、快いのである。即ち罪が滅びるのである。是《これ》で無罪の宣告を受けたように青天白日の身となる、サア明日から、又太平楽を云い、我儘《わがまゝ》を行うのである」

と咄《はな》した事がある、夫《それ》が丁度年末《くれ》の二十八九《はっく》日の頃であった、其《その》翌晩かに又劉宜和尚と打《うち》寄ったら、節季になったので借金取りの鬼が敵軍のように押寄せて来る。劉宜和尚も餅は愚か団子も転がらぬと云うて居《い》る、そこで庵主が、

「君は何程あれば餅が搗《つ》けるか」と問うと、

「何、四五百《しご》もあればよい」と言う。

「夫《それ》なら、桂二郎氏が庵主に千円斗《ばか》り金を貸すと云うて居《い》たけれども、俺は千や二千では迚《とて》も年は越せぬから、其《その》金で先ず君《きみ》丈《だ》けなりと餅を搗《つ》く事にせよ」

「ウム、夫《それ》じゃあそう仕《し》よう」

と云うて和尚は帰った。夫《それ》から庵主は、鎧兜《よろいかぶと》で借金取と戦争を初めて、一文《もん》なしで二日を暮し、造物主の助けで、新玉《あらたま》の春が、パアーッと明けて元日が来た。其《その》元日が大降りの霙《みぞれ》で、シミッタレな、一文《もん》なしのお目出度《めでた》であるから、庵主は硝子《ガラス》戸越しに雪を眺めて寝て居《い》ると、六時半頃でもあろうか、劉宜和尚が坊主頭から背中まで泥の刎《は》ねを掛けてずぶ濡れになって、のそ〳〵と庵主の枕元に上《あが》り込んで来た。之《これ》を見た庵主の妻は飛んで来て、

「あら、どうなさったのですか、大変にお濡れなさって、一寸《ちょっと》お召《めし》をお脱ぎなさいな」

と云うと、和尚は歯の根も合わぬ寒さの中《うち》に瞳を据えて、はったと睨《にら》み、

「まぁ五月蝿《うるさ》い、奥さんも其処《そこ》に坐って聞きなさい。お前の亭主の其日庵《そのひあん》と云う奴は飛んでもない奴じゃ、二三《にさん》日前《ぜん》に、俺に真正の功徳と云うものを教えた。どうやら尤《もっと》もらしく聞いたから、昨日の朝、桂二郎から千円の金を取って、俺の入用《いりよう》丈《だ》けを使い、残りを其《その》功徳に遣《や》ろうと思うて、此《この》通り新聞紙の袋に入れ、昨夜は夜通しに、方々の貧民窟を歩き廻り、忠臣、孝子、貞女、義僕を探《さ》がしたが、中々《なか〳〵》暗夜の泥濘《ぬかるみ》で銅貨を探すように、皆暮《かいくれ》分らぬ。家毎《いえごと》覗《のぞ》き込んで居《い》る中《うち》に、巡査に泥棒と間違えられて、人立《ひとだち》の中を切り抜け、雪は降る腹は減る、やっとの事、大部分は片付けたが、夜はがらりと明けるし、仕方がないから、今戻り掛《が》けだ、俺はお前の亭主ほど、そう悪い事を仕《し》た覚えもないのに、罪滅《ほろ》ぼしの功徳は大変である。一文《もん》無しの年越より、金の有る功徳の方が迷惑である、俺も来年から一文《もん》無しで暮す、だから功徳の方は全廃じゃ、やい、こん畜生、まだ目脂《めやに》を付けて寝て居《い》るな。それ見ろ、貴様は一文《もん》無しの方に取り掛《か》って、俺の方に千円を寄越して、こんな目に逢わせやがった。それ、是丈《これだ》け未配達の功徳袋が余ったから、是《これ》から其日庵《そのひあん》の奴を引摺《ひきず》り起《おこ》して、方々廻わらせなさい、何様《なにさま》腹が減って、寒くて溜らぬから、奥さん、何か食わせる工夫をしておくれ」

和尚がどんと状袋《じょうぶくろ》を投出して、嚔《くしゃみ》を二つ三つ遣《や》った其《その》顔は、余程《よほど》面白い恰好であった。こんな風の性質の人であるから、庵主との交《まじわ》りも絶えず、共に浮世の隔てを忘れるのであった。

一時鉅万《きょまん》の富を積んで、芝《しば》の山内《さんない》御殿とまで謳われた劉宜和尚が、斯《かく》の如く貧乏になって、顔も心も変りなく、天性の快活と、浮世の面白味を忘れず、庵主と共に遊び暮す有様は、彼《か》の天竺《てんじく》の哲人が、雲に隠る、深山《みやま》の奥、霞《かすみ》に鎖《と》づる古渓《ふるたに》に、自然の花と月影の、真如の色に戯れて、生死《しょうし》を忘るゝ境涯も亦一入《またひとしお》の趣《おもむき》である。

或日《あるひ》庵主が、不図《ふと》劉宜和尚の家を訪《と》うた所が、何だか混雑の模様であるから、つか〳〵と奥に通ったら、和尚は見違える程の衰弱で、ばったりと病床に臥して居《い》る。庵主は夢かと斗《ばか》り打《うち》驚いて其《その》様子を聞いたら、細君が涙ながら、

「一昨日出し抜けにかぁっと血を吐きまして、金盥《かなだらい》に一升《しょう》も溜り、夫《それ》から引続き、三四回《さんよん》も吐血が続きましたので急にゲッソリ弱って、此様《このよう》な有様になりました」

との事である。庵主は、嗚呼《あゝ》、和尚の末期《まつご》じゃなぁと思い、枕元に寄って、

「おい劉宜、良い塩梅《あんばい》の末期《まつご》じゃのう、骨の始末は俺がするから、楽しんで暢気《のんき》に死ねよ。貴様は面白い肉《み》の処斗《ばか》り食うて死ぬのだ。俺は不味《まず》い、貴様の骨などをしゃぶらねばならぬ。併《しか》しぐず〳〵と其処《そこ》いらをまご付いて居《い》る中《うち》には、俺も直《すぐ》に往《ゆ》くから、うろ〳〵して待って居《い》ろよ」

と云うたら、和尚は落ち窪んだ目を見開き、莞爾《にっこ》と笑って、「功徳袋の罪で風を引いて、夫《それ》から熱が出て肺が毀《こ》われて、皆《み》んな吐いて仕舞《しも》うた。此《これ》で五慾も十悪も、皆《み》な吐出《はきだ》して、綺麗な体になった。此《これ》からぼつ〳〵極楽の方に向《むか》って往《ゆ》くのだから、残念ながら貴様と道連《みちづれ》にはならぬわい。地獄への伝言《ことづけ》は一つも聞かぬぞよ」

「羨《うらやま》しいなぁ、併《しか》し俺が来た以上は、貴様の体は俺が勝手にするから、ぐず〳〵云う事はならぬぞ」

と云うて、直《すぐ》に北里《きたざと》博士に診《み》て貰《もろ》うたら、左の肺尖《はいせん》が、どっかり毀《こ》われて居《い》るとの事だから、相談の上、万一を期し、途中で死んでも構わぬからと、直《すぐ》に其日《そのひ》に用意をして、新橋から汽車に乗せて細君同道で、国府津《こうづ》の蔦屋《つたや》に送り付けた。

新橋の汽車の中で、庵主は斯《か》く引導を渡した、

「おい劉宜、貴様とは永い間、面白く遊んだが、今日《こんにち》此処《こゝ》で別れるのが、現世の臨終であるぞよ。今度面会の時期は、貴様が棺に入って、同じ此《この》新橋に着く時であるぞよ。俺が此処《こゝ》へ迎えに来るまでは、決して東京の地を踏むなよ」

と云ったら、目を閉じた儘《まゝ》、二ツ点頭《うなず》いた斗《ばかり》で、汽車は此《この》思い出多き友達の、病体を載せて威勢よく駛《は》せ去った。夫《それ》から若《も》しや今日は死ぬか、明日は死ぬかと、心配して居《い》たが何の報知も来ぬ。来ないのは固《もと》より結構であるが余り気になるから、一日国府津《こうづ》に出掛て見たら、又、血を二三《にさん》回吐いたそうだが、別に衰弱が増した模様でもない。夫《それ》から、北里博士の出張所が興津《おきつ》にあるから、其処《そこ》の遠藤と云う主任の先生を頼んで、又、汽車に乗せて興津《おきつ》へと送り付けた。夫《それ》から庵主は劉宜の山内《さんない》の家の始末に取掛《とりかゝ》ったが、何様一寸買人《なにさまちょっとかいて》がない故、時の南満鉄道総裁中村是公《なかむらぜこう》氏に、事情を咄《はな》して買《こ》うて貰《もら》い、道具は、ドン〳〵、バッタ屋を四五《しご》人呼んで来て、敲《たゝ》き売って仕舞《しも》うた。此等《これら》の始末から、借金の片付けまで、庵主の懇意な、後藤勝蔵《ごとうかつぞう》と云う、任侠の人の尽力で、無事に片付いたのである。数日の後、劉宜の細君は、病状の報告旁《かた〴〵》色々入用《にゅうよう》の道具を取りに上京し、山内《さんない》の家に行ったら、知らぬ人が居《い》て、何だか変だからと云うて、細君は庵主の家に来た、庵主は、

「家も道具も売って仕舞《しも》うたから、もう何《な》にも無いよ。道具が要るなら、庵主の家《うち》の物を持って往《ゆ》きなさい」

と云うと、此《この》奥さんが又た劉宜以上、庵主以上の、豪《え》らい賢婦人で、

「あゝ然《そう》ですか、夫《それ》は色々お世話様でした、夫《それ》じゃ今日用《よう》を達《た》して、私は帰りますから」

と、平気なもので、直《すぐ》に又興津《おきつ》に帰って仕舞《しま》われた。夫《それ》から和尚は、満一年斗《ばか》りは、遠藤ドクトルの治療を受けて、専心摂養に全力を尽して居《い》たが、薄紙を剝《は》がすように回復して来た。医師の咄《はな》しに人間の体には、白血球、赤血球と云う物がある、其《その》血球が多くさえあれば、何の黴菌《ばいきん》でも撃退して仕舞《しま》う、其《そ》の血球を殖《ふ》やすには、魚の骨などに効能《きゝめ》がある物故《ものゆえ》、そんな物を摂取するが宜《よ》いと聞いたから、劉宜は漁師が網を引くと、細君が海岸に往《い》って、安価に沢山買《こ》うて来て、夫婦で大擂鉢《おおすりばち》に入れて、之《これ》を擂肉《すりみ》となし、和尚は手摑《てづかみ》に之《これ》を食うたと云う。其《その》豪壮な養生の為めかして、さしも強烈な肺病も漸次《ぜんじ》回復して、満二年を経過した頃は、体量等も殆んど病前と同一になった。此《この》頃まで庵主は、貧乏を抵当にしてまで金を拵《こしら》え、月に二百円位ずつは送って居《い》たが、策も略も尽き果てた暁は、友誼も情義も、煎じ詰めて、送られぬ丈《だ》けの結論となった。そこで劉宜和尚の方は、居《きょ》を三保《みほ》の松原に転じて、漁夫の網引の手伝や、松葉掻きを生業

として、細君と諸共《もろとも》に稼いで、僅《わず》かの賃銭に命を繋いで居《い》た。丁度満三年目の一月十九日、庵主は耐《こら》え切れずに、電報を打った、

「ヨウジ アル、スグ ジョウキョウセヨ」

之《これ》を受取った和尚は、其《そ》の晩終夜不眠で喜び、俊寛僧都《しゅんかんそうず》其儘《そのまゝ》、蓬《よもぎ》のように乱れて居《い》る頭の髪を細君が隣村まで、馬の毛を刈るバリカンを借りに往《い》って、怪しげに刈り込み、土方《どかた》のような洋服一枚の着の身着の儘《まゝ》で、三保《みほ》を出立《しゅったつ》し、酒《さけ》袋《ぶくろ》一杯、手作《てづくり》の芋《いも》を背負うて和尚が新橋に到着したのは、夜の七時頃であった。庵主は、和尚が棺に入った死骸に、新橋で再会する筈の覚悟が、全快した和尚に面会するのであるから、時間前《ぜん》より迎えに往《ゆ》き待って居《い》ると、群れ出《いづ》る人に混《こん》じて、和尚は大袋を背負って出て来たが、何様《なにさま》足掛け四年、灯心一筋の、カンテラで暮した和尚が、百も二百も電灯の光る停車場に着いたのだから、目も眩《まば》ゆく、庵主が袴掛《はかまが》けで立って居《い》る前を通過しても、目に掛《か》ゝらぬのである。庵主は胸が一杯で、物を云う事が出来ず、ステッキで、和尚の肩をどんと一つ打つと、和尚は振り返って庵主を見て、之《これ》も無言で庵主を見詰め、涙がホロリ、無言の儘《まゝ》、待たせた馬車に乗って、双方一言《いちごん》も物が云えず、到着した処が、日本橋茅場町《かやばちょう》の新福井《しんふくい》と云う料理屋である。此処《こゝ》に待って居《い》た人々は、後藤猛太郎《ごとうたけたろう》、渡辺亨《わたなべとおる》、村上太三郎《むらかみたさぶろう》、郷誠之助《ごうせいのすけ》、内田《うちだ》直三《なおぞう》の五人である。一同が一斉《いっせい》に、無事を祝した有様は、生還を期しない、万里の波濤を凌いで帰って来たロビンソン其儘《そのまゝ》で、誰も生きて居《い》る和尚とは思わなかったのである。一同の挨拶終るや和尚は、並べたる膳部《ぜんぶ》の飯もお汁も煮染《にしめ》も、ごったにして、大きな丼《どんぶり》に入れ、一息に鵜呑に片付け、他人の膳部《ぜんぶ》まで平《たい》らげて仕舞《しも》うたには、一同アット驚いたのである。夫《それ》から庵主と共に、又馬車に同乗して帰って来た処は、即ち築地《つきじ》の台華社《たいかしゃ》である。共に枕を並べて床《とこ》を取って、四年振りに始めて咄《はなし》を初めた、咄《はなし》はまだ半《なかば》も終らぬ中《うち》に、夜はガラリッと明けて、窓から朝日がテラ〳〵と映込《さしこ》んだ。其《その》以後は向島《むこうじま》の別荘に、一年有余同棲をして、後《のち》和尚は芝《しば》の愛宕下《あたごした》に居《きょ》を占めて居《お》ったのである。

此《この》数回の長き、劉宜魔人の物語は、読者も嘸《さぞ》や倦厭《けんえん》であったろうが、庵主としては、其《その》事実の真状を、まだ百分の一だも書尽《かき》されぬのである。

嗚呼《あゝ》人生浮泡《ふほう》の如し、船歌謳《うた》う柴筏《しばいかだ》、流れの儘《まゝ》に棹《さおさ》して、漂う水は利根川の、源《みなもと》清き筑波山《やま》、春の若葉も秋来《く》れば、紅葉《もみじ》と散りて波の畝《うね》、錦を織りて流れ行《ゆ》く、人生行路の浮沈にも、変わらぬ物は友垣《ともがき》の、隔《へだて》なき身の楽《たのし》みを思い出す儘《まゝ》窓敲《たゝ》く、時雨《しぐれ》と共に書《かき》付けたが、次回よりは又別《べつ》の一魔人を捉え来《きた》って、筆を馳するであろう。

16　異郷の天地に星一氏と遇う

壮士志を決して海外に遊び
義友毒に触れて逆旅に死す

現今、東京市京橋区南伝馬町《きょうばしくみなみでんまちょう》一丁目に星《ほし》製薬株式会社々長として壮《さか》んに活動して居《い》る星一《ほしはじめ》と云う紳士がある。此人《このひと》は福島県人にて明治六年生《うまれ》の今五十四歳である、庵主が曾《かつ》て八九《はっく》歳の頃より育てた安田作也《やすださくや》と云う者と同じ様《よう》に可愛《かわい》がった一人である。庵主が多《おおく》の人の子を育てた中《うち》にも此人《このひと》の事は後進の青年に紹介せねばならぬと思う。丁度庵主が浮浪生活をして芝佐久間町《しばさくまちょう》の信濃屋《しなのや》に泊り込んで居《い》た時に、右の安田と共に二人連《づれ》で夜逃げをして米国に渡航し、サンフランシスコに行って二人で労働に従事したのである。何様《なにさま》子供上《あが》りが二人で不見不知《みずしらず》の外国に往き、朝な夕なにはまだ親の懐ろ恋しき年頃故《ゆえ》、杖とも柱とも相互に便《たよ》り合《お》うて、やっと片言交《かたことまじ》りの英語を覚え、星は或る家庭のボーイに住込み、安田は洗濯屋の集配人になって、一生懸命に勉強をして居《い》た。然《しか》るに此《この》二人は素《もと》より通勤であるから、或る貧民窟の一室に起臥し、朝早く起きては互いに別れて職務ある家に馳せ附けるのであったが、或夜《あるよ》、星は友人の処に所用あって出掛けて往《ゆ》き、安田は昼の疲れの為め寝台に仰臥《ぎょうが》して居《お》った。星は深更《しんこう》帰宿して、

「おい安田、今帰った」

と呼んで見ても起きぬから、電灯を点けて見たれば、安田は依然仰臥《ぎょうが》して居《い》る。何だか様子が変だから立寄って体に

触って見ると、こは如何《いか》に、全身氷の如く冷え切って、手足共《とも》に鯱子張《しゃちこば》って仕舞《しも》うて居《い》る。おや！と思うと同時に星の鼻を劈《つんざ》く程に感じたのは瓦斯《ガス》の臭気《におい》である。星は雷霆《らいてい》にでも打たれたように驚いたが、全く安田は瓦斯《ガス》窒息で死んだ事が分った。夫《それ》から宿の主人を起《おこ》して騒ぎ出し医者よ薬と手を尽くしたが、もう間に合わぬ。警察官の調査によれば、室内の或る場所の瓦斯《ガス》管が破裂して居《お》ったとの事である、夫《それ》から星は誰彼《たれか》れを頼み、尾花《おばな》が原《はら》の片鶉《かたうずら》、一穂《ほ》に縋《すが》る思いをして此《この》安田の亡骸《なきがら》を野外一片の煙となし遺骨とした。彼は安田が最終の眠《ねむり》を遂げた部屋にぽつねんとして孤灯に対した時、思わず涙声を揚げたのである。

「安田、俺は実に淋しいぞ」

此《この》一声は彼が胸中に燃ゆる活動力の烈火を振り起《おこ》して、其《その》光力が百千哩《マイル》を照徹するサーチライトの如く、信念の耀《かゞや》きを発する小火口であったのである。彼は夫《それ》より親友安田の骨箱《こつばこ》をストーヴの棚に載せ、一輪の花と虧《か》け茶碗の水とを手《た》向《む》け、出入《しゅつにゅう》共《とも》に斯《か》く曰《ゆ》うた。

「安田、俺は是《これ》から君《きみ》と二人前働いて、二人前の成功をせねばならぬぞ。曾《かつ》て先生が『人間は遊ぶ動物ではない、働く動物であるぞ』と云われた事を君《きみ》と二人で聞いて居《い》た。今俺は其《その》訓戒を一人で実行せねばならぬ身の上となった、しっかり働くから見て居《お》れよ」

是《これ》が星をして苦痛を忘れ、辛労《しんろう》を思わず無目的主義に、只《た》だ人間の本能たる労働を不撓《ふとう》不屈に続行せしめた動機である。庵主は曾《かつ》て彼にこんな事を云うた事がある。

第一　粗食でも構わぬ十分に食え、十二分に食うべからず。

第二　食うならどんな物でも嚥下《のみくだ》さぬ前に能《よ》く嚙めよ。

第三　身体相当の栄養を摂取したら、草臥《くたびれ》る丈《だ》け十分に働け、十二分に働くべからず。

第四　草臥れたら能《よ》く眠れよ。

第五　十分に眠りて、十二分に眠るべからず。

第六　夫《それ》で健康の平均が保てたら、脳髄の健康を平均せしめて、決して空想に耽《ふけ》るべからず。
第七　脳髄の平均が保てゝ、空想に耽《ふけ》らぬようになったら、一事件ずつ精細に深く考慮せよ、考慮が円熟したら、強度の忍耐と実行の力とを挙げて、善悪となく屹度《きっと》遂行せよ。
第八　其《その》遂行の結果が善なれば取り、悪なれば取らざる事を自分に査定して決するがよいが、何にしても其《その》経過した経験丈《だ》けは、決して忘るべからず。
星は実に此《この》意を自己より得たる理想として実行して止まなかった一人である。故に彼は、
第一　随分難儀もしたが、病気をしなかった。
第二　彼の脳髄は常に興奮せぬよう、萎縮せぬよう、能《よ》く平均を保って居《い》た。
第三　彼は成敗共《とも》既に着手した事丈《だ》けは屹度仕遂《きっとしと》げて来た。
第四　彼の生涯は以上の条件の為めに体力、智力、働力《どうりょく》とも平均して、無期無滅であった。
星は親友安田と死別《しにわか》れてから、一層不変の勉強を継続して、鳥の粟《あわ》を拾うように、セービングが出来ると同時に、其《その》雇主にも殆んど貯金同様の信用を得た、然《しか》るに星は其《その》体力も、脳力も過労して居《い》なかったから、此《この》貯金に対しても、決して無駄な事を考えなかった。
彼は熟考の上、此《この》金を全部イーストの方に向《むか》う旅費に使用すべく決心した。彼が紐育《ニューヨーク》に到着した時は、一文《もん》なしであったから、先ず第一の武器たる体力と脳力とを行使して働らいた。働くに就いては彼の前《ぜん》主人に得た信用を利用して、其《その》主人の書いた信用紹介状を以て、十分に活動の地歩を得た。庵主が端《はし》なく米国に用務が出来て、時の農商務次官藤田四郎氏と帝国大学の教授理学博士箕作佳吉《みつくりかきち》氏と共に、横浜からチャイナ号と云う船に乗って米国に渡航し、紐育《ニューヨーク》の「フィスアヴェニューホテル」に宿泊して、殆ど一ケ月もした後《のち》の事であった。朝ボーイが一葉の名刺を持って来た。庵主之《これ》を見ると H.HOSHI と書いた横文字の名刺である。庵主は種々《いろいろ》の人の訪問を受《うけ》て居《い》たから探訪記者で、もあろうと速断して呼込んで見たら、軀幹長大蓬頭垢面《ほうとうくめん》にして、縞柄《しまがら》も分らぬ程汚《よご》れた脊広《せびろ》の洋服を着た一青年であった。前

面に佇立《ちょりつ》した処を凝視した庵主は、須臾《しばらく》にして脳髄が綻《ほころ》びるかと思う程、驚喜の声を発した。

「星ではないか?」

星は頭を俯低《うなだ》れて、胸迫りてか無言である。庵主は星が安田と共に夜逃をして以来、殆んど七八年《しちはち》の間、雨に付け風に連《つ》れ殆んど忘れる隙《ひま》もなく、ア、今は何国《いずこ》に行吟《さまよ》い居《い》るやらん、定めて難儀流浪をして居《い》るならんと、思い続けし愛男子《まなおのこ》が、天涯万里の紐育《ニューヨーク》にて、庵主の面前に現われんとは、思いも寄らぬ喜びで、ツト進み寄ってシッカと握手し、

「能《よ》く無事で居《い》て呉れた、偉大の成長、一期の満足、先ず座に着いて緩《ゆ》る〳〵話そうではないか」

と傍《かたわら》なる椅子を与《あたえ》たけれ共《ども》、星は尚《な》お直立して、

「小生図らず今日新聞紙上にて先生の来米《らいべい》を知り、夢路を辿る嬉《うれし》さに我を忘れて推参しましたのは師訓に背きて遠遊し、幾多の風雨に曝《さ》らされましたが、未だ一事の告ぐべき事もありません。只《た》だ頃刻《けいこく》も早く先生に云わで、已《や》まれぬ一事と云うは、同窓下に育《はぐく》まれ、殊に愛憐深かりし安田作也《やすださくや》が五年前、桑港《そうこう》（サンフランシスコ）の逆旅《げきりょ》に於て、思わぬ凶変の為めに命を墜《おと》し、跡に残りし小生は斯々《かく〳〵》云々《しか〴〵》の進路を辿り、翼折られし孤鷗《こおう》の如く取り残されて、幾年《いくとせ》か波のまに〳〵漂いて、終《つい》に紐育《ニューヨーク》の岸辺に縋《すが》り附き、人波多き淵や瀬を、筆一本に棹《さお》さして、今は独力にて『ジャパン・エンド・アメリカ』と云う雑誌を発刊し、余暇を以てコロンビヤ大学校の科程を修め、『ブルックリン』の或る教会慈善の宿舎に起臥して雨露《うろ》を凌《しの》いで居《い》ます」

と、始め終りの憂き苦労、七八年《しちはち》の経歴を落ちもなく物語った、庵主も終日倦《う》まず、夜更《ふ》けまで聞くに付け、世の中の哀別離苦の筋路を、昔も今も繰り返す、苧多環糸《おだまきいと》の枠《かせ》となり、笑うも泣くも煩悩の、夢の浮世の彩色《いろどり》か、迷悟三界住捨《すみす》つる、其《その》結論は会者定離《えしゃじょうり》、教うる人の権威は、習うに劣る意気地なさと、坐《そゞ》ろに哀傷の涙を止め得なかったのである。其《その》夜、星は止めるも肯《き》かず、午前の二時頃より其所《そこ》から約二三哩《にさんマイル》もあるブルックリンに帰った。さしもに熱鬧《ねっとう》の紐育《ニューヨーク》の街上《がいじょう》も、靴音絶《たえ》果て、月の光に塵《ちり》さえも、眠りに耽《ふ》ける町中を、小黒《こぐら》き影を後にして、消去《きえ》りたる星の姿を階上の窓より見た庵主は、種々様々の刺戟《しげき》に其夜《そのよ》はとう〳〵一睡もせず、暁《あかつき》の牛乳配達の鈴を聞いたのであった。翌朝

星は又早くから来て、土地不案内の庵主の世話を何くれとして呉《く》れた。正午頃一人の宿のボーイは一寸《ちょっと》星の姿の見えぬ所で、庵主の前に直立し、

「あの星と云う『ジャパンニース・ゼントルマン』が、此《この》『ホテル』に出入《しゅつにゅう》する事を支配人が非常に注意して居《お》ります。夫《それ》は彼の靴には馬の如き蹄鉄を打ち付《つけ》て、大股に室内を歩きますので、絨毯《じゅうたん》が随所破損しますからです」

と、眼を円くして警告した。夫《それ》まで何の気も付かざりし庵主が、不図《ふと》星の靴底を注意して見ると「ドッグ・ヘッド」と云う、所謂《いわゆる》犬の頭形の重く厚き大きな破れ靴に、彎形《わんけい》の重き蹄鉄を打《うち》付けて居《い》るには了管《さすが》に一驚を喫した。実に彼は満身の勇気を以て、此《この》鋼鉄艦の如き靴を穿《は》いて、石張りの紐育《ニューヨーク》の市街を縦横に踏破するのである。庵主は会心の余り星に向《むか》い、

「予《よ》は君と再生の奇遇を祝するが為めに、好《よ》き物を贈ろう」

と言って彼と共に外出し、「サムプル・ショップ」とて、流行毎《ごと》の見本品のヒネ物計《ばか》りを集めて商う家に往《ゆ》きて流行遅れの型の最も頑丈なる編み上げ靴十足を買い求め、紙包として、星と共に旅宿に背負い帰り之《これ》を星に贈った。

「予《よ》は君《きみ》が、自《みず》から決して、自《みず》から為《な》すところの今日の行為は、崇高なる君《きみ》が自覚の問題を遂行するのであるから、其の身を包む破帽弊衣《へいい》は、金銭で買うことの出来ない綺羅錦繍《きらきんしゅう》であって、庵主も之れを欣羨《きんせん》する訳であるから、之《これ》を改めよとは決して言わぬが、其《その》靴はホテルから抗議を申込んで来たので、予《よ》が買うて遣《や》るのである。君《きみ》どうか、此《この》十足の靴の破るゝまで、紐育《ニューヨーク》の全市を蹂躙《じゅうりん》して、成業に努力して呉《く》れ、其上《そのうえ》では、予《よ》又、何なりと君《きみ》の要求に応ずる」

と云い聞かせた。星は戦争国が、十艘《そう》の軍艦でも貰《もろ》うたように喜んで、其《その》靴の包《つゝみ》を軽々と背負うて帰ったが、当時庵主が連れて居《い》た通訳の神崎直三《かんざきなおぞう》氏や、児玉文太郎《こだまぶんたろう》氏の如きは、今に之《これ》を笑種《わらいぐさ》の一つとして居《い》るのである。是《これ》より段々、星一《ほしはじめ》の立志伝を後進の者の為に紹介することにする。

17　希望に輝く青年の意気

一箇の行商全国を踏破し
一介の書生北米を蹂躙す

星は幼少より信念ある青年であった。弱年の時から言う事が普通と違って居《い》た。曰《いわ》く、

第一　天が自分を貧乏な艱難《かんなん》多い家庭に産んで下さったのは自分の幸福である。屹度《きっと》英雄豪傑になれと云う使命を持たせて英雄豪傑に選定して下さったのである。

第二　富貴潤沢の家庭に産まれたあの某々《ぼうぼう》の如きは、人生最大の不幸福者である、どうしても豪《えら》い者にはならぬ事に極《きま》って居《い》る。

第三　人生の発達は丁度家屋の建築の如く基礎工事が根本である。木火土金水《もくかどごんすい》のあらゆる技巧と困難とを尽して、打固《うちかた》めた上に建築せねば堅実な大家屋は出来ぬのである。人間の発達も物質的、即ち衣食住の不足観念に鍛錬して身体意志の基礎を修養して置かねば、大人物、大事業は決して出来ぬものである。

第四　自分は真の天の寵児《ちょうじ》で産れ甲斐のある、生き甲斐のある大人物、大事業家になれよとの大使命を受けた者であるから、此《この》大使命を傷《きずつ》けるが如き恥かしい事を仕《し》ては他日豪《えら》く成った時に申訳《もうしわけ》がないのである。

第五　斯《か》く信じて自分は大世界に対して、大建築をなす基礎工事として忍耐堅実の志操を守らねばならぬ。と、斯様《かよう》な事を云う丈《だけ》あって、其《その》成長の順序は全く他の青年と違《ちご》うて居《い》た。庵主は曾《かつ》て星の厳父喜三太《きさんた》氏とも面会した事があったが、一見着実な老人と見受けた。氏は若年の頃より村長にも成り、県会議員にもなり、明治十五六年《ごろく》の頃は地方人に率先して民選議院の設立にも奔走し、国家社会の為めにも尽瘁《じんすい》したと云う時代的の理解力も持《もっ》て居《い》た人であ

るから、其《その》家庭に生れた星一《ほしはじめ》の薫陶の程も思い遣《や》らるゝのである。

庵主は星が渡米前の事の記憶を辿って見るに、彼は明治二十四五年の頃、東京の商業学校を卒業して、其頃《そのころ》渡米の考《かんがえ》を起《おこ》したらしい。彼は友人に語って曰《いわ》く、

「人は米国に行《ゆ》くと米国人の様《よう》になって帰って来るが、僕は何所《どこ》までも日本人であるから、米国に行っても其《その》積りで知識を研《みが》き最も良き優等の日本人になって日本に帰って来る積りである。

夫《それ》で日本人たる以上は日本を知って居《お》らねばならぬから、日本の内地旅行をして日本の山河の風物都鄙《とひ》の状況をも巡視したいものである。

夫《それ》には旅費と云う金が入用《にゅうよう》だが夫《それ》がない故、其《その》金策には今所有の書籍に加うるに所持の学費の全部を投じて、神田の夜店などで最も安価にして成丈《なるた》け余計に買われる古本を沢山仕入れて、夫《それ》をウントコサと背負い、行々《ゆく〳〵》之《これ》を売って旅行をして見《み》たい」

と、其後果《そのごはた》して彼は夫《それ》を実行した。小川町《おがわまち》辺の古本を買い集めて之《これ》を風呂敷に包んで背負い、瓢然《ひょうぜん》と東京を出掛けた。彼は日蔭町《ひかげちょう》で買《こ》うた水兵服に草鞋《わらじ》掛け、麦藁《むぎわら》帽子に大風呂敷を負うて、九段坂《くだんざか》で同郷の学友に別れを告げ、其日《そのひ》は横浜の友人の許《もと》に泊り、其《その》翌日からは木賃宿や学校や停車場などに夜を明《あか》して、大阪に着いた時は其《その》古本はもう一冊も無かった、夫《それ》より星は庵主の友人にして大阪朝日新聞の主筆たりし高橋健三《けんぞう》氏を訪《と》うたとの事、此《この》高橋氏は曾《かつ》て官報局長となり、又、内閣書記官長となり、又、各方面教育上の枢機に関係した人であった。悲い哉《かな》、早く世を去られたが、庵主等《ら》は今尚《な》お其《その》高風に憧憬して止《や》まぬのである。けれ共《ども》、星は決して高橋氏より金銭の恵を受けなかった。毎朝朝日新聞十五枚宛《ずつ》を貰《もろ》うて、之《これ》を梅田停車場や川口の船着場所等に往《い》って呼売をなし、夜は場末の木賃宿位に泊って精細に大阪の風土人情等を研究して居《い》た。故に星は今日尚《な》お大阪の新聞呼売の元祖は俺《お》れだと威張り、大阪市中で新聞の呶鳴売《どなりうり》を見ると手を挙げて之《これ》を買《こ》うては、俺の乾児《こぶん》だと云うて嬉々として喜んで居《い》る。当時高橋氏は星の生活状態を不憫《ふびん》に思い、相当の金を拵《こしら》えて遣《や》るから早く内地漫遊を終《しま》って亜米利加《アメリカ》に往《ゆ》けと云われたが、星は厚く其《その》好意を謝した。

曰《いわ》く、

「御懇志《ごこんし》は心魂に徹して有難く存《ぞんじ》ますが、私《わたくし》は貴下方《あなた》のお蔭で豪《えら》い者に成ろうと思うて居《おり》ますから、自分の修養上に必要があって斯様《かよう》の生活を致して居《お》ります。人間必要な金が有って奔走するのは何の困難も有《あり》ませぬ。殊に又、縦令《たとえ》親でも師匠でも自分の信念を棄てゝ金を借用したり貰《もろ》うたりする事は、其時《そのとき》の苦痛を凌《しの》ぐには一番便利でありますが成業の後《のち》に取り去る事の出来ぬ遺憾を持たねばなりませぬから、若《も》し頂戴致《いたし》ますなら私《わたくし》の修養の経路に必要な物を戴きとう存じます。夫《それ》は何《いず》れ奥様に願出《ねがいいで》ますから……」


と云うて彼は其《その》翌日高橋氏の細君に面会して相談を初めた。此《この》細君こそ世に囃《はや》されたる賢婦人で、健三氏とは十八も年上の人で有ったが、幾多の青年は此《この》賢婦人の訓戒によりて大人物と成った人が沢山ある位故《くらいゆえ》、早速に健三氏に星の申出《もうしいで》を取次ぎ、其望《そののぞみ》を叶えて呉《く》れた。夫《それ》は全国の書林から新刊書籍の批評を朝日新聞社に乞う為め、年々沢山の寄贈書籍が積んで山を成して居《い》る故、其《その》不用の分を貰《もら》い受け、又背負い出して全国漫遊を企てたいとの志望である。早速其《その》相談が調《とゝの》うて星は高橋の命《めい》の如く再び漫遊の途《と》に上《のぼ》ったのである。


此《この》相談の調《とゝの》うた時に高橋の奥さんは星を招いて、

「星さん、貴方《あなた》に見せる物があるから、一寸《ちょっと》お出《いで》なさい」

と云うて一室に伴われたら、古本が山の様《よう》に積んである。奥さんが、

「星さん、此丈《これだけ》あれば貴方何所《あなたどこ》まで旅行が出来ます」

と云われたから、星は飛上るように喜んで、

「此丈《これだ》けあれば屹度《きっと》月世界まで漫遊する事が出来ましょう」

と云うたら、夫人は心から喜ばれた。夫《それ》から星は其《その》本を売っては金を拵《こしら》えて色々の品物を買い、之《これ》を行先きの市《まち》で売《うっ》ては其《その》金で又新規の物を買い、又、先の市《まち》で之《これ》を売ってとう〳〵五畿内を巡り、四国に入《い》り、九州に渡ったのである。

九州も大分《おおいた》、宮崎、鹿児島より琉球《りゅうきゅう》に渡り、長崎より肥前《ひぜん》、筑前《ちくぜん》、筑後《ちくご》より門司《もじ》に出《い》で、中国を経て再び大阪に帰っ

た。先ず高橋先生夫婦に面会をして、潮の波路《なみじ》の旭日影《あさひかげ》、翠《みどり》の山の暮の鐘、過ぎ来し旅路の起臥《おきふ》しを、窓打つ風の淋しさに、語り尽して共々に、花なす孤灯を掻き立てゝ、夜《よ》の更《ふ》けるのを忘れたのである。夫《それ》より星は又、大阪を辞し、辿り〳〵て北陸を廻《めぐ》り、東京の古巣に舞い戻った時は、隅田《すだ》の桜も綻《ほころ》びて、待乳《まっち》の山の夕霞《ゆうがすみ》、影浅草《かげあさくさ》の鐘の音《おと》、響くも知らず江戸ッ子が、踊り狂うて塒《ねぐら》さす、鳥さえ迷う頃であった。

其《そ》の夏が即ち前回に述べた通り、星は親友安田作也《やすださくや》と共に窃《ひそ》かに東京を脱け出《い》で、十数日の後には太平洋の赤道直下を乗り切って、彼《か》のコロンブスの発見したと云う米大陸を——金門湾《ゴールデンゲート》の急潮を隔《へだ》てゝ遥かに桑港《サンフランシスコ》を船前に望見した時であった。

此《これ》からが星の燃ゆるが如き青年の野心を実地に演出する大舞台、即ち亜米利加《アメリカ》大陸上の一人となって、貧書生に扮《ふん》したる一俳優が試演劇場に上《のぼ》ったのである。

星が此《この》渡米の同船中には栗野《くりの》公使も在ったそうだが、星は彼《か》の朝日新聞の高橋先生及《および》日本新聞の主筆陸実《くがみのる》氏等よりも、時の桑港《サンフランシスコ》領事珍田《ちんだ》氏に紹介の添書《てんしょ》を持って居《い》たそうだが、星が到着と行違いに珍田《ちんだ》領事は帰朝せられたので、未知未見の外国に行ったポッと出の二青年は、先ず吐胸《とむね》を突く程がっかりしたそうである。安田の咄《はなし》は別として、星は先ず熱心に自分の働き口を探し、やっとの事でスクールボーイと云うに住込んだ。此《これ》が前回に述べた星の桑港《サンフランシスコ》労働の註解である。スクールボーイとは先ず朝四時半頃に起きて八時まで一生懸命に働く、夫《それ》から九時になると学校に行《ゆ》き、三時になると帰って来て、又七時半頃まで働く、都合七時間半位働いて五六《ごろく》時間学校に行《ゆ》く事の出来る室内的労働である。元来、星は精神こそ強固であるけれ共《ども》、生れ付き小気《こき》の利かぬ、申さば不調法な男である上に、今まで主取《しゅとり》をした事もなく、又、他人に使役せられた事もない、彼は人にも頼み自分も困難して働き口を探してヤッと住込んだが、其《その》仕事振りの不調法なのを見た主人は直《たゞち》に暇《いとま》を出す。彼は労働処《どころ》でなく、学業処《どころ》でなく、住込むが早いか直《す》ぐに追い出される。最初の一ケ月には彼は二十五軒も追出された。甚しきに至っては短かいのは一時間、長いので一昼夜に過ぎない。此《かく》の星の友人は皆、星の事を「Mr. O.《ミスターオー》 D.《デー》 HOSHI《ホシ》」と云うたのである。夫《それ》は「Oi《オイ》 Dasare《ダサレ》 Hoshi《ホシ》」という綽名《あだな》である。

如く星が方々の働き場所を縮尻《しくじ》っては日本青年の働き先が狭くなって、星の為めに他の多数の日本青年が困るから、支那人にも劣る星だと云うて排斥運動が友人間から起《おこ》った位である。是《こゝ》に至って星も非常に困って、一夜孤灯に対しグットト思案をして茲《こゝ》に一大決心が星の胸底に湧然として起《おこ》った。

夫《そ》れは、桑港《サンフランシスコ》で有名な某家《ぼうけ》である。其家《そのうち》は主人が後家《ごけ》さんで、子供が二人ある。

「此家《このうち》は皆貪婪《けち》である」

「此家《このうち》は皆叱言《こゞと》を云う」

「此家《このうち》は皆寄《よっ》たかって奉公人をこき遣《つか》う」

「此家《このうち》は食物が非常に不味《まず》い」

此《こ》の噂の為めに誰《だれ》人も今日《こんにち》まで三日と辛抱した者がない。星は此家《このうち》に住込むべく決心した。彼以為《おもえ》らく、

「どんなに不味《まずく》とも食いさえすればよい」

「命ぜらるゝ儘《まゝ》、快よく無暗《むやみ》に働く」

「どんな無理を云うても決して口答えせぬ」

「どんなに侮辱されても決して膨《ふく》れ顔《つら》をせぬ」

「此家《このいえ》を労働百般の稽古をする学校と心得、屹度《きっと》卒業をせねば、他の学校にても決して卒業は出来ぬものと決心する」

「若《も》し追出すと云うても、自分は無給金でも飲まず食わずでも働いて、死ぬまで出て来ぬと決心して是非此家《このうち》に置いて貰《もら》う事にする」と。

こう覚悟をして、とう〳〵其家《そのうち》に住込んで、前の決心通りに働いた。友人は皆もう出て来るか、もう追出さるゝかと待って居《い》たが、一週間目になって其《その》主人が星に給金を渡した。星は此時《このとき》に「お前は此家《このいえ》に居《い》ぬでもよい、来週からは」と宣告を受けるであろうと待構えて居《い》たのに、何にも云わぬ。又、家人の全体が一人も叱言《こゞと》を言わぬ。翌週になっても同様である。茲《ここ》で星は叫んだ、「俺は桑港《そうこう》の労働学校を卒業したぞ」と。庵主も此処《こゝ》まで書き来《きた》って覚えず絶叫した、

星は真に人間事業の一階級を優等で卒業したのだと、今時の神経衰弱した青年共《ども》は、腹の足しにもならぬ屁理窟《へりくつ》斗《ばか》りを先に覚えて、第一に人に使わるゝ事を知らぬから人を使う道も分らぬ。已《すで》に社会の一事業のどんな小部分をも成功して居《お》らぬのである。況《いわ》んや成功もせぬ前に不平とか憤懣とか事業の成功と云う問題には何の関係必要もない事計《ばか》りを先に振り廻して、手も足も動かすことは忘れて居《い》る、丁度是《これ》は撒水夫が栓を抜く事を忘れて、ブウ〳〵怒りつゝ東西南北に車を挽き廻るのと一般で、何の目的で生きて居《い》るのやら更《さ》らに分らぬのである。今の世の中にはこんな馬鹿物計《ばか》りが生きて居《い》るから、役に立たぬ奴計《ばか》り殖えて、何の成功も贏《か》ち得ぬのである。世の中の成功なる者は絶対の問題であって、自身の総てを之《これ》が犠牲に供しても困難である。庵主は嘗《かつ》て或る一恩人の幼児の疥癬《かいせん》を全癒せしめんと、抱寝《だきね》をして介抱した為め、庵主の全身に伝染し、二年半苦痛して、終《つい》に全快せしめたから、今尚《な》お実父母以上に慕われて居《い》る一人である。即ち成功は絶対の犠牲が条件である。星が絶対犠牲の決心は万世不磨《ふま》の教訓であって、彼《か》の釈《しゃく》氏が一鳩《いっきゅう》を助ける為に股肉《こにく》を裂いて犠牲としたる教訓と殆んど一致して居《い》る。星は之《これ》より進んで米国第一のコロンビヤ大学校に入学するの計画に入《い》るのである。

18　至誠、天地を動かす

忍耐克く志業を起し
艱難能く人を玉にす

庵主が見る多くの青年の中《うち》で、星は総ての観念に一種動かざる基礎があった事を認めて居《い》る。星が桑港《サンフランシスコ》で就職難の渦中に漂うて途方に暮れた時、彼は意を決して労働者仲介所、即ち桂庵《けいあん》に飛込んで、其《その》就職先を依頼した。桂庵曰《けいあんいわ》く、

「お前は英語を咄《はな》せるか」

「今お前と咄《はな》して居《い》る丈《だけ》は咄《はな》せる」

「宜しい分った。今此地《この》を南方に去る二百哩《マイル》の処に、お前の働く場所があるから、手数料六弗《ドル》を支払えば紹介状を書いて遣《や》る」

と云うから星は所持品一切を売《うり》飛ばして、六弗《ドル》を払い、添書《てんしょ》を貰《もろ》うて船に乗込んだ。其《その》船は米国の沿岸航路を営業とする至極《しごく》小さい船であって、夫《それ》が南米海の大濤《おおなみ》に弄《もてあそ》ばれる笹葉の様《よう》に、他の比類なき動揺である上に、速力は非常に遅緩《のろ》いので、食物と云うては犬も喰わぬ堅《かた》パン一個に、豆を焦して煎じた茶一杯のみである。嘔吐《へど》の有丈《ありた》けを吐いて、漸々《ようよう》港に這上《はいあが》っても宿屋もない。側《そば》の酒屋の土間にある板椅子に腰打掛けて疲労を休め、荒寥たる不見《ふけん》の殖民地の風景に眺め沈んで居《い》ると其《その》酒屋の主人が側《そば》に来て、

「おい〳〵日本人よ、此地《この》に来てお前の働きに行《ゆ》く処は、遥か二哩《マイル》の向《むこ》うの岡の上に見えるあの家である。もう暁《あかつき》にもなって来たから、ぽつ〳〵出掛けてはどうじゃ」

と追立《おいたて》られた。星は重き頭脳《あたま》を振上げて前路《ぜんろ》を見て、やっと其野路《そののみち》を辿り、始めて其《その》家に至り添書《てんしょ》を出したら、主人の内儀《おかみ》さんが一人の料理人と仲働人《なかばたらきにん》とに紹介して、直《すぐ》に仕事を命じた。即ち星は昨夜来の船暈《ふなよい》の儘《まゝ》、食物を摂《と》って居《お》らぬのに、一分間の猶予もなく直《すぐ》に仕事を与えられた。そうして其《その》仕事は一時間も立たぬ中《うち》に、全部零《ゼロ》の落第点を取った。其《その》家の内儀《おかみ》さんが、

「お前の働振《はたらきぶ》りは私の家の仕事と合致せぬ」と斯《こ》う云うて立去った。暫《しばら》くすると麦酒《ビヤ》樽のような腹を抱えた主人公が来て、

「お前はあの遥かの向《むこ》うより航海して来る水平線上に煙の見える桑港《サンフランシスコ》行の船に乗るのが宜しい」と宣告して、ポッケットより五弗《ドル》の金貨を取出して渡した。星は地上に跪《ひざまず》いて、どうか一週間丈《だ》け試験して下さいと頼んだら、

「俺と一緒に此《この》馬車に乗れ」

と厳命せられ、とう〳〵夫《それ》に乗せられて船場へ行った。船は干潮の時故《ときゆえ》、桟橋より少し離れて着いた為め梯子が掛《かゝ》ら

ぬ。船の檣《マスト》から長い棒を差出して、其《その》先から綱が下《さが》って、其《その》綱に畚《もっこ》が付いて桟橋の上に来て居《い》る。其《その》主人公は夫《それ》を指《ゆびさ》し、

「お前は此畚《このもっこ》の上に乗れ」

と云うから、とう〳〵星は其畚《そのもっこ》の上の人と成ると、直《すぐ》にがら〳〵とクレーンを捲《ま》いて星を釣り上げ、ドッサリ其《その》船のデッキの上に下《おろ》されて、又一人の下等船客と成ったのである。此《この》船客こそは現今の東京市京橋区南伝馬町《きょうばしくみなみでんまちょう》にある、白煉瓦《れんが》七層楼、星製薬会社々長の星一《ほしはじめ》である。夫《それ》が二十幾年前の体を乗せて南米の大濤《おおなみ》に揺られ〳〵て、又桑港《サンフランシスコ》に逆戻《もどり》したのは其桑港《そのサンフランシスコ》を出発した五六《ごろく》日の後であった。星は元の桑港《サンフランシスコ》には着いたが、此《この》地は永い間自分が就職難で漂うた処である其上《そのうえ》に、囊中《のうちゅう》は無一物で、どれ程智囊《ちのう》を絞ってもパンを得《う》る工夫が出来ぬ。万止むを得ず星は始め紹介した彼《か》の桂庵《けいあん》の家《うち》に行った。曰《いわ》く、

「お前の尽力で指図の働先《はたらきさき》に行ったら、一時間も立たぬ中《うち》に落第して帰された。お前は僕の英語丈《だ》けを試験して肝腎の仕事の問題を試験せずに只《た》だ無暗《むやみ》に追《お》いやったが、夫《そ》れ丈《だ》けの手数料に六弗《ドル》は高いから返して呉《く》れ」

と云うた。桂庵《けいあん》は星が此亜米利加《このアメリカ》的経済論の談判を、大勢来客のある前でするから直《すぐ》に、

「私も商売故《ゆえ》、夫《それ》では半分の三弗《ドル》を返戻《かえ》しましょう」

と云うて三弗《ドル》を投出《なげだ》した。星は此《これ》で数日の食物を得《う》る準備が出来たのである。此《この》三弗《ドル》を限度として何とか就職をせねばならぬと考えて、うろ〳〵して居《い》る途中で、伊藤と云う東京での友人に遭うた、天涯異境の途上、旧友に邂逅《かいこう》して過越《すぎこ》し方を物語った星は、如何《いか》に嬉しかったであろう、星曰《いわ》く、

「君《きみ》はどうして米国に来たか」

「僕は年寄ったお母さんが貧乏して難儀をして居《い》るのに、僕が不運でどうしても職に就く事が出来ぬから、何でも米国で一生懸命に働いて、お母さんの達者な中《うち》に一日でも楽をさせて見たいと思うて出て来たのじゃ、君《きみ》よ若《も》し出来るなら、其《その》君が縮尻《しくじ》った月給五十弗《ドル》の田舎の口に僕を世話して呉《く》れぬか、そうすれば今まで僕の働いて居《い》た家に君を周旋しよう」

「夫《それ》は君《きみ》、良い心掛けじゃ。僕は只《た》だ米国第一のコロンビヤ大学校に入《い》りて学問が仕《し》たい斗《ばっ》りで米国に来たのであるから、君《きみ》のように慾張らぬでもよい。併《しか》し僕は生れ付き不調法者であるから、僕が其《その》家の仕事に馴れるまで、君《きみ》が教えて呉《く》れ。夫《それ》を交換条件として僕が追出された田舎に照会して見よう」

「夫《それ》は願《ねがっ》たり叶ったりじゃ。屹度君《きっときみ》が仕事に落付いて追出されぬまで見届けて、僕は田舎の方に行《ゆ》くから」

と約束して、夫《それ》から星は一生懸命に手紙を書いて、伊藤を其麦酒《そのビヤ》樽の主人公に紹介した処が、四日目に返事が来た。曰《いわ》く、

「お前の親切を大いに謝す。此《この》手紙の到着した次の日午後四時に桑港《サンフランシスコ》を出帆する船がある。其《その》船に間違いなく乗込んで来さえすれば傭入《やといいれ》てもよい」

との事である。伊藤は躍《おど》り上って喜んだが、星は一向嬉しくない。夫《それ》は今度勤める家を縮尻《しくじ》らぬまで教えて呉《く》れる筈の約束ある伊藤が、明日出発するから、星は又直《すぐ》に追《おい》出される事を悲観するからである。併《しか》し夫《それ》も止むを得ぬから、又、星は伊藤を田舎に出発させて、自分は其日《そのひ》から今まで伊藤の居《い》た家に働く事に成ったのである、そこで今度は星が絶対に追出されぬ工夫を仕《し》た。

第一　どんな無理非道な仕事を云付《いいつけ》られても嫌と云うまい。

第二　どんな六ケ敷《むつかしき》仕事でも出来ないと云うまい。

此《この》二つを屹度《きっと》守ったならば、皆人《みなひと》が可愛がって呉《く》れるに違いないと決心して、夫《それ》から毎日毎夜どんな場合でも、どんな人からでも、物を云い付けられる時は、おっと声に応じて立上り、直《すぐ》に其《その》仕事を誠意に片付ける事に従事した。そこで主人は申《もうす》に及ばず、家内中の人から、出入をする人々まで、星を非常に重宝がって親愛するようになった。間もなく其《その》親愛は敬愛となり、敬愛は信任となって来たのである。始めは一家内外の人が皆寄って集《たか》って虐使《こきつか》った星を、今日は皆が寄って集《たか》って尊敬するように成って来たのである。

夫《それ》で庵主が常に青年の者に訓戒するのである。将来人を使おうと思うなら、十分に人に使われる学問をせねば、人は

使えぬものじゃと。故に庵主が世話をする青年は、幼少より小僧を勤めさせ成長したら必ず兵隊に遣《や》るのである。是《これ》は華族の子でも穢多の上長官に付いたら、夫《それ》に虐使《こきつか》われるのである。一番の好《こう》学問である。夫《それ》が出来ずして其《その》青年が何で成功するものか。星は先ず庵主学校の第一の優等卒業生である。

そこで星が昼夜の差別なく仕事を仕《し》て居《い》るのを見た主人は、

「星よ其《その》仕事はお前の仕事ではない」

と云うて他《た》の者にも其《その》仕事を分別して、明白に云付《いいつ》けるようになって来た為め、星の仕事は段々減少して来た。そこで星の体に暇が出来て来たから、勉強する事も出来る、終《つい》に主人の許《ゆるし》を受けて夜学に通う事になった。夫《それ》から給金を貰《もら》えば紐育《ニューヨーク》へ東行する旅費にと主人に預ける。主人も星を愛して居《い》るから、成るべく学資の溜る工夫をして呉《く》れる。夫《それ》で星は可成《かなり》倹約をし有用の書籍を購入して読む事に努める。当時、星は立派な経済学や、社会学や、政治学の本を分不相応に買込んで自分の部屋に積んで居《い》た。或時《あるとき》マーシャルの経済論を買《こ》うて帰って来た時に、其《その》家の娘さんが夫《それ》を見付けて、

「星、お前の持って居《い》る本を一寸《ちょっと》見せろ」

と云うて夫《それ》を見て其《その》本が当時英米両国で持囃《もてはや》されて居《い》る本であるから、娘さんは欽羨《きんせん》に耐えず、

「お丶星よ、お前は斯《こ》んな本を読むのか」

と叫んだ。

「はい、私《わたくし》は此本《この》を読《よみ》たいのが満身の希望でありましたが、買うお金が有《あり》ませぬ為、悔《くや》んで居《い》ます内、此家《こちら》で働かせて下《くだ》さるから、とう〳〵此本《この》が買えました。お嬢さん、星は今夜は此本《この》にキッスをして此本《この》を抱いて寝ます」

と云うたら、

「星よ、明日の午前にでも、お前の部屋に私の行《ゆ》く事を許して呉《く》れないか、お前の其様《そのよう》に思うて買《こ》うた沢山の本を私は見たいと思うから」

「はい、何時《いつ》でもお出下《いで》さいませ」

と答えた。翌日、娘さんが来て、星が本を愛蔵して積上《つみあ》げて居《い》るのを見て、驚いたとの事である。其事《そのこと》を娘さんが父母や家内中に咄《はな》したので、星は益々其《その》一家の尊敬を受ける事になった。

或る時、其《その》家にお客があって、料理人のブリッチと云う独逸《ドイツ》人の女が転挺舞《てんてこまい》をして居《い》た。星は己れの仕事を早く仕舞《しも》うて、学校に行《ゆく》積りで働いて居《い》るので、両人の間に端《はし》なく言葉争《あらそい》の衝突が起《おこ》った。

ブリッチは星に、

「え丶此悪嗅《このスチンク》の支那人奴《め》」

「え丶此猿奴《このモンキーめ》が」

「どうして猿《モンキー》と云う事が分るか」

「能《よ》く鏡に向《むか》って合点せよ」

と云い争うと、ブリッチは側《そば》にあるパンを造る棒で星に打って蒐《かゝ》った。星は其《その》手を左手で押えて、右の手で彼《かれ》の横面を打った。彼《かれ》は今度は肉切庖丁を持って星に切り掛けた。星は再び其《その》手を左の手で押えて、右の手で又彼《かれ》の横面を打ったから、彼《かれ》は前の部屋へ逃げた。星も直《すぐ》に本の包みを肩にして学校に駈け付けたら友達が、

「今日は大変遅いじゃないか」

「今日は料理人の女と喧嘩をしてブン殴って遣《や》った。そんな事で遅くなった」

と咄《はな》すと、友達の大勢は非常に心配して、

「米国の法律で女を殴ると牢に入れられる。星は屹度《きっと》牢に入れられるに違《ちがい》ないがどうしたら良かろう」

と打集《うちつど》って評議して呉《く》れるので、星も始めて今更《さ》らに自分の軽挙を後悔して、

「成程《なるほど》、米国では女を神様の次に置いてあるから、其位《そのくらい》の事は当然であろう」

と思い俄《にわ》かに怖気《おじけ》を催おし、自分は前途に種々の志望を持って外国まで出て来たのに、全く思慮の浅薄なりし為、終《つい》

に牢獄にまで繋《つな》がるゝ事になっては、郷里に自分の成功を明け暮れ門に倚《よ》って待って居《い》る父母兄弟や、先祖に対しても何とも申訳ない事をしたと、一度《ひとたび》思い浮《うか》べては、頻《しき》りに已れを責めて其日《そのひ》は電車にも乗らず、色々今度の処置を考えて、ぶら〳〵と徒歩して帰路に就いたが、丁度月が大空に懸《か》ゝって、薄雲が之《これ》を蔽い、何だか有為なる自分の前途を遮《さえぎ》られるような心地して、屠所《としょ》の羊で帰って来て、ぼんやり孤灯の前に坐して、故郷の事やら、明日からカリホルニヤの牢獄に入《い》る事などの考えに沈んで、眠《ねむり》にも就かなかったが、暁《あかつき》前になる頃、俄然として大決心が付いたのである。

星は之《これ》より段々青年処世の深山に分け登りて榛莽荊棘《しんもうけいきょく》を切披《きりひら》くのである。

19　星氏一生涯の光栄

神女を殴打して神罰を恐れ
神女駆逐せられて免罪を喜ぶ

星は料理人の独逸《ドイツ》女ブリッチを殴《なぐ》ったために終《つい》に入獄問題をまで憂慮せねばならぬ事になって、可《か》なり煩悶もしたが、軈《やが》て決心がついて、其《その》翌朝は何時《いつ》もより早く起き出《い》でて、可成早《なるべく》く所定の仕事を仕舞《しま》い、断然暇《いとま》を貰《もろ》うて此家《この》を出ようと思うて、其《その》プログラムにある仕事をさっ〳〵と片付けて居《い》た、此《この》家のお内儀《かみさん》と云うは朝寝坊で、お化粧をするに一時間半位もかゝって、十一時頃でなければ二階から降りて来ぬ。夫《それ》で其頃《そのころ》までに総ての仕事を片付けて、直《すぐ》に暇《いとま》を貰《もら》う決心であった。間もなく料理人のブリッチが起《お》きて来たのを見ると、どう我慢しても笑わずには居《い》られぬ。彼《かれ》が下地のでぶ〳〵した頰に綿を当てゝ、其《そ》の上を赤いハンケチで頤《あご》から頭へとあべこべに頰かむりをして包んで居る。何の事はない西瓜《すいか》に目鼻を付けて、赤風呂敷で包んだと同じ事である。星は始めて殴《なぐ》り方の余り強烈であった事を後悔したのである。折から其《その》家の息子で、星と共に学校に通うモリスと云うが、

「星よ、あのブリッチを見よ。何所《どこ》の国に女を殴《なぐ》る者があるか」

「はい、私《わたくし》も今更悪るかったと思うて居《お》りますから、貴下《あなた》のお母さんが二階から降りてお出《いで》になれば、私《わたくし》はもう此家《こゝ》の奉公人ではございませぬ」

之《こ》れを聞いたモリスは非常に同情の眼を光らして沈黙した。間もなくお内儀《かみさん》が降りて来て、仲働《なかばたらき》の女と二人で星の仕事をして居《い》る後《うしろ》に立止まって咄《はな》して居《い》る。

「見よ、あの星は、私《わたくし》が星の姿を見る度に、何時《いつ》でも働いて居《い》ない事はない。彼は精神ある前途ある青年であるよ」

「お内儀《かみさん》よ、貴女《あなた》が若《も》し星を追出《おい》さなければ、料理人のブリッチは、直《すぐ》に自分から出て往《ゆ》きますよ」

と仲働《なかばたら》きが咄《はな》すと、お内儀《かみさん》は星の側《そば》へ来て、

「お早《はよ》う、星よ」

「お早《はよ》うございます。お内儀《かみさん》」

と星は姿勢を正して答えて、復《ま》た直《すぐ》に仕事に掛《か》ゝった。お内儀《かみさん》は、

「星よ、お前は本当に仕事が早くなったよ」

「はい、有難う、私《わたくし》は今日は殊に自分の仕事を早く仕舞《しま》いまして、お内儀《かみ》さんに願う事がありますよ」

「星よ、お前はブリッチを殴《なぐ》ったか」

「はい、殴《なぐ》りましてございます」

お内儀《かみさん》は少し耳の遠い人故《ゆえ》、扇《うちわ》に聴音器の付いて居《い》るのを耳に当て、、

「星よ、お前はブリッチを殴《なぐ》ったではなかろうのう」

「いえ、確《たし》かに殴《なぐ》りましたが、私《わたくし》は今後悔をして居《お》ります。ブリッチさんの辞《ことば》に堪忍《かんにん》の出来ぬと云う事斗《ばか》りを考えまして、ブリッチさんが女である事を忘れて居《い》ました。私《わたくし》は今、夫《それ》が悪い事であったと後悔して居《お》ります。悪い事をして貴下《あなた》の家に居《お》る事は、私《わたくし》が貴下《あなた》に済みませんから、今日の受持の仕事を片付けてお暇《いとま》を頂きお詫《わび》を仕《し》ようと思って居《お》り

ます」

「星よ、お前は私《わたくし》の家《うち》に居《い》たいか」

「はい、貴下《あなた》の家《うち》の人々は皆《みな》親切で、私《わたくし》のような外国人にでも忘れられぬ程の慈愛があります。夫《そ》れ丈《だ》け悪い事をした私《わたくし》は居《い》ては済まぬと思うて居《い》ます」

「星よ、お前は私《わたくし》の家《うち》で今まで通りにして居《お》れ」

と云うてお内儀《かみ》さんは台所の方に走って行ってブリッチに向《むか》い、

「ブリッチよ、ユー、キャンゴー、（ブリッチよ、お前は宜しいぞ、出て往《いっ》ても）」

と云うて、後は何にも云わず直《すぐ》に星の側《そば》に来て、

「星よ、お前は直《すぐ》に桂庵《けいあん》に電話を掛けて、お前の衝突せぬような料理人を雇え」

と命ぜられた。其日《そのひ》の午後にブリッチは荷物を抱えて出て往《い》ったが、夫《そ》れと引違えに新らしい料理人が来た。星は、今度は其《その》料理人が無能でも、熱心に援助して仕事を成功させねばならぬ。又、料理人も非常に星に依頼して、心から星に服従した。星は直《たゞ》ちに信用の度を増して、日本で云う三太夫のような役になった。引続き会計となり、倉の鍵までも預かった。

一体、従来桑《サンフランシスコ》港に居《い》る日本人は、兎角《とかく》米国人の軽蔑を受ける者が多かった中《うち》に、星丈《だ》けは前に述べるが如き着実奮闘の結果、始めて一部の信用を贏《か》ち得、終《つい》に尊敬を受け、此家人《このかじん》の舟遊びの時なども、同等の資格で伴われる事となって、後には其《その》息子のモリスが、夜芝居を見物に往《ゆ》く時の監督として同行するまでになったのである。

夫《それ》から段々星の信用は増進して、モリスと夜中《よなか》遅く馬車で帰って来ると、其《その》主人とお内儀《かみ》さんは寝室中にてアルコールランプで温かい夜食を拵《こしら》えて、モリスと星とに食わせる事にまでなった。当時の奉公人で、主家の息子と馬車を共にして出入し、芝居見や舟遊《ふなあそび》にまで同等資格で往《ゆ》く者は、星より外《ほか》には無かったのであると。是は庵主の門下生で桑《サンフランシスコ》港に居《い》た者共《ものども》の咄《はなし》である。

此《かく》の如く星は弱冠にして、早くも人生の辛酸界に分け入り、其《その》人事を解するや、之《これ》を善用するに無邪気、即ち誠実を以て対人的に実現せしめたのである。故に地球の東西を問わず、人種の黒白《こくびゃく》を論ぜず、感化的に信用を醸成したのである。

庵主は常に青年に訓《おし》える、「天下親切に敵する武器はない」富婁那《フルナ》の弁舌でも、誠実がなければ匹夫も動かす事は出来ぬ。

若《も》し鉄砲と云う器械を人間が操縦する物として、仮令《たとえ》吶弁《とつべん》でも誠実なる親切の気が充満して其前《そのまえ》に向《むか》えば其《その》弾丸はどう催促しても出て来るものでない。夫《それ》は己れを捨て丶人を思うのである。全く個人本位と、他人本位の差である。新約全書万頁《ページ》の聖典も、仏説百万の経巻も、自他の二物を解釈する説明に過ぎぬ。古語に曰《いわ》く「殺気已《すで》に尽きれば猛虎すら且《か》つ睡《ねむ》る」と、豊干《ぶかん》禅師《ぜんじ》が虎に凭《よ》りて共に睡《ねむ》るの絵画は如上《じょじょう》の謂《いい》の縮図である。

星は自然的に、無意識的に、覚えず此界《このさかい》に辿り入りて、終《つい》に他人種猜疑の外人をまで化度《けど》したのである。或時《あるとき》彼の星の主人が、肺の疾患に悩んだ時に、医命により脊《せ》と胸にテレピン油を塗る事になった。星は心から憂慮して親切に之《これ》を塗って遣《や》るので、主人は看護婦を排して星に頼んだ。星は学校に往く前と、帰ってからと、朝早く起《おき》た時と、日に三度時刻も違《たが》えず熱心に塗ってやったので終《つい》に病気が平癒した。星は心から夫《それ》を喜んで、矢張《やは》り仕事を熱心に働いて居《い》た。

或時《あるとき》主人夫婦が、

「星よ、お前の郷里にある御両親は、非常に偉い人であろうよ」

と云うた。星は意外に感じて、

「ナゼです、貴下《あなた》よ」

「お前の如き無邪気な児を産んだ事と、お前の如き忍耐強き青年を育てた事と、お前の如き健康な体力を養われた事との三つは、私共《わたくしども》は見ず聞かずして、其《その》両親の偉い事を識る事が出来る」

と、聴いて星は思わず両眼に涙の滂沱《ぼうだ》たるを禁じ得なかった。夫《それ》は他郷万里にあって父母を思うの切なる処に、自分

の今の境遇は全く父母の教戒の賜《たまもの》で、艱難《かんなん》の路に進みつゝある事を自覚して居《い》た時であったからである。星は思わず、

「私《わたくし》の両親は慥《たし》かに偉いです。私《わたくし》は子だからそう思いますが、夫《それ》が事実である証拠はまだ見もせぬ万里他境の貴下方《あなた》によって分《わか》る位ですから、屹度《きっと》偉い事を信じます。私《わたくし》はお父《とっ》さんお母さんのお蔭で貴下方《あなた》に可愛《かわい》がられますよ」

と云うた時は星はもう涙声であった。古語に「父母を顕《あら》わすは孝の終りなり」と曰《ゆ》うてあるが、星は青年にして此《この》孝の終りの光輝ある端緒を見たのである。星は他にも善行があるであろうが、星が生涯中に一番の誇りとすべきは、未見の外国人をして其《その》両親を誉めさせたと云う一事より以上の大なる成功はないと思う。星は将来事業の成功者になるかも知れぬが、どんな成功をしても、此《この》孝行の成功を凌駕する程の成功は出来ぬと予測する事が出来る。

星が桑港《サンフランシスコ》での辛苦《しんく》は、紐育《ニューヨーク》のコロンビヤ大学校に入りたい為め計《ばか》りであった。或日《あるひ》、星は主人に向《むか》い、

「私《わたくし》が此《この》家に来ましたのは、紐育《ニューヨーク》のコロンビヤ大学校に入りたい計《ばか》りの精神が本《もと》でありますが、お蔭で旅費の貯蓄も出来ましたから、イーストに向《むか》って往く事を許して頂きたいと思います」

「お前が学問に熱心な事を私共《わたくしども》は知って居《い》るから、私《わたくし》の家《うち》で辛棒《しんぼう》するなら、此桑港《このサンフランシスコ》の地のスタンホード大学に私《わたくし》共《ども》が学資を出して入れて遣《や》るがどうじゃ」

「感謝は辞《ことば》に尽されませぬが、貴下方《あなた》は私《わたくし》の郷里の両親と同じ心にお成り下されて私《わたくし》をして米国代表的の文明、即ち紐育《ニューヨーク》や華盛頓《ワシントン》の文明に接触せしむると同時に、米国式理想的の大学校コロンビヤ大学校の教庭に立たせると云う誇《ほこり》の希望を持って下さる訳には参りますまいか」

「私共《わたくしども》がお前に対する沢山の意見は、今のお前の辞《ことば》によって全部消滅して、一切のお前の考えに同意する事に仕《し》ましょう。只《た》だお前が紐育《ニューヨーク》の学校に通う事が、桑港《サンフランシスコ》よりも幾層の辛苦《しんく》であろうかを気遣うのみである」

「私《わたくし》は米国桑港《サンフランシスコ》の辛苦《しんく》と、貴下方《あなた》の慈愛とには充分接触して、生涯の好記念を得ましたが、まだ紐育《ニューヨーク》の文明と辛苦《しんく》とには接触しませぬから、心は引絞った弓のように緊張して居《い》ます」

「お前、どうして紐育《ニューヨーク》の学校に通学する資力を得るのか」

「私《わたくし》は貴下方《あなた》のお蔭で、貯蓄してある金で日本の織物で、ドローイング・ウォークと云う、麻の白地に花や蝶々などを鏤《ちりば》めた物が大変に桑港《サンフランシスコ》でも流行して居《い》ますから、夫《それ》を仕入れて紐育《ニューヨーク》で行商をして資金を得《う》る積りです」

「私共《わたくしども》はお前の心掛けに感心すると同時にお前の決心にも亦《また》同意するから、夫《それ》では家内一同打《うち》寄って盛《さかん》に送別会をしよう」

と云うて、一家団欒、快よく送別の宴を開き、他境恩遇の主人より、心往《ゆ》くまでの好遇を受けたのである。

星が紐育《ニューヨーク》へ東行するには、桑港《サンフランシスコ》の日本人福音会は五六《ごろく》十人の会員を集め、盛んなる送別会を開いた。来集の会員は皆、星の東行を羨《うらや》んだ意を演《の》べて、星の前途を祝福して呉《く》れた。星は満腔《まんこう》の誠意を以て感謝の答辞を演《の》べたが、其《その》演説中に左《さ》の言《げん》がある。曰《いわ》く、

「私《わたくし》は『人とは何ぞや』と云う自問自答が根本となって、父母に離れて桑港《サンフランシスコ》に来《きた》って色々の辛酸も嘗《な》め、今回又紐育《ニューヨーク》に向《むか》って既往と同一の境涯を実践に往《ゆ》くのであります。故に之《これ》を祝福して下さる諸君に於て『人と云う物の解釈』を私《わたくし》と同一致に考えて居《い》て下さるお方ならば、前途を祝福して下さるのを謹んでお受致《いたし》ますが、若《も》し其《その》『人とは何ぞや』との解釈が違うお方々の祝福は、私《わたくし》の今後を御覧になったら屹度《きっと》祝福でなく寧《むし》ろ御失望を掛けるかと思うて居《お》ります。併《しか》し私《わたくし》としては今祝福して下さるお方も、他日に失望を掛けるお方にも、平等一様に今日の御催しを深く感謝して、御厚意の御教訓を忘却してはならぬと決心して居《お》ります」

と云うた。此《この》星が弱冠の当時に桑港《サンフランシスコ》に於てかけたる謎は、彼が紐育《ニューヨーク》に往《い》ってから始まって、其後《そのご》幾十年後の今日まで実践躬行《きゅうこう》を以て、其《その》謎の解題をなしつゝ、ある処である。

彼が掛けた此《この》謎の問題に付ては、疇昔《ちゅうせき》より大哲巨儒が様々に筆や口で、掛けては解き、解いては掛ける謎であって、解けたような解けぬような、不可思議の問題ではあるが、人間は人に教わったのでなく、自発的に自分で必ず此《この》謎を掛けて、自分で之《これ》を解題すべきものである。星は普通人より一階級を抜いて、幼少より此《この》謎の圏内に確かに這入《はい》って居《い》た青年であった。是《これ》から彼は紐育《ニューヨーク》に往《い》ってどんな事を為《す》るであろう。

20 星の熱誠、米人を感動せしむ

日人米都行商の鼻祖
蓬頭弊衣錦繡と輝く

日の沈む西の都と称《たゝ》えたる、サンフランシスコを第二の故郷と定めて住《すみ》なれし星は、今更起臥《おきふし》の床《とこ》懐かしき主家を出《い》で、幾多新しき友人等《ともびとら》に賑々敷《にぎ〳〵しく》も送られて仮初《かりそ》めならぬ、離別の涙を袖に止《とゞ》めつゝ、東に向《むか》って旅立ち、ナイヤガラ市俄古《シカゴ》を経て、紐育《ニューヨーク》に着いた時は、嚢中僅《のうちゅうわず》か五弗《ドル》の金より外《ほか》なかったのである。星は取敢《とりあ》えず紐育《ニューヨーク》と河一つ隔《へだ》ったブルックリン市の日本人教会に一先ず行李《こうり》を卸し、嚢中《のうちゅう》の五弗《ドル》を以て、四五《しご》日の食料を得《う》るを限度として、見ず知らずの土地で活動を始めねばならぬ事を予定したのである。そこで桑港《サンフランシスコ》で仕入《しいれ》たドローイング・ウオーク、即ち日本製の反物《たんもの》を小さい鞄《かばん》に入れて行商に出掛けたが、併《しか》し何分臍《なにぶんへそ》の緒切って始めて来た、世界有名の都会紐育《ニューヨーク》で行商するのであるから、不馴と無恰好は申すに及ばず、一寸《ちょっと》言語に云い尽されぬ極《きまり》の悪るさでどうしても、人の門前に立って商いを申込むの勇気が出ず、度々人の門内に入って其《その》ドアーの前には立ったけれども、どうしても呼鈴に手を掛ける事が出来なかった。とう〳〵其《その》日一日は重き鞄《かばん》を提《さ》げ廻りて、一軒も訪問せず晩方に其《その》教会に帰って来て、薄暗い孤灯の前に坐して思案に暮れた。現《うつゝ》にも見る夢心、覚めても迷う旅の空、青年の前途に横《よこた》わる幾多の難関と、片時忘れぬ学業とを成し遂げるには、斯斗《かくばか》りの意気地なさにては更《さ》らに見込もなき事と屹度《きっと》覚悟して、其《その》次の日は朝早くから起出《おきい》で今日よりこそは、死生を賭し強敵と引組み雌雄を決せめと覚悟し、大なり小なり敵の首を掻き落《おと》さずしては、おめ〳〵一歩も後へは下《さが》るまじと臍《ほぞ》を固め、奮然として教会を飛出したのである。然《しか》るに扨《さ》て此《この》家はと目星を付けべきもの、一軒も見当らず、軒を並べる大廈高楼《たいかこうろう》は、見窄《みすぼ》らしき行商などがどうしても、這入《はい》られぬ外構《そとがま》えで、屋根も玄関も、一時に自分の這入《はい》るのを目を瞋《いか》らして睨《にら》むが如き心地がして、とう〳〵其《その》日も一軒だに進入し得ず、商いを申込む事が出来ず、只《た》だ太陽のみは待暫《まてしば》しなく西へ〳〵と傾き、黄昏《たそがれ》時の薄暮《うすぐれ》となったのである。星はほと〳〵草臥《くたびれ》抜いて兎《と》ある公園のベンチに、荷を卸し、どっかりと腰を落《おと》して入日の空を見詰めて居《い》た。あゝ斯《かゝ》る有様では何として自分の前途を辿ったら良かろうかと、様々なる思索に耽《ふけ》ったのである。此時《このとき》彼は庵主が幼少より教えて置いた処世哲学の秘訣をどんと探り当てたのである。夫《それ》は星が思わずポケットに手を突込《つっこ》んだ時、指先に当ったのは虎の子のようにして使わずに持って居《い》る若干の金であった。あゝ是《これ》だ。此《この》金があるから他人の家に商売に這入《はい》れぬのだ。ウム占めた。……分《わか》った。……曾《かつ》て其日《そのひ》庵《あん》先生の教訓された通り、茲《こゝ》が弱い人間の強くなる時、即ち向上すると退歩するとの境は此《この》金を持って居《い》ると、捨てるとの分け目じゃ。好《よ》し、モウ俺は出世するに間違いないと、どんと決心をしてからは、世界の聯合《れんごう》軍でも一緒に掛《かゝ》って来い。引受けて戦《いくさ》が出来るぞと考えて、重い鞄《かばん》も軽々提《さ》げて教会に帰り、食物を金の有丈《あるだ》け買込み、（電車賃丈《だ》けは残し）鱈腹《たらふく》詰め込んで、宵の内からぐっすりと寝込んだのである。翌朝は早くから身支度をして、五仙《セント》の電車賃で行止りの十八哩《マイル》もある終点まで行って、さぁ今日こそ商売を仕《し》なければ、帰える電車賃もないからと、頓《とん》と背水の陣を張って、どん〳〵人家有る方へと駈け出した。扨弥ゝ《さていよ〳〵》人の家の門に立って、商いを申込まねばならぬとなると、色々の故障があって申込まれぬ。ベルを押そうと思うと、不在のマアクが出て居《い》る。アーまぁ好《よ》かったと思い、明き家のベルを押しては、まぁ好《よ》かったと思い、まご〳〵して居《い》る中《うち》に、腹が減り咽《のど》が渇いて来た。水を飲むにも一文《もん》なしでは一杯の水も呉《く》れる人はなく、道路の側《そば》に馬に飲ませる水はあるが、真逆夫《まさかそれ》を飲む訳にも行《ゆ》かず、偶ゝ《たま〳〵》人家で食物を得て居《い》る犬を見てさえ羨《うらや》ましくなって来た。終《つい》には眩暈《めまい》を起《おこ》さん斗《ばか》りとなって来たが、夫《それ》でも頭の上に声があって、星よ、めげずに進め〳〵と激励する者があるから、無意識にずん〳〵進んで行《ゆ》くと、端《はし》なくも林間の大きな家の前に来た。一寸《ちょっと》見た処、裕福な家らしい、小綺麗な構造であるから、最早《もはや》大決心で敵に接触せねばならぬ最後である。其《その》門柱の呼鈴を力一ぱいに押したら、間もなく綺麗な女中が出て来た時は、下腹と膝の処もわな〳〵と顫《ふる》えて居《い》た。女中が、

「何の用ですか」

と云うから、

「私《わたくし》は日本の行商ですが、此二三《このにさん》枚の見本を御主人に見せて下さい」

と頼んだら、女中は快く引受けて叮寧《ていねい》に、

「オーライ、シッダウン、ヒュウミニツヒヤア（承知した、暫時是《しばらくこれ》に腰掛けて待よ、）」

と瀬戸物の椅子を指して這入《はい》って行った。少時《しばらく》にして返って来て、

「暫時此《ざんじこの》パーラーの室《うち》に待ってお出《いで》」

と云うて座敷に通した。丁度其時《そのとき》が一時頃で、星は空腹を堪《こら》えて三十分斗《ばか》りも待って居《い》ると、綺麗なお内儀《かみ》さんと娘さんが二人、都合三人出て来た。

「お丶日本の商人よ、其《その》荷物を拡げて見せよ」

と云うので、星は臍《ほぞ》の緒切って初めての商売、初めての店開きであるから、嬉しさに前後も忘れて有丈《あるだ》けを拡げて見せた。三人は色々の品物を選出《よりだ》して、

「値段は」

と聞くから、星は正直に、

「私《わたくし》は学問をする為めの商売ですから、是《これ》に付けてある正札から二割宛《ずつ》安く売ります」

と云うた。

「お前は二割負けて尚《な》お利益があるか」

「私《わたくし》は何程安く売っても全部利益であります。夫《それ》は桑港《サンフランシスコ》で、私《わたくし》が働いて儲けた金で仕入て来た品物だから」

「夫《それ》は普通の資本よりも一層尊い資本で仕入た品物じゃから、私等《わたくしら》は一層快く買うよ」

と云うて到頭《とうとう》五十弗《ドル》余りの品を買うて呉《く》れた。

「また外《ほか》に異《かわ》った品があったら持ってお出《い》で」

と云うて茶と菓子とを御馳走になって其家《その》を出た。星が其時《そのとき》の茶と菓子の味《あじわ》いの忘れられぬ事と云うたら、今両鬢《りょうびん》に霜を止むる今日までも、食膳に向《むか》う毎に思い出さずには居《い》られぬのである。

星は此家《この》に這入《はい》る前には若《も》し此家《この》で相当の商いがあったら、数日の苦労休めに、開業を祝して一二弗《いちにドル》の上等食を鱈腹《たらふく》食って遣《や》ろうと考えて居《い》たが、今此家《この》を出る時には既に五十弗《ドル》以上の金を得てポケットに、重たい程金を入れると同時に、腹の減った事は疾《と》うの昔に打忘れて、立所《たちどこ》ろに胃嚢《いぶくろ》との約束破壊で、傍《かたわら》の大道店にある六本十銭《ママ》のバナヽを買い、夫《それ》で腹の不平を慰めて、宙を飛んで帰って来た。

星は又どんと孤灯の前に坐して考えた。一昨夜の此時間《この》には、殆んど人生の悲窮に陥って居《い》たが、昨夜の此時間《この》には、六千哩《マイル》隔《へだ》った日本の先輩の教《おしえ》を思い出して、魂がどんと極《きま》って、勇気日頃に百倍して、真に明日楽しく大飯を食うて快く眠った。今夜は又五十余弗《ドル》の大金を得て、優に二ケ月は目的のコロンビヤ大学校に通う事が出来る身の上となった。実に俺が大過失を起《おこ》すか起《おこ》さぬかの分岐点は一昨晩と昨晩である。アー危険《あぶな》い事であったと、夫《それ》から色々前途の楽しき冥想に耽《ふけ》って快く眠りに就き、翌日からは学校通いの傍《かたわ》らちょい〳〵五弗《ドル》十弗《ドル》の行商をして暮して居《い》た。

然るに行商片手間の学校通いでは、どうも十分に時間がないから、何か学資を得《う》る方法もがなと工夫を凝らした。或日《あるひ》、星は彼《か》の見本をポケットに捻《ねじ》込んで、紐育《ニューヨーク》で一番大きいシイケルクーバーと云うデパートメントストアを訪《と》うた。是《これ》は日本の三越のような店である。星は其《その》支配人に面会して其《その》見本を示し、

「貴家《きか》で店の一部分の小さい所に、此私《このわたくし》の商品を陳列さして下さって、其《その》売上げ利益の幾分を分配して下されば私《わたくし》は店番の女一人を傭うて其《その》の給料は私持《わたくしもち》で売らせますが如何《いかゞ》でしょう」

と云うた。支配人は理解ある米国商人風の咄故《はなしゆえ》、大いに喜んで、

「夫《それ》は面白い事である。兎《と》に角《かく》見本を置いて明日此時刻《この》に又来《こ》られよ」と云うた。星が翌日往《い》ったら支配人は、

「兎《と》も角《かく》店を出して見なさい」

と云うので、其《そ》の店を開いて相当の利益を得、暫《しば》く完全の時間を得て快く学校に通って居《い》た処が、天に雨雪、地に水

火、花と月とは風に雪、地球の大より見る時は、千万倍の顕微鏡にも見えぬ程《ほど》微細な星の孤独生活でも、神は決して此の懲戒を洩らさぬのである。彼《か》の支配人は、米国に模造品の出来て来たのと、日本の同品相場が非常に高くなったのとの二理由の下《もと》に、星との商契約を中止するの止むを得ぬ事となった。星は又候《またぞろ》学資を得《う》るの工夫に憂身を窶《やつ》さねばならぬ事となった。そこで先ず新聞に広告をして、桑港《サンフランシスコ》で年期を入れて修得した働口を求めた。

丁度ボストンの附近にある、ニューポートと云う避暑地、日本ならば、葉山《はやま》のような、金満家の集まる処に働口《はたらきぐち》があったから、学校を休んで三ケ月労働をなし、金を得て又コロンビヤ大学校に帰って来た。一体此《この》大学校の月謝は、一ケ年百五十弗《ドル》である。星は此《この》月謝は払《はろ》うたが、扨《さ》て食う事は迚《とて》も出来ない。そこで星は又、新聞に広告をして働口《はたらきぐち》を捜し、或る女主人の店に傭《やと》われた。其《その》家に奉公人が三人居《い》たが、皆《みな》日曜日丈《だ》けは外出して遊びに往《ゆ》きたがる。星は夫《それ》に乗じて、

「俺《わし》が日曜日丈《だ》けは用事も少ない、留守番同様位の事務であるから、屹度《きっと》三人分の留守をして、お前達を外出させて遣《や》るから、一週間に三度丈《だ》けは午後一時から三時間丈《だ》け学校に遣《や》って、其《その》時間内の俺《わし》の務《つとめ》は三人で仕《し》てくれぬか」

と談判した。三人の奉公人は大変喜んで承諾した。そこで星は約束の時間丈《だ》けは、学校に駈付けて講義を聴いて居《い》たが、其《それ》以外の時間は、星は最も忠実に家の事を立廻って働いて居《い》た。処が其《その》家の主婦《おかみさん》が非常に星を信用して来た。或《ある》日《ひ》、星は主婦《しゅふ》に向《むか》って、

「私《わたくし》は此《この》領収証の通り、コロンビヤ大学校に月謝を払《はろ》うて居《お》りますが、私《わたくし》が安心の往く丈《だ》け、貴家の用事を片付ける時は、一時間も学校に往《ゆ》く事は出来ませぬ。故に是《こゝ》が御相談ですが、私《わたくし》は貴家の為めに無給で働きます。其《その》代りに能《よ》く働く女を一人傭《やと》うて下されば、夫《それ》には私に払う給金の半分で済みます。其《その》又半分の給金は、私《わたくし》の貴家に寝せて貰《もら》う金と食物の金にして、私《わたくし》は一文《もん》も戴きませぬから、大学校に毎日三時間宛《ずつ》遣《や》って下さいませぬか。其《それ》以外の時間にて、女の手の及ばぬ丈《だ》けと、私《わたくし》の気付いた、即ち自分で満足する丈《だ》けの働きは夜《よ》る寝ずにでも屹度《きっと》致しますから」

と云うた処が、女主人《あるじ》は非常に喜んで、

「星よ、私《わたくし》は今直《すぐ》にお前の希望通りにする事を承諾するぞよ」

と云うてさら〳〵と新聞の広告文を書き、手紙に封じて傭女《やといおんな》の事を申込んだ。早速に遣《や》って来たのがアイルランド生れの女で、達者そうな一寸容姿好《ちょっとみめよ》き女で、中々《なか〳〵》骨惜みせぬ性質である。星は親切に其《その》女に咄《はな》して、快く任務に活動するように承諾させ、学校から帰って来次第に、成丈《なるた》け其《その》女の仕事の減ずるように助けたので、其《その》女も亦《また》、星の誠意に感激して、昼の中《うち》に成丈《なるた》け星の修学の余計に出来るように、仕事を片付ける事になって来た。主人のお内儀《かみ》さんは又、此《この》両人の忠実振りを見て、非常に感心し、出来る丈《だ》け両人を、犒《いたわ》って用をさせるようになって来た。或日《あるひ》お内儀《かみ》さんは星に金十弗《ドル》を与えて曰《いわ》く、

「星よ、お前は大学校迄は大変に遠いのに、徒歩で往来して居《い》るから之《これ》を電車賃にせよ」

と云うから星は、

「私《わたくし》はお内儀《かみ》さんから、金を貰《もら》わぬ約束を自分の発議で仕《し》ました。金が無ければ歩くが当然と云う道理は、私斗《わたくしばか》りの道理ではありませぬ。其《その》当然でない即ち徒歩を止《や》めると云う事、即ちお内儀《かみ》さんとの約束を、違《たが》えてまで仕《し》たく思いません。学校に往《ゆ》くのは、良き人に成る為めです。良き人になる方法を行うのに、違約と云う悪徳を敢えてする訳に行《ゆ》きません。貴婦《あなた》もどうか、奉公人の私《わたくし》をして、完全な良き人に成るべく希望して下さいませ」

と云うと、主婦は、

「夫《それ》では其《その》金は、お前の本を買う足しにせよ」

「実は本は入用《にゅうよう》ですが、それとても限り無き入用《にゅうよう》の本を、お内儀《かみ》さんに貰《もら》う金で買う訳に行《ゆ》きません」

「夫《それ》では星よ、私《わたくし》がお前の修学の為めにと思うた志は、どうすれば届くべきか、お前、私《わたくし》に教えてくれぬか」

「私《わたくし》はお内儀《かみ》さんの、世にも厚きお志を、聞くに付けて考えました。私《わたくし》はまだ英文が十分でありませぬから、日本の太陽や其他《そのた》の諸新聞にある、米国人の見て面白いと思う記事を、閑《ひま》の時に翻訳しますから、お内儀《かみ》さんが店番をして、隙《すき》な時に其《その》文章を直して下さいませ。夫《それ》を新聞社に売ればお内儀《かみ》さんから戴くお金よりも沢山になります。夫《それ》で電車に

乗り、本を買いますと、私《わたくし》もお蔭で助かります。私《わたくし》が御奉公をして、毎日働いて居《い》ますのは、お内儀《かみ》さんの家の為めになるようにとの希望で、其《その》奉公人の私《わたくし》の為めに、御厚志とは云いながら、お内儀《かみ》さんの金を減らす意味合《あい》の事は仮令《たとえ》一銭でも、私《わたくし》の本意に背《そむ》きますから、どうか今のお願《ねがい》を許して下さい」

と云うと、其《その》お内儀《かみ》さんは、暫《しばら》く星の立姿を眺めて居《い》たが、目に一杯涙を溜めて、

「星よ、私《わたくし》は親の代から此《この》商売をして、英人、仏人、イタリアン、スコッチ、ボルトギース《ママ》、チャイニス、インデアン、と有《あら》ゆる世界の人を使《つこ》うたが、日本人はお前が初《はじめ》てゞある。其《その》初めて使《つこ》うたお前……星よ、お前は私《わたくし》の目を見よ。此《かく》の如き涙を米国人に出させた者は、日本人のお前の外《ほか》、世界の何処《いずこ》の国々でも、一国も無いぞよ。星よ、私《わたくし》は心から日本人を尊敬するが為めに、涙さへ出して吝《おし》まぬのである。ましてお前の英文の添刪《てんさく》位は、人間情合の神に捧ぐる光栄として、私《わたくし》も寝ずにでも書いて上げるよ」

と云うて呉《くれ》た。夫《それ》からと云うものは其のお内儀《かみ》さんが、星の翻訳するのを催促して添刪《てんさく》して呉《く》れる。星は之《これ》を新聞屋に売る、新聞屋は争うて買いに来る。お内儀《かみ》さんは又ギャー〳〵八釜敷《やかましく》云うて高く売ってくれる。之《これ》で星は思わぬ大金を貰《もろ》うて、楽々と学校にも通い、英文も段々巧《うま》くなって来たのである。

因《ちなみ》に曰《い》う、庵主は本篇を草するに臨み、実に米国人の正純にして、人間最高の至情に富んで居《い》る事に感嘆するのである。庵主も屢〳〵《しばしば》彼国《かのくに》に遊んで、事実に接触した経験もあるが、併《しか》し仮令《たとえ》米人でも此《この》星が遭遇したような婦人斗《ばか》りあるものでもない。残忍酷薄な者も沢山ありはするが、日本人の大部分として、紳士紳商などと威張《いば》って斗《ばか》り居て、此等《これら》婦人の言語動作に恥ずるの心なきや否やを問いたいのである、噫《あゝ》。

21　人間の最高目的を達成して

女侠青年を助けて学業を励まし
庵主人を教えて自から己を戒む

前回に述べた星の奉公した女主人と云うは、ボストンのハーバート《ママ》大学を卒業した人で何事に掛けても却々《なかなか》豪《えら》いのである。此人《このひと》に依って星は所定の学業に就いたのであるが、或《ある》年、星は日本領事館に於ける天長節祝賀の席上に於て、英語の演説をなさんことを企てた。当時紐育《ニューヨーク》在留の学生としては実に稀有の企てゞある。殊に此《この》式日には、領事は国家の名誉、国民の名誉として、内外多数の紳士を招待して、奉祝の盛宴を開くのであるが、此事《このこと》を聞いた女主人は、殆んど自分の愛子《いとしご》が、此《この》晴れの席上で演説でもするかのように熱心して、夜になると星をして、家の内で演説の下稽古をさせ、或《あるい》はアクセントを直し、或《あるい》は其《その》態度などの小言を云うて、演説振《ぶり》の教授をして呉《く》れた。扨《さて》当日となり、星が演壇に立って所期せる所の意見を述《のべ》ると、彼《かの》女主人は狂喜雀躍して泣《なか》ぬ斗《ばかり》に喜んだのである。星は斯《か》くの如く此《この》米国人の家庭の人と迄なり、其輔翼《そのほよく》に依《よっ》て立派に学業を卒《おえ》たのである。庵主の記憶では、紐育《ニューヨーク》に於ける学生で、星の如き苦学系統を辿りて、立派な学校を卒業した者は見当たらぬのみならず、其後《そのご》とても無いと思うのである。庵主は昔も今も星に云うて聞かすが、人間の最高目的は独立である。仮令《たとえ》下駄の歯入れを職とし、又は紙屑を拾うても、他人の世話にならぬ。依頼心を持たずに、自分の力で食うて、自分の精神を活動せしむる事が志業志学の根本でなければならぬ。人に学費を貰《もろ》うて学校を卒業し、一枚の免状を貰《もら》うと、其日《そのひ》から夫《それ》を人の前に拡げ廻りて五十円に使って呉《く》れと頼み廻るのは、独立精神の消耗した、依頼心の権化である。故に其《その》学業は依頼心の卒業で、其《その》免状は依頼心の招牌《かんばん》であると。

或る時、庵主の門下生で、庵主が星を賞揚する事を不快に思い、左《さ》の如き事を庵主に云うた。曰《いわ》く、

「先生は星を非常に誉められますが、星は独立の意義ある人とは思いませぬ。私《わたくし》は星程《ほど》依頼心の旺盛な男はないと思います。星は桑港《サンフランシスコ》に渡航して以来、人に寄宿する斗《ばか》りで、己れの不調法なる労働と共に、一日も人に頼らずして暮した日はありませぬ。彼が今日《こんにち》の経歴は依頼心の成功で、彼が今日《こんにち》の名誉は、依頼心の光彩でありますと。

之《これ》を聞いた時、庵主は衷心《ちゅうしん》より慨歎して、非常に忙がしい日にも拘《かゝ》わらず、うんと腰を落ち付け、

「貴様は不憫《ふびん》な奴じゃ。自分が薄志弱行で、造次顛沛《ぞうじてんぱい》にも、人に依って卑屈の成功を心掛けて居《い》る為め目が眩《くら》んで、同種同類の人間を理解する事さえ出来ぬようになったのか。人間と云う動物は、若《も》し宇宙間に只《たゞ》の一人居《お》ったらば、之《これ》を人間と名付くるかどうだか分らぬぞえ。多人数居るからこそ相《あい》互いに人間と云うのじゃ。元来支那の太古《おおむかし》に、文字《もんじ》を拵《こしら》えた人は皆、禅哲である。夫《それ》が『人《ひと》』と云う字を拵《こしら》える時に『丨』此様《このよう》な棒の様な『人《ひと》』と云う字は拵《こしら》えなかった。『ノ』斯様《かよう》な画と『㇏』斯様《かよう》な画《かく》の二つを寄せて、人《ひと》と云う字を拵《こしら》えたのである。若《も》し天地間に、一人より外《ほか》、人《ひと》が居《い》なかったならば『丨』此《こ》んな字を人《ひと》と読ませたであろうが、そうでなく二人以上幾十億万人もあるから先ず『人』こんな字を拵《こしら》えたのである。即ち二人寄ったら、其内《そのうち》の一人は屹度《きっと》他の一人に勝《まさ》った処がある。先ず年長《としうえ》で経験があるとか、物識《し》りであるとか、力が強いとか、他の一人に尊敬される価値資格があるに極《きま》って居《い》る。故に『ノ』斯様《かよう》に上になって、自分より下の者を庇護するのである。庇護されるから他の一人は又其《その》長上者を『㇏』斯様《かよう》にして下になって支援するのである。此《この》庇護支援が相《あい》寄って、始めて人と云うのである。是《これ》が世界中の社会万般の基礎となって、二人寄ったら直《すぐ》に、長幼あり、夫婦あり、親子《しんし》あり、君臣あり、師弟あり、互いの庇護支援によりて国を成すのである。夫《それ》が本《もと》になって富貴、貧賤、士農、工、商、職人、芸人、乞食、盗賊に至るまで、『ノ』と『㇏』があって有《あ》らゆる庇護と支援とを、相《あい》互《たがい》に尽し合《お》うて生涯の活動を続けるのである。故に貴様の理解する独立と云うものは、宇宙間一人の時の独立で、人でも何でもない、『丨』此《こ》んな独立の事である。庵主が常に教える独立は、幾十人幾百人の助けによって成功しても、自分が神から貰《もろ》うた心身を、精神的に活動させて、他の一人、若《も》しくば幾百人をも、中心より感服させて、彼が自発的に庇護するように働いた個人こそは彼《か》の卑屈的に憐みを乞うて、人の世話に拠《よ》った者とは、人間の根本に於て霄壌《しょうじょう》の差が

ある。庵主が星を賞揚するのは、彼は庵主を始め、見ず知らずの異境に往《い》ってまで、一人として星の真摯と誠実と勤労とに感服せぬ者はないのである。夫《それ》が本《もと》となって、人間の本性《ほんしょう》たる『ノ。』是《これ》になったり、又『ヽ。』是《これ》になったりして、相互《あいたがい》に庇護し支援して、終始一貫、間断なく徹底し、独自の心の活動によりて今日あるに至ったのであるから、夫《それ》を独立自主として庵主が賞揚するのである。貴様等《ら》は、庵主が何一つ感服せぬ処に、来る度毎《たびごと》に如何《いか》なる卑屈な依頼心を発露してるかを知って居《い》るか。

一、己が不品行の為めに、信用がない事を忘れて、誰々に添書《てんしょ》を書いて呉《く》れと云う。

二、虚栄の為めに心を役《えき》せられて、やれ洋服や其他《そのた》の物を拵《こしら》えて呉《く》れと云う。

三、寝泊りをして身腹《みはら》を資《やしな》う宿屋にさえ、己れの心情を理解せしむるの誠実を有せぬ為め、やれ宿銭を払って呉《く》れの、保証をして呉《く》れのと云う。

四、庵主が車代を減じ妻子の用をまで抑制して、購《あがの》うて遣《や》った制服や書籍までを売飛《うりとば》して埃及《エジプト》煙草《たばこ》などを買込み窃《ひそ》かに之《これ》をポケットに潜《ひそ》めて居《い》るではないか。

五、此《かく》の如き心理で居ながら、或《あるい》は就職を頼み、或《あるい》は事業上の庇護を乞うではないか。

之《これ》が真正の依頼心で、自主独立の精神の消耗したモデルである。彼《か》の星が接触した他の一人以上の人々は、男女、老幼、貴賤、貧富の別なく、互いに相《あい》競うて星の成功を余儀なくせしめたと云う、夫《それ》は悉《こと〲》く星其者《そのもの》の身心熱誠の活動に基因せぬものはないのである。貴様も彼《か》の星の如く、庵主に理解的に讃《ほめ》られる事を望むならば、今日《こんにち》から己れの精神を鞺《むち》って、熱と誠とを発揮せしめよ。元々庵主が貴様等を世話するのは、可愛《かわい》いからである。可愛《かわい》いから常に何とか世話して遣《や》りたい〱と、毎日待ち構えて居《い》るのである。只《た》だ此上《このうえ》は、庵主を感服させる丈《だ》けの熱心と、誠実をさえ発揮すれば、元々が可愛《かわい》いのであるから、無理から頼んでゝも世話をしてやるのである。即ち庇護して遣《や》る事が、庵主の自身に於ける希望である。即ち人間社会に対する庵主の光栄である」

と、斯《か》く云うて聞かせたら、其《そ》の男は頭髪《あたま》の毛の中からダラ〱と汗を流し、顔を林檎《りんご》のように赤くして、今日只今《こんにちたゞいま》より性根を入れ替えて、御教訓に背《そむ》かぬように致しますと云うて帰ったが、其後《そのご》三年斗《ばか》りと云うものは、年始状も何も来ず、杳《よう》として消息がないから、雨に連《つ》れ風に連《つ》れて、扨《さ》てどうしたのであろうかと心配をして居《い》たら、去る大正四年正月の五日に、突然として立派な紳士となって台華社《たいかしゃ》を音信《おとずれ》た。庵主は名刺を見ると其儘《そのまゝ》、飛立程《とびたつほど》会いたい心を抑えて、徐《おもむ》ろに面会して見たら、身装《みなり》にも似合わず至極謙遜の態度で、

「私《わたくし》は去る大正元年、即ち、明治天皇崩御の年の十月七日に、端《はし》なく先生に星君の事を申出《もうしだ》し、世にも有難き御教訓を蒙《こうむ》りまして心神酔えるが如く慚愧《ざんき》致し、十円ありし金を旅費として、其《その》足で直《たゞち》に郷里に帰りまして、亡父《ぼうふ》の墓に詣で、先生のお辞《ことば》を懺悔として申述《もうしの》べ、僅《わず》かの旅費を調えて朝鮮に渡り、釜山《ふざん》埠頭の旭日に向《むか》って所持の法科大学の免状を引裂いて、天地神明に誓いを立て、向《むか》う当てもなく満韓の野《や》を志して分け入《い》りましたが、端《はし》なく或る会社の探検技師の荷担《にかつぎ》となり、二ケ月の後《のち》信用を得まして、本社に紹介の上雇員《うえやといいん》となり、終《つい》に其《その》技師の鉱物探険の成功に伴い、私《わたくし》も社員の格となりまして、只今《たゞいま》では其《その》出張所の支配人となり、俸給手当を合《がっ》して殆んど四百円に近い収入に身を委《ゆだ》ぬる事に相成《あいなり》ました。是《これ》全く先生訓戒の賜《たまもの》と存じますに付け、今回社用によりて三日間東京に滞在致しますから、何を措《お》いても一寸《ちょっと》なりと先生に御挨拶をしてと存じ参上致しました」

と、之《これ》を聞いた庵主の心情はどうで有《あ》ったろう。今拙《つたな》き筆先ではとても形容が出来ぬ。

「是《これ》は私《わたくし》の金山《きんざん》の附近で掘り出しました陶器であります。先生は陶器がお好《すき》ですから、灰落《はいおとし》にでもと思うて持って参りました」

と、眼の前に差出されたけれども、庵主は先刻より耳の下から頸筋まで、何だか棒でも這入《はい》ったようで、咽《のど》が詰《つま》って物が云えぬ。庵主は日清戦争に鎮遠号《ちんえんごう》を捕獲した時と、日露戦争に奉天の陥《おちい》った時と此時《このとき》の三度丈《だけ》は、只《た》だ腕を拱《こまぬ》いて椅子に仰向けにかゝり天井斗《ばか》りを見詰めて暫《しばら》く無言であった。

「君《きみ》が若年《じゃくねん》の時より、碌《ろく》な世話も出来なかった不肖の庵主が云うた事を、事々敷《こと〴〵しく》も聞《きゝ》入れて呉《く》れられて、今日《こんにち》の咄《はな》しを聞く庵主は、只《た》だ至大なる感謝と共に、転《うた》た崇敬の念に堪えられぬのである。庵主は星が米国に於て、幾多の常人を

感服せしめた事よりも、君《きみ》が今日庵主を感服せしめた事を最も無限に謹謝するのである。只《た》だ韓山の風雨は殊に健康に宜《よろし》くないから、着古した物で失礼じゃが」

と云うて毛皮付の外套《がいとう》一着を分与して別れたが、其後《そのご》満韓の森林事業にも着手して、弥《いよ〳〵》都合が好《い》いとの報知を得たのである。

庵主は今日まで、此人《このひと》の事を思い出す時、決して庵主が此人《このひと》を教戒したとは思わぬのである。夫《それ》は意識の実行者、即ち実力ある星が間接に教戒したので、是《これ》を聞いた此人《このひと》も亦《また》、真の実力実行者であって、僅《わず》かに当世の一畸形児、閭巷《りょこう》の痩《やせ》浪人たる庵主などが、微力の結果で出来る事でないと思い、生涯此人《このひと》の名を包んで、今後、咲出《さきいづ》る所の斯《こ》の花の色の色香を、心往《ゆ》くまで楽む積りである。庵主が五年前から荐《しき》りに筆を染める百魔伝中に於て、精神上実力の猛者《もさ》、大魔人の巨擘《きょはく》であると思う。凡《およ》そ天下に、雨注《うちゅう》する砲弾を冒して、百万の貔貅《ひきゅう》を叱咤《しった》するの大勇者は有ろうが、「己に克つ」という大勇者、此《かく》の如き立派な、精神の奇麗な人は庵主今日迄未だ見た事がないのである。

22 和魂米才主義の人

公徳心の旺盛を説いて米人を称し
采薪の患訪客を捉えて訓戒を試む

星の事を書く序《ついで》に今一つの天下の青年に云うて聞かせて置《おき》たい事がある。彼《か》れは「和魂米才の人である」、往昔《むかし》菅原《すがわら》道真《みちざね》は「和魂漢才」を唱えて教育の基礎としたが、庵主は明治十八九年《はっく》の頃から「和魂洋才」を高唱して青年を指導したのである。庵主が多くの青年を育てた経験では如何《いか》に日本で、叮嚀《ていねい》に教育をして置いても、一度《ひとたび》西洋に遣《や》ると直《すぐ》に「洋魂洋才」となって仕舞《しま》う。言語動作より耳目、神心、嗜好の末に至るまでプン〳〵洋臭を振り廻して、父母親戚より朋友知己に至るまで嘔吐を催させるような奴になって帰って来るのである。そんな奴は庵主は先《まず》第一に意志の薄弱を叱りはするが、実は同情に堪えぬのである。元来青年の心情は素絹《そけん》の如きもので、何《ど》の色にでも接触した物の色に直《すぐ》に染《そ》むもので、一度洋色《ようしき》に染《そ》んだ青年の色彩は一生涯決して純白にはならぬ、そして其《その》青年を染むる染色《そめいろ》の多くは、五慾十悪の毒素が浸み込むのであって、先ず、食、色、姿、粧《よそおい》の浸潤が其《その》先駆となるのである。其上《そのうえ》西洋で学問をした奴は、其《その》根性の底が真に西洋に感服して日本を侮蔑して居《い》るのである。夫《それ》なら西洋に帰化して西洋人に成る丈《だ》けの勇気が有るかと云うに夫《それ》も出来ず、矢張《やはり》日本に帰って来て自国を罵《のゝし》り外国を称揚して居《い》るのである。庵主は西洋に往《ゆ》かぬ前は夢《ゆめ》現《うつゝ》にまで西洋を欽羨《きんせん》して居《い》たが、一度は二度、二度は三度、三度は四度と往来したら、其《その》見ぬ昔の考《かんがえ》は結局、半忌半羨《せん》となったのである。然《しか》らば日本は比較的どうかと云えば、其《その》精神界より社交界に到るまで、大負けに負けて矢張《やはり》半忌半羨《せん》、詰まり五分五分と見ても、生れた馴染《なじみ》深い生国《しょうごく》と云う丈《だけ》は、離れ難い関係がある訳である。其上《そのうえ》世界地上の基礎たる民族即ち種族観念はどうしても離るゝ事は出来ぬのである。夫《それ》を忘れたら鳥よりも獣《けもの》よりも劣等であるから自国は罵《のゝし》られぬのである。然《しかる》に彼《かの》西洋染料たる学問其他《そのた》に浸潤せられて、我を罵《のゝし》り彼を称揚するに至るとは実は恐るべく歎かわしき次第である。素《もと》より西洋の美点たる究理製作や公徳心の旺盛等は我が国の最も欠点とする処故《ゆえ》、欽羨《きんせん》尊崇して之《これ》を学ぶべく、改良すべきは当然であるけれども、一方我が国の美点たる侠義、質素、陰徳心念や民族道徳の旺盛等は益《ます〱》之を奨励拡充すべきは、実に我が国民の大責任である。之《これ》を要するに、彼我共《ひがとも》に善悪邪正の差別なく一方にのみ心酔して、自己と云う立場まで忘却するとは、世界創造の原理にも背いた沙汰の限りの事である。庵主の記憶する多くの実例が已《すで》にこうである。処で彼《か》の星は弱冠の頃より多く米国の風俗に浸潤しながら日本と云うものを忘れず、又造次《ぞうじ》顚沛《てんぱい》にも父母の事を忘れぬ。彼《か》れが如く多く米国で艱難《かんなん》をし、彼が如く多く米国人の人情に接触し、終《つい》には米国の学校までも卒業して、少しも日本を忘れずに日本の欠点を憂慮し之《これ》を改良せんと努力し、又其《その》美点を挙昂発揚《きょこうはつよう》せんと熱心せる青年は決してない。而《しか》して一方商業貿易より社交百般の事に至るまで漏《もら》さず米国の美点を拾収して、之《これ》を日本化せしめんと勉めて居《い》る者は現今、星以外にはあるまいと思う。故に庵主は之《これ》を「和魂米才」と云うのである。昔日《むかし》ビスマークは旅行から帰って来て「アルサス、ローレンの鉄剤は、仏人には毒で普人《ふじん》には薬でございます」と皇帝に報告した。薩州の村田新八《むらたしんぱち》は洋行から帰朝して、「西洋の海陸武器を日本人が持つとよかぞ」と咄《はな》したとの事、皆是《みなこれ》我国家を忘れぬ観察、之《これ》を星主義と云うのである。即ち星の「和魂米才」は現今の珍物である。

庵主曾《かつ》て在米中ホテルの真向《まむこ》うにカバン屋があった。其《その》家の天窓《あたま》の禿げた爺父《おやじ》が毎朝早くから店先に一脚の椅子を持出して、白シャツ一つで鼻眼鏡を掛けて新聞を読むが例である。或る朝六時頃雨模様で今にも降り出しそうである。処が其《その》店の右側二三《にさん》間《げん》隔《へだ》った処に郵便函がある。紐育《ニューヨーク》は夜中《やちゅう》二時間も郵便馬車が来ぬと郵便物が函一杯になるのである。処夜の四時頃から六時まで来なかった故、手紙が函一杯になって入れられぬから、函の上には小包やら函の台石には手紙やらが沢山置いて風で飛ばぬよう小石などが載せてある。其処《そこ》に雨がぽつ〱落《おち》て来た。彼《か》の爺父《おやじ》、ふいと其《その》模様が眼鏡越に見えると、さぁ気になって来た。併《しか》し一方新聞の方も中々《なか〱》面白いと見えて眼が離されぬ。新聞を見い〱ちょい〱其《その》郵便函の方を見て気にして居《い》る。其間《そのあいだ》に又ちょい〱〱左の方の大通りを見て、もう郵便馬車が来そうなものと待顔《まちがお》である。処が中々《なか〱》来ぬ其中《そのうち》、愈《いよ〱》雨がぱら〱と降って来た。爺父《おやじ》もう溜り切れず大声を揚げた。

「ボーイ」

ボーイが飛《とん》で来た。爺父《おやじ》眼鏡越《ごし》に目くばせして、

「ペロ〱〱〱」

ボーイは大急ぎで一枚の大桐油《おおどうゆ》を持って来て夫《それ》を郵便函に覆《かぶ》せた。間もなく大降りになる。折から郵便馬車が、がら〱〱と飛んで来て二三《にさん》人の男が馬車の後から飛下り、其桐油《そのとうゆ》を手荒く刎《は》ね除《の》けて手ばしこく彼《か》の郵便物を馬車に抛《ほう》り込み一鞭当てゝ、東に向《むか》って駈け去った。爺父《おやじ》は依然と新聞を見て居《い》たが、風が吹出して其《その》郵便馬車が刎除《はねの》けた桐《とう》油《ゆ》は雨と風とに揉《も》まれてふわ〱と動き始めた。さぁ爺父《おやじ》又夫《それ》が気になり始めた。ちょい〱〱と眼鏡越《ごし》に見て居《い》たが、街路の真中にまで桐油《とうゆ》が動き出すに至ってもう溜《たま》らぬ。

「ボーイ……ペロ〱〱〱」

ボーイは又飛んで来て之《これ》を片付けた、爺父漸々《おやじよう〱》安堵をして愈《いよ〱》新聞に読み耽《ふけ》った。最前よりホテルの三階の窓から眼も離さずに之《これ》を見て居《い》た庵主は覚えず嘆賞の声を発した。

「あゝ立派な風俗じゃなぁ」

日本では端書《はがき》一枚でも郵便箱の外に在ったら其入用《そのにゅうよう》と如何《いかん》に拘《かゝ》わらず直《すぐ》に盗んで仕舞《しま》う、況《いわん》や沢山な小包等に於てをやである。米国では本業の泥棒でも乞食でも之《これ》を盗まぬのである。左《さ》すれば日本人は米国の泥棒よりも乞食よりも劣等である。又カバン屋の爺父《おやじ》は自分に何等《なんら》関係もなき郵便物の濡れるのを己の公徳心から、どうしても見て居《い》る事が出来ぬ、新聞に読耽《よみふけ》って居《い》ながら絶《たえ》ず心配して、とう〱其《その》雨に濡るゝのを防禦《ぼうぎょ》した。之《これ》は爺父《おやじ》自身の公徳心に関する奉公義務であって、夫《それ》を果《はた》した時は嘸《さぞ》かし愉快であったろう安堵であったろう。然《しか》るに其《その》公徳心の結晶とも云うべき桐油《とうゆ》を郵便馬車が「どうも有難う」とも何とも云わず剝除《はねの》けて駈け去ったのを見て、少しの不快の念も起《おこ》さず、又新聞に読《よみ》耽《ふけ》りつゝ心配をして到頭《とうとう》又取片付けた。日本でこんな事があったらどうだろう、此《こ》の爺父《おやじ》の行為は何か人の為めに大美挙《だいびきょ》でも仕《し》たように、口八釜敷《くちやかましく》吹聴して、若《も》し郵便馬車がこんなことでもしたらば忽《たちま》ちに一場の大喧嘩を起《おこ》すのである。然《しか》るに此《こ》の爺父《おやじ》何とも思わぬ、そんな了簡は絞っても無いのである。其《その》筈じゃ、爺父《おやじ》は飢《うえ》た時に飯《めし》を食い、渇《かっ》した時に水を飲んだように、自分の公徳心の飢《うえ》や渇《かつ》を桐油《とうゆ》の飯《めし》や水で満たしたのである。其《それ》以外に何等《なんら》思念はないのである。

又或《ある》日曜に庵主、紐育《ニューヨーク》の公園に往《い》った処が、大勢の人が出て来て居《い》る中に紳士が夫婦でベンチに腰を掛けて睦敷《むつまじ》そうに咄《はなし》に耽《ふけ》って居《い》る其側《そのそば》に二人の子供が球《まり》を投げて遊んで居《い》る。一人の子供が投げた球《まり》を一人が受《うけ》そこなうとコロ〱転がって一方の芝生の中五六《ごろく》尺の処に飛込んだ。子供は二人で慌てゝ追うたが間に合わず、其《その》芝生の界《さかい》の処まで行って立留って泣出《なきだし》そうな顔をして其球《そのまり》を見詰めて居《い》る。一人の子供は彼《か》の両親の所に行って其《そ》の始末を訴えた。父親《てゝおや》は今や談《だん》濃《こまや》かなる処故《ゆえ》、左《さ》も面倒そうに立上《たちあが》って来てステッキを逆《さかさ》に持ち、其《そ》の芝生の界《さかい》の処に片靴を止めて伸びる丈《だ》け手も体も伸べて漸《やっ》とステッキで其球《そのまり》を刎《は》ね出し、二人の子供に向《むか》って、

「こんな処で球《まり》を投げるからだ、向《むこ》うの広い球《まり》投げ処に往《い》ってなげなさい」

と叱った。子供二人は嘻々《きゝ》として其《そ》の広場の方に馳せ去った。佇立して之《これ》を見て居《い》た庵主は、「あゝ何たる立派な風俗であろう」と嘆賞した。

元来公園と云う物は一人の遊ぶ為めに設けた場所でなく公衆の遊園地である。然《しか》るに日本では市役所で多額の費用を投じ多人数の園丁《えんてい》を使《つこ》うて一年中手入れをして咲かせた花を鉄条網で防いで置いてさえもばり〳〵と手折《たお》って往《ゆ》くのである。現に遊園者が万一喉《のど》の渇く時の為にもとて設けてある水呑場の碗《わん》に金《かね》の鎖を付けて置かねば、其碗《そのわん》を直《すぐ》に持って往くのである。夫位《それくらい》でなく現に汽車の一等室に備え付けた櫛やブラシ、石鹸などを、一等乗客の紳士がずん〳〵盗んで持って行くので鉄道省では之《これ》を備え付けぬ事とした。立派な紳士が芸者と共に傲然《ごうぜん》と乗込んで一度洗面室に這入《はい》ったが最後、彼の汽車中の貴重なる水を次に這入《はい》る人は一滴も使用出来ぬ迄に消費して去るのである。

斯《か》ゝる紳士は世の中に公徳心と云う物の有るか無いかをさえ知るまいと思う。庵主が明治三十六年に向島《むこうじま》の別荘で百四五《しご》十人の園遊会をした其時《そのとき》に、築地のホテル、メトロボ《ママ》ールに天幕《テント》張りの食卓を命じて積《つも》り書《がき》を取ったら、「お器《うつわ》がお宅様の物なら七百円、食器をホテルより持出ますのなら一千三百円」と云う。「何で器丈《うつわだ》けで左様《さよう》に価格が違うか」と反問したら、「はい、安物ではござりますが手前方は一切マーク入りにして二百人前ずつ仏蘭西《フランス》に注文致した品物でござりますから一つ二つ紛失致しましても全価格に掛《か》ゝりましてホテルの財産にも影響致しますから」と云う。「何で紛失するか」と問えば「昨今は紳士方のお遊戯《いたずら》が流行《はやり》まして、余程気を付《つけ》ましてもお持帰りになりますから」と答えた。其時《そのとき》庵主は実に紳士で候《そうろう》と云鷹風《いうおうふう》な奴の心裡に憤ったが、其後《そのご》屢《しば〳〵》夫《それ》を見掛けたので、泣かぬ斗《ばか》りに残念に思うたのである。

此《かく》の如く劣等なる国民なれども「未だ愚蒙の集団を強迫して権利を奪わぬ」「忠義三千年の歴史を貫いて一系の君《きみ》を奉じて居《い》る」「父母を後《のち》にして己れを恣《ほしいまゝ》にするの風がない」「俠義身《み》を殺し人を助けて仁を成して居《い》る」「婦女の節操上下に通じて恥辱の念を忘れずに居《い》る」「一朝外敵に当れば彼《か》の日清日露の役《えき》の如く蕞爾豆大《さいじずだい》の国を以て殉難大勝の功を挙げて居《い》る」「屢《しば〳〵》澆季《ぎょうき》の世に処して興国の気勢を揚げて居《い》る」「世界の歴史

に比類なき長期間外敵の侮辱を蒙《こうむ》りたる事がないのである」等の実例を有するは此《この》国民の祖先及び現在将来の子孫が秋毫《しゅうごう》も過《あやま》らざるの気風である。彼《か》の西洋の如く「立国信念の基礎薄弱なるが為め」只《たゞ》権利と義務と宗教道徳と丈《だ》けにて世界大勢の潮流に漩泳《ゆうえい》するが為めに、屡《しば〳〵》次革命の濤《なみ》、学問の風に揺蕩《ようとう》せられて国家の基礎を攪乱し、政治経済の右往左往は終《つい》に国民心理の適従を失い、如何《いか》にして国家興《おこ》り、如何《いか》にして国家亡びるやの、状勢をさえ知らざるに至るのである。抑《そも〳〵》学問は人間精神の食物であるが、之《これ》が選択と摂取の程度を愆《あやま》る時は忽《たちま》ちに中毒する。河豚《ふぐ》やモルヒネの中毒も手遅れさえせねば救助の法もあるが、学問の中毒に至っては薬剤もなく治法もないのである。学問の中毒は理性に偏す。理性は理想を醸《かも》す。理想は情義を滅す。情義なければ民族死す。民族死すれば国家は亡滅するのである。今回の世界大乱は学問の中毒である。支那は共和の理想に耽《ふけ》り四百年の君主を放逐したが、其《その》代償たる共和の理想成らざること茲《こゝ》に数十年である。徒《いたずら》に剣戟《けんげき》を揮《ふる》って殺戮を維事《これこと》とし、四百余州と四億の民衆とを抱擁した国家は已《すで》に亡滅の淵に臨んで居る。露西亜《ロシア》は共産社会的の理想に耽《ふけ》り、先ず其《その》皇帝を銃殺し、国民一致の中枢を失えば之《これ》を反対党と称して日々の虐殺、千を以て数えたのである。偶《たま〳〵》事《こと》成らざるの傾向あれば其《その》巨魁は銭嚢《せんのう》を負うて瑞典《スイーデン》に逃亡せんとさえして、国家の亡滅に対して何者も其責《そのせめ》に任ずる者はないのである。昔から人民が国の為に犠牲になった例はあるが、人民の為めに国家が犠牲になった例が何処《どこ》にあるか。元来学問と理想は損害要償をせぬものである。そんな物で国を打破《うちこわ》したら夫《それ》切りで、英独の学問中毒は生存の理想に向《むこ》うた。生存の理想は利害となる。利害の衝突は野蛮となる。即ち戦争である。両国が野蛮行為を実行するのに各《おの〳〵》学問を以て武器として居《い》る。戦艦、銃砲、航空機等、所有《あらゆる》製造工業は皆、学問責めで、終《つい》には空中から窒素を取り、人間の死体まで還元する位に学問を応用したのである。茲《こゝ》に至りて果して学問中毒でないと云えるか、即ち学問に中毒すれば即ち禽獣に復《かえ》るのである。如斯《かくのごとく》世界の大勢を通観して総ての上に利害得失を分別し、悉《こと〴〵》く之《これ》を我国に応用し長《ちょう》を採って短《たん》を補い、美を収めて悪を去るは、今日我日本国民の最も努力すべき要務である。

此《これ》は庵主が此間《このあいだ》流行性感冒で寝てる折柄《おりから》、星が見舞に来て庵主との対話を採録したものだが、之《これ》を後生青年に告《つぐ》る所以《ゆえん》のものは、庵主が星は「和魂米才」の男であると云う事を証拠立てるが為である。

23　伊藤侯の知遇を得て

先輩に扈して欧洲の大陸を跋渉し
大官に謁して信用の基礎を得たり

扨《さて》、星が学校に入って三年目位と思う。時の衆議院議長の大岡育造《おおおかいくぞう》氏が紐育《ニューヨーク》に往《い》った。其《その》用向は何でも米国のトラストの事と、交通機関の事とを調査するのであったらしい。星が学校で勉強して居《い》る問題が丁度同一であったから大岡氏は星をして其《その》材料の蒐集《しゅうしゅう》に従事せしめたとの事、只《ただ》さえ従順にして熱心な星は、大岡氏を大学校の先生の処に連れて往《い》ったり、又は市役所等に紹介したりしてとう〱市庁よりは、大岡氏の為めに船や車を出して、交通機関の実況等を見せ、星は精細に東道の便を計ったとの事であった。大岡氏は米国の事務を了《お》えて、欧洲に向《むか》わんとする時、是非星に同道して欧洲旅行の伴侶たれと勧めた。当時紐育《ニューヨーク》三井物産の支店長たりし岩原謙三《いわはらけんぞう》氏も星に勧めて、君《きみ》は学校の事で躊躇《ちゅうちょ》して居《い》るであろうが、欧洲旅行も亦《ま》た君《きみ》が必要の修学旅行であるぞよと勧めて呉《くれ》たとの事、星は一面識の大岡氏にさえ青年相当の信用を博したのである。そこで星は両氏の厚意を感謝して、大岡氏と共に欧洲に往《い》ったが、英国に往《ゆ》き、仏国に往《い》って、大岡氏と共に東西に奔走して各種の調査をした末、大岡氏は単独独逸《ドイツ》に往《ゆ》く事になった。丁度其《それ》が千九百年で巴里《パリー》に世界博覧会のある時であったから、大岡氏の厚意で、星は大岡氏所有の中央新聞の巴里《パリー》博覧会通信員とされて滞在する事になったのである。是《これ》が星の為めに又非常の好《こう》階梯をなしたのである。

　星が巴里《パリー》滞在中、万国新聞記者大会が開かれ、星も其《その》一員として列席するの機会を得た。何様《なにさま》世界で始めての会であるから、一般の注目も亦《また》格別であった。星は其《その》席に於て一場の演説を試みた。夫《それ》は「日本の新聞の過去現在」と云う事であった。此《この》演説筆記が一般に配布せられたので、星は又欧洲否《いな》、少《すくな》くも仏国人にも知らるゝ事が出来たのである。仏国の大統領が新聞記者を招待して晩餐会を開いた時、其《その》席に陪《ばい》する事を得たのは日本人としては栗野《くりの》公使と星斗《ばか》りであった。之《これ》より仏国政府の好意として、博覧会開会中は仏国内地及其《およびその》関係国を自由に旅行し得《う》るの便利を与えられた。故に星はスイッツルや、伊太利《イタリー》等をも旅行する事が出来たのである。此《か》の如く星は従順にして誠実、事に当って熱心なるが故に、一の大岡氏に邂逅《かいこう》してさえ、是丈《これだ》けの地位を上げる事が出来たのである。庵主は常に多くの青年に云うて聞かす通り、依頼心と云うものは自殺以上の毒物である。人間最終の目的は独立である。野犬さえ掃溜《はきだめ》を猟《あさ》って、天寿を保つでないか。馬糞掻《かき》でも、紙屑拾いでも独立して生存して居《い》るでないか、幼にして父母に依頼して養育せられ、成長しても矢張《やはり》両親に依頼して学業に従い、卒業すれば免状に依頼して飯《めし》を食わんとなし、就職難に遭遇すれば先輩に依頼して地位を得んとし、人に信ぜられんとすれば紹介状を貰《もろ》うて其人《そのひと》に接近せんとす。生《うま》るゝから三四《さんし》十歳になるまで、依頼心斗《ばか》りの生涯である。仮りにも人に一度添書《てんしょ》でも貰《もろ》うたら、夫《それ》から先きは其者《そのもの》の責任がある。信ぜらるゝと信ぜられざるとは、其者《そのもの》の腕次第である。剰《あまつさ》え、「お蔭で誰々に面会を致しましたが、此上《このうえ》私《わたくし》を信用して呉《く》れるように、宜敷《よろしく》お執成《とりなし》を願います」とまだ依頼心に捕われて居《い》る。そんな奴は終《しまい》には飯《めし》を与えられた上に箸《はし》で口につゝき込んで貰《もら》った上に、噛むのが困るから噛んで呉《く》れとまで依頼するかも知れぬのである。神経衰弱に掛《か》ゝった当世青年には、こんなのが多いから、夫等《それら》の門生などを誡《いまし》むる為に、庵主は星の自助心の強いのを常に推賞するのである。

星が紐育《ニューヨーク》に帰って来た時は、コロンビヤ大学校の冬季学期の始まる前であった。当時紐育《ニューヨーク》の新聞は、星の肖像を掲げて星が仏国での事などを社会に紹介した。然《しか》るに星は其《その》新聞紙を誰にも送らなかった。只《た》だ故郷のお父さん斗《ばか》りに一枚送った。当時星は庵主に斯《か》く云うた。

「私《わたくし》は先生に、親孝行をせぬ者は社会の何者にも徹底した情義を尽す事は出来ぬものじゃと、幼少より教えられて居《お》りますが、現代の親孝行は昔日《せきじつ》の親孝行のように、父母の側《そば》に在って奉仕する事は不可能であります。仮りにも或《ある》アンビションがある者の親孝行の方法は、何等《なんら》かの機会に因《よっ》て常に偽わらざる安心を親に与える事を怠らぬのが一つの方法かと心得まして、私《わたくし》は毎月朔日《ついたち》と十五日には神様に願《がん》を掛けまして、善悪となく手紙を其処《そこ》で書いて父母に出します。此《これ》を努めた訳は、父母を安心せしめると同時に、先生の教《おしえ》を守って居《い》る心持《こゝろもち》です。米国に居《い》る他の友人は、私共《わたくしども》が度々の忠告も用いずして、父母に無沙汰をする、其《その》文通の疎なる者に限りて、必ず一方堕落して居《い》る事実が伴《ともの》うて居《おり》ます。そんな人が屹度後《きっとのち》には、亜米利加《アメリカ》ゴロと云われて居《い》るようです。私《わたくし》は其《そ》れを畏《おそ》れに畏《おそ》れて、免れる方法としても、此《この》文通丈《だ》けは続けて居《おり》ます。彼《か》の新聞は私《わたくし》の成功でも向上でも有《あり》ませぬ。大岡さんのお蔭で、私《わたくし》の一時の幻影としてそんな事が出来たのです。併《しか》し之《これ》をお父さんに送りましたのは、お父さんに安心させる為め、即ち星はそろ〳〵新聞にでも出されるようになって来たから、此《これ》から段々と出世をするであろうと思わせるので、私《わくたし》は将来に対して、安心と希望とをお父さんに持たせ、又お父さんを慰むるの一方法として悪い事ではないと思いまして送ったのであります。私《わたくし》は是《これ》から千百の大岡さんを拵《こしら》えまして、本当の安心をお父さんにさせねばならぬ責任がありますから、私《わたくし》は気恥かしく、此《この》新聞を他の人に一枚も送る考えはありませんでした」

と云うた。彼が斯《か》ゝる行《おこない》の基《もとい》たる孝道の穉気《ちき》が、多くの人に敬愛せらるゝ根本であって、彼を鍋に入れて煎じても、洋書を読噛《よみかじ》った生意気の分子などを煎じ出す事は出来ないのである。

千九百一年の春であった。星はコロンビヤ大学校を卒業して、マスター・オブ・アーツの卒業免状を貰《もら》った。当時コロンビヤ大学校に居《い》た日本の学生は、皆《みな》其《そ》の卒業論文に大抵日本の事計《ばか》りを書いたと聞いて居《い》るが、星丈《だ》けは違《ちご》うて居《い》た。彼は落第をしても構わぬと云う決心で「亜米利加《アメリカ》に於けるトラスト」と云う論文を書いた。彼は此《この》論文を書くに一年半も其《その》調査に掛《か》ゝったのである。彼が今日本で会社事業などを、兎《と》や角《かく》経営して居《い》るのは、此《この》努力が与《あずか》って力あるならんと、庵主は思うて居《い》る。

星は此《この》学校を卒業する凡《およそ》五六《ごろっ》ケ月前に『日米週報』と云う雑誌を発刊した。夫《それ》は石版摺《ずり》の日本字新聞である。是《これ》は僅《わず》かの在留日本人に、内外の事を報道するもの故、極小規模の物であった。併《しか》し彼は精力主義《エナージーズム》の試験に遣《や》って見たのである。夫《それ》は爾後《じご》半年許《ばか》りで立派に収支償うようになった。人間の精力と云うものは恐ろしいもので、大なり小なり半年で成功すると云う事は、新聞事業のレコード破りである。夫《それ》より星は英文の雑誌を出した。是《これ》が星の目的であったのである。即ち『ジャパン・エンド・アメリカ』である。主筆には庵主の知人の米人サムスと云う夫婦を雇入《やといい》れて、日本の対米関係に必要な、商工業の出来事を飜訳して記事となし、ブロードウェーの市役所附近で、メエル・エンド・エッキスプレッスと云うビルディングの八階を二間《ふたま》借りて事務所として居《い》た。彼は熱心に日米間の経済的連絡を付ける事に努力して居《い》た。

星は此《この》雑誌を出すと同時に紐育《ニューヨーク》生命《ライフ》保険《インシュアランス》会社《コンパニー》へ行って、五千弗《ドル》の保険を附《つけ》た。彼は曰《いわ》く、「仮りにも雑誌の経営は、少《すくな》くも一大事の責任である。若《も》し中途に死んだ時は、必ず大小の負債が残るに違いない。体さえ健康であれば、屹度《きっと》働いて返すが、死んだ時に屹度《きっと》金を返すと云う精神を何等《なんら》の様式にか認むる事の出来る様《よう》の事実が跡に残って居《い》ないでは、日本人として残念である。故に此《この》保険にさえ這入《はい》って置けば、足っても足らぬでも、債権者に星の精神丈《だ》けは披瀝する事の出来るのである」

と。此言《このことば》でも星として、其《その》平生を認める事が出来る訳にて、之《これ》は聊《いさゝ》かながら一日の長として、常に星を戒飭《かいしょく》する庵主としては、慚汗三斗《ざんかんさんど》の事柄である。庵主が従来の事業を顧るに、此《この》星程《ほど》の注意をした事がないのは実に恥《はずか》しい次第である。

丁度此《この》雑誌の三号目位の時であったろう。庵主は又紐育《ニューヨーク》に往《い》った。星の喜びは譬《たと》うるに物なく、庵主も親しく其《その》雑誌社に往《い》って実況を見たが、若い日本人二三《にさん》人と、女の米人二三《にさん》人と熱心に努力して居《い》る有様は、実に可愛《かわい》くて、今尚《な》お眼底に残って居《い》るのである。星は相変らず朝暮庵主の宿に来て寝泊りをして居《い》たが、此折《このおり》こそ即ち庵主が発端に書いたところの星に靴十足の教訓をして、其《その》精力主義の発展を奨励したのであった。庵主は当時、桂内閣と相談をして、日米の経済的関係を附けに日露戦争前往《い》った際の事だ。丁度其《その》最中にマッキンレー氏暗殺の珍事など発生して、実に各方面混雑を起《おこ》したが、其間《そのあいだ》星が庵主の為めの立働振《たちはたらきぶ》りは、今尚《な》お之《これ》を忘れる事は出来ぬのである。

折柄《おりから》伊藤侯は、日露関係に考慮せらるゝ事があって、庵主が東京を出る前に、交渉した事件を帯び、米国を通過して

露国に往《ゆ》くべく来米せられた。庵主は星を伊藤侯に紹介した。曰《いわ》く、

「星は庵主が七歳より抱寝《だきね》をして育てた安田作也《やすださくや》と云う青年と共に、庵主の言《げん》を用いずに来米した青年ですが、彼が性質の純良なる事と、精力の強固なる事と、情誼の濃厚なる事とは、庵主の常に心恥かしく思う程、当世に稀なる青年であります」

と云うた。高潔にして雅量ある伊藤侯は、星を一度引見すると其儘《そのまゝ》、非常に愛せられて、終始左右に呼寄せて用事を云付《いい》けて居《お》られた。或日《あるひ》伊藤侯は庵主に向《むか》ってこう云われた。

「あの星と云う男は、青年に有り勝《がち》の悪性質がなくて、中々《なかなか》良い筋の男である。従順にして意思の鞏固《きょうこ》な処あり、熱誠にして危険性がなく、精励にして倦怠の状なく、あんな男を役人に仕立てたら立派な者となると思う。君《きみ》どうじゃ、役人になさんか」

と云わるゝから、庵主は、

「私《わたくし》の連れ来《きた》りたる書生を、お誉《ほめ》に預《あずか》り有難う存じますが、彼には種々の米国式アンビションを持って居《お》りますから、中々《なかなか》役人にはなりますまいが、今、星をお誉《ほ》めの条件なら、私《わたくし》も具備して居《お》ると思いますが、どうでしょう、私《わたくし》を先ず役人に御採用は出来ますまいか」

と云うたら、伊藤侯はドンとソーファの上に倒れて大笑《たいしょう》せられて、

「夫《それ》は溜らぬ。君《きみ》は迚《とて》も駄目だ。第一横着にして頑迷、諧謔にして危険性あり、奇侠にして悪戯多し。悉《ことごと》く役人性に反して、野獣性に適して居《い》る。若《も》し過《あやま》って君が役人にでもなったら、常に消防組を詰め切らせて置かねば、何時《いつ》根太《ねだ》下から火が出るか分らぬよ」

此《この》伊藤公（明治28・侯爵 明治40・公爵）の言《ことば》も、半《なかば》諧謔に包まれて居《お》れども、星を信愛せられた事丈《だ》けは、明白に窺い知らるゝのである。

伊藤侯は、

「兎《と》も角《かく》米国に来て沢山書生にも逢《お》うたが、星位《ぐらい》真率にして真地目《まじめ》な面白い青年に面会した事はない」といわれた。

24　新聞売子より製薬王となる

偉人業を起して帝都を飾り
奇傑庵主を圧して茅屋を典ず

伊藤公が米国を出発して欧羅巴《ヨーロッパ》に向《むか》われた後、庵主は星等《ら》を相手に、紐育《ニューヨーク》の用務を片付けて帰朝する事になった、其《そ》の時庵主は星に呉々《くれ〴〵》も訓戒《くんかい》した。

「青年には西洋でも日本でも、メトロポール・シック即ち首府病と云うものがある。夫《それ》はどうしても田舎には居《お》りたくない。乞食をしても首府に只《たゞ》まご〱して居《い》たい病気である。国に居《い》る老父母には雨の夜、霜の朝《あした》にも、我子の身の上を案じ煩《わずろ》うて待焦《まちこが》れて居《い》るのに、其《その》子は夢のような浮世の空想駆《か》られて、有《あら》ずも哉《がな》の所行に日を送って居《い》るものがある。君は決してそんな事はないけれども、外国に於て学業を修めた青年としては、忍耐以て志業を遂げ、能《よ》く艱難《かんなん》に打勝ち、何事と雖《いえど》も遂げざる事なく、日本人でも西洋人でも、庵主の引合《ひきあわ》せた人々などには、何《いず》れも信用を受けざるのはない。此上《このうえ》は君《きみ》は紐育《ニューヨーク》の事業を人にでも托して一度日本に帰り、せめて東京に居《い》てゞも何か生業をして、国許《くにもと》の父母に一安心させ、万一の死目《しにめ》の看護をもなして、養育の大恩の一端でも報じては如何《いかん》。庵主思うに君が大成功の後に、必ず起《おこ》るべき欠点の後悔は、即ち父母の末期《まつご》に於ける慊《あきた》らざる感慨であろうと云う事を、今より気の毒に思うのである」

と云うたら、星は其時《そのとき》庵主の宿泊する紐育《ニューヨーク》のフィフスアベニューホテルの三階の一室で、はら〱と涙を零《こぼ》して、

「私《わたくし》の今迄の考えは誤って居《い》ました。屹度《きっと》最近に考《かんがえ》を定めまして、先生の御訓戒に背かぬように致します」

と云うた。庵主が日ならず紐育《ニューヨーク》を出立《しゅったつ》する時、沢山の青年が停車場に来て居《い》る中に、星が相変らずぼろ洋服に破れ靴を穿《は》き、髪の毛を長くして庵主一行のカバンなどを提《ひっさ》げて立働いて居《い》た姿は、今尚《な》お庵主の眼底に残って居《い》るのであ

る。なぜ当時の星の姿が眼底に残ったのであろうか。庵主素《もと》より千里の馬を見るの明《めい》ある伯楽ではないが、幾百の青年に接触した経験上、此《この》青年は屹度《きっと》或る成功をする者であると思うたら大抵間違いがないのである。果《はた》せる哉《かな》、星の容貌が紐育《ニューヨーク》停車場で一度庵主の眼底に印象した結果は、今日星が数千万円の資本を以て活動する製薬会社の社長として、自働車に乗廻し、全国幾万の売薬支店を支配する容貌と化したのである。

庵主が東京に帰って幾何《いくら》も経過《たゝ》ぬ中《うち》に、星の姿は庵主が向島《むこうじま》別荘の囲炉《いろり》の向側《むこうがわ》に現われる事となった。其《その》彼が帰朝の顛末を聞いた庵主は、一寸《ちょっと》形容の出来ぬ位に感心したのである。元来一種の信念を持つ男子が、或る他人の忠告を容れて、自己の仕事の方針を一変するは、中々《なか〳〵》出来にくい至難中の至難なものである。夫《それ》に星は庵主が紐育《ニューヨーク》で出立《しゅったつ》間際に話した一言を基として、断然と紐育《ニューヨーク》事業の処置を付けて、単身半生の艱難《かんなん》と、思い出多き紐育《ニューヨーク》を後にして、知人も少なき他郷の如き東京の人となったのである。彼は新橋《しんばし》に着くと其儘《そのまゝ》、郷里の両親を訪《と》い、細々《こま〴〵》帰朝の顛末を語り明《あか》し、少なからぬ喜びを受けて父母を慰めた上、直《たゞ》ちに庵主の家を訪《と》うて又其《その》顛末を報告したのである。

庵主は嘗《かつ》て山岡鉄舟《やまおかてっしゅう》先生の忠告を拒みて、東京を去らざりし折柄《おりから》、端《はし》なくも三島警視総監の峻烈なる追捕に余儀なくせられ、名古屋に遁《のが》れ、大阪に潜《ひそ》み、隙《すき》だにあらば再び東京に這入《はい》って、所思を果《はた》さんと思い、とう〳〵追詰められて、終《つい》に下の関から和船に便乗して福岡に帰った。詮方《せんかた》なくも郷里の傾く雨の軒端《のきば》に佇《たゝず》んだら、涙に咽《むせ》ぶ斑白《はんぱく》の母にパッタリと出逢い、様子を聞けば、老父が九死一生の腸チブスなりとの事、三人の弟妹は飢《うえ》にも枯果《かれはて》なん有様だと聞き、初めて山岡先生の先見ある訓戒と思い合《あわ》せ、はったと斗《ばか》り満身に冷汗《れいかん》を浴び、夫《それ》より猛然と悔悟し、数日徹宵《てっしょう》して病父の看護に全力を致し、庵主の大兵《だいひょう》も数貫目の肉脱する程奮闘してとう〳〵父の大病を全快せしめた事がある。夫《それ》より以来庵主が非常識な程《ほど》剛情な性質も、他人の忠告にはどんな下らぬ事でも甚敷《はなはだしき》は数日間翫味《がんみ》する事になった。今、山岡先生の霊位を仏壇に祭って居《い》るが、其前《そのまえ》に拝跪する度《たび》には、必ず先生の当時の訓戒を思い出すのである。星は庵主の夫《それ》よりも、忠告に対する処置が偉大である。否《い》な荘重である。庵主は一身の迫害に追われ〳〵たればこそ、郷里にも帰りたれ、星は只《たゞ》一片の忠告に自覚して、断然として猛省し、有《あら》ゆる困難事を処理して担途《たんと》を歩するが如く帰朝したのである。庵主の目より之《これ》を視《み》れば、慥《たし》かに彼の偉大に庵主は及ばぬのである。併《しか》し庵主は星に向《むか》って只《た》だ是丈《これだ》け云うた。

「君《きみ》は庵主が一片の訓戒に感じて、克《よ》く帰朝した。併《しか》し更に新たなる困難と戦うべく東京の地に入った決心は、全く豪《え》らいと思うが、一方両親を久し振りで喜ばせた心持はどうであったか」

と云うたら、

「私《わたくし》は先生の訓戒を聞いた斗《ばか》り位では、紐育《ニューヨーク》に於ける多年の希望と計画は捨られませぬ。私《わたくし》は先生の与えられたる暗示《ヒント》によりて、全く自分の考えを一転すべき妙機に接触したのでございます。実に今日の愉快は、幾多の困難や労苦を消滅せしめて尚《な》お余りある位であります。私《わたくし》の困難や労苦は、不断常住の事で馴れて居《お》りますから、困難でも労苦でもござりませぬが、今日《こんにち》父母を喜ばせましたのは、生れて初めての事ですから、今尚《な》お其《その》愉快を忘れませぬ」

と、心から物語った。庵主は星の矢張りぼろ洋服に長い髪毛を見て、此《この》真摯な咄《はな》しを聞いて、何だか古い書物の立志編中の一人の物語りでも聞くが如き心地して、陶然と人間性情味の妙感に酔うたのである。庵主は頻《しき》りに過越《すぎこ》し方の自分の所行に恥じて一詩を賦した。曰《いわ》く、

事母半生嘆不孝《はゝにつかえてはんせいふこうをたんじ》　奉君終世恥徴效《きみにほうじてしゅうせいびこうをはず》
匆忙已得双鬢霜《そうぼうすでにえたりそうひんのしも》　秋鏡従之奈我貌《しゅうきょうこれよりわがぼうをいかんせん》

又、星には旧作の一絶を書与《かきあた》えて彼を励まして曰《いわ》く、

妻嫂軽儂何要羞《さいそうわれをかろんずなんぞはずるをようせん》　過誉却笑世人媮《かよかえってわらうせじんうすきを》
娥冠畢竟沐猴具《がかんひっきょうもくこうのぐ》　蚤虱群生狐貉裘《そうしつぐんせいすこかくのきゅう》

其夜《そのよ》は七時頃から秋雨がしと〳〵と降り出したから、星と共に庵室に枕を並べて寝《しん》に就いたが、星が洋服着の儘《まゝ》、丸寝に久しく幾多の艱難《かんなん》に窶《やつ》れた青年の寝顔を、孤灯の影に眺めた庵主は、さぁ色々の感想が襲うて来た。目が冴えてどうしても眠《ねむり》に就かれぬ。其中《そのうち》夜は深々と更《ふ》けて来る、流れに下る隅田川《すみだがわ》の夜船は誰を恨みてか、浮世と軋《きし》る櫓《ろ》の音《おと》に、連《つ》れて謳うや水面《みなづら》に、辷《すべ》る橋場《はしば》の岸浪《きしなみ》と、砕《くだ》けて返《かえ》る漣《さゞなみ》は、世を萍《うきぐさ》の根に止めて、現《うつゝ》心《ごころ》に嘎《かこ》つかと、思えば中々《なか〳〵》様々の、感慨が起《おこ》ったのである。又々一絶を拈《ひね》り出して曰《いわ》く、

鸞鳳潜蹤鶏鴞嘎《らんほうあとをひそめてけいきょうなく》　蹇驢言駕何論価《けんろこゝにがしてなんぞあたいをろんぜん》
濹河千歳好聞歌《ぼくかせんざいよしうたをきくに》　撃棹漁夫徐上下《とうをうつのぎょふおもむろにじょうげす》

などと吟《ぎん》ずる中《うち》に、木母寺《もくぼじ》の鐘の音《ね》を聞いてとろ〳〵とする中《うち》に、喧雀《けんじゃく》の声に連れて夜も明けたから、星と共々起出《おきい》でて、呉れ〴〵も彼が有為の春秋に対する健康論をして戒めてやって、彼が忘れぬ為めに又詩を作った。曰《いわ》く、

父母生吾辛苦多《ふぼわれをうんでしんくおおし》　弱冠遊俠作悲歌《じゃくかんゆうきょうにしてひかをなす》
秋林夜々聞風雨《しゅうりんやゝふううをきく》　不孝無過旦(且)獲痾《ふこうかつやまいをうるよりはなはだしきはなし》

此《この》星との会合は、種々《いろ〳〵》の感想に冒されたるが為め、庵主は下手な詩斗《ばか》りを作りて鬱悶を慰めたのである。記憶の儘《まゝ》書いておく。

或時《あるとき》星は庵主の家にひょっこり来て曰《いわ》く。

「私《わたくし》は種々《いろ〳〵》駈け廻って仕事を見付けましたが、是《こゝ》に一つの薬を発明しました。日本にイヒチヨールと云う薬が外国から数十万円輸入して居《お》ります。其《その》薬は各病院でも、開業医でも、非常に沢山使う薬ですが、之《これ》を製造する方法を或る

専門の友達と研究して見ますと、原料は石炭の煤《すゝ》位の物で、沢山無駄になって居《お》りますから、之《これ》を製出したいと思い、段々調査の結果容易《たやすく》出来る事になりましたが、其《その》資本が六千円ばかり入用《にゅうよう》です、先生どうか工夫は有《あり》ますまいか」

と云う、庵主曰《いわ》く、

「君が単身孤独の力によって、其様《そのよう》な有利な事業を発見したのは実に好《よ》い事であるが、庵主は君《きみ》に聞きたい事がある、薬の研究は自分でして、資本の工夫は自分ではせぬのか、昔日《むかし》より君《きみ》にも云い且《か》つ多くの青年にも云う通り、人間の依頼心は、自殺以上の罪悪である。庵主は事業の考《かんがえ》もなく、蓄財の考《かんがえ》もないけれど、工夫したら何《どう》か成るかも知れぬが、夫《それ》は必ず人に依頼せず、庵主一己《いっこ》の工夫にて案出する事に相違ない。左《さ》すれば依頼心忌避信者の庵主は、君《きみ》の依頼心の受負《うけおい》、仲継問屋を為《す》る訳になる、そんな筋違いの事をして君《きみ》は尚《な》お夫《それ》を事業と思い、且《か》つ其事《そのこと》の成立を成功と思うか。元来資本と云うものは、世界を通じて利益のある所に集合仕《し》ようと熱望する事、恰《あだか》も水の低きに就いて平均を求むるようの物である。君《きみ》が其《その》イヒチヨールとか云う事業が果《はた》して確実に利益あるなら、なぜ君《きみ》自身に必要資本を其《その》利益で呼ばぬのじゃ。呼べなければ其《その》事業が不確実か、若《も》しくは君《きみ》に信用が十分ならぬかの二つである。不確実で不信用であったら、夫《それ》は事業でも何でもない。今天下に君《きみ》を信ずる者で庵主以上の者は無いであろう。其《その》庵主は君《きみ》がイヒチヨールの成功よりも、男子一人として独立の成功の方を熱望する者である。今庵主が助けて君《きみ》がイヒチヨールで成功したら、其《その》成功は君《きみ》の成功に非ずして、庵主援助の成功である。庵主は今は君《きみ》を助けたいが、君《きみ》が総ての成功の後《のち》、君《きみ》が其《その》立派なる成功を傷《きずつ》けるに忍びぬのである。君《きみ》は今イヒチヨールを研究した通りに、資本も亦《また》研究すべきである。君《きみ》が自《みず》から資本を研究して、美事《みごと》失敗しても、決して君《きみ》が男子独立の失敗ではない、其《その》失敗さえ仕《し》なければ、君《きみ》が生涯は矢張《やはり》有望である。君《きみ》が若《も》し第一歩の夫《それ》を誤ったなら、日本に帰って来た甲斐がないではないか。君《きみ》が金玉《きんぎょく》の成功は、矢張《やはり》米国で苦しんだ通りに人を信ぜしめ理解せしめて、漸次に進むが宜《よ》いではないか」

と云うたら星は一言《いちごん》の答えもなく膝に手をついて二つ斗《ばか》り頷《うなず》いて、

「有難うございます、矢張《やっぱり》誤って居《お》りました」

と云うて立上ろうとすると、丁度其時《そのとき》庵主の家に居候をして居た、伯爵後藤猛太郎《ごとうたけたろう》氏は先刻《さっき》より縁先《えんばな》に昼寝をして聞いて居《い》たと見えて、ぬーっと起上《おきあが》って、大声《たいせい》した。

「星君、待玉《まちたま》え、其《その》事業の資本主には僕がなろう。決して第三者に話玉《はなしたま》うな」

と云うと同時に伯は庵主の側《そば》にツカ〳〵と来て、

「君《きみ》は実に惨酷な男じゃ。斯《かく》の如く真摯純正の人、殊に君《きみ》が身を傾けて愛して居《い》る星君が、見ず知らずの東京で事業の資本を調達するに、添書《てんしょ》一本書いて遣《や》らずして突放すと云う事があるか」

庵主は、

「愛して居《い》るから、無稽《むけい》の渡世に放縦な僕であっても殊に訓戒をするのじゃ」と云うと伯は、

「訓戒も糞《くそ》もない。星君の事業は僕も曾《かつ》て考えて居《い》た理想的の事業じゃ。僕もこうして遊んで居《い》るより、星君と共に此《この》事業を遣《や》るのじゃ」

と云うと星は、

「後藤伯、有難う存じますが私《わたくし》は只今《たゞいま》先生の訓戒は青年の守るべき真理じゃと思うて、厳守する積《つもり》ですから、別に閣下に依頼して資本を出して戴くのでなく、事業を賛し星なる者を御信用なされての御出資なら有難く驥尾《きび》に付《つい》て働きましょう」

と云うと伯は、

「素《もと》より夫《それ》である。杉山君、宜《い》いだろう」

と云うから、

「君《きみ》が金があって、星と共に実業に就くのなら是程《これほど》結構な事はない」と云うと伯は、

「星君、夫《それ》なら明朝築地《つきじ》の台華社《たいかしゃ》で相談するから」

と云うので星は、ほく〳〵喜んで帰った。其《そ》の後で、

「おい君《きみ》、君《きみ》の印判はどこに有るか」と云うから、

「その笊《ざる》の中に有《ある》が何にするか」

「いや借《かり》るのじゃない盗むのじゃ。星のイヒチヨールの資本に、此《この》家を抵当に入れるのじゃ。君《きみ》は平生泥棒の逃げ込んで来たのまで引受けて世話を焼いた揚句の果《はて》に、其奴《そやつ》に泥棒されても悔ゆる事を知らぬ男である。あれ程可愛《かわい》い星が成業を助くるに、此《この》家が惜《おし》い訳はない。殊に僕も事業に就くのじゃ。況《いわ》んや名乗掛けて泥棒するのじゃ。世の中に承諾を得た泥棒程《ほど》安心なものはない。さぁさっさと印判を出して呉《く》れ」

と詰め寄せられ、尾花《おばな》が野辺に埋《うず》もれし、蒲鉾《かまぼこ》屋根に憂伏《うきふ》しの、乞食が纏《まと》う荒菰《あらごも》の、風にも冷めぬ暖味《あたゝかみ》、夢の一重を出し抜けに、引剝《ひっぱが》れたる心地して、ぐうとも云《いえ》ぬ其儘《そのまゝ》を、ぽっかり質《しち》に曲げられて、手火事《てかじ》をぼやく事ならぬ、破滅とまでに陥った、庵主の家は昼鳶《ひるとんび》に、トウ〳〵掏《す》られた油揚、偖《さて》も悔やしきイヒチヨール、腹黒主《はらくろぬし》の猛《たけ》さんを、押し曲げるさえ康文《やすぶみ》に、行《ゆ》かぬ小町の破れ家《いえ》、いゝ金下《かねした》に業平《なりひら》と、諦《あきら》め付けば三角《さんかく》の、星の事業も円満に、成るは僧正遍《そうじょうへん》照《じょう》と、つい証文を柿《かき》の本《もと》、人丸呑《ひとまるのみ》の猛《たけ》さんに、トンと喜撰《きせん》を制せられ、歌にも読めぬ六歌仙《ろくかせん》、ツイ借銭となりにけり。是《これ》が星と後藤伯の、第一歩の事業である。夫《それ》より両人は、銀行家岩下清周《いわしたせいしゅう》氏、三井の岩原謙三《いわはらけんぞう》氏其他《そのた》を説いて、幾多の発起人を拵《こしら》え、数百万円の株式会社を起《おこ》し、京橋東畔《とうはん》に巍々《ぎゝ》たる七層楼の、ビルジングを建築し、星を社長となし、日本無双の売薬会社を営業する事になったのである。其後《そのご》後藤伯は病を以て薨去《こうきょ》せられたにつき、星が其跡《そのあと》を支うる事の親切と、岩下氏が、端《はし》なく北浜《きたはま》銀行の破綻より逼塞《ひっそく》の身となられたのを音信《おとずれ》る有様は、皆人《みなひと》の其《その》周到に感ずる所である。庵主が永々《なが〳〵》星の経歴を書いたのも、決して星其人《そのひと》の将来の為め丈《だ》けではない、壮弱の時より、庵主の耳目に触れた事を、記憶の儘《まゝ》に書綴《かきつゞ》りて、後進子弟の、浮世を辿る手綱《たづな》にもと、思う婆心の一端である。庵主は筆を玆《こゝ》に止《とゞ》むるに際し、此《この》偉人、否な星と云う魔人の前途をば、筆硯《ひっけん》を洗《あろ》うて更《さ》らに祝福するのである。是《これ》より又新《あらた》なる魔人を捕え来《きた》りて読者に紹介するであろう。

25 政界の巨人後藤象二郎伯

蕩児一宵に千金を投ず
孤舟絶海に怒濤を蹴る

三百年間、幕府と云う雛壇に飾り立てた諸道具は、維新と云う腕白《わんぱく》小僧が、斧《おの》や鉞《まさかり》で敲《たゝ》き壊《こ》わして、粉微塵《こなみじん》となした。其《そ》の大鉞《おおまさかり》を振り廻す事の一番名人であったのが、伯爵後藤象二郎《ごとうしょうじろう》氏であった。三百年来の将軍様徳川慶喜《とくがわけいき》公と膝詰めの談判をして、政権を返上せしめたのも此人《このひと》であった。パークス事件の壮士を敲《たゝ》き斬りて、英皇の勲章をせしめたのも此人《このひと》であった。満天下に獅虎《しこ》の咆哮《ほうこう》を絶たぬ壮氏千百を堂々と提《ひっさ》げて、大同団結を組織し、朝飯前に台閣を乗取《のっと》ったのも此人《このひと》であった。窮する時は庭内の石垣を外して売喰《うりぐい》をなし、富む時は高島炭坑や、共同運輸会社を倒《さかしま》にして、一挙に散ずるの大仕事をなせしも此人《このひと》であった。庵主は曾《かつ》て此《こ》の巨人の風丰《ふうぼう》を二《ふたつ》なき面白き人と思い、やっとの思いで大阪の洗心館《せんしんかん》で面会したのは十八歳の時であった。爾来《じらい》何の天縁か、物に触れ事に当って往来して居《い》たが、其頃《そのころ》後藤伯の最も昵近者《じっきんしゃ》として出入《しゅつにゅう》して居《い》た人は、大江卓《おおえたく》、大井憲太郎《おおいけんたろう》、井上角五郎《いのうえかくごろう》、朝吹英二《あさぶきえいじ》、竹内綱《たけのうちこう》、若宮正音《わかみやまさね》、国友重章《くにともしげあき》などの諸氏であった。庵主は其中《そのなか》の最小小僧であって、右の諸氏などには、碌《ろく》に物も云うて貰《もら》えぬ位の者であったが、主人の後藤伯は、常に庵主を閑室に延《ひ》き、卓《たく》を同《おなじゅ》うし食を共にして、時事を談ずる事を避《さけ》なかった。其頃《そのころ》庵主は、普通に立勝《たちまさ》った大男で年よりもずっと老熟《ませ》て鰌髭《どじょうひげ》などを生《は》やして居《い》たそうだが、自分には今考えても左程《さほど》とも思われぬけれど、今其頃《そのころ》の人に聞けばそうであったと云う。丁度庵主が後藤伯と対坐して咄《はなし》をして居《い》る頃、ジャケットの洋服を着た、伯の一人息子の猛太郎《たけたろう》氏が、ちょこ〳〵と這入《はい》って来て、

「お父さん学校に往《い》って参ります」

と云うて庵主の方を見て、

「叔父さん入《いら》っしゃい」

と挨拶をしたのが、猛太郎氏と詞《ことば》を交えた始めてゞあった。後に咄《はなし》を聞けば、猛太郎氏は八歳の時から、西洋人の家庭に預けられ、専ら語学の研究に従事せられたそうだが、道理で英独仏等の国語には通じて居《い》たようであった。庵主の知る所にては、猛太郎氏は豪胆にして細心、秩序的にして頗《すこぶ》る不羈《ふき》の性を持《もっ》て居《お》られた。古語に「偉人の子は凡化す」と、之《これ》は凡化するのではなくて、凡化させるのである。猛太郎氏も其嫌《そのきらい》があって、先考《せんこう》が一代の偉人であって、位名《いめい》共に世群を抜出《ぬけだ》して居《い》た為め、多くの親戚昵近者《じっきんしゃ》が、若様そんな事を仕《し》てはいけません。そんな事をされては資格に係《かゝ》るなどと、検束者斗《ばか》りの俗物が群《むらが》る処に、先考《せんこう》は内外公私の事務に劇忙である。そこで子女の教育は人任せとなる、故に其《その》子女は寄って群《たか》って凡化させられて仕舞《しま》う。然《しか》るに猛太郎氏は、天性の傑物であるから、中々《なかなか》多数の凡化党には操縦されず、毅然として一境界を守って居《い》る。夫《それ》も渉猟した学問によりて基礎を築かれて居《い》る。即ち平民主義である。夫《それ》で世の中が段々馬鹿に見えて来た、拗《すね》だして来た。我儘《わがまゝ》となって来た。十八《はっ》九《く》歳の時、木村屋と云うパン屋が、日蔭《ひかげ》町《ちょう》で買《こ》うた大礼服の古物を来て、往来でパンを売り歩いて居《い》るのを見た猛太郎氏は、

「僕の親爺や、伊藤さんは、あのパン屋の真似を一生懸命になって仕《し》て居《い》るよ」

と云うた事がある。丁度其頃《そのころ》庵主が、

人間生死本来空《にんげんのせいしほんらいくう》　千古栄枯千古同《せんこのえいこせんこおなじ》

毋忘英雄豪傑業《わするゝことなかれえいゆうごうけつのぎょう》　匹如街上売花翁《ひつじょがいじょうはなをうるのおう》

と云うたのと好《こう》一対の共鳴であった。蓋《けだ》し功名利達は既に猛太郎氏の眼中の物では無かったのである。成年に及んで猛太郎氏は、花柳狭斜《きょうしゃ》の街《ちまた》に辿り込んだ。又絃歌《げんか》酔唱の味を覚えた。之《これ》も矢張《やは》り当時の家庭と、上流社会の反映であっ

たのである。さぁ身辺左右近親の人々が中々《なか〳〵》折合わぬ。鉄砲箭玉《やだま》と先考《せんこう》に其《その》不行跡を訴える。先考《せんこう》も五月蠅《うるさい》面倒臭いが、進んで不愉快となり、遂《つい》には癇癪《かんしゃく》を起《おこ》した結果、永《なが》の勘当となった。さぁ之《これ》からが猛太郎氏は光彩ある魔界生活に入るのである。

其頃《そのころ》井上侯が外務卿であって、此《この》顚末を聞かれて、

「後藤の息子は、怜悧《りこう》な宜《よ》い子である。夫《それ》を象二郎が勘当したとの事であるが、あの子は語学が甘《うま》くて、中々《なか〳〵》気の利いた青年である。俺が外務省に入れて使って見よう」

と云うて外務の御用掛りと云うものに採用せられた。此時《このとき》までは猛太郎氏は一文《もん》なしの貧乏で暮して居《い》た所へ、俄《にわ》かに月給取りとなったので、八方から借金取が押寄せて来る。是《これ》では井上侯の恩沢は有難迷惑じゃと云うて居《い》た。間もなく外務省に飛んでもない事件が発生した。夫《それ》は日本の漂流者がマーシャル群島の或る一島に漂着したら、土人が之《これ》を虐殺した上に、其《その》肉を食うたとのことが、或る帆前船《ほまえせん》の船長の報告で判《わか》った。サア外務省では寸時も之《これ》を打捨《うち》てゝ置く訳に行《ゆ》かぬ。費用を吝《おし》まず実地に吏員《りいん》を派遣して調査せねばならぬ事となった。井上侯は誰《た》れ行け彼《か》れ行けと、其《その》人物を物色したけれども、皆逡巡《みなしりごみ》して其命《そのめい》に応ずる者がない。其時之《そのときこれ》を聞いた猛太郎氏は、雀躍《こおど》りして之《これ》に応じて曰《いわ》く、

「丁度宜《よ》い。此生温《このなまぬる》い世の中に格別の生甲斐《いきがい》もない所故《ゆえ》、早速に此命《このめい》に従うことに仕《し》よう」

と云うので、井上侯は大変喜ばれて、直《たゞち》に辞令書が下《さが》って支度金壱千円を渡した。そこで猛太郎氏は大旱《たいかん》の慈雨《じう》で、手近の借りを払《はろ》うたは好《よ》かったが、残り金《がね》は横浜で一晩の中《うち》に、一行の者と酒食の料に抛《なげう》って仕舞《しも》うた。さぁ翌日になって酔の醒めた跡は、一同互いに顔見合せ、策の出る処《いづ》を知らなかった。猛太郎氏は哄笑《こうしょう》一番して、

「諸君、心配仕《し》給うな、俺に考えがある」

と云うて直《たゞち》に翌日外務省に出頭し、井上侯に面会し、

「私は命《めい》を受けて早速用意の帆船に乗って出発する積《つも》りでございましたが、永々《なが〳〵》の貧乏で八方に借《かり》が有りまして、夫《それ》を払《はろ》うた跡の金は、友人と傾けたる離杯の酒の度を過し、一文《もん》もないようになりましたから、どうか別に千円の支度金

を今一度頂戴致《いたし》とうございます」

と、露骨に陳述した処が、井上侯は先天的の癇癪《かんしゃく》に、一万石の石油をぶっ掛けて火を付けたように、天地も裂けん斗《ばか》りに怒《おこ》り出した。

「此小僧奴《このめ》、道楽で勘当受けたを不憫に思い、再生の恩と思うて拾い上げて助け置いたのに、俺の私事《わたくしごと》でもない、国家の一大事に拘《かゝ》わる大任を蒙《こうむ》りながら、官金と知りつゝ、一千円の大金を一夜の遊興に使い捨るなどとは、言語道断の不埒者である。此上《このうえ》は俺が又勘当をする」

と云うて直《たゞち》に用意の船を取上げ、蹴倒さん斗《ばか》りにして外務省を追い出して仕舞《しも》うた。猛太郎氏はすご〳〵横浜へ帰って来て其《その》顛末を咄《はな》すと、一同の者は色を失《うしの》うて仕舞《しも》うた。玆《こゝ》に於て猛太郎氏は曰《いわ》く、

「諸君、心配仕《し》給うな、凡《およそ》世の中の事はどんな困難な事でも、人間が為《す》るものと極《きま》ったらどんな事件でも、自《おのずか》ら解決法はあるものよ。先ず怒るのは井上の爺さんの商売じゃ。酒を飲むのは我々の商売である。各《おの》〳〵商売をしたのじゃから遺憾はない。そこで残った事はマーシャル・アイランドの事件じゃ。夫《それ》さえ解決すれば国家は不自由はない。夫《それ》を解決するのは僕より外《ほか》にないよ。扨《さ》てこう極《き》まれば何でもない。諸君は僕の部下として休暇を今日与うるから、船に乗込んだ体《てい》にして、家族の貰《もら》う月給で湯治場にでも行って休息し玉《たま》え。マーシャル・アイランドは僕が行って、屹度《きっと》実地を調査して来て遺憾ない報告をするから」

と云うと一同は、

「夫《それ》でも船を取上げられて、一文《もん》なしでどうしてマーシャル・アイランドまで行《ゆき》ますか」

と云うて心配する。猛太郎氏は、

「僕は船なしで、又一文《もん》なしで、屹度行《きっとゆ》く事を知って居《い》るから、君達《きみたち》は早く帰り給え」

と云うて無理に追い戻し、跡で猛太郎氏は予《かね》て知人の和蘭《オランダ》領事某《ぼう》の所に行って、以上の顛末を残らず咄《はな》し、

「僕は此《この》一枚の辞令書を取上げられずに持って居《い》るから、どこまでも日本の役人じゃ。夫《それ》が署名をするから此《この》面白き

事件《しごと》を幇助《ほうじょ》して呉《く》れ給え」

と、例の流暢《りゅうちょう》な英語で相談したので、某《ぼう》も物好きな人と見え、之《これ》を引受けて相当の小遣を用達《だ》て、折柄《おりから》横浜港内に居合《いあわ》せて、出帆仕《し》掛って居《い》る諾威《ノルウェー》の漁船の、六十五噸《トン》の帆船の船長に此《この》任務を三千円の懸賞で遣《や》らぬかと談判したら元々帆前《ほまえ》の船長などは呑気なもので不猟《しけ》なしの取剝《とりはぐ》れなしの仕事と云うので早速咄《はなし》が纏《まとま》り、其《その》翌日の晩方の夕風《ゆうかぜ》に帆を上げて、大胆にも横浜を乗り出したのである。夫《それ》から小笠原島に寄港して、更《さ》らに碇《いかり》を上げた以来は、浪路果《はて》なき海原《うなばら》を、南へ南へと馳せたのである。始めの中《うち》は猛太郎氏も船客らしく仕《し》て居《い》たが、後には水夫等《ら》と親睦し、鱶《ふか》漁の仲間入《いり》をなし其後《そのご》は一《いっ》の船員となって、日課の職務を時間通り働く事になったのである。此《この》航海八ケ月間の経験は、後年猛太郎氏が自らヨットを操り、熟練なる航海をして本業者の舌を捲《ま》かしめる丈《だ》けの技倆を養ったのである。或る時は風浪と戦い、或る時は漁猟をなして食料を貯え、雨天には天水《てんすい》を取ってタンクに容る、等の事務は、猛太郎氏の一生に云い知れぬ経験を得たのである。難なく船は八ケ月の後《のち》マーシャル群島に着いて、其《そ》の島此《この》島と調査したら、或《ある》一島に於て適確な証拠を得た。夫《それ》は日本の柳行李の破片と、土人が日本の剃刀《かみそり》とを持って居《い》たのを見付《みつけ》出したので、確かに此《この》島で日本人を虐殺したと認定し得たのである。そこで猛太郎氏は考えて何とか相当懲戒の端緒となるべき処置を取って、後日の証拠とせねばならぬと思い、忽《たちま》ち一策を案出し、船長と相談の上、此《この》島の国王らしき者二人を款待《かんたい》し、船内を見物させると云うを名として酒宴を開き、マッチ、ケットの類を与え酒を飲ましめ、熟睡時に碇《いかり》を上げて出帆し、段々と其《その》二人の国王を懐柔して、後には船内で働かせ、又幾多の艱難《かんなん》を経て横浜に帰って来たのは、丁度十四ケ月目であったのである。夫《それ》から其《その》言語不通の国王二人を、グランド・ホテルに泊め置《おい》た。和蘭《オランダ》領事よりは日本の外務省に照会して、貴国の官憲後藤猛太郎氏の依頼によりて、斯々《かく〳〵》の尽力をなし、懸賞金何千円、取替金何円を要する趣《おもむき》を申出《もうしで》た。猛太郎氏は直《たゞち》に外務省に出頭し、井上侯に面接して航海中より各地調査の顚末を報告し右国王二人を引渡したので、外務省の驚きは一方《ひとかた》ならず、其《その》国王の島は多分西班牙《スペイン》領ならんと思うて、之《これ》を同公使に引渡さんとすれども、言《げん》を左右に託して受取らず、其《そ》の中《うち》に段々秋冷の季にも向《むか》い来《きた》り、又寒気にもなるので早くよりストーブを焚《た》き、ケットに包んで其《その》国王を保護したが、生れるから裸体《はだか》で暮した習慣故《ゆえ》、とう〳〵翌年の一月には二人共《とも》、蟬の秋風に逢《お》うたように死んで仕舞《しも》うたのである。

大正の今日こそ、南洋が何だ、千円の金が何だと云うけれども、当時に於ける此《この》猛太郎氏の処置に就いては、実《じつ》に聞く者をして只《た》だ驚嘆の目を睜《みは》らしめたのである。井上侯は後年云うて居《お》られた。

「何ともあの奴斗《ばか》りは仕方のない事斗《ばか》り仕出かして困らせるよ。只《たゞ》辞令書を取上げる事を忘れた為め、和蘭《オランダ》領事などと語ろうて、命令的に外務省の金を使い、黒ん坊の二人も連れて来て、夫《それ》を凍え死《じに》させたような事になって、実《じつ》に俺を弱らせたよ」

と、苦笑いして居《お》られた。故人猛太郎氏は気力才幹共《とも》に常人に超越して、適《ゆ》くとして可《か》ならざるはなく、物事の裁決亦流《またながる》る如く、屈託なかりし事、庵主の多くの知人中に未だ其《その》類を見る事の出来ぬ人物であった。

26　勘当された後藤小伯猛太郎氏

猛獅怒を発して獅児狭斜に入り
老熊愛を垂れて獅児食を得たり

後藤小伯猛太郎《ごとうしょうはくたけたろう》氏は、普通常人の為《し》遂げる事の出来ない南洋行《ゆき》の事業を、百難千艱《かん》を冒して、見事《みごと》帝国の大面目と、大責任とを果して来た。又其《その》報告書も立派に出来た。初め私行上の顚末から、航海日誌や、証拠物件や、加害蕃人《ばんじん》の頭領二名まで引連れて来て、帝国の責任は、面目と共に欠点なく立ったのである。只《た》だ金を外国領事に立替えさせて、一万余円を政府に弁償させた事丈《だ》けは、事後承諾ではあったが、当時の外務の雅量では、到底此《こ》の大責任を果す丈《だ》けの支出は覚束ないと認定したから、猛伯は初《はじめ》に於て外務省の命令を瓦落瓦落《がらがら》に破壊《こわ》して、通行の道路を広く開拓し、総ての毀誉褒貶《きよほうへん》を一身に引受けて、此《この》難事を遂行したのである。若《も》し尋常一様の士をして此事《このこと》に従事せしめ、役人然として一艘《そう》の船を仕立て丶、総てを雇傭的で実行したならば、啻《たゞ》に其《その》目的を達し得ざるのみならず、莫大の費用を要し、且《か》つ捕鯨船員などは元々残忍性を帯びて居《い》る者共故《ものどもゆえ》、其《その》お役人様の生命さえも危険である。猛伯は初めに機敏なる観取をして、自分が丸裸で其《その》残忍性の中に飛込み、船員とまでなって彼等を慫導するに懸賞式を用い、其《その》相手は、彼等の理解し易き外国の領事を証人としたる等の注意は、一の欠点も遺漏もないのである。夫《それ》でこそ此《この》難事業が、坦々として平地を行くように片付いたのである。只《た》だ机の上で利害得失斗《ばか》りの空論をして居《い》る外務当局では、兎《と》ても国辱を雪《すゝ》ぐ等の事は出来ぬのである。然《しか》るに外務省は、却《かえっ》て此《この》猛伯を危険視して、一片の賞詞をさえ与えざるのみならず、彼《か》の蕃族《ばんぞく》酋長の死に対する責任等、外務省は公明に之《これ》を表明せずして、其責《そのせめ》を総て猛伯一人に転嫁したのである。而《しか》して却《かえっ》て許可を俟《ま》たずして、帝国が費用を支出すべき文書に、官吏として捺印したりとの咎《とが》めを以て直《たゞち》に免職したのである。

此《この》費用の支出に対して井上外相は、一日象二郎伯に面会して、

「君《きみ》の処の息子猛太郎を、俺が拾い上げて使《つこ》うて見たが、中々《なか〳〵》賢い奴ではあるが、金の始末の悪い男で、今度南洋の事件等《など》は、是れ〳〵斯《か》く〳〵である。成程君《なるほどきみ》が勘当したのも実に尤《もっと》もで俺も困り抜いたよ」

と云われると象二郎伯は苦笑いをして、

「うむ、あの猛《たけ》の性質は、僕とさえ距離があるのだから、君《きみ》とは大変な違いである。君《きみ》で猛《たけ》が使える筈がない。僕は産んで成長さして、後に勘当したが、君《きみ》ならば産まぬ前からの勘当であろうよ。併《しか》し今回の事件は、猛《たけ》が大手柄を遣《や》って来た訳故《わけゆえ》、勘当をして居《い》ても僕の子じゃから、若《も》し外務省に費用が無ければ、僕が国に対して手柄を為《な》した、破れ息子を賞する為めに、払《はろ》うて遣《や》っても好《い》いよ」

と云われた。此大腹中《このだいふくちゅう》の象二郎伯の一言にて井上外相は、

「夫《それ》は立派な咄《はなし》じゃが、其《その》費用の事は心配仕玉《したま》うな。併《しか》し彼は已《すで》に免職したから、其事《そのこと》は仕方ない」

と云わる丶と象二郎伯は、

「うむ、夫《それ》は好《よ》い、太平の世になっては、僕でさえも遠からず免職じゃから、猛《たけ》は当り前じゃ、少しも構わぬよ」

と答えられたそうだ。此《これ》は後年井上伯が庵主との雑話中、

「あの後藤親子には、面白い話があるよ」

と云うて咄《はな》された記憶である。夫《それ》より猛伯は面白く漂浪して、下谷《したや》の或る貧乏芸者某《ぼう》の情夫となり、或時《あるとき》は箱屋《はこや》までして、板張や戸障子の雑巾掛けなどを遣《や》り、甚しきはバケツの中で下駄まで洗う事を、何の苦もなく遣《や》って居《い》たら、此間《このあいだ》薨去《こうきょ》せられた、時の宮内大臣土方《ひじかた》伯が其事《そのこと》を聞き、同郷の誼《よし》み黙し難く、

「あの後藤の猛《たけ》が親父に勘当されて零落して居《い》るそうだが、あれは見処のある青年じゃから、俺が拾い上げて人間にして見よう」

と云うて八方捜索して、とう〳〵宮相官邸に呼寄せ、懇々《こん〳〵》と訓戒を加えた後《の》ち、

「猛《たけ》よ、今日からお前を俺が推挙して、飜訳の臨時傭《やとい》にする。夫《それ》は今モッセーと云う外国学者が毎《まい》土曜日毎《ごと》に半日、国際公法の講義をする、夫《それ》の通訳をするのじゃ。お前は独逸《ドイツ》語が達者であるから、毎土曜日の正午には、必ず俺の処に来なさい、夫《それ》が若《も》し間違えば大変だぞよ、当日は宮《みや》殿下等も御臨席になるから……。又俺はお前が見処《みどころ》ある故、立派な男にして、親爺や井上を見返す丈《だ》けの人間に仕立てるまでは、何が何でも世話をするから安心せよ。夫《それ》に月給はお前が芸者屋などに居《い》ては遣《や》る訳に行《ゆ》かぬから、早くどこぞ下宿でもすれば、月に四回の出勤に対して六十円遣《や》るぞよ」

と云われた。之《これ》を聞いた猛伯は、びっくりして咽喉《のど》が鳴った。当時猛伯が芸者屋の居候兼箱屋業で五十銭一円から有りとあらゆる手段を尽して、借りて〳〵借り詰め、四方八方虱《しらみ》の卵の様《よう》に借り散《ちら》した揚句の事故《ことゆえ》、六十円は愚か六円の金の声さえ聞く事の出来ぬどん底であった故、其《その》喜びと云うたら大変である。

「伯父さん有難うございます、私《わたくし》を人間にして下さいます思召《おぼしめし》なら、私も屹度《きっと》人間に為《な》らねば止《や》みませぬ。誓って伯父さん以上の人間になります、どうか御指導を願《ねが》います。屹度《きっと》土曜日の正午には参ります。夫《それ》から芸者屋住居も喰われぬからの事でございますから、今日六十円さえ下さいますれば今日中に屹度《きっと》下宿致します。伯父さん、私《わたくし》も今日始めて暗

い沈淪《ちんりん》の底から、明るい社会に出られます。偏《ひとえ》に伯父さんのお蔭でございます」

と、伯父さんを百も二百も云い並べて、まんまと六十円を土方伯よりせしめて、飛ぶが如くに下谷《したや》の芸者家《や》に帰って来た。

「おい、俺は今日から出世の道に有付《あり》いたぞ。今日宮内大臣に呼ばれて、是々《これ〳〵》の次第じゃ故に、早速下宿行《ゆき》の準備をしてくれ、金は勿体なくも畏《おそれ》多くも、宮内大臣から貰《もろ》うた月給前金の六十円、此《この》通りじゃ」

と、十円札六枚を目の前に並べた。其頃《そのころ》の芸者は祝儀がまだ五十銭以下の時である故、其《その》芸者の驚きも亦《また》一層で、其《その》喜《よろこび》と云うたら喩《たと》え方ないのである。

「夫《それ》は大変お目出度事《めでたいこと》で、私《わたくし》も永年御一所に暮して、今更《いまさら》別になるのは本意《ほい》ないとは思いますが、貴方《あなた》の御出世でございますから、何はなくとも用意を致《いた》します」

と云うて早速柳原《やなぎはら》の古着屋に行って身巾の狭いモーニングコート一着と靴と帽子とを調え、頭付《かしらつき》のお肴《さかな》で快く一杯飲んで直《すぐ》に本郷の兎《と》ある下宿屋に入った。其《そ》の宿へ同宿と云うて引越して来た親友が、今は大学で老教授の碩儒《せきじゅ》、理学博士の飯嶋魁《いいじまかい》氏で、此《これ》も猛伯と伯仲ののたくり書生である。猛伯が二階の一室、其《その》教授が下の一室と、各々《おの〳〵》割拠的に座を占めたが、二階では義太夫を呶鳴《どな》る、下では豚を〆《しめ》殺すような声で、団十郎の仮声《こわいろ》を始める、其《その》宿の主人が、三途《ず》と綽名《あだな》を取った三途川《しょうずか》の婆《ばゞあ》のような老嫗《ろうおん》である。夫《それ》が中間に在って抗議を喃々《なん〳〵》と申立《もうした》つる。そこで二階から五十銭、下から五十銭の出金で酒を買いに遣《や》る其《その》棒先を婆《ばゞあ》が何程か刎《は》ねる、婆《ばゞあ》は機嫌がよくなる、終《つい》には三人団欒《だんらん》して杯を飛ばし、共に此婆《このばゞあ》のポンポコ三味線で、義太夫や仮声《こわいろ》を呻《うな》って寝《しん》に就くのである。而《しか》して猛伯は月給を受取れば、半額三十円は必ず下谷《したや》の旧恩ある芸者に与え、残《のこり》三十円で十円の下宿料、残り二十円の小遣で何の苦もなく暮すのである。

或る土曜日に猛伯が、宮相邸講演の日を打《うち》忘れて、隅田《すみだ》、荒川《あらかわ》に咲き匂う花の下径《したみち》辿りつゝ、例の教授先生と共に、香酒薫菜《こうしゅくんさい》の漫歩《そゞろあるき》より醒めたる時は、午後の四時過ぎで、傾陽三竿《かん》、倦鴉待乳《けんあまっち》の林梢《りんしょう》に憩うて、唖唖《あゝ》の声をなすの頃であった。さぁ大変と思うたがもう間に合わぬ。車を飛ばして宮相邸に駈け付けた処が、土方伯は河豚提灯《ふぐちょうちん》に火を点《つ》けたように、プン〳〵怒《おこ》って居《い》る。伯父さん〳〵の百曼陀羅を云うて詫《わび》たが勘弁して呉《くれ》ぬ。何でも家扶《かふ》の咄《はなし》を聞けば、宮《みや》殿下と、彼《か》のモッセー博士と、他の貴顕数人と、二時間以上も同室に集《あつま》って、鼻突合せて居《い》ながら「むう〳〵〳〵、むにゃ〳〵〳〵〳〵と、手真似顔真似斗《ばか》りして、寒暄《かんけん》の挨拶さえも出来ず、其《その》中間にあって宮相は真赤になって斡旋を努められたけれ共《ども》、終《つい》に何の効《かい》もなく、「むにゃ〳〵〳〵〳〵」斗《ばかり》の物別れで三時頃各《おの〳〵》帰邸せられたとの事である。

夫《それ》から猛伯は大医橋本綱常《はしもとつなつね》老の仲裁で、やっとの事に詫《わび》が叶《かな》い、「当日は猛太郎氏、急性胃痙攣《けいれん》で無断欠勤した」との事になって、猛伯は更《さ》らに土方邸に呼付《よびつけ》られ、屹度《きっと》将来を戒められて、「急性胃痙攣《けいれん》と云う病気は酒を飲めば癒《なお》るのか、家扶《かふ》の報告では前晩から大病人である筈のお前が、大変宿酔《ふつかよい》の臭《におい》をさして居《い》たとの事、此後《このご》俺の顔を汚す如き事を為《す》れば許さぬぞ」と、したゝか脂《あぶら》を取られて元々となった。其《その》当分は猛伯甚だ勉強の体《てい》であったが、或時《あるとき》宮《みや》殿下より宮相に御下問が有った。

「宮相よ、独逸《ドイツ》語を日本語に訳すれば、極めて簡単に短縮するものであるか如何《いかゞ》」

との事であったから、

「早速取調べて奉答致《いたし》ますが、どうして左様《さよう》の御下問がござりますか」

と伺上《うかゞいあげ》たら、

「いや、外《ほか》でもない、昨今彼《か》のモッセー氏が長時間講演するのに、通訳の後藤のは、ぺろ〳〵〳〵〳〵と少し斗《ばか》り通弁する丈《だ》けだが、あんなに短かく日本語では言い尽されるものか如何《いかゞ》と思うて問うたのじゃ」

との御意《ぎょい》であったので、宮相はっと思い、「あの猛《たけ》の野郎、好加減《いゝかげん》の通弁をして畏《おそ》れ多くも殿下を欺《あざむ》き奉って居《い》るに違いない」と、夫《それ》から宮相は猛伯の行動を、熊鷹《くまたか》の様な眼で調査せられた。次の土曜日に独逸《ドイツ》語の分かる都築《つゞき》馨六《けいろく》男《だん》を、窃《ひそ》かに次の室に忍ばせて置いて、猛伯の通弁を聴かせたら、モッセー氏の講話に対する、標題の飜訳丈《だ》けを申上げて居《い》る事が解った。そこで宮相は其日《そのひ》猛伯を足留めして厳重な白洲《しらす》が開かれた。

「此《この》野郎、太い奴だ、畏《おそ》れ多くも宮《みや》殿下の御前に於て、斯《か》く〳〵斯様《かよう》の不埒を働く、其《その》罪決して赦《ゆる》す可《べ》からず。汝は慈悲の親に勘当せられ、義侠の井上伯に見限られ、世にも不憫な者と思い、俺が拾上《ひろいあ》げて遣《つか》わせば、再生の恩も忘れ斯《か》様《よう》の人外不埒を働く、最早《もはや》勘弁ならぬ、世の中の害を除くのと人助けの為めに、俺が今日美事《みごと》に成敗するから覚悟せよ。夫《それ》のみならず、宮《みや》殿下の御下命にて、毎土曜日の講演に対する、国際公法の飜訳書を、御手許《おてもと》に差上げるのを、汝は芸者屋に昼寝をして、紅筆《べにふで》を以て書《かき》散らし、其儘《そのまゝ》御手許に差上げ居《い》たる事も、ちゃんと調査の結果知って居《い》るぞ。左様《さよう》の不謹慎の行為を以て、俺の顔に泥を塗るようの事を働く以上は、此後《このご》如何《いか》なる不届《ふとゞき》を仕出かすやも解らぬから、今日は決死の覚悟をして返答せよ」

と詰め寄せられた。そこで猛伯も又々伯父さん〳〵の百曼陀羅を並べて、平蜘蛛《ひらぐも》になって謝まったが、今日と云う今日は、宮相 瞬《またゝき》もせずに息を詰めて怒《おこ》って居《い》る。そこで猛伯はつか〳〵と立って床の間に飾って在った短刀を取って来て、ぴったりと宮相の前に端坐し、

「伯父さん左程《さほど》の御立腹で、私《わたくし》を殺すとまで御決心になった以上は、伯父さんのお手を借《かり》るまでもなく、私《わたくし》も武士の子でございますから、美事《みごと》死んで御覧に入れますが、臨終《いまわ》の際に伯父さんに御尋ねする事があります。其《その》お答を美事《みごと》伯父さんより承わる事が出来れば、即座に御面前で屠腹致《とふくいたし》ます。暫《しばら》く御聞《おゝき》下さいませ。抑々《そも〳〵》伯父さんは、身《み》宮相の栄職に在らせられて、畏《おそ》れ多くも宮殿下を形式上に崇め奉りて、精神上に蔑視なさる思召《おぼしめし》でございますか。私《わたくし》は今度の此《この》重命を蒙《こうむ》りましてから已《すで》に数月、彼《か》の偏固なる学者のモッセー氏の講演を、通訳致《いたし》ます中《うち》、事《こと》、英米仏独等の外交軍事に関係致す事を除くの外《ほか》は半頃《なかばごろ》からは屹度《きっと》伯父さんを初め、並居《なみい》る貴紳及宮《およびみや》殿下も、時々居眠を遊ばすのでございます。殊に昨今は、未成的殖民地に於ける国際上の基礎論拠を構成する為め『若《も》しこう云う事があったなら万一の場合の時には』『第二第三国にこんな既定法律の結果として斯様《かよう》の例外が発生したならば』と云うような、我国などには、此《この》数世紀間には更に入用《にゅうよう》の夢さえ見る事の出来ぬ事柄を、自分の学問自慢の為めに、長々とモッセー氏が述《の》立《べ》てます。夫《それ》でなくてさえ居眠をする方々に、又 私《わたくし》が夫《それ》を最《もう》一度繰り返して、長々と述べ立《たて》ましたら、皆様は必ず永久不覚の眠《ねむり》に就いてお仕舞《しまい》であろうと思います。夫故《それゆえ》に私《わたくし》は左様《さよう》の分らぬ事を繰り返して、御迷惑を掛けようより、更に迹《あと》より飜

訳書を以て委敷申上《くわしくもうしあげ》、明瞭なる御取捨を願うがお為めになる通訳、適当の心得と思い、爾来不洩《じらいもらさず》御手許にさし上げて居《お》りますが、若《も》し其《その》飜訳書に就いて、何か異議を申者《もうすもの》がござりましたら、何時《いつ》でも御面前で対決を致しましょう。又其《その》飜訳書に追っ飛ばせて有る処があり、杜撰《ずさん》な処がございましたら、私《わたくし》は安んじて伯父さんに殺さる丶時でございます。又曩《さき》の土曜日に出勤を忘れました一事も序《ついで》に申訳《もうしわけ》を致しますが夫《それ》は私《わたくし》が悪いのでございますから謝りました。謝っても聞かぬと仰《おお》せらる丶のは、御無理でございます、私《わたくし》は悪気で忘れたのではございませぬ、貴方《あなた》も此間《このあいだ》自分が命名した、私《わたくし》の弟《おとゝ》の名をお忘れになったのではございませぬか。夫《それ》が悪い気でお忘れになったのでないからこそ、私《わたくし》は堪忍《かんにん》して上げて居《お》ります。忘れるのは人間に有り得る事でございます。又紅筆《べにふで》で飜訳をしたのを不謹慎と仰せらる丶が、インキならなぜ不謹慎でございませぬ。今はインキは様々の化学的でも拵《こしら》えますが、インキの起原は、アフリカの蕃人《ばんじん》が其《その》原料を採収し、後にはジプシーが夫《それ》を収集して売歩《うりあ》るいたものでございます、紅《べに》は茜草《あかねぐさ》から取りまして『御園《みその》に生《お》うる末摘《すえつむ》の花の色にも』とか何とか申しまして朝廷の御園《ぎょえん》にも咲く目出度《めでたき》花の色で、日本では貴人高位の貴《たっ》とむ物でございます。夫《それ》とも始原が蕃人《ばんじん》やジプシーに依った、インキで書いた方が不謹慎に成りませぬか。又私《わたくし》が芸者屋に於て飜訳をしたから不謹慎である。殺して仕舞《しま》うとまで仰《おお》せらる丶が、あの芸者は獣類でも何でもない、慥《たし》かに人間を慰安せしむる芸人でございます。立派に鑑札を受けた天下の営業人でございます。偶〱《たま〱》節操上の欠点は有りますが、左様《さよう》の欠点の有るべからざる、高位縉紳《しん〱》の家庭の紊乱《ぶんらん》よりも優《ま》しでございます。昨今の有様は大概芸者以下の家庭ばかりでございます。彼等は義気あり、侠気あり、情誼ありて、決して人情を疎外致しませぬ。況《いわ》んや私《わたくし》の出入する芸妓は、私《わたくし》の恩人でございます。親兄弟も先輩知人も、捨て丶構わぬ漂浪の私《わたくし》を、身に代えて世話を致《いた》しました恩人でございます。夫《それ》も伯父さんが出よとの仰《おおせ》だから、其日《そのひ》に其《その》家を出ました。彼《かれ》は私《わたくし》の出世を大変喜んで居《お》ります。爾後《じご》今日まで一度も私《わたくし》は其《その》家に寝食致しませぬ。即ち夫《それ》は双方の合意の結果でございますから、併《しか》し恩人に対して絶交する訳には参りませぬ。折々には参ります。偶〱《たま〱》友人と二人で訪問して居《い》る処を、伯父さんの方の家扶《かふ》が見付けましたから、不断常住と申上《もうしあげ》たかも知れませぬが、私《わたくし》は今は其処《そこ》に行かねば行く処がない程の、芸者家《や》喰詰めの無頼漢ではございませぬ。

併《しか》し原則として、芸者を良い者とは申しませぬが伯父さんに殺さるゝ程《ほど》悪い者ではないと思います。況《いわ》んや親戚以上の恩人なるに於てをやでございます。私《わたくし》は家《うち》の父や、伯父さんなんどの本当のお友達は、今日まで芸者ばかりかと小供の時から思うて居《おり》ました。夫《それ》は所有《あらゆる》芸者と余り御懇意であるのを見て居《お》りますからでございます。斯様《かよう》の訳で私《わたくし》は、人間界の範囲に於て行動を致して決して非人間界に足を踏《ふみ》入れた覚《おぼえ》はございませぬ。伯父さんが人間にして遣《や》ると始めに仰《おお》せられたのは、どんな人間でございますか、私《わたくし》は凡百《あらゆる》人間学校をも、最早《もはや》卒業しまして、残りの課程は、金モールを着て大臣に役付《やくつき》するばかりだと思うて居《い》ます。私《わたくし》は宮殿下方《みやがた》に対し奉りては、誠心誠意御解《おわか》りになるように御倦怠を来たさぬようにと、職務を勤勉して居《おり》ますが、却《かえっ》て伯父さん等《など》は、表面の阿諛《あゆ》を以て謹慎と心得、中心の不謹慎にはお心付《こゝろづき》のないよう見受けられます。さぁ如何《いかゞ》でございましょう伯父さん、立派に御返事が出来れば、私《わたくし》は只今是《たゞいまこれ》で切腹致《いた》します。夫《それ》が出来ねば伯父さんの方に此《この》短刀をお渡《わたし》しますから、伯父さんの方で切腹をなさいませ」

と猛伯はぺら〳〵〳〵と立板に水を流すように饒舌《しゃべ》り立てた。

27 猛太郎氏、土方宮相を怒らす

猛伯乞食を学んで老伯を揶揄し
老伯短鎗を撃って猛伯を追う

前回の猛伯《たけはく》と土方《ひじかた》老伯との間に起《おこ》った悶着は、とう〳〵高潮に達して、猛伯は老伯に短刀を突付けて、腹を切れと迫まるに至った、土方伯は元老中比類なき正直な淡泊な磊落《らいらく》な方故《かたゆえ》、

「ふうん、貴様は弁口で、俺を誤魔化すのかも知れぬが、云う事には一通り筋がある。此上《このうえ》は殿下へ差上げた飜訳が、真《しん》に叮嚀《ていねい》正当に出来て居《お》るか如何《どうか》を取調べた上、俺が悪かったら、屹度《きっと》腹を切る事にする」

と云われて、其日《そのひ》は物別れとなった、何でも飜訳丈《だ》けは甘《うま》く出来て居《い》たと見えて、夫《それ》なりに沙汰なしとなった、猛伯は其後《そのご》、

「伯父さん、御取調《おとりしらべ》はどうなりましたか、未《ま》だですか」

と幾度も催促をすると、土方伯は何時《いつ》も、

「まだ調中《しらべちゅう》〳〵」

と云うて、一向取調《いっこうとりしらべ》が片付かぬ。猛伯は、

「伯父さんは随分ずるいですよ」

と云い〳〵多くの時日を経過した。

其後《そのご》猛太郎伯は、土方伯を度々四九尻《しくじ》った。夫《それ》は両伯の平民的と貴族的思想との衝突であった。土方伯も猛伯の英邁なる事を知っておらるゝから、どうか親伯《おやじ》の跡を継《つい》で、一廉《ひとかど》の大臣顔にでも仕立てたいと思う親切から、同郷出身の板垣伯や福岡子《し》や其他《そのた》岩崎男《だん》との続柄もあって、現に今の小弥太《こやた》氏は猛伯の甥であり、猛伯は小弥太《こやた》氏の叔父さんと云う関係もある事故《ことゆえ》、共々に其《その》向上進歩を望まるゝは尤《もっと》も至極の事である。其上《そのうえ》土方伯は同郷人の反対を一切引受けて、猛《たけ》を豪《え》らい人間にする事は自分が受合うからと云うて、猛伯に対する総ての非難を防いで居《お》られた故、扨《さて》こそ土方伯の意見が手強《てづよ》かったのである。然《しか》るに一方猛伯の方は年若い血気の上に、天性の平民主義で、どうしてもお爺さん方と馬が合わぬ。そこで遭う度毎《たびごと》の強意見《こわいけん》に劫《ごう》も沸《に》えて来る。随《したが》って反抗もするから失敗《しくじり》が多くなるのである。或時《あるとき》猛伯は土方伯の意見に対し、

「伯父さんには幼少から、お世話計《ばか》り掛けまして、親よりも御恩が嵩《かさ》んで居《お》りますのに、まだ御恩報じも出来ずに叱られて計《ばか》り居《お》りますから、今日は緩《ゆっ》くり伯父さんの御意見を伺い且《か》つ私《わたくし》の考《かんがえ》も包まず申上げて、出来る事なら責めて叱られぬ丈《だ》けになりたいと存じます。一体伯父さんは私《わたくし》を豪《え》らい者にして遣《や》りたいと思召《おぼしめし》ますか」

と云うと土方伯は、

「そうだ私《わし》は夫《それ》が何よりの望《のぞみ》じゃ」

「そんなら私《わたくし》は屹度豪《きっとえら》くなりますから御安心下さい。併《しか》し豪《え》らいと云う事は大臣などになる計《ばか》りの事ではございますまい。私《わたくし》は大臣と云うものは、一番馬鹿気た物であると思うて居《い》ます。若《も》し世の中に金モールの妖怪《おばけ》と云う物があるならば、それは大臣じゃと思います。あれは私共《わたくしども》よりも豪《えら》くない人がなるものでございます。即ち不適当な人計《ばか》りが成って居《お》ります。金モールが着たい〳〵と思うような人斗《ばか》りが成って居《お》ります。学識、徳望、経験とも人に超絶して、大臣にでもなるより外《ほか》仕方のない人なら、成るも宜《い》いでしょうが、俳優が角力《すもう》を取《と》りたい、角力《すもう》が女形《おやま》になりたい、我慾と身勝手と糞《くそ》とより外《ほか》、腹に詰め込んで居《い》ない、第三者の事は考える能力もない、人間の風上にも立てない劣等な人物計《ばか》りが大臣になりたいと云う盲目《めくら》の提灯《ちょうちん》で有って益ない物でございます。私《わたくし》は叔父《ママ》さんのお蔭で、どうか豪《え》らい者には成って見たいと思うて居《い》ますが、夫《それ》は大臣以外の豪《えら》い者、先ず金持の豪《えら》いものになるか、事業家の豪《えら》いものになるか、又は芸術家の豪《えら》いものになるか、其外《そのほか》大工でも左官でも構いませぬ。ぐっと豪《え》らい者になって見たいと思いますから、叔父さんどうか叱らずに置いて下さい」

と云うと、土方伯は苦虫《にがむし》を噛み潰《つぶ》したような顔をして、

「そんなら何事《なにごと》の豪《えら》いものになる積《つも》りじゃ」

と云われた。

「そうですね、叔父さん。私《わたくし》は自分が一番嗜《すき》で、自分でも巧《うま》いと思う様《よう》な仕事が、一番豪《え》らくなるだろうと思います」

「それは何事《なにごと》じゃ」

「私《わたくし》はまあ義太夫語《かたり》になるが、一番豪《えら》くなると思います。是《これ》なら屹度《きっと》日本一になると、此《こ》の間越路《あいだこしじ》太夫と大隅《おおすみ》太夫がそう申しました」

と、其《その》声未だ終らぬ内《うち》に、土方伯は大喝一声、

「馬鹿ッ……帝国無双の光栄ある大官を罵《のゝし》り、乞食同様の義太夫語《かたり》になるとは何だ、侍の家に生れながら」

「叔父さん。さぁ其《その》侍と云う家に生れたのが私《わたくし》は残念です。あれは無能、屈従を本《もと》とし、偽って徒食する輩《はい》で、義太夫語《かたり》は働いて食う、不味《まずく》ては世に立てませぬ。詰《つま》り腕次第で出世する芸術家でございますよ。詰まり叔父さんは、偽って食えと仰《おお》せられる。私《わたくし》は働いて食うと云う、精神の衝突なのでございますよ」

「まだ云うか。貴様も象二郎《しょうじろう》の子じゃによって親の跡でも継がせようと思えばこそ……」

「私《わたくし》はお父さんや、叔父さんの跡は決して継ぎ度《たく》ございませぬ。夫《それ》も大臣らしい大臣なら宜《よ》うございますが、大酒を飲んで芸者を買い、賄賂《わいろ》を取って無暗《むやみ》に威張《いば》り、年《ねん》百年中反対党と喧嘩斗《けんかばかり》をして大臣と云う大役をして居《い》たらば、迷惑の掛《か》る処は、其雇主《そのやといぬし》の天皇陛下斗《ばか》りでございます。私《わたくし》は先ず日本一の義太夫語《かたり》になって、中心から人に誉《ほ》められ、せめて一家一門がお世話になった御恩報じに天皇陛下に御迷惑を掛けぬ丈《だ》けになりましたら、屹度《きっと》お父さんや叔父さん以上に豪《えら》くなるだろうと思うて居《お》ります」

と、猛伯が喋舌《しゃべ》ってると、耐《こら》えに耐《こら》えた土方伯は、雷霆《らいてい》の如き声を発して、床《とこ》の間にあった一刀を取って、

「猛《たけ》、今の言辞《ことば》は本気で言うのか」

「夫《それ》は、私《わたくし》から叔父さんに伺う言辞《ことば》でございます、叔父さんは私《わたくし》から議論に負けても、矢張《やっぱ》り不合理な仕事と覚《さと》られず、私《わたくし》にまで真似をせよと仰《おおせ》らるゝのですか。人間の子として私《わたくし》には出来ませぬ。即ち人たる道を履《ふ》んで、働いて食う豪《えら》い者に成りたいと言えば刀を取って刃物三昧まで遊ばす以上は、只《たゞ》の御気分ではございませぬ。私《わたくし》は叔父さんの御容体を、橋本先生に一度診察して貰《もら》いたいと存じます」

と云うを一度の合図にて、土方伯はずらりと一刀を抜放《ぬきはな》された。猛伯は柔術も川越《かわごえ》や江南《えなみ》など云う人と共に、初段位は取る腕前故《ゆえ》、ハッと土方伯と呼吸が合《お》うて身構《みがまえ》をした。

「私《わたくし》が狂人《きちがい》で筋悪い事を申上げたら、叔父さんに斬らるゝも宜敷《よろしゅ》うございますが、叔父さんの方が理窟が悪くて、気が狂うて居《い》らっしゃる以上は斬らるゝ訳には参りませぬ。可愛い私《わたくし》を若《も》しお斬《きり》なさった後で、叔父さんのお気分が直ったら、嘸《さぞ》やお歎《なげき》でございましょうから、私《わたくし》は今日《こんにち》から一生懸命に義太夫を勉強致しまして少しでも巧《うま》く成《なり》ましたら、早

速に聴いて戴きに出ますから、どうかお気を静められて下さい、今日《きょう》はお暇致《いとまいたし》ますから」

と云うた時は、土方伯も昔取った杵柄《きねづか》で、うんと押掛《おしかゝ》ってござった。夫《それ》を猛伯は柱を小楯《こだて》にポイと外《はず》して、襖《ふすま》や廊下の板戸を足早に駈け抜け、二三《にさん》重も音高く立て切って、勝手口より帰路に就いたのである。夫《それ》から例の下宿に帰って、其《その》顚末を彼の親友に咄《はな》すと、之《これ》も今日世界有数の理学博士になる位の飯嶋《いいじま》博士だから、手を拍《う》って快哉《かいさい》を叫び、

「貴様の其言《そのげん》は叔父さん斗《ばか》りでなく、現今天下の人心を刷新する少年の為《な》すべき老年訓じゃ」

と云うて又ガマ口を傾けて、例の婆《ばゝあ》に酒を買わせ、遅くなるまで共に酌交《くみかわ》して寝《しん》に就いた。翌朝になると宮内省から土方伯の手紙が来た。曰《いわ》く、

「重々の不埒故、モッセー博士の通訳を免じ、後藤家同様、土方家に於ても永久の勘当申付《もうしつ》くる」

云々の文意であった。そこで猛伯は又無月給の文《もん》なしになって、親友と共に質《しち》の置食《おきぐ》いを遣《や》って居《い》たが、夫《それ》も手が尽きたから、無拠《よんどころなく》又元《もと》の下谷《したや》の芸者の家《うち》に燻《くすぶ》り込んだ。一方《いっぽう》土方伯は、猛伯の通訳を各宮《みや》殿下にお断り申上《もうしあげ》ると同時に、象二郎《しょうじろう》伯に面会して、

「猛《たけ》は慥《たし》かに凡《ぼん》を抜いた豪《えら》い奴じゃが、俺共《ども》の手には迚《とて》も了《お》えぬ奴じゃ。併《しか》し放逐してから其後《そのご》どうして居《い》るだろう、嘸《さぞ》困って居《い》るじゃろう」

と云われると、象二郎伯は微笑して、

「いやはや君《きみ》も俺も親馬鹿チャンリンでのう、俺と君《きみ》とで勘当したら、外《ほか》に往《い》く処はないから君《きみ》の処に又来るかも知れぬ。若《も》し来たらば少し余計に金を遣《や》って、先ず東京を去って田舎にでも這入《はい》り、落付いて修養をするように訓戒して遣《や》って呉《く》れ玉《たま》え」

と云うて別れられたとの事。一方猛伯は芸者家に燻《くすぶ》っては居《い》たが、丁度朝鮮の騒動などが起《おこ》り、世間は段々不景気続き計《ばか》りで、猛伯と芸者とは、明日の煙も立《たち》兼ぬるように成って来た。徳川時代の黥《いれずみ》奉行遠江守《とうとうみのかみ》を学んだ訳でも有るまいが、有ろう事か伯爵の若様が、下層社会学の実地研究は少しく其《その》度を過《すご》して、朝晩の掃除から、格子戸、板張りの雑

巾掛け、終《つい》には箱廻しまで遣《や》って、止々《どゝ》の詰まりが猛伯は其《その》芸者に向《むか》って斯《こ》う云った。

「お前は江戸ッ子芸者の意地で、今日まで俺を親身に勝る庇護をして呉《く》れたが、是《これ》まで遣《や》ればもう行止《ゆきどま》りじゃ、之《これ》からは俺も一番奮発して、田舎へでも引込《ひっこ》んで、立身の道を講じて見ようと思うが、夫《それ》にしても一文《もん》なしでは一足も動けぬから、何程《いくら》かの金を拵《こしら》えねばならぬ。其《その》金も親爺の世話した町人や百姓に往《い》ったら直《すぐ》に出来ようが、俺は前途に出世を望む者であるから、立身の後《のち》、思わぬ人に恩になって、一方頭を下げる事になるのは、即ち立身の望《のぞみ》の傍《かたわら》には乞食になると云う訳である、そこで相談というのは、俺の叔父さん土方伯は、口でこそ怒《おこ》って居《い》るけれ共《ども》、俺の魂は克《よ》く知って居《い》るから、屹度《きっと》俺の事を心配して居《い》るに違いない。夫《それ》とても金を下さいと過《あや》まって往《いっ》ては却《かえ》って卑劣《さげ》すまれるから、一番叔父さんを揶揄《からかっ》て金を貰《もら》おうと思う。夫《そ》れには原町《はらまち》のあの叔父さんの家《うち》の玄関に、義太夫の門付《かどづけ》に往《い》って見ようと思うから、お前、何も修業じゃ、一つ三味線を弾いて俺と一緒に往《い》って呉《く》れぬか」

「妾《わたし》も種々《いろ〳〵》な事を仕《し》ましたが、門付《かどづ》けの三味線を弾《ひ》いて歩行《ある》くのは厭《いや》ですわ、朋輩《ほうばい》の手前も極《きま》りが悪いじゃありませぬか」

「馬鹿を云え。江戸中の町を門並門付《かどなみかどづ》けをするのじゃない。叔父さんの家《うち》一軒丈《だ》けじゃ、構う事はない、遣《や》っ付けろ」

と云うて乗せ掛けると、其《その》芸者も途徹もない太っ腹な女であるから、

「仕方がないワ。貴方《あなた》の御出世の首途《かどで》だから、後の語り種《ぐさ》に遣《や》って見ましょうヨ」

と咄《はな》しが極《きま》った。そこで猛伯は二台の人力車に乗って、白山《はくさん》の近所まで行き、其《その》附近の茶店に這入《はい》って、千種《ちぐさ》の股引《もゝひき》に編笠被《かぶ》り、女も同じ扮装《いでたち》で顔を隠して、出掛ける事になった。

「おい、お前、其冷飯草履《そのひやめしぞうり》に後掛《あとか》けをして置かぬと、叔父さんが刀を引っこ抜いて追っ懸ける時、一生懸命に逃げねばならぬから」

「あら大変だ。刀を抜いて追っ懸けるって、随分ねぇ、まあ良《い》いわ仕方がない、逃げ遅れて斬られたら夫《それ》までとして往《い》きましょう」

と、薄暮《はくぼ》に遣《や》って来たのが、誰有《あろ》う当時の宮内大臣伯爵土方久元《ひじかたひさもと》閣下の玄関先でもある。そうっと門内の様子を窺《うかゞ》い見て、こっそり這入《はい》って逃げる時の用心に、大門《おおもん》の扉を八文字に開き置き、玄関先に差掛《さしかゝ》って出し抜けに、

「チャン、〳〵。チャン〳〵〳〵。イヤ。チンリン〳〵　〳〵　チチンチチン」

と野崎村《のざきむら》の段切《だんぎ》りを弾《ひき》始めた。そこで猛伯は破れ扇子《せんす》を敲《たゝ》いて、

「堤《つゝみ》は隔《へ》だたる」

と唸《うな》り始めたので、今日まで一度もそんな経験の無い玄関番や家令《かれい》は、恟《びっく》り仰天《ぎょうてん》して飛んで出て来て、

「無礼者、退《さが》れ〳〵〳〵」

と呶鳴付《どなりつけ》た。そこで猛伯は頰冠《ほゝかむ》りを除《の》けて、

「おい佐山《さやま》、叔父さんに、お約束通り日本一の義太夫語《かたり》に成りまして、自力で食うて居《お》ります、どうかお手の内を願《ねが》いますと取次いで呉《く》れ」

と云うたので、家令《かれい》の佐山は転《ひっくりかえ》る程《ほど》驚いて、物をも云わず奥に駈込んだ。此《この》様子を聞いた土方伯は、怒《おこ》るまい事か直《すぐ》に承塵《なげし》に掛けた手鎗《てやり》おっとり、鞘振り外《はず》して、

「己れ不孝の大胆者、武士の誼《よしみ》に昔の手並み、今鎗玉に揚《あ》げて呉《く》れる」と、
とん〳〵〳〵廊下を踏鳴《ふみなら》して突掛《つっか》けて来る。

「そりゃ狂気《きちがい》の叔父さんが抜身の鎗《やり》で追っ懸けるぞ」と、
芸者と共に雲を霞《かすみ》と逃げ出した。喘《あえ》ぎ〳〵に漸《よう〳〵》二三町《にさんちょう》逃げて来て、

「さぁ動悸《どうき》が止《や》んだら又出掛けよう」

と云うと、

「あら又往《い》くんですって、それこそ大変ですよ」

「いや、是《これ》からが仕事じゃ。一度でも二度でも金を呉《く》れるまで往《ゆ》かねば、来た甲斐がない。呉《く》れねば玄関で腹切るの

じゃ。夫《それ》ともお前は俺が得知れぬ町人などに金を貰《もら》って、出世するのを希望するか」
「ほんとに困りますネー、まぁ仕方がない、殺される気で、一遍往《い》きましょう」と、
又そろ〳〵出掛けて往《い》って内《うち》の様子を見ると、寂寥《ひっそり》として居《い》るから玄関に立って、
「チャン〳〵」
と弾《ひき》掛けると、家令《かれい》が飛んで出て来て、
「後藤の若様、御前《ごぜん》が貴方《あなた》にお手の内《うち》を上げよと云うて、此《この》お手紙を下さいました」
と云い乍《なが》ら二通の手紙を渡した。
「そうか有難う、宜敷《よろしく》申上げて呉《く》れよ」
二人は門外に出て、其《その》手紙を開いて見れば、
「花落洛陽風雨多《はなおちてらくようふうううおおし》。青山深処歳寒色《せいざんふかきところさいかんのいろ》」
と古詩の転結が書いて有って、思ったよりも沢山の金が封入してあった。（庵主曰《いわ》く何でも千円と聞いたが其額《そのたか》は今確然《はっきり》と覚えぬ）
又一封の手紙には、
お前には仕様のない腕白息子が引掛《ひっか》って、一廉《かど》の面倒を掛け、心情　忝《かたじけな》く存じ候《そろ》。併《しか》し猛事《たけこと》一度は出世謝恩の道も可相立候間《あいたてべくそうろうあいだ》、此《この》場合北国《ほくこく》にでも身を潜《ひそ》めるよう御申聞《おんもうしき》け頼入候《たのみいりそろ》。些少ながら金三百円封入、当座の寸志として御納め可被遣候《つかわさるべくそろ》　匆々《そう〳〵》。
月　　日　　　　ひさもと
某女どのへ
（庵主曰《いわ》く此《この》書は今尚《な》お保存して居《い》るとの事）
此《この》二通を読んだ猛伯も、其《その》女も見る〳〵中《うち》に五体五輪から、頭脳《あたま》の中まで一度に麻《し》痺《び》れたようになって、嗚咽《おえつ》の声と

共に溢《あふ》れ出る涙は止度《とめど》もなく、終《つい》には立っても居《い》られずに、大地にどっと跪《ひざまず》き遥かに家居《いえい》を伏拝《ふしおが》み、互《たがい》に顔を見合せて、暫《しば》しが程は無言で居《い》た。嗚呼《あゝ》猛伯は……幼少《いとけなき》より比類なき腕白者と生《お》い育ちて、今が今まで我儘《わがまゝ》の、張《はり》に張ったる弦《つる》も切れ、終身動《ついみうごき》も成りがたく、暫《しば》し佇《たゝず》む其中《そのうち》に、漸々《よう〳〵》返る人心地《ひとごこち》、心も暗《やみ》の宵《よい》の空《そら》、騒ぐ嵐に身も冷えて、霞罩《かすみこ》めたる春の夜の、朧《おぼろ》の月の影を踏み、すご〳〵帰る古巣には、東叡山《とうえいざん》の鐘の声、迷いの夢を撞破《つきやぶ》り、常に見馴れし神灯《じんとう》の、光も今はゆら〳〵と、二人の馬鹿な姿をば、睨《にら》めつ笑う心地して、身の置所《おきどころ》もないようになった。扨《さて》、是《これ》から猛伯が越後銅山に於ける奮闘の時代に入《い》り愈ゝ《いよ〳〵》話は佳境に進んで来るのである。

28 一躍銅山成金となる

山花春渓に清節を守り
壮士怪窟に大業を企つ

後藤猛太郎《ごとうたけたろう》伯が越後落《おち》の前に、書いて置かねばならぬ事がある。弥生《やよい》の空に咲誇《さきほこ》る、花ならなくに人心《ひとごころ》、浮立《うきたつ》頃はあまさかる、鄙《ひな》の山家《やまが》に薪樵《たきゞこ》る、翁《おきな》も憂《うき》を苧環《おだまき》に、糸をつむぎの賤女《しずのめ》も、打集《うちつど》いつゝ、叢雲《むらくも》の、色珍《いろめず》らしき、都路《みやこじ》の、上野墨田《うえのすみだ》の花に酔う、折柄《おりから》上野桜雲台下《おううんだいか》のベンチに腰打掛《うちかけ》た親子連《づれ》の二人があった。一人は五十四五《しご》にもなるべき頑丈作《づくり》の田舎親爺、一人は年齢廿《としごろはたち》にも見ゆる嫁拵《よめごしら》えの女である。髪形《かみかたち》は幾日《いくひ》の旅に打《うち》乱れて居《お》れども、花色《はないろ》加賀の手織縞を、ぬればに染めし鉄漿色《かねいろ》とて、其《そ》の既婚の女なる事が解《わか》るのである。折柄来《おりからき》かゝる一群《ひとむれ》の学生連、何処《どこ》の茶店に沽《か》う酔か、角帽阿弥陀に打冠《うちかぶ》り、蹌踉《ひょろ〳〵》足に濁声《だみごえ》高く、此《この》二人に諧戯《からかい》掛けた。

「ヤア親子連れの東京見物、もう浅草は見られたか、動物園は此向《このむこう》じゃ、さあ僕等は両君の、ガイドたるの光栄に浴したいのじゃ」

と戯《たわむ》るれば、其他《そのた》の学生、

「やぁ平田奴《ひらため》が、汐汲《しおく》む海女《あま》の賤《しず》の女《め》に、目を着けたぞ、おい案内ならば吾人《ごじん》の本役、引込《ひっこ》み居《お》れ」

と突き退《の》ける、之《これ》を相図に五六《ごろく》人、足許《あしもと》目先見えばこそ、ヒョロ〳〵と一群《ひとむれ》は、件《くだん》の女に雪崩《なだ》れ掛《か》ゝる、最前《さいぜん》より、田舎気質《かたぎ》の例の老人、腹に据え兼ね居《い》たりしが、此《この》有様に立上《たちあが》り、

「ヤア是《これ》は扨《さて》も理不尽至極、予《かね》て聞いたる東京の、書生の風儀を今目前《まのあたり》、田舎の親《おやじ》が、慈悲の玉、汗と脂の貢《みつぎ》にて、良き事学ぶ身を以て此《こ》の有様は何事ぞ、我等も素《もと》は田舎武士、人事《ひとごと》とは思いませぬ、皆さん方の父御《てゝご》に代り、屹度《きっと》御異見申《もうし》まする、若気は人間一度の花、なれども悪い辻風に、吹《ふき》散らされては一生に、取返されぬ身の傷じゃ、どうか謹《つゝし》み召されよ」

と押宥《おしなだ》むれば一同が、

「やぁ生意気な天保銭、四角な穴で現代の、文明観が出来ようか、ソレ酔《よい》醒ましに引畳《ひったゝ》め」

と、一度に打って掛《か》ゝるので、老人今は止《や》むを得ず、昔取ったる杵柄《きねづか》を、執るも懶《ものう》く二三《にさん》人、払い倒せば残りの二人、其《その》嫁娘に飛蒐《とびか》ゝる、今迄堪《こら》えし件《くだん》の女性も、一期《いちご》の難儀に止む事なく、引外《ひっぱず》して小腕《こがいな》に、頸《うなじ》を薙《な》げば真打伏《まうつぶせ》、砂を食うやの馬鹿坊主、背《せな》より蒐《か》ゝる酔どれを、襟に手を掛け背負い投げ、此《この》有様に一同は、ビックリ仰天《ぎょうてん》立騒ぐ、只《たゞ》さえ都《みやこ》の物見高、群《むら》がり掛《か》ゝる人垣の、後《うしろ》の方《かた》より鯨波《とき》の声、又一群《ひとむれ》の学生共《ども》、それ応援と競い来る、之《これ》に勢《いきおい》を得て以前の学生、一緒になって押蒐《おしか》ゝる、哀れ難儀の親子の二人、傍《かた》えの桜を小楯《こだて》に取り、共に覚悟の身の構え、あわや一期《いちご》の難渋と、思う折から右手《みぎて》なる、群集の人を掻退《かきの》けて、現われ出《いで》たる一人の旅僧《たびそう》、身の丈六尺にも及ぶべく、白の脚袢《きゃはん》手ッ甲《こう》や、墨の衣に草鞋《わらじ》掛け、首にも代える忍辱《にんにく》の、頭陀《ずだ》の袋に百八の、念珠を収め有漏無漏《うろむろ》の、地軸に立つる錫杖《しゃくじょう》を、右手《めて》に携え立ち出《い》でつ、犇《ひし》き合える学生を、ハッタと睨《にら》み声荒く、

「やぁ蠅程《はえほど》にもなき小童共《こわっぱども》、神と仏の御恵《みめぐみ》に、蠢《うごめ》き出《いで》し身を以て、有らずもがなの乱行《らんぎょう》は、無穢《むえ》金剛の大罪人、身動きなさば御仏《みほとけ》の、御罰《みばち》に代えて如意の鞭、此錫杖《このしゃくじょう》の石突《いしづき》にて、迷いに閉ずる月角《げっかく》を、割って湛《たゝ》ゆる悪血を、迸《ほとば》しらし

て、済度《さいど》せん」

と、腹の底より湧《わ》き出《いづ》る、其《そ》の大音は黄昏《たそがれ》に、響く上野の鐘の音《ね》に、散らぬ花さえ散りそうである。之《こ》れに呑まれし一同は、荒胆《あらぎも》抜かれて居《い》る処へ、佩剣《はいけん》の音 囂《おとかまびす》しく、駈け来《く》る三四《さんし》の警官を、見るより先の学生共《ども》、蜘蛛《くも》の子を散《ちら》すが如く、何処《いずく》ともなく逃げ去ったのである。

抑《そも〳〵》此《この》老人は元越後国頸城郡山村《えちごのくにくびきごおりやまむら》の郷士にて、中川次郎右衛門《なかがわじろうえもん》と云える人、去る頃《ころ》一女《じょ》そえ子をば其《その》遠戚たる山尾《やまお》晴雄《はるお》に娶《めあわ》せ、其《その》年より晴雄をば帝国大学へ入校させ、鄙叢《ひなくさむら》に咲く花に、只《た》だ一朶《ひとえだ》の紅《くれない》を、待心地《まつこゝち》して暮《くら》す中《うち》、暮れては明ける春心《はるごころ》、娘が紡ぐ更科の、葛《くず》の一重の織衣《おりぎぬ》を、去年《こぞ》の砧《きぬた》の音《ね》に落《おっ》る、涙に罩《こ》めて渡さんと、態々《わざ〳〵》上京したのである、又上野の公園にて危難を救いし豪僧は、同じ根室《ねむろ》の国に住む、刀匠月心坊《たんしょうげっしんぼう》の末葉《ばつよう》たる、天台成道院《てんだいせいどういん》の院主、月《げっ》潭《たん》と云える老僧にて、旧藩中は北陸《ほくろく》の、各藩の師範に聘《へい》せられて、専ら武芸八般の伝授をなせしより、彼《か》の中川老人とは無二莫逆《ばくぎゃく》の友垣《ともがき》である、夫《それ》が端《はし》なく、山河百里の旅の空、東京の上野に邂逅《かいこう》したので、其《その》喜びは喩《たと》え方ないのである。而《そ》して此月潭坊《このげったんぼう》は、故山岡鉄舟《こやまおかてっしゅう》先生と剣道の友にして、同時に後藤象二郎《ごとうしょうじろう》伯とも、他意なき交《まじわり》を結び、此度《こんど》越後にある、他に比類なき大銅山発見の吉報を齎《もたら》して上京した。令息猛太郎《たけたろう》伯も、以前此《この》僧に就いて武芸の一斑《いっぱん》を学んだ因縁あるより、今日図《はか》らずも此《この》僧の来訪を受け、猛伯は之《これ》を東道《あんない》して上野に来《きた》り、此《この》出来事に遭遇したのである。

是《これ》より彼《か》の三人を、猛伯が案内して附近なる、伊予紋《いよもん》と云える料理屋に伴い、昼飯《ひるげ》の馳走をなし 各《おの〳〵》一見旧誼《きゅうぎ》の交《まじわり》を結び、互《かた》み交《がわ》りに身の上をも物語りし、猛伯は若気の誤りより、乃父《だいふ》の勘気《かんき》を受けたるにより、是《これ》より土方伯の忠告に従い、越後方面に蟄居《ちっきょ》の志をも語りたるに、何《いず》れも深く猛伯の磊落《らいらく》に同情し、然《さ》れば今回月潭坊《げったんぼう》の携えたる、銅山をば後藤老伯の内諾を受け、令息猛伯の事業として、経営すべく都合なすべしと一決し、月潭坊《げったんぼう》は中川氏を、後藤老伯にも紹介し、又老伯は、中川氏の婿《むこ》がね、晴雄《はるお》氏の学業を後援して、卒業の上は（此人河野鯱雄《このひとこうのしゃちお》と云う鉱山学士の世話にて大学へ通学せり）其《その》修業の採鉱冶金《やきん》学を以て、猛伯の事業に関係すべく約束調《とゝの》い、猛伯は其《その》月の末つかた、此《この》三人同道にて、飽かぬ別れと鳥が啼《な》く、東《あずま》の空を後《あと》に見て、湯火《ゆび》の谷間に雪積る、越《こし》の国へと旅立ったのである。

扨《さて》、此《この》猛伯の関係したる銅山と云うは、往昔《むかし》足利氏の時代に、越中佐伯呉服郷《さえきごふくごう》の富豪崎里蔵人《さきりくらんど》と云う、由緒ある郷士の発見したる処にて、荒金山《あらがねやま》とも云い伝えたるが、当時崎里《さきり》氏を八千貫長者と云い、又金山城《かなやまじょう》とも云うた位にて、其《その》豪富は、遠く奥羽の果《はて》までも圧倒した位であったが、国の司《つかさ》柴田右京《しばたうきょう》と云える暴官が、室町の執権、二階堂《にかいどう》と謀《しめ》し合《あわ》せ、様々の難題の下《もと》に、其《その》所領を没収したるより、崎里《さきり》の一族は屋形《やかた》を自焼《じしょう》の上、同じ枕に滅亡したのである。夫《それ》より此《この》山を経営せし者は、国主代官より、豪商富農の嫌いなく、僅《わず》かに富を成さんとする時機に臨めば、家災天殃《てんおう》頻《しき》りに至って、一家滅亡せざる事なく、世挙《よこぞ》って皆之《みなこれ》を、崎里《さきり》の祟《たゝ》りと云い伝え、此《この》山に手を下す者もない事になって居《い》たが、星霜《としつき》移るに随《したが》って、天正の頃、近江国の豪僧良与《りょうよ》なる者、仏基建立《ぶっきこんりゅう》の資《し》にせんとて此《この》山を開きしが、後年織田信長、一向宗の僧徒、顕誉《けんよ》親鸞等に因縁ある名とし、之《これ》を剝奪し、其《その》僧徒の全部を斬殺せしより、里人等《さとびとら》は之《これ》を坊主谷《ぼうずだに》と唱え、谷々へ百僧の怨霊集《あつま》って、呻吟《しんぎん》するを聞くなど云《いい》伝え、徳川家三百年の治世中には、遂に此《この》伝説をさえ打《うち》忘れ、密樹深林鬱蒼《うっそう》と生い茂り天日《てんじつ》を見る事も出来ぬ、人跡絶えたる鬼棲《す》む里と化し去ったのである。夫《それ》が明治の昭代《しょうだい》となっては鳥も通わぬ島が根や、虎狼《とらおおかみ》の臥床《ふしど》たる、如何《いか》な深山幽谷《しんざんゆうこく》も、斧鉞《ふえつ》の入《い》らぬ場所もなく、段々山樹林木を伐採して、とう〳〵往昔《むかし》の幽霊山《ゆうれいやま》や坊主谷《ぼうずだに》も、皆《みな》一様に国富涵養《かんよう》の源《みなもと》となって、左様《さよう》の伝説等を少しも知らぬ、彼月潭坊《げったんぼう》の発見と自称するに至ったのである。

此咄《このはなし》は後年猛伯が越《こし》の八百塚《やおづか》と云う名所地誌のような古本《こほん》を見て知ったと云う物語りである、其《その》銅山の経営に取掛《とりかゝ》るには、定めて乃父《だいふ》象二郎伯の内援も有ったであろうが、実に僅《わず》かの資本で、稀有の大成功をしたのは、其《その》銅鉱のある旧穴《ふるあな》の附近に、大なる山が三つもあって、夫《それ》が皆、昔の銅を分析した屑金《くずがね》である。夫《それ》を文明流で分析すると、驚くべき分止《ぶどま》りである。そこで大資本を掛けずに、其《その》鉱屑の山を、片端から切崩《きりくず》して、分析して、ずん〳〵純銅を得たと云うが、大成功の本《もと》である。夫《それ》より更《さ》らに、坑内採掘もしたであろうが、其方《そのほう》はまだ、今日程《こんにちほど》も開《ひら》けぬ技術でする事業故《ゆえ》、一勝一敗も却々《なか〳〵》あったようである。併《しか》し僅《わず》かに二年半位で当時の金を二十万円以上も得られたと云うのは全く是等《これら》の事が原因であると思う。

庵主曰《いわ》く、猛伯は三十年前の青年で、銅山成金である。夫《それ》で出来る丈《だ》けの贅沢も仕《し》たであろうが、生来極涙脆《ごくなみだもろ》い又面倒臭い事嫌いの人であったから、人の窮情等を救う事の手早いのは、古今無比である。一人の困難者が来て、まだ其《その》窮情の全部をも咄《はな》し終らぬ先きに、直《す》ぐに其《その》所用の金は投げ出して居《い》るのである。夫《それ》で思わぬ味方を得て、後年幾多の困難を凌ぎ得られたのも、全く其《その》余慶であると思う。伯は此《この》越後に於て妻君を迎えられて、一男児を挙《あ》げられた。是《これ》を聞いた親伯の喜びは、譬《たと》うるに物なく、議論も問題もなく、早速勘当御免となって、一時も早く孫を連れて上京せよとの急命である。猛伯は半世の漂浪より脱出して、故郷老伯の膝辺《しっぺん》に帰らるゝ事故《ことゆえ》、取る物も取敢えず帰京せられたが、老伯の豪邁も嫁孫を左右に引付け、其《その》当分は他事を打《うち》忘れ余念もなき程に喜ばれたとの事である。

之《これ》を聞いた土方伯や、井上伯は、大変に膨《ふく》れ出して「俺共《ども》があれ程面倒を見た猛《たけ》を、一応の挨拶もなく孫が出来たと云うを合図に、其儘《そのまゝ》勘当を赦《ゆる》して、澄《すま》し込んで居《い》る象二郎は、不都合千万な男じゃ、もう弥〻《いよ〳〵》俺は永久の勘当じゃ」とぶう〳〵云い出した。天下無双の剛愎《ごうふく》な後藤伯は「ふゝ」と笑《わらっ》て居《い》たとの事。又一つの美談は、彼《かの》猛伯の大知己たる、下谷《したや》芸者の某《ぼう》は、猛伯が妻子を引連れて東京入《いり》の時、之《これ》を上野に迎え「私はあなたの此《この》御成功を見まして、本当に心の底からお嬉しく存《ぞんじ》ます、どうかあなたは、是《これ》を限り昔の事を夢にも思い出して下さらぬよう願《ねがい》ます、夫《それ》があなたのお為め、御国《おくに》の為めでございます」と云うた時斗《ばか》りは、天下の道楽者、乱暴者の猛伯も、背汗三斗《はいかんさんど》、其咄《そのはなし》を聞いた老伯も、猛伯夫婦と共に生涯の恩人として忘れなかったそうである。

29　妾付借金三十六万円付の居候

鳳雛墨堤に雌伏し
俄然又南溟に飛ぶ

猛太郎《たけたろう》氏の厳父象二郎《しょうじろう》伯は、錚々《そう〱》たる維新の元勲であった。乱麻の如くなった幕末の政界に、薩長の浪士が血に飢えた虎狼《ころう》の如く咆吼《ほうこう》する中《うち》に立交《たちまじ》って、担途《たんと》を行くが如くに、自己の見識を実現せしめて誤らなかった人傑である。同じ土佐出身の勤王家でも、坂本龍馬《さかもとりゅうま》氏や中岡慎太郎《なおおかしんたろう》氏の如きは、平生の所思に満足を得《う》る事が出来ず、慷慨《こうがい》に次ぐに悲憤を以てし、終《つい》には新撰組の兇刃《きょうじん》に倒れたが、象二郎伯は常に目標を時勢の高所に定めて遂に徳川慶喜《けいき》将軍に直談判《じかだんぱん》をして、政権返上等の大転機を描き出したのである。此《かく》の如き大仕事をする人に似合わず、其《その》親孝行な事などは抜群であった。之《これ》に反して処世社交の一段となっては、丸《まる》で別人間の如く、豪放不羈《ふき》、細故《さいこ》に拘泥せず、家政子女の教育の如きは、放任主義、自然の発達を期待するを理想として居《お》られたようである。猛伯の如きも、其《その》放任自由の中に人となったのであるから、悪い事も沢山あるが、心身共に其伸々《そののび〱》とした処などは、只《たゞ》見るさえ好《い》い心地であった。明治三十二《に》三《さん》年の頃、庵主の剣道の友人、恭《ママ》道館主劉宜《りゅうぎ》和尚が或日向島《あるひむこうじま》の独居庵《どっきょあん》に来て、

「オイ杉山、貴様は知って居《い》るかどうか解らぬが、あの後藤の猛《たけ》さんが、一度貴様に面会したいと云うて居《い》たから、都合の好《い》い時、会って遣《や》ってくれ」

「猛《たけ》さんと云えば、象二郎伯の賢息の猛太郎さんか、さぞ大きく成ったろうね！、俺が十八九《はっく》の時、象二郎伯の所に往来して居《い》る頃は、まだ、ジャケットの服を着て学校に通って居《い》たが、何でも一二《いちに》度は面会して、象二郎伯の薨去《こうきょ》後は如何《どう》せられたか……、俺も会《あい》たいから、宅《うち》にさえ居《い》れば何時《いつ》でも面会するよ」

と答えた。其《その》翌日の朝十時頃、自転車で一人の紳士が来た。名刺を見れば猛太郎伯である。早速応接の間で面会して見ると、伯曰《いわ》く、

「十七八《しちはち》年振りの御面会ですが、少々御頼《おたのみ》があって来ました、一つ咄《はなし》を聞いて戴《いただき》ましょうか」

「寔《まこと》に暫《しばら》くでした、貴下《あなた》には御疎遠でしたが、青年の時お厳父《とう》様には謀反《むほん》を御勧めしたり、国事犯の嫌疑を掛けたりして、御迷惑斗《ばか》りを掛《かけ》ましたが、図らず御薨去《こうきょ》になって、今では御報恩の道もありませぬが、私《わたくし》で出来る事なら何でも伺いましょうよ」

「早速の御承知辱《かたじけな》い、夫《それ》では申《もうし》ますが、僕は貴下《あなた》の居候になりたいのです」

「其位《そのくらい》の事なら御心配に及びませぬ、お引受致《いたし》ます、併《しか》し貴下《あなた》は、お厳父《とう》さん御在世中は、御勘当と云う事を聞いて居《い》ましたが、今は御薨去《こうきょ》後であるのに、どうして私共《わたくしども》の居候になりたいとおっしゃるのですか」

「いや、親父が居《い》れば居候は致《いたし》ませぬ、死《しに》ましたから居候になるのです」

「ハハア夫《それ》ではまだお道楽が止《や》まずに、我儘《わがまゝ》が出来ぬからの事ですなぁ」

「いゝえ我儘《わがまゝ》ではございませぬ、又道楽でもございませぬ、少々困る事があってです」

「宜しい、お引受は致《いたし》ますが私《わたくし》も貴下《あなた》と同棲する事となれば、貴下《あなた》の目下お困りの事丈《ことだけ》は、其《その》実情を承って置かねば私《わたくし》の心得が立《たち》ませぬから」

「其《その》実情は大した事ではありませぬ、簡単に申せば一つです」

「私《わたくし》が貧乏をして、居処がなく食う事が出来ぬから、貴下《あなた》の家《うち》に居《い》て食おうと云う丈《だ》けです。も少し委敷之《くわしくこれ》を説明すれば、

一、借金の為めに三田《みた》の屋敷を取られました

二、財産全部を糶売《せりうり》しました

三、現在僕は仕事もなく又将来何事を仕《し》ようと云う目的もありませぬ、夫《それ》で僕が貴下《あなた》の居候になって貴下《あなた》に要求する事

は左《さ》の通《とおり》です

四、借金の残りが三十六万円有《あり》ますから、夫《それ》を何とかして払う工夫を仕《し》て戴きたい

五、十七八《しちはち》から手元に来て、今では追出す事も、嫁に遣《や》る事も出来ぬ妾《めかけ》が一人あります。其《その》始末を何とか付《つけ》て貰《もら》いたいのです

六、家族全部が、浦賀の久里浜《くりはま》にある、大江卓《おおえたく》の別荘に居《お》りますから、夫《それ》に月々百円ばかり送って戴きたいのです

七、夫《それ》から僕の為《な》すべき職業を与えて貰《もら》いたいのです

八、喰う物は腹さえ乾《ほ》さねば宜《よろし》いです。毎晩ウイスキーの角壜か、夫共《それとも》酒なら一升位でよいです、甘《うま》い吸い物が一品《ひとしな》あれば跡は刺身と塩辛位があれば沢山です

サア大変な居候が飛込んで来たものだ、妾付借金《めかけつき》三十六万円、其上《そのうえ》百円の仕送金《しおくりきん》、喰う物が酒とウイスキー、吸物と刺身、塩辛と来た日には、如何《いか》に物に動ぜぬ庵主でも、一寸《ちょっと》ギョッとせざるを得ぬのである。其処《そこ》で庵主は考えた。俺も色々の居候を置《お》いて見たが、皆、玄関番位の木葉《こっぱ》居候ばかりである。今日まで居候で歯にこたえたのは一つもない。凡《およそ》此《この》猛伯を居候に置けば居候の大統領、即ち前代未聞、天下無比の居候を支配した事になるのじゃ。元来俺は物心付いてから今日まで、何事に因《よ》らず、命掛けで跡構わずの仕事より外《ほか》、仕《し》た事がないのであるから、一体居候に限って、這般《しゃはん》の決心を不必要とする訳がないのじゃ。よし遣《や》っ付けろ、とこう腹の中で決心をして、

「解りました、何もお厳父《とう》さんに御恩返しの仕様もありませぬから、出来る出来ぬは別問題として、今日から此隅田《このすみだ》河畔の茅屋《ぼうおく》に入《い》らっしゃい。貧富艱難《かんなん》を共々に致しましょう」

「有難う、僕も妾丈《めかけだ》けは親戚の者の忠告もあるから、因果を含めて親許《おやもと》へ返そうかとも思うて居《い》ますから、其点《そのてん》を含んで居《い》て下さい」

と云うから、もうこう決心した以上は、何でも来い、五分々々だと思い、

「夫《それ》はいけませぬ。其《その》お妾《めかけ》さんが来《こ》ぬ事になれば私《わたくし》は一切のお世話をお断り致します」

「へー夫《それ》は又なぜです」

「先刻からお話を聞けば、十八九《はっく》の時から貴下《あなた》のお側《そば》に奉公をして、今では嫁にもやれず、独立も出来ぬまで翫弄《がんろう》して、親戚の忠告じゃからと云うて夫《それ》を追出すような貴下《あなた》では、人類動物の愛情を理解せぬ人です。そんな人間の一番弱点たる女に対する愛をさえ犠牲に供し得《う》る人は、必ず友達にも不人情をする人です。疎遠の私《わたくし》に貴下《あなた》がお頼みになると云うは私《わたくし》を男と見たる人情の売掛けである。又、頼まれた私《わたくし》も、人情の買掛《かいがか》りであって、腕面白《うでおもしろ》く引受くるのですから、初め売掛けられた通り、妾付《めかけつき》でなければ、一切お断り申《もう》しますから左様《さよう》御承知を願います」

「成程御尤《なるほどごもっとも》千万、夫《それ》では是《これ》から僕は其妾《そのめかけ》の所に行って、異議を申さば引摺《ひきず》って来ますから、どうか変改丈《だけ》は思い止《とま》って貰《もら》いたいです」

と云うて、例の自転車で飛《と》んで出掛《でかけ》られたが、其《その》午後の三時頃、ホテルメトロポールの馬車で、美人を一人連れて来られた。面会して見ると、庵主も旧識ある横浜富貴楼《ふきろう》の娘さんであった。尤《もっと》も気達の柔《やさ》順しい婦人であるから、庵主は洒《しゃ》落《らく》に話しをした。先ず此《この》婦人と猛伯の前に、少しばかりある庵主の全身代《ぜんしんだい》とも云うべき、第三銀行の預金通帳と印判とを投出《なげだ》した。曰《いわ》く、

「私《わたくし》は今日まで此《この》二千坪以上の大屋敷に、独居の楽《たのしみ》を四年間もして居《い》ましたが、今日からは貴下《あなた》方お二人と同棲の楽《たのしみ》に入《い》るので、実に浮世旅行の大愉快であります。夫《それ》で今日からは此《この》銀行の金で最も質素に暮しを立て、見て下さい、私《わたくし》は貴下方《あなたがた》を今日から主人と思うて、私《わたくし》の方が居候になりますから、いえ夫《それ》でないと面白くない、第一貴下方《あなたがた》が気を置いて居苦しい、又経済上の責任も厳立せぬ訳ですから、私《わたくし》はあの川端《かわばた》の離家《はなれや》に起臥仕《し》ます、飯が出来たら此《この》鈴を引いて下さい、同じテーブルに出掛て来ますから、又明日は適当の下女でも捜して、私が四年間食うた花月華壇《かげつかだん》の仕出し飯《めし》は今日限り断って下さい」

と宣告した。夫《それ》から其《その》翌日は、何もかも整頓した家庭となって、其《その》翌々日からは、三年も経過したようにホームが平和になったのである。朝は離座敷で蒲団の中から頭を出して、縦に見る隅田川《すみだがわ》の船の往来を眺めて、花よりも青葉の面

白さに、下らない空想を混《こん》じて楽《たのし》んで居《い》ると、鈴がチリ〳〵と鳴る、〆《し》めたと刎起《はねお》きて、顔を洗《あろ》うて食卓に就くと、其《その》儘《まゝ》流れ川に白布《しろぬの》を晒《さら》すような猛伯の洒落に、早速心も浮き〳〵として飯を了《おわ》り、夫《それ》から共に一銭蒸汽に乗って吾妻橋《あづまばし》に来る、電車に転乗して天下の梁山泊、築地《つきじ》の台華社《たいかしゃ》に着く時は、大抵九時半から十時頃である。そこで始めて浪人事務に就いて、宇宙間の有象無象《うぞうむぞう》共に面会して、四角とも八角とも付かぬ、半楕円不等辺三角形見たような、訳の分らぬ奴等《ら》を相手に、雷霆《らいてい》の如き声を発して齷齪《あくせく》し、三四《さんよ》時頃から又猛伯と共に、船車を同《おなじゅ》うして向島《むこうじま》の新鮮なるホームに帰るのである、夫《それ》から又飯を食う、馬鹿話をする、居眠りをする、寝る、起《おき》る、又昨日の通りである。其《その》面白さは天上の快楽《けらく》も到底及びもなかろうと思うたのである。或る朝庵主が出し抜けに、

淋しさを百万石と隅田《すみだ》の秋《あき》

とほざくと猛伯が其下《そのした》に、

馴れぬ朝湯に紋付で行《ゆ》く

と付けた。共に手を拍《う》って笑《わろ》うたが、能々《よく〳〵》考えて見ると、隅田《すみだ》の春を厭《いと》うて「秋の淋しさを百万石」と喜んで居《い》る庵主に配するに「朝湯に紋付で往《ゆ》く」猛伯の品格は、昔の程も偲《しの》ばれた。是《これ》が庵主等《ら》両人が当時の実生活実写であった。扨《さて》、辿れば尽きぬ花の山、帰る柴折《しおり》を忘るゝは人の老幼を押《おし》なべての習癖である。其日《そのひ》庵主は金五百円を猛伯二人の前に列《なら》べて斯云《こう》うた。

「御互二人で、三年掛《かゝ》って腹散々《さん〴〵》楽《たのし》んで、有る丈《た》けの物は喰うて仕舞《しま》いました。玆《こゝ》にある此《この》五百円は、浅草の豆腐屋の臍繰金《へそくりがね》を借りて来たのであります。此《この》金以外は、もう金策の当《あて》は陰嚢《きんたま》を掴んできり〳〵舞《も》うても出来る処が有りませぬ。そこで貴下方《あなたがた》両人は、此《この》金と此《この》二本の手紙とを持《もっ》て、神戸から船に乗って南へ〳〵と往《ゆく》のです。そうすると台湾と云う国に行《ゆき》ます。其処《そこ》には児玉《こだま》と云う総督と、後藤《ごとう》と云う民政長官が居《い》ます。其《その》二人に此《この》手紙を一本ずつ渡すと貴下方《あなたがた》両人の身の落着《おちつき》が出来るのです。其落着《そのおちつき》の出来た以上は、貴下《あなた》の生涯中は決して変わらざる程の信用を博取《はくしゅ》せねばなりませぬ。其時《そのとき》が貴下《あなた》の世に生れた義務、責任として独立独行する生存の意義を発揮する第一歩であります。既往三年、

貴下《あなた》と斯《か》くまで愉快に楽《たのし》んで暮した揚句、一文《もん》も金がなく、喰う事が出来ぬぞと云う警告を受けた時は、奮起自励以《もっ》て独立生存の意義を立てよと云う天の大なる声であります。人間として若《も》し之《これ》を覚らざる時は、貴下《あなた》も故《こ》後藤象二郎《しょうじろう》伯の子とは云えぬと同時に、私《わたくし》も人界《にんかい》の不良に殺到して、善を披《ひら》くの男子とは云えぬので有《あり》ます。今貴下《あなた》の向《むか》うべき処は、宇宙間南《みなみ》より外《ほか》ないのである。又貴下《あなた》を信ずべき者は、台湾の児玉、後藤の両官人より外《ほか》ないので有《あり》ます。其貴下《そのあなた》の最後を送るべき金は、此《この》五百円より外《ほか》又空気中に存留せぬので有《あり》ます。私《わたくし》も亦貴下《またあなた》に立派な紳士として、父祖の墓に奠《てん》ずる筋合がないので有《あり》ます。故に貴下《あなた》も天に従えば屹度《きっと》数年の後成功をして、再び東京に帰って、今日までの快楽を又せしむるより外《ほか》、一寸《ちょっと》仕事もないですから、此《この》以後は又分《ぶん》に安んじて此向島《このむこうじま》の独居庵に独居するより外《ほか》、天の命を奉私《わたくし》と共にするの機会を得るに間違なく、私《わたくし》も亦《また》、此《この》天の命に従《したご》うて、貴下《あなた》との楽《たのしみ》を割《さ》いて多情生別の苦《くるしみ》を忍べば、屹度《きっと》無病息災にして独居の情操を守り得《う》るのみならず、貴下《あなた》と再び又腕を叩《たゝ》いて少年行《しょうねんこう》を唱うの爽快に逢う事が出来ると思います。貴下《あなた》どうか忘れてはなりませぬ。此《これ》は私《わたくし》の意見でなくあの皇天《こうてん》の命《めい》なので有りますから」

と、諄々《じゅん〳〵》として説いた時は、何でも三十五年か六年の九月十七日の朝であったと思う。猛伯は暫《しばら》く酒に酔うたような顔をして居《お》られたが、俄《にわ》かに、

「杉山君、有難う。僕は大抵どんな事でも仕《し》て来たが、まだ仕残して居《お》った事があった。夫《それ》は人に頭を下げる事と、人に信用を受ける事であった。おい（愛女《あいじょ》を顧みて）何をぼんやり仕《し》て居《い》るのか、今日から大変忙《せわ》しゅうなって来たぞ、お前と共に台湾に行《ゆく》のじゃ、早く荷物をカバンに捻《ね》じ込め、今晩の七時の汽車で兎《と》も角《かく》神戸のミカドホテルに着いてあの地で旅装を整えるのじゃ。杉山君、大きに有難う、色々お世話になった。ひょっとするともう僕は君《きみ》に再びお目に掛《か》ゝられぬかも知れぬから、随分お達者で……あゝ別れに臨んで君《きみ》に一つのお頼みがある。是《これ》から僕と一緒に青山の父の墓に参詣《まい》って呉《く》れ玉《たま》え、僕は四年間ぶっ通しの無沙汰じゃから、最後に綺麗に掃除でもして、地下の父にも安心をさせて行《ゆき》たい。君《きみ》どうか立会《お》うて呉《く》れ玉《たま》え」

と云う、之《これ》を聞く庵主も、之《これ》を云う猛伯も、眼瞼《まぶた》に漂うものは産声を上げて以来三十七八《しちはち》年目の涙である。猛伯は早

速に紋付を着て袴《はかま》を引掛《ひっか》け、

「おい（愛女《あいじょ》に向《むか》って）お前は是々《これ〳〵》の荷物を拵《こしら》えて、新橋のステーション前の茶店に六時半までに来て居《い》よ……何、手道具は神戸で買《こ》うて遣《や》る……知人へ暇乞《いとまご》いか……命があったら其時《そのとき》に屹度《きっと》する。今日は一時間でも早く行《ゆ》かねば杉山君の厚意に済まぬ。否《いや》、俺の精神に済まぬ。否《いな》、死んだ親父に済まぬのである、よいか間違えるな」

と言放《いいはな》って玄関へ来たらば、庵主が常用の芦毛《あしげ》の馬は、モスコー馬車を引いて、鬣《たてがみ》を振って待って居《い》た。送って玄関へ来た猛伯の愛女《あいじょ》は、耐《こら》えに耐《こら》えた声を絞って、

「杉山の旦那様、色々有難う存じます。今度私共《わたくしども》が世の中に立って此《この》恩を報ぜねば、もう此《これ》っ切《きり》お目に掛《か》ゝりませぬから」

と云うた。庵主も猛伯も之《これ》を凝視する事が出来なかった。引出した馬車の中で、庵主も猛伯も其愛女《そのあいじょ》の姿が眼底に映じて、嘸跡《さぞあと》で泣き〳〵荷造りを仕て居《お》らるゝであろうと思うて、長堤斜風《ちょうていしゃふう》の隅田《すみだ》の道も、無言の中《うち》に過ぎて、吾妻橋《あづまばし》の上に来た猛伯は突如として、

「女は註文もせぬのに何処《どこ》でゝもめそ〳〵泣くから遣《や》り切れねえよ」

と云われた、庵主は之《これ》に答えるの勇気がなかった。向島《むこうじま》より青山墓地までは一時間半ばかりの行程である。其間《そのあいだ》無言で到着したが、猛伯は特約の墓番人に命じて、三人の掃丁《そうてい》を呼び、庵主と共に心往《ゆ》くまで掃除をして、其掃丁《そのそうてい》の親方を招き金五十円を渡して大声《たいせい》を発した。夫《それ》は変な調子っ外《ぱず》れの声であった。

「おい、此の五十円を貴様に遣《や》るから、今日から三年の間は、命日毎《ごと》に此《この》墓に塵《ちり》っ葉《ぱ》一つ落す事はならぬぞ。三年を過ぎたら此《この》後藤家の墓地は、塵《ごみ》溜めにしても差支えないから……屹度言《きっといい》付けたぞ」

墓番《はかばん》の親方は驚いて、地に手を突いてペコ〳〵お辞儀をして居《い》た。夫《それ》から猛伯は庵主と共に懇《ねんご》ろに礼拝をしたが庵主は只《た》だ故《こ》象二郎伯が、九仞《じん》の地下、嘸《さぞ》喜んで居《お》らるゝであろうと思うと、松籟謖々《しょうらいしゅく〳〵》の声までが、聞《きゝ》馴れた老伯の声音《こわね》のように思われて、暫《しば》くは低徊《ていかい》去るに忍びなかったのである。其晩の七時には、新橋のプラットホームに於て、三年間

卓を囲んで麁蔌《そしゅく》を噬《か》んだ莫逆《ばくぎゃく》の友と、双方決意の生別をしたのであった。夫《それ》から庵主はすご〱向島《むこうじま》に帰って独り蚊《か》帳《や》の中に潜《もぐ》り込んだ。十時頃から雨がしと〱降り出して、どうしても眠《ねむ》に就かれぬ。庵主のような荒坊主でも矢張《やは》り赤い人間の血が通うて居《い》るものだと見えて、とう〱待乳山《まっちやま》の明《あけ》の鐘を聞いたのである。

雨滋《しげ》し萩の臥床《ふしど》や鐘の声

30　児玉総督に大人物を推薦す

二賢一は駿を御し
千里一鞭風を生ず

浮沈《うきしず》む、八重《やえ》の潮路《しおじ》を打渡《うちわた》る、翼傷《いた》めし浦島《うらしま》の、心細くも住馴れし、吾妻《あづま》の空《そら》を後《あと》に見て、幾夜の憂寝累《うきねかさ》ねつゝ、辿り着いた所が即ち、今より三十年前の台湾と云う島である。山川《さんせん》風物、皆《みな》熱帯的孤島の珍奇を連《つら》ねて囲まれた思いがしたのは、猛伯と云う新ロビンソンである。取《とり》あえず大稲埕《たいとうてい》と云う街の某《ぼう》旅亭に泊りを定めたが、次の事業は只《たゞ》二本の手紙で、前途の安危存亡を決するまでゝある。其《その》翌朝、早速衣服を改めて、児玉《こだま》総督と、後藤《ごとう》民政長官との二官邸を訪問して、各一通宛《ずつ》の添書《てんしょ》を渡し、身の上の事を頼んで帰宿した。庵主の添書《てんしょ》には左《さ》の文字が聯《つら》ねてあった。

謹啓、万卒《ばんそつ》は覓《もと》め易し、一将は得難し、閣下治台の大業は、現下御使用の万卒《ばんそつ》のみにては無覚束《おぼつかなし》と奉存候《ぞんじたてまつりそうろう》。茲《こゝ》に後藤象二郎《しょうじろう》伯の賢息、猛太郎《たけたろう》氏を御紹介申上候《もうしあげそうろう》。同氏は学識宏遠にして、気力才幹亦《また》人に超絶す、克《よ》く上下人情の機微に精通して、事を処するの敏活は、又遠く閣下の右に出《いで》らるべくと存申候《ぞんじもうしそうろう》。敢て閣下鳳榻《ほうとう》の侍《じ》に薦候間《すゝめそうろうあいだ》、何卒卿客《けいかく》の御優遇をこそ切望仕候《せつぼうつかまつりそうろう》、恐惶頓首《きょうこうとんしゅ》。

之《これ》を見た児玉総督は、直《たゞち》に庵主に、

貴書拝見、大人物の御推薦を謝す、併《しか》し添書《てんしょ》持参の人は新橋無宿の猛《たけ》さんである。貴下は此人《このひと》を僕に紹介せらるゝのか、夫《それ》は即時お断りをする。

と書いた電報が送られた。庵主は直《すぐ》に左《さ》の電報を打返した。

貴電拝承す。閣下は昔日《せきじつ》の一兵卒、今日の台湾総督児玉中将閣下を知り玉《たま》うか、閣下は昔日《せきじつ》の藪《やぶ》医者、今日の台湾民政長官の後藤新平《ごとうしんぺい》閣下を知り玉《たま》うか、若《も》し夫《それ》をご存知ならば、昔日《せきじつ》の新橋無宿の猛《たけ》さんが、今日の大偉人後藤猛太郎伯たる事を御存じなるべし、苟《いやしく》も小生の推薦したる人物を、御使用もなく、即時にお断りあれば、閣下は自身を解釈せずして、自身を侮辱せらるゝ人として、小生は直《たゞ》ちに、後藤伯を引取《ひきとる》べし、慎《つゝし》んで明確なる御返事を待つ。

と書いた、其後《そのご》三日目に返電が来た。

明治の大豪傑、後藤伯を、今日より、官邸に引取り、或る事務を嘱託《しょくたく》した。

との事であった。夫《それ》から庵主は、其《その》総督との往復電文を一纏《まと》めにして、悉《ことごと》く猛伯に郵送して、先ず一段落と安堵をしたのであった。

其後《そのご》段々噂を聞くに、台湾で十数人の役人が、参事官会議等を開いて、或る法律案を議し、一週間も掛《か》ゝって決せぬ問題を、早い事好きの総督が、窃《ひそ》かに猛伯に命じて調査させると、猛伯は彼の下宿住居の時から、例のモッセーの国際公法通訳やら、貧困の余り各種の法律学校等に頼まれて、講師として講義を担任し、衣食の給《きゅう》として居《い》た人故《ゆえ》、直《たゞち》に二日か三日で調査を了《お》え、此《この》法律案は仏国ではこうである。英国ではこうなって居《い》る。現今の米国はこうして居《い》ると云うように、其《その》法の性質から、適用の実際まで、さっ〳〵と調べて報告するのであるから、一週間も掛《か》ゝって会議して、総督の手許《てもと》に提出する以前に、総督は其《その》問題を裁決することをちゃんと極《き》めて居《い》る。夫《それ》で其《その》早い事には一同目を驚《おどろ》かすばかりだとの事である。之《これ》を聞いた庵主は甘《うま》い、夫《それ》ならよし、最早《もはや》総督が手離しはせぬと括《くゝ》りを付けたから、或日《あるひ》左《さ》の電報を打った。

後藤伯、急に入用の事あり、何卒お帰しを乞う。

早速返事が来た。

後藤伯は、当分帰されぬ。

と、そこで庵主が又打った。

そんなら、新橋無宿の猛《たけ》さんが、又台湾無宿の猛《たけ》さんになっては、困りますから、台湾では、無宿にならぬよう願います。

と、直《すぐ》に又返事が来た。

承知した。

と、夫《それ》から児玉総督は、特に猛伯の為めに今の南国公司なるものを拵《こしら》えさせ、公然の事業を開かせて、非常に愛撫せられたのである。而《しか》して一方児玉総督が、此《かく》の如く猛伯の事を世話せられた径路の裏面には、彼《か》の後藤新平男《だん》があって、些末の事までも男《だん》に相談せられて、即ち前の電報の往復まで、皆《みな》後藤新平男《だん》がせられたとの事である故、之《これ》を要言すれば人を用ゆるの雅量は、児玉総督にあって、之《これ》を用いしめたのは後藤新平男《だん》であると言わねばならぬ。猛伯は常に云うて居《い》た、「君《きみ》と児玉総督には恩報じなどはせぬが、後藤男《だん》の為めには自分の心の済む丈《だ》けの事を仕《し》て尽《つく》したいものじゃ」と。成程《なるほど》猛伯の達者な間は、あの大兵《たいひょう》肥満の体で、後藤男《だん》の事とさえ云えば、左右の事まで普《あまね》く立働いて居《い》たようであった。そこで先ず猛伯は立派に社会の人となったのである。綻《ほころ》びる世は、荒布《あらたえ》の糸切れて、乱れ初《そ》めたる禍《わざわい》の、雲の行交《ゆきか》う夜嵐《よあらし》に連《つ》れて日露の葛藤が、満韓の野に蔓《つる》となり、東洋の天地には只《たゞ》ならぬ有様を現出して来たのである。此間《このあいだ》児玉総督は、身《み》台湾に在りながら、眼《まなこ》は東洋の満天地に注ぐ明星の如く光って居《い》た。即ち現任の外《ほか》に陸軍大臣を兼ねたかと思うと、内務大臣を兼ね、又文部大臣を兼ね、忽《たちま》ちにして参謀次長となり、揚句の果ては満洲軍の総参謀長となって、満洲鋒鏑《ほうてき》の真只中に出征せねばならぬ事にまでなったのである、そこで後藤民政長官は、一人台湾に踏止《ふみとゞま》って、事実の総督となり一人で台政の全部を切盛《きりもり》する事となって来たのである、そこで猛伯も、台湾に踏止《ふみとゞ》まって、陰に陽に後藤男《だん》を助けて立働いて居《い》たが、愈〻《いよ〳〵》バルチック艦隊が舳艫相啣《じくろあいふく》んで東洋の天地を粉砕せんとすると云う報が伝わった時は、一番衝突の先登《せんとう》たる台湾全島の緊張は大変なもので、母国より一千哩《マイル》以上隔《へだ》った孤島故《ゆえ》、洋中孤立の覚悟をせねばならぬ事になったのである。夫《それ》で仮総督の後藤男《だん》を中心として、八方に独立防衛の策を講ぜねばならぬ。第一糧食、第二薬剤、第三各物資、夫《それ》からは全島人心の結束である。何様《なにさま》三百万の人は皆新附《しんぷ》の民《たみ》で一寸《ちょっと》でも人心に狂いが来ると、七万や十万の母国人は、岩石の下の卵である。其《その》後藤男《だん》始め一般の苦心と云うたら筆紙に尽し難いのである。猛伯は其間《そのあいだ》に処して、台湾土人と南支那よりの在留人等を一緒にして、固き結束をなさしめ、万一事《こと》有るの時は、一報の下に警察と守備隊との活動となって、島内の生死一致を実行し得るまでに働いたのである。政庁の方は、令を八方に伝えて、最後の一人まで外敵と戦う準備決心をなし、軍隊の方は澎湖島《ぼうことう》の防備を拡張して、台湾海峡に一隻《せき》の敵艦をも通しはせじと構え込み、やっとの事で用意整頓して、各方面の地角《ちかく》に望楼《ぼうろう》を据え、敵の艦影を見付け次第、令を全島に伝えて、活動を開始する事となった。此間《このあいだ》に於ける猛伯の立働き振りは、最も敏活を極めたのである。此《この》意気込が島内の露探《ろたん》（ロシアのスパイ）にでもよって敵艦に洩《も》れたものか、彼《かの》世界的の大艦隊は台湾海峡に出《い》でず、台湾島にも突掛《つっかゝ》らず、遥か東の洋上を外廻《そとまわり》して、日本海に乗り込んだのである。元来艦隊と云うものは、艦底の蠣《かき》と藻《も》を掃除し、積込の諸物資を新鮮にし、兵士に上陸をさせ即ち寄港地を得て更に進撃するものと、万里の航程を継続して、其儘《そのまゝ》戦場に臨むものとの、戦闘力の差は三割五分の増減を視《み》る由《よし》である。左《さ》すれば仮りにバルチック艦隊を、五十艘《そう》と見做《みな》したならば台湾を突破り、若《も》しくは南支の或《ある》一港に寄泊して、更《さ》らに進む時は、其《その》勢力三割五分を増し、即ち十七艘《そう》半の戦闘力を増して、五十艘《そう》は忽《たちま》ちにして合計六十七艘《そう》半となる訳である。之《これ》に反して台湾にも南支にも寄らずして、スンダ海峡を直通して直《たゞ》ちに日本海の戦闘に就いたものとすれば、即ち十七艘《そう》半の減勢力であって、五十艘《そう》は直《たゞち》に三十二艘《そう》半の実力となるのである。夫《それ》が精鋭無比、之《これ》に加うるに帝国の全勢力と、忠勇無比の傑士が、待ちに待ったる渦中に飛び込んで来たのを、「皇国の興廃此《この》一戦にあり」と東郷司令長官の信号機を檣頭《しょうとう》に掲げて、全部戦死の覚悟で奮闘したから、岩も山も崩れずには居《い》られなかったのである。敵艦の全滅は寧《むし》ろ当然の事である、此等《これら》は庵主の耳学問でなく、本式に玄人《くろうと》筋の話としたら、立論や数字にも亦《また》沢山の違《ちがい》を生ずるであろうが、要するにバルチック艦隊の勢力は、台湾若《も》しくは南支各港に寄港せずして、日本海に乗込んで来たのが大いなる減勢力の原因である。夫《それ》には台湾の結束が鞏固《きょうこ》にして、澎湖島《ぼうことう》の防備威力が強大であって、南支の一角にも寄港する事を得せしめなかったのが、敵艦敗北の大なる原因と云うべき理由があるのである。此時《このとき》なども猛伯などは、全く日夜無我夢中で働いたようであった。曩《さき》には南洋行の旅費で酒を飲んで仕舞《しま》い、酋長二人を連れて来て、凍死させて井上外相を困らせ、或時《あるとき》は芸者を連れて土方《ひじかた》伯の玄関に門付《かどづ》けをした等、丸《まる》で他愛もなき猛伯が、斯《か》くまで真面目な好紳士、否《いな》国士として恥《はず》かしからぬ人になられたと云うは「人は氏《うじ》より育ち」との古語に漏れず、父公老伯も嘸々《さぞ〳〵》地下に喜んで居《お》らるゝであろうと思う。往昔《むかし》アラビヤの一村落に、兄弟二人の青年が居《お》った。兄は克《よ》く神の教《おしえ》を守り、多くの人を憐んで、善根を積む事を楽《たのしみ》として居《い》たが、弟の方は、食物や情慾をのみ貪《むさぼ》って、毎日殺生を好み罪悪計《ばかり》を行《おこの》うて居《い》た。或日《あるひ》神の化身たる老翁が来て、汝等《ら》人間の前生と云うものは、後半生の行為によりて、善果悪楔《あくけい》の両科《りょうか》となるものである。今茲《ここ》に赤白二個の神玉《しんぎょく》がある。各々《おの〳〵》之《これ》が一を持ち、南北の二方に去って、神の教《おしえ》を自覚せよと云うて、兄の方に赤玉《せきぎょく》を与え、汝は南方に往って努力せよ、弟の方には白玉《はくぎょく》を与え、汝は北方に行って業を励めよと命じて去った処が兄は遠き沙漠を越えて南方に行くを厭い、弟に向《むか》って予《よ》に汝の白玉を与えよ、予《よ》は北方に行って事を成すべし、汝は予《よ》の赤玉を携え、南方に行って業務を求むべしと云うた。弟思えらく、自分は生れてより半生の間、悪業計《ばか》りを為し、人に背《そむ》いて計《ばか》り暮して来たから、切《せ》めて最後に、兄の言《げん》にまかせ従《したご》うて、心を安んじようと諦め、兄の命ずるが儘《まゝ》に、赤玉の方を持って、遠く南方に去り、幾多の艱難《かんなん》を経て、到頭《とうとう》アラビヤ海浜に到着した。海岸は山の如く浪高き故、其《それ》以上南方に進む事が出来ず、空しく海岸に佇立《ちょりつ》して居《い》ると、何物とも分らず、白光汀《みぎわ》を蔽うて目も眩《げん》せん許《ばか》りである。折柄《おりから》一人の老聖来《きた》りて曰《いわ》く、汝従来道に背《そむ》く事甚《ことはなはだ》多し、然《しか》るに今日何の幸《さいわい》か此《この》聖地に来《きた》る、汝今《いま》木を伐りて一艘《そう》のくり舟を造り、此《この》海浜の白光砂礫《されき》を搭載して東に向い去り、舟止《とゞ》まる処の人に、此宝礫《このほうれき》を与えなば、永く幸福の人となるべしと。茲《ここ》に於て其《その》弟は日夜刻苦して、独木船《まるきぶね》一艘《そう》を造り、其砂礫《そのされき》を積込み楫《かじ》を操りて東方に去った。風潮《ふうちょう》日を経て或《ある》城都の一角に到着した処が、一人の大人之《たいじんこれ》を見て驚いて曰《いわ》く、今汝の舟に載せたる物は、西南万里の海底にある夜光の貝なり。此国《この》、道啓《ひら》け教正《おしえ》しく、風俗又醇朴を極むと雖《いえど》も、只《たゞ》国に貨幣なるもの丶なきに苦しむ、汝若《も》し此《こ》の宝貝《ほうばい》を予《よ》に与えて、此国《この》の貨幣となさば、予は汝を以て此国《この》の花園長者となすべしと。弟は終《つい》に此命《このめい》に従いて、終生長者の位置を得たのである。又一方の兄の方は、神の命《めい》に背き、白玉を携えて北方に到り、石木の宝を漁り廻ったが、半生更《さ》らに得る所なく、寒気の為めに指も落ち、足も切れ、後には耳鼻共《とも》凍え落ちて、目も見えぬ事になって、到頭《とうとう》もじ〳〵と道路を這《ほ》うて、ペルシヤの原《はら》に来た時、獰猛《どうもう》な野獣の為めに喰い殺されたとの咄《はなし》がある。素《もと》より一場のお伽咄《とぎばなし》の様《よう》なれ共《ども》、猛伯が半生の漂浪生活は、丁度此《この》弟の如くであったが、只《た》だ従順に赤玉を持って南方に去ったのが幸《さいわい》となって、老聖ならぬ児玉大将、後藤長官等《ら》の教《おしえ》によって、満貨夜光の貝ならねども、後半生の善導を開いて、前半生の罪科を償われたと云うも、全く知識ある従順の性を具備して居《お》られたからであると思う。

31　某維新元勲の遺骨を拾う

墓頭一朶の花
遍照千畦の月

楚岀《そせつ》の珥《みゝだま》孔《はなは》だ貴しと雖《いえど》も之《これ》を用ゆるの佳嬪《かひん》に遇わざれば屠壇《とだん》の骨に斉《ひと》しく、佩印《はいゝん》の李斯《りし》大いに器《き》ありと雖《いえど》も、之《これ》を用ゆるの秦皇微《なか》りせば、厠下《しか》の鼠《ねずみ》に同じ、堆塵市裡《たいじんしり》の猛伯、縦横の才幹太《はなは》だ奇なりと雖《いえど》も、之《これ》を用ゆるの後藤子《し》、児玉伯莫《なか》りせば、正《ま》さに新橋無宿の猛《たけ》さんに終るべきなり。半生の士操全く狭斜の衢《ちまた》に倒れ、稀世の英才徒《いたず》らに道途に流転して斗筲《としょう》の群《むれ》に伍すると雖《いえど》も、一度《ひとたび》金石に擲《ふ》るゝときは忽《たちま》ちにして鏗鏘《けんそう》の声を発す、猛伯が日露戦役後に於て大いに時運の妙機を解し、茲《ここ》に政治上の意見を定めたに付《つい》ては、一方後藤子《し》、児玉伯、桂公、芳川《よしかわ》伯、山県公等の推奨に擁せられ、忽《たちまち》にして貴族院伯爵議員に当選せられ、盛んに縦横の経綸《けいりん》を説くに至ったのである。是《こゝ》に於て庵主も半生糟糠《そうこう》の交《まじわり》を至大の光栄と心得、夫是《それこ》れが手助けをなして、麹町紀尾井町《こうじまちきおいちょう》に一邸宅を構え、改めて「伯爵後藤猛太郎」の標《ひょう》札《さつ》を門頭《もんとう》に掲げるようになった時は、一世《いっせい》の泥界《でいかい》、功名の道途《どうと》に冷淡なること夢の如き庵主でさえも、何だか自分の身上《しんじょう》に颯爽《さっそう》たる運命の光が蔽うたかのような気がして、兎角《とかく》物事が手に付かぬ位に嬉しかったのである。其時《そのとき》庵主は猛伯に向《むか》って、

「今日こそは青山原頭《げんとう》の老公墓前に報告をせねばならぬぞよ」

と云うたら、猛伯は、

「僕も今日は大々的に墓参をする積りで、昨晩から増上寺《ぞうじょうじ》の和尚を呼びにやって、今朝《こんちょう》未明に読経をさせた、是《これ》から君《きみ》に来て貰《もろ》うて共々に墓参する積りであった、どうか一緒に来て呉《く》れ玉《たま》え」

と、云わるゝので、庵主も心から喜んで、馬車を共にして、青山に出掛けたのは午後の三時頃であった、例の墓番の老爺《じゝい》は鼻も目も皺《しわ》の中に埋《うず》まる程《ほど》喜んで、

「若旦那様の御屋敷が紀尾井町《きおいちょう》にお出来になったとは、こんな有難い事はございませぬ、是《これ》から又お出入が出来まする」

と、いそ〳〵して掃除をして居《い》た。折から五月雨《つゆ》晴の雲重く、青山墓頭四囲の草木も皆湿《みなしめ》り勝ちと思う中に、髯男《ひげおとこ》二人が紋付袴で故老伯の墓の草を拗《むし》りつゝ、色々の咄《はなし》をして居《い》る所に、空高く郭公《ほとゝぎす》が啼《な》いて過ぎ去った、庵主覚えず、

　墓の草とりつゝ聞くや時鳥《ほとゝぎす》

と口走ると、其尾《そのお》に付いて猛伯が、

　鬚《ひげ》のはえたる変な浪人

と遣《や》った。二人とも互いに顔を見合せて、心往《ゆく》まで掃除をして、両人《ふたり》並んで懇《ねんごろ》に墓前に拝を取った時は、猛伯も瞼《まぶた》に此迄《これまで》見た事のない清い〳〵涙の露が一滴宿って居《お》った、庵主も思わず、

「君《きみ》は永年不孝の有《ある》限りを仕《し》尽したが、今父公《ちゝぎみ》の墓前で君《きみ》が其《そ》の眼瞼《がんけん》に溢《あふ》るゝ一滴の涙は、最も人生の意義ある活き

た涙である。故《こ》老公をして、真に地下に安んぜしむる程の力ある涙であるぞよ」

と云うたら、猛伯は須臾《しばらく》の間、他方を顧みて無言であったが、漸《ようや》くにして、

「杉山君、有難う」

と云うて、庵主の右手をしっかりと握った。庵主は又斯《か》く云うた。

「世界中どんな種族の者でも、人間の形をして居《い》る以上は、親に対する観念の濃厚なる動物こそ、屹度其《きっとその》民族間の上位を占め得る可能性を具備するものである、君《きみ》や僕のような悪性《あくしょう》の道楽者でも、今日猶此《なおこの》地位を保ち得るのは、今日此《この》墓前の行為《おこない》がある為めである。今日は君《きみ》も僕も珍らしく人間らしき行為をしたので真に衷心《ちゅうしん》からの愉快である」

と云い放った、之《これ》を聞いた猛伯は直《たゞち》に斯《か》く云うた。

「其《その》親で思い出した、死んだ親への報告はお蔭で済んだが、まだ生《いき》た親がある、夫《それ》に報告をして詫《わび》をしたいから、君《きみ》どうか迷惑序《ついで》に遣《や》って呉《く》れ給え」

と云う、庵主は怪訝《けゞん》な顔をして、

「うむ、生きた親二人とは、お母さんの外《ほか》に誰があるかな」

と云うと、猛伯は、

「いや、母には已《すで》に報告も済んで非常に喜んで居《い》て呉《く》れるが、二号の男親井上侯と土方伯に、是非一遍積年の詫言《わびごと》をして、僕の精神界を広くして置きたいと思うから……」

と云われるから、庵主は坐《そゞ》ろに猛伯の心裡に同情すると感服するとが、一緒になって、

「いや、実に僕は気付《きづか》ずに居《い》た、早速其《その》手続を仕《し》ようよ」

と云うて、其《その》翌日井上侯と、土方伯と、伊藤公とに左《さ》の手紙を出した。

謹啓、時下初夏の候、閣下愈ゝ《いよ〳〵》為被渉広胖《こうはんにわたらせられ》候由《そうろうよし》慶賀至極に奉仕候《ぞんじたてまつりそうろう》、陳《のぶれ》ば唐突の言上《ごんじょう》に候得共《そうらえども》、小生昨日青山墓地にて亡友弔奠《ちょうてん》の折柄《おりから》、不図《ふと》某《ぼう》維新元勲の遺骨を拾得致し、澆季《ぎょうき》の末世とは申《もうし》ながら、此《かく》の如き日頃崇敬の

念に耐えざる先輩の遺骸を野草風雨の間に委曝《いばく》し置くに忍びずと存候而《ぞんじそうろうて》、窃《ひそ》かに収拾致置候間《しゅうしゅういたしおきそうろうあいだ》、此等《これら》始末方《しまつかた》に付《つき》内密御指教をも蒙《こうむ》り度《たき》心底止《や》み難く候《そうろう》、洵《まこと》に近頃御迷惑ながら明後日晩景五時半頃より浜町常盤屋《はまちょうときわや》へ御枉駕奉願上度《ごおうがねがいあげたてまつりたく》、向暑の砌《みぎり》に候得共《そうらえども》、心情止《や》み難く、敢て相願試申候《あいねがいこころみもうしそうろう》、恐々頓首《きょう〳〵とんしゅ》

云々と、書いたのである。其中《そのうち》、土方伯の返事に、

前略……明治の聖代皇恩枯骨《こゝつ》に及ばざる者無く、左様《さよう》の事の有《あり》得べき筈無し、畢竟不逞《ひっきょうふてい》の馬鹿息子共《ども》が監墓《かんぼ》追孝の道を怠たりたるに因《よ》る不祥事と被存候《ぞんぜられそうろう》、日頃国事御憂慮の貴台によりて之《これ》を収められたるは我々生存者の仕合《しあわせ》と被存候《ぞんぜられそうろう》、命《めい》に依りて必ず参向可仕候《つかまつるべくそうろう》……云々

土方伯の真面目《しんめんもく》には庵主少々辟易《へきえき》した。次に井上侯の返書には、

前略……青山原頭《げんとう》に骨を拾うは恰《あだか》も海浜の石の如きものに有之候《これありそうろう》、維新以来相当国事奉公者の追魂には殆んど遺漏なき積《つも》りの確信を有し罷在候《まかりありそうろう》、貴命の事は定めて何かの間違と被存候《ぞんぜられそうろう》、併《しか》し幸い当日は小閑に御座候間《ござそうろうあいだ》、兎《と》も角《かく》参上委曲《いきょく》承わり可申候《もうすべくそうろう》……云々

此《これ》も真向《まっこう》の意気にて、庵主少々薄気味悪き感をなせり。最後に伊藤公の返書は、

前略……明後日の御寵招《ごちょうしょう》、日頃御趣向多き貴台の御催《おんもよおし》に候間《そうろうあいだ》、定めて興味ある事と拝察、御懇情謹謝仕候《つかまつりそうろう》、兎《と》も角《かく》御馳走頂戴の覚悟にて参趨可仕候《さんすうつかまつるべくそうろう》……云々

此丈《これだ》けは流石に伊藤公の老熟、庵主の肺肝《はいかん》を看破られ、覚えずあっとしたのである。夫《それ》から当日は芸者は一人も入れず、瓢屋《ひさごや》、浜《はま》の屋《や》、三州屋《しゅうや》、武田屋《たけだや》、芳野屋《よしのや》、新喜楽《しんきらく》、吉原山口巴《よしわらやまぐちともえ》等の老女将連計《ろうじょしょうれんばか》りを招いた。旧来象二郎《しょうじろう》伯や伊藤公、井上侯、土方伯等の青年時代に遊んで計《ばか》り居《お》られた時、其《その》席に侍《はべ》りし、此《この》賓客と年歯《ねんし》経験とも少しも遜色《そんしょく》なき矢張《やはり》維新以来の女将の元老許《ばか》りを集めて置いたのである。来賓の驚異と喜びは格別なもので、一同手を拍《う》って、

「成程《なるほど》、之《これ》は杉山君が青山で拾った維新元勲の骸骨許《ばか》りである」

と云われた。座已《すで》に定まって配膳未だ到らざるに先《さき》だち、庵主は座敷の中央に袴羽織の猛伯を伴い出《い》で、叮嚀《ていねい》に平伏を

して、左《さ》の如く述べ立てた。

「今日《こんにち》は初夏氳気《うんき》の砌《みぎり》、唐突の御案内に斯《か》く打揃うての御賁臨《ごひりん》は誠に以て有難き次第に存上《ぞんじあげ》ます、扨是《さてこれ》へ伴いました此《この》遺骨なる者は一昨日御案内状にも申上《もうしあげ》ました通り、不図《はからず》も青山原頭《げんとう》に於て拾い得ました維新元勲の遺骨でござります。此遺骨が生前には先《まず》第一に青春の放蕩無頼の為、実父の勘当によりて身の置処《おきどころ》を失い、夫《それ》へ御控えの井上侯閣下に不一方《ひとかたならず》御愛撫を蒙《こうむ》り、真に実親にも勝る御懇情を蒙《こうむ》りましたが、青年中有勝《ちゅうありがち》の放漫不埒にて、事々物々と侯の御配慮御厄介のみと相成《あいなり》、第二には次に御控えの土方伯閣下の御憐愍《ごれんびん》に因《よ》りて、親にも勝る御贔屓《ごひいき》御推挙を蒙《こうむ》り、夫《それ》さえも心得違《ちがい》の為めに、多年の御慈愛に違背するの行為を相《あい》続け、第三には上席に御坐《ござ》ある伊藤公閣下には、死灰《しかい》に斉《ひと》しき大磯蟄居《ちっきょ》中に屢〻《しば〳〵》浪宅へ御枉駕《ごおうが》を玉《たま》わり、絶えず親にも勝る御訓戒を辱《かたじけの》うし、爾後《じご》幾多の艱難《かんなん》を備《つぶ》さに相嘗《あいな》め、不計《はからず》も台湾島に於て児玉伯、後藤子《し》の丹精に因《よ》りて、翻然自覚の身と相成《あいなり》、日夜努力の結果、始めて社会の人に復《ふく》し、帰京後同伯、男《だん》の推挙、芳川伯、桂公、山県公の御尽力によりて今回亡父《ぼうふ》の遺跡に復《ふく》し、貴族院議員の末席に列席するの栄を得ましたから、先般来麹町区紀尾井町《こうじまちくきおいちょう》に小《さゝ》やかなる邸宅を設け、初めて家庭を相《あい》開き候事《そうろうこと》と相成《あいなり》ましてござります。そこで昨日青山墓地に参向して、亡父《ぼうふ》の墓に奠《てん》し、積年の大罪を謝し、小生立会の上にて勘当の赦免《しゃめん》を得ました。此上《このうえ》は一日も早く、此《この》御列席の御三方様に、既往罪科の御詫を申上げ御赦《おゆるし》を蒙《こうむ》り度《たき》志願にて斯《か》くは御尊来を願出《ねがいいで》たる次第でござります、全く死灰《しかい》再び火を発して、昔悪《せきあく》を今功《こんこう》にて相《あい》償うの精神、微衷《びちゅう》御賢察の上、多年御厚意に背きましたる大罪、御赦免の程を偏《ひと》えに懇願致しまする次第でござります、今や本人素《もと》より謹慎恐謙《きょうけん》の砌《みぎり》でござりまするが、親友たる私《わたくし》より申しますれば、是正《これまさ》しく維新の元勲後藤象二郎伯の遺骨即ち正嫡《せいちゃく》でござりまするから、皆様どうか父に対せらるゝの旧交を思召《おぼしめし》、今日一段の御宥恕《ごゆうじょ》を願《ねがい》ます次第でござります」

と、語末だ終らざるに、土方伯はつか〳〵と席を立って、猛伯の前に来て、

「よう、お前は猛坊《たけぼう》か、三十年近く逢わぬぞ、やぁ頭に白髪《しらが》が出たでないか、議員に成った事は聞いて居《い》たが、困った奴じゃ、又親の顔《つら》を汚しに出て来たのかと思うて居《い》たが、今杉山君の咄《はなし》を聞けば、艱難《かんなん》と云う薬を飲んで我儘《わがまゝ》と云う

砂利《じゃり》は人間の胃袋では消化せぬと云う道理が分ったとの事、夫《それ》は何よりの事じゃ、此《これ》も児玉と後藤のお蔭じゃ、俺は此《この》席で早速礼状を書いて出すのじゃ、あゝ、俺も生甲斐《いきがい》があって嬉しい事を聞いた、亡父《おやじ》も嘸《さぞ》喜んで居《お》るであろう」

と云われて、猛伯の平伏《ひれふ》して居《い》る後頭《ぼんのくぼ》の処にぽと〳〵と老《おい》の涙を落された時は海千山千の老婆達も一期《いちご》の情《なさけ》に迫まられて、涙で袖を濡らしたのであった。土方伯の咄《はなし》未だ了《おわ》らぬ中《うち》に井上侯も亦《また》立って来て、

「猛《たけ》さん、暫《しばら》く逢わぬのう、私は土方伯よりも永く疎遠であった。君《きみ》が事で僕は君《きみ》のお父さんと屡々《しばしば》衝突をしたが、併《しか》し象二郎君は良い子を持ったと僕は常に心で羨《うらや》んで居《い》たよ。猛《たけ》さん、日本の国にはね、良くも悪くも人間が入用《いりよう》じゃ、此《これ》から百人分も、千人分も働きなさいよ、私は杉山から骨を拾うたとの手紙じゃから、夫《それ》を真に受けて物好きな汚ない事をする男じゃと思うて居《い》たら、豈図《あにはか》らんや、千里の馬の骨でもなく、立派な生きた大丈夫《だいじょうぶ》の骨であった。否《いな》、明治の大人物、陛下の忠臣我々の旧友象二郎君の賢息であった。僕は此《かく》の如く立派になった君《きみ》と、三十年前から交渉のありし事を寧《むし》ろ光栄と思うのじゃ、浮世既往の罪悪に未練を残さず、思い切って此《これ》からしっかり遣《や》るのだぞよ」

と、実に親にも勝る教訓は言々《げんげん》又涙である。之《これ》を聞く猛伯は平伏の儘《まゝ》、落涙を禁じ得なかったのである。流石伊藤公は先刻よりも黙して聞いて居《お》られたが、

「猛《たけ》さんよ、そう何もへこ垂《た》れるには及ばぬ、君《きみ》は只《た》だ酒を飲んで道楽をした丈《だ》けだよ、夫《それ》は僕も遣《や》る、井上君も、土方君も、皆遣《みなや》った事じゃよ。只《た》だ其《それ》以外に何を仕《し》たかと云う問題だよ、人間は良い事許《ばか》り出来る動物ではないよ、屹度《きっと》悪い事も半分はする物じゃ、どんな聖人でも、死んだ後から神様が十露盤《そろばん》を持って差引を付けると、誰れでも必ずぜろの物じゃ。併《しか》し君は此《これ》まで酒を飲んで道楽許《ばか》りを仕《し》て来たから、此《これ》から何とか少し十露盤《そろばん》の持てるぜろになる丈《だ》けの事を為《し》にゃならぬのじゃ。さぁ、両君折角の御馳走じゃ、頂戴しようじゃないか」

と、夫《それ》から酒になって、女将達が水も洩《もら》さず、息も吐《つ》かれぬ接待《もてなし》で、深更《しんこう》まで三老公十分の歓を尽し、蹣跚《まんさん》として帰られた。之《これ》でやっとの事、猛伯二号の親、叔父の勘当赦免は済んだのである。

32 噫《あゝ》稀世の英才後藤小伯

詩を賦して旧時を偲び
秋老いて俊才睡り終る

猛伯、身《み》、華冑《かちゅう》の家に生れ、位《くらい》、台鼎《だいてい》に登った後藤老伯の子として、資性の豪放不羈《ふき》は尠《すく》なからず経世の事に不利を来《きた》し、半生の数奇《さくき》常に纏綿《てんめん》して或《あるい》は狂瀾に漂い、或《あるい》は泥谷《でいこく》に沈み、人生幾多の艱難《かんなん》を備《つぶ》さに試嘗《しじょう》すと雖《いえど》も、一片の雄心は、緇《し》せず磷《りん》せず、終《つい》には南瀛蛮邦《なんえいばんぽう》の岬角《こうかく》に立って鬣《たてがみ》を奮い、千里の馬、始めて好伯楽に逢《お》うて、蒼天に嘶《いな》くに至り、行路難界幾多の駅頭は、恰《あだか》も風を斬るが如くに馳《はせ》抜け、瞬間にして所定の決勝点に到着したのである。元是《もとこれ》一介の髫児《ちょうじ》、弱冠にして穎悟《えいご》、已《すで》に数国の語学に通じ、長《ひと》となりて天賦の智嚢《ちのう》常人に超絶し、倏忽《たちまち》にして新橋無宿の名より、伯爵貴族院議員たるに至る、奇は素《もと》より奇なりと雖《いえど》も、蓋《けだ》し又当然の帰結と謂《い》うべしである。已《すで》に先考《せんこう》を慰め、老母公を安んじ、旧育の浩恩《こうおん》ある三元老に謝して、猛伯の身辺は更に一点の遮雲《しゃうん》を止《とゞ》めず温豊《おんぽう》なる家庭の人となりしまで、匹如《ひつじょ》たる一巻の小説的歴史は、是《これ》こそ明治大正の聖代に於ける、教訓多き好立志編である。世に身を立て家を興し其《その》父母を安《やすん》ぜんと欲するの青年多々ありと雖《いえど》も、皆《みな》目前区々《くゝ》の私情物慾に支配せられ、役々《えき〱》として得る処のものは一身を奉ずるに足らず、焉《いずく》んぞ人を助くるの余力あらんや、又何の遑《いとま》あって世を済《すく》い民を安んずるの謀《はかりごと》あらんや。猛伯が如何《いか》なる境遇にあるも、己《おの》れを省みるに猛《た》けく、事を断ずるに軽捷《けいしょう》なりしは、心中常に綽々《しゃく〱》の余裕を存し、突詰めたる考慮をなさず、行止《いきどま》りたる画策をなさゞりしに於て、大いに学ぶべき所多かりしを思うのである。庵主は前後十二年間、猛伯の世話をなしたりしが、其《その》飢餓に迫るの時も、富有を共にする時も、却《かえっ》て庵主が伯に就いて学びたるもの、実に多大なりしを偲ばざるを得ぬのである。夫《それ》より猛伯は、泰西《たいせい》写真術の進歩、活動写真の発現を見て之《これ》を一片の興行物と見る事を許《ゆる》さず、世運の進歩と社会の改造及び学術の発展は、全く百聞の一見に如《し》かざる事を認め、直《たゞち》に之《これ》を編んで一編の議論となし、当時不完全なる興行物たりし活動写真を一括して、大ツラストとなし、規律あり、節制ある大会社を組織し、頃刻《けいこく》にして一千万円の資本を蒐集《しゅうしゅう》したのである。此《これ》は郷《ごう》男爵を始め、其他《そのた》幾多の有力者の援助ありしに因ると雖《いえど》も、猛伯の創意亦《ま》た与《あずか》って其《その》多きに居《お》るを認めるのである。若《も》し今日まで猛伯所定の方法によりて、事業の進運を辿らば、屹度家国民人《きっとかこくみんじん》の上に偉大なる反映を認め得るあらんと思うのである。今や弊風却《かえっ》て彼《か》の興行物より起《おこ》り来《きた》るの譏《そし》りあるも、开《そ》は全く根本操作の科《とが》にして、存在の其物《その》は猛伯遺留の筐《かたみ》として見るを得るのである。

猛伯其頃《そのころ》青梅《おうめ》村玉川《たまがわ》の畔《ほとり》に小別荘を構え、一詩を賦《ふ》して庵主に贈った。曰《いわ》く、

嘗塩茹粟亦風流《しおをなめあわをくらうまたふうりゅう》　身在青山臨水楼《みはありせいざんりんすいのろう》
万丈塵消一杯酒《ばんじょうちりはけすいっぱいのさけ》　釣魚培菜太平秋《うおをつりさいをつちかうたいへいのあき》

猛伯が忙中の心胸又知るべしである。庵主其韵《そのいん》に次《じ》して曰《いわ》く、

科頭飲酒領風流《かとういんしゅふうりゅうをしむ》　何羨江東三五楼《なんぞうらやまんこうとうのさんごろう》
半世加餐唯淡泊《はんせいのかさんたゞたんぱく》　鳶飛魚躍自然秋《とびとんでうおおどるしぜんのあき》

猛伯又或時《あるとき》彼の別荘に蟄《ちっ》して出《い》でず。庵主之《これ》を詰《なじ》る、伯一句を贈り来《きた》る曰《いわ》く、

煙霞又作痾《えんかまたやまいをなす》

庵主之《これ》に承句を贈る、曰《いわ》く、

漫唱汨羅歌《まんにうたうべきらのうた》

猛伯又転句を贈り来《きた》る、曰《いわ》く、

却笑都門士《かえってわらうともんのし》

庵主之《これ》が結句を贈る、曰《いわ》く、

銭幺悪友多《ぜにすくのうしてあくゆうおおし》

終《つい》に一五絶を得たが、紅塵万丈の帝都にあって俗事にのみ囲繞《いにょう》せられた庵主は、全く猛伯の高風《こうふう》に降伏したのである。猛伯一日庵主の僑居《きょうきょ》に馬車を駐《とど》めて、緩《ゆっ》くりと咄《はな》し込んだ、其《その》用向は、そも猛伯が庵主と同棲するようになった当日より十二年間、一切の財政を猛伯に委託し、庵主は却《かえっ》て居候となったのである、這《こ》は前にも云うた通り、

第一は猛伯をして気の置けぬようにしたのである。

第二は猛伯が従来、若様育《そだち》で稼穡《かしょく》の艱難《かんなん》を知らぬから、夫《それ》を知らせる為めである。

第三は猛伯に心の内で敬意を払う意味からである。

そこで今度猛伯が、伯爵家の家庭を造られたに付いて、従来の会計を報告せんとて、馬車中よりカバンを取卸《とりおろ》し、順序よく書類を並べて説明せられるのである。只《たゞ》驚いたのは庵主で、夫《それ》までは「其日庵の袂経済《そのひあんのたもとけいざい》」と云うて有名な物で、即ち袂《たもと》に入れた金束《かねたば》の有る間は富貴で、夫《それ》が探って見ても無くなった時が貧乏である。夫《それ》で永年暮して来た庵主が、此《この》報告によると、ちゃんと正当の金文字入の簿記帳が出来て居《い》て、一銭一厘の事まで伝票とか云うものが付いて居《い》て、夫《それ》から又半年毎に貸借対照表が出来て居《い》るのである。「収入と云うは借銭の事で」「貸方と云うは人に呉《く》れた事で」「債権者と云うは高利貸と質屋の異名である」「債務者と云うは手形や証文の連判をして、一文《もん》も払《はろ》うて居《い》ない事の符号である」事が分った。兎《と》も角《かく》、浪人会社、業務銀行の成績は、一厘《りん》一毛《もう》の間違もなく、此《この》帳簿で一目瞭然である。夫《それ》から其《その》簿記の口座とか云うものを見て又驚いた。

一、経常費と云うは○酒屋○鳥屋○牛屋○蕎麦屋《そば》○井屋等の事である。

一、臨時費と云うは○葬儀社○病院○薬価○監獄の差入の事である。

其外《そのほか》不思議の口座が幾個《いくら》もある。

一、騒動費と云う口座は○政府破壊運動○国民騒動○選挙騒ぎ等の仲裁又は取鎮《とりしず》め、若《も》しくは幇助《ほうじょ》始末の事である。

浪人費とは○浮浪の徒の不始末片付け○宿屋の引受○無銭遊興の始末○又は無心合力《ごうりき》の事である。

道楽費とは○刀剣○義太夫○新聞雑誌の失敗○其他《そのた》は料理屋待合の始末の事である。

其他《そのた》○学生費、喧嘩《けんか》費等の口座は、一寸《ちょっと》名称の珍らしきものである。或る時庵主が、入獄者の掛《か》ゝり合《あい》で引合《ひきあい》に出された時、裁判所から家宅捜索を受けて、此《この》帳簿全部を引上げられた。検事は此《この》帳面を調べて胆《きも》を潰し、何《いず》れも失笑を禁じ得ずに訊問したとの事がある。是《これ》は猛伯から引継を受けた後の事であったから、此《この》口座には段々改正を加えたが、今現存する台華社《たいかしゃ》の簿記は、全く猛伯の仕置の簿記である。凡《およ》そ天下に月給を取らず、商品を扱わずして、儼然《げんぜん》たる会社簿記の下に、浪人暮《ぐらし》をして居《い》る者は、古今を通じて庵主一人だとの事である。即ち此日《このひ》猛伯は、此《この》簿記の一切を引継いだのであった、此後《このご》も猛伯は、元《もと》老伯爵の時代は、大臣附の警部をして居《い》て、後、伯爵家の家令《かれい》となった鈴木敏彦《すずきとしひこ》と云う人を台華社《たいかしゃ》に入れて、此《この》簿記の紊乱《ぶんらん》せぬように、永らく会計の任に当らせて呉《く》れられた、彼《か》の若様育ちの猛伯、金銭の事には最も疎遠な、即ち不始末不信用と評判のありし猛伯が、其《その》金銭経済に関する始末と知識は、大抵こんな物である。

庵主此《この》引継を受けて、始めて自分の経済を知ったが、丁度其頃《そのころ》が一番浪人生活不況の時、即《すなわち》浪人会社の霜枯《しもが》れのシーズンとでも云うのであったろうが、夫《それ》で債務金総額が八十二万四千六百四十円余で、其内《そのうち》他人の家屋敷を抵当として借りた金が、六万三千円余、質入借用が三万六千円余、債権者に巨利を得せしめて遣《や》ったとか云うので、貸金を棒引にして呉《く》れたと云うのが二十六万円余で、之《これ》を差引いた四十六万余円が即ち所謂雲借《いわゆるくもがり》と云うもので、雨になったら払う、旱《ひでり》になったら其上《そのうえ》を又借りると云う、ふわ〳〵した借金であるとの報告であった。仮りにも貴族院議員伯爵が、此《かく》の如き会社の報告をするのは一寸《ちょっと》古今に珍らしい事だと思うのである。

此等《これら》の面白き報告咄《ばな》しを仕舞《しも》うた後に猛伯が悄然《しょうぜん》として言わるゝには、

「扨《さて》、杉山君、今日は君《きみ》に無駄としても咄《はな》して置かねばならぬ事がある。僕は二三《にさん》ヶ月前より脚気《かっけ》の工合で、青梅《おうめ》にも暫《しばら》く引込《ひっこ》んで居《い》たが、足に少々腫気《はれけ》を帯びた。全く脚気《かっけ》の為めだと思い、陽気でも直ったら回復する事と思うて、一向気にも懸けずに居《い》た処が、此頃《このごろ》克《よ》く医者に調べさせて見ると尿には糖分蛋白もあり、又円柱《シリンダー》もあって、全く腎臓病と確定した。只《たゞ》さえ性来心臓が弱くて、常に其《その》養生は怠らぬ事にして居《い》たが、昨今に至って著るしく健康が悪るい事を自覚する事になった。今日迄全く君《きみ》のお蔭で面白く苦楽の境《さかい》を遊んで来たが、今となっては死を好まざる範囲に於て、覚悟を仕《し》て置きたいと思うのである。此《この》覚悟丈《だけ》は人に為《し》て貰《もら》う訳には行かぬ事故《ことゆえ》、相談もなく独りで極《き》めたような次第である。夫《それ》は先ず夫《それ》として、本腰で養生をして見たいと思うから、何を置いても先君丈《まずきみだけ》には此《この》心情を打明けて咄《はな》して置きたいと思うて今日来たのである」

と切り出した。庵主は此《この》知己の言に尠《すくな》からず感じて直《たゞち》に斯《こ》う云うた。

「夫《それ》は非常に良い覚悟であり、又良い咄《はな》しである。先ず死ぬと極《き》めても、因果とまだ死なれなかったら、又其時《そのとき》に其《その》残生の相談は仕《し》ようが、先ず死ぬ積《つも》りで折角用意を仕玉《したま》え、高儒藤田東湖《こうじゅふじたとうこ》先生は三度《みたび》死を決して死せずとか何とか云うて居《お》れども、揚句の果《はて》は、地震で死なねばならぬ。我々から見れば、聖人のような東湖《とうこ》先生でさえ夫《それ》である。僕などは三度処《みたびどころ》でなく、何度幾度死を決したか、お恥かしくて咄《はなし》も出来ぬ位死を決したのであるが、因果と矢張此薄生温《やっぱりこのうすなまぬる》い世の中に生きて居《お》らねばならぬのである。可矣《よし》、君《きみ》が先きに往《い》く事になっても、ぽつ〳〵往《い》き居《お》る中《うち》には、好《い》い加減に僕も直《すぐ》に跡から追付くから、遠慮なく自由行動を取玉《とりたま》え。元来人間と云うものは、おぎゃぁと母の胎《はら》から飛出《とびだ》したを合図に、死ぬと云う証文手形を書いて居《い》るのである。其《その》声を出した途端に動き出した心臓は、何かのとたんに又屹度《きっと》止まると云う堅い約束なので、只《た》だ其《その》手形が無期限だから面白いのである。思わぬ喧嘩《けんか》をして、下駄で頭を打割られて死ぬ事もある。又、酒に酔っ払って、電車に轢《ひ》かれて死ぬ事もある。此《これ》は其時此《そのときこの》証文の取付に遭《お》うたのである。まご〳〵して居《い》ると、今の富豪や、政党の奴等《やつら》のように、活きて居《い》ても生存の意義が分らず、妙な声を出して何やら欲しい〳〵〳〵とばかり叫喚《きょうかん》して、眼を引付け、口を尖《と》がらかして、馬の糞《くそ》より悪い物を食って味《うま》いと云い、狐の着せた藁裃《わらがみしも》のような物を着ては、有難いと云うようになって、矢張《やは》り活きて居《い》るかと思うようになったら夫《それ》こそ君《きみ》大変だよ。君《きみ》は道楽はしたが、夫《それ》は人間血気の生理的高大な行為である。飢寒窟には落ちたが、夫《それ》は人間生存の行路を飾った尊《たっと》き勤行《ごんぎょう》である。已《すで》に父母を安んじ、恩人に酬《むく》い、世間が名誉とか貴顕とか云うた親の遺跡を起《おこ》して返却したからは、差引十露盤《そろばん》はぜろである。只《た》だ一つお互に残って居《い》る財産は、どこを探しても不愉快でなく、安んじて死ぬると云う一事である。儒仏耶《じゅぶつや》の三教は、皆、罪に生れて罪に活き、又、罪に死する教えばかりである、世界十五億の人口中、大概は死の一大事を解せず、べそを掻《か》いて罪に死する奴ばかりである、少なくも君《きみ》と僕丈《だ》けは、此《この》生死の大問題を楽しく解脱《げだつ》したいと思うて居《い》る。猛伯と云う柿の実が、核《たね》から生《は》えて幹となり、花を着け実を結んで、其《その》実が風雨の恵沢を経て、今正《まさ》に熟して地に落ちるのならば、夫《それ》こそ本当の解脱《げだつ》である。即ち是《これ》を本当の愉快とする。天上の神仏は、嗚呼《あゝ》克《よ》く勤行《ごんぎょう》を終えて来《きた》りし汝の死よと云うて、簫笳《しょうか》の音楽を供えて、喜んで迎える。即ち完全なる死の正覚である。君《きみ》、まご〳〵すると遣《や》り損ねるからどうか今日より正当の養生を怠らず、固我なく正覚の死を遂げる工夫を仕玉《したま》え」

と云うたら、猛伯は心から会心の笑みを漏《もら》して辞し去った。夫《それ》が丁度、桐の葉風に窓寒く、築地《つきじ》本願寺の晩鐘が、細雨《こさめ》に罩《こ》められて、陰々と響く大正三《ママ》年十一月の初旬《はじめ》であった。夫《それ》から庵主は、大阪方面に所用あり、旅行して帰京した其《その》月の二十九日、猛伯の目黒の別荘から電話が来た。昨夜来猛伯が心臓痲痺を起《おこ》して危険であるとの事、庵主は早速自動車を駆《か》って駈け付けたが、猛伯は十畳の書斎に、東枕に横臥して、すや〳〵と眠って居《い》るから、庵主がそうッと其《その》側《そば》に坐すると、猛伯はパチッと眼を明けて微笑して居《い》る。庵主は小声で、

「どうじゃ、甘《うま》く行くかの」

と云うたら、

「実に注文通り甘《うま》く往《い》くらしい。併《しか》し君《きみ》に云うて置くが、相当苦《くるし》い物だぜ、君《きみ》、其《その》積りで居玉《いたま》えよ」

と云うから、

「其《その》苦楽が注文通りに行くものか。僕などは逆磔刑《さかはりつけ》の方だよ、まあ贅沢を云わずに辛抱するさ」

と云うたら、こつ〳〵と二つ首肯《うなず》いた。夫《それ》から次の間の親戚の人々などに挨拶をして、其《その》晩は初めて夜伽《よとぎ》をして翌朝

になったら、医者が大変御工合が良好《よい》と云うから、庵主は病床に往《い》って、

「おい君《きみ》、大分良好《よい》ようだぜ、君《きみ》、俗僧の夫《そ》れのように決して何事も無理をしたり、急いだりしては折角の辛抱も無駄になって、五十年を棒に振るぜ、僕は用があって帰るから、模様では直《すぐ》に電話を掛《かけ》させ玉《たま》え、僕はどこにも行かずに居《い》るから」

と云うと、

「有難う、今朝の模様では二三日《にさん》は大丈夫と思う」

と云うから、庵主は帰って来た。夫《それ》から毎日電話で容体を聞くと、十二月三日の晩方少し様子が悪いと云うから、直《すぐ》に駈付《かけつ》けて見ると猛伯は全く昏睡状態である。「あゝ仕舞《しま》った」と思うて、夫是《それこれ》心配して居《い》る夜の十時頃、パッチリと眼を開けて、

「おい、医者に注射を一本させてくれ」

と云うから、早速其事《そのこと》をすると気分もはっきりなって、庵主の耳の傍《そば》で、

「おい、君《きみ》、甘《うま》く行ったぜ、もう直《すぐ》だぜ、改めてお礼を云うが、全く君《きみ》のお蔭で二十年間面白く暮したぜ、有難う」

と云うて又すや〳〵と眠る、夫《それ》から其《その》翌朝まで又昏睡である。もうか〳〵と皆《みな》息を詰めて居《い》ると、又パッチリ眼を開けて、

「おい、医者に注射を一本させてくれ」

と云うから、又其《その》通りさせると頻《しき》りに眼を瞬《みは》って庵主の顔を見付け出したようにして、

「おい、君《きみ》、甘《うま》くいったぜ、有難う、お蔭で二十年間面白く暮したぜ……」

夫《それ》から跡の事は分らぬ。詰《つ》まり此事《このこと》丈《だ》けを二度繰り返して云うた訳である。とう〳〵其儘《そのまゝ》昏睡中に絶息して、清く明《あきら》かな死を遂げ、猛伯は快く白玉楼中の遊びに入《い》ったのである。其後《そのご》猛伯が十一月二十一日付の書面を、大阪の庵主の宿に出したのが廻り廻って十一月二十八日に、庵主の本宅に到着して居《い》たのを発見した。開いて見れば一詩あり、曰《いわ》く、

人元如水水如人《ひともとみずのごとくみずひとのごとし》　泡沫忽生還忽堙《ほうまつたちまちにしょうじてまたたちまちにいんす》
午睡醒時秋已到《ごすいさむるときあきすでにいたる》　梧桐葉落亦天真《ごどうはおちまたてんしん》

と、

33 男勝りのお菊嫗《ばゝ》

侠嫗争うて能く人を助け
浪客漂うて終に身を寄す

庵主が東京に於ける漂浪生活の時であった。友人の世話で日本橋区浜町《はまちょう》の、細川屋敷の附近にある越前屋《えちぜんや》と云う宿屋に下宿した。丁度泊った晩の九時頃、庵主の部屋とした六畳と壁一重《ひとえ》隣の部屋から、男女の話声《はなしごえ》が聞《きこ》えて来た。始めは余り気にも止めずに居《い》たが、庵主が蒲団の上に、帯も解かぬ大の字で丸寝《まるね》をして居《い》る、頭の方の直隣《すぐとなり》の声であるから、段々手に取るように聞《きこ》えて来た。女の声で、

「鉄《てっ》ちゃん、そんなだらしの無い事が有《あり》ますか、私が頼まれて隠して居《い》る人を、此《これ》からお前さんの方に引取って、世話を仕《し》ようと云うのは、お前さんの了簡では、大事のお友達だから、私じゃぁ頼甲斐《たのみがい》がない、……不安心だ、万一《まさか》の時に当《あて》にならないからと云う、大変失礼な事に当りますよ、下らない話は止《よ》してお呉《くれ》よ。私は是《これ》でも一本立《いっぽんだち》の女ですよ。江戸の真中《まんなか》でお飯《まんま》を喫《た》べてる女だよ。聞きゃぁお前さんは今、大隈さんの所に居《い》ると云うじゃぁないか。自分が人の居候をして居《い》て、人の世話を仕《し》ようなんてお止《よ》しなさいよ。彼方《あのかた》の事丈《ことだ》けは、私の世話で沢山なんだよ。私がどんなにお

前さんに威《おど》かされても、一端自分が頼まれた人をお前さんなんぞにゃ渡しゃ為《し》ないよ」

今度は男の声で、

「おい、お菊《きく》、お前がなんぼ意地っ張りの負《まけ》ない気でも、女じゃ無いか、又、宿屋の神《かみ》さんじゃ無いか、少しは商売柄も考えて温和《おとな》しく為《し》たが能《よく》はないか、書生や野《の》浪人位ならお前が世話をするのも好《よ》いが、彼人《あのひと》は物が大き過《すぎ》るじゃぁ無いか、私共《わしども》の仲間じゃ、打捨《うっちゃ》って置けない人なんだから、せめて其《その》居所なりと知らせてお呉《く》れと頼むのじゃ、これ神《かみ》さん、癇《かん》を立てずに我々と一所《いっしょ》になって世話をする積りになって咄《はなし》をして呉《く》れぬか」

「いけないよ……いやだよ、女だからどうしたって、宿屋の神《かみ》さんだからどうしたって、おい鉄《てっ》ちゃん、物を間違えちゃぁいけないよ、此越前屋《このえちぜんや》と云う宿屋稼業は、お菊と云う女が為《し》て居《い》るのじゃないよ、宿屋の方でお菊と云う気の強い女に飯を喰わする為《た》めに働いて居《い》るのだよ、宿屋の畜生奴《め》が神《かみ》さんの気に入らねぇ稼業の仕《し》っぷりを為《し》やぁがりゃぁ、お神《かみ》さんは飯を喰って遣《や》らねぇまでだ。稼業に負けてお菊婆《ばゞ》ぁが頼まれた人の鼻を明かすような事を為《せ》にゃあならなけりゃぁ、憚《はゞ》かり乍《なが》らお前さんの見た事もねぇ此《この》赤い舌ぁ喰い切って死んで見せるから、そうお思い…………いやだよ、何だって…………そんなら此《この》五十両の金を届けて呉《くれ》よって、いけないよ。彼人《あのひと》が金が入《い》りゃぁ、私が出すよ、懇意だか何だか判りもしない人から、金を託《ことず》かるのはお断りだよ。私《わた》しゃぁ私の世話を仕《し》ようと思うた人の為めにゃぁ、一生懸命遣《や》るから、お前さんは又お前さんで、人の世話が仕《し》たけりゃ、別に何か恰好の兇状持《もち》でもお探がしよ。人の物を横から取るような事は止《よ》してお呉《く》れよ…………いゝよ、お前さんがそんなに疑ぐるなら、明日《あした》は起《おき》抜けに私の方から警視庁に出《いっ》掛けて行て、三島さんにお目に掛《か》ゝって、『鉄《てっ》ちゃんやお巡査《まわり》さんが、始終《しょっちゅう》穴を突《つっ》つきに来て五月蠅《うるさ》いから、私を引括《ひっくゝ》って牢の中に放り込んでお呉《く》れ、どうせ私《わた》しゃぁ殺されても云やぁせんのだから、同じ事なら牢の方が五月蠅《うるさ》くなくって好《よ》いからって』、そう云うて、明日から這入《はい》っちまうから、鉄《てっ》ちゃん、もう是れから来てお呉《く》れでないよ」

「おい、お菊、男勝りで人の世話ぁ為《す》るのが尊さに、押黙って聞《きい》ても居《い》るが、余り口が過《すぎ》るぜ、私《わし》も小分《しょうぶん》ながら男だ。

引込《ひっこ》んで居《い》られねぇ友達の世話だ。横取りするのじゃねぇから世話焼仲間に入れて呉《く》れよ」

と、段々声高になって、双方中々《なか〳〵》引込《ひっこ》みの付かぬ云掛《いいがか》りとなって来た。最前《さいぜん》から隣座敷で息を詰めて聞いて居《い》た庵主は、頻《しき》りに興味が乗って面白くなって来て、思わずふいと起上《たちあが》ってつか〳〵と其《その》隣座敷に踏込《ふみこん》だので、両人の驚きは一通《ひと〻おり》でなかった。庵主も其頃《このころ》は胆裂《きもきれ》で、江戸馴れた傍若無人の男であったから、其《その》火鉢の傍《そば》にどっかと坐り込んで、

「君達《きみたち》は両人《ふたり》とも声高の争いは、人間の地鉄《じがね》が出るよ。夫程《それほど》世話が仕《し》たけりゃぁ、俺の世話を仕《し》ちゃぁどうじゃ、お前方《まえがた》の争って居《い》る男は、俺《わし》も懇意で、其居《そのい》る所もちゃんと知って居《い》るが、（其《その》世話になって居《い》る男は、庵主の艱難《かんなん》の友である故に、庵主も世話をして居《い》るが、今は態《わざ》と悪口を云うのである）其《その》男は自由とか改進とかを売物にして、飯を食うて居《い》る国事の触売商人《ふれうりあきんど》である。そんな男は此後《このご》縛られても牢に這入《はい》っても何でもかでも手当り次第に夫《それ》を広告の材料《たね》に使って、成丈《なるた》け大勢人寄《ひとよせ》をして見る影もない藩閥とか役人とか云うような陽気の好《よ》い時計《ばか》りに飛廻る、蜻蛉見《とんぼみ》たような虫を相手にして、喧嘩《けんか》をしたり、邪魔をしたりする、大道稼《かせぎ》の下等商人である。夫《それ》を君方《きみがた》が一生懸命になって世話をするのは、其小商人《そのこあきんど》の又其《その》手先きになるのである。夫《それ》よりか俺共《わしども》の世話をすると男らしい事丈《だ》けは間違ないよ、なんぼ国事でも、商売にしては駄目である。俺はそんな者とは違う、憚《はゞかり》ながら今お尋《たずね》の首浚組《くびさらいぐみ》の棟梁《とうりょう》、林矩一《はやしくいち》（庵主の当時偽名）と云う兇状持《もち》である。其《その》主義綱領と云うのは「演説をせず」「人寄せをせず」「名前を売らず」「恐喝《おどかし》を云わず」「国を傷《そこなわ》ない、民《たみ》を惑わす者に丈《だ》け向《むか》って睨《にら》み打《うち》に、直接に大義名分を説いて、其《その》改悛を迫まり、先ず人間で出来る丈《だ》けの親切と忠告の努力を為《し》た最終には直《すく》に生首《なまくび》を掻払《かっぱら》って仕舞《しま》う」組合の棟梁《とうりょう》である。党員は首領を入れて僅《わず》か四人以上に多かった事がないが、已《すで》に牢死をしたり、流刑に処せられたりした党員は、始めから今日まで合計たった九人より外《ほか》ないのである、今の三島と云う警視総監は恐ろしい程《ほど》物の分らぬ官吏であって、云うても叩いても志士と云う人間の道理が一つも判《わか》らず、何でもかでも、俺共《わしども》をひっ縛《くゝ》らねば承知せぬ蛮性《ばんせい》の男である。夫《それ》で俺《わし》は二ケ月前から追廻されて、とう〳〵天水桶の中にまで寝起をして、どうしても東京の非常線を潜《くゞ》って高飛《たかとび》をする事が出来ぬから、此《この》日本橋署の刑事に入れ込んで置いた同志の男の世話で、此櫓下《このやぐらした》の越前屋《えちぜんや》と云う宿屋に今夜から泊り込んだ訳である。さぁ斯《こ》う

名乗った上からは二人で俺《わし》の世話をして貰《もら》いたいのだ、同じ掛《かゝ》り合《あい》に遭《お》うても、遭《あ》い景気が良いよ、自由改進触売商人《ふれうりあきんど》の掛《かゝ》り合《あい》では、掏摸《すり》の提灯持《ちょうちんもち》位のもので、だらしのない事夥《ことおびたゞ》しいものじゃ。俺《わし》の方は男らしい命《いのち》と云《いう》ものが力の本《もと》となって、君国の為になら火が飛ぼうが、血が飛ぼうが、夫《それ》でなければ首が飛《とば》うが、三つの中《うち》に一丈《ひとつだ》けは慥《たし》かに飛ばなけりゃあ、引込《ひっこ》みの付かない商売である。さぁどうじゃ俺《わし》の世話を仕切らぬのなら、君方《きみたち》両人の世話好きは、矢張《やはり》人栄《ひとみえ》世話、広告世話、掏摸《すり》の提灯持《ちょうちんもち》世話である。さて何とか返事を仕《し》てはどうじゃ、俺《わし》ももう絶体絶命で、こう名乗ったからには、若《も》し世話が出来ねば明日は早朝にのそ〳〵と出掛けて行って、三島警視総監に自首をする覚悟である。どうじゃ、男は死んでも桜色、面白からねば暮《くら》せぬものじゃ、一番器用に垢抜けの仕《し》た返事を仕《し》て貰《もら》いたいものじゃ」

と云うて、じいっと両人の顔を見詰めて居《い》たが、其神《そのかみ》さんと云うのは、年頃五十許《ばか》りで、胡麻塩頭髪《ごましおあたま》を小さな丸髷《まるまげ》に結《ゆ》い、茶微塵《ちゃみじん》の襟付の袷《あわせ》を着て長火鉢を前に長羅宇《ながらう》の煙管《きせる》を持《もっ》て、目を見張って居《い》るが、其《その》顔の色艶《いろつや》と云うたら、綺麗と云わんより、寧《むし》ろ崇高である。頸筋から喉胸《のどむね》に掛けて、生来少しの粉黛《ふんたい》にも泥《し》まぬ痕《あと》が昭《あきら》かに見えて、恰《あだか》も白玉《はくぎょく》の彫《ほり》に桃紅《とうこう》を灑《そゝ》いだようである。年《とし》相当に一面の小皺《こじわ》はあるが、耳目口鼻《じもくこうび》一体の締り方は、三十六相具足の建窯《けんよう》名作観世《かんぜ》音《おん》の坐像を見るが如しと云《いい》たい位である。又一方の男と云うたら、色黒の小男で、顔一面の痘痕、是《これ》又古銅名作の勢多《せいた》加《か》童子の如く、威勁《いけい》の中《うち》に一種柔和の相《そう》を備えた形相で、木綿着物に紬《つむぎ》の紋付羽織を着て、其《その》火鉢の向《むこ》うに坐って居《い》る。其処《そこ》に庵主が出し抜けに押込んで坐り込んだから、両人の争《あらそい》はどんと腰を折って双方目を見合せてぴったりと黙り込んだのである、稍暫《やゝしばら》くして其《その》男の人が口を開いた。

「君《きみ》は生国《しょうごく》は何処《どこ》ですか」

「日本国です」

「日本の何処《どこ》です」

「答えても差閊《さしつか》えはありませぬが、詰らぬ事を聞く人である。日本は米国のミシガン湖水の広さよりも小さい国ですよ。世界の広袤《こうぼう》より見れば、一村落一小字《こあざ》にも足らぬ国ですよ。其《その》同村の同郷人に相違ない俺《わし》の、生れ故郷を聞いて何にします。俺《わし》は無名隠棲の間に、此《こ》の御互《おたがい》郷国の危急を見るに忍びず、我れを忘れて善悪ともに自《みず》から任じて努力しつゝある一人であるよ。夫《それ》が賊官無法の所為に世を狭められて困って居《い》るから、喧嘩《けんか》までして人の世話を仕《し》たがる、君《きみ》方《がた》両人に少しの間世話をして呉《く》れよと頼むまでじゃ。嫌ならもう是《これ》までと諦《あき》らめて、仕事を打切りにして、其《その》賊官の方に出掛けるまでゝあると、今は其《その》話をして居《い》る処じゃぁないか」

斯《こ》う云う時、其媼《そのばあ》さんは曩《さっ》きから聞馴れた鈴を鳴らすような声を振り立て、

「あゝ、もう良いよ。判《わか》ったよ、世話して上げるからもう話はお止《よ》しよ。お前さんは此《この》隣の六畳に今日来た書生さんでしょう。何だか怪《おか》しな人と思うて居《い》たよ。いゝよ安神《あんしん》お仕《し》よ……よう鉄《てっ》ちゃん、私が引受けるから………こんな木葉《こっぱ》書生の一人や二人はどうでも仕《し》ますよ。心配お仕《し》でないよ、夫《それ》は良《い》ゝが彼方《あのかた》の事はもうお前さん、口出《くちだし》を止《よ》すでしょうね」

と云うと其《その》男が、

「おい、お菊、困るねぇ、私《わ》しゃぁ大勢の友達に引受けて来たのだから、是儘《このまゝ》じゃぁ帰られないよ」

と云うとお菊媼《ばあ》さん、口の傍《わき》をきりゝっと締めて心の底から忿怒《ふんぬ》の形相を顕わしたから、庵主はぷいと其《その》座を立って表へ出て、庵主の手下の刑事の宅に出掛けて行って、其《その》妻君に申《もう》し含めて、直《すぐ》に日本橋署に遣《や》って、其《その》刑事を呼寄せて貰《もろ》うて、手短かに前の顛末を話して、扨《さ》て、

「こんな事から其《その》二人の面白き話を、隣座敷で聞いて手頃の者と思うたから、身の上を打明けて一寸《ちょっと》面白い鎌を引掛《ひっか》けて置いたが、何《いず》れにしても二人共《とも》鼻っ張り丈《だ》け強い奴許《ばか》りじゃから、荒胆《あらぎも》を抜いて遣《や》らなければ、役に立つ人間には成れぬと思う、君《きみ》、隙《すき》なら是《これ》から是〳〵《これ〳〵》の方法で少し手伝って呉《く》れ」

と云うと、其《その》刑事も中〳〵《なか〳〵》面白い男であるから、

「夫《それ》は丁度好《い》い事がある、其《その》高島（此人《このひと》は今其《その》御子息が立派に華族になって居《い》る人であるから名前を包んで置く）と云う国事犯嫌疑、兇徒嘯集《しょうしゅう》罪の倶発《ぐはつ》者は、今朝署長から内命を受けて、指証《ししょう》を渡され捜索を命ぜられて居《い》る処じゃか

ら、早速逃がす事に仕《し》ましょうよ」

と相談をして、直《す》ぐに高島の隠家、植木棚の植銀《うえぎん》と云う職人の家に出掛けて往《いっ》て、庵主は顔馴染《なじみ》で度々高島に面会に往《いっ》た事がある故、其《その》女房に云うて二階に上り込んだ処が、高島はもう寝て居《い》たが、二人連《づ》れで往ったので、悄《びっく》りして刎《は》ね起きたから之《これ》を押鎮《おししず》めて理由を話した。

「先日君《きみ》が依頼した二人の書生は、確実に助けて無事に北海道に遣《や》ったが、僕が今度はこれ〱の境遇になって、自分の事が旦夕《たんせき》に迫って来たから君《きみ》の世話も出来なくなったが、是《こゝ》に同行した此人《このひと》は、日本橋署の河辺《かわべ》刑事である。今朝署長から君《きみ》の捜索逮捕の事を命ぜられたとの話であって、幸《さいわい》に僕が年来刎頸《ふんけい》の親友であるが為め同君の厚意で君《きみ》を今夜直《すぐ》に当家を立退《たちの》かせ高飛びをさするのなら、屹度其《きっとその》余地があるとの事、明日になれば署員一同評議の上、各署に通告して、区内の捜索線を確定するとの事である。故に直《す》ぐに此《これ》から出立仕玉《しゅったつしたま》え」

と云うと、高島は非常に厚意を謝して、

「実に再生の厚恩忘るゝ事は出来ぬ程有《あり》がたいが、此二三日《このにさん》脚気《かっけ》が起《おこ》って、足部が此《この》通りに腫《は》れて起居《たちい》も不自由であるから、迚《と》ても立退《の》きは不可能であろう」

と云うので、河辺は改めて名刺を通じ、携帯の書類を見せて、

「脚気《かっけ》とあれば尚《な》おの事、私の知人が安房《あわ》の北条在《ざい》にありますから、転地には、尤《もっと》も屈竟《くっきょう》であります。又、途中は今夜十二時に、両国《りょうごく》から利根川行の川蒸気《かわじょうき》が出ますから、夫《それ》に乗って市川《いちかわ》まで行き、夫《それ》から人力車で千葉に行き、夫《それ》から車を替えて木更津《きさらづ》に行き、又車を替えて北条に行き、此《この》手紙を以て御養生になれば、何でもありませぬ」

と云うたので高島は非常に感謝して、早速支度に取掛り、庵主は持って居《い》た丈《だ》けの金を与えて、余り永くなると工合が悪いからと云うて、万事を申《もうし》含め、其処《そこ》を河辺に託し、越前屋《えちぜんや》へと帰って来たのが、丁度十二時頃であった、庵主は両人其後《そのご》の様子如何《いかん》と覗いて見たら、火鉢許《ばか》りで誰れも居《い》なかったから、そおっと自分の部屋に這入《はい》って寝て仕舞《しも》うた。翌朝になると、彼《か》の植銀《うえぎん》の親爺が来て、お菊媼《ばあ》さんに面会して、何か話して居《い》たら、さぁ媼《ばあ》さん騒ぎ出して、直《すぐ》に

出掛けて行った。植銀《うえぎん》は素《もと》より、懇意な庵主が自分の出入先の越前屋《えちぜんや》に泊って居《い》る事を知らぬから、誰か自分の留守に二人来て、一人は先に帰り、一人が残って支度をして、高島さんが女房に向《むか》い、

「今夜に迫りて警察が捜索するとの報を得たから取敢えず此家《このや》を立退《たちの》く落着先きが極《きま》ったら知らすると、越前屋《えちぜんや》に内分《ない ぶん》知らせて置いて呉《く》れ」と伝言をして立出《たち》たとの事を話したのである。夫《それ》から越前屋《えちぜんや》の神《かみ》さんが、銀《ぎん》と銀《ぎん》の女房を呶鳴《どなり》付ける、高島の不行届の立退方《たちのき》を恨み、自暴酒《やけざけ》を呷《あお》って怒《おこ》り出すと云うような喜劇があって、庵主は頻《しき》りに興に乗り、其《その》翌日に此《この》顚末をお菊媼《ばあ》さんに話して又一場の面白き話が持上《もちあが》るのである。

因《ちなみ》に曰《いわ》く、此鉄《このてっ》ちゃんと云うは、後には彼《か》の有名なる明治一代の老練紳士、朝吹英二《あさぶきえいじ》氏であって、庵主は初対面に正に斯《か》くの如き面白き奇縁が本《もと》となって交際したのである。又此《この》お菊と云う媼《ばあ》さんは、彼《かの》有名なる横浜富貴楼の女将《おかみ》、お倉媼《くらばあ》さんの姉分《あねぶん》であって、此《この》お菊媼《ばあ》さんが昔日《せきじつ》新宿で初菊《はつぎく》と云って、お職《しょく》を張《は》って居《い》た時、お倉媼《ばあ》さんを新造《しんぞう》に遣《つか》って居《い》たとの事である。庵主は此《この》編に於て朝吹氏とお倉媼《ばあ》さんとより聞《き》ゝ得た事を材料として、此《この》お菊媼《ばあ》さんの伝記を追々と紹介するであろう。

34 絶世の美貌が禍して

痴漢痴に因って其身を亡ぼし
小娘難を逃れて他郷に吟う

庵主は其《その》翌日お菊媼《ばあ》さんに向《むか》い、

「君等《きみら》二人の咄《はなし》が余り馬鹿気て居《い》るから、其《その》油揚げの玉とも云うべき、高島と云う兇状持《もち》を引《ひき》浚《さら》って、高飛《たかとび》をさせて

仕《し》舞《ま》うたのである。お前方《まえがた》では分るまいが、罪人が此《この》東京の非常線を破って高飛をすると云う事は、非常な困難な事である。僕は已《すで》に四ケ月を費やして、夫《それ》が出来ずにとう〳〵お前方《まえがた》にまで厄介を頼む事になったのであるが、高島が昨夜やっと無事に東京を出る事の出来たのは、まだ高島の為めに非常線が張られて居《い》ず、其上河辺《そのうえかわべ》刑事が逸早《いちはや》く尽力して呉《く》れたからである。そこでお前と朝吹《あさぶき》君とで世話を争うた目当の玉は無くなったから、今度は弥ゝ《いよ〳〵》僕の世話を両人に仕《し》て貰《もら》う事に問題が極《きま》ったので、僕は大安心した処だ」

と云うて居《い》る中《うち》に、彼《か》の植木屋銀《ぎん》の女房が来て、庵主と顔を見合せ、

「あら林さん（僕の偽名）貴方《あなた》はこちらに居《い》らっしゃいましたか、まぁ大胆な事ねぇ、昨夜宅に入《い》らっしゃった時も、ようまぁ御無事で入《い》らっしゃる事だと思うて、亭主《やど》にも高島さんのお友達が、お二人入《い》らっしゃったと丈《だ》け申《もう》して置《お》いた位なんですよ、こちらのお神《かみ》さんのお世話にさえなって居らっしゃれば大《おお》安心なんですよ」

と云うと、お菊媼《ばあ》さんは最前から只惘《たゞあき》れたような顔をして庵主を見詰めて居《い》たが、

「私《わたくし》も是《これ》迄種々《いろ〳〵》の人の世話もして見たが、こんなずう〳〵しい書生さんは見た事がないわ……まぁ好《い》いわ、仕方がないからお世話は仕《し》ますがね、一体どんな悪い事を仕《し》たのですか、構わないなら聞かせて下さいよ」

「どうも有難う、其事《そのこと》はもう此銀公《このぎんこう》の神《かみ》さんも知って居《い》る事だから咄《はな》すがね、今度の問題は外務大臣と総理大臣が、或る運輸会社と結託して、或る外交上の譲歩を意味して利益的輸入品を政府で買入れたと云う事を、僕の友人が其《その》確証を得て直接に当局に談判を開いたら、夫《それ》を取上げぬのみならず、却《かえっ》て国事犯の嫌疑を以て捕縛《ほばく》せんとするから、俄《にわ》かに身を隠し、夫《それ》から書面に認《したゝ》めて、外相と総理とに、二三《にさん》回も送り、夫《それ》でも験目《きゝめ》がないから、最後には三島警視総監に、親展書として訴えた処が、がらり官憲の態度が変り、強《し》いて刑事有罪の欠席裁判を確定し、峻烈な探偵を放って之《これ》を迫害し、昨年八月には九段坂《くだんざか》で端《はし》なくも刑事三人に出会《でっくわ》したら、彼は有無とも云わず捕縛《ほばく》に掛《かゝ》ったので、同行の僕も見るに見兼ねて、一斉《いっせい》に右の刑事を三人共《とも》あの高い処から牛《うし》ケ淵《ふち》の濠《ほり》の中に投《ほう》り込んで、共に逃亡した処が、其《その》刑事の一人が負傷入院の後、死んだとか云う事である。夫《それ》から其《その》友人を手早く遠隔の地にふけさせたが、僕は全く従犯であるのに、

却《かえっ》て正犯として僕の下宿の主人から下婢《かひ》に至るまでを拘引して、言語に絶した迷惑を掛けたのである。僕は屢ゝ《しば〳〵》人を以て、又書面を以て其冤《そのえん》を三島総監に訴えたが、どうしても聴《きゝ》入れぬので、とう〳〵下宿屋の迷惑を解く為め自首と決心した、処が其《その》下宿屋の主人が、非常な義侠の男で、断乎《だんこ》として僕の自首を厳止《とゞ》め、若《も》し従わねば其《その》主人が偽りを自白して、罪を受けるぞとまで云うので、僕が躊躇逡巡《ちゅうちょしゅんじゅん》の中《うち》に、とう〳〵此《かく》の如く非常線を張られて仕舞《しも》うたのである、今でも僕は、素《もと》より自首を覚悟して居《い》るけれども、其《その》肝心の外相と総理が、内外結託の証拠物件とも成《なる》べき書類を、其《その》友人が持って立退《たちの》いたから、僕の手許《もと》に夫《それ》がない、夫《それ》で屢《しば〳〵》手紙で掛合《かけお》うても友人の居所不確実の為め、今に返事が来ぬ処である、其他《そのた》国事に対する官憲との衝突事件は、明治十三年以来、数限《かずかぎり》もないが、今度の問題はざっと此《かく》の通りであるのじゃ」

「お前さん方は本当に詰《つま》らない事で命掛けの喧嘩《けんか》ばかりを仕《し》て居《い》るのねぇ……他所《よそ》のお店《たな》の番頭さんが悪い事をして居《い》るのと思うたら、腹は立《たゝ》んじゃ有《あり》ませぬか、併《しか》し夫《それ》もねぇ、お前さん方は元がお侍《さむらい》なら仕方がない、まぁ何とかお世話を仕《し》ますから、ゆっくり此《この》家に入《い》らっしゃいよ」

と云うので、やっと安心をして、庵主は天水桶の中に寝る事だけの苦艱《くかん》は免かれたのである。扨《さて》、此辺《このへん》で一寸此媼《ちょっとこのばあ》さんの履歴を大略云わねば百魔伝にならぬ故、此所等《こゝら》でぽつ〳〵と書《かき》初めるのである。

雪閉《と》ずる、越《こし》の県《あがた》に翠《みどり》なす、松に縁ある敦賀在《つるがざい》に、代々郷代官を勤めたる、小畑六郎右衛門《こばたろくろうえもん》と云う人があった、元々由緒正しき京侍《きょうざむらい》の家筋にて、先祖より文武の道を貴《たっと》び、家富み栄えて専《もっぱ》ら慈悲善根の道を行い、近郷近在の民《たみ》百姓は、只管其《ひたすらその》徳風に靡《なび》き、父母の如く親み懐《なず》きしが、時世《ときよ》に変る紫陽花《あじさい》の、色褪勝《いろあせがち》の人心《ひとごころ》、六郎左衛門一人の愛娘《まなむすめ》、お菊《きく》と云えるが十三歳の時、同敦賀郡《おなじつるがごおり》の従者郷《とむべ》の富者、粟野金右衛門《あわのきんえもん》の悴《せがれ》、金十郎《きんじゅうろう》なるもの、容姿形質《みめかたち》人に勝《すぐ》れたるにも似ず、心様《こゝろざま》宜しからず我家の有福に慢《まん》じ、人を人とも思わずして、壮若《そうじゃく》の頃より酒色に泥《なず》み、近郷の酒肆《しゅし》に出入し、村里の年若き女共《ども》に戯れて、驕慢の挙動《ふるまい》のみ多かりしが、何時《いつ》の頃よりか、六郎左衛門の娘、お菊が絶世の美貌に目を着け、折もがなと窺い居《お》りしが、其年《その》の夏、白木浦《しろきうら》の、鵜羽《うのは》明神の祭礼に詣でんと奴婢《しもべ》両人に伴われて、お菊の出往《いでゆ》くを垣間見しより、知らず顔にて僣《おの》れも往き、群衆の中にて奴婢《しもべ》の油断を見澄し、手早くお菊嬢を引浚《ひっさら》い、とう〳〵夫《それ》より一里ばかりもある、立石岬《たていしみさき》と云える所に誘拐し来《きた》り、遂に鬼をも恥《は》ずる所業を、敢てせんとしたる時、春の若菜に斉《ひと》しかる、まだ十三の早乙女《さおとめ》が、金十郎の手挟《たばさ》みし、尺許《しゃくばかり》の小刀抜《ぬき》取って、左の肋《あばら》へ突込みし、痛手に耐えず金十郎は、お菊を脇に抱えし儘《まゝ》に、数丈《すうじょう》の崖を踏外《ふみはず》し、荒浪砕《くだ》く海中へ、真逆様《まっさかさま》に落込んだのである、抑《そも〳〵》此《この》立石岬と云うは、敦賀《つるが》湾西方の半島地にして、今は灯明台を設け、光力十五海里を照《てら》すと云う、其側《そのそば》に往昔《むかし》は三島明神ありしと、即ち延喜式に三前《みさき》明神と云うは是《これ》である、此辺《このへん》は総て峭立《しょうりつ》せる岩石にて構成した処であった、昔より各種の犯罪等は、種々の様式にて、此地《このち》に密議せられた事があるのである。此《この》立石岬の東南が所謂色《いわゆるいろ》の浜《はま》と云う処で、彼《か》の西行法師が、

「しおさいにますおの小貝《おがい》拾うとて　色《いろ》の浜《はま》とは云うにやあるらん」

と云いしも又、芭蕉翁が、

「さびしさや須磨にかちたる色《いろ》の浜《はま》」

と云いしも此処《こゝ》である。彼《か》の六郎左衛門の愛娘《まなむすめ》、絶世の美人お菊は、一時兇漢金十郎と共に、此《この》立石岬、色の浜の、底の藻屑《もくず》と消え失せたのである。茲《こゝ》に恰《あだか》も、小説の如き事実を物語るものは、彼《かの》お菊媼《ばあ》さんの、左の角額《すみびたい》の毛の中に掛けた、長さ二寸余の裂傷の痕《あと》あることである、此《これ》が其時《そのとき》受けた創痕《きずあと》であって、此《この》女性が幼少よりの気象を偲《しの》ばす何よりの証拠である、丁度墜落した刹那か、又は少許《すこし》の時間を経過したる後か、其処《そこ》は分らぬが、其汀《そのみぎわ》近く通り掛《か》ゝった一艘《そう》の船は、松前通《まつまえがよ》いの長門船《ながとぶね》であって、船頭の名は儀三郎《ぎさぶろう》、妻の名はふき、船の名は久栄丸《きゅうえいまる》、と云うのであったとの事、綺麗な振り袖姿の小娘が、浪に巻かれて居《い》るのを、ちらと見た船頭の儀三郎夫婦は、無意識に之《これ》を船に引上げて、介抱した、船は晩風に孕《はら》んで、ひた走りに走って居《い》る、妻が頻《しき》りに介抱する中《うち》にお菊は其夜《そのよ》の中《うち》に蘇生した、船は幾日の後、丹後国《たんごのくに》に仮泊《かはく》した、段々少女の咄《はなし》を聞くにつけ、夫婦は復異心《またいしん》を起《おこ》した、最早朧気《もはやおぼろげ》に此《この》少女の素性も、国処《くにところ》も分らぬでもないが、如何《いか》にも天の成せる美貌である。夫《それ》に無教育なる船頭夫婦の事であるから、報告や文通の手間も

遅緩《もど》かしく、又、子無《なし》の夫婦は、可愛くなったのと、末の頼母《たのも》しさとの慾とがごっちゃになって、夫婦相談の上、此《この》少女を、騙《だま》し賺《すか》す事に骨を折ったのである。

「屹度《きっと》お父さんの処に送り届けて上げますよ」

「もう手紙を出して置いたから迎いに来ますよ」

など出鱈目《でたらめ》ばかりを云うて、津々浦々に仮泊《かはく》し、日を累《かさ》ねて落付いた処が長門《ながと》の下の関である。其中《そのうち》に其年《その》も暮れ、お菊は十四の春を迎えたので、弥《いよ〳〵》天然の麗質美容は発揮して来た、其《その》船頭の親方である、下の関豊前田《ぶぜんた》の、大浦丸《おおうらまる》の重蔵《じゅうぞう》と云える者は、沢山の船も持って居《い》る上に、人格も立派な男であったので、儀三郎が、

「今度娘を一人貰《もろ》うて来まして、私共《わたくしども》も夫婦で働き景気《ばえ》が出来て来ました」

など云う口振りが、どうも合点が行かず、何か仔細《しさい》の有る事と高を括《くゝ》って重蔵は、

「夫《それ》は良かった、併《しか》しお前達も海上万里の旅稼ぎであるから、娘っ子の養育は出来る事で無《ね》ぇ、どうじゃ其《その》娘を俺に呉《く》れるなら、屹度《きっと》一資手《もとで》の金を遣《や》ろうがどうじゃ」

と、荒木《あらき》を切って云われたので、ぐず〳〵云やぁ根掘り葉掘り、尋ね兼《かね》まじき親方の剣幕であるから、夫婦相談の上、只《た》だ、

「へい〳〵此《この》娘が仕合《しあわ》でございますから」

と云う一言で、大枚百両の金で、此《この》娘を親方に売って、又帰期も分《わか》らぬ、浪の上の人となって、松前へと碇《いかり》を抜いたのである、夫《それ》から重蔵は、ぼつ〳〵とお菊の身の上を尋ね始めたが、そこがお菊が人並外れた、悧巧《りこう》な娘であるから、屹度《きっと》考えた。

「自分は事情はあるが慥《たし》かに人を殺した」

と、心で繰り返し、国処《くにところ》や父の名前を、云うて宜《い》いか知らぬ、と容易に実状を打明けなかった、重蔵も又苦労人でもあるし、何か事情のある事と思うから、無理にも夫《それ》を聞かなかった、お菊は又子供ではあるし未丁年《みていねん》の犯罪とか、相

手が名代《なだい》の兇漢であるとか、そんな事は分らぬ、只《た》だ、

「人殺し〳〵、お父様に難儀が掛《かゝ》りは仕舞《しま》いか〳〵」

ばかりが頭に往来して居《い》る、其後《そのご》は只《た》だ起居振舞《たちい》もきび〳〵と家内の事を立働いて居《い》るので、重蔵夫婦も二なき者に思い、心に有り丈《た》けの慈《いつくし》みを垂れて養育して居《い》た、其年《その》も暮れてお菊は十五の春を迎えた、其年《その》の三月に、養い親の両親が、年長けた自分の為めに盛んな雛《ひな》祭りをして呉《く》れたので、夫《それ》を見て屹度《きっと》思案を定めた。

「自分が穉《おさ》な心に覚えて居《い》る、国に有りし時の雛《ひな》祭りはこうであった、あゝであったと、又、実親は三年の此《この》年月の間に、如何《いかに》暮して居《い》るのであろうか、何とかして其《その》実状を聞《きゝ》たい、夫《それ》には慈愛の養父には済まぬが、重蔵の取引先の敦賀《つるが》の問屋若狭屋久右衛門《わかさやきゅうえもん》に委細事情を書いて、手紙を出して国許《くにもと》の事情を聞いて見たい」

と、こう考えを定めて、手代《てだい》の清七《せいしち》と云う薄のろい老人を賺《すか》して、程能《よ》く手紙を書かせ、便を得て其《その》手紙を送ったが、丁度其《その》年の暮れ十二月の初めに、養父の重蔵は晩酌の居間へ、一寸《ちょっと》お菊に来いと呼寄せられた。何の気もなく行って見たら、妻も遠ざけて重蔵一人で、

「お菊や、今夜は面白い手紙を読んで聞かせるぞ」

と、養父が読《よみ》聞かせた手紙は、敦賀《つるが》の若狭屋久右衛門から父に来た返事である、其《その》大略に曰《いわ》く、

「お尋ね越《こし》の松原郷の御代官（小畑《こばた》六郎左《ママ》衛門の事）は一昨年夏、白木《しろき》祭礼の夜に一人娘《ひとりっこ》のお嬢様が行方不明となられて、近郷近在大騒ぎとなりしが、誰云うとなく従者郷《とむべ》の粟野金右衛門《あわのきんえもん》の忰《せがれ》金十郎《きんじゅうろう》が誘拐《かどわ》かせしと云い始め、お上《かみ》よりも御詮議の役人御出張の末、数日《いくにち》の後、金十郎の死骸は、鷲島《わしじま》の浦辺《うらべ》へ打上げ、検視の上、左の脇腹に突傷《つききず》ありて、自殺か他殺か、不相分《あいわからず》、其上《そのうえ》立石岬《たていしみさき》の岩原《いわはら》と云う処に、お嬢様の簪《かんざし》と草履《ぞうり》が片足落《おち》散って居《い》たので、弥《いよ〳〵》御上《おかみ》の御不審も深くなった。其節《そのせつ》は金十郎も、お嬢様と共に相果《あいはて》たものと評議は一決した由。其後《そのご》強慾の金右衛門一家は、近在諸郷の悪《にく》しみ弥ゝ《いよ〳〵》深くなり、昨年の飢饉の節に、とう〳〵其《その》金右衛門相手の一揆が起《おこ》り、御領主様の御執鎮《おとりしず》めにより、金右衛門は今に入牢して居《い》て、身代《しんだい》は欠所となった。又、小畑御代官様は、御自身に支配下の百姓不取締にて、一揆等

の騒動を起《おこ》し、御上《おかみ》に御手数を掛け奉りしは、私《わたくし》の不行届、武士の一分不相立《いちぶんあいたゝず》と、恐入《おそれい》りを申出《もうしいで》られ、御引籠りの末、昨年九月十七日御病気にて御逝去《おかくれ》になりました。外《ほか》に御子様も無き事故《ことゆえ》、御身上一切は、御遺言 旁《かた〴〵》 御上《おかみ》の御指図にて、御親類様御一同にて御預りとなった。近郷近在の者共《ものども》は、永年御仁徳の御代官様や御嬢様の御菩提の為め、今年は立石岬《たていしみさき》に灯籠流しをして御供養を仕《し》まして、三十ケ寺の僧侶と群集の老弱男女は、御念仏を手向《たむ》けました。此日《このひ》は新御代官の藤脇権右衛門《ふじわきごんえもん》様も御出張に相《あい》成った」

云々の筋合を、叮嚀《ていねい》に書いた手紙であった。之《これ》を聞いたお菊は耐《こら》えに耐《こら》えたが、とう〳〵わっと此場《このば》に泣倒《なきたお》れたのである。

35

繊《か》弱き腕に強盗を生捕る

奉公身を投じて大義を助け
挺身敵を打て火薬庫を救う

扨《さて》もお菊は、己れが養父重蔵《じゅうぞう》の名を仮りて出した手紙の返事が重蔵の手に入《い》りしは当然の事にて、之《これ》を読聞《よみ》かされて、初めて故郷の有様を聞き、此《これ》まで包みし身の素性もさらりと分《わか》り、又、実父死亡の後に、殆んど絶家の有様にて、殊に金十郎の横死《おうし》が自殺か他殺の嫌疑中にあって、就中《なかんずく》自分は死んだ事に確定したりと云う評判まであると、事《こと》明細の文通にて、世事に敏《さと》き養父重蔵は、忽《たちま》ちにして其《その》大要を覚ったので、お菊は今は、秋毫《すこし》も身の上を包むの必要を認めぬ事となったので、滂沱《ほうりおつ》る不覚の涙を止めも敢えず平伏《ひれふし》して、

「浮世に類い稀に見る、奇《く》しき時運に取《とり》捲かれ、我のみならず親までも、浮ぶ瀬のなき有様を、此文《このふみ》により知るからは、枝に離れし小猿《こましら》の、沈む淵瀬に影探る、月さえ暗く鳥羽玉《うばたま》の、闇に彷徨《さまよ》う此《この》身はも、此末如何《このすえいかゞ》なるべきか、只《たゞ》ひた

すらに父君の、情《なさけ》の袖の蔭に伏し、世に恐ろしき道筋を、辿る知《しる》べを為《な》し玉《たま》え」

と、涙と共に取付いたので、俠肌気質《いさみかたぎ》の重蔵も、頻《しき》りに同情の涙を催おし、

「磯の千鳥の片羽《かたは》さえ、憩う間もなく吹き荒《すさ》む、乙女若葉の葭葦《よしあし》を、揉《も》み砕《くだ》くまで渦風《うずかぜ》の、止《や》む隙《ひま》もなき禍運《とがつみ》を、如《い》何《か》で凌《しの》がん術《すべ》さえも、知らぬおことが今の身は、片帆ながらに重蔵が、年頃取りし梶柄《かじづか》の、腕のさえにて育くまん、千石船に乗った程、安心とまで行かずとも、碇《いかり》を卸して心から、誠の父と思うべし、我亦《また》おことの其外《そのほか》に、子と思うものあらざるべし」

と、いと頼母敷詞《たのもしくことば》を尽し、慰め呉《く》れし親切に、お菊は夫《それ》より束の間も、父よ母よと呼び返し、他《あだ》し塒《ねぐら》の時鳥《ほとゝぎす》、子ならぬ親に真心の、孝を尽して今日と逝《ゆ》き、明日と暮してとう〳〵お菊は、十八の春を迎えたのである、此時《このとき》が丁度嘉永五年、畏《かしこ》くも明治天皇御降誕の吉辰《きっしん》にして、山間僻陬《へきすう》津々浦々まで、杵臼《ききゅう》の音《おと》の大空に、轟くまでに祝い込め、万民自然と声を揃え、只《た》だ万歳とこそ叫んだのである、爾来《じらい》国歩の艱難《かんなん》は、世界の潮と諸共《もろとも》に、我島ケ根に押寄せて、歴史に未曾《みぞ》有《う》の光彩を、放つに連《つ》れて天照《あまてら》す、神の威稜《みいつ》も弥《いや》高く、此《この》聖天子の御代《みよ》にして、欧亜の強き国々も、撫で懐《なず》け玉《たま》うべき、宏大無辺の勲《いさおし》を、知ろし召すべき聖徳の、始めは玆《こゝ》に萌《きざ》したのである、即ち夫《それ》が此《この》お菊十八歳の秋、九月廿二日の事である、まだ世馴れざる香《かおり》を罩《こ》め、憂霜《うきしも》さえも白菊に、置《おき》惑わせぬ年栄《としばえ》で朝日出《い》づるか山の端《は》に、祥雲《みずくも》蒸して此《この》聖皇《きみ》の、天降《あまくだ》らせ玉《たま》う事、お菊が命《いのち》百八《もゝや》千代《ちよ》、続かん限り忘れ得で、寿《ことぶ》き込める思い出である。

お菊は只管《ひたすら》に重蔵夫婦に孝養を尽して、家内の事を立働いて居《い》たが、何様《なにさま》一瞥《いちべつ》の風相忽《たちま》ちに、人目を牽《ひ》く程の美人であるから、場狭き鄙《ひな》の人心《ひとごころ》、出入数多《あまた》の若者等《ら》は、為《な》すべき用意も打《うち》忘れ、お菊の噂のみで持切る有様であった、養父重蔵は、物馴れたる男故《ゆえ》、家門の災《わざわい》は必ず、子女の容色に因するを悟り、程遠からぬ長府《ちょうふ》より、幸次郎《こうじろう》となん云える、器量心立《こゝろだて》も健やかなる若者を迎えて、お菊の婿がねとなし、家事一切を引渡して、稼《かせぎ》の道に就かしめ、自分夫婦は、裏手に小《さゝ》やかなる離家を構え、夫《そ》れに引入りて商売を監督して居《い》たのである、月日に関守なく、夫《そ》れより八九《はっく》年の年月は夢の間《ま》と過ぎ、お菊は二十八九《はっく》歳の年増盛りの世話女房となり、二人の愛児さえ産《もう》け、人の母となりし頃、父重

蔵は已《すで》に六十路《むそじ》の坂を越え、戴く霜は深けれど、磨く心は氷なす、関《せき》の名物男気の重蔵親分と崇《あが》められ、養子息子の幸次郎も、舅《しゅうと》の気質を商売の、表と共に受継いで、多くの人に達《た》てらるゝ、気負いの名をば売って居《い》たが、丁度文久亥《い》の年は、長藩血気の雄夫《ますらお》が、攘夷の旗を押立てゝ、毛臭《けぐさ》き夷《えびす》の軍艦に、命と共に強薬《つよぐすり》、籠めて打《うち》出す鉄砲は、響と共に海峡の、雲と浪とを躍《おど》らせて、人の心の底までも、轟き亘る戦《たゝかい》は、三百年の太平に、眠り腐りし夢魂《むこん》をば、打《うち》覚ましたのであるが、此事《このこと》を逸早くも知ったる重蔵親子の者は、人より先きに割って入《い》り、船の用意は申《もうす》に及ばず、陸上人夫の手配まで、目覚ましきまで立働き、父重蔵は敵艦より、打《うち》出す弾《たま》の煽《あおり》を受け、微塵《みじん》となって其《その》場に斃《たお》れ、間もなく母も病死して、残れるお菊夫婦は、藩庁より厚き手当を蒙《こうむ》りしが、跡を弔う間《あいだ》もなく、幸次郎が気立殊勝なりとあって、藩庁の内命を受け、江戸表、幕府の状況隠密の探偵として、差遣《さけん》せられたるは、勝浦《かつうら》の儀助《ぎすけ》、関《せき》の幸次郎二人であった、そこで幸次郎は儀助と相談の結果、隠密とあれば、女房連れを便利とすると云う事になり、儀助は子供なければ、幸次郎は二人の子を扶持付《ふちづけ》にて親戚に養子に遣《や》り、再び生きて帰らざる、堅き心をお菊にも云い聞かせたので、素《もと》より男勝りの女故《ゆえ》、一議に及ばず了諾し、夫婦死生を共々と、四人の誓いも山鳥の、長門《ながと》の国を跡にして、隠密の隊長村井某《ぼう》と共々に、手船の纜《ともづな》解く〳〵に、外廻りをして、出雲国《いづものくに》松江港に碇《いかり》を卸し、夫《それ》より陸行して大阪に出《い》で、木曾路《きそじ》を辿りて、とう〳〵江戸へ出たのである、夫《それ》より江戸での隠密に、幾多の苦労為《な》したる末、儀助幸次郎の相談にて、各《おの〳〵》女房を遊廓に勤め奉公をさせて、探偵第一の手蔓《てづる》を得んと玆《こゝ》に捨身の決心を定めて、之《これ》をお菊にも申聞《もうしき》かせ、其《その》秋の八月に、お菊は新宿《しんじゅく》の相模屋《さがみや》と云うに、初菊《はつぎく》と名乗って店を張り、儀助の妻は（本名を逸した）若菜《わかな》と云うて、客を迎うる事になったのである、お菊が身を遊女に沈めたは、二十九歳の時であるが、何様《なにさま》美人の聞《きこ》えある女故《ゆえ》、忽《たちまち》にして廓《くるわ》の評判高く、僅《わず》か一年立つか立たぬに、お職《しょく》を張る事になったのである。

此所《こゝ》迄が、お菊が新宿《しんじゅく》に勤めをするまでの、大略であるが、此所《こゝ》に至《い》たるまでの、奇事珍話は、拙《つたな》き筆に書尽《かきつく》せぬ程の事共《ことゞも》が沢山ある故、章を追うてぼつ〳〵と記述するであろう。

先ず第一に書くが、お菊が幸次郎と結婚して、一年斗《ばか》り立ちし頃、薩州の探偵として、長州に入り込み居《お》りし波多野《はたの》桂助《けいすけ》と云える者、久留米浪人と称して、頻《しき》りに勤王の説を唱え、博多より来る船便にて、下の関に来《きた》り、重蔵方に止宿し、為《な》す事もなく日を送りしが、忽《たちま》ちにしてお菊の容色に惑溺《わくでき》し、晩酌給仕の砌《みぎり》に乗じて有《あら》ずも哉《がな》の不躾《ぶしつけ》を云うて戯《たわむ》れ掛《かゝ》りしを、お菊は旅人相手の商売柄とて、柳に風と綾なして居《い》たが、果ては食われぬ山梨に礫《つぶて》を打って身を谷底に沈めんとする、馬鹿の本性を現わし来《きた》りし故、お菊は忽《たちま》ち之《これ》を夫幸次郎に物語りしに、幸次郎は是《これ》を父なる重蔵に咄《はな》した処、重蔵は暫《しば》く腕を組んで、

「夫《それ》こそは一大事の良き事である、初めより物騒の人柄とは見て居《い》たが、詞《ことば》の端々に、決して久留米藩ではない、屹度《きっと》薩摩に相違ない、左《さ》すれば我長州より、薩摩に隠密を送りし事、已《すで》に数人に及びたれ共《ども》、未だ其《その》生死さえも分らぬとの事であるが、若《も》しあの人が薩摩の探偵なら、長州に取っての宝物である、お菊と共に相談して、斯々《かくかく》の方法にて、居《い》ながら薩摩の有様を知る手段こそ肝要である」

と云うので、幸次郎は直ちにお菊と咄合《はなしあ》い、彼《か》の波多野の馬鹿侍を、釣り上げる手段に取掛ったのである、夫《それ》よりお菊は、親人《おやびと》の命《めい》によりて、波多野を綾なして居《い》たが、此《これ》が、浮《うい》たる稼業に生れた女と違い、仮りにも武士の娘なる故、就かず離れずの機合《かねあい》を、七分三分に辿る事、素《もと》より一通りの困難ではない、或時《あるとき》お菊は屹度《きっと》心を定めた、人を謀《はか》るに詐《いつわり》を以てすればこそ、斯斗《かくばか》り困難もあるべけれ、誠を以て無上の謀計となす時は、斯《か》る苦労はなき筈なりと、或日《あるひ》人なき処にて、波多野と語《かた》うた。

「数ならぬ、卑しき身分の我々を、左程《さほど》までに思召《おぼしめし》て下さるゝお心の程は、女冥利《みょうり》も恐ろしく、難有《ありがたき》程の限りではございまするが、何《いずれ》にしても夫《つま》ある身、恋の習いと諸共《もろとも》に、道なき道を踏分けて、危《あやう》く渡る丸木橋、好《よ》し落ちずとも末永く、人たる道を誤らば、唯さえ重きお身分の、後《のち》の栄《さかえ》を如何《いか》にせん、愛《めで》らるゝ程、我も亦《また》、君《きみ》の行末繰返す、小田巻《おだまき》糸の本末《もとすえ》は、乱るゝ物と思召《おぼしめし》、耐え難き思《おもい》を忍ぶこそ、互いの誠と申《もうす》べけれ、殊更君《きみ》は久留米藩と偽り玉《たま》えど、日本諸国の旅人を客として、稼業を営む我家の、父も夫も初めより、お国訛《なま》りの端々に、疾《とく》より君《きみ》を薩州のお侍《さむらい》とは知り居《お》るなり、今薩長の両国は、表面《うわべ》を詐《いつわ》り裏腹は、互いに隠密往来し、申さば白刃の林なる、敵陣に入り玉《たま》う御身なり、若《も》

しも誤り玉《たま》う時は、お身の上こそ気遣わし、況《いわ》んや我家は父夫《つま》とも、藩主の御用を承わる、義情固き性質《さが》なれば、知らざる事にも目を注ぐ、入込む多くの旅人は、御身《おんみ》ばかりの事ならず、已《すで》に御身《おんみ》を薩州の、お侍《さむらい》と知る上は、針の落ちる音までも、決して油断致すまじ、妾《わらわ》が痴《おぞ》きお諫《いさ》めも、御身《おんみ》を思う為めぞかし」

と、説聞《とき》かせたので浪人は、夢の覚めたる有様にて、暫《しば》しお菊を見詰めて居《い》たが、此時《このとき》は父重蔵と夫幸次郎の手には、波多野が数通の報告書を、博多通いの便船に托した物を没収して、之《これ》を阿弥陀寺町《あみだじまち》の奇兵隊《きへいたい》の屯所《とんしょ》へ報告し、却《かえっ》て薩州へは、反対の偽《に》せ報告を送る事となり、又、波多野に来る多くの書面も、皆、重蔵親子の手にて、奇兵隊の手に交附せられたのである、此《この》お菊の注告《ちゅうこく》より、波多野は段々身辺の事に注意を仕《し》初めたが、胆玉《きもだま》も落さん斗《ばか》りに驚いたのは、自分が堅く秘め置《おき》たる、荷物の中なる往復の秘書全部は、何時《いつ》の間にか一品《ひとしな》も残さず抜取られて居《い》たので、死人に斉《ひと》しき顔色となって、其《その》夜の中《うち》にお菊に宛《あて》たる、一封の書面を残し、見事《みごと》腹を切って死んで居《い》たのである、翌朝に至りお菊は之《これ》を見出《みいだ》し親夫《おやおっと》にも告げて、其侍《そのさむらい》の心情を憐れに思い、引接寺《いんじょうじ》の墓地に之《これ》を埋《うず》めて、お菊が下の関に居《い》る間は、墓参香華《こうげ》を怠らなかったとの事である。

又或時《あるとき》、下の関に於ける、煙硝倉《えんしょうぐら》の番頭某《ばんがしらぼう》と云える萩の侍《さむらい》が、常に此大浦丸《このおおうらまる》の重蔵方に宿泊りして居《い》たが、或夜《あるよ》お菊が風の心地にて打《うち》伏し居《い》たる壁一重《ひとえ》の次の間にて、筑前若松の船頭と、密談の端々を聞くに、唯事《たゞごと》ならずと思い、お菊はそうっと抜出《ぬけい》で、其《その》顚末を夫幸次郎に告げたが、其《その》大略はこうである。

「あの煙硝倉《えんしょうぐら》の番頭某《ばんがしらぼう》が密談しつゝ、ある若松の船頭は、屹度《きっと》幕府の廻し者に相違なく、幕府の隠密は、あの船頭を手先に遣い、あの倉の火薬を、何とか仕《し》ようと思うて居《い》るに相違ない、夫《それ》から一番の煙硝倉の隣にある倉に、あの船頭共《ども》が廻米《かいまい》して来て積《つみ》入れた米俵は、屹度《きっと》数量の上に大不足が有るに相違ない、夫《それ》は彼《か》の番頭《ばんがしら》と船頭共《ども》の間に、不正の事あるに極《きま》って居《い》る、夫《それ》であの一番の倉の火薬が爆発すれば、隣の倉も焼失するから、其《その》不正事件は、明日に迫まる検査の罹災と共に逃《の》がるゝ事が出来る、故に危険は今夜に迫って居《い》る、以上は自分が風邪にて、隣室に臥《ふし》て居《い》て聞いた、両人の対話によりて綜合した考えと、又日頃あの番頭《ばんがしら》と船頭の振舞が、どうしても幕府の手先、廻者に相違ないと目星を付けて居《い》た考えとの結果である」

と云うたので、幸次郎の驚きは一方《ひとかた》ならず、万一そんな事があっては、第一、下の関半分、即ち豊前田《ぶぜんた》の市街一円は火になる、第二、奇兵隊の人々の困難は、戦争の勝敗に拘《かゝ》わるのである、第三、藩の軍資に大損耗を来《きた》すのである、第四、幕府の隠密共《ども》が憎いから、屹度《きっと》征伐せねば此後《こんご》どれ程大害が起《おこ》るやら知れぬ、第五、萩藩の侍《さむらい》に、あの倉番頭のような人間が居《お》っては、全く獅子身中の虫であるから一藩中の見せしめに、屹度《きっと》成敗をせねばならぬとこう考え、直《すぐ》に父、重蔵に打明けて咄《はな》したので、重蔵も仰天《ぎょうてん》せん斗《ばか》りに驚き、阿弥陀寺町《あみだじまち》の奇兵隊の屯所に馳せ付け、物頭《ものがしら》に此《この》顛末を咄《はな》したので、一同喫驚《びっくり》して心利《こゝろき》きたる人々数十人を、仲仕人足《なかしにんそく》の風に粧《よそお》い、其《その》一番の倉の附近に、ばったりと伏せ込んだのであった、夫《それ》とも知らず彼《か》の番頭某《ばんがしらぼう》と船頭と、外《ほか》三人の黒影は、夜の子《ね》の半刻《はんこく》位に、其《その》倉の周囲に立現われ、雨《あま》催しの雲低く、草木も眠る闇の中に、しと〲と行交《ゆきか》う事になって来た、彼《か》の曲者《くせもの》の中《うち》一人は、四方の見張をなし、二三《にさん》人は藁《わら》束を火薬庫の戸前《とまえ》に積んで、正に火を放たんとする一刹那、八方よりどっと伏勢が起《おこ》って、暫《しばら》く格闘したが、中に幕府の隠密、八田十五郎《やだじゅうごろう》、秦川甚吉《はたかわじんきち》の両人は、剣術無双の達人にて、奇兵隊の勇士三人まで傷を負わせ、動《やゝ》もすれば闇に紛れて倉逃亡せんとするので、とう〲本隊より第二の応援来《きた》り、兎《と》ても敵《かな》わざるを自覚した秦川八田《はたかわやだ》の両人は、倉側の塀影に身を潜め、両人見事屠腹《みごととふく》して相果《あいはて》たのである、当時幕府の禄を喰《は》む者とさえ云えば、徒らに口を極めて悪罵をして居《い》た天下の人心も、此《この》両人の行為には、言句《ごんく》も出《いで》ざる程の立派な最後であったとの事である、幕府に抗して異心を抱く、長州の奇兵隊を窮迫せしめんと、孤剣敵地に深入《しんにゅう》して、其《その》弾薬庫を爆発せんと企てるさえ豪胆なるに、見顕《みあら》わされて少しも怯《ひる》まず、身力《しんりょく》の限りを尽して戦いたる後、白玉《はくぎょく》となって斯《か》る立派な最後を遂げたる事、此《これ》ぞ武士の鏡と云う可《べ》しである、又一方斯《か》る一大事の陰謀を、未発に発見したるお菊、即ち重蔵親子の者は、実に奇兵隊の命《いのち》の氏神にて、其《その》の感賞も甚敷《はなはだしく》、重蔵には奇兵隊の半纏《はんてん》一枚と金二十両、幸次郎お菊の夫婦には、賞状と金十両を贈り来《きた》り、其後《そのご》毛利の殿様よりは代官の手を経て、永世三人扶持《ぶち》を賜りて、其《その》忠心を賞せられたので、此《この》親子三人は、益々忠勤に身を果《はた》さんと決心したのである。

又、お菊が惣領娘妊娠の時、抜身《ぬきみ》の強盗二人這入《はい》り、折節重蔵も幸次郎も不在なりし為め、態《わざ》と顫《ふる》い恐れたる体を粧いて打伏《うちふ》し、云うが儘《まゝ》に倉の鍵を両人に渡し、両人を倉に追遣《おいや》りし後、そうっと様子を伺いしに、初めは一人倉前に立番して居《い》たが、終《つい》に両人共《とも》倉の中に這込《はいりこみ》しを見済《す》まし、抜足《ぬきあし》して倉の戸前《とまえ》をぴたんとしめ切り、錠前をぴんと下《おろ》して、父と夫の帰《かえり》を待ち、其《その》顛末を咄《はな》したので、両人倉に行って、窓戸《まど》より様子を見しにもう、時間も暫《しばら》く経って居《い》た事故《ことゆえ》、両人共《とも》押並んで切腹せんとして居《い》たので、驚いて声を掛け、段々問答して見れば、或《ある》藩の立派な侍《さむらい》にて、全く軍用の為めに、強盗を働きしと判《わか》り、親子相談の上、此《この》両人を助け、路用等を与え意見をして帰したので、両人は深く其《その》俠気を謝し立去ったが、御維新の後、其《その》姓名の人は立派なお役人に成って、高義の行い世に多しとて、尤《もっと》も評判宜敷《よろしき》事を、一人生き残ったお菊は聞いて、大変に喜んでは居《い》ても之《これ》を更《さ》らに人にも咄《はな》さずに居《い》たが、雨降る夜半《よわ》に浅草の、鐘の音《ね》澄みて淋しき時、人間半生の過ちは、後の改悛に一層の価値を添うるものなりと云う、意見の序《ついで》にお菊媼《ばあ》さんが、庵主に咄《はな》した事があった、庵主生来無学なれ共《ども》、総て斯《か》かる人々の忠告意見が聖典経義となりて、暴慢無双の魂性がやっと今日位《ぐらい》に善化したのである。

36　血の雨降らす漁場争い

嬌婦身を捨て、夫舅を助け
俠夫命を賭して家郷を出づ

「春秋《はるあき》の雲井《くもい》の雁《かり》もとゞめえぬ、誰《た》がたまずさの文字《もじ》の関守《せきもり》」という古歌は、豊前《ぶぜん》の国、文字《もじ》の関所にある海布刈《めかり》明神、謡曲乱舞の起縁である、其後《そのご》、詩にも、

硯海孤舟去不還《げんかいのこしゅうさってかえらず》、　眼前認得筆頭山《がんぜんしたゝめえたりひっとうのやま》、　春秋過雁終無信《しゅんじゅうのかがんついにしんなく》、　千古誰言文字関《せんこたれかいうもじのせき》

註曰、「関門の海峡を硯海《げんかい》と云い、速鞆《はやとも》の岬と、檀の浦の狭《きょう》水道を、文字《もじ》の関と云い其背南屹立《そのはいなんきつりつ》の山嶺、即ち要
塞地帯を筆頭山《ひっとうさん》と云う」

と吟《ぎん》ずるが如く、千数百年の往昔《むかし》より、山水の秀麗は、歴史の曲折に幾層の淡雅幽趣を彩りて、過節《かきょう》の騒人をして転《うた》た吟腸《ぎんちょう》を爛《たゞ》らすの名所旧跡である。扨《さて》もお菊は十四歳の時より此《この》地に行吟《さまよ》い孤雁《こがん》更《さ》らに翼なく、只管《ひたすら》に老侠の重蔵夫妻に助けられ、夫を迎うるに至っても、其《その》夫の壮侠、父に劣らざる意気に薫陶せられ、殊に徳川三百年、太平の破綻は此《この》山水秀麗の馬関海峡の砲声に其の端を啓《ひら》いたので、女ながらもお菊の心胆は、仲々普通常人の企及《ききゅう》する事の出来ぬ程の鍛錬があったのである。

時は未だ養父重蔵生存中、お菊廿二歳の頃、豊前小倉の漁民と、長州下の関の漁民と、猟場領分の争い起《おこ》り、初めは仮初《かりそ》めの事なりしが、後には双方入乱れての海戦となり、怪我人等も出来、之《これ》に双方両藩士分の人までも立入り、至極面倒となって来た。此時《このとき》頼まれて仲に入ったのが、養父の重蔵と、夫の幸次郎である。併《しか》しながら双方の申分六ケ敷《もうしぶんむつかしく》、此《この》仲裁が成立《なりたゝ》ねば、大浦丸《おおうらまる》重蔵親子の顔は丸潰《まるつぶ》れとなる破目に陥った、此時《このとき》親子はお菊に向《むか》い、

「事此所《ことこゝ》に及んでは最早《もはや》為《な》すべき道もないから、明日は親子打揃《うち》うて小倉に渡り、仲裁の詞《ことば》を聴いて呉《く》れねば、其《その》場を去らず親子一処に腹を切って、長州男の名前丈《だ》けでも残して死ぬ覚悟じゃ。お前、女の身ではあるし、不憫には思うが、跡に残って骨を拾うて弔《とむろ》うて呉《く》れ」

と云聞《いい》かせた、お菊は更《さ》らに悪るびれもせず、

「男仕事の表看板、命を的《まと》の仲裁が出来ずば、只《たゞ》では引込《ひっこ》めまい、今夜は機嫌能《よ》く酒酌み交わし翌日《あす》は立派に遣《や》ってお呉《く》れ」

と、親子夫婦快く晩酌を了《おわ》り、早くより寝《しん》に就かしめたが、翌朝になってお菊の姿が見えなくなったのに心付き、親子は大騒動をなしたが、長火鉢の上に一通の書置《かさおき》がある、其《その》文に、

「岸に漂う葭葦《よしあし》の、片葉《かたは》に斉《ひと》しき果敢《はか》なき我身、父上様や最愛の夫の慈悲にて、今日まで譬《たと》え方なき大恩を、何時《いつ》の

世かは酬うべきと、日毎に思う甲斐あって、今日計《はか》らず親夫《おやつま》の、斯《かゝ》る大事に出会いしは、予《かね》て無き身と覚悟した、命を捨てる屈竟《くっきょう》の好《よ》き折とこそ思うなれ、どうか私《わたくし》を今日限り親夫《おやつま》の縁を切って下さりませ」

と書残《かきのこ》して、恰好の押切《おしき》り伝馬船《てんません》一艘《そう》を雇い、潮《うしお》の狂う海峡を、月代《つきしろ》高き亥《い》の刻に乗切って、小倉藩の城下の橋下に漕ぎ付けて、直《たゞち》に城代家老小笠原外記《げき》殿の屋敷に馳せ付け、小門の扉を打敲《うちたゝ》き、一大事の御訴訟にござりまするだと云うので、門番は打《うち》驚き、武者窓より之《これ》を見るに、年若き綺麗の女、息を切って居《い》る様子故《ゆえ》、仔細ぞあらんと問答するに、今宵に迫る小倉藩の一大事との事のみを云うて他を云わぬ故、其儘《そのまゝ》に門外に待たせ置《おき》、直《すぐ》に取次を以て主人外記《げき》殿へ申入れしに、外記《げき》は、

「今薩長の浪士共《ども》、幕政外交等の事に付《つき》、人心頗《すこぶ》る穏かならず、如何《いか》なる事の出来《しゅったい》せしか、注意を怠らぬ此《この》日頃、夜中の訴訟心許《こゝろもと》なく、女たりとも打捨難《うちすてがた》し、客間の縁を明け払い、中庭に通すべし」と。

主人の命《めい》に家来共《ども》、早速お菊を中庭に通らせたので、小笠原外記《げき》殿一藩の安危を預る分別盛り、着流しの儘《まゝ》縁側に褥《しとね》を布《し》かせ、二人の若侍が両方より翳《かざ》す紙燭《ししょく》にお菊の姿をじいっと見下《おろ》し、

「女の身にて夜中の訴訟、当時各藩共《とも》内外物騒の折柄故《おりからゆえ》、親敷《したしく》訴訟聞取遣《きゝとりつかわ》す、事情包まず申し立てよ」

と、最《い》と厳《おごそ》かに云うたので、お菊は漸々《よう〳〵》頭を挙げ、

「私事《わたしくこと》は長州下の関、豊前田町大浦丸《ぶぜんたまちおおうらまる》幸次郎なる者の妻、菊と申者《もうすもの》にござりまするが、夫幸次郎を初め舅《しゅうと》重蔵共下《ともしも》様《ざま》気負《きおい》俠気の者にござりまする処、此度《このたび》御管下の猟師衆と、長州領六ケ浦の猟師共《ども》と、猟場の争《あらそい》差起《さしおこ》り、再応《さいおう》の喧嘩《けんか》口論と相《あい》成り、弥々《いよ〳〵》明後日又々福浦沖にて喧嘩《けんか》の手配《てくばり》と相成《あいなり》ましたので、両方の頭《かしら》立ったる人々より、親夫《おやつま》なる重蔵幸次郎の両人へ片落なき仲裁を相《あい》頼まれましたが、永年領内の御恩を蒙《こうむ》りましたる両人故《ゆえ》、若《も》し長州方利分《りぶん》と相《あい》成らざる取捌《とりさば》き致したる時は身の立場もなき事と相成《あいなり》、然《しか》らばと申《もうし》小倉方《がた》猟師衆の利分相《りぶんあい》立たざる時は喧嘩《けんか》は弥ゝ《いよ〳〵》枯木に油の勢《いきおい》と相成《あいなる》べく、其上《そのうえ》双方共《とも》、日頃お快《こゝろ》よからざる御《お》武家様方も、此喧嘩《このけんか》の後ろ控えとして御力添え遊ばされ居《お》る有様にて、殊に下の関の関奉行須貝源右衛門《すがいげんえもん》様を初め、此《これ》を潮《しお》に小倉藩と一廉《かど》の行掛《ゆきがかり》を拵《こしら》え藩の力を示さんと、おさ〳〵

御手配の様子を承わり、其《その》仲裁に這入《はい》る私共親夫共《わたくしどもおやつまども》、成敗二つながら身の置処《おきどころ》なき場合と相《あい》成る事を覚悟致し、明日を限りとして命を捨てるの覚悟を致し、私《わたくし》に迹々《あと〱》の事共申聞《ことゞももうしき》かせ、決心の程を示しましたが、私《わたくし》も薄々其成行《そのなりゆき》を存じて居《お》りますから、快よく袂別の盃も酌交《くみか》わし、隙を見合せ親子夫婦離別の状一通を残し、下の関を抜け出《だし》ましたる次第は、世に公《おゝやけ》の御政道、お慈悲深《ふ》かき御家老小笠原様に駈け込み、事の様《さま》を逐一に申上《もうしあ》げ、此喧嘩《このけんか》差止めの上、明白のお捌《さば》きを願上《ねがいあ》ぐれば、第一には御《お》両方様の御威光も汚《け》がれず、随《したがい》まして私共親夫《わたくしどもおやつま》の身の上も無事に助かり申《もうす》べきかと、女の浅墓《あさはか》な考えより、早船乗切りにて御城下へ馳せ付け、夜中御訴訟申上《おうったえもうしあげ》たる次第、素《もと》より何程のお咎《とが》めあるとても已《すで》に離別致し参りましたる事故《ことゆえ》、私《わたくし》一身は如何相成《いかゞあいなり》ましても、覚悟の前の儀にござりますれば、憐れ下民《げみん》の人情御《お》汲取下され、此事《このこと》無事落着致します様《よう》のお捌《さば》き、偏《ひと》えに願上《ねがいあげ》まする次第にござります」

と、事落《ことおち》もなく申述《もうしの》べたので小笠原は延管《のべろう》の煙管《きせる》を杖に息を詰めて聞き居《い》たるが、からりと夫《それ》を投げ捨てヽ、

「て扨《さて》驚き入りたる女が訴訟《うったえ》、予《よ》が聞く事、今一歩《ひとあし》遅かりせば、長豊《ちょうほう》の両藩、物あれかしと睨《にら》み合う日頃の気勢に火を煽《あお》り、由々敷《ゆゝしき》確執の種を蒔《ま》き、其上《そのうえ》あたら義侠の男子等《おのこら》を二人までも失うべかりしを、汝が決心の訴《うったえ》によりて、両藩の大災茲《こゝ》に免かるゝ事を得たるは、全く汝が気転《きてん》の働き、外記《げき》過分に存じ賞し置くなり、それ家来共《ども》、此《この》女を労《いたわ》り遣わし下部屋《しもべや》にて扶助致せ」

と、鶴の一声、お菊は身に余る面目を施し、小笠原屋敷にて介抱せられたのである。夫《それ》より家老外記《げき》は直様大目付梶《すぐさまおおめつけかじ》原喜太夫《わらきだゆう》に早使《はやづかい》を立てヽ役宅《やくたく》に呼寄せ、事の様《さま》を取糺《とりたゞ》し、お菊の訴訟《うったえ》に相違なき故、直ちに其喧嘩《そのけんか》の後押したる若侍《わかざむらい》の面々十六人に自宅謹慎を申付《もうしつ》け、猟師中の頭立《がしらだち》たる者三人に介添付役宅止《かいぞえつきやくたくど》めを申付《もうしつ》け、一方張方組子《はりがたくみこ》百人を以て猟師町の辻固めを申付《もうしつ》けたので、夜の明くるまでには、小倉方《がた》はちゃんと鎮撫方手配《かたてくばり》片付いたのである、一方下の関にては奉行須貝源右衛門《すがいげんえもん》を初め、逸《はや》り雄《お》の若侍《わかざむらい》等は今日こそ大浦丸の重蔵親子を雄鳥《おとり》に遣《つか》い、小倉方《がた》の手出しを挑み、其《その》機を押えて多年の望《のぞみ》を果《はた》さんと、藩地に遠き支々配地《えだしはいち》の下の関にて、長州武士の威力を示さんと待構えて居《い》たのに、重蔵親子はお菊の事も気掛りなれど、時刻来《きた》れば是非に及ばず、夜の引明けに早船を押切り小倉に到り猟師頭《がしら》の者共《ものども》の自

宅を音信《おとず》れたるに、何《いず》れも其《その》人々は不在にて、却《かえっ》て小倉藩の物頭《ものがしら》八屋諸左衛門《はちやしょざえもん》なる人、重蔵親子に面会し、此度《こんど》猟師共《ども》の不埒に付《つき》、長州領の其方共《そのほうども》格別の心労肝焦《きもい》り致呉《いたしく》れる段、藩公のお聞《きゝ》に達し、奇特殊勝の事に思召《おぼしめ》され、我等役宅に於て馳走致すべしとの君命なりとあって、無理に両人を八屋《はちや》氏宅に伴い行き、外出も許されざる位であった、一方又、下の関方《がた》の奉行付の侍共《さむらいども》及び長州領の猟師共《ども》は斯《か》ゝる事とも露知らず、其《その》翌々日は夜中より、おさ〳〵喧嘩《けんか》の準備をなし、今や乗り出さんとする処に、小倉藩国老小笠原外記《げき》の命《めい》とあって、応接方下村市兵衛《しもむらいちべえ》下の関奉行宅に来候し、先頃より小倉領内の漁民共《ども》、私《わたくし》の了簡を以て猟場領分の争《あらそい》を尊藩領民と相《あい》企ての趣、畢竟《ひっきょう》弊藩不行届《ふゆきとゞき》の致す処と存じ、此等《これら》不心得士民の者一切に抑留謹慎を申付置《もうしつけおき》たる次第、元来長豊《ちょうほう》両藩海上領分の義は、去る寛政戊《いぬ》年公儀より御達《おんたっ》しの次第により、上役人御出張御立会の上、画定致《いた》したる以来決して藩政我儘《わがまゝ》の振舞致すべき儀も無之物《これなきもの》を、士民共《ども》勝手の振舞を致候事《いたしそうろうこと》、誠に以て御恥かしき次第、右に付《つき》、弊藩に於ては、夫々《それ〴〵》処罰申付ける事に致候間《いたしそうろうあいだ》、直《たゞち》に尊藩萩《はぎ》公《こう》に使者を以て、公儀に対し手落なき御処分を願いたる次第、此等《これら》は全く両藩の無事安泰を庶幾《こいねが》う、恭順の処置たる儀と存じ候間《そうろうあいだ》、此儀関《このぎせき》御奉行にも申陳《もうしちん》じ、処行不埒の者共《ものども》御取調べ藩公へ御書上《おんかきあ》げ上申《じょうしん》に相成度《あいなりたく》、御心得の為め此段《このだん》使者を以て申入《もうしいれ》まする云々の口上であった。此《これ》を聞いた奉行須貝源右衛門《すがいげんえもん》は、全身水を浴びたる如く顫《ふる》い上って顔色《がんしょく》土の如く、為《な》す処も知らぬ有様であった。間もなく萩藩よりは永年土着の関《せき》奉行及《および》附属の侍共《さむらいども》は、全部退役所替えの厳命来《きた》り、代りとして国司八郎右衛門《くにしはちろうえもん》殿来着に相成《あいなり》、小倉藩の小笠原国老と相談の結果、領分の再調《さいしらべ》も相《あい》済み、双方の士民も安堵し、さしも大騒動を根ざしたる、猟場争《あらそい》の問題も、一段落ついたのである。是《これ》全く大浦丸のお菊、重蔵、幸次郎の働《はたらき》とあって、小倉藩より国司関《せき》奉行に掛合《かけあい》の上、小倉湊奉行の公許を受けて、下の関の大浦丸の持船丈《だ》けは小倉領へ船掛り勝手たるべしとの沙汰を受け、小倉藩よりは数々の賜物を頂戴し、関《せき》奉行よりも萩公《はぎこう》の御聞《おきゝ》に達し、酒器御賞状等を頂戴したのである、お菊は浜町《はまちょう》旅館営業の砌《みぎり》、庵主に示した品々の中《うち》、右小倉藩の八屋諸左衛門の与えたる短冊国風《たんざくこくふう》一ひらを見せた。曰《いわ》く、

風《かぜ》寒きあれ野の原《はら》におく霜の
かげより清き白菊《しらぎく》のはな

蜂家の翁

と書いてあった、其後《そのご》お菊は小笠原国老の口利《くちきゝ》にて、元々通り幸次郎の妻として下の関に帰り、昔に変らぬ営業をなし、特に小倉に於ける小笠原家八屋家等に親子夫婦三人共《とも》出入の身となり、年中五節句、物日《ものび》の伺候《しこう》をなし最《い》と巾広く世間を渡ったのである、後年長州と小倉の藩論行違《ゆきちがい》の頃は、大浦丸の一家は断然として小倉と行通《ゆきかよい》を絶ち、専ら長藩の為めに全力を尽して居《い》たが、惜《お》しいかな重蔵は馬関海峡英艦砲撃の時、名誉の戦死を遂げ、幸次郎夫婦は江戸表探索の大役を受持ち、江戸住居《ずまい》の身の上となったのである。

又、或時《あるとき》石州小浜《せきしゅうおばま》より一人の駈け落者《おちもの》の女来《きた》り、余儀なき事にて幸次郎引受世話して二階に隠匿《かくまい》置きしに、幸次郎の留守中に其《その》相手方の男子尋ね来《きた》り、お菊に向《むか》い逐一事情物語りしより、お菊は何の気も付かず、其《その》相手の女に引遭せた後、幸次郎帰り来《きた》り大いに立腹し、

「男の仕事に女が差出《さしい》で、一応の咄《はなし》もなく相手の女に面会せしめたるは、言語道断なり、今各藩共《とも》人心穏かならず、譬《たと》え駈け落者《おちもの》たりとも、如何《いか》なる素性の者なるかも調べず、若《も》し長州藩の不為になる取返しの付かぬ事など探索する人物であったら何とする、目明かしの女房として、男の魂を引抜かるゝかも知れぬ、他国者を調べもせず、男子《おとこ》の差図も聞かずに引入れて安閑と油断して居《い》る様《よう》な女房は一日も持って居《い》る事《こと》出来ぬ、親爺さんが過ぎ行かれた跡は、尚更《なおさら》大浦丸の名前を汚《けが》さぬようにせねば、幸次郎の一分《いちぶん》が立たぬ、汝は家の娘同様の女故《ゆえ》、喰うに困らぬように身代全部を投出して遣《や》るから、一時も早く出て行け」

と、怒《いか》り猛りて承知せぬので、如何《いか》なお菊も一言《いちごん》半句の弁解も出来ず、折柄《おりから》お菊は丁度妊娠中にて、頓《とん》と途方に暮れたとは此事《このこと》である、飽きも飽かれもせぬ恋婿から、自分の不埒不行届にて、厳かに離別の宣告を受け、之《これ》を他人の耳に

入《い》るれば、愈《いよ》〳〵夫の面目を汚《け》がし、自分一人で夫の心を解くよしもなき筋合にて、増してや夫は言出した事は一分《いちぶ》も後へ退かぬ猛火の如き気性故《ゆえ》、布婁那《フルナ》の弁も云解由《いいとく》なし、そこでお菊は屹度《きっと》思案を定めた、人の耳を汚《け》がさず、夫の心を宥《なだ》むるには、唯《たゞ》死の一事あるのみである、さぁこう心に極《き》めて其《その》準備に取掛るには、腹にある子供の事である、野山に猛き獣《けもの》さえ、子故《ゆえ》の暗《やみ》には踏み迷う、況《ま》してや雄々敷《おゝしき》お菊程、女の操の命にも、代えて大事の夫の胤《たね》を闇から闇に葬る事、何と耐え忍ぶべき、此《この》一事をさえ為《な》す道の、有らまほしゝと幾度《いくたび》か、繰り返した後、又屹度《きっと》思案を定めた。夫《それ》はお菊が懇意にする南部山《なえやま》の産科医者の家に寄宿し、子供安産の事を頼んだのである。其内《そのうち》幸次郎は彼駈落者《かのかけおちもの》を尋ねて来《きた》りし男の身の上、素性を探査したる処、果《はた》して幕府に内通する石州者《せきしゅうもの》でありし為め、直《す》ぐに物筋《ものすじ》と相談して、適当の処置を為《な》したのであるが、之《これ》を聞いたお菊は、弥《いよ》〳〵身も世も有られず、一日も早く安産して、死んで夫に申訳《もうしわけ》なさんと、堅き決心を持ったのである、折柄《おりから》幸次郎実父幸左衛門なるもの端《はし》なく、お菊の出養生《でようじょう》の事に付《つき》、一家の取締に宜《よろし》からざる事を幸次郎に意見せしにより、幸次郎は止むを得ず、お菊の許し難《がた》き不届を責めて、離別したる趣《おもむき》を物語りたれば、父は大いに驚き一時の不行届は此後《このご》の注意にて十分なり、過《あやま》って改むるは君子の道、況《ま》してやお菊が世にも類なき心立《こゝろだて》、立派の女を、汝が若気の一存の計らいにて、離別等《など》の事あっては、死行《しにゆ》かれた重蔵殿へ相《あい》済まぬと、深く幸次郎の処置を戒め、直《たゞち》に産科医者の処に来《きた》りて、お菊の病褥《びょうじょく》を慰めしに、お菊も遉《さすが》女にて、今まで張りに張り詰めし決心の堤は、涙の川に崩れ落ち、生れ来て女盛りまで、一度も女々敷《めゝしき》涙を出さぬ、男勝りの気性も折れ、わっと其処《そこ》に泣《なき》伏したのである、舅《しゅうと》はお菊の決心を聞いて、ぎょっとなし、殊に其《その》決心も一時の軽挙妄動に非ずして、正しく女の道を守り、静かに後事の処置をして、其上《そのうえ》にて死を決したるは、只《たゞ》驚くの外《ほか》はないのである、父は直ちに幸次郎を呼び寄せ、武士も及ばぬお菊の決心を咄《はな》し聞かせしに、幸次郎も感心して、

「好《よ》くも死を決した、夫《それ》でこそ幸次郎の妻である、父の詞《ことば》に随《したが》いて安産の後、共々に、養父に尽す家名の繁昌、以後を必ず謹むべし」

と、漸《ようやく》解けし夫の心、お菊の喜び此上《このうえ》なく、夫《それ》より程なく安産して、夫婦仲睦まじく暮したのである、此咄《このはなし》をする

時、お菊媼《ばあ》さんは、夫の気性に、常に蹶《け》たくられる程恐れをなして居《い》たものと見え、此時《このとき》の思い出に襲われて、頭に戴く雪霜の、年を忘《わすれ》て落涙を禁じ得なかったのである。

37 天下無双の女丈夫

阿嬌意を決して密書を偸み
老婦義を説いて皇帝を服す

前回にも段々叙述する如く、此《この》お菊媼《ばあ》さんの前半生は、総て颯爽として物に凝滞《ぎょうたい》なき、男勝さりの生存であった、夫《それ》が其《その》夫たる幸次郎が、俠気無比の性質の上に、長藩の内嘱を受け、一死を決して江戸隠密に入込《いりこ》むに付き、二人の愛子の絆をさえ断《たち》切って、妻たるお菊を引連れ江戸に上《のぼ》った位であるから、孤剣を提《ひっさ》げて易水寒《えきすいさむし》を謳《うと》うて掛《か》った事には相違ないのである、果《はた》せる哉《かな》、維新の鴻業《こうぎょう》が成功するか失敗するか、千載一遇の切羽《せっぱ》に臨んだから、夫たる幸次郎も、女房を女郎に売り、女房も甘んじて夫の命《めい》に従い、生きながら地獄に落《おち》る如き仕事を仕《し》たのである、元治《げんじ》元年甲子《きのえね》の頃は、長幕の間、擦れに擦れ、縺《もつ》れに縺《もつ》れて、とう〳〵長州征伐を決するまでには、幕府内幾多の議論経過があったに相違ないが、夫《それ》が今日と違い、上下の隔絶甚敷《はなはだしく》、中々《なか〳〵》民間で幕府内の意向を知る事は出来る事ではなかった、長州の方では、幕府が長州を討つか討たぬか、夫《それ》を知る事が一藩安危の分《わか》る〻処で、討つとなれば長州は、最後の一人《ひと》まで、人種《だね》の尽きるまで、天下の兵を引受けて戦わねばならぬ、其《その》藩論を決する事が、又一大事である、其間《そのかん》、長州でも、江戸でも、大阪でも、流言蜚語《ひご》は蜻蛉《とんぼ》の飛び交《か》うが如く、入《いり》乱れて行わる〻故、士分でも重役連でも、中々《なか〳〵》其《その》真相を知る事は出来ぬのである、茲《こゝ》に幸次郎夫婦は、夫《それ》を知るべく第一の事業としたのであった。

風寒き明日は枯野の女郎花《おみなえし》、露凝《こ》る夜半《よわ》に尚《な》お笑う、人様々《さま〴〵》の浮世には、儚《はか》なく辿る蜉蝣《かげろう》の、一夜《ひとよ》の夢を名残とて、草葉の裏に啼《なき》に往《ゆ》く、増してや遊廓《くるわ》に照る月の、影さえ心おく露を、踏みつゝ、通う網笠に、似合《にあわ》しからぬ二本棒、迎うる門《もん》に馬鹿鳥《ばかどり》の、声呼び交《か》わす店男《みせおとこ》、誘う嵐に袖屏風、こゝを御室《おむろ》か相模屋《さがみや》の、霜にも傲《おご》る初菊の、色香を愛《め》づる客《まれ》人《びと》は、平河町《ひらかわちょう》の御用飛脚の宰領問屋、丸菱惣左衛門《まるびしそうざえもん》の手代、源八《げんぱち》二十八歳と云うが、下谷《したや》の江戸侍、菅原源八郎《すがわらげんぱちろう》と名前を偽りて、此《この》初菊に通い詰めるのである、網笠出立《いでたち》の大小も、可笑《おか》しからざる粧《よそお》いに、初めは心を付けて持てなせしが此《この》菅原を取巻きの連客《つれきゃく》、喜三郎《きさぶろう》の相方《あいかた》は、彼《か》の勝浦の儀助が女房、若菜である、初菊諸共心敏《もろともこゝろき》きたる女故《ゆえ》、忽《たちま》ちにして此《この》両人の本性を見破り、程能《ほどよ》く待遇《もてな》し居《お》る中《うち》に、両人の夫、幸次郎、儀助よりは長幕の風雲、弥ゝ《いよ〳〵》急を告げる事となって来た故、必死に心を付くべしと、申越す事屢ゝ《しば〳〵》なるより、初菊、若菜の両人も、八方に心を配り、是《こゝ》を先《せん》度《(途)》と働きしが、或夜《あるよ》、彼《か》の通い来る菅原両人、何時《いつ》もになく座敷も淋《し》み、飲む杯の廻るに付け、近々遠方へ旅立の事共《ことども》物語り、当分の別れぞと、両人に心付けの金子《きんす》等を与え、其《その》出入れの紙入に、ちらと見たるは、御用状様の一封である、何知らぬ顔の初菊は、はっと心に鐘を突き、如何《いか》にもして此《この》書状を見んものと考えを起《おこ》した、夫《それ》より一層咄《はな》しに身を入れ、勧める酒に神仏の、力をまでも祈りつゝ、常より一入待遇《ひとしおもてな》せしが、夜更《ふ》けに及んで理《り》に落《おち》た、酒が一度に打揚げて、前後も知らず熟睡したので、初菊は、そうっと菅原の紙入より彼《か》の書面を引出して之《これ》を見るに、前略、

「此度《このたび》将軍様御上洛の事《こと》御治定に相《あい》成るは容易ならざる天下の一大事と相成《あいなる》始めと存じ候 間《そうろうあいだ》、我々御用相《あい》勤め候 者《そうろうもの》共《ども》は金子《きんす》の融通調達方等京大阪江戸表共《とも》尤《もっと》も入魂《じっこん》に御相談可 致 候《いたすべくそうろう》ため手代《てだい》源八差上《さしのぼ》せ候 間《そうろうあいだ》、諸事宜敷御差示《よろしくおさししめし》

願 度 候《ねがいたくそうろう》云々

子三月十日　　　　江戸　丸菱惣左衛門

宛　名」

初菊は手早く此《この》書面の文言《ぶんげん》を鼻紙《はながみ》に書き写し、元の如く仕舞《しまい》置き、早速前後の顚末を書認《かきしたゝ》め、此写《このうつし》と共に之《これ》を幸次郎が許《もと》に送り遣わした。それを受取った幸次郎は、つく〴〵と此《この》書面を打眺め、抑《そも〳〵》此《この》将軍の上洛と云うが只事《たゞごと》に非ず、何か京都の手筈を滑《なめら》かにして、俄然として馬を長藩に向けるのではあるまいかと思いしより、直ぐに隠密頭《おんみつがしら》村井の許《もと》

に馳せ付け、事の顚末を細々《こま〴〵》と咄《はな》すと、流石《さすが》村井は、今や長幕の親善覚束《おぼつか》なく、到底一大衝突を起《おこ》すべき時期なるに、玆《こゝ》に将軍の上洛等を決行するは、必ず朝命を以て征長の軍を起《おこ》すに相違あるまいと見極《みきわめ》を付け、早速江戸詰め合《あい》の人々と評議の上、早打《はやうち》を以て、

「幕府は予《あらかじ》め朝廷の御内許を得て置いて、長州を征伐せんと相《あい》企て居《お》るものと相《あい》見受、其《その》為め将軍上洛の事を、昨今慥《たし》かに決定致候様相《いたしそうろうようあい》見え申候《もうしそうろう》云々」

の事を、長州本藩へ申遣《もうしつかわ》したのである、夫《それ》でこそ長州では此《この》江戸の報告を根拠として、評議を重ね、終《つい》には内乱まで起し、乾坤一擲《けんこんいってき》の決心をして藩論を一定し、直ちに国境を固めて隣藩の外交に全力を注いだのである、此等《これら》に対するお菊、幸次郎等の働きは、最も目覚しかりしと云わねばならぬのである。

因《ちなみ》に曰《いわ》く、此《この》初菊の探偵顚末に付《つい》ては、友人朝吹英二《あさぶきえいじ》氏が曾《かつ》てお菊媼《ばあ》さんに就いて尋ねて、調査もした事があったが、此《この》江戸丸菱惣左衛門《まるびしそうざえもん》より、京都大阪の同業者に宛てたる即ち手代《てだい》源八が所持なせし書面こそ、其《その》筋合としては甚《はなはだ》不徹底の物のようであるが、夫《それ》が当時の関係者では、幕府征長の秘密を、明瞭に理解し得る程の、必要千万の物であったとの事、又此等《これら》書状以上の有力なる物件を得る事は其《その》時分到底出来なかったとの事である、果《はた》せる哉《かな》、長州は、会桑《かいそう》二藩が禁闕《きんけつ》を守護するのを、君側《くんそく》の姦《かん》を払うと云う名を以て蛤御門《はまぐりごもん》で発砲した、夫《それ》に俄然薩州が長州に鉄砲を向けたので、此戦《このたゝかい》は負けになった、故に長州は禁闕《きんけつ》に発砲したと云う名の下に、直《たゞち》に長州を朝敵として追討の詔勅が下《さが》ったと云う丈《だ》けは、世の中に知れ渡って居《い》るが、此《この》お菊媼《ばあ》さんの咄《はなし》、朝吹氏の調べによれば、幕府はずうっと前から、どうかなして長州を討《うち》たい〳〵との計画を持って居《お》って、様々の隠密などを使うて、長藩の動静を窺《うかご》うて居《い》たに相違ない、夫《それ》で長州の方でも、苦肉の探偵を入れて、幕府の様子を密偵して居《い》たものと見えるのである。

是《これ》より愈《いよ〳〵》世は刈菰《かりごも》と乱れ来て、やっとの事に王政の維新となり、明治太平の天地が開《ひら》けたのである、此間《このかん》に最も悲

惨事は、幸次郎、儀助等の身の上である、儀助は上野戦争の砌《みぎり》に行衛《ゆくえ》不明となり、幸次郎は強烈なる腎臓病に罹《かゝ》って、麹町《こうじまち》の僑居《きょうきょ》に斃《たお》れ、儀助の妻若菜は、明治五年頃、又病気で斃《たお》れた、墓は四谷妙光寺《よつやみょうこうじ》にありて、お菊が常に墓参せしとの事、お菊は夫幸次郎の病気を勤《つとめ》の身にありながら色々と看護《みとり》をして居《い》たが、彼《か》れの死後無事勤めの年期を終えて、一端幸次郎の実家長府にも帰ったが、身寄の者も段々死絶《しにたえ》て、代易《だいが》わりともなって居《い》たので、生国《しょうごく》なる越前に初めて墓参旁《かたぐ〳〵》帰り、段々生残った古老の人共《ひとども》をも招きて、寺院に寄附供養の事共《ことども》をなし、夫《それ》からお菊が遠縁の血統ある、十歳の小娘君子《きみこ》なる者を養女に貰《もら》い受け、再び江戸に出来《いでき》りて、丁度距《さ》る明治十一年、即ち西南戦争の後、此浜町《このはまちょう》に旅館営業を始めたのである、其時《そのとき》丁度其《その》娘の君子は十七歳であった、夫《それ》からお菊の産んだ娘の児《こ》二人の内一人は、養子先きにて病死し、一人は其《その》婿なる者が北海道の小樽《おたる》で材木商をなし、一人の孫さえ出来たので、お菊は一度は小樽にも行き、娘夫婦も孫連れにて上京もして来たのである、親身の身寄と云うは先是《まずこれ》であった、丁度明治二十三《ママ》年の憲法発布の後であった、小樽の娘夫婦が上京して、親子相談の上、越前屋《えちぜんや》の店を、居成《いな》りに人に譲り、綺麗に送別の宴などを開き、小樽へ引越して往《い》って仕舞《しも》うたのである、其後《そのご》寒暑年始末には、庵主と音信の贈答もして居《い》たが、庵主は生来の飄《ひょう》浪《ろう》生活にて、支那や香港にも往来し、其後《そのご》洋行等も四五《しご》回に及び、段々無音《ぶおん》となり、去る四十二年の頃、お菊は七十四歳を一期《いちご》として大往生を遂げたとの通知を得て、庵主は朝吹氏とも相談の上、昔を偲《しの》ぶ事共《ことども》を書連《かきつら》ね、香花《こうげ》の料《りょう》等を贈ったのであった、庵主等は元来乱世の不逞児《ふていじ》、太平の屑男《くずおとこ》にて、大抵の人間には驚かぬ性質《たち》であるが、此《この》お菊媼《ばあ》さんの如き女丈夫、偉大なる傑物には今尚《な》お一驚を禁じ得ぬのである。即ち慾望と執着とを解脱《げだつ》して、義気の強烈なる斯《かゝ》る婦人を見た事がないのである、第一、人の世話をしてどんな掛《かゝ》り合《あい》に会《お》うても悔いたる事なく、第二、人の為に大損をしても永久に微塵《みじん》も愚痴を滾《こぼ》した事なく、第三、養父と夫に孝貞にして、夫《それ》を表面《みえ》に少しも見せた事なく、第四、慈悲と善根の心深くして、総て人の知らぬ処に親切を運び、第五、権勢に秋毫《しゅうごう》も屈せず、弱者を微塵《みじん》も慢《あなど》らず、只《たゞ》見る崇高なる或る仏陀の化身と思うたのである、此媼《このばあ》さんに世話になった顕要の巨頭も沢山あるが、媼《ばあ》さんは丸《まる》で夫《それ》を忘却して仕舞《しも》うて居《い》る、偶《たま〳〵》事《こと》に触れて庵主等が夫《それ》を説明付きに咄《はな》して聞《きか》すれば、

「まぁ、あの方がそうなんですか、夫《それ》はまぁ結構な事です、早速亀戸《かめいど》の天神様にお参《まいり》を仕《し》て、此上《このうえ》の御繁昌を祈りましょう」

と云う丈《だ》けで、其後《そのご》は再び口にも出さなかった、即ち斯《か》く云う庵主も、此媼《このばあ》さんの世話厄介になって正《ま》さに今日あるのであるが、多くの人々はあの人も此人《この》も、あの媼《ばあ》さんの世話になった人であると云う事を、庵主は能《よ》く知って居《い》るが、今日では皆《みな》知らぬ顔をして居《い》る、夫《それ》は心に思うても、口では云えぬのであろう、曰《いわ》く伯爵、曰《いわ》く男爵、曰《いわ》く社長、曰《いわ》く大金持ち、其《その》高階級を得て居《い》る人々が、昔日《むかし》顔役の女房や、後家《ごけ》などで宿屋稼業をして居《い》る女の世話になったと云う事を、濃厚に発表しては、子孫の末まで其《その》家系と経歴を傷《きず》けるとでも思うのに相違ないのである、或る時庵主が某《ぼう》新華族で、高官にある人を浜町《はまちょう》の常盤屋《ときわや》に招待して、客も大略散じた後、世間咄《ばなし》の時、

「あゝ閣下よ、あのお菊媼《ばあ》さんが、此間《このあいだ》北海道で死んだそうですから、何か贈って遣《や》りたいと思うて居《い》ますが、閣下も何か遣《や》って下さったらどうです」

と云うたら、閣下ははっと顔に一種感情の血を漲《みなぎ》らして、

「お菊とは何です、僕はそんな人は知らないよ、何か夫《それ》は君方《きみがた》の考え違いではないかえ」

と云うから、庵主も少し可笑《おか》しく思った処が、側《かたわ》らに居《い》た朝吹氏は、交際社会で円満と云うては、比類なき程の人であるのに、何と考えたか大声《たいせい》を発して、

「閣下よ、夫《それ》はいけませぬ、人間と云う物は、人の物を喰った事と、人の親切を受けた事丈《ことだ》けは、決して忘れてはいけませぬ、閣下はあの媼《ばあ》さんの事丈《ことだけ》は、お忘れになってはいけませぬよ」

と云うたら、閣下殿はお額《でこ》に青筋を立てゝ怒《おこ》り出した。

「君方《きみがた》は、今日は僕を侮辱する為めに此所《こゝ》に呼んだのですか、僕は斯《かゝ》る席には御免《ごめん》を蒙《こうむ》る」

と云うて、ぷいと立って帰って仕舞《しも》うた。さぁ朝吹氏が怒《おこ》り出した。

「なんだあの畜生、君《きみ》と僕の証人二人の外《ほか》には、人も居《お》らぬ席で、斯《かゝ》る顕著なる忘恩的の馬鹿を吐く以上はもう勘弁

ならぬ」

と力味《りきみ》出した。酒の勢いも有ったろうが、朝吹氏には珍らしき奮発であった。庵主は余りに面白くなって来たから、一つ朝吹氏と同道して、其《その》閣下のお屋敷に伺候《しこう》して、閣下の面《つら》の皮をひん剝《む》き、黄色の泡を吹かせて遣《や》ろうかとの好奇心も起《おこ》らぬでも無かったが、庵主は斯《か》く云うて朝吹氏を慰めた。

「あの馬鹿野郎を摘《つま》み潰すのは何でもないが、お互《たがい》一寸《ちょっと》考えねばならぬ事がある。あのお菊と云う媼《ばあ》さんは、人の世話をした事を口に出して云う事を、何かの罪悪でもあるように嫌がった女である。夫《それ》をお互《たがい》が只《たゞ》の癇癪《かんしゃく》の為めに叩き破《こわ》して、媼《ばあ》さんの一番嫌《きらい》の事を暴露するのは、第一お菊の仏意に背き、第二お菊の心立《こゝろだて》に対しても恥かしい事では有《あ》るまいか。此《これ》はあの馬鹿野郎の為《す》るが儘《まゝ》に暫《しばら》く打捨《うち》てゝ置いた方が宜《よ》かろうと思う」

と云うた事があった。

以上、庵主が数回の叙述に因《よ》って、読者は定めてお菊の生れ素性から、其《その》生存中の行為の純潔無垢なる事を知らせられたであろうが、是《これ》は全く仏陀の化身と思うのが無理ではないのである。庵主も此《この》仏陀の功力《くりき》によりて、一時難厄《なんやく》を免れたのであるが、此《これ》を明白に発表宣伝するのは、其《その》お菊媼《ばあ》さんの崇高なる仏意にも背くからと思い、今日までは人にも咄《はな》さず、雨に連《つ》れ風に連《つ》れて、其等《それら》の恩義と、其《そ》の面影を偲んで居《い》たが、今は朝吹老人も逸早く世に無き人となられ、唯《たゞ》庵主一人となったのであるから、若《も》し庵主がお目出度《めでた》くなった後には、そんな媼《ばあ》さんが世の中に有ったか、どうかと云う事も分らぬ儘《まゝ》に、湮滅《いんめつ》して仕舞《しま》うのである。故に意を決して記憶にある大略を茲《こゝ》に書残《かきのこ》すのである。

庵主が曾《かつ》て西洋の書物を読んで居《い》たら、仏国巴里《パリー》の片田舎に、母子《おやこ》暮しの男があって、其《その》男の職業は牛酪《バタ》を製する事であった。其《その》母は往来の側《かたわら》に茶店を出して、人の腰を休める商売をして居《お》った処が、或日《あるひ》の朝、店の戸を開けると、直《たゞち》に倒れるように這入《はい》って来た一人の軍人があって、「腹が減って動けぬから何でも少し喰わせて呉《く》れ」と云うた。老母は取《とり》あえず自分等《ら》の食糧の堅《かた》パンに、青バタを添えて与えたら、士官は腹一杯喰うて水を飲み、

「もう此《これ》で大丈夫だ、屹度《きっと》天下が取れるぞ、成功の後はお前にしっかり報恩をするぞ」

と云うと、老母は曰《いわ》く、

「私《わたくし》はお前さんが飢《うえ》と云う病気に罹《かゝ》って居《い》るから、取《とり》敢えず私共《わたしくども》親子の食糧とする堅《かた》パンを与えたが、腹が出来たら全快して当り前の人間になったのであるから、一つ問う事がある。お前さんは一体仏国の王家に敵対《てきと》うて戦争をして居《い》る革命軍の方の人か、又は王家の味方をして居《い》る軍人であるか」

と問うたら、

「俺は其《その》革命軍の方である」

と答えた。

「お前さんは今日只今《こんにちたゞいま》、私《わたくし》にパンを貰《もろ》うて喰うたと云う事を事実から取去ったように忘れる事が出来ますか」

と云うたら士官は、

「老女はなぜそんな事を云うか」

と詰《なじ》った。老母は平然として、

「食に飢えた人間一人を、神に代りて助けた事はあるけれど、革命軍でありながら、王家の軍人肩章を付けて、今日まで王家の治下にある老母を欺《あざむ》いて、食を得た軍人を助けた事を、今事実の上から取去りたいと思うからである」

と答えたので、其《その》軍人は慌てゝ、其《その》肩章を捥《むし》り取って、其《その》パンの代金を払うべく身構《みがまえ》たので、老母は直《たゞち》に其《その》残りのパンとバタの皿とを土間に投出《なげだ》して、側《かたわら》に居《い》る犬に喰わせて仕舞《しも》うて、其《その》士官の支払を拒絶した。

「私《わたくし》と悴《せがれ》との二日分の食糧は、今誤って皆《みな》犬に喰われて仕舞《しも》うたけれども、まだ私《わたくし》は神に代りて一人の飢餓に迫った軍人を助けた事はないと云うことを、念を入れて明言します」

と云うて、其《その》軍人を戸外に押出し、ばたんとドアを締めて仕舞《しも》うた。其後《そのご》其《その》軍人が、とう〳〵皇帝の位に上《のぼ》って、其《その》老母親子を呼出し、賞勲局長をして恩賞を与うべく申渡《もうしわた》したら、老母はけゞんな顔をして、

「私《わたくし》が往日《おうじつ》貧困の時に犬に親子二日分の食糧を喰われたのを、或る慈善心のある軍人が見かねて之《これ》を不憫《ふびん》に思い、其《その》

パンの代を償《あがの》うて呉《く》れようと仕《し》た事は記憶して居《い》る。即ち斯《か》ゝる心掛けの軍人は、屹度《きっと》後には今の王家に代りて皇帝様位にはなるであろうと思うた事は記憶して居《い》るが、貧困の老母は、未だ己れの食を割《さ》いて、他の人に喰わせる程の余裕はなかった。但しグリーキの神話の如く、其人《そのひと》が犬に見えたのかも知らぬが、夫《それ》が若《も》し事実ならば、決して犬は皇帝様になる筈がないと思います」

と答えたので、役人も皇帝も、顔を真赤にして、其《その》老母の精神の崇高なのに恥入り、とう〳〵其《その》皇帝は其《その》老女を、慈母の模範として、其《その》子を孝子の模範として表彰した、との事である。

庵主が今此《この》紙上、数回を以てお菊媼《ばあ》さんの事歴を叙述したのは、人間と犬と間違えて貰《もら》いたくない為めの表彰で、多くの、お菊媼《ばあ》さんの世話になって今高位高官や大金持になって居《い》る人々には、多分今頃は大抵お菊媼《ばあ》さんの方で犬と間違えて居《い》るであろうと思うのである。

38　奇才縦横の俳人銭六《せんろく》

武魂の俳人常に人を御し
斗大の胆略強藩を挫く

庵主は是《こゝ》に百魔人中の一奇人を紹介するであろう。其人《そのひと》は福岡藩士にして、名を川辺青人《かわべあおんど》と称《とな》えて、庵主の曾祖父に当る杉山無樵《すぎやまむしょう》と云う歌人の門弟である。此人《このひと》は幼少より、奇才縦横を以て一世に聞《きこ》えた狂歌師であったが、其《その》内的に充実した気魄《きはく》は、頗《すこぶ》る豪胆にして百難を処理裁決する抜群の器量を備えた人であった。庵主は幼少の頃より、祖父母や、父母の寝咄《ばな》しに其《その》逸話を聞いて居《い》たが、其《その》狂歌の如きも、多くは後の剽窃家《ひょうせつか》に偸奪《ちゅうだつ》せられて、或《あるい》は一休禅師や仙崖《せんがい》和尚や、蜀山人《しょくさんじん》などの詠歌として世に伝えられて居《い》るのがあるのは、正《まさ》に其《その》奇人たる一面を顕わして居《い》る。又其《その》歌の中には面白いのもあり面白くないのもあるが、総て歌と云う物は、其《その》境遇に入《い》って味《あじお》うて見ねばよい味を得ぬものである。庵主は我家に憑拠《ひょうきょ》のある物と、伝聞の存する物とを考証して、其《その》分り易い分丈《だけ》をぽつ〳〵と読者に紹介して見ようと思う。此人自《このひとみず》から信州真田幸村《さなだゆきむら》の末裔《ばつえい》なりと称し、好んで六文《もん》銭の紋章を衣服に着け、俳名をも銭六と称して居《い》た。

此人《このひと》が狂歌の奇才を以て、一世に認められた始めは、或る年、家老席の大家に年頭の祝儀として伺候《しこう》した処が、元日早々主人の登城前に、一人の年賀客が、癲癇《てんかん》の持病でもあったかして、門前の門松に取縋《とりすが》り、全身彎曲《わんきょく》して泡を吹いて苦《くるし》んで居《い》たのを、門番共《ども》が気付かずに居《い》た。主人は大勢の家人等《ら》に送られて出て来て見たらば此《この》始末故《ゆえ》、縁起を重んずる時代の事とて、烈火の如く憤《いきどお》り、門番の不取締不埒とあって、左右に命じて将《ま》さに斬りも捨てんず結構である。主人は直《たゞち》に元の玄関に引返して其《その》始末を見て居《い》た処に、日頃出入の銭六が屠蘇《とそ》機嫌にて入来《いりきた》り、此《この》有様を見て手を打って大笑し、

「此《これ》は元日早々から、御当家のお目出度《めでた》にて、御家の繁昌幸福又此上《このうえ》なき御慶事にござりまする」

と云うたので、主人公は不興気に、

「銭六よ、元日早々酒機嫌の囈言《たわごと》、其訳《そのわけ》を申出《もうしで》よ」

と詰責《きっせき》せられたのをびくともせず、

「さればの事でござります、

門松にもたれて泡を福《ふく》の神《かみ》　此《これ》ぞ真《まこと》の弁才癲癇《べんさいてんかん》

御主公様、此《これ》でも不吉《ふきち》に思召《おぼしめ》しますか」

と云われたので、主人公思わず失笑して、限りなく機嫌を直され、

「殊勝千万なり銭六よ、門番の罪を赦《ゆる》すは申すに及ばず、其方《そのほう》に祝酒一献《しゅくしゅいっこん》を酬《むく》うべし」

とあって呼入れられ、客間に請《しょう》じて先ず大福茶《おおふくぢゃ》を一服賜わるべしとて、小姓が土瓶と茶器を持出し将《ま》さに茶碗に茶を注《つ》がんとする一刹那、何としたか其《その》土瓶の蔓掛けが取れて、茶汁は全部主人面前の畳に転覆した。はっと思うと同時に、

癇癖《かんぺき》高き主人公は、

「無礼者奴《め》、式日の不作法、許さぬぞ」

と叱咤《しった》した。小姓ははっと平蜘蛛《ひらぐも》の如く其処《そこ》に平伏した。其《その》声に応じて銭六は、

「重々《かさねぐ〵》のお目出度《めでた》、御祝儀申上《もうしあげ》ます」

と平伏《へいふく》した。主人公は怒気弥ゝ《いよ〳〵や》止まず、

「何が目出度《めでた》いのじゃ」

と励声《れいせい》に叫んだ。銭六、声に連《つ》れて、

「さればの事、
元日や鈍《どん》と貧《ひん》とは取落し　手に残れるは金《かね》の蔓《つる》なり
御主公、如何《いかゞ》でござります」

と云うたので、主人公は心の底より銭六の奇才に感服し、直ちに小姓の不届を赦免《しゃめん》して、銭六には当座の引出物を賜わり、機嫌能《よ》く登城せられたが、其後《そのご》如何《いか》に繰返して考えて見《み》ても、銭六の才器、凡ならずと思わるゝより、折を以て右の顚末を君前に披露せられたので、君公も殊勝此上《このうえ》なき者に思召《おぼしめ》され、折に触れ君前に召され、特殊の寵遇を蒙《こうむ》ったとの事である。此《こゝ》に於て銭六は、此《この》年の元日に、二人の人命を助けたと云うので、此《この》家老殿より二文坊《もんぼう》と名付《なづけ》られ、夫《それ》より時に触れて詠歌に二文坊と記したるは、此《この》銭六の事である。此時《このとき》の歌に、

一文《もん》の直《ね》もなき飴を甘《う》まく〵と
　二文棒《もんぼう》とて売付《うりつ》けにけり

此人《このひと》は尤《もっと》も武道を好み、倹素《けんそ》を貴《たっと》び、其《その》毎日の所行の洒脱風流なるに似ず、操行に少しの油断もなき人であった。服

装は鼠色手染の木綿物であって、大小を手挟《たばさ》み、糞桶《こえおけ》を荷《にな》いて畑に到り、天秤棒を畝《うね》の側《わき》に突き立て、夫《それ》に大刀の下緒《さげお》を引掛《ひっか》け、肥料を野菜に濯《そゝ》いで居《い》る其《そ》の野菜が如何《いか》にも立派に出来て居《い》たので、或る知人が通り掛《かゝ》り、

「銭六殿よ、実に立派な菜葉《なっぱ》である。差支《さしつかえ》なくば少し私に分けて呉《く》れぬか」

と云う声に応じて、

「武士《ものゝふ》の名を惜むにはあらねども　肥《こえ》かけられて引くに引かれず」

と口を突いて吟《ぎん》じたので、其《その》知人はあっと感嘆して其《その》歌を直ちに流布《るふ》したとの事である。

或る年、隣国肥前より、筑前への申込あったのは背振山《せぶりやま》国境紛争の一件であった。此《これ》は事柄と云い、息込みと云い、場合によりては兵馬《へいば》の接衝にも及び兼ね間敷《まじき》有様となって来た。とう〳〵始《はじめ》に肥前より差越した使者の口上では、尤《もっと》も手詰めの申条《もうしじょう》が含まれて居《い》るから、此度《このたび》肥前に対する応接方の選定を、誰彼《か》れと評議中、或る重役の一人が、不図《ふと》例の銭六に其《その》人選の事を話した処が、二文坊先生即座に、

背振山塩《せぶりやましお》ふり焼《やき》のお料理は
　海老と川辺《かわべ》の青人《あおんど》がよい

と詠んだので、扨《さて》こそ肥前への応接方には、海老太郎左衛門《えびたろうざえもん》と、其附役《そのつけやく》として銭六を初め、七人を差添えられたのである。夫《それ》より八人の一行は駄洒落の千万を尽して、肥前神崎《かんざき》の駅に到着し、是処《こゝ》で談判の順序を評議した。此時《このとき》詠んだ銭六の歌は今尚《な》お神崎の本陣にあるとの事である。曰《いわ》く、

名物の柿より甘《うま》いたねとりは
　渋々せずに横腹《よこばら》をきれ

（因《ちなみ》に曰《いわ》く、肥前は柿の名所なり）

夫《それ》より手筈を定めて佐賀城に乗込み、藩公に直々《じき〱》言上《ごんじょう》の筋ありて、福岡の藩臣海老太郎左衛門以下三人伺候《しこう》せり御重役御立会の席にて申述《もうしの》べんとの事である。翌日藩公一同着席の前に、右三人の使者を呼出《よびだ》した処、太郎左衛門は藩公及《および》一同へ辞儀挨拶を了《お》え、扨申述《さてもうしの》べるよう、

「抑《そもそ》も背振山《せぶりやま》御国境《おくにざかい》の儀は、元和《げんな》年中、長政《ながまさ》入国以来両藩御立会の上相《あい》定まり居《お》り、其《その》節より手前先祖海老太郎左衛門と申せし者以後代々境番専役《さかいばんせんやくあい》相勤め、延《ひい》て承応《しょうおう》年中、公儀より御取調《おとりしらべ》を蒙《こうむ》り、当時立会として日田《ひだ》代官及《および》久留米殿御出張相《あい》成り爾後《じご》幾代受続き、手前代と相成候処《あいなりそろところ》、此度俄《このたびにわか》に尊藩より白鳥峰《しらとりみね》以北を以て筑前領と御認定相成候趣《あいなりそろおもむき》、然《しか》るに手前祖先以来の勤役、歴代の証文証拠等に因《よ》る時は、赤熊谷《しゃぐまだに》以南が肥前御領分と相《あい》成り居《お》り、夫《それ》では双方の申立《もうしたて》のみにても、已《すで》に五ケ谷《だに》の相違有之事《これあること》と相成《あいなり》、随《したが》って村民田畑の争いも、引続き差起《さしおこ》り可申《もうすべく》、左《さ》ある時は双方至極の証拠を以て争議相生可申《あいしょうじもうすべく》、又今回の議点は、尊藩御先代様より白鳥《しらとり》神社へ社領社地等御寄附相成候《あいなりそろ》より起《おこ》り候事《そろこと》なれ共《ども》、弊藩とても、正徳《しょうとく》以来長瀬境《ながせさかい》の白山《はくさん》神社に、社領寄附等の証拠も有之《これあり》、旁ゝ《かた〲》国祖以来尤《もっと》も他意なき隣藩御交誼の疎隔之《これ》より相《あい》生じ候事《そろこと》、私共《わたしくども》臣下の身として不本意無此上《このうえなく》、就《つき》ましては現在何時《いつ》の頃よりか相《あい》定まり居候《おりそろ》御国境古谷峠《おくにざかいふるやとうげ》の分水を境と致したる儘《まゝ》、境目論御沙汰止《おさたや》みと相成候《あいなりそうら》わば両国の安堵無此上《このうえなく》、只《た》だ差《さし》残る所は、元々赤《しゃ》熊谷《ぐまだに》まで筑前領たるべきを主張する境番《さかいばん》専役の私共《わたしくども》にして、其《その》証拠等も所持罷在候《まかりありそろ》身分が、此度《このたび》無念の為め、中央古谷峠《ふるやとうげ》を以て国境《くにざかい》と確定候様《そろよう》の事を、肥公様御前《ごぜん》にて取極め候事相成候《そろことあいなりそうら》わば全く私共《わたしくども》役柄家柄の不調法と云う事丈《だけ》と相成候間《あいなりそろあいだ》、右境論調書《さかいろんしらべしょ》に私共《わたくしども》署名捺印の上、乍憚《はゞかりながら》御両家の御威光を墜《おと》さゞる申訳として武士道の表御次《おもておつぎ》の間《ま》にて、一同切腹の覚悟にて罷出候次第《まかりいでそろしだい》、愚臣の心中御賢察の上、両国の無難藩交安堵の思召《おぼしめし》を以て、御賢慮給《たま》わり度《たく》此儀《このぎ》御許容《おゆるし》偏《ひと》えに奉願《ねがいたてまつる》」

と、弁舌流るゝが如く、一同堅固の決意を示して申述《もうしの》べたので、藩公を初め並居る家老諸士の面々只《た》だ酔えるが如く感服し、満場の同情は一に此《この》三人の上に集まったのである。藩公は徐《おもむ》ろに口を開き、

「其方共《そのほうども》両藩の安危を一身に引受け身を賭して双方の安堵を図る、忠臣の心入れ、奇特に思うの余り、肥筑《ひちく》両藩の境《さかい》論は、此度《このたび》を以て沙汰止《や》めと致すべし。殊に古谷峠《ふるやとうげ》に決定調書《しらべしょ》の事は、最早取極《もはやとりき》めに不及事《およばざること》に致さば、使者にも落度無之事《これなきこと》と可相成《あいなるべく》に付、此上《このうえ》心労無用たるべし。帰国の上は、藩公へも予《よ》の心中好《よ》しなに披露可致《ひろういたすべく》云々」

との上意であったので、使者の一同も佐賀藩の人々も、初めて安堵の思《おもい》をしたのである。是《これ》全く初発に於て、銭六が人選を過《あや》まらず、又決死の方針を示したからである。此故《このゆえ》にさしも永年肥前よりぐずり掛けし喧嘩《けんか》の種も縺《もつ》れにもつれし境界揉《も》めの一件も、日本一の横着者、種も証拠もなき大山師共《ども》が、今回の談判にて、思わざる有利の事に根本的解決を告げたのである。

夫《それ》から帰路、神崎駅《かんざきえき》に於て一同又駄洒落の一夜を明かし、銭六は早速一首を仕《つかまつ》った。

種《たね》もなき手品《てじな》の罠《わな》に掛《か》けまくも
神《かん》さき駅《えき》の神酒《みき》の甘《うま》さよ

後《のち》にて段々話を聞けば、銭六奴《め》は三人の附人を神崎駅に残し、二人を供として佐賀へ伴い行き、山事《やまごと》まんまと縮尻《しくじ》らば、種を洗われぬ中《うち》に、三人一同佐賀藩の無法を云立《いい》て丶、立派に腹を切り、其《その》顛末を同伴人に通じ、夫《それ》より直ぐに神崎駅に通じて、待設《まちもう》けたる三人は予《かね》て拵《こしら》え置きし書状を以て、佐賀藩無法の顛末を久留米公、柳川公、日田代官等へ急訴に及び、三方より公儀へ上申《じょうしん》に及ばせ、佐賀藩に煮え湯を呑ませるの手筈をちゃんと立て丶居《い》たとの事である。

茲《こゝ》に又或《ある》士分上席の大家があった。武道には堪能の人であったが、少し文事に疎《うと》い方で、夫《それ》が為め家政上に時々不都合な事があった。銭六は至極懇意な間柄であったから、之《これ》を苦々敷《にが〲しき》事に思い、何とかして其《その》家政を直して遣《や》ろうと考えて居《い》た。併《しか》し多くの親類朋友が、入代《いりかわ》り立代《たちかわ》り大義名分などを説いて意見をするので、其《その》主人公元来が武士気質《かたぎ》の、意気旺盛の人であるから、ぐうっと腹に据え兼ね、

「何だ生意気な、多くの人の上に立って大役を勤めて御奉公をなし、お上《かみ》のお覚えも目出度《めでたい》、殊に武士の表芸たる武道を以て立つ某《それがし》に、始終絶《たえ》ざる意見立《たて》とは片腹痛《かたはらいた》い咄《はなし》じゃ。此《この》以後左様《さよう》の挙動《ふるまい》ある者は、譬《たと》え親友縁者たりとも一切絶交を決意したから左様《さよう》心得よ」

と絶叫したので、一同震い上りて近寄る者もなかったのである。そこで大才大豪無双の銭六は之《これ》を頗《すこぶる》興味ある事に思い、何とかして一挙にあの人を降伏させる工夫はないかと、肝胆を砕《くだ》いたのである。夫《それ》から銭六は先ず其《その》家庭紊乱《ぶんらん》の原因を調べて見ると、其《その》家に田舎より奉公したる下女がある。夫《それ》が頗《すこぶ》る美貌なるのみならず、一際立った才女である。夫《それ》に主人公何時《いつ》の間にやら手を掛けて居《い》る。夫《それ》から其《その》妻女と云う人が、立派な家庭に育った人ではあるが、非常に嫉妬心の強い性質である。併《しか》し教育ある人故《ゆえ》、表面には少しも端《はした》なき挙動《ふるまい》を見せず、却《かえっ》て其《その》下女を一入《ひとしお》に愛撫して居《い》るが、燃《もゆ》る胸火《むねび》の遣《や》る方なく、種々の様式にて手段を廻らし、其《その》主人公を戒めんとなし、又は其《その》下女を懲《こ》らしめんとする。夫《それ》が発して常に家庭の風波となるのである。以上の要点を早くも見て取った銭六は考えた。

「筋合《すじあい》大抵は分《わか》ったが、扨《さて》どうした物か、我国古今妾狂《めかけぐるい》の歴史を繙《ひもと》いて考うるに、妾《めかけ》を蓄《たくわ》うる主人公計《ばか》りに向《むか》って、強《こわ》意見計《ばか》りをして、終《つい》には喧嘩《けんか》口論、或《あるい》は果《はた》し合《あい》まで仕《し》た事歴は沢山あるが、未だ主人公には関せず焉《えん》で、其《その》裏面の妾《めかけ》計《ばか》りに手を付けて所置を付けた事は一例も見ぬのである。俺は一つ其妾《そのめかけ》の方から手を付けて、此《この》難問題を主人の知らぬ中《うち》に片付《かたづけ》て見よう」

と、こう考《かんがえ》を定めて、夫《それ》から銭六は其《その》下女が用事あって親里へ帰る道に鋲打《びょううち》の立派な駕籠《かご》を用意して待伏《まちぶせ》し、黒装束の覆面頭巾で、途中に之《これ》を引浚《ひきさら》って持《もっ》て行《いっ》て仕舞《しも》うた。落付《おちつき》先きは何処《どこ》かと云えば、其《その》主人公の大親友の大目附役の某《ぼう》の宅、今なら警視総監の宅である。予《かね》て打合せて居《い》た物か、直《たゞち》に奥座敷に連込《つれこ》み駕籠《かご》の戸を開き、猿轡《さるぐつわ》を解いて、生きた心地もなき下女を労《いた》わり出し、其《その》大目附と共に銭六が面会したので、女はびっくり仰天《ぎょうてん》した。夫《それ》から徐《おもむろ》に両人で説いた。

「其方《そち》が気質《きだて》優しく、才気衆《しゅう》に勝《すぐ》れ、多くの女に立勝《たちまさ》って居《い》る事は、能《よ》く我々両人も存じて居《い》る。然《しか》れ共《ども》重き御役柄を勤むる主人公が、家庭甚宜《はなはだよろし》敷からず、両人ながら已《すで》に大目附の耳にも入《い》り、此後如何《このごいか》なる災害が其《その》家に来るやも知れず、夫《それ》は妻女の心立宜《こゝろだてよろし》からざる故斯《ゆえかゝ》る悪評も起《おこ》るのではあるが、其原因《そのもと》は其方《そち》あるが為であるから、嘸《さぞ》驚きつらんが、人知れず斯《かゝ》る手荒き事を為《な》したる訳なり。其方若《そのほうも》し我々が申聞《もうしき》ける事を能《よく》聞き入れ、神妙に教訓を守るに於ては我々武士の意気地に掛け、第一主人公の心立《こゝろだて》を直し、第二妻女の不心得を改めさせ、其上《そのうえ》にて其方《そち》を彼家《あのや》に入れ、永く我々が保証して生涯安穏を図り得さすべし、如何《いか》に〳〵」

と理非を尽して説き聞かせた処が、其《その》女は始めて妻女の奸計を知覚して、自分の前非を後悔するのみか、只《た》だ何事も主人の為め、御家《おいえ》の為とあれば幾年は愚か、一生涯にてもお差図に随《したが》い、何事にても辛抱致すべしと、衷心《ちゅうしん》よりの頼みであったので、両人は頻《しきり》に其《その》女の心栄《こゝろばえ》に感心し、夫《それ》より銭六は、更《さ》らに主人公を攻落《せめおと》す謀《はかりごと》を廻らしたのである。一方妾《めかけ》の行方不明となった主人公は、一家忽《たちま》ち騒動の巷《ちまた》となり、殊に妻女と主人公は血眼《ちまなこ》で、親許《おやもと》等や心当りの方面を詮議したが、皆暮《かいくれ》行方が分らぬので、とう〳〵例の大目附の友人方《かた》に来《きた》り、其《その》詮議方《がた》を頼んだのである。

39 鯛の眼球《めだまの》吸物の縁起

奇計友を救うて家道を正し
奇句酒を沽うて貧楽を貪る

扨《さて》、銭六《せんろく》は其《その》友人の家庭を正さんと考えてから、其妾《そのめかけ》を浚《さら》い取って大目附の家に預け、大目附と共に懇々《こん〳〵》其妾《そのめかけ》に訓戒を加え、直《すぐ》に其《その》友人の家に到って顚末を聞き、段々理《り》を責めてとう〳〵下女に手を接《つ》けて妾《めかけ》としたる事迄《ことまで》自白せしめ、夫《それ》から其《その》妻女の奸計《かんけい》不埒までを責め上げたので、如何《いか》なる才智武勇の人でも親切に敵《てき》とう武器は無いから、終《つい》に夫婦共《とも》降伏したので、彼《か》の大目附と共に右の妾《めかけ》を同道して、其《その》家に入れた。三人は衷心《ちゅうしん》より改悟して、茲《こゝ》に家政の円満を計り、主人は御奉公に精勤を尽し、妻妾《さいしょう》の二人は、各二三《にさん》の子を産《もう》けて一家繁昌の基《もとい》を開いたのである。此《かく》の如き仕事に着手して、立派に完結するまでに三四日《さんよっか》間を費やし、美事《みごと》に三人の人を善化させたのである。庵主は此咄《このはなし》を聞いて、銭六は全く釈迦達磨《シャカダルマ》以上と思うて居《い》る。其後《そのご》十日ばかりして銭六が様子を見に往《い》ったら二人の妻女が飛んで出て来て、其《その》主人と共にまぁ一杯飲んでくれと云うて、有合《ありあわ》せの肴《さかな》で丸盆の上に二つの盃を乗せて持って来た。銭六も主人も波々《なみなみ》と一杯受けて、銭六、盃を持《もち》ながら口走った。

　愛らしき盃二つ徳利《とっくり》と　丸《まる》うおさまる丸盆の上

と云うて、ぐぅと其《その》酒を飲干《のみほ》した。其時《そのとき》丁度又、縁先の空に十五夜の月がぬうっと昇ったので銭六又一首、

　斯《か》くばかり清い月をば過ぎし夜は　浮雲かけて黒《くろ》うしにけり

其《その》年の暮れに銭六が、うっかり其《その》家を訪れたら、家内は大騒動にて、上を下へと捏返《こねかえ》して居《い》る。何事かと尋ねたらば其《その》主人公が、

「いや、大変な時に来たねぇ、昨夜から家内が産気付いて、今やっと産《うま》る、処じゃ、今一辛抱で母子《おやこ》共に安産じゃ」

「やぁ、夫《それ》はお目出度《めでた》い事じゃ、お手前の方は金が有福《ゆうふく》で、其上子福者《そのうえこぶくしゃ》と来て居《い》るから、お目出度《めでた》尽しじゃ、早速御祝儀を一首」

　貧坊《びんぼう》で青ん坊なる年の瀬を　一ト辛坊《しんぼう》で赤ん坊とは

其《その》翌年の元日に、其《その》主人公が今度は銭六の方に年始に往《い》ったら、銭六大喜びにて、幸い貰《もろ》うた鯛があるから、目玉吸物で一盃《いっぱい》やろうと、素《もと》より双方飲める口の上に、無二の親友と来て居《い》るから、盃遅しと二人共《とも》待って居《い》る、下女と銭六の妻女とは、大急ぎで二つの膳に吸物を乗せて持って来た処が、妻女が畳の縁に躓《つまず》いて真伏《まっぷせ》に転《こ》け、膳の足は取れる、鯛の目玉吸物は前に撒《ちら》き散して仕舞《しも》うたので、客も妻女も声を上げて驚いた。銭六少しも騒がず、

「女房出かした、夫《それ》で今年の縁起が直った、君《きみ》も共々祝して呉《く》れよ」

　元日や足《あし》きはのけて膳《ぜん》ばかり　其上《そのうえ》に又お目出鯛《めでたい》とは

と云《い》つゝ、立って女房を扶起《たすけおこ》して笑い囁《さゞ》めいて年首の祝杯を挙げたとの事である。

此《この》銭六の門《もん》長屋に与助《よすけ》と云う米搗《つき》の下人が居《お》った。此《この》男が途方もない面白い奴で、やゝもすると銭六を負かす位に狂歌を詠《よ》む、此《これ》は門前の小僧位でなく、全く門傍《もんばた》の大僧《おおぞう》である。此《この》与助奴《め》、至って夫婦中《なか》よく一人の悴《せがれ》を持って居《い》て、今年六歳である。夫《それ》を銭六は我子の如く愛して居《い》た。或時《あるとき》与助は土間で例の如く米を搗《つ》いて居《い》る、其側《そのわき》に其悴《そのせがれ》が竹弓を持って遊んで居《い》たが、どうして顚倒《こけ》たか其《その》持って居《い》る弓で眼を突いて、わっと泣出《なき》した、日頃愛して居《い》る銭六は、びっくりして座敷より駈け来《きた》り、

「与助、親が側《そば》に居《お》って怪我をさせると云う事があるか、盲目《めくら》になったらどうするか」

と叱責した、与助声に応じて、

お旦那は大目玉出す悴《せがれ》めは　親爺と共に子目《こめ》を突《つき》けり

銭六かっと怒《いか》りて与助を土間より外に突出し子供を抱えたまゝ、

米搗《つ》いて子目《こめ》突き潰す与助目《め》は　大目玉にて突出しにけり

与助も悴《せがれ》の事が心配でたまらぬから、つか〳〵と又土間に駈け入り、

大目玉で突き出されても一人子の　子には目のない小目突《こめつき》の親

此《この》有様を見て、与助の女房が駈け付け、旦那様もお前さんも何と云う呑気《のんき》な事じゃと云うて、其《その》子を引抱《ひっかゝ》え表へ飛んで出《い》で、直ぐにお医者様に連れて行った。

或る夏の日に、此《この》与助の嬶《かゝあ》が臨月腹を抱えて、垣根の日蔭で洗濯をして居《い》たが、俄《にわ》かに産気付いて虫がかぶって来た。

銭六は駈け付け其嬶《そのかゝあ》を抱えながら与助を大声で呼び、

此嬶《このかゝあ》は和歌仙人の末なるか　柿の本《もと》にて人を丸《まる》なり

と口走った、其中《そのうち》苦しんで居《い》る嬶《かゝあ》を与助と共に抱えて家の中に連れて行こうと騒ぐ。嬶《かゝあ》は苦し紛れにぷうっと屁《へ》を一つ垂《た》れた、与助取敢えず、

人を丸《ま》るついでに屁《へ》をもまりにけり　音《おと》は文屋《ぶんや》で産《さん》は康秀《やすひで》

夫《それ》から二人にてやっと家の中に連れ込み、間もなく立派な女の子が生れたので、銭六も与助もやっと心から喜んだのであった、夫《それ》から両人で名をお安《やす》と付けて一首やった。

先ず喜《き》せん乙女は小町《こまち》名はお康《やす》　きりょう業平《なりひら》髪は黒主《くろぬし》（此《この》歌少し分らぬ所あれど、其儘《そのまゝ》に記し置く）

此《この》銭六の門人に、高屋《こうや》の小兵衛《こへえ》とて、酒屋店《みせ》を出したる歌人があった。銭六も、弟子ではあるが貧乏の為め永年酒代の溜りが嵩《かさ》み、此上《このうえ》貸せとも云い兼ねて居《い》るけれども、去《さ》りとて飲みたき酒の事故《ことゆえ》、顔押拭《おしぬぐ》うて酒を取りに遣《や》るのである。又小兵衛の方でも、先生の事故《ことゆえ》、貸せる丈《だ》けは永年貸して居《い》たけれども、何分資本《もとで》薄の事故《ことゆえ》、此上《このうえ》際限なく先生に飲倒《のみたお》されては、店の商売が廻わらぬようになるからと、常に苦心して居《お》った。或日《あるひ》、何でも今日頃は先生の方から酒を取りに来る時と思うて、一首の狂歌を筆太に書いて、店の酒場に張出《はりだ》して置いた。

売《うり》ますは現金丈《だ》けに限ります　掛商《かけあきない》はもう困ります

此《この》張札を張って仕舞《しま》うか仕舞《しま》わぬかの晩景に、銭六は徳利を羽織の下に隠し、一つ談判を仕《し》ようと思うて店先に遣《や》って来た。内《うち》に這入《はい》って見ると、張札がしてある。銭六が夫《それ》を読《よん》で居《い》るのを見ると流石の小兵衛もきまりが悪く、飛んでは出たが、只《た》だ其処《そこ》に手を附いてお辞儀をして居《い》るばかりである。銭六は庭に立《たっ》たまゝ、

買《かい》ますと貰《もら》いましたと思います　現金ならば余所《よそ》で買《かい》ます

と口吟《よ》んだので、小兵衛は日頃尊敬して居《い》る銭六の事であるから、何とも気の毒に耐えられず、直ぐに返歌をした。

聞《きゝ》まして恐れ入《いり》ます此上《このうえ》は　ます〳〵酒は只《たゞ》で上げます

此《これ》を聞いて銭六も微笑をなし、右手に徳利を差出して、

貰《もら》うとは嘘で有《あり》ます切米《きりまい》を　貰《もら》いましたら直ぐ払います

と云うて大笑いをしたが、其《その》年の暮れに銭六は君公《くんこう》の思召《おぼしめし》に叶いし事ありて、御褒美を頂戴したので、第一に有る丈《た》けの酒代を払い、其上《そのうえ》都合好《よ》き手蔓《てづる》を得たので、小兵衛は倉屋敷のお出入御用を承《う》く事に仕《し》て遣《や》ったので、小兵衛も

段々有福《ゆうふく》になり、銭六も又小兵衛の親切で、好物の酒を快く飲んで暮す事が出来るようになったとの事である。

同じ城下の中に、彼《か》の小兵衛と同様、銭六の門人で巾着屋善助《きんちゃくやぜんすけ》と云う袋物《ふくろもの》一切を仕立てる商人が居《お》った。或る年の暮れに善助が綺麗な滑皮《なめしがわ》に更紗形《さらさがた》を置いた鹿皮を以て、縫上げた皮足袋《たび》を拵《こしら》えて銭六に進物した上に、一首の歌が添えてある。

　巾着《きんちゃく》を仕立てる針で縫う足袋《たび》は　福禄《ふくろく》につく鹿の皮なり

銭六は心から其《その》親切を喜び押《おし》戴いて、

　福禄《ふくろく》に伴う鹿の皮足袋《たび》に　おあし入《い》るれば直ぐに巾着《きんちゃく》

又茲《またこゝ》に面白き咄《はなし》がある。夫《それ》は此《この》銭六の手下に兵作《へいさく》と云う柔術の達人にして、其上《そのうえ》一種の飛術《とびじゅつ》を研究して居《い》る男があった。竹竿が一本あれば、五十間《けん》や八十間《けん》は苦もなく飛ぶのである。或時《あるとき》銭六は其者《そのもの》を招いて共に酒を飲んで、段々飛《とび》術《じゅつ》の咄《はな》しの末の議論が福岡城下の橋西《はしにし》のお濠《ほり》を飛《とび》渡る工夫を仕《し》て見る事になったのである。兵作は長さ一間《けん》ばかりにて、巾一尺ばかりの板を両足に付けて、長い竹を濠《ほり》の中に突立《つった》て、はずみを付けて濠の中に飛び込み、水上に身体の落ちる時、其《その》板を辷《す》べらして、お城の石垣下に屹度《きっと》到着出来ると云い出したので銭六は余りに興を催おし、或る月の夜の深更《しんこう》に乗じて、一度試験を仕《し》て見ようと相談一決したので、両人其《その》約束の日、夜中に出掛けて行った、扨《さて》、兵作は其《その》前より用意をして、二枚の板に丁度下駄の鼻緒の如き物を附け、三四間《さんよんけん》ばかりの竿を一本持って彼《か》の濠端《ほりばた》の土手に立ち、妙に体を捻《ひね》りてぽいと飛んだら、見る間に兵作の体は、四五間《しごけん》高き竿の上の人と成った。夫《それ》が向《むこ》うに倒れて、水中に落ちたら、其《その》二枚の板に仰向けになったようにして、一辷《ひとすべ》りに向《むこ》うのお城の石垣に取《とり》付いたので、銭六はやんやと感心して見て居《い》ると、今度は直《すぐ》に其《その》板を腹の下に敷き、諸手《もろて》に水を掻《か》いて泳ぎ来《きた》り、途中で其《その》竿までを抜《ぬき》取って易《やす》〳〵と元の土手に戻って来た。銭六は物事の研究と鍛錬とは、斯《か》くまでに上達する物であろうかと思うて、兵作を賞美して居《い》る処に、御城番《ごじょうばん》夜廻りの者、之《これ》を怪しんで駈け付け、むんずと捕えて詰問を始めたので、銭六は平気で身分名前共《とも》答弁すると、何でも警備のお濠《ほり》を飛《とび》渡りたるは只事《たゞごと》に非ずとあって、夜中《やちゅう》ながら御城番《ごじょうばん》附添にて重役の宅へと引かれた。夫《それ》から段々詮議が掛《か》ゝり、三人の家老職の吟味を受けたる後《のち》、銭六、兵作の二人は、君公《くんこう》の御前へ引出された、君公《くんこう》重役を以て申聞《もうしき》けらるゝは、

「其方《そのほう》士分の身に有《あり》ながら、夜中《やちゅう》に城濠《しろぼり》の要害を飛越えんと企て試みる事、心情容易ならざる御不審有之《これあり》、言語道断の所行たるの思召《おぼしめし》を以て、御前に於て御尋ねあらせらるゝ次第である。包まず申開《もうしひら》きを致すべしとの上意なり」

云々との事である。銭六少しも臆する色なく、

「銭六下賤なりと雖《いえど》も君公《くんこう》の禄《ろく》を食《は》み先祖より数代相変《あいかわら》ず御奉公致し罷在上《まかりあるうえ》は、身分相当の心掛けを忘却致《いたし》たる事《こと》無く、天性の愚昧は愚昧の儘《まゝ》、文武の両道に精勤罷在候《まかりありそうろう》積りにござりまする、然《しか》るに世に尤《もっと》も恐るべき者は、自然と来《きた》る天災地変にては無之《これなく》、人間の修業と鍛錬より来《きた》る技芸妙術にござりまする、或《あるい》は宙を翔《かけ》り、地を潜《くゞ》り、鉄を穿《うが》ち、石を砕《くだ》く等の恐ろしき事共《ことゞも》は、何の苦もなく為《な》し遂げ候事《そうろうこと》は不尠事《すくなからざること》にござりまするが、此等《これら》は武士たる者の攻城防守の上に、屹度《きっと》油断致し難《がた》き儀と存じ罷在《まかりあり》ました処、私《わたくし》手下の者に兵作と申者有之《もうすものこれあり》、多年の鍛錬によりて飛ぶ事の妙を得居《えお》るより、不斗《ふと》考えまするに、斯《か》ゝる者が一朝君家の御《おん》大事に臨み、或《あるい》は敵城に忍び込み、或《あるい》は敵に又兵作同様の忍術の者あると致したらば、其《その》城廓の危き事、累卵《るいらん》の如くであろうとこう考えましたから、一夜同人を相《あい》招き、此《この》福岡城攻守防備の事共《ことゞも》談論致したる末、聞けば聞く程一段の恐ろしき事共《ことゞも》に心得ましたから、斯《か》くは御城濠《ぼり》飛越の儀を試みましたる次第にござりまする。兵作の此《この》妙技を実見致しました以上は、明日は必ず兵作を召連れ、御家老の御役宅に伺候《しこう》し、相当の御褒詞をも忝《かたじけの》う致す積りに罷在《まかりあり》ました処、不図却《はからずかえっ》て武士道の恥辱、御城番《ごじょうばん》より御召捕に相成《あいなり》、殊に君前に於て御詮議を蒙《こうむ》る事と相成《あいなり》しは、銭六御奉公の武運も最早是迄《もはやこれまで》と心得まするに因《よ》って、此上《このうえ》の御憐愍《れんびん》には、切腹の儀を許容下《くだ》し賜わるよう、御前体善《ごぜんていよし》なに御取成《おんとりなし》の儀、偏《ひと》えに奉願《ねがいたてまつる》」

と、水も流るゝ様に述立《のべた》てたので、並居る重臣の面々も、互に顔を見合せて俄《にわか》に答うる詞《ことば》も無かったのであるが、当時の君公《くんこう》は世にも名君と呼ばれた御方《おんかた》で有ったから、直ちにお詞《ことば》が掛《か》ゝった。

「銭六の心掛け殊勝に存ずるに付き、加増《かぞう》の沙汰に及ぶであろう、併《しか》し城壁要害の見積をなすに、重役及掛《およびかゝ》りの者の

許しを得ずして、夜中《やちゅう》に相企《あいくわだつ》る事不行届《ふゆきとゞき》の至《いたり》に付《つき》、加増《かぞう》の沙汰あるまでは屹度蟄居《きっとちっきょ》謹慎申付《もうしつく》る、又小者《こもの》兵作儀は、平生の心掛《こゝろがけ》鍛錬の段、格別の者と思うに付《つき》、扶持《ふち》を宛行《あてが》い無足組《むそくぐみ》たる事を申付《もうしつく》る、又重役一統城番《じょうばん》の者共《ものども》は、平生斯《か》かる心掛けの藩臣に気付行届《きづきゆきとゞ》かず、殊に事態の取調べを誤り、武士の恥辱とも可相成《あいなるべき》、召捕の処置をなし、剰《あまつさ》え予《よ》が目通りにまで引出したる事、一藩の取締にも相《あい》係わる儀に付、一同七日間謹慎出仕に不及《およばず》、能々《よく〳〵》自戒思慮可致様《いたすべくよう》心得よ」

との上意であった。鶴の一声にて銭六の面目は申《もうす》に及ばず、小者《こもの》兵作まで士分に召出され、殊に重役一同に対しては事《こと》明白にお叱《しかり》のお詞《ことば》を下《くだ》されたるより、銭六は大地に平伏し、君恩の辱《かたじけな》きを拝し、一方一々重役の人々に向《むか》って、自分の不行届《ふゆきとゞき》を叩頭《こうとう》謹慎したので、重役の人々も、

「いや早《はや》、斯《か》ゝるお叱りは、全く我々共《ども》の不埒にて唯々《たゞ〳〵》恐入《おそれいる》の外《ほか》なく、殊に貴殿の如き忠心抜群の士が御家臣の中に在る事、却《かえっ》て我々の面目此上《このうえ》なし、以後一同の者は別《べっ》して入魂《じゅっこん》御懇思の程を頼み存ずる」

との挨拶にて、残る方《かた》なき銭六の面目であった。此《これ》から一同は、

「お叱りの御趣意により、一同謹慎蟄居《ちっきょ》の事に相《あい》成るから、此《これ》を御当家御繁栄の一端たる蟄居《ちっきょ》お祝いの初めとして、此《これ》より詰所に於て祝杯を挙げて、各自屋敷に引籠る事に致そう」

と相談一決して、一同は詰所に打《うち》寄った所が、間もなくお小姓《こしょう》数人が、

「君公《くんこう》より一同の者が蟄居《ちっきょ》の屈託を思召《おぼしめさ》るゝ」

とあって御酒肴を賜わったので、一同は快く酒盛をして別れたとの事である。斯《か》ゝる不思議なる事は、天下広しと雖《いえど》も更に一例だになき事共《ことゞも》にて、君臣水魚の道と、士分制統の上に、恩威共《とも》に行わるゝ、雄藩の権勢隆々の時代にてこそ行わるれ、後世に君臣の合体を教ゆる好模範として、斯《か》ゝる咄《はなし》を湮滅《いんめつ》させたくないものである。一同の人々は、叱られて恩賜の酒に酔い、上下別なき無礼講にて、後にはそこ〳〵に居睡りを初めるまでに酩酊《めいてい》したのである。此時《このとき》の銭六の歌に、

　　君恩に酔わされて漕《こ》ぐ居睡は　命の程も白川《しらかわ》の船

斯《か》ゝる名君の手に掛《か》ゝっては、吉凶禍福の有る度毎《たびごと》に君恩の手が延びて何に付け彼《か》に付け、君家国家の為めに命を捧げて

働かねばならぬ事にのみ成行《なりゆく》と云う事の実際が判るのである。

40　遺産争い解決の妙案

虞芮の利田警告に解け
未開の名校晩酔を呼ぶ

銭六《せんろく》の友人の一人が死んで、其遺子《そのわすれがたみ》が二人あったが、両人《ふたり》とも負けじ魂の強い男子《おとこ》で、其《その》遺産相続の事で悶着を起《おこ》した。夫《それ》が又先妻と後添《のちぞい》の子と分れて居《い》る為めに、親類も二派に分れて盛んに争いを始めたのである。銭六は亡友《ぼうゆう》の為め、苦々敷《にが〳〵しき》事に考えて居《い》たが、双方とも亡父《ぼうふ》の遺言状が有るので、一歩も引かぬのである。故に誰が仲に這入《はい》っても、片付く見込がない。斯《か》る次第故《ゆえ》、幾多の親友は評議の上、友人関係で銭六に其《その》仲裁を頼んで来たが、銭六は立処《たちどころ》に之《これ》を謝絶した。併《しか》し各方面手古摺《てこず》った揚句故《あげくゆえ》、亡友《なきとも》の恥辱一藩の名誉にも関する事故《ことゆえ》、是非此《この》紛争を片付けて呉《く》れと頼んだので、銭六止《や》むを得ず、武士の一分《いちぶん》に掛けて辞する事を得ず引受けたのである。然《しか》るに夫《それ》程の悶着が、銭六が引受けてから僅《わず》か三日目にちゃんと片付いて、双方より銭六の方に挨拶に来る事になったので、当時此《この》事件に関係ありし者は、不思議に思い、段々と調査したけれども、其《その》真相が何《どう》しても分明《はっきり》しなかった。当時の大目附役、大岡寛太夫《おおおかかんだゆう》と云う人、或日《あるひ》銭六を窃《ひそ》かに役宅に招き、打解《うちと》けて尋ねた。

大「彼等兄弟の紛争は、未だ表立って我等の耳には這入《はい》らぬが、実に苦々敷《にが〳〵しき》事で、殊には一藩の名誉にも係《かゝわ》る事柄故《ゆえ》、表立って聞《きゝ》込む事になれば、双方の兄弟御叱りにも遭うべき程の事柄だと思うて居《い》た。然《しか》るに貴殿が引受けられて、あれ程の悶着が立処《たちどころ》に片付き安穏に相成《あいな》りたる事、旁《かた〳〵》以て不思議の至りである。我等役柄にて、後々の心得とも相成《あいなる》事故《ことゆえ》事情包まず御物語《おんものがた》り下さるまいか」

銭「事々敷《ことごとしき》御尋ねにて、銭六只々《たゞ〳〵》恐入《おそれい》りまするが、此儀《この》に付《つい》ては、私儀《わたくしぎ》も当初より苦々敷《にが〳〵しき》事に存居《ぞんじおり》ましたが、何分世話致す力量と身分柄に無《なき》ため絶って断り申候得共《もうしそうらえども》、一円聞入《きゝいれ》無し、万々止むを得ず引受《ひきうけ》ましたに付《つき》ては、第一の条件として、兄弟双方とも屹度《きっと》趣意は立て遣《つか》わすに付《つき》、此度《このたび》限り至極の秘密と相《あい》心得、武士道の刀に掛けて片附《かたづき》の顛末等口外根問《ねどい》等致さゞる神文《しんもん》を取交《とりかわ》し候上《そうろううえ》にて世話致し片付候事故《かたづきそうろうことゆえ》、此儀丈《このぎだ》けは何卒御尋ね被下間敷様願上《くださるまじきようねがいあげ》ます」

と云うて一円打明けなかったので、其《その》座は其儘《そのまゝ》となったが、彼《か》の大目附先生、如何《いか》にしても不思議で叶わず、心掛りで暮して居《い》たが、或日君公《あるひくんこう》御晩酌の御対手被仰付四方山《おあいておおせつけられよもやま》の咄《はなし》の時君公《くんこう》が、

「大岡よ、予《よ》は毎度晩餐をなす時、汝等《ら》臣下の者を斯《か》く順番にて相手申付《もうしつ》くるが、此《これ》は世間に何か珍らしき咄《はなし》でもあるのを聞いて、予《よ》が政治向《むき》一廉《かど》の心得《こゝろえ》の足しにも致《いたし》たいと思うからである。何か面白き事あらば咄《はな》し聞かせよ」

との御諚《ごじょう》である。大岡も大役の身分ではあるし、斯《かゝ》る明君のお対手《あいて》に侍《はべ》って、斯《かゝ》る御下問に会う事の面目を深く感じたから、不計彼《はからずかの》銭六の事を思い出し、自分の不思議に思うて居《い》る顛末を、包まず言上《ごんじょう》し、又銭六がどうしても打明けて咄《はな》さず、武士道の表に掛けて、包み蔵《かく》して居《い》る次第を言上《ごんじょう》した処が、君公《くんこう》は殊に興味ある事に被考《かんがえられ》、早速銭六を召して其《その》片附けたる秘計を聞くべしとて、夜中《やちゅう》即時の登城を命ぜられたのである。銭六は晩餐の酒に陶然として、火鉢の傍《そば》で居睡をして居《い》た処へ急のお召と云うので、取物《とるもの》も取敢えず、衣服を改め登城した。君公《くんこう》大の御機嫌にて、お側《そば》近く召され、大目附大岡と共に御酒《ごしゅ》を下され、扨《さ》て右兄弟の者、不埒の争《あらそい》を表立てず片付けたる秘事妙法を内分にて咄《はな》し聞かせよとの君命である。銭六も頓斗《とんと》当惑はしたが何分主命ではあるし、虚言取構《とりかま》えて申述ぶる訳にも行かず、「過《すぎ》去りたる事故《ことゆえ》、譬《たと》え如何《いか》なる成行顛末にても、此事《このこと》に付《つい》ては総て内分御見遁《おみの》がしお咎《とがめ》なき事を条件として言上《ごんじょう》すべし」と云うてぼつ〳〵と銭六が咄《はな》し出したのである。

「此儀《この》に付《つき》ましては、私《わたくし》も苦々敷事《にが〳〵しきこと》に存じ、先祖以来一廉《かど》の御奉公を相《あい》続けし家柄の亡友《なきとも》が、其《その》死後忽《たちま》ちにして斯《かゝ》る不届の悴共《せがれども》二人まで相残候事《あいのこりそうろうこと》、残念至極と心得、若《も》し又役筋の表沙汰とも相成候時《あいなりそうろうとき》には亡友《なきとも》の不名誉は申すに不及《およばず》、一藩の御瑕瑾《かきん》とも相成《あいな》りてはと存候《ぞんじそうろう》も何分私《わたくし》の力量に不及《およばざる》事と差控え罷在《まかりあり》ましたが親友共無余儀《どもよぎなき》頼みにござ

りました為《た》め、引受《ひきうけ》裁判致《いたし》たる儀にござりまする、扨《さて》元来が此争《このあらそい》の根源と申《もう》しますは亡友《なきとも》の遺言に、

一、家屋敷、家財及《および》拝領物等は、惣領たる悴《せがれ》の所得たるべき事

一、知行《ちぎょう》は分知《ぶんち》を願出《ねがいい》で兄弟にて分家半知《はんち》を所得可致《いたすべき》との事

一、鎧《よろい》一領、大小一腰《ひとこし》は、二男に分け与うべき事

一、高宮村《たかみやむら》田畑一切は惣領の所得たるべき事

一、平尾村《ひらおむら》山林畑地一切は二男の所得たるべき事

一、出入町人湊屋久兵衛《みなとやきゅうべえ》へ、小判正金の預け金有之《これあり》、此《これ》は兄弟にて三百両宛《ずつ》分配可致事《いたすべきこと》

等の数ケ条にござりまして、外《ほか》条件は無事相《あい》片付きましたが、彼湊屋《かのみなとや》預け金の儀は、全く亡友《なきとも》の考違《かんがえちがい》にて、種々勘定差引の結果、小判正金やっと五百両に有之《これあり》、夫《それ》を双方の兄弟が知ると同時に（三百金は金高少《すくな》き様なるも当時の小身《しょうしん》武士にあっては当時の百両が今日の千両、一万両とも匹敵すべき金高である）

一、兄の方は、俺は惣領の事であるから、亡父の書認《かきしたゝ》めたる通り、三百両を所得すべしと申出し、

一、弟の方でも種々継母《けいぼ》の差鉄《さしがね》もあり、亡父の書認《かきしたゝ》めた通り三百両を所得すべしと申出《もうしで》たのでござりまする、夫《それ》は親戚朋友等が打寄《うち》り、惣領の事故《ことゆえ》、兄は三百両を取り、弟は二百両にて了簡可致《いたすべし》と申したるより、弟の方にては已《すで》に知行《ちぎょう》さえ半知《はんち》と極《き》まり、兄は外《ほか》に所得物も多く、殊に継母事《けいぼこと》も血筋の関係上、多く分家の方にて世話致す事と相成《あいな》る事故《ことゆえ》、兄は二百両にて負承《ふしょう》し、此方《このほう》に三百両を分与すべし、況《いわ》んや亡父が三百両と明記したる遺言ある以上は、父の責任は惣領たる兄にある事故《ことゆえ》、弟には無相違《そういなく》遺言通りの所得可然《しかるべし》との申条《もうしじょう》でござりまする。

一、夫《それ》を引受《ひきうけ》ましたる私《わたしく》は、兄弟の者を一人ずつ呼寄せまして先ず兄の方に左《さ》の事を申聞《もうしき》けました。

一、兄弟の争い若《も》し表立《おもてだつ》時は、亡父の恥辱は申《もうす》に不及《およばず》一藩の瑕瑾《かきん》とも可相成《あいなるべき》に付《つき》、今日を限り此《この》事件はなきものと思い、骨肉友愛の交り可致事此事《いたすべきことこのこと》承知するに於ては、正金分配の事は、是《これ》は屹度《きっと》弟を説得して継腹弟《けいふくてい》の身分たる事を弁えさせ、二百両にて承服為致可申《いたさせもうすべし》と申聞《もうしき》け、弟の方には亡父名跡の継嗣《けいし》たる兄としては、権威上分知新立《ぶんちしんりつ》の弟を

憐み、自分は二百両にて負承《ふしょう》し、弟に三百両を分与する事に可為致《いたさすべし》と誓言致《いたし》たのでございます。そこで兄弟共《とも》心より承服致し、叩頭《こうとう》私《わたくし》に恩を謝しましたから、夫《それ》なら俺が一つの注文がある。夫《それ》は、

一、兄が三百両取ったと云う事が知れては、世間体もお上体《かみてい》も宜敷《よろしく》ないから、銭六叔父の説得にて、二百両にて負承《ふしょう》致《いたし》たりと申触《もうしふ》らし可申《もうすべく》、而《しか》して実際は三百両取る事に相成《あいなる》ぞと申聞《もうしき》けました、

一、弟の方にも同様、銭六叔父の説得にて、二百両にて辛棒《しんぼう》致せりと申向《もうしむ》け、決して実際に三百両を収得したる事を申間敷《もうすまじく》。

去《さ》すれば名義上丈《だ》けは、世話賃に銭六が百両取った事に相《あい》成るから、其《その》百両をお前に丈《だ》け内所《ないしょ》で遣《や》るから、決して人に覚られてはならぬぞと申聞《もうしきけ》ました」

と、申上《もうしあぐ》ると、側《かたわら》より大岡が、

「其《その》筋道は分ったが、実際は兄弟双方共《とも》に三百両宛《ずつ》を与えねばならぬのに、湊屋方《みなとやかた》に預けある金子《きんす》は五百両より無いと申《もうす》でないか」

と云うから、銭六は、

「左様《さよう》にござりまする、古語にも溺《おぼ》れる者を救う者は衣を濡らし、道を説く者は費《ついえ》を失うと、銭六初《はじめ》より之《これ》を救うの力量なしと申《もうし》たは此《こ》の事にて、年来の貧乏にて、其《その》百金の工夫調達に苦《くるし》みました故、辞退も致しましたが、万々止むを得ざる事と存《ぞんじ》ました故、第一に私《わたくし》先祖より伝来の鎧《よろい》一領、拝領の刀二振りを相《あい》携え湊屋方《みなとやかた》へ参り、勝手不手廻りの次第を申聞《もうしき》けて正金百両の融通を頼み、其《その》用路を得ましたから、直《たゞち》に兄弟共《とも》を別に呼寄せまして、三百金宛《ずつ》を相渡《あいわたし》た故、三日にして事《こと》落着致《いたし》たる次第にござりまする。只《た》だ亡友の名誉を相《あい》考え、一藩の瑕瑾《かきん》を恐《おそれ》ましたる銭六の浅慮にござりまする。日頃の貧困にて如《かくのごとく》此万一の時、物の御用にも不相立《あいたゝず》、窮迫の身の上、御恥《おはずかし》さの限り故、此事《このこと》は生涯口外致《いたす》まじと存じましたれども、君命黙止難《もだしがた》く、斯《か》くは言上致《ごんじょういたし》ますする次第にござりまする」

と、満面に汗を流して申述《もうしの》べ、暫《しばらく》は平伏して頭も上げ得なかったのである。君公《くんこう》と大目附は互に顔を見合せて、沈黙

して居《い》られたが、君公《くんこう》は、

「銭六よ、予《よ》は汝に極《ごく》内分にて無心《むしん》がある、夫《それ》は予《よ》に於て汝の貧乏を買上げたいが売って呉《く》れる事は出来ぬか。予《よ》も汝の貧乏を買上げたら、治国の道が今少しは平易に立つであろうと思うから」

との御諚《ごじょう》であった。銭六は非常に狼狽《ろうばい》して、

「君命素《もと》より黙止《もだ》すべくも無し。銭六の命なりとて何時《なんどき》にても献上可申《もうすべき》は平生の覚悟にござりまするが、此《この》貧乏丈《だけ》は銭六が御奉公第一の資本《もとで》にござりまして、之《これ》なければ銭六の武士道は忽《たちまち》にして黴《かび》を生ずるかと思《おも》われまするのでございますから、どうか貧乏御召上げの儀丈《だけ》は暫時《ざんじ》御猶予下し置かれますように願上《ねがいあげ》ます」

と云うたので、君公《くんこう》も御褒美の出し様《よう》もなくほと〳〵当惑せられたので、側《かたわ》らにある大目附に向《むか》って、大岡よ、銭六は貧乏を予《よ》に売らぬと申すが、どうした物かのう、と仰《おお》せられたので大岡は頭《かしら》を下げて、

「銭六がお買上げをお断申上《ことわりもうしあ》げるのも、彼の武士道として、尤《もっと》もに存じまする。夫《それ》では当分彼の貧乏をお借り遊ばしたら如何《いかゞ》でござりまする」

と申上《もうしあ》げたら、銭六側《かたわら》より、

「いや早、其《その》儀ならば何時《なんどき》にてもお受致《うけいたし》まする。其《その》借上げ料は、どうか正金百両にて願上《ねがいあ》げます。私《わたくし》は不計事《はからざること》にて只今《たゞいま》武士の表道具たる、具足《ぐそく》刀等を湊屋《みなとや》久兵衛方に質入致《いたし》て居《お》りますから、直《たゞ》ちに夫《それ》を受出しとう存《ぞん》じますから」と云うたので、君公《くんこう》と大目附とは、期せずしてぷうっと笑い出したのである。銭六はお小姓《こしょう》に云うて半紙を乞い受けさら〳〵と認《したゝ》めて差し上げた。

　貧《ひん》と云う馬は正金百両の　轡《くつわ》を喰《は》んで声も銭《せん》六

其後《そのご》彼《か》の兄弟の者共《ものども》が、自分等《ら》の各《おの〳〵》三百両宛《ずつ》を領得したのは、仲裁者の銭六が、武具を典物《てんぶつ》して自分等《ら》に分与したのだと云う事が、何かの端《はし》から分って来たので、或日《あるひ》兄弟同道して銭六の宅に来《きた》り、心から先非《せんぴ》を悔いて、銭六に前罪を謝し、両人より各《おの〳〵》五十両宛《ずつ》を出して一々詫言を云うて返済した、銭六は喜んで受収《うけおさ》め、夫《それ》でこそ武士の子と云うべきで

ある。以後は両人共《とも》屹度《きっと》志を立て、君家に忠勤の御奉公をして、先祖の名までも揚げねばならぬぞと、懇々《こん〳〵》と教訓したので、兄弟の者も汗を流して後悔をし、武士道を励むようになり、後年長崎御番《ごばん》の時、和蘭《オランダ》船の騒動に当り、兄弟共《とも》抜群の功を立てたのである。是《これ》全く銭六が教訓の勲《いさおし》であると、人皆《みな》云い囃《はや》したのである。銭六は其《その》兄弟が持来《もちきた》りし百両を携えて、直《たゞち》に大目附の役宅に到り、右金子《きんす》を勘定方へ返済方を頼み、且《か》つ兄弟の者《もの》悔悟を実証として、此金子《このきんす》を持来《もちきた》りし顛末を報告し、此旨君公《このむねくんこう》へも御披露を願出《ねがいいで》たので、大目附は早速登城をして、此趣《このおもむき》上申《じょうしん》した処が、君公《くんこう》の御喜び一通りでなく、大目附へも銭六へも種々の御賞物を忝《かたじけ》のうし、面目を施したのであった。此時《このとき》に銭六が詠《よ》んで兄弟に分与して教訓した歌と云うは、

人は皆みがけば光るたま〳〵に　くもるは慾と云う雲の影

此《この》銭六のお蔭にて、右の兄弟両人は、見替えたような友愛深き人となりて、其《その》兄弟仲の良き事は一藩の手本となる程であった。銭六は只無暗《たゞむやみ》に喜んでばかり居《い》たが、或時其《あるときその》父の亡友が、暮れ〳〵も銭六に頼んで置いた兄弟が妻帯の事を申出《もうしいだ》した。夫《それ》は同藩の人で其《その》亡父が同役の某《ぼう》が姉妹の娘を持って居《い》るのを許婚《いいなず》して、屹《きっと》我死後まで生前友誼の縁を結ぶぞと約束して居《い》たが、今は双方の父も已《すで》に故人となって居《い》るから、銭六は夫《それ》を思い出し、兄弟を説得して、此際《このさい》兄弟共《とも》、其《その》姉妹と結婚せよと勧めたのであった。処が兄弟は夫《それ》より少し早く或る先輩の方より縁辺《えんぺん》を申込《もうしこ》まれてあったので、甚だ迷ってぐず〳〵決し兼ねて居《い》た末、とう〳〵夫《それ》を銭六に申述《もうしの》べて、裁決を乞う事になった。銭六は兄弟に向《むか》って、双方両亡父の生前約束したる事を申勧《もうしすゝ》めて、其《その》申込の方を断わらせ、とう〳〵親の許した方と結婚せしめたのであった。其時《そのとき》の歌に、

無き父の敵《かた》き誓いと工藤《くど》かれて　夜目《よめ》あるまゝに忍ぶ兄弟

夫《それ》から二年ばかり過ぎると、兄弟共《とも》一人ずつ男女の子供が出来たので、其《その》祝の時に銭六は親代りとして何時《いつ》も招かれて行った。其時《そのとき》の歌に、

右左《みぎひだ》り孫々として出来る児《こ》は　親見たような祖父《じい》の銭六

其後此《そのごこの》兄弟が、山林方《かた》を永く相《あい》勤め、多くの松苗を仕立てゝ、箱崎《はこざき》八幡宮に奉納し、彼《か》の千代の松原の松の枯跡を補欠し、永く神威の隆盛を祈ったので、多くの氏子共《ども》は之《これ》を祝して、其《その》植付終りの日に於て、箱崎八幡宮に能楽を奉催し、当時の能太夫梅津《うめつ》、田代《たしろ》、藤林《ふじばやし》の三大家を迎えて、三番叟《ばそう》と、住吉《すみよし》と、龍神《りゅうじん》との三番の能楽を演奏させたのである。

銭六翁は心から其《その》兄弟の処行を喜んで一首を詠《えい》じた。

千歳《せんざい》の仕置《しおき》を松《まつ》に翁面《おきなめん》　万代《よろずよ》を舞う神三番叟《かみさんばそう》

夫《それ》から段々年を累《かさ》ねて、其《その》兄弟の人々も老年になり、銭六翁も七十幾歳の高齢となりて来たが、益《ます》〳〵元気矍鑠《かくしゃく》として、酒を飲んでは狂歌を詠《よ》んで楽しく其《その》日を暮して居《い》た。或時《あるとき》春三月頃、城下より三里ばかりある山の桜谷《さくらだに》を訪《と》わんと、銭六と三人連れにて辿り入《い》ったれ共《ども》、此《この》年は気候が後《おく》れて、まだ咲初《はじ》めぬ千株《しゅ》の桜は、蕾《つぼみ》ながらであった。兄弟の両人は尠《すく》なからず失望したが銭六は少しも頓着なく、取敢えず樹下に用意の薄縁《うすべ》りを敷いて、水筒の酒を傾け大機嫌に酔潰れて、晩景月の出る頃となり、二人とも酔歩蹣跚《まんさん》として、麓《ふもと》の泊りの村まで下《くだ》って来た。其時《そのとき》の歌に、

まだ咲かぬ花の下にて
さけ〳〵と居催促《いざいそく》して酔月夜《よいづきよ》まで

41　化物屋敷発掘

怪異俳人に逐われ
武人一句に撃たる

往昔享和《むかしきょうわ》の頃、福岡に知行《ちぎょう》六百石を頂戴する、須川織部《すがわおりべ》と云う武士があったそうだ。此人《このひと》は文武の道にも通じて、品

格の良き人であったが、不図《ふと》した事より、其《その》家に怪事《けじ》が属《つ》いて来た。第一番には一藩で評判の美人の妻君が、朝自分の居間の鴨居に掛けてある薙刀《なぎなた》の埃《ほこり》を払わんと、ハタキを掛けて居《い》たら、どう云う機会《はずみ》か、掛けてある釘が折れて、ガラ〳〵と薙刀《なぎなた》が落ちる拍子に鞘《さや》が割れて、其《その》刃が顔に倒れ掛《かゝ》って来て左の眉間《みけん》より鼻から右の頬に掛けて、筋違いに大怪我を為《し》た。段々手当の末、傷は癒えたが、夫程《それほど》評判美人の奥さんの顔は、左の眼が眇《すがめ》となり、鼻は引釣り、右の頬の所は、溝の如く真黒の刀痕《かたなきず》を留めた。夫《それ》は最後に化膿して、直りが永引いたからで、只《た》だ一目見るも恐ろしき相好《そうごう》となって仕舞《しま》った。当時不幸にも妊娠であって、生れた男の子は、瘡痕《そうこん》ではないが、丁度奥さんの通り顔の左より右に掛けて、薄墨《うすずみ》を引いたように、痣《あざ》痕が附いて居《い》る。之《これ》を聞いた藩の者は、一目見て身慄《みぶるい》をして恐れたのである。嘘に嘘が累《かさな》り、評判は評判に枝が生えて、様々の事を云い触《ふら》すように成って来た。悪るい時には悪るい事許《ばかり》あるもので、其《その》家の腰元の春野《はるの》と云う、十九歳の女が、紛失物の疑《うたがい》が掛《かゝ》ったのを憤慨して、庭の松の枝に、細紐《ほそひも》で首を釣った所が、其《その》夜強い風が吹いてぶら〳〵した為め、紐《ひも》が切れて其下《そのした》の小池の中に落ち、膝から下半分を泥に突込んでチャンと立って居た。其《その》姿の物凄さと云うたら、島田髷《まげ》はぐらっと崩れ後《おく》れ毛は両頬に掛《かゝ》り、首は長く伸びて硬直し、赤の帯はだらりと下《さが》り、年頃の派手な着物は、しだらなくなって眼を見張り、歯を喰い締《しば》って居《い》た有様を、若党の良助が庭箒を提《さ》げた儘之《まゝこれ》を見付けた時は、ギャッと叫んで早腰《はやごし》を抜かしたとの事である。夫《それ》から夜の丑満《うしみつ》の頃になると、其《その》春野の幽霊が何時《いつ》でも出て来るといい、こんな事が初《はじま》りで其須川の家には怪事《けじ》が付いて来て、其《その》主人の織部殿が、江戸参勤の途中、遠州の掛川《かけがわ》駅《えき》で急病で死んで仕舞《しま》い、引続き一人死に二人死に、とう〳〵数年の内に一人残らず死に絶えた。夫《それ》から此《この》家は色々薄気味悪い評判斗《ばか》り立つので誰一人居住する人もなく、とう〳〵化物屋敷となって仕舞《しも》うたのである。或時《あるとき》、行《ゆき》暮れた行脚の僧が案内もなく此《この》家に一泊して書残《かきのこ》した物を見れば、「此《この》家は或る樹木の精で、斯《か》く破滅したのである。一夜の中《うち》に出た数々の化物は、家の内中《うちじゅう》を騒ぎ廻りて、台所や勝手では、何を云うのか大勢で賑《にぎや》かに咄《はな》しさゞめいて、鶏鳴《けいめい》頃まで立騒いで居《い》た」との事、夫《それ》から段々古老などに就いて調べて見ると、此《この》家の門内東側の、孟宗藪《もうそうやぶ》の横に、三抱《みかゝ》えもある古き松の大木が二本ある。此樹《このき》は幾百年を経たか分らぬ老木で、杪《こずえ》の方は段々枯れて空洞《うつろ》となり、一二《いちに》の枝などは、一抱《ひとかゝ》えもあって、其《その》葉が蔽いかぶさる程《ほど》茂って居《い》る。一本の方の枝が、余り他の一本の方に蔽い被《かぶさ》って、門内が昼でも暗いような心地がするから、此時《このとき》の若主人織部殿の父君《ちゝぎみ》に当る重左衛門《じゅうざえもん》殿と云う、意気の豪《えら》い人が、其《その》蔽い被《かぶさ》った大枝を切って除《の》けた処が、半年と立たぬ内に、其《その》枝を切られた大木は枯れて、夫《それ》から残った方の大木も、次第に衰えて翌年枯れて仕舞《しも》うた。茲《こゝ》に殊に不思議なのは、此《この》須川家に先祖代々から、長屋を貰《もろ》うて三太夫《だゆう》を勤めて居《い》た、松村久太夫《まつむらきゅうだゆう》と云う七十七歳の老人が、妻の松寿《まつじゅ》と云う六十八歳の婆さんと共に、同《おな》じく一夜の中《うち》に枕を並べて死んで居《い》たとの事である。是《これ》が丁度、此《この》織部殿が元服祝の翌日であった。斯様《かよう》に取止《とりと》めもなき因果咄《ばなし》が湧いた揚句が、前に書いたような怪談であるから、泰平の世には一層評判が高くなるのである。彼《か》の狂歌師の銭六は、世渡《よわたり》は風流で、ちゃらん、ぽらんと暮して居《い》るけれ共《ども》、元来が魂の据《すわ》った、立派な豪胆者、武士の標本とも云わるゝ人物であるから、或る時、斯《かゝ》る咄《はなし》を聞いて、忽《たちま》ちに一種の好奇心を起《おこ》した。「天下に屈指の雄藩たる、福岡の侍屋敷に、斯《かゝ》る怪しき物があっては、藩公の御威光にもかゝり、一藩の名折《なおれ》にも相成《あいな》り又他藩の聞《きこ》えも恥《はずか》しき訳故《わけゆえ》、一番小身ではあるが、俺《わし》が彼《か》の須川の大屋敷を、お預り屋敷として自分が居住致度《いたしたい》と云う願《ねがい》を出して見《み》よう」と、こう思い立って、之《これ》を例の月番大岡寛太夫《つきばんおおおかかんだゆう》殿まで願出《ねがいで》たのである。此事《このこと》を聞いた親戚朋友の人々は態々《わざ〱》銭六に面会して、段々と意見して、止《や》めさせようとしたが、銭六は平気な物である。

「御親切は千万忝《かたじけの》う存《ぞんじ》ますが、元々武士道の意気地より思い立った事故《ことゆえ》、一命は始めから投出《なげだ》して居《い》る事である。若《も》しあの屋敷が安穏に、誰でも住居《すまい》の出来る事にでも相成《あいなっ》た時は、拙者の武士道も、一藩の威信も挙《あが》る事になり、随《したが》って君公《くんこう》へ御奉公の一端とも相成《あいな》る次第である。泰平の世の御奉公は、斯《かゝ》る仕事も肝要な事であると思う」

と云い放って平気で居《い》るのである。

夫《それ》から銭六は、上《かみ》の御允許《ごいんきょ》を得、お預り屋敷として、彼《か》の明《あき》屋敷、即ち化物屋敷の須川邸に居住する事になったが、何様六七《なにさまろくしち》年間火の気も人の気もなしに成って居《い》た屋敷の事故《ことゆえ》、其《その》物凄き事は大変である。銭六は一人の手下、即ち例の兵作《ひょうさく》と共に出入の人足大勢を伴《ともの》うて乗込んだが、先ず第一に門の閂《かんぬき》は、日蔭の青苔を見るように錆《さび》付き、玄関の遣戸《やりど》は粗《まばら》に板が離れ、畳は全部湿気に蒸されて踏む度毎《たびごと》にシャクリ〳〵と云うて、床まで抜ける。間毎《まごと》の障子襖《しょうじふすま》は、紙の痕《あと》もなく剝《は》がれ落ちて居《い》る。客間居間等にも萱《かや》や笹などが、色褪《いろあせ》てニョキ〳〵と生出《おい》て居《い》る。其《その》屋敷地の一面には、名も知れぬ数多《あまた》の雑草が、伸《のび》放題に茂りて、さしも数寄《すき》を凝《こら》した大家《たいけ》の庭園は、将門《まさかど》の荒れ御所も斯《か》くやと偲《しの》ばるゝのである。銭六の第一に手を付けたのは、人足をして全屋敷地の雑草を綺麗に刈り取らせた。第二には、一切の建具《たてぐ》を執外《とりはず》して張易《はりか》えた。第三には畳屋に全部の入易《いれか》えを命じた。第四には家の曲りを直させた。第五には壁を全部塗り易《か》えさせた。第六には門の東側にある孟宗藪《もうそうやぶ》を全部掘返えさせた。第七には彼《かの》有名な大松の二本の枯れたる根と幹を、全部掘返えさせた所が、其根入《そのねいり》の深さと云うたら、二丈《じょう》に近い程である。夫《それ》をも掘り取れと命じたので、大勢の人足は汗塗《あせみどろ》になって掘り返した処が、一つの大石を其《その》根が抱いて居《い》る。夫《それ》を引上げて見ると、鮮かに文字が彫り付けてある。曰《いわ》く、

天正十五年丁亥《ていがい》三月十五日、秀吉殿の軍勢に対し、前後七回の血戦を為《な》し、刀折れ箭《や》尽きて、九州の名族麻生帯刀《あそうたてわき》橘《たちばな》の正弘《まさひろ》、此所《こゝ》に於て屠腹《とふく》する者也。同十六年戊子《ぼし》三月十五日、其《その》家臣大原次郎右衛門正房《おおはらじろうえもんまさふさ》、自《みずか》ら此《この》石を刻みて地中に埋《うず》め、上に荒津神《あらつかみ》の松樹二株《しゅ》を植え、其側《そのかたわ》らに於て殉死を遂げ畢矣《おわりぬ》（以上漢文）

又、其《その》横手の方より、一個の甕様《かめよう》の物を掘出したが其中《そのうち》より小甕入《いり》の古金貨一貫目余を見出《みいだ》したのである。夫《それ》から又其辺《そのへん》の地底を掘廻り居《い》たら黒石の箱を掘出した。其上蓋《そのうわぶた》は三つに割れて居《い》たが、表《おもて》に何やら呪《まじな》いの梵字《ぼんじ》を彫付け、下に「盛者亡滅怨魔永着《ようじゃく》」の八字が明《あきら》かに読まれた。そこで銭六は、一々夫等《それら》の顚末を目録上申《じょうしん》として、大岡殿の手許《てもと》まで届出《とゞけい》でたので、一藩の重役達は、奇異の思いをなし、之《これ》を君公《くんこう》の御聴《おきゝ》に達したので、お上の思召《おぼしめし》によりて、雷山《いかずちやま》の僧数人を召され、怨霊鎮魂の事を命ぜられたので、僧侶相談の上、彼《か》の石碑石箱を主魂《ぬしたま》として、不動明王の祠《ほこら》を建立し、降魔得道《こうまとくどう》の祈禱を修し、城下の老若に参拝回向《えこう》を為《なさ》しめて、三日間の施行供養を為《な》したのである。夫《それ》から此《この》銭六の所行を御賞美あって、御普請奉行青木甚十郎《あおきじんじゅうろう》殿の検分によりて、須川屋敷掃除料として金子《きんす》三百両を下《くだ》し賜《たまわ》り、日ならずして、一切の物が立派に出来《しゅったい》したのであるが、銭六は其祠《そのほこら》の側《そば》に建石《たていし》をして、一首の歌を彫付けた。

斯《か》く深き怨《うらみ》もこれで麻生《あそう》さん　たまも霊《みたま》も沈《しず》めならくに

夫《それ》から一藩の陽気此《この》家に集まり、碁会、俳句会は申《もうす》に及ばず、泰平の世に遊ぶ娯楽の人々を集めて、丁度今の倶楽部《クラブ》の如き物となして、銭六先生幹事のような気取で大得意に巾をきかして暮して居《い》たとの事である。

因《ちなみ》に曰《いわ》く、史《し》を案ずるに、天文《てんもん》の頃、天下大《おおい》に乱れ、殊に九州は僻地《へきち》なれば、中央の威令に接する事《こと》遠く、騒擾一入《ひとしお》甚しく、天正《てんしょう》の頃に至っては、薩摩に島津《しまづ》、肥前に龍造寺《りゅうぞうじ》、豊後《ぶんご》に大友《おおとも》ありて、殆んど鼎足《ていそく》の勢《いきおい》をなし、境を侵し国を争いて、合戦更《さ》らに止《や》む時なし、中にも筑前の地は、襟喉《きんこう》の地なれば、常に戦争の衢《ちまた》となり、国中には少弐《しょうに》、宗像《むなかた》、原田《はらだ》、秋月《あきづき》、麻生《あそう》の五大家ありて、其《その》家人には豪雄智略の者も多く、各々《おのおの》小塁支砦《しょうるいしさい》を守りて、驍勇《ぎょうゆう》一世に抜群なる事少なからざりしが、天正十五年に至りて、秀吉九州征伐を企て、豪族を圧伏して此《この》国を小早川左衛門佐隆景《こばやかわさえもんのすけたかかげ》に与えた。其後《そのご》隆景隠居、秀秋《ひであき》越前に転封《てんぽう》の後、石田治部少輔三成《いしだじぶしょうゆうみつなり》三年間此《この》国の代官として政治を取行《とりおこな》う時まで彼《か》の三傑、五豪族、余類の制統には最も難儀せしとなり云々、

之《これ》に依って見るも、此《この》化物屋敷にありし不思議の発掘物は、正さに天正戦乱の遺跡でありし事が明白になったのである。之《これ》を狂歌師の銭六が、風流三昧の戯《たわむれ》に之《これ》を発見して、一藩に安穏の道を開きしは、殊勝此上《このうえ》なき事であるとの事である。其後此《そのごこの》遺跡は、追手道通り御模様変えの時、其祠《そのほこら》は全部御城内に引かれたとの事である。

銭六が此《この》屋敷に居住中の事であるが、長州の侍《さむらい》、太田源次郎《おおたげんじろう》と云う武人が、武者修行として訪《おとず》れ来《きた》り、暫《しばら》く逗留《とうりゅう》して居《い》る事があったが、此者《このもの》元来勇猛巨胆の性質にて、或時《あるとき》銭六が座敷の床《とこ》に掛けて置いた布袋《ほてい》の懸け物に墨黒々と讃《さん》をした、曰《いわ》く、

我腹を撫《な》でては笑う布袋《ほてい》かな

銭六之《これ》を見て少しも憤《いきどお》る気色なく、

「お心入れの御筆労祝着《しゅうちゃく》に存ずる。お蔭にて座敷に一入《ひとしお》の光彩を添えました。失礼ながら下《しも》を付けましょう」と云うて筆を執って、

指にさわるは糞《くそ》と高慢

と書いた。之《これ》を見て太田はムッとして、膝を刻《きざ》んで詰め寄り、

「之《これ》は一体何と云う御趣意なるや」

と詰《なじ》ったが、銭六は平気で、

「之《これ》は上《かみ》の句の御趣意によりて、下《しも》の句を瀆《けが》したのでござる。元来布袋《ほてい》と申《もうす》先人の寓意画は、一面福徳の神のように申せ共《ども》、決して左《さ》に非ず、人見栄《ひとみえ》に大きな袋を持っては居《お》れども、中は屹度殻《きっとから》でござる。其実《そのじつ》は鬚《ひげ》を剃る銭もない大貧乏者である。其《その》証拠は、寒暑の別なく、肩にも掛《か》ゝらぬ麻の衣一枚にて暮して居《い》る位で、布袋《ほてい》の襲《かさ》ね着はお互に見た事もないではござらぬか。夫《それ》から大兵《だいひょう》肥満ではあるが、人間として体芸、即ち一身備えの修養などした者ではないと云う事が、其《その》身構えで分るではござらぬか。夫《それ》を何か高大な身嗜《みだしなみ》でもあるかの如く世間体を粧《よそお》い、大風ににこ〳〵笑顔ばかりして居《い》る。即ち大嘘吐《おおうそつき》の殻尻《からけつ》野郎でござる。拙者が此《この》掛物を床《とこ》の間に掛けて置くのは、『人間と云う者は、此布袋《このほてい》の態《ざま》になっては大変である。天より賜わる福徳にも有付《ありつ》けず、武士などでは微運此上《このうえ》なき者と堕落するから、総て布袋《ほてい》を学ぶべからず』と云う、戒《いましめ》にして居《い》たのを慧眼《けいがん》の貴下が之《これ》を観破して『布袋奴《ほていめ》が自分で腹を撫でて見て其殻《そのから》っぽうを、笑わずには居《お》られぬ』と云う一句をお付《つけ》下さったので、是《これ》は誠に銭六の意《こゝろ》を得たる為《な》され方、有難く存ずるの余り、斯《かく》は下の句を付けましてござる。銭六の喜《よろこび》此上《このうえ》ない事に存《ぞん》ずまする」

と、すら〳〵と物語って平気である。太田の不快此上《このうえ》なく、とう〳〵其《その》夜の晩酌の上にて、銭六に武芸の立合を申込む事となった。銭六は堅く辞したが聴かぬので、

「重々《じゅう〳〵》の御懇志《こんし》千万忝《かたじけな》く存じますが、拙者は今文事《ぶんじ》に心を傾け、僻《ひが》める心と曲れる行《おこない》とのある者を、教導する事のみを以て老後の楽《たのしみ》と致して居《おり》ますが、併《しか》し矢張《やはり》武士の端くれにて、武道を以て知行《ちぎょう》は頂戴致し罷在事故《まかりあることゆえ》、達《た》って御指南下さるれば、喜んでお受けは致すが、太田先生斯《か》くまでの御所望《しょもう》は、銭六の武芸をお試し下さるのであるか、御教導下さるのであるか、又は何かお心に染《そ》まぬ事でもあって、御懲戒下さるのであるか、拙者も武士でござる以上は、思召《おぼしめし》の次第を承わって、御手合せ致《いたし》たいと存ずるが」

と云われたので、太田も一寸《ちょっと》困却したが、意を決して、

「拙者も武士の一分《いちぶん》でござる。何も包み隠しは致さぬ。貴殿の付けられた下《しも》の句が気に入り申さぬ。拙者を高慢者《もの》と卑《さみ》せられては残念に心得るより、武士の表、有無の勝負を決し度《た》く存ずるのでござる」

「いや、夫《それ》ならば、達《た》って御免を蒙《こうむ》りたし。拙者は主持《しゅもち》の身分故《ゆえ》、私《わたくし》の意趣にてのお立会は御許《おゆるし》下さい。拙者が布袋《ほてい》の讃《さん》の下句《しものく》を付けたのを高慢に非ざる貴殿を高慢なりと誹謗したのだと御思召《おぼしめし》ての御申込は、拙者誠《まこと》に迷惑に存ずる。是非御教導を蒙《こうむ》ると云う御深切《しんせつ》の御試合ならば仮令《たとい》打殺されても更《さ》らに異存はござらぬが」

「其辺《そのへん》は貴殿の御望《おのぞみ》に任せまする。是非共《とも》御立会を希望致す」

「夫《それ》ならば千万忝《かたじけ》なし。然らば玆《こゝ》に御相談がござる。拙者は御覧の通り老衰致し血気の貴殿に御相手も如何《いかゞ》と存じますから、拙者が愛撫致し居《お》る一人の若者をして、御相手致させまするから、十分夫《それ》を御教導願《ねがい》たし。若《も》し其者《そのもの》が貴殿に打負け申《もうし》たらば、其《その》席にて拙者共《ども》両人は、貴殿と師弟の契約を致し、永く御指南を蒙《こうむ》る事に致《いたし》たい。此《この》儀何卒御承引を願《ねがい》たし」

「いや、斯《か》くなっては、誰にても御相手致すべし。殊に今の御一言お忘れなく御用意なされたし」

との事であったので、銭六は早速自分の世話して居《い》る、下湊町《しもみなとまち》のお倉御用聞《きゝ》、三島藤兵衛《みしまとうべえ》の悴《せがれ》藤之助《とうのすけ》を呼出して立会を命じた。此者《このもの》は其《その》父なる藤兵衛が五年以前、小倉街道にて或る浪人の為めに斬殺せられたと云う、敵持《かたきもち》である。其敵《そのかたき》が打《うち》たい〳〵と云う孝心者故《ゆえ》、銭六は予《かね》て之《これ》を世話して伊岐《いき》流の鎗術《そうじゅつ》と鎖鎌《くさりがま》の修業をさせた。此《この》若者の武芸を試《た》めし見るべく心掛けて居《い》た時故《ときゆえ》、銭六は藤之助に向《むか》い、

「今其方《そのほう》の立会う太田と云う長州浪人は、どうも貴様の親の敵《かたき》らしく思う筋があり、幸い先方から立会を望むのだから、其方《そのほう》は心に父の敵《かたき》と心得、神明に誓いて立会存分に打据申《うちすえもうす》べし」

と申聞《もうしき》け牡丹鎗《ぼたんやり》の先と鎖鎌《くさりがま》の分銅《ぶんどう》には練《ね》り胡粉《こふん》を付け、銭六の庭前にて彼《かの》太田源次郎と立合わせたのである。太田は、案外の若者故《ゆえ》、只《た》だ一撃と身構え、藤之助の突出す鎗《やり》を忽《たちま》ちに巻き落した時は、已《すで》に右の肩先きをしたゝかに突か

れて居《い》た、夫《それ》も構わず猛鷲《もうしゅう》の如く付け入る太田が出鼻を、懐にしたる鎖鎌《くさりがま》の分銅《ぶんどう》は飛退《とびしざ》り様に大廻《おおまわし》にて其《その》脳天をしたゝかに打据えたのである。銭六は涙ぐむ程《ほど》藤之助の早技に感心したが直《す》ぐ飛込《とびこん》で太田を介抱して、犒《ねぎろ》うたので、さしも高慢の太田も、心《しん》から深く銭六の人格に感じ、重ね〳〵の不埒を詫びて此日《このひ》より銭六に随身し、とう〳〵黒田家より長州藩に掛合《かけあい》の末、彼《か》の太田源次郎は、福岡藩に召抱《めしかゝえ》らるゝ事となった。其後《そのご》藤之助は、銭六と太田の世話にて、薩摩浪人松山庄司《まつやましょうじ》と云う者を、肥前田代《たじろ》街道で父の敵として打果《うちはた》し、爾後《じご》数年武者修業をして、終《つい》に三島藤六郎と称し、東軍流《とうぐんりゅう》鎗術《そうじゅつ》の師範として、小倉藩に召抱えらるゝ事になったのである。此時《このとき》銭六が藤之助に与えた歌は、

「打撥《うつばち》と打たるゝ太鼓音《おと》の妙《みょう》わざは人なり負勝《まけかち》はなし」

今日に至るまで伝来せる、東軍流秘伝の歌として持て囃《はや》さるゝものは、享和《きょうわ》の昔、此《この》銭六が詠《よ》んだ歌で、恩誼を忘れざる印であるとの事である。此《この》三島藤六郎仇討《あだうち》の実談は材料も有る故、又折を見て書残す積りである。

42　贋山伏退治

俳人死に至るまで奇句を弄し
神霊道を得て明光を放つ

何糞《なにくそ》と思えど最早《もはや》屁茶《へちゃ》も暮《くれ》　さらば草葉《くさば》の蔭《かげ》に往《ゆ》こうぞ
句もなくて死ぬるは明日《あす》か狂歌師《きょうかし》の　屁《へ》の如くなる武士の青人《あおんど》

とは武士道を提《ひっさ》げて風流の蔭に隠れ、八十六歳の高齢を過《すご》したる銭六翁が、老病にて息を引取る時の辞世の二歌である。丁度此《この》年の二月であった、当時世の中に、稲荷《いなり》の神寄せと云う事が流行した、此《これ》は後世の狐憑《きつねつ》きと云うが如きもので、様々の不思議な事を為《し》て愚民を迷わすのを銭六は苦々《にが〳〵》敷《しく》思うて居《い》たが、夫《それ》が筑前の北、玄海《げんかい》上にある孤島沖《おき》の島《しま》の御

符さえ戴かすれば、立所《たちどころ》に狐憑《きつねつき》が落ちるので、其《その》御符を受下《うけさ》げに行く事が又流行し、終《つい》には其《その》御符の売買が始まり、贋山伏《にせやまぶし》や、破坊主《やぶれぼうず》などが、濫《みだ》りに附会の説をなす故、武威輝ける大藩の瑕瑾《かきん》にもならんかと憂慮の末、自《みず》から此《この》孤島に押渡りて実際を取調べ、其《その》迷信の根元を清めんと、役筋に願《ねがい》を立て、渡航を思い立ったのである。親戚朋友は、老人の冷水《ひやみず》仕事、達《た》って止《や》めよと忠告したけれども、例の如く「武士の仕事は命懸けのものである」と云うが一点張りで、さっさと用意をし小舟に蓆帆《むしろほ》を掛けて、博多湾頭を乗出《のりだ》したのであるが、抑《そも〳〵》此《この》沖の島と云うは、世に荒島に荒神の鎮座ましますと云い伝えてあるので、風波に漂う漁夫釣人さえ、万難を凌《しの》いでも決して此《この》島に船を寄せる者はないのである。元々此《この》島は博多の陸地を距《さ》る事《こと》西北四十海里、小呂《おろ》の島を北に距《さ》る二十七海里、長州の豊浦郡《とようらごおり》神田崎《かんだざき》を西に距《さ》る事四十二海里にして、丁度下の関と、対馬《つしま》との中間に在って、九州の陸地と、朝鮮との中央に位する一孤島である。古史に拠《よ》るに、遠き神代《かみよ》に於て天照大神《あまてらすおおみかみ》と、素盞嗚尊《すさのおのみこと》と、天《あま》の安河御誓《やすかわおんちか》いに産《うま》せ玉《たま》える女神《にょしん》の鎮座まします所、即ち我《わが》大日本の大八洲《おおやしま》、御高見《おんたかみ》の海路《うなじ》、御足止《おんあしどま》りの霊島である。夫《それ》より潮路《しおじ》によりて出雲に御船渡《おんふなわた》りあらせられたが此御島《このおしま》に幾干《いくばく》の歳月を御過《おすご》し在りしかは分らぬのである。此《この》島の御神《おんかみ》は瀛津島姫《おきつしまひめ》の尊《みこと》と申　奉《もうしたてまつ》りて二大神《ふたおおがみ》は御筐《おんかたみ》として青蕤玉《アオミタマ》を残し玉《たま》えりとなり、此《この》島は周囲一里余と云い伝え、島中三つの霊峰相連《あいつらな》り、白き石峭立《いししょうりつ》して怪岩異木を以て充たされ、殊に奇薬妙剤に富める鱗介《りんかい》を産するのである。往古《おうこ》より一人も此《この》霊地に住居する人民なく御神《おんかみ》の宮居《みやい》は南部に建祀《たてまつ》りてあるのである。慶長の頃、此《この》筑前に封ぜられたる、黒田長政《くろだながまさ》は第一に此御神《このおんかみ》を崇敬し、斎戒沐浴《さいかいもくよく》の足軽三人と、船手四人を遣わして、各百日交替と定めて、神域の灑掃《さいそう》を怠らなかったのである。此御神《このおんかみ》の祭祀を掌《つかさど》りし者は、田島神社の宮司《ぐうし》にして、禰宜主典《ねぎしゅてん》一人、使部《つかいべ》一人、加子《かこ》五人は常に六根清浄《こんしょう〴〵》して、此《この》霊地に定番《じょうばん》して居《い》たのであるが、社前に達する石階《せきかい》は、島礎《とうそ》の自然石《じねんせき》を刻みたるもの三百三十段にして、其《その》左右には蘇鉄樹《そてつじゅ》数多《あまた》生茂《おいしげ》り祠側《しそく》に三箇の大厳聳立《おおいわしょうりつ》し、総て喬木《きょうぼく》大樹の蓊鬱《おううつ》たるを見る。又岩石空洞の宝庫ありて、其中《そのなか》には神代《かみよ》よりの神器祭器等堆積せるのが、銅器鉄器共《とも》、平人《へいじん》の更《さ》らに渡りたる事なき、此《この》霊地に、其《その》毀損欠壊したる古器に、鍍金《ときん》光輝の燦爛《さんらん》たるを見るは、全く古代の文明に一驚を喫するの外《ほか》ないのである。古人は此《この》島を恩賀島《おんがしま》と云い、後訛《のちか》して瀛《おき》の島《しま》と云えり、二大神恩賀《ふたおおがみおんが》の霊地なりしが為なりと云伝《いいつた》う、又二大神《ふたおおがみ》の弥《いや》深き神心《かんこゝろ》を定め給いて、此大八洲《このおおやしま》に民を移し、其の安楽を謀《はか》り玉《たま》う大御業《おおみわざ》に西神国《にしかみぐに》の人々は、此上《こよ》なき僻事《ひがごと》と思い、之《これ》を妨げ仇《あだ》し奉らんと、様々の手段をなし、金鼓《きんこ》を鳴《なら》して、御後《おんあと》を追い奉りしかども、浪風高き大海原故《ゆえ》、其事《そのこと》を達し得ざりしとなり。

　彼木集《ひぼくしゅう》に、

　　立浪《たつなみ》に鼓《つゞみ》の音《おと》を打《うち》そえて　神人《かみびと》おわめ沖《おき》の島《しま》が根《ね》

とあるが、此神代《このかみよ》の事を詠《よ》んだ歌にて、此《この》沖の島の事を証拠立てる一つである。彼《かの》銭六翁は、斯《かゝ》る神徳弥著《しんとくいやちこ》の御神《おんかみ》を、愚民共《ども》が汚《けが》し奉るは、藩政第一の瑕瑾《かきん》なりと思い定め、役筋の特許を受《うけ》て、万難に身命を賭《と》して乗出したのである。真《しん》個《こ》の武士たる者は、太平の時ほど難儀なるものはない、命を的の戦争はなし、斯《かゝ》る事に命を掛けるより外《ほか》仕方がないのである。とう〳〵狂瀾怒濤を乗切って危くも此《この》霊島に着いたので、直《たゞち》に用意の通り沐浴《もくよく》して浄衣を纏《まと》い、禰宜《ねぎ》に面会して藩命と自分の意見とを申述《もうしの》べ、今日以後は如何《いか》なる信者崇敬の人来《きた》るも、役筋の許可《ゆるし》なくして御符を与え、祈禱をなす事相成《ことあいな》らざる次第を申聞《もうしき》け、夫《それ》より島中の霊跡、残る所なく参拝し、愈《いよ》〳〵大和民族の発祥根元の尋常ならざるを知って、信心一入《ひとしお》胆に銘じ、三日の間通夜《つや》絶食して、一身の帰命頂礼《きみょうちょうらい》を捧げたのである。居《お》る事《こと》五日にして又船を出して、博多の津《つ》に帰り来て、直《たゞ》ちに博多大浜町《おおはまちょう》の瀛津宮《おきつぐう》の遥拝所《ようはいじょ》に狐憑《きつねつき》の病人共《ども》を数多《あまた》呼び集め、

「此度《このたび》藩命によりて、公《おおやけ》に沖の島に参拝し、多くの御符を頂き来《きた》りし故、汝等《ら》に分け与うべし」

と触れさせたので、彼贋山伏《かのにせやまぶし》や、破れ坊主共《ども》付添にて、大勢の患者を連れて来た銭六翁は、恭《うや》〳〵敷《しく》御符を分け与えた処が、立処《たちどころ》に狐憑《きつねつき》の病気は全快して、元の正気となったので、各《おの》〳〵は打《うち》喜びて御礼の百曼陀羅を述べる。銭六は其《その》病人を一人も帰さず、即座に演説を初めたのである。

「汝等《ら》が神寄《かみよせ》の病気は、平生の曲《まが》れる心に、外《ほか》より迷《まよい》の念を添えたるより、斯《かゝ》る恥《はずか》しき病に罹《かゝ》ったのである。恐れ多くも日本《ひのもと》の神様は、左様《さよう》の私《わたくし》の心に染《そみ》し者共《ものども》には、決して与《く》みし給わぬのである。誠沖津宮《まことおきつぐう》を尊敬し奉るならば、斯《かゝ》る贋山伏《にせやまぶし》や、破れ坊主の唱うる、稲荷《いなり》の神などを信じてはならぬ、汝等《ら》が斯様《かよう》の奴共《やつども》に誑《たぶら》かされて、一種の神経病に罹《かゝ》

り居《お》る証拠は、今汝等《ら》が三拝九拝して飲んだる御符と云うは、予が船中にて食余《くいあまし》の弁当の飯を、板子《いたこ》の上に乾してかわかした物で、夫《それ》を沖津宮《おきつぐう》の御符と云うて与《あたえ》たるを、汝等《ら》が左様《さよう》に信じて飲んだ故、全《まったく》の神経病は即座に全快したのである。即ち迷《まよい》の神経病であると云う何よりの証拠である。以後は役筋の許しなくて、決して御符の売買等は相成《あいなら》ぬ、若《も》し背く者あらば屹度《きっと》曲事の御沙汰あるべし。又夫《それ》なる山伏坊主共《ども》は此《これ》まで言語道断の不埒を働きしにつき、即座に御召捕《おめしとり》の御沙汰ありたり、夫《それ》、」

と、銭六の声の下より、予《かね》て用意の捕方《とりかた》は山伏坊主の全部を縛上《くゝしあ》げて連れ去ったのである。夫《それ》より銭六は八方に捕方を馳せ廻《まわ》らせて、右の山伏や坊主共《ども》を尽《ことごと》く召捕らせたので、一藩の人心は忽《たちま》ちにして矯正されたのである。其時《そのとき》の歌に、

　嚙《か》まれたる博多福岡野狐《のぎつね》の　たゝりも消えて瀛津《おきつ》しらなみ

夫《それ》より銭六は君公《くんこう》へ拝謁を願い、瀛《おき》の島探検の委細を言上《ごんじょう》し、

「斯《か》ゝる神道《しんどう》最初の霊地の御領内にある事は、万民国土の安全を計り玉《たま》う御政治の根本を備え玉《たま》う御国柄にござりまするから、何卒祭政一致、人心帰服の思召《おぼしめし》を以て役筋の人々へ夫々《それぐ》御触れ示し遊《あそば》されるよう偏《ひと》えに願上奉《ねがいあげたてまつ》る」

と申上《もうしあげ》たので、只《たゞ》さえ賢明の君公《くんこう》は、

「諫《いさ》め殊勝と思うぞよ、国祖長政公御入国の第一に、既に祭政一致の御政治を示し給うに、予《よ》が不敏之《これ》を怠りしより、斯《か》ゝる迷信邪道の者が領内に徘徊せし事、全く予《よ》が過ちと思う故、以後は屹度《きっと》心掛申《もうす》べし」

との御諚《ごじょう》であったので、銭六は平伏して嬉し涙に咽《むせ》んで、暫《しばら》くは頭《かしら》も上げ得なかったとの事である。其後《そのご》間もなく御領内の国民は、何時《いつ》となく神祀仏祭の事に心を傾け、節《ふし》面白き俗謡《はやりうた》等が行われて来たのである。其《その》一節に、

「国《くー》よ国《くー》よ民《みー》よ民《みー》よ、山《やー》よ山《やー》よ川《かー》よ川《かー》よと、国土《くーと》は神《かー》の開《ひー》かせ玉《た》う、民《みー》草は神《かー》の産《うーう》み玉《た》う、五穀草木皆穣《ごーくそーくみーみの》り、花実《はーみ》の間《まー》に鳥鳴《とーとな》き、民《みー》も唱《とー》うよ我里《わーがさ》よ、父母父母父母《ちょうちちょうちちょうち》よ、祖父母祖父母祖父母《ちーもみじーもみじーもみ》よ、慟休慟休慟休《てんぐるてんぐるてんぐる》よ、発運発運発運勢運《ばーとばーとばーとせー(と)》」

此謡《このうた》は田島《たじま》明神の神主、藤原敏晴《ふじわらとしはる》殿が君公《くんこう》の命により神代《かみよ》の譜《ふ》を調べて認《した》め差上げし物との事である。即ち祭政一致の効果《こうか》は「国を開き民《たみ》を産み之《これ》を衣食住の安穏に導く時は、即ち禽獣《きんじゅう》草木も亦皆其《またみなその》処を得るに至る。蓋《けだ》し上下《じょうか》尊卑共《とも》、

誠に鼓腹撃壌《こふくげきじょう》の恵みを垂《た》れ玉《たま》うの御教訓は、只《たゞ》父母も祖父母《じゝばゝ》も共に其《その》心を一にして、只管《ひたすら》日は耕して夜は休み、切に一身一家の発運をのみ庶幾《こいねが》う時は、夫《それ》を以て国民国家の勢運を盛んにする事が出来る物であるとの事になるのである。

銭六翁は、此《この》君恩の辱《かたじけな》きを喜んで、小供の頭《かしら》になって手を拍《たゝ》いて此《この》童謡を唱い、酒に酔うては止め途《ど》もなく騒ぎ戯《たわむ》れて居《い》たとの事である。丁度其《その》秋の九月、重陽《ちょうよう》の節句に、多くの人を集めて祝いの酒を酌《く》み交《か》わしたが、其日《そのひ》の肴《さかな》は烏《い》賊《か》とセンブキ曲げ（江戸にてワケギと云う葱《ねぎ》の小《ちい》さような野菜で、夫《それ》をうでて一本ずつくる〳〵曲げて、酢味噌を付けて食う）と蛸《たこ》のふくら煮、夫《それ》から酒は当時の酩酒菊の露で、一升《しょう》三百文《もん》と云う高価な酒であったとの事、銭六の歌に、

烏賊《いか》さまに蛸《たこ》う思えど貧乏を　センブキ曲げて飲む菊の露

其日《そのひ》も酔《よい》に酔い、彼《か》の「クーヨ、クーヨ、ミーヨ、ミーヨ」、も連れ節で、来客と共に唱い、とう〳〵酔い潰れ、家人に助けられて寝所に這入《はい》り、夫《それ》から老病で、日に〳〵弱り果てるばかりとなり、名医と聞く人は門弟中が駆け廻りて幾人も呼んで診せたが、何処《どこ》と云うて押えて悪るい所もなく、病み付いてより十三日目に、眠るが如く八十六歳を一期《いちご》として、冥途黄泉《めいどこうせん》の旅に一人で赴いたのである。今や臨終と云う時に、門弟の人々が先生〳〵と声を掛けたが受け答《こたえ》がないので、門弟は、

「あーあ、如何《いか》な洒落《しゃらく》の先生も、もう斯《こ》うなっては一句も出ぬ事になった」

と云うたら、銭六翁はぱっちり眼を開き、手を伸ばして、側《そば》近き一人の門弟の耳を引寄せ、口を寄せて小声に囁《さゝや》いたのが、此回《この》の初めに書いた辞世の二首である。此一言《このいちごん》を残して、其《その》翌日の朝大往生を遂げたのである。夫《それ》より一同は打《うち》寄り、役筋よりお上にもお届けをした処が、君公《くんこう》も「此上《このうえ》なき名物男を失《うしの》うたのう」と、深く御哀惜を蒙《こうむ》りて種々《いろ〳〵》の賜《たまもの》を下し置かれ、多くの門弟と親戚朋友共打《どもうち》寄りて野辺の送りを営んだのである。銭六の戒名は、

「蓼虫軒蛙顔銭六寂光居士《りょうちゅうけんあがんせんろくじゃくこうこじ》」

と号して蓼虫軒《りょうちゅうけん》、蛙顔《あがん》、銭六、までは、皆《みな》俗称の内から取ったのである。以下の寂光居士丈《だ》けが宝僧の諡字《しじ》である。其他《そのた》俗号には河辺《かわべ》の青人《あおんど》、二文坊《にもんぼう》、馬鼻助《まびすけ》等まだ沢山あれども、悉《ことごと》くは分らぬのである。墓は承天寺《しょうてんじ》と云う事であるが、

調べても分らぬ由、銭六の門人に深井勇助《ふかいゆうすけ》と云う面白き男があって、師より生前蓼虫軒《りょうちゅうけん》の号を貰《もら》い、大阪の筑前倉屋敷に庭奴《にわやっこ》を勤めて居《い》て、盛んに狂歌を詠《よ》んで、京阪の同好者をへこました、夫《それ》が又師の銭六の歌と、ごっちゃになって、世に伝えられて居《い》るのが沢山あるとの事である。大阪蓼虫軒《りょうちゅうけん》の歌に、

蓼《たで》食うてむし〳〵あつき夏の夜に　奴《やっこ》豆腐ですき隙《ずき》に飲む
一人来て二人連れだつ極楽の　心中《しんちゅう》虱《しらみ》と痒《かゆ》い道行《みちゆき》
百年を五十にまけておきながら　毎日百の酒で往生

など其《その》詠歌が沢山あるとの事である。

43　魔人龍造寺隆邦

壮士大姓を復して志業を企て
一敗大損を為して外人を苦む

庵主の実弟に龍造寺隆邦《りゅうぞうじたかくに》と云う者があった。幼名を乙次郎《おとじろう》、後に五百枝《いおえ》と改名したが寅年の生れ故、庵主より二つ下で、慶応二年八月の誕生である。是《これ》が庵主としては、百魔伝中に最も特筆すべき魔人で、実弟の事ゆえ今日まで控えて居《い》たが、今庵主は、此《この》実弟隆邦が旧宅東武《とうぶ》の郊外、中野郷《なかのごう》に寓居する事になったから、彼が瞑目《めいもく》した思い出多き寒窓《かんそう》の下《もと》、空《むな》しく孤灯に対して荐《しき》りに昔日《せきじつ》を偲《しの》び、考出《かんがえだ》した儘《まゝ》、筆の運ぶに任せて、其《その》記憶を書綴《かきつゞ》る事にしたのである。

茲《こゝ》に一寸《ちょっと》彼が龍造寺《りゅうぞうじ》と名乗る訳を書いて置《おこ》うと思う。庵主の姓、杉山と云うは、系図に因《よ》ると本姓ではない。即ち龍造寺と云うが本姓であって、先祖より伝わる系図の混雑は、全く普通と異なって居《い》るのである。庵主が幼時、父は福岡藩の系図学者とも云うべき長野和平《ながのわへい》と云う長老に系図の調査を頼み、長野氏にある正系を根拠として、一直線に系図の

前後を糺《たゞ》して貰《もろ》うた事があるが、其《その》正系に拠ると、杉山と云うは仮りの姓である事が明白である。其訳《そのわけ》は古き事は省略して、近く天正《てんしょう》の往昔《おうせき》より、九州に龍造寺《りゅうぞうじ》、大友《おおとも》、島津《しまづ》の三豪族が鼎立《ていりつ》割拠の勢《いきおい》をなし、互いに侵掠殺戮を事として居《お》ったが、家運の傾く時は余儀ないもので、薩摩の伊集院《いじゅういん》の攻撃に対して、龍造寺の家老は之《これ》に内通裏切をなし、城に火を掛け一挙にして主家を滅亡せしめ、其《その》主君の後妻を納《い》れて己《おのれ》が妻となし、子女を片端《かたっぱし》より殺戮せんとする傾向が見えたので、忠義の家臣等《ら》は、各自に若君《わかぎみ》を引連れて各国に逃げ隠れたが、多くは隠密刺客《せきかく》を以て殺し、龍造寺の枝葉《しょう》を剿滅《そうめつ》せんとしたのである。庵主の家祖は、其《その》長子即ち嫡男《ちゃくなん》にして、龍丸《たつまる》と言う者であった。四方に流寓の結果、信《しん》友《ゆう》三宅《みやけ》某《ぼう》が黒田《くろだ》家に重用せられ居《お》るのを手便《たよ》りて寄食し、終《つい》に藩主長政《ながまさ》公の御聴《おきゝ》に達し、客分として最も手厚き保護を受けて居《い》たが、後には藩公に其《その》才器を見込まれた。或時《あるとき》藩公は右三宅《みぎみやけ》を以て子孫百世忘る可《べ》からざる懇諭《こんゆ》を賜ったのである。曰《いわ》く、

「龍造寺龍丸《りゅうぞうじたつまる》は予《よ》に於て格別の庇護を加え居《お》るも、何分戦乱の余殃《よおう》未だ止《や》まず、四方より入込《いりこ》む刺客《せきかく》隠密の処置に油断相成難《あいなりがた》く、今尚《いまなお》安堵の生活《たつき》致させ難《がた》く思うに因《よっ》て、予《よ》は一案を得た。夫《それ》は予《よ》が郷国播州《ばんしゅう》に、儒者として客分なりし杉山如庵《じょあん》なる者あり、此者《このもの》の祖先は、相州《そうしゅう》箱根杉山の城主杉山三郎左衛門《さぶろうざえもん》の尉誠久《じょうのぶひさ》と言う者であって、建徳文中《けんとくぶんちゅう》の頃より南朝に心を寄せたる家柄であったが、明徳《めいとく》の頃より家勢衰え、播州に来《きた》りては代々予《よ》が家祖と、去《さ》り難《がた》き因縁を結んだ、如庵《じょあん》死後に、其《その》遺孤《いこ》八重《やえ》と言う一女子あり、予《よ》之《これ》を扶助せんと思うに付き、之《これ》を九州の名族龍造寺龍丸に娶《めあわ》せ、暫《しばら》く龍丸をして杉山の姓を名乗らせ、予《よ》が家臣の中に差加《さしくわ》える時は、龍造寺の跡を晦《くら》ますに於て、屈強の便宜たらん、其事《そのこと》を龍丸に汝より申聞《もうしき》かすべし。龍丸承引《しょういん》の上、産《もう》けたる中《うち》の一子を以て、杉山の家名を継がせ、時代静謐の上、再び龍造寺の家名を興さば、予《よ》に於ても満足ならん」云々、

との仰《おおせ》を蒙《こうむ》ったので、龍丸は三宅《みやけ》の執成《とりなし》によりて君命の忝《かたじけな》きを奉じ、茲《こゝ》に杉山家を名乗る事となったのである。龍丸入家《にゅうけ》の時、君公《くんこう》御《お》手ずから延寿国時《えんじゅくにとき》の御刀《おかたな》を下《くだ》し賜わり、杉山三郎左衛門誠隆《さぶろうざえもんのぶたか》と称して、御奉公を為《な》す事となったのである。故に庵主の家には、福岡藩に沢山杉山姓を名乗る名家があるにも係わらず、往昔《おうせき》より一本杉と云うて、同苗《どうみょう》

も何もなき孤立の杉山姓であったのである。其後直方《そのごなおかた》御分地の時、杉山三郎大夫誠正《だゆうのぶまさ》と云える者、奥御用人の重職にて勤仕して居《い》たが、御本家御継嗣《けいし》の為め、直方《なおかた》公御本藩御直りの節、御供《おとも》をして、親戚辻某《つじぼう》と共に御側《おそば》を相勤めて居《い》た、然《しか》るに其後《そのご》子孫に不心得出国の者があって、一旦断絶の家名となったが、旧事思召《おぼしめし》出されて、再び御奉公を許された る次第である。故に何《いず》れの時代、何《いず》れの場合にても、龍造寺姓を名乗らんとすれば、何時《いつ》にても差許《さしゆる》される事になっては居《い》たが、何《いず》れも只々《たゞ〳〵》君恩の忝《かたじけ》なきを回想し、代々其事《そのこと》を御遠慮申上げて居《い》たとの事であった。庵主の代になっては、叔父信太郎《しんたろう》（のぶたろう）も分家して杉山姓を名乗り、弟も分家して杉山姓を名乗る事となった故、庵主は何時《いつ》か先祖の遺志を紹《つ》ぎ、改姓をなさんと思い、或時《あるとき》親友頭山満《とうやまみつる》氏に此《この》改姓の事を相談した事があった処が、頭山氏曰《いわ》く、

「貴様は悪い名でも、其位《そのくらい》天下に売って居《い》るから、改姓などはせずに『我は鎮西八郎《ちんぜいはちろう》にして可《か》なり』で遣《や》り通してはどうじゃ」

と云われたので、庵主も夫《それ》を尤《もっと》もに思い、更にこう考えた。

「俺の様《よう》な碌《ろく》でなしが、先祖の姓氏に復するなどは、言語道断の不心得である。俺は朝鮮を日本の治下に置く事が、畢生《ひっせい》の志望であるから、夫《それ》が出来る時は、俺の死ぬ時だ、其時《そのとき》には此《この》本家の杉山の家名は、俺の死と共に断絶させて遣《や》ろう、迚《とて》も俺以後には龍造寺の姓を名乗り得る者は無いと見て差支《さしつかえ》あるまい」

と、こう決心はしたが、其後《そのご》余儀なき父母の命《めい》で、遠戚より妻を迎えねばならぬ事になった時にも、自分限りで此《この》家名は滅せしむる事を承知して置いてくれと、里方先方に談判をした位であった。夫故《それゆえ》に庵主の悴《せがれ》にも、其事《そのこと》を堅く云い付けて置いたから、悴《せがれ》は慶應大学入学後、四十ケ寺の禅僧を集めて、得道式《とくどうしき》なるものを挙げ、ちゃんと坊主の鑑札を貰《もら》い受け、茲《こゝ》に俗的姓名は絶家せしむるの覚悟と準備をして居《い》たのである、然《しか》るに日韓の事は、叡聖なる陛下の御威稜《みいつ》と、忠誠なる日韓志士の尽力に依りて、一滴の血を見ずして解決した故、庵主はまんまと駄死《だし》を免れ、豚命《とんめい》を繋がねばならぬ悲惨事に陥ったのである。其中《そのうち》近戚の者の包囲攻撃によりて、家名継続の止むを得ざる事になって来たので、云わず語らずに、平々凡々として今日に至ったのである。是《これ》は余談であるが、そこで弟の杉山五百枝《いおえ》は、十四五《しご》年前、俄然と

して龍造寺隆邦《りゅうぞうじたかくに》と改姓改名して、之《これ》を世に発表したから如何《いか》なる無頓着の庵主でも、びっくりして早速に弟を呼び付けて曰《いわ》く、

「汝《きさま》は兄たる予《よ》に一応の相談もなく不肖の身を以て先祖の巨姓大名を紹《つ》いで、之《これ》を世に公けにするとは言語道断である。抑《そもそ》も如何《いか》なる考《かんがえ》で、又如何《いか》なる必要で、左様《さよう》な不届《ふとゞき》を決行したか包まず其《その》理由を申出《もうしいで》よ」

と、居丈《いた》け高になって詰問した処が、弟は平気な顔ですら〳〵と答えた、曰《いわ》く、

「兄上が左様《さよう》の思召《おぼしめし》に違《たが》いたるは、今更誠《まこと》に恐懼《きょうく》に耐えませぬが、私《わたくし》には一円お叱りのお趣意が判りませぬ、先祖が巨姓大名と仰《おお》せらるれば、私も正《ま》さに巨姓大名の子に相違ござりませぬ、仮令《たとい》私《わたくし》共《ども》が不肖であっても、正《ま》さに巨姓大名の先祖の血統を享《う》けたる、不肖の子孫に相違はござりませぬ、大日本帝国の武士は、世界に抽出して血統を貴《たっと》び、先祖の名姓は屹度其《きっとその》子孫が継ぐ事を以て、君民上下共《とも》に動かざる掟と致して居《お》ります。決して其《その》正当の子孫が、馬鹿でも痴漢《たわけ》でも、どんな不肖の子孫であっても、先祖に謙遜して他の苗字に改姓改名を致した者は一人も無いと思います。先ず夫《それ》は夫《それ》と致しても、私《わたくし》は先祖龍造寺に比較して、決して謙遜を致さねばならぬ、家名を継ぐ事までも遠慮せねばならぬ程の不埒者ではないと存じます。其訳《そのわけ》は先祖龍造寺隆信《たかのぶ》は其《その》立身の初めに於て、其《その》妻の里方なる肥前蓮池《はすいけ》の城主、蓮《はす》池肥前守重光《いけひぜんのかみしげみつ》を妻と共に攻落《せめおと》して其《その》城を領有して居《お》ります。当時戦国の習い、血族戟《げき》を交え、姻戚鎬《しのぎ》を削る事は珍らしからぬ事ではござりますが、其事《そのこと》は屹度《きっと》あった事には相違ござりませぬ。私《わたくし》は其《その》正当の子孫として、斯《か》ゝる明治の泰平に生れ、斯《か》ゝる聖天子の制を忝《かたじけの》うしたお蔭には、未だ斯《か》ゝる先祖の如き大罪を犯した事はござりませぬ。夫《それ》で今日まで決して巨姓大名の子孫なりと威張った事もござりませぬ。又先祖龍造寺隆信は、身微賤《みびせん》より起《おこ》りて、両筑両肥の豪族殆んど全部を攻《せめ》亡ぼし、其《その》領地を併有して威を四方に張ったに相違ござりませぬが、其《その》正当の子孫の私《わたくし》は、未だ他の領土を侵《しん》掠《りゃく》し、人の所有物を奪略《だつりゃく》した事も決してござりませぬ。多額の借金こそ有《あり》ますが、一つとして、貸主の承諾を得、正当の証文を入れて借らざるものはござりませぬ。左《さ》すれば聖代の民《たみ》としては、先祖より私《わたくし》の方の人格が生れ優って居《い》るのでござります、若《も》し先祖の龍造寺や、島津や大友のように、互いに掠奪殺戮を事とする者が、此《この》明治の聖世《みよ》に居《お》りま

したならば、夫《それ》こそ幾百十犯の重罪人であって、逆磔《さかばりつけ》の死刑は決して免かれぬのでござります。其《その》重罪人の家名を紹《つ》いで遣《や》る子孫の私《わたくし》には、先祖の方で一応の礼を云うか、恥入るかせねばならぬと思います、又、兄上に御相談なしに家名を継ぎましたのは甚《はなはだ》不届《ふとゞき》の様《よう》でござりますが、是《これ》も一通りお聞取《きゝとり》を願《ねがい》ます。元来兄上は、先祖の龍造寺を名誉徳望を兼備したる名家と思召《おぼしめし》て居《い》らっしゃるから、御謙遜のお心より、此《この》家名を断絶してまでも汚すまいとお考えになって、已《すで》に絶家の御決心にて御放棄になったのでござります。謂《い》わば公然とお捨《すて》になったのでござります、夫《それ》を正当の子孫の私《わたくし》が、拾うて相続致《いたし》たのでござりますが、夫《それ》も詐偽的に窃取《せっしゅ》したのではござりませぬ。私《わたくし》の友人で佐藤平太郎《さとうへいたろう》と申す福岡市の市長が居《おり》ますから、夫《それ》に系図を持出しまして相談致しました上、最も正当の手続を経て、改姓改名を致《いたし》たのでござりますから、決して人に爪弾《つまはじ》きを受けるような後暗《うしろぐら》い事は致して居《おり》ませぬ。又、何の必要あって改姓改名致《いたし》たかとのお尋《たずね》に対しましては、包まず申上《もうしあげ》ますが、私《わたくし》も武士の家に生れまして、或る生存の意義を立てたいと思《おもい》まして、身を立て家を興し、終《つい》には家国民人の為にも尽したい考えを持って居《い》ますから、八方に奔走をして、営〳〵《えい〳〵》と事業に努力を致《いたし》ましたが今日までは全部失敗に了《おわ》りましたから、最後の一案と存じまして、或る外国の宣教師と棒組《ぼうぐみ》になり鹿児島県下に金山を発見しまして、共々に一生懸命に働きましたが、とう〳〵夫《それ》も失敗に了《おわ》り、其《その》負債が十二万円余となりましたが、茲《こゝ》に気の毒なのは其《その》宣教師で、其《その》負債の割前の為めに、自分の受《うけ》持って居《い》る長崎市の寺を、債鬼の為めに取られる事になりました、私《わたくし》も日本男子たる者が、外国人と合同をした為めに其《その》宣教師の坊主が寺を取られて、生きながら地獄に落ちるような事を見て居《お》っては、一分《いちぶん》が相《あい》立たぬと心得まして、段々債主とも相談致《いたし》ました処が、債主が申《もうし》ますには、

『山海万里を出稼に来て居《い》る外国の旅人、一文《もん》なしの坊主を剝《は》ぐには、国際上相当の手続きも必要だし、殊に人が地獄に落ちぬよう世話をする坊主を、自分が夫《それ》を地獄に突落《つきおと》しては、金貸《かねかし》冥利も如何《いかゞ》と思い、同じ一文《もん》なしなら、日本人のお前丈《だ》けを相手として置く方が、順当かも知れぬ、併《しか》しお前の今聞くような、世に知られた由緒ある家柄の人で、改姓改名を容易《たやす》く出来るのなら、一番茲《こゝ》で其《その》龍造寺姓に改姓して、十二万円の証文に判を押してはどうじゃ、鉱山で損を

した人は、煎じても烟《けむり》も出ぬ物じゃ、夫《それ》と同時に鉱山師に貸した金の取《とれ》っぱぐれは、捨てゝも跡に祟《たゝり》の来る物じゃと云う位の物故《ものゆえ》、私《わたくし》は其《その》龍造寺某《ぼう》と云う公正証書の借用証文を、後生大事にドル箱に入れて、一先《ひとま》ず此《この》貸借問題の段落を著《つ》けようじゃないか』と、荒木を切って出すような債主の談《はなし》でございましたから、義を見て為《せ》ざると銭を見て借らざるとは勇なきなりと存じましたから、早速に福岡に馳せ付けて、改姓改名の手続を致したのでございます、私《わたくし》は乱暴狼藉な先祖の名前、即ち兄上が放棄して顧みなかった名前を、大枚十二万円と云う大金に成しました手柄者でございます。否《い》や夫《それ》で日本人の私《わたくし》処《どころ》でなく外国人をも助けました。人を天国に導くと云う事業の人、即ち宣教師を地獄から救い出しました。私《わたくし》の改姓改名の必要と申すのは斯《こん》な理由でございます。今日の法律から申せば泥棒半分の処《しょ》行《ぎょう》をした、先祖の名前でござりますが、其《その》正当の子孫の私《わたくし》は、此丈《これだけ》の手柄を立《たて》ましたのでございますから、どうか叱らずに一つお誉《ほめ》を願い度《たい》のでございます」

と、ぺら〳〵と饒舌《しゃべり》立てられたので、法螺丸《ほらまる》の綽名《あだな》ある庵主もぐっと閉口して仕舞《しま》い、

「此奴《こいつ》め、一寸二二《ちょっといちに》枚人間が俺よりも上じゃわい」

と斯《こ》う思うたから、直ちに心機を一転して、と、庵主はぽんと膝を敲《たゝ》いた。

「いや、理由を聞いて安心した、克《よ》く改姓した。克《よ》く先祖の名を借金に使用した、克《よ》く外国人を助けた、此後迚《このごとて》も益益先祖の名を、善用でも悪用でも何でも構わぬ、どし〳〵と汝の思う存分の事を遣《や》って見よ。爾後《じご》汝の為めに及ぶ丈《だ》けの助力こそすれ、決して汝の事業を掣肘《せいちゅう》するような事はせぬから、安心してどし〳〵進めよ」

と云うて兄弟共々膳羞《ぜんしゅう》（食事料理）を分《わか》って其夜《そのよ》は別れた。

斯《か》ゝる顚末で、龍造寺姓を名乗った弟は、幼少より抜群の奇事奇行を遺《のこ》した者であった。是《これ》からぽつ〳〵と思い出した事を書くであろう。

44 家運挽回に志す勇少年

忠言忌諱に触れて山野に隠れ
幼童大金を負うて投機を為す

龍造寺隆邦《りゅうぞうじたかくに》は、丁度幕政三百年の瓦解を胎《はら》む最初の頃、即ち慶応の寅年に生れたが為め、一方日本帝国が、世界の文明に気脈を通じて、握手すべき運命にも進まねばならぬ、両様の国運に遭遇したのである。故に家庭は父が旧藩学黌《はんがくこう》の教授にして、其《その》師弟の業は、農工商の何《いず》れかに就かねば、衣食さえも出来ぬと云う、悲惨《みじめ》な境遇に取囲《とりかこ》まれたのであった。父は逸《いち》早く、藩士帰農の建白書を藩公に提出したが、旧習固陋《ころう》の多数藩論は、之《これ》と一致せず、却《かえっ》て父は執政の全部に取込められて、

「君公御不審の次第有之《これあり》、蟄居《ちっきょ》謹慎可仕候《つかまつるべくそうろう》」

との命《めい》によりて、閉門の身と成った位であった。去《さ》らばと云うて、藩論は帰農排斥以外に、之《これ》と云う大策もなく、只《た》だ因循《いんじゅん》として決する処はないのである。とう〳〵時世の進運に押された藩論は、隣藩他藩の振合《ふりあい》に捲《ま》き込まれて、矢張《やは》り帰農的の議論に傾き、終《つい》に何やら取止《とりと》めもなき事にて、父は半年計《ばか》りの後に、

「御不審の廉相《かどあい》晴れ、蟄居差許《ちっきょさしゆる》さる」

との伝達を受けたので、父は一応の御礼を申述《もうしの》ぶると同時に、一藩に先んじて旧領地の田舎に隠遁し、濁世《じょくせい》の汚塵を避け、風月を伴侶《とも》として暮す事に成ったのである。此時《このとき》の庵主の家族は、老祖母と父母と、庵主と弟二人と、妹一人（次《つぎの》弟は即ち龍造寺、三弟は林駒生《はやしこまお》、妹は現在安田勝実《やすだかつざね》の妻）都合七人であった。是《こゝ》に於て父は庵主を農工の事に従事せしめ、龍造寺は筑後河畔の材木問屋、西原弥一《にしはらやいち》なる者の養嗣子《ようしゝ》として、入家《にゅうか》せしめたのである。此《この》材木問屋と云

う者は、上《かみ》は水源地たる豊後《ぶんご》の国日田《ひた》の郷にて材木を仕入れ、之《これ》を筑後川の流域に沿う材木小売商に売捌《うりさば》きて、下《しも》は有明の海口、若津《わかつ》より長崎に至るまでが、大概の得意先である、故に総ての運輸機関は、悉《ことごと》く水運に由《よ》るのである。龍造寺が西原に入家《にゅうか》したのは、丁度彼が六歳位の時、即ち明治四年の頃であった。其後《そのご》九州は、明治八年の頃より旱魃《ひでり》が多くて、雨が少なかった為め、さしも九州の大河たる、筑後川の流域も、一帯に水涸《か》れて、殆んど水運は杜絶《とぜつ》の有様となったのである。其《その》為めに一帯の農作は十分ならず、随《したが》って川船船頭や、筏乗《いかだのり》の多数は、殆んど其《その》営業の全部を奪われて、人心も自然と険悪になる有様である。処が明治七年来、佐賀の乱が導火線となって、秋月《あきづき》、熊本、鹿児島とも、人心頻《しき》りに穏かならず、流言蜚語《ひご》は至る処に行われ、何時《いつ》内乱の端《たん》を開くやら分らぬ形勢となって来たのである。斯《か》る形勢故《ゆえ》、右の材木問屋の弥一《やいち》は、売先きの掛金は取れず、山方《やまかた》には仕入の払いはせねばならぬと云う破目《はめ》に陥ったから、商運必至と行詰まった折柄《おりから》、思わざる大病に取付かれて、どっと病床の人となったのである。強熱日夜に往来し、数人の医師は、入り代り立代《たち》り診察をしたが仲々《なか〳〵》重患との事で、家内一同只《たゞ》顔を見合す計《ばか》りである。丁度主人が重病になって十日目の夜、養母のたつ子は涙に浸って、行末の思いに沈み打案《うちあ》んじて居《い》る処に、当年十一歳になる隆邦《たかくに》は、養母の側《そば》に進み入《い》り、下座に手を突いて斯《か》く云うた（以下は弥一の妻、即ち隆邦《たかくに》の為めには養母に当るたつ子が庵主に対しての直話《じきわ》である）、

「お母さん、貴方《あなた》も私ももう決心をせねばならぬ時が来ましたと思います。其訳《そのわけ》を只今申上《たゞいまもうしあげ》ましょう。

○一つ、最前《さいぜん》三人のお医者様が咄《はな》して居《い》るのを立聞《たちぎき》仕《し》ましたら、お父さんの病気は、チブスと云う熱病の極《ごく》たちの悪いので、此《この》十日間は、兎《と》ても持たぬであろうとの事でござります。

○二つ、番頭の六四郎は、お父さんが病気になられてから、方々の掛先きに談判をして、掛金を半減して集めて、身仕度を仕《し》て居《い》ると云う事を、酒屋の平助《へいすけ》爺さんが私に教えて呉《く》れました。

○三つ、世間の話しでは、どうしても騒動が起《おこ》るとの事、若《も》し起《おこ》って、佐賀地方のように焼かれゝば、焼かれ損、取られゝば取られ損でござります。此《この》川筋の各問屋にも、もう夜々《よな〳〵》士族の強盗が押入を始めまして、警察でも手の付け

ようがないとの事でございます。
○四つ、夫《それ》で此家《このいえ》計《ばか》りでなく、此《この》川筋に商売をして居《い》る者は、一帯に必至《きっ》と破滅する時が来ると思います。
○五つ、左《さ》すれば世間並よりも一と足早く『悪く計《ばか》り成るもの』と決心を仕《し》た者が一番能《よ》く運命に勝つ時と思います。
夫故《それゆえ》にお母さんが第一に其《その》御決心をなさる事を願《ねがい》ますので、其《その》御決心とは、
○一つ、お父さんは、どんなに御介抱を仕《し》ても亡《なく》なるゝものと御決心をなさる事、
○二つ、掛先きの得意には、直《す》ぐに別の使《つかい》を出して、今年の冬までは掛金を待《まち》ますから、何者が取立《とりたて》に往《い》っても、決して払《はろ》うて下さるなと云うて、一文《もん》も取らぬとの御決心をなさる事、
○三つ、何《いず》れの道、お父さんとお母さんとの働き出して出来た此家《このいえ》は、どうで一旦は滅亡する時が来たと思《おもい》ますから、此際有丈《このさいあるだ》けの金を寄せて其《それ》を持って日田《ひた》に往《ゆ》き、現金で手附を打ち、日田《ひた》の郷の材木全部買占めの決心をして我家の商運を一時に試して見る気にならるゝ事、
○斯《こ》う成《なり》ますと、得意先も喜び、山元《やまもと》でも見込を付《つけ》ます、縦令《たと》え此《この》商売で此家《このいえ》が潰れましても同情と信用とは他の家よりも豪《えら》いと思《おもい》ます。夫《それ》はお母さん今の御決心一つでございますがどうでございましょう」
と云うたので、母は目を睜《みは》って斯《か》く云うた、

「お前さんの話はよく分りますが、そんな大胆な仕事を誰が仕《し》ますか」

と云うたら龍造寺が、

「私が致《いたし》ます。お母さんは私に此家《このいえ》を継がせようと思うて、幼少の時から養子に貰《もろ》うて下さったのでございますが、今お父さんが亡くなられて、掛金が取れず、借金計《ばか》り残った処へ、世の中に騒動が起《おこ》りましては、私の継ぐべき家は影も形もないように成ります。夫《それ》ではお母さんと家族一同は、乞食に成って此《この》土地を立退《たちの》かねばなりませぬ。同じ夫《それ》までに成るのなら、男らしく遣《や》れる丈《だ》け遣《や》って、後に立退《たちの》きたいと思《おもい》ますから、お母さんどうか此家《このいえ》は私に継がせるお心で、私に潰さして頂きたいのでございます」

と、是《これ》を聞いた養母も、只《たゞ》の者ではなかった、

「お前さんが今一々私に咄《はな》す事は、よく分りましたから、私も一切決心をして、お前さんの云う通りに任せますが、何様《なにさま》お前さんが柄《がら》は大きいが、年が十一じゃから、そんな仕事を仕終《しおわ》るかどうか、夫《それ》を第一に心配仕《し》ます」

「いえ、夫《それ》は御心配に及びませぬ、私の実家は兄がまだ幼少の時に、実父が熱病で精神が昏耄《こんもう》しました時に、兄が幼年で家督を相続して、母が一切兄に任せて一家を経営した事をよく聞いて居《い》ますから万更《まんざら》遣り切れぬ事もございますまい、又仮令《たとえ》遣《や》りそこねて全くの失敗になりましてからが、夫《それ》を限りと思うて下されば良いではござりませぬか。夫《それ》がお母さんの御決心と云う物でございます」

と、淀みもなく述立《のべた》てたので、養母は店の有金《ありがね》全部と、自分の貯金等まで集め、又、父が内所《ないしょ》の金をも集めて玆《こゝ》に五千七百円を計上したので、養母は其中《そのうち》の金七百円を自分の手許《てもと》に置き、全くの背水の陣を張りて、残りの五千円を十一歳の龍造寺と云う小僧の養子に渡したのである。庵主は今も人に咄《はな》す事があるが、人間が大節に臨んで為《な》す決心は女性でも男子を凌駕するものであると、此《この》養母は全く男勝りの人であったと思う、龍造寺は其《その》金を受取って、扨是《さてこれ》からどうしたであろうか。

　龍造寺は母より五千円の金を受取り、母と相談の上、父の病気見舞にとて、他より送って来て居《い》る菓子折の底を二重にして彼《か》の金を入れ、上に綺麗に菓子を並べ、夫《それ》を又病気見舞の贈物の体に拵《こしら》えて風呂敷に包み、弁当其他《そのた》の旅装束も洩れなく拵《こしら》え、夫《それ》から母と共に父の枕辺に至りて介抱し、鶏鳴《けいめい》頃にも成ったので、父の寝顔に対して丁寧に暇《いとま》を告げ、母丈《だ》けが呑込《のみこ》みて、家内は誰も知らぬ中《うち》に我家を飛出したのである。龍造寺は家を出る時、店先きに有った〇に一の字の入った、材木商の極印入りの鉄槌《かなづち》を一挺《いっちょう》提《ひっさ》げて出たとの事、（此《この》材木に打つ極印は、柄《え》の長き鉄槌《かなづち》の小口《こぐち》に、自家の印の文字を彫りて、夫《それ》を以て材木の切口にとん〳〵と打込む道具である）夫《それ》より龍造寺は、川傍《かわべり》街道を夜と共に辿りて、豊後《ぶんご》の日田《ひた》の郷へと向うたのであるが、易水《えきすい》ならぬ千年川《ちとせがわ》、流れも寒き暁《あかつき》の、草葉に宿る露にさえ、幼な心の儚《はか》なくも、一家の安危と父母《ちゝはゝ》の、身に降りかゝる災難《まがつみ》を、我身一つに引受けて、道の二里ばかりも来た時、路《みち》の側《わき》なる庚申《こうしん》

の森の中から、一人の男がつか〳〵と出て来て、じーっと龍造寺の顔を覗き込んだが、東雲《しのゝめ》の光に分ったか、

「おや、貴方は西原《にしはら》の若旦那ではございませぬか」

と云うから、龍造寺はぎょっと度肝を抜かれたが、能々《よく〳〵》見ると店で使う船頭の要吉《ようきち》であるので、少し落付き、

「要吉じゃないか、今頃何の為めにこんな処に居《い》るか」

「私は船の方は此《この》通りのから〳〵川では駄目でございますから、漁師の利蔵《りぞう》と組んで、鰻《うなぎ》の穴釣りを仕《し》て、僅《わず》かに渡世をして居《お》ります、夫《それ》で今利蔵の来るのを待って居《い》る処でございますが、若旦那は今頃どこへお出《いで》になりますか」

「俺は親父の使《つかい》で吉井《よしい》の親類の病人を見舞に行って、夫《それ》から日田《ひた》に行くのじゃが、お前は俺の親父もお袋も探して居《い》たぜ、夫《それ》は俺を一人日田《ひた》に遣るから、要吉でも附けて遣《や》らねばならぬと云うて居《い》たから、俺が酒代《さかて》を遣《や》るから、お前は是から直ぐに日田《ひた》の「又《かねまた》の店に往《い》って、待って居《い》てくれ、鰻《うなぎ》釣りなどはもう今日から止《や》めよ」

と云うたので、要吉は大変に喜び、

「夫《それ》は有難うございます、夫《それ》では吉井まで若旦那をお送りして、夫《それ》から直ぐに日田《ひた》に参る事に致します。併《しか》し大旦那の御病気はどうでございますかな」

「あゝ、親父の病気は、此四五日《このしご》前から大変良くなって、お医者方も皆《みな》口を揃えてもう大丈夫じゃから安心せよと云われ、熱も下り食物《たべもの》も段々食べて来たよ」

「へゝ夫《それ》は結構でございます、昨日友達に聞きましたら、此二三日《このにさん》が危険《あぶな》いのだと申しましたから、私はがっかりして居《い》た処でございました。永年お出入を仕《し》たお店《たな》の大旦那も、今度と云う今度は、もうお別れかと思うて居《い》ますが、夫《それ》はまぁ結構な事でございます、さぁ若旦那、往《ゆ》きましょう」

と云うて先に立つから、龍造寺も共に道を辿ったが、其《その》道中で要吉が咄《はなし》に、

「若旦那、是程春口《これほどはるぐち》から夏口《なつぐち》を追通《おっとお》して、旱《て》り続いたお天気も、もう十日と立たぬ中《うち》に、大雨に成《なり》ますぜ、一昨日《おとゝい》の朝から、高良山《こうらさん》に雲柱《くもばしら》が立《たち》始めました。今度雨の足さえ見ましたら、筑後川一帯の人気は大変な物でございましょう。

そこで一儲けせねばなりませぬと、昨日から力瘤《ちからこぶ》を入れて待って居《い》る処でございますよ」

之《これ》を聞いた龍造寺は、我家の厄難と境遇との全部を洗い流す、天上の神の福音ではないかと、耳に響いたのである。

兎角《とかく》して往く中《うち》に、吉井駅《よしいえき》の棒鼻《ぼうはな》に来たから、幾干《いくら》かの小遣銭を遣《や》って、要吉を直ぐに日田《ひた》に馳せ上《のぼ》らせたのである。

夫《それ》から龍造寺は、何様《なにさま》数日父の介抱にて、毎晩の徹夜をしたので、父の知る辺の吉井の宿屋に立寄りて、昼より其夜《そのよ》に掛けて十分に寝て、暫《しばら》く不足した睡眠の疲《つかれ》を取返したのであった。夫《それ》から其《その》宿屋には程能《ほどよ》く云いなして、其家《そこ》を立出《たちい》で、心窃《ひそ》かに今後の大勇断、大勝利を期して日田《ひた》の郷へと向《むこ》うたのである。名にし負う九州の大河たる筑後川は、彼《か》の山陽の詩にも有る如く、忽然《こつぜん》として激流急湍《きゅうたん》なるかと思えば、見る〳〵長湖《ちょうこ》一帯鏡《かがみ》の如くなり、山谿《さんけい》は長《とこし》えに緑樹の影に添うて、幽邃《ゆうすい》四方を囲むの仙境に辿り込むのであるが、大事を荷《にな》える幼稚の龍造寺には、脳中更らにそんな考《かんがえ》などはなく、只《た》だせっせと足に任せて進んだが、とう〳〵日田《ひた》を距《さ》る四里ばかり手前の山中にて、日がとっぷりと暮れた。気は勝って居《い》ても小供の足、疲れに疲れて引摺《ひきず》る如く、草鞋《わらじ》の紐《ひも》の食込みに、痛む踵《かゝと》を厭《いと》いつゝ、爪先き上りの山道を、上《のぼ》る処に向《むこ》うより、下《お》り来《きた》る一人の男、突然に、

「小僧待て」

と云うて襟髪《えりがみ》を攫《つか》んで引止めた。龍造寺は悸《びっく》りして、薄明りに透《とお》し見る中《うち》に、ぷぅんと酒の香《か》が鼻を突いた。はゝぁ酔払いじゃなぁと思い、

「叔父さん御免なさい」

と云うと、其《その》男は濁声《だみごえ》高く、

「小僧、汝が頸《くび》に括《くゝ》って居《い》る風呂敷包は何だ。金になる物なら小父《おじ》に渡せ。俺は士族じゃ、軍用金に入用《にゅうよう》じゃ、さぁ渡せ」

と云う。（此頃《このころ》は前に書く通り、両肥、両筑、鹿児島等の間は、何時《いつ》爆発するやら分らぬと云う物騒の形勢であったので、正真の士族が軍用金じゃと云うて押込《おしこみ》や追剝《おいはぎ》などする。又、全く贋物《にせもの》の士族泥棒と名称詐偽で追剝等《おいはぎなど》をするもの

が、豊後路《ぶんごじ》には沢山有ったのである）龍造寺は平気で、

「叔父さん、此《この》風呂敷包はお菓子だよ、叔父さんお菓子を喰うのなら遣《や》るよ。私は川下の材木屋の小僧で、お使《つかい》で日《ひ》田《た》に行くのじゃが、是《これ》は主人が託《ことづ》けた病人見舞のお菓子だよ」

「何、菓子などが喰われるか、どれ見せよ」

と云うので、仕方なく頸《くび》から卸《おろ》して開いて見せると、其《その》男マッチをパッと付けて蓋《ふた》を明けて見て、

「むう成程《なるほど》、菓子だ。早く仕舞え、そして酒代《さかて》になる程《ほど》銭は持たぬか」

と云うから、

「むう、叔父さん酒を呑むのなら、私五十銭なら持ってるよ。併《しか》し此先《このさき》のお春《はる》婆さんの茶店に行けば私本当に懇意じゃから、いくらでも酒を呑ませるよ」

「むう、其《その》茶店はどこじゃ」

「今叔父さんが通って来た、四五《しご》丁向《むこ》うの小滝《こだき》の落ちている、大石《おおいし》の曲角の一軒茶屋だよ」

「む……そうだ〳〵、好《よ》し夫《それ》ならそこまで迹返《あとがえ》ろう、小僧は中々《なか〳〵》の気転者じゃのう」

と、呑気な泥棒もある者で、其《その》店に着いたから龍造寺はつか〳〵と這入《はい》って、

「お春婆《はるばぁ》、今晩は」（幼少より屢《しば》〳〵父に連れられて来たから此婆《このばゝあ》と懇意である）

「おや、西原の若旦那、夜々中《よるよなか》今頃どうして入《い》らしった、大旦那も御一所でございますか」

「いや、親父さんは明日迹《あと》から来るよ、又、要吉も来る筈じゃ」

「はぁ、要吉どんは昨晩方此処《こゝ》を通りましたよ。おや、お連様でございますか」

「むう、此《この》叔父さんはね、私の路連《みちづれ》で、此《こゝ》まで送って来て下さったお方故《ゆえ》、お酒をたんと上げてお呉《く》れ、酒代《さかて》は明日お父さんが払うから」

「へい〳〵畏《かしこま》りました。さぁ貴方《あなた》こちらでゆっくり召上りませ」

と云うので、泥棒はのそ〳〵婆《ばゝあ》の云う処に行って、ぐい〳〵と飲んで居《い》た。其中下地《そのうちしたじ》が飲んで居《い》たものと見えて、急に酔いが廻って来て、こくり〳〵と睡《ねむり》を催して来たので、龍造寺は婆《ばゝあ》に小声で、

「お婆さん、どうしても私は今夜の中《うち》に日田《ひた》に着かねばならぬから、此家《こゝ》の爺さんが隣の小屋に繋いで居《い》る、あの駄賃馬で送って貰《もら》いたいが、駄賃は五十銭遣《や》るから」（其《そ》の頃一里五銭から六銭位であった）

「えー〳〵若旦那、そんなに下さればお爺さんは大喜《おおよろこび》で夜通《よどお》しでも参りますよ」

と云うて、隣の馬小屋で馬の始末を仕《し》て居《い》た親父の処に婆《ばゝあ》が駈けて行って、相談を極《き》めて来て、龍造寺はまんまと此《この》爺《おやじ》の馬に乗って、日田《ひた》に着いたのが夜の九時過ぎであった。夫《それ》より警察署の前でぴったり馬を止めさせて、龍造寺は馬方と共に、「今是々《これ〳〵》の追剥《おいはぎ》を欺《あざむ》き、酒を与えて滝の一軒茶屋に止めて置いたから」と訴え出たので、警部はソレと一隊の警吏を伴いて馳せ向《むこ》うたのである。是《これ》より龍造寺が材木買占めの商略を開展すると云う咄《はな》しである。

因《ちなみ》に曰《い》う、彼《か》の一軒茶屋に酔潰れて寝て居《い》た追剥《おいはぎ》は、豊前《ぶぜん》の炭山《すみやま》から流れ来《きた》った、極《ごく》低級の泥棒であったそうじゃが、幼年にして金を持って居《い》た龍造寺の驚きは嘸《さぞ》かしてあったろうと察しられるのである。

45　十一歳の少年大山師

巨材大河を蔽うて奇利を博し
無識教鞭を執りて郡監と争う

当年十一歳の児童龍造寺《りゅうぞうじ》は、五千円と云う大金を持って、酔払いの追剥《おいはぎ》を欺《あざむ》いて途中で撒《ま》き、直《たゞち》に日田《ひ た》郷の警察に訴えて之《これ》を捕縛《ほばく》せしめ、夫《それ》より同地の材木問屋で有名なる《⌐又《かねまた》》のお六と云う、大胆不敵な侠義な、娑婆気《しゃばけ》のある、六

十五歳の婆さんの家に辿り付いたのである。夫《それ》から養父の病状より、母の決心の次第、店の手代の状態《ていたらく》まで洩《もれ》もなく咄《はな》し、夫《それ》に五千円の現金を菓子箱の底より取出して、此《この》金を手付金として、永《なが》の夏中の旱魃《かんばつ》にて、川下《かわくだ》しの出来ずして、困り抜いて居《い》る各材木問屋の材木を買い占めらるゝ丈《だ》け買付けて貰《もら》いたい、其《そ》の受《うけ》渡しが出来ると出来ざるが筑後川筋で第一の材木商、西原弥一《にしはらやいち》が最後血戦として破産の戸を〆《し》めるか〆《し》めぬかの境《さかい》であると物語ったのである。先刻より之《これ》を聞いて居《い》たお六婆さんは、同情の念と咄《はなし》の勇ましさとが婆さん日頃の気性に混じて、満身の血が湧返《わきかえ》るようになったので、胸まで突掛《つっか》ける息の苦《くるし》さを押割る如き声音《こわね》にて、

「西原の坊さん、よく云いなさった。又お母さんの覚悟と、お前さんの決心が気に入った。私も女子《おなご》でこそあれ、人が斯《かゝ》る決心をして仕事に掛《かゝ》るのに、一足踏込んで助けぬと云う事は出来ませぬ。私も親代々連綿と続いた此《この》材木問屋を後家《ごけ》の身で持《もち》続けた、此《この》《「又》の家業を天秤に掛けて潰すか起《おこ》すかの覚悟をして、買占めて見ましょうよ。此上《このうえ》は坊《ぼう》さん、お前さんも決して人を手便《たよ》る了簡を持ってはなりませんぞ。人間が本当の決心をした時は、神様以上の力が有るものです。神にも仏にも頼まぬ、自分の命を的《まと》に、思うた丈《だ》けの事を遣《や》って見《み》るのだと思いなされよ。さぁ見て居《い》なされ。伸《の》べても狭き山間《やまあい》の此日田《このひた》の郷《さと》にある材木を、根太木《ねだき》一本も残らぬよう買い占めるのは今日と明日との両日じゃ。夫《それ》から先きは筏組《いかだぐ》み人足の有る丈《だ》けを寄せて、本流の僅《わず》かの水を手便《たより》にして、小幅の筏《いかだ》を流すのじゃ。運が元手《もとで》の荒仕事、目の覚める丈《だ》け遣《や》って見《み》せます」

と云い放ったのである。夫《それ》から婆さんは、二階や納屋にごろ〳〵して、足の毛ばかり挘《むし》って居《い》た多くの番頭を呼集《よびあつ》め、一度に切って放ったので、退屈《ひま》と無聊《ぶりょう》に酔うて居《い》て酒には酔《よ》えぬ荒男共《あらおども》、今度の霹靂一声《へきれきいっせい》に、酔う程気味《きみ》よき心地して、おっと叫んで八方に、蜘蛛《くも》の子を散《ちら》すが如く、山なす材木を買占めたので、大抵は一山《ひとやま》百文《もん》的の代価にて、其《その》翌日の昼頃までには、大概《あらまし》日田《ひた》の郷《さと》の材木は、買占めて仕舞《しも》うたのである。一方龍造寺は、自分が一本丈《だ》け携えて来た《〇一》の印入《しるしいり》の鉄鎚《かなづち》を見本に日田《ひた》にある六軒の鍛冶屋に昼夜兼業で拵《こしら》えさせて、出来て来た極印入の鉄鎚《かなづち》で、自分が先きに立ち、多くの人足を指揮して、約束の出来た材木の小口《こぐち》に、とん〳〵〳〵と極印を打込み、夫《それ》が済んだ分を、数百人の

筏組《いかだくみ》の人足が頃合《ころあ》いの小筏《こいかだ》に組んで小流《こなが》れの河中《かわなか》に流し、夫《それ》を下へ〳〵と押流す人足が、又一組出来て作業をなし、九日間の出来高は、丁度筏《いかだ》を以て日田《ひた》の郷《さと》より、二里半の川下まで材木を以て充満し、此上《このうえ》はもう一組の筏《いかだ》も組めぬまでになったのである。夫《それ》からお六と龍造寺は、又手代の者共《ものども》を指図して、川下の村役場や、警察署へ《┐又》と《〇一》の印入《しるしいり》の材木が、若《も》し川筋の田畑や作路《さくみち》に流れ込んだら、どうか大川へ突流《つきなが》して貰《もら》いたい、其他《そのた》の物は何分宜《よろ》敷《しく》頼むと手紙を出し、又一方手代の者を手分して、各《かく》川筋の要所々々へ、酒一斗《と》と干《ほし》アゴ十把《ぱ》（アゴとは飛魚《とびのうお》の干した物）を配り込んで頼んだので《┐又、〇一》の材木商は、気でも違《ちご》うたのか、蛟の涙など《(ほ)》の湿《しめり》さえなき干魃《かんばつ》の、此頃《このごろ》に材木流しの挨拶は、空徳利《からどっくり》の酒盛に、酔狂沙汰の限りなり、と笑う人も多かったのである。

頃は明治丙子《へいし》の秋、菊の蕾《つぼみ》の香《か》も薄く、酌む酒さえも黄に燬《や》けて、酔うも苦しき民草《たみぐさ》の、凋《しぼ》む心を慰めの、宮森山《みやもりやま》の神祀《まつ》り、雨乞い太鼓の音《ね》も遠く、聞草《きゝくたび》臥れて熟睡《うまい》する、暁頃《あかつきころ》に時ならぬ、寒冷俄《にわ》かに身に迫り、高良《こうら》の山に掛《かけ》まくも、神《かみ》舞い下《さが》る黒雲《くろくも》の、間《あい》より洩れて降る雹《ひょう》は、栗の実大の物にして、間もなく奈落の地軸にも、臼《うす》を挽《ひ》くなる陰雷《いんらい》の、轟《とゞろ》き響く物音の、怖《おそろ》しなんど云うばかりないのである。あれよ〳〵と見る中《うち》に、一天俄《にわか》に掻《か》き曇り、筑豊《ちくほう》の山河一時に裂け崩るゝかと思わるゝ程の大雷雨となったので、実る田の面《も》に水増して、亀裂の田畑忽《たちま》ち青色《せいしょく》を復《ふく》し山野悉《ことごと》く枯死《こし》を免るゝ事となり、到処《いたるところ》の百姓は歓呼の声を絶たず、随《したが》って筑後川筋は、数日の間大洪水となったので、予《かね》て待構えて居《い》た《┐又、〇一》の筏《いかだ》は、数百千と潮《うしお》に群るゝ鯨の如く、見るも際涯《はて》なき濁流の、水面を覆うて流れ下るので、降《ふり》続く大雨《たいう》に増来《ましく》る水嵩《みずかさ》は、終《つい》にさしも莫大なる材木を一つ残さず流し下《くだ》したのである。扨《さて》、夫《それ》より《┐又、〇一》の部下は、八方に手分けをして、其打《そのうち》込んだ極印によりて、散乱した材木の聚集《しゅうしゅう》を始めたので、半月足らずの間に大抵、要所々々に取《とり》集める事が出来たのである。殊に目覚しかりしは、素《もと》より筏師《いかだし》なき筏《いかだ》が、放縦に勝手に水のまに〳〵流れ行くので、大部分は筑後川下流有明海《ありあけのうみ》に注ぐ、若津《わかつ》の港を打《うち》過ぎて、其《その》附近の海中に散乱した。夫《それ》が又南西の早風《はやて》に煽られ、三潴《(みずま)》及《および》佐賀地方の沼浜《ぬまはま》へ打《うち》上げ居《い》たので、逸《いち》早く夫《それ》を纏《まと》めた手代共《ども》は、其《その》随所で其儘《そのまゝ》に商売を仕《し》たとの事である。之《これ》を要するに龍造寺が今迄為《いままでな》した大山師の仕事は、養母の決心と《┐又》のお六婆さんとの策略多きに居《い》るとは云え、此《この》投機がずどんと当り、其《その》年の暮れまでの総計算に於て、両家は八万有余円の利益金を折半する事が出来たとの事である。夫《それ》から西原弥一《にしはらやいち》の店は商運頓《とみ》に恢復《かいふく》し、此《この》川筋にては一と云うて二と下がらぬ問屋と成ったとの事である。随《したが》って養父の弥一は万死に一生を得て、永らく豊後《ぶんご》の温泉等に養生をして、一年ばかりの後には、強健とまでにはならぬが、兎《と》も角《かく》身の不自由はない丈《だ》けに回復したのである。是《これ》より龍造寺は、十七歳の年即ち明治十五年までは、学びに馴《な》るゝ十露盤《そろばん》の玉を命の家業ぞと、脇目も振らず働いて居《い》たのである。

然《しか》るに魚の性は水に稟《う》け、人の性は天に享《う》けると云うが如く、此《この》龍造寺も元々血統を武甲《ぶこう》の家に牽《ひ》いて生れた為めか、物心の付く十六七《ろくしち》歳の時より其《その》心理に偉大なる変化を起《おこ》して来たのである。丁度其頃《そのころ》庵主は、筑前旧領地の寒村に住居して、乗《と》るに懶《ものう》き鋤鍬《すきくわ》の、稼《かせぎ》の業を主《おも》として、其《その》合間には大工を職とし、僅《わず》かの賃《ちん》に朝夕《ちょうせき》の、煙の色も絶え〴〵に、育《はぐく》み兼ぬる麦畑《むぎばた》の、片羽《かたは》の鶉《うずら》声瘠《や》せて、辿る鄙路《ひなじ》の起臥《おきふし》に、暮すも辛《つら》き時であったので、龍造寺は、己れが商う材木を、庵主の家の稲《いな》小屋に積上《つみあ》げ、正札を付けて売らせたのである。然《しか》るに庵主が不在の時などは、父がチョン髷《まげ》に侍《さむら》い結びの帯を〆《し》めて、材木買のお得意に、

「其方共《そのほうども》は、土百姓《どびゃくしょう》の分際で、品物を選《よ》り買いなど致し、或《あるい》は直段《ねだん》を直切《ねぎ》るなどは、言語道断じゃ、不埒を致すと許さぬぞ」

などと云うので、田舎朴訥《ぼくとつ》の百姓でも、一人も買人《かいて》が来ぬ事になったので、龍造寺は心《しん》から苦〳〵《にが〳〵》敷《しき》事に思うたかして、月の中《うち》に或《あるい》は五日十日と、自家商用の隙を伺い、庵主の家に商売の伝習に来る事が多かったのである。丁度其頃《そのころ》庵主の父は、病後羸弱《るいじゃく》の余暇を以て、隣村の子供等《ら》を集め、牛小屋の側《かたわら》に一室を設け、夜学の家塾を拵《こしら》え、手近かの四書五経などの講義をして居《い》たので、龍造寺も逗留《とうりゅう》中は、夜間の暇に任かせて、其《その》学生の群に入《い》って、父の講義を聴いて居《い》たが、天性勝気不抜の魂性ある者故《ものゆえ》、忽《たちま》ちにして志学の観念を起《おこ》し、見る〳〵間《あいだ》に銖錙《しゅし》を争う十露盤《そろばん》の稼業に愛想を尽かし、何と養父母に説き入れたものか、或日《あるひ》西原の養父母は打《うち》連れて庵主の家に来《きた》りて、

「タッタ一人の掛《かゝ》り子を、六ツの歳より守《も》り育て、家の財宝夫婦が行末《ゆくすえ》、此児《このこ》に凭《よ》るを杖柱《つえはしら》と、寝物語に繰返す、頼

みの糸も今は早や、掛《か》け易え兼ねる小田巻《おだまき》の、節明《ふしあきら》けき願事《ねがいごと》、素《もと》はと云えば稼業《なりわい》の、卑しき家に氏《うじ》も名も、由緒貴き武士《もののふ》の、正しき血筋受け玉《たま》う、和子《わこ》を賜わり根継ぎを変《か》え、身の安楽を願わん事、寔《まこと》に烏滸《おこ》の望《のぞみ》なり、果《はた》せる哉《かな》、和子《わこ》殿が、年長《た》け生《お》うる葉蕾《はつぼみ》の、色付く時となるに付け、孛《めばえ》に亨《う》けし栴檀《せんだん》の、香《か》おり床《ゆか》しき志、見るさ聞くさに感に耐え、只此上《たゞこのうえ》は此和子《このわこ》を、賤しき業《わざ》に終らさぬ、事こそ我等が勤《つとめ》なれと、思いにければ今はしも、夫婦打連れ和子《わこ》殿を、元の園生《そのう》に植え易《か》えて、行末尊き繁昌を、見ること責《せ》めての願《ねがい》なれ」

と、最《い》と細々《こまぐ〱》との志、真心面《おもて》に顕われて述べるを聞いて今更《さ》らに、庵主の父母も只管《ひたすら》感に入《い》ったのである。

「茜蒔《あかねま》く、園生《そのう》も今は荒れ果て、、三百年も根を延べし、悪草莽《しこくさしき》りに蔓《はびこ》れど、上下耕耡《しょうかこうじょ》の道を怠り、偶《たま〱》交《まじ》る撫子《なでしこ》の、花葉《かよう》も萎《な》えて恥かしき、姿を君《きみ》が庭に植え、此《この》幾年を愛撫して、育《はぐく》み呉《く》れし優しさは、何と礼言《いやごと》申すべき、只此上《たゞこのうえ》は我《わが》許《もと》へ、呼返して一入《ひとしお》の、教戒をも加うべし」

と、双方の間に善意の諒解を得て、弟《おとゝ》の龍造寺は十七歳の時、養家西原家と破縁になったのである。夫《それ》より我家に帰り来《きた》り、最《い》と厳重なる父の教訓を受けて居《い》たが、蛟龍《こうりゅう》永く池中《ちちゅう》の物に非ずと云うも烏滸《おこ》ケ間敷《ましい》が、兎《と》ても父母の膝下《しっか》にあって、灑掃《さいそう》の業に甘《あまん》ずる者では無かった。一度《ひとたび》学事に志しては、夫《それ》に対する行為も亦《また》破天荒である。或時《あるとき》我村より北方に当る、竈門《かまど》山峡の寒村、本道寺村《ほんどうじむら》と云う所に、小《さゝ》やかなる破れ学校がある、夫《それ》が貧村の事故《ことゆえ》、只《た》だ一人の教員に僅《わず》かばかりの月俸をさえ給する事が出来ぬので、閉校同様となって居《い》る事を聞出《きゝいだ》し、自《みず》から夫《それ》に交渉して、直ちに無給教員として其明家《そのあきや》の学校に住《すみ》込んだのである。夫《それ》より其《その》山村の児童を集め、課程の教授を開始したが、何様《なにさま》幼少より学問手習の業を忌み嫌うたる結果、普通の往復文さえ自由ならぬ程度の身を以て、行成《ゆきなり》に無免状の教員となって児童を教育するので、今時なら中々《なかく〱》行わるべき事ではないが、夫《それ》が今より四十年近き昔日《せきじつ》の事故《ことゆえ》、人民の程度も低く、斯《か》ゝる乱暴の教員に対して、却《かえっ》て感謝の意を表し、先生々々々々と八方より尊敬して、米麦蔬菜《べいばくそさい》の類に到るまで、不自由なきまでに持運び来るより、龍造寺は先ず糊口《こゝう》の道に就くと同時に、尤《もっと》も程度低き教科書を、第一自分に修業し、夫《それ》を其儘《そのまゝ》に児童に教え、又一方には只管《ひたすら》愛撫懐柔《かいじゅう》の道を尽すので、僅《わず》かの間に其《その》児童等は、父母の感を以て龍造寺を慕う事になったのである。処が茲《こゝ》に尤《もっと》も破天荒の問題は、此頃《このころ》地方官吏の所為では学校等の取締が斯《かく》の如き山村に対して尤《もっと》も不完全であって、教員などの事は一切構い付けず、春秋《しゅんじゅう》の試験期になると其《その》学生名簿にある生徒に向《むか》って、試験丈《だ》けは命ずるので、丸《まる》で課業を廃したる学校故《ゆえ》、村長より之《これ》を拒むも聞《き》ゝ入れず、兎《と》も角《かく》試験はして之《これ》を全部落第生とするまでも、其《その》手続丈《だ》けは施行するのであった。そこで龍造寺は之《これ》を憤慨し、其《その》秋には、命ぜらるゝ儘《まゝ》、其《その》試験に応ずる事にして、三十人ばかりの生徒を引連れ、所定の試験場に出席した処、其《その》二十二名は卒業生を出《いだ》し、其《その》残余の者が落第生となったのである。各自卒業免状を授与せられて、生徒が帰村したので、其《その》父兄は歓喜雀躍《じゃくやく》の声を発し、先生様のお蔭にて、屢〳〵《しば〳〵》廃校か休校かの悲境にあった児童が、始めて卒業免状を得たのは、無月謝無学費の結果としては、一入《ひとしお》に先生様に感謝を表せねばならぬと、誰彼相談の上、鎮守の森に宮籠りなる村宴を開き、龍造寺を招待して村酒村菜の馳走中、村長の某《それがし》は遽《あわ》たゞ敷《しく》馳せ来《きた》り、郡役所より急の御用にて、本道寺学校の教員同道にて出頭せよとの厳命であるとの事、何事ならんと龍造寺は、支度もそこ〳〵出頭せしに郡の学務掛りは厳《おごそ》かに、

「其許《そこもと》は小学校教員たる免許状を所持せずして猥《みだり》に児童を教育する事、言語道断の所為である。故に今日限り差止むるに付《つき》、左様《さよう》心得られたし」

との事である。龍造寺は待構え居《い》たる如き顔付にて、

「委細承知致しました、然《しか》らば小生が同道して試験を受けしめたる生徒の卒業免状は、直《たゞち》に総てを取纏め返上したる上にて退去致すでござりましょう」

と答えたるに学務掛りは、

「いや、其《その》生徒は、本官が立会の上、学力試験の上《うえ》与えたる免状故《ゆえ》、決して其許《そこもと》の干渉を要せぬ」

と答えたので、龍造寺は頑《がん》として折合わず、

「こは無礼なる属官かな、元来あの村は、此所《こゝ》に村長も立会の上《うえ》聞く如く、往昔《むかし》よりの貧村にて学費賦課に耐え得ずして、教員傭聘《ようへい》の道なく、三ケ月と居付く教師なく、屢〳〵《しば〳〵》休校の不幸に遭遇せる生徒を見るに忍びず、小生進んで彼地《かの》

に到り、幾干《いくばく》なりとも文化進展の聖恩に浴せしめんと思い、無報酬にて私《わたくし》に教鞭を取りしは事実なり、然《しか》るを当路の官憲として、啻《たゞ》に一言《いちげん》感謝の意を表せざるのみならず、一片の法規を楯に、罪人同様に放逐に斉《ひと》しき処置を申渡すとは不埒至極である。此上《このうえ》は余《よ》は直《たゞち》に県庁に出頭し、貴官が余《よ》に対する処置の曲直を争わねばならぬ」

と云放《いい》ったので、郡官は一寸《ちょっと》閉口はしたが、

「其許《そこもと》の意に因《よ》って法規を曲ぐる事は出来ぬ。其他《そのた》は随意にせられよ。退去の事は決して譲歩するの余地なし」

と答えたので龍造寺は村長に向《むか》い、

「今聞かるゝ通りの命令につき、小生は直《たゞち》に県庁に赴き、此《この》属官と是非を争わざるを得ぬ事となったから、其《その》趣《おもむき》を村民諸氏に伝えられたし」

云々と云捨《いい》てゝ、其儘《そのまゝ》福岡県庁へと馳向《はせむこ》うたのである。此《これ》を聞いた村長は、直《たゞち》に山村に帰り人々を集めて此《この》顛末を報告したので、朴訥《ぼくとつ》の村民はドッと一度に不平の声を上げ、

「此上《このうえ》は先生様に負けさせる訳に行かぬから、生徒一同は卒業免状を返上して、直《たゞち》に学校を打破壊《うちこわ》して、此《この》以後再び教育などの命令を奉ぜぬ事にせねばならぬ」

と決議をして、直《たゞち》に五名の委員を選び、県庁所在地に馳せ向《むか》わせ、龍造寺に加勢せしむる事と仕《し》たのである。此時《このとき》が丁度龍造寺は数え年十八歳だから、年齢の上からも、教鞭を執るのは犯則で、其上《そのうえ》に無鑑札のモグリ教員であったのである。さて此《この》悶着の顛末は更に次回に譲る事とする。

46 稀代の兇賊を手捕にす

捕吏縄を飛して兇賊を縛し
昼伯冤を呑んで孤島に瞑す

龍造寺《りゅうぞうじ》は其《その》足にて、直《すぐ》に福岡県庁の学務課長に面接をもとめ、以上の顚末を具申したが、初めは県官も小僧扱をして、相手にもなさゞりしが、終《つい》には時の知事公の耳にまで入れる事に運動したので、課長等《ら》も事《こと》荒立てるを不利と思うたかして、郡役所の方を取調べ、事実相違なきを確めて、其《その》郡書記を譴責《けんせき》し、龍造寺へは寒村の学事に尽力したと云う名を以て、知事公より文章軌範一部を賞与せられ、尚《な》お既定の卒業生は、此《この》賞与と共に記念の卒業生と認むと申渡《もうしわた》された。是《これ》と同時に学務課長は、彼が引続き小学教員の試験を受くべき事を勧誘したが、龍造寺は、自分の学歴と学力は、其《その》試験に応ずべき資格なき事を自覚し、とう〳〵其《その》勧誘を拒み、夫《それ》より遥か低級にある、巡査教習所の試験に応じて、兎《と》に角及第《かくきゅうだい》し、其《その》科程に就く事になったが、素《もと》より気力抜群の性質故《ゆえ》、日夜黽勉《びんべん》して、予定の通り卒業をし、やっと一個の巡査と成り了《おお》せたのである。此間《このかん》龍造寺が職務以外に興味を以て努力したのは、柔術と捕縄《とりなわ》の修業であった。当時鹿児島出身の人で、荒巻清次郎《あらまきせいじろう》と云う老人は、徳川時代から不思議なる捕縄《とりなわ》の名人で、所謂早縄《いわゆるはやなわ》なる術の粋《すい》なる鍛錬を得、一時は久留米警察署で、警部まで勤務した人であったが、病気の為め職を辞して、当時福岡県の巡査教習所の教官となって居《い》た。龍造寺は此《この》先生に愛護せられ、風斗《ふと》捕縄《とりなわ》の興味を起《おこ》したので、頻《しき》りに之《これ》が研究を始めた。先ず一例を挙ぐれば、此《この》先生が秘密の捕縄《とりなわ》は、公定の捕縄《とりなわ》を所持するの外《ほか》に、琴の糸三筋《すじ》を撚《よ》り合《あわ》せたる、一丈《じょう》二尺《しゃく》計《ばか》りの物を手繰《たぐ》りて、左の二の腕に嵌《は》め置き、夫《それ》を千変万化に使用して、兇漢を捕縛《ほばく》するのである。勿論柔術の素養はなくてならぬ事ではあるが、先其《まずその》縄を首に搦《から》みて、相手を引倒すと同時に、自分も仰向けに倒れ、夫《それ》から様々の仕事をするのである。斯《か》く敵を荒《あら》ごなして取締めた処で、規定の捕縄《とりなわ》で正式に縛すると云う様な事である。龍造寺は其《その》術に於て、或る程度までの鍛錬を得て居《い》たのである。庵主なども、或る時仕合《しあい》をして、美事《みごと》に縛《ばく》された事があった。龍造寺は巡査を奉職すると同時に、庵主の許《もと》に来《きた》り、

「私《わたくし》は巡査の小吏を以て、天下無双の事を仕《し》て見たいと思いますが、茲《こゝ》に早速大事件が発生致《いたし》ました。夫《それ》は明治改暦以来の兇賊とも名付《なづく》べき強盗で、内山源次《うちやまげんじ》なる者、京阪より両肥両筑の間を股に掛け、第一、強盗、第二、殺傷、第三、放火、第四、強姦等、凡百《あらゆる》兇暴を為《な》さゞる事なく、其《その》被害高は本年に入《い》りても多大なるものでございます。而《しか》して彼が一口《ひとふり》の短剣を使う事に妙を得て、一度は四五《しご》名の警官、一度は八名を相手に致《いたし》たる事までありますが、何《いず》れの時も此方《こちら》に多少の負傷を被《こうむ》りて、まんまと取《とり》逃がして居《い》ます。夫《それ》が今回福岡県内に入《い》り込んだとの密報を得ましたから、私《わたくし》は単身其《その》賊に向《むか》って、死生を決して見ようと思います。どうかお許《ゆるし》を願います」

と云うから、庵主は、

「其事《そのこと》は御両親のお耳に入《い》るれば、決してお許《ゆるし》はないと思うが、俺は至極面白い事として、衷心《ちゅうしん》から同意をする。元来我日本国民は、平生に於て総て全部が国家の干城《かんじょう》である。況《ま》して巡査なるものは尤《もっと》も愉快なる職務を持ったものである。故に其《その》公務上に横《よこた》わる事は、難易細大となく、献身的に必ず徹底的でなければならぬ。其《その》公務執行の上に発したる生死は、無上の光栄である。若《も》し左様の場合に命を惜み、臆病を構えて拾い得たる命は、既に命たるものゝ意義を失い、揚句《あげく》には、牛馬《うしうま》に踏み殺さるゝ位が落《おち》である。公安の為めに命を捨つるは、先祖に対しても無上の光栄と思うて屹《きっ》とした立派な仕事を為《す》るがよい」

と云うて帰した処が、其後《そのご》彼は署長の允許《いんきょ》を受けて、二週間計《ばか》り不在となった。何《いず》れの方面に旅行をしたか、誰れも知る者はなかった。折柄或日《おりからあるひ》、久留米郊外の豪農某《ぼう》の家に強盗が這入《はい》り、有金《ありがね》三百有余円、他の物品を四五《しご》百円計《ばかり》を持出したとの風説が立った。其《その》三日後の事である。福岡市外の住吉河原《すみよしがわら》の広場に、一人の男が笠を冠《かぶ》り、側《そば》に釣竿を立て、其下《そのした》に籠を置いて、何か物《もの》勘定をして居《い》る様子である、夫《それ》が昼の一時頃である。其処《そこ》へ又一人の若者が、釣竿を肩にし

て通り掛《かゝ》り、

「叔父さん、鮎《あゆ》が釣れたかい」

と咄《はな》し掛けたので、其《その》男は少なからず驚いて、直《すぐ》に立上る処を、ピタリ組付いて、其《その》右の手先を取った。何を小癪《こしゃく》なと其《その》手を懐に入れて、引出したのが短刀であった。其《その》刀光を見ると同時に、其《その》若者はひらりと身を飛退《とびの》くと共に、其《その》男は真伏《まっぷせ》に引倒された。即ち其《その》右手を握った時に、若者の二の腕にあった琴糸の捕縄《とりなわ》は、彼《か》の男の手首に辷《すべ》り落ちて、疾《とう》に掛《かゝ》って居《い》た。夫《それ》を強く引いたから、不意に引倒されたのである。其《その》男の倒るゝのを見るが早いか、若者は飛鳥の如く飛掛《とびかゝ》って、其《その》縄が其《その》男の首に引掛けられた。夫《それ》を又強く引いたから、短刀を持った右手は、ぐいと背部を伝《つと》うて左の頸《くび》際《ぎわ》まで引付けられた。又何をと一刎《は》ねに寝返りを打った時は、其《その》首の縄は本式に二重になって、首に掛《かゝ》って居《い》た。夫《それ》を引締め釣り上げて、やっと左の二の腕に引掛けて絞ったから、彼は難なく捕縛《ほばく》されて仕舞《しま》うた。其《その》男が彼《か》の兇賊内山《うちやま》源次《げんじ》であって、其《その》捕縛した若者が、龍造寺巡査であり、夫《それ》が丁度奉職して二ケ月半の時である。龍造寺は兇賊内山が柔道家で、蹴《けり》の名人なる事を聞いて居《い》たから、尤《もっと》も大事を取りて、足先きまで縛り上げ附近の人を呼んで人力車に乗せ、警察署へ持込んで来たので、新米小僧の巡査が、さしも世間で恐《おそれ》をなして居《い》た兇賊源次を手取《てどり》にして来たと云うて非常に称讃を受けたが、所持金六百七十余円と、上等の金時計等は、調査の上《うえ》被害者に下渡《さげわた》され、龍造寺には賞状と金五円の褒美とを下賜《かし》せられたのであった。

夫《それ》から又龍造寺巡査が、夜警巡廻中、夜明《よあけ》の三時頃、博多の商会という所の旅人宿の裏手の、黒板塀《くろいたべい》を乗越えて、盗賊の忍び入るのを遠目に見たので、忍足で抜け道を辿り、近寄りて見た処、一人の見張らしき男が立《たっ》て居《い》る故、其《その》盗賊のまんまと忍び入った後を見済まし、見る間に投げ縄を以て其《その》一人を縛り上げ、半丁計《ばか》りの露路の中に投げ入れ置き、其《その》盗賊の忍び入った塀の向《むこ》う店の縁下に身を潜《ひそ》めて待って居《い》ると、其《その》盗賊は一の風呂敷包みを、縄にて町中《まちなか》に釣り下げ、自分は元の足掛りによりて下《おり》る処を、右の足先に縄を掛け、一息に引落し、折り重なりて例の縄を首に掛けて引絞ったので、盗賊は絶息せん計《ばか》りに苦《くるし》むのを、其《その》縄を以て左右の両腕共《とも》引絞りて縛り上げたのである。盗賊は足を伸ばせば咽《のど》が〆《し》まる故、出来得る丈《だ》け足を縮める故、万に一つも逃がるゝ道なく蠢《うご》めいて居《い》る中《うち》に、龍造寺は附近の交番に馳せ行き引渡した。詰まり一人にてまんまと二人の盗賊を縛り上げた事もあった。此時《このとき》も何か御褒美を頂戴したようであった。

其後《そのご》、福岡市の近郷須恵村《すえむら》と云う所に、駐在巡査が必要となった。夫《それ》は其《その》年が凶作で、様々の小泥棒が入込《いりこ》み、被害者が多いより、或《ある》事情にて望まれて、駐在巡査となったのである。此時《このとき》も一度の仕損《しそんじ》もなく、数人の泥棒を取押えたが、田舎の事であるから、或る了解の為めに、私《ひそか》に大分放免して遣《や》ったそうである。後には是《これ》が職務上の手落となって、巡査を罷《や》めねばならぬ事となったのである。此《この》駐在所詰めの頃、親戚の者共《ものども》の勧めもありて、龍造寺に妻帯せしむる事となった。其《その》妻と選ばれた一婦人は、同藩中の士族、鯉沼源右衛門《こいぬまげんえもん》なる人の孫娘増女《ますじょ》と云う者であった。此《この》鯉沼家の事に付《つき》、又一場《じょう》の物語りがある。

此鯉沼源右衛門《このこいぬまげんえもん》なる人は、庵主の為めには大叔父、父の為めには叔父さんである。即ち父の実家の出《しゅつ》にて、庵主の祖父の弟である。此人《このひと》は立派な知行《ちぎょう》を領する福岡藩の絵師の家に、養嗣子《ようしゝ》として入夫《にゅうふ》したので、狩野派の画《え》を描き、夫《それ》を以て家業として食禄を頂戴して居《い》たのである。庵主は小供心に覚えて居《い》るが、其《その》叔父さんは大兵《たいひょう》にして、膚色飽《あく》まで白く、夫《そ》れに銀の針の如き白髪を後ろにてプツリと切り下げて撫《な》で付け、雪よりも白き長大なる眉は、盛上げたように濃く、所謂《いわゆる》眉目口鼻尤《もっと》も秀麗で一見して明るい思いをするような顔であった。其《その》娘が又一藩を圧する程の美人である。夫《それ》に源太郎《げんたろう》と呼ぶ養子婿を取って、三人の子供が出来た。其《その》二女が即ち龍造寺の妻となったのである。なぜ斯《か》る遠縁の家の娘を貰《もろ》うたかと云えば、親戚も庵主の父母も、庵主も夫《それ》に同情を表したのである。其訳《そのわけ》は此《この》鯉沼家が世にも不幸の重なりたる家にて、如何《いか》にもして家運を恢復《かいふく》して遣《や》りたいと云う心からであった。人世には衰運と云う事もあり、又、物の祟《たゝ》りなどと云う事もあるが、此《この》鯉沼家は、代々嘉因《かいん》善行を積んだ家で、殊に祖父源右衛門に至っては、専《もっぱ》ら画家を以て甘んずる世外超術の人なるに、一度《ひとたび》禍雲其家《そのいえ》を覆いてより、人力を以て恢復《かいふく》し難い悪運が取捲いたのである。風荒《すさ》む世は刈菰《かりこも》と、乱れ来し天保弘化《てんぽうこうか》の頃よりして、幕府の綱紀、荐《しき》りに弛《ゆる》み、各藩治国の要を失い、士心随《したが》って常軌を逸し、異言喧囂《けんごう》として、王幕の制を論じ、年毎《ごと》に派を立て党を設けて、政道に抵悟《ていご》するより、各藩の国用忽《たちま》ちに窮乏を加えて来た。夫《それ》は丁度幕府も同じ事にて、誅求《ちゅうきゅう》に得たる苛斂《かれん》は、用度法を失いたる惰吏《だり》の為めに浪費し、其極《そのきょく》、遂に不換無償の金札《きんさつ》なるものを印刷して、其《その》欠陥を補わんと企てたのである。化膿の悪腫物一度中枢に発して、四支《しゝ》いかでか其《その》毒素に感ぜざるを得んや、忽《たちま》ちにして全国の各藩其《その》策に風靡《ふうび》し、国用の困難を救うは金札《きんさつ》の発行に如くものなしと絶叫した、併《しか》し各藩には、紙幣発行の特権がないので、一度は躊躇もしたが、大勢の向《むか》う所は、終《つい》に一隅の制を逸して、茲《こゝ》に幕府の金札《きんさつ》に模倣する贋札《がんさつ》論なるものが湧起《ゆうき》し、各藩競うて幕制同様の金札《きんさつ》を発行する事となったのである。福岡藩も其《その》一類に洩れず、藩命によりて、庵主の大叔父源右衛門も、其《その》画家と云う名の下に、其金札《そのきんさつ》の版下になる、雨龍《あまりゅう》の部分丈《だ》けを、役所にて筆を執らせらるゝ事になったのである。夫《それ》よりして一藩の経済は、恰《あだか》も濁流の澎逸《ほういつ》するが如く紊乱《ぶんらん》して底止《ていし》する処を知らぬ事となった。斯《か》ゝる有様が各藩に行われて来たので、幕府の狼狽《ろうばい》大方ならず、直《たゞち》に大官を八方に派遣して、之《これ》が取調べに着手して見た処が、何《いず》れの藩に入っても、只々《たゞ〳〵》驚愕絶倒する計《ばか》りの惨状である。そこで幕府も忽《たちま》ちにして大評議を起《おこ》し、兎《と》も角《かく》、幕府の允許《いんきょ》を得ずして、幕府同様の紙幣を私《ひそか》に発行したるは、素《もと》より罪重刑に当るに付《つき》、各藩主共其分《ともそのぶん》に応じて屠腹《とふく》謝罪等の実を挙げさせ、峻厳少しも仮借せずして、幕府の衰頽を恢復《かいふく》すべしと評決したので、尤《もっと》も腰強く或《ある》程度までは、兵備までして問罪の使を各藩に向けたのである。之《これ》を聞いた各藩の士は、蜂の如く起《おこ》り、抑《そもそ》も贋幣《がんぺい》の俑《よう》は幕府先ず之《これ》を作りながら、何を以て他を責むるの威信あらんやとまでは論じたが、強弱衡《こう》を失い、衆寡敵し難《がた》きの数《すう》に漏れず、とう〳〵泣く〳〵幕命に伏する事となったのである。是《こゝ》に於て各藩贋札《がんさつ》の事、素《もと》より藩主の知る処に非ず、家老席、勘定奉行等《ら》が、単独の専意に出《いで》たるものに付《つき》、御取調の上、相当に御処分仰《あお》ぎ奉《たてまつ》ると上書《じょうしょ》したので、幕吏の方でも追究却《かえっ》て自創《じそう》を被《こうむ》るの虞《おそ》れを抱くより、各藩士をその分に応じ、打首、斬罪、切腹等の処分にして事《こと》落着に及んだのである。此時《このとき》、彼《か》の鯉沼源右衛門老は、版下執筆の重罪にて、死一等を減じ、福岡藩地を西北に距《さ》る、玄海洋上の一孤島和呂《わろ》の島に流罪に処せられ、居《お》る事《こと》六年、波浪残月に咽《むせ》び風光一層冷《ひやゝ》かなりの感に打たれて、憂き年月を送ったのである。此時《このとき》は此和呂《このわろ》の島は、全く無人の孤島であった。独居孤棲《こせい》の徒然《つれ〴〵》には、草の根を筆とし、島渓《とうけい》の赤土を汁に溶かして、木皮を編んだ布に描いた、水鏡の自像は、白髪伸びて踵《かゝと》に達し、白眉耳に及び、鬚髯共《しゅぜんとも》に垂れて膝を蔽《お》うに至ったのである。

今日こそはこと伝《づ》てまつれ荒津浪
君《きみ》にぬかずく人のまことを

昔《むか》し気質《かたぎ》の老画伯、鯉沼源右衛門は、満身忠誠の心を抱き、藩公の御座所の方を拝しながら、六十九歳を一期《いちご》として、此《この》一首の和歌を残して、此《この》絶海の孤島に絶命したのである。死後数ケ月の後、避難の漁船が其《その》死体を発見した時は、日光と潮《うしお》に干し堅められて鬚髪《しゅはつ》無垢の骸骨は襤褸《つゞれ》に包まれたる儘《まゝ》、洞窟の前に横《よこた》わって居《い》たとの事である。洞中の遺物は、其後《そのご》知友の手に因《よ》って、藩公の台覧に入れたが、扨《さて》明治維新の前後に伴う、幕政藩治の瓦解は、幾多志士の惨劇を産出した。其中《そのうち》に此《この》鯉沼翁の死等は、聞く者の脳裡を離れ得ぬ一惨事であった。夫《それ》から嗣子《しゝ》源太郎は、家名を相続して間もなく、勤王佐幕の論四方に起《おこ》り、雷霆《らいてい》に伴う沛雨《はいう》の如く、士心の洪流となって来たので、源太郎は直《たゞち》に身を勤王の群《むれ》に投じ、血気の迸《ほとばし》る処、身を顧みるの遑《いとま》なく、八方に飛来を擅《ほしい》まゝにしたので、忽《たちまち》に幕吏の注目する所となり、捕吏の追究日夜に甚敷《はなはだしく》、或《あるい》は山間に潜んで難を免れ、或《あるい》は雇傭《こよう》となって城下に入込《いりこ》み等して居《い》たが、或る日捕吏に其《その》寓居を襲われ、直《たゞち》に一刀を手挟《たばさ》んで裏より脱走し、城下を西に距《さる》一里余の、室見川《むろみがわ》と云う長橋に差掛りたるに、橋上には数人の歩哨あることを知って、川下に逃れたが、跡より数人の捕吏の追究が余りに急なるより、裸体となって長刀を脊《せ》に負うと其儘《そのまゝ》、身を躍《おど》らして中流に飛込んだのである。折節五月雨《さみだれ》の頃にて、降《ふり》続く大雨《たいう》は濁流となって堤防に溢《あふ》れ、逆巻く渦は群象の暴《あ》るゝが如き時故《ときゆえ》、数人の捕吏はあれよ〳〵と云う中《うち》に、終《つい》に源太郎の影を見失《みうしの》うて行衛《ゆくえ》も知れずなったのである。夫《それ》より星月《せいげつ》数十年、室見《むろみ》の逝水《せいすい》は滔々《とう〳〵》として変わらざれども、其人《そのひと》の姿は復《ま》た永久に見えぬのである。扨《さて》、跡に残りし若後家と、男女三人の子供は、藩命に背《そむ》いたる亡夫の遺跡、人目に掛《かゝ》るを厭《いと》うより、博多の浜辺に小《さゝ》やかなる裏屋を借り、手内職にて三人の子供を養育して、十一ケ年が其間《そのあいだ》、其《その》未亡人は外出を絶対にせなかったとの事である。

其中《そのうち》に子供も段々生長して、長女は二十歳、二女は十八歳、長男が十二三《にさん》歳になった時、庵主は初めて之《これ》に面会をしたが、其《その》長男を庵主の家に連れて来て、昼食《ちゅうじき》を振舞いしに、

「叔父さんの家の御飯は、なぜこんなに堅いの、私はこんな御飯を食べればお腹《なか》が痛くなるよ。私はお箸で挟まる丶御飯は厭《いや》じゃ」

と、何心《なにごころ》なく云うた時には、庵主の父母は申すに及ばず、座にあるものは皆《みな》顔見合せて、覚えず滂沱《ぼうだ》たる涙を禁じ得なかったのである。庵主が此《この》子を養育して、成長させるにつき、又一場《いちじょう》の物語があるが、夫《それ》は次回からぼつ〳〵述べるであろう。

47　奇計を案じて恋病《こいわずらい》を癒す

小娘恋を知って病をなし
壮士志を立て丶学に就く

庵主が其鯉沼《そのこいぬま》家の遺孤橘之助《みなしごきつのすけ》をして、小学中学より、専門の学科、採鉱冶金《やきん》の学術を修めさせるまで、凡《およ》そ十二三《にさん》年の月日であった。丁度此《この》橘之助十七八《しちはち》歳の頃、庵主が福岡市の博多奥の堂と云う町に、或る二階を借り受け、博多に用事あって滞在する時の寝泊りを為《す》る所として、其《その》留守番には彼橘之助《かのきつのすけ》を置いて学校に通わせて居《い》た。一切の賄いは、家主たる五十余歳になる後家の老媼《ばあさん》が世話をして呉《く》れる事になって居《い》た。此橘之助《このきつのすけ》は遺伝血統の美貌にて、膚色全く玉の如く白く、眉目飽迄秀《あくまでひい》で、身の丈《た》け普通よりも立伸び、一睥《いっぺい》の風相は忽《たちま》ちにして人を魅せんとするが如く、幼にして漢文を綴《つづ》り数学に堪能なる事は、全く天質であろうと思われた。或日《あるひ》庵主が此《この》寓所に立寄った時、下《した》なる老媼《ばあさん》は恐る〳〵庵主の側《そば》に来《きた》りて徐《おもむ》ろに咄《はな》し出した。

「旦那様、私は鯉沼の若旦那様の事に付《つい》て、少しお咄《はなし》したい事がござります。夫《それ》は此二三《このにさん》ケ月前の事でござりました、市外の住吉《すみよし》に住《すま》わるゝ、或る豪家のお袋様がお出《いで》になりまして、《お恥かしい事ながら私の娘みち〇〇と云う、今年十九歳になるのが御当家様に居《お》らるゝ鯉沼の若旦那を垣間見て娘心の遣《や》る瀬もなく、通い馴れたる裁縫の、学校にさえ行かずして、思いに悩む様子なるより、夫と共に色々と、問慰《といなぐさ》め賺《す》かせしが、思い乱るゝ黒髪の、解く由もなき有様故《ゆえ》、途方に暮れて夫婦とも、泣《なく》に泣かれぬ一人娘の、家の跡継ぐ婿がねは、已《すで》に博多の或る豪家と、婚約さえも整えある故、親族共《ども》とも相談して、娘の心を直さんと、交《かわ》る〳〵の強《こわ》意見も、為《す》れば為《す》る程《ほど》弥《いや》増す思い、終《つい》には病の床に臥し、日毎に悴《やつ》れ湯茶さえも進まぬまでの痛付《いたつき》にて、ほと〳〵困《こう》じ果てたので、或日《あるひ》夫婦相談して、向《むこ》うの店に半日程《ほど》、腰打《うち》掛けて若旦那の、お帰りを待居《まちおり》しに、日足傾く夕前に、学校道具を手に提《さ》げて、お帰りなさるお姿を、見ると其儘《そのまゝ》夫婦共《とも》、あっと云う程《ほど》感嘆し、娘が迷うも無理ならず、何と云う立派な凛々《りゝ》しい若旦那様、誰あろう御家中にて、品格高きお家柄、世が世の時であろうなら、云寄《いい》るすべもあらがねの、地を這う町家《ちょうか》の我々が、お側《そば》へさえも寄《より》かぬる、身分を忘れ今の世の、逆さま事のお願《ねがい》を、お前を頼み云い出《いづ》る、心を不憫《ふびん》と推量して、申探《もうしさぐ》りて給われかし、養子と云うが恐れあらば、娘を嫁にさし上げるも、只《た》だお主《ぬし》に任すべし》と掻口説《かきくど》かれて私も、差寄り返事に困《こう》じ果て、其夜《そのよ》若旦那のお側《そば》に往《いっ》て、事の顚末物語り、思召《おぼしめし》を伺いしに、若旦那様は膝捻《ねじ》向け、

『女《おなご》が僕にどうしたと、僕は是《これ》から勉強して、男に成る稽古を為《す》るのじゃ。夫《それ》に女《おなご》が何《なん》に成るか』

と、丸《まる》で石地蔵の鼻の先を、燕《つばめ》が飛んで往《いっ》た程もお感じのないお詞《ことば》に、私もはっと行詰り、御返事さえも碌々《ろく〳〵》に、出兼《でかね》ます故漸々《よう〳〵》と《夫《それ》でも若様あなたにも、遅かれ早かれ奥様は、お持なさらにゃ成りますまい》と云えば忽《たちま》ち血相かえ、

『老嫗《ばあや》、そんな事は、叔父様が、一度も云うて聞かせない、叔父様は逢う度に、男になれ、勉強せよ〳〵、此《この》二つの外《ほか》云わないよ、僕は、叔父様の云う二つでさえ困って居《い》るのに、老嫗《ばあや》の云う事まで聞いて溜るものではない、老嫗《ばあや》、飯も僕が注《よそう》て食うから、お前は下へ降りて呉《く》れ』

と、大変な権幕《けんまく》で入《い》らっしゃいますから、私も、ほと〱閉口しましたが、去《さ》らばと云うて先方の、御老人の御夫婦にも、お気の毒に思いますし、其《その》嬢様のお身上《みのうえ》は、どんなであろうと気が病んでなりませぬ、旦那様、何とか御工夫は有《あり》ますまいか」

と、老いの心の一筋に、説《とき》立てられて、庵主は夫《それ》を面白き事に思い、橘之助《きつのすけ》が返答振りの素直さと、恋の病治療法の研究とに一入《ひとしお》の興味を持ったのである。夫《それ》から庵主は老媼《ばあや》に答えた。

「老媼《ばあや》、色々の事情能《よ》く分った。併《しか》し、其事《そのこと》は心配するな、直《たゞち》に其《その》娘を思い切らして遣《や》るから、先方の両親にも、俺が逢《お》うて咄《はな》すからと、安心させて置いて呉《く》れ」

と云えど老媼《ばあ》さん中々《なか〱》に承知せず、

「旦那様、そんな手易《たやす》い病気ではございませんよ、先方のお嬢様は、今頃は大変でございますよ」

「いや、心配するな、恋病《こいのやまい》と云うものは、女の神経衰弱じゃから、直すのは訳はないよ、あの橘之助《きつのすけ》は一人息子で、家《うち》の名籍《みょうせき》を興《おこ》す責任のある体故《ゆえ》、今から妻帯をさせる訳には行かぬ、双方無事に、俺が片付ける工夫をするから心配せずに居《い》てくれよ」

と云うて其《その》話は済ませたが、扨《さて》、余り永く打棄《うち》て、置く訳にも行かず、庵主は其老媼《そのばあや》を頼んで、其《その》住吉の豪家に出入する医者を呼寄せ、事の顛末を委細咄《はな》して、一策を授けたのである、其《その》医者は早速に先方に行って、庵主と宿の老媼《ばあや》と橘之助《きつのすけ》と其《その》医者とを、お九日《くんち》と云う、村祭神事の御馳走に呼ぶ事に頼んで置いて、橘之助《きつのすけ》には庵主が斯《こう》云うたのである。

「橘之助《きつのすけ》よ、貴様はお九日《くんち》の御馳走が食い度《たい》事はないか」

「叔父様、僕は一度も腹一杯御馳走を食うた事がございませんから、どうか連れて行って下さい」

「うむ、夫《それ》なら連れて行くが、何でも叔父さんの云う通りにせねばいかぬぞ、夫《それ》から貴様は病人にならねば連れて行かれぬぞ」

「叔父さん、そんな真似をして居《い》ても、御馳走はうんと食うても好《い》いんですか」

「うむ好《い》い共《とも》〳〵、病人の真似さえすれば、腹の破《わ》れる程《ほど》喰うても好《い》いのじゃ」

「夫《それ》じゃあ叔父さん、どんな病人の真似でも致しますから、どうか連れて行って下さい」

と云う中《うち》、予《かね》て呼んで置いた、其《その》医者が来たから、

「さぁ橘之助《きつのすけ》、此《これ》から病人の拵《こしら》えをするのじゃ」

と云うて、先ず顔《つら》一面を下の老媼《ばあ》さんが頭髪《あたま》に使う煤油《すゝあぶら》の紙で薄《うっ》すらと汚し、夫《それ》から左の眼の上に綿を小丸《こまる》にして乗せ、頭の所々に梅干の肉を張り、其上《そのうえ》から医者に繃帯《ほうたい》をさせ、片目丈《だ》けを出して頭半分を包み、繃帯《ほうたい》の所々から、梅干の汁を浸み出すように〆《しめ》付けて、すっかり膿血《うみち》の流るゝ腫物《しゅもつ》が、幾ケ所にも出来たように拵《こしら》え上げて、

「さぁ橘之助《きつのすけ》よ、此《これ》で充分御馳走が喰えるぞ」

「叔父さん、御馳走は喰えるか知りませぬが、片眼計《ばか》りでは、何だかぐら〳〵して見当が付きませぬ」

「其位《そのくらい》の事を辛棒《しんぼう》せずして、御馳走が喰えるか、馬鹿野郎」

と云うて叱り付け、三人連れで住吉の豪家の所に出掛けて行った、処が予《かね》て医師より其趣《そのおもむき》が通じて有った為、豪家の人々は打《うち》揃うて歓迎をして、御馳走の限りを尽くした、其中《そのうち》に橘之助《きつのすけ》は片目計《ばか》りを出して、出る御馳走も〳〵、喰うわ〳〵、生れて初めて、放楽《ほうらく》で、箸を下に置く間もなく、詰め込んだのである。其中《そのうち》に病人の娘は下女の咄《はなし》に、思い焦れた橘之助《きつのすけ》が来て居《い》ると云う事を聞いたので、乳母に助《たすけ》られて、次の間からソーッと其《その》様子を見に行った処が、見違えると云わんより、寧《むし》ろ恐ろしい形相であって、頭部頸筋《あたまくびすじ》の所々よりは血膿《ちうみ》のようなものが繃帯《ほうたい》を透《とお》して浸《し》み出して、顔色も只ならぬので、病に疲れた体には気絶せん計《ばか》りに打《うち》驚き、息遣いさえ苦し気になったので、乳母も驚き、ヤッと助けて床《とこ》の中に連《つれ》込んだら、只《た》だソッと枕に縋《すが》りて泣入計《なきいるばか》りであった、乳母は様子を知らぬ故、胸轟《とゞろ》かして直《すぐ》に来合《さあわ》せて居《い》る彼《か》の医者に通じたので、診察をなし、取り敢えず、鎮神《ちんしん》の手当を為《な》したので、直ぐに心気も落付いた。

暫《しばらく》して娘は医者に向《むか》い、

「先生、今日は大変気分も好《よ》いようですから、今次《いま》の間から、神事のお客様を覗きに往《い》きましたが、端に居《い》るあの書

生さんの、相好《そうごう》の恐ろしさと云うたら、今尚《な》お魂も消失《きえう》せん計《ばかり》で、未だに動悸が止《や》まぬ位でございます」

と物語りて、余所事《よそごと》に橘之助《きつのすけ》の事を問掛けた故、医者は此時《このとき》こそと思うて、予《かね》て庵主に含められた通りを答えたのである。

「お嬢さん、あの書生さんはね、あの上席に居《い》る杉山氏《さん》の甥子さんに当る鯉沼橘之助《こいぬまきつのすけ》と云う方で有りますが、若い時に慎むべきは身持でございます、あゝ天然の美貌《きりょう》が身の仇《あだ》となって、あの様《よう》な業病に取付かれたのでございます、先月頃から風斗《ふと》あんな腫物《しゅもつ》が出来初めましたので、私はあの杉山氏《さん》に頼まれて治療をして居《お》りますが、あれは世にも恐ろしい悪性の梅毒でございまして、頭部《つむり》から顔、夫《それ》から全身の節々まで、潰瘍《おでき》を吹き出しまして、とう〳〵左の眼の球を侵しまして、今では兎《と》ても左の眼丈《だ》けは取止《とりと》めが付かぬ事になりて居《お》ります、今日の医術では、如何《いか》な名医の手に掛けましても、彼《か》の全身の毒を抜く事は出来ぬ事に極《き》まって仕舞《しまい》ました、杉山氏《さん》も是《これ》にはほと〳〵困り果てゝ居《お》らるゝ模様でございます、貴嬢《あなた》の御両親は、杉山氏《さん》とは予《かね》て御懇意で居《い》らっしゃる処に、今日計《はか》らずも九日《くんち》祭りで杉山氏《さん》が此《この》近所の御親類に、あの橘之助様《きつのすけさん》を連れてお出《いで》に成って居《い》たのに御出会《おであい》なさったので、御家《おうち》にお立寄りを薦められたので、今一寸《ちょっと》御寄になって居《い》るのですが、アノ甥子さんを御同道なさったのには御両親もお困りの様子でございますよ」

と、誠《まこと》しやかに物語ったので、娘は倒れん計《ばか》りに打《うち》驚いたのである。

「あの温順《おとなし》そうな甥子さんが、どうしてそんなお身持を為《な》さるでしょうね」

と云うて打臥《うちふ》したのである。医者は一入詞《ひとしおことば》を和らげ、

「青年の時に一番慎むべきは誘惑の一事でございます、行末《ゆくすえ》栄ゆる一生を、見す〳〵縮めて非業の最期を早めるは、あの鯉沼の若旦那が好《い》い手本でございますよ、併《しか》し御病中に掛《か》ゝり構いもない余所事《よそごと》を気にして、神経を痛めてはいけません、もう大概《あらまし》は全快に近づいた貴嬢故《あなたゆえ》、此際《このさい》一層薬を精出して召上り、予《かね》て申上《もうしあ》げた冷水の全身摩擦を、一入烈敷《ひとしおはげしく》して早く御全快なさいませ」

と云い労《いたわ》りて立去ったのである。此《この》報告を聞いて庵主は別間《べつま》に両親の人々を招き、

「此際《このさい》、早く婚約ある婿がねを呼入れて家事を任せ、娘子の介抱にも一入《ひとしお》心を付けて、忸《な》れ親《したし》ませるが肝要であります。年頃の娘子を稚気《おさなげ》と計《ばか》り見誤り、終《つい》には生涯取返しの付かぬ疵物《きずもの》となし、一生涙で暮させる事は、是皆《これみな》親達の無念でありますぞ。能々《よく〳〵》忘れぬようにせられよ」

と深く云い戒めて、橘之助《きつのすけ》を引連《ひき》れ暇《いとま》を告げて帰って来たのである。是《これ》より庵主は、一ケ月計《ばか》りの後、種々の事情があって、とう〳〵東京住居《ずまい》をする事となった故、橘之助《きつのすけ》も引連《ひき》れて、則ち専門の学校に通わせる事とはなったのである。夫《それ》から三年程過ぎて、庵主が郷里に帰った時は、其《その》豪家の娘子《むすめ》は、滞りなく結婚を済ませ、最《いと》可愛らしき一子を産《もう》けて、老夫婦は初孫《ういまご》の顔を見て、目も明かぬ程の喜《よろこび》に耽《ふけ》りつゝあるとの事を、彼《か》の宿の老媼《ばあや》から聞いたのである。

夫《それ》より間もなく橘之助《きつのすけ》は、無事に学校を卒業した故、庵主の友人巨智部忠承《こちべちゅうしょう》と云う高徳の博士に頼み、博士の監理せらるゝ農商務省の地質調査局と云う役所に橘之助《きつのすけ》を出勤させて、博士の引立《ひきたて》に依って、格外の俸給をも戴き、只管《ひたすら》職務に勉励して居《い》るから、或人《あるひと》の世話によりて妻帯をなさしめ、久敷滅家《ひさしくめっけ》同様となって居《い》た鯉沼の家名を興《おこ》して、小《さ》ゝやかなる一家を設け、丁度親戚たる阿部《(安)べ》磯雄《いそお》と云う博士が、早稲田大学の教授であるを幸いに、其人《そのひと》の世話にて牛込の早稲田附近に、初めて鯉沼橘之助《こいぬまきつのすけ》の表札を掲ぐる事となったのである。居《お》る事一年にして此《この》新夫婦の中には愛らしき一女児を産《もう》け、玆《こゝ》に初めて家庭の彩色を増し、流れに登る鯉沼の、末の栄《さかえ》を松影の、旭日に翳《かざ》す心地して、庵主も此上《このいえ》なく喜んで居《い》たのである。

然《しか》るに人間の運命と云うものは、有る人数《ひとかず》の夫々《それ〳〵》に、奇《く》しき筋道辿り行《ゆ》く、いと果《はて》しなき因果こそ、神の御座《みくら》に繰《く》る枠の、廻《めぐ》る程なお解《とき》かぬる、罪恐ろしき物なるか、此《こ》の鯉沼の家名こそ、善こそ積め、悪に泥《なず》まぬ誉れある、家系に誇りて有《あり》ながら、風斗《ふと》祖父源右衛門の代よりして、端《はし》なく贋札《がんさつ》の災禍にかゝり、祖父は島死《とうし》し父は水歿し、其子《そのこ》の橘之助《きつのすけ》は幼少より、餓《うえ》も果つべき艱難《かんなん》の、侘《わび》しき中に人となり、炮烙《ほうろく》に咲く豆花に、斉《ひと》しき命を繋ぎたる、其《その》夢消《きえ》て漸《よう〳〵》と、人波々に家の名を、起《おこ》す汀《みぎわ》に渦巻の、淵恐ろしき悪霊が、此橘之助《このきつのすけ》の身の上に覆い掛《か》ゝって来たのである。夫《それ》は或る夏の初めつかた、橘之助《きつのすけ》は役所より帰宅して、聊《いさゝか》心地悪しゝ迚《とて》、碌々《ろく〳〵》に食事もせず、先に床《とこ》を取って寝《しん》に就き、暫《しばら》くは寝ながら子供などをあやなして、妻女と咄《はな》しなどもして居《い》たが、間もなく克《よ》く眠《ねむり》に就いたので、妻女は側《かたわ》らに床《とこ》を取って、寝《しん》に就きしは夜の十時過であったが、十一時頃起上《おきあが》りて厠《かわや》に行き、

「烈《はげ》しき下痢をした故、懐炉《かいろ》にて下腹《したはら》を温《あた》ゝめん」

と云うより妻女は、其《その》通りにして遣《や》ったら、又快よく眠ったので、妻女も共に安神《あんしん》して床《とこ》に入《い》りしが、昼の草臥《くたびれ》一時に襲うて、ぐっすりと寝込んで仕舞《しも》うて目の覚めしは、朝の五時頃であった。橘之助《きつのすけ》はと覗《のぞ》き見しに、よく熟睡して居《い》るから、妻女は徐《おもむ》ろに起出《おきいで》て、朝餉《あさげ》の仕度等を調《とゝの》え居《おり》しが、毎朝六時頃には目覚す橘之助《きつのすけ》が、今朝は更に其《その》様子なきより、濡れたる手先を前掛けにて拭き〳〵枕元に来て、静かに揺起《ゆりおこ》し試みしに、こはそも如何《いか》に、橘之助《きつのすけ》は何時《いつ》の頃に死《しに》果てたか、全身氷の如くに冷えて、四肢《てあし》も疾《とう》に硬直して居《い》る有様なので、妻女は只《た》だ叫ばん計《ばか》りに打驚《うちおどろ》き、直《たゞち》に近所の車屋を呼んで、医者を迎えて診察をさせたが、何でも午前の一二《いちに》時前後に、激烈なる大下痢を数回なし、全身の水分を一時に排泄したので、暫時《ざんじ》にして心臓痲痺を起《おこ》して死亡したものに相違ないとの事である。其中《そのうち》誰彼《か》れの人々も駆け付け来て、何様《なにさま》変死同様の次第故《ゆえ》、警察医の検視をも受けたが、何《いず》れも同様の見立にて、今更《いまさら》となっては何の手当も甲斐なき事と成果《なりは》てたのである。丁度牛込より馳せ来る車屋の使《つかい》の知らせにて駈け付けたのは、庵主の店員多田豊吉《たゞとよきち》と云者《いうもの》であったが、庵主は生憎他行中《あいにくたぎょうちゅう》で此報《このしらせ》を聞くと其儘《そのまゝ》、橘之助《きつのすけ》の宅に馳せ付けて見たのは、何でも其《その》日の十一時半頃であった。夫《それ》より親戚阿部博士の親切なる世話によりて、何かと取片付をなし、年若き妻女と嬰児《みどりご》とを伴《ともの》うて、見るも悲しき野の果《はて》の、荼毘《だび》の煙に愛惜の儚《はかな》き影を焼捨てしは、其日《そのひ》の夕暮時の事であった、此《これ》より七日七日の問い弔いも済んだので、其《その》若後家は、幼なき女児《むすめご》を抱き、阿部氏の世話にて故郷の筑前にすご〳〵と帰ったのである、此《この》有様を目撃したる庵主こそは、彼《か》の釈迦が、彼岸の病兎《びょうと》に無常を悟りし思いして、更に一閃解脱《いっせんげだつ》の光明に近《ちかづ》いたと、又一層の勇を起《おこ》し、此《この》鯉沼家の再興を殊更《ことさら》に高叫したのであった。是《これ》より又龍造寺の咄《はなし》に移るのである。

48　男子志を決して立てば

馬関の逆旅奇遇を談じ
菩薩の功力正覚を説く

前にも云う如く、龍造寺《りゅうぞうじ》は福岡市を東に距《さ》る、須恵村《すえむら》の駐在巡査に転勤して居《い》る中《うち》に、彼《か》の鯉沼家の二女増女《ますじょ》と結婚し、間もなく一男を挙げ、名を道之助《みちのすけ》と云うて段々生育して居《い》る中《うち》に、父たる龍造寺は、職務上の事にて辞職する事になったが、元々一巡査で終るべき性質の者でない。胆大にして気力才幹共《とも》に人に超絶し、総てが普通常規の事では厭足《あきた》らぬ男故《ゆえ》、一度《ひとたび》奮然として憤《いきどお》りを発すれば、何事を考え出すか分らぬので、此《この》巡査の職務上の事にて憤慨したのを機会として、一攫《いっかく》千金の事業家たるべく考えて、其《その》業を物色したが、扨此《さてこの》男の性質として、事を起《おこ》すの前に、先ず徹底的の決心をすると云うが常である、夫《それ》には生命の限りを尽すのである。故に其他《そのた》の事は、何物も犠牲として顧みないのである。是《これ》が何時《いつ》も兄たる庵主を困却せしむる第一の条件である。彼曰《いわ》く、

「獅子は兎を搏《う》つに全力を用ゆ、人として豈《あに》獣類に劣るべけんや」と。

庵主自《みず》からも、素《もと》より天下の豪傑を以て任じては居《い》るが、鯉沼家を再興し、妻子と家庭を造りて一家を成さしむべき使命を嘱《しょく》したる龍造寺が、常住不断に兎を搏《う》つ底《てい》の事業に、生命も妻子も犠牲にして、猛進計《ばか》りされては溜るものでない。庵主が肚胸《とむね》を吐《つ》いて当惑するのは、何時《いつ》も此《この》龍造寺の決心である。即ち今回も発端に云う通り、鹿児島の某所《ぼうしょ》にある金山を引受け、凡百《あらゆる》資本家を説いて、其《その》鉱山の経営に着手したが、何様《なにさま》学識は小学校の贋《にせ》教員で、経験は巡査丈《だ》けと云う男が遣《や》る事業故《ゆえ》、金鉱の無い方角計《ばか》りに掘進《くっしん》して、只《た》だ赤土《あかつち》と岩石を破壊する丈《だ》けの努力であったが、其処《そこ》に又、西洋にも龍造寺的の男がある物と見えて、長崎に在る和蘭《オランダ》生れの宣教師で、聊《いさゝ》か化学に経験ある男が、此《この》龍造寺の事業

に引掛《ひっかゝ》り、講釈の百曼陀羅を尽して、或る程度の資本を供給して、組合事業と為《し》たので、龍造寺は狂犬の尻尾《しっぽ》に炬火《たいまつ》を付けたように無我夢中で駈け廻《まわ》り、キリ〳〵舞いの後が、龍造寺も宣教師も、一斉《いっせい》にバタンと舞い倒れて仕舞《しも》うたのである。只《たゞ》簡単に書けば是丈《これだ》けであるが、何様《なにさま》心力もあり、才気もある人間が、二人で心身を絞りて仕出《しで》かした失敗故《ゆえ》、出来る丈《だ》けの魂胆や、遣《や》り繰りは仕尽《しつく》しての後の失敗であるから、多くの災害を経済方面の人々にも加えて居《い》る事は、論を待たぬのである。夫《それ》で彼《か》の宣教師先生は、教会堂まで引剝《ひきは》がれるまでに成ったのである。此時《このとき》にも庵主は龍造寺を呼んで、多くの訓戒も加えたが、彼の答は頗《すこぶ》る簡単明瞭であった。

「不肖の私《わたくし》を人間らしく思召《おぼしめし》て懇切の御訓戒を賜わる段は誠に有《あり》がとう存じますが、併《しか》し山師事《やましごと》は私《わたくし》が仕《し》た事で、決してお兄様《あにいさま》がなさった事ではござりませぬ。之《これ》に伴う多くの不善事も、全く私《わたくし》の手にて致《し》た事でございますから、私《わたくし》が始末を付けるが当然と心得ます、万一お兄様が山師事でも遊ばす場合が有ったら、只今《たゞいま》私《わたくし》に御訓戒遊ばした通りの方法で、物事を処理遊ばすが宜《よ》うござりますが、私《わたくし》が仕事の当事者でござりますから、私《わたくし》が最善と信ずる方法を考えて為《な》すの外致方《ほかいたしかた》が有《あり》ませぬ、併《しか》し御訓戒の段は、将来の私《わたくし》に取っては慈愛の御教訓故《ゆえ》、金科玉条として考慮の資料として、遵奉致《いたし》ますでござります。只茲《たゞこゝ》に一言申上《いちげんもうしあ》げて、お許しを受けて置《おき》たい事は、仮令《たとえ》私《わたくし》が不埒不届を致《いたし》ましても矢張《やは》りお兄様の実弟たるを辱《はずか》しめて居《い》る事は、何処《どこ》までも真実でございますから、人間生存中の一動作たる、仕事の遣《や》り方が不味《まず》い位で、人類天縁の兄弟関係をまで、断絶遊ばすようの重大なお考えに至る様《よう》の事は、御無用に願います。夫《それ》はお父様も、お兄様も、私《わたくし》も各々《おの〳〵》甘《うま》くか不味《まずく》か働いてこそ、人間生存の意義があるのでございます故、働き方が甘《うま》くとも、不味《まずく》とも、矢張《やはり》親は親、兄弟は兄弟でござります。況《いわ》んやお父様からも、お兄様からも、御教訓の一角として、御自身既往の失敗談等は沢山に伺って居《い》る位でございますから、失敗も矢張《やはり》人間の為《す》る仕事には相違ござりませぬと思召《おぼしめし》て、馬鹿な弟では有りますが、今は人世学中の失敗科、功究中であると思召《おぼしめ》されて、矢張《やは》りお兄様は、お兄様丈《だ》けの御心配と、御迷惑は真正なる兄上と云うお名前の分量丈《だ》けはお引受け下されまして、私《わたくし》を活動させて見て居《い》て下さいますのが、日頃の御浩量《こうりょう》、即ちお兄様独特の太っ腹な処だと存上《ぞんじあ》げますから其《その》境界線に混雑を生ぜぬように今からお願申上《ねがいもうしあ》げて置きます」と。

丸《まる》でどっちが教戒せられて居《い》るか分《わから》ぬのである。併《しか》し云《い》う事は真理である。そこで庵主が仮りにこう自問自答した。

「いや、左様《さよう》な事業は悪いからこんな仕事をせよ」と云えば、弟《おとゝ》の事業ではなくて、庵主の事業となる、「そんな遣《や》り方は悪い、是非斯様《かよう》にせよ」と云えば、弟《おとゝ》が為《す》るのではなくて、庵主が当事者となるのである。「俺の云う事を聞かねば構わぬぞ」と云うても、矢張《やは》り真実の弟《おとゝ》には相違はないのである。

「そんなに兄に心配と迷惑を掛けるなら、兄弟の縁を切るぞ」と云うても其《その》公証条件は、人間生存中の一動作が予《よ》の気に入《い》るか入《い》らぬの一事であって、「生きて居《い》て何も為《す》るな、働くなら兄の気に入る通りの外《ほか》、動くな」と云うのなら、一気一体であるから、何も兄弟と云う二つ別々に体を拵《こしら》えぬでも宜《い》いのである。

「心配と迷惑は、兄弟相互《あいたが》いの共通義務である」、日頃の御浩量《こうりょう》とか太っ腹のお兄様など、煽立《あおりたて》られて見ると、「どうも心配と迷惑は、兄たる庵主の個性的職務らしい」と観念せざるを得ぬのである。

止むを得ずこう考えるより外《ほか》、仕方がなかった為めに、庵主は斯《か》く決心して云うた。

「真実の弟《おとゝ》、可愛い弟《おとゝ》、俺より一二《いちに》枚腰骨も肝玉《きもったま》も強い弟《おとゝ》が、善でも悪でも働くと云うのは宜《い》い事じゃ、然《しか》し俺の意を迎え、差図ばかりを待《まっ》て阿附《あふ》順々たる弟《おとゝ》ならば、死んで居《い》ると一緒である。心配でも迷惑でも、腹一杯引受《ひきうけ》て遣《や》るから、腹一杯無茶の有る限りを遣《や》って見よ」

と申渡《もうしわた》したのである。夫《それ》から龍造寺は、妻と子を庵主に託して、何でも宮崎地方に鉱山を開始したようであった。

庵主は弟の妻子共《ども》を自宅に収容して、両親と庵主の妻に、克《よ》く人間の大義を説得し、又人間一人の天才と力量を伸《のば》し試みるには、其《そ》の本人の苦労以上に、周囲の者も輔翼《ほよく》せねばならぬものであると申し聞け、快く一家団欒の家庭を作らしめたのである。夫《それ》から一年ばかりの間は、絶えず音信《おとずれ》もあったが、更《かわ》る衣も色褪《あ》せて、木々の梢《こずえ》も幾度《いくたび》か、葉を交《か》え枝の影繁《しげ》く、雨や嵐と春秋《はるあき》は、移れど待《まて》ど龍造寺は、何の便《たより》もせぬ事になったのである。夫《それ》から丁度二年余りも経った頃、庵主が東京より帰国の途次、下の関の逆旅《げきりょ》に一泊せし時、一寸《ちょっと》外出の街上《まちなか》にてパッタリ出会《でくわ》したのが龍造寺であった。

時恰《あだか》も十月の肌寒き頃に、洗洒《あらいざら》した浴衣一枚に、垢染《あかじ》みた兵子帯《へこ》を〆《し》めて、破れた蝙蝠傘《こうもり》を携え、裳端折《すそはしお》って草鞋《わらじ》掛けであった。庵主が、

「ヤア、龍造寺でないか」

と掛ける声に応じて、

「ヤア、お兄様」

と相応《あい》じた。夫《それ》から手短かに話をして、庵主は用事も中止をし、宿に連れ帰って段々と様子を聞けば、彼は二年半前、宮崎に於て知人数名と連合して、有利な金銅の混合鉱を発見し、纔《わず》かばかりの資本を持寄って開坑したが、始めの間は鉱石の分止まりも好《よ》く、各自年若《としわか》な組合員は、何《いず》れも空を翔ける翼でも得たように景気付いて、更に資本増額の計画をも立てゝ、豊前豊後《ぶぜんぶんご》の間の知人と相談して、神戸の或る外国商館に関係ある、西山某《ぼう》と云うを組合員に入れて、資本の供給と、販路の事共《ことども》を任せ、更に技師や人夫頭等《がしらら》も、西山より入れる事になって、事業の手順も段々優勢になって来た処に、坑内に大変動を来《きた》し、巨大なる断層岩石に衝突して、一塊《いっかい》も鉱石を出《いだ》し得ぬ事となった。八方苦心して一同凝議もしたが、何とも策の施すべきなく、半年ばかりも掛《かゝ》って煩悶の結果が、とう〳〵維持の力尽き、やっと其《その》西山に少々ずつの金を立替えて貰《もら》い、一同散々《ちり〴〵》ばら〳〵と退山したのである。然《しか》るに自分丈《だ》けは、此《この》鉱山に対し、単独の責任にて借入《かりいれ》たる資本も多く、懇意の人々に責任を以て勧誘し、金品《きんぴん》を提出させた関係もあり、旁々《かた〴〵》更に一場《いちじょう》の失敗談丈《だけ》にては相済《あい》まざる訳もある故、一々其《その》人々に面会して、事の顚末を打明《うち》け、徹底的に承諾を得て、自分の再挙を待ち呉《く》れるよう相談を極《き》め、やっと其《その》関係は片付いたが、茲《こゝ》に一問題が突発したのは、彼《かれ》西山は其《その》鉱山の権利全部が、自分一己《いっこ》の物に移ると間もなく、更に坑内にて一大脈を発見したと云うを名として、阪神の間にて資本を募集し、数月ならずして盛んに採掘出鉱の成績を挙ぐるに至ったので、元組合員たる一同は、更に集会をして、其《その》不徳を詰問もしたが、法律上の権利を楯《たて》として、更に談判に応ずる景色もなく、種々法律家などとも研究をしたが、少しも勝利の余地がないので、とう〳〵一同も泣寝入の姿と成果《なりは》てたが、更に又有望な問題が、自分一己《いっこ》の手に落ちて来た。其《それ》は其《その》鉱山の一谷《ひとたに》隔てた

北方に当りて、巨大なる大鉱脈ある事を発見したる一坑夫があって、自分に密告して来たので、窃《ひそ》かに調査を遂げて見た処が、以前の鉱山の主脈は、此《この》谷に至って全く発展し、其処《そこ》が該《がい》鉱山の中心点たる事を見極めたので、直ちに充分なる鉱区の広袤《こうぼう》を測定して、試掘願《ねがい》を提出し、其《その》鉱石等も携えて、千辛《せんしん》万苦の末、当《とう》下の関の一友人に謀《はか》り、猛然として再挙の旗を揚げ、彼《か》の悪辣なる西山等《ら》に鼻明かせ呉《く》れんずと、計画中である云々の長物語りである。

庵主は此《この》弟が物語りを聞く中《うち》より、満身の悲哀は胸臆《きょうおく》に湧いて、禁ぜんと欲しても止め得ぬ涙は、滂沱《ほうだ》として双頬《そうきょう》に滴《した》ゝるのであった。漸《ようや》くにして曰《い》えらく、

「汝龍造寺よ、汝は何が為に左様《さよう》に利益成效《せいこう》の迷路に彷徨《さまよ》うのであるか。男子一度《ひとたび》意を決して志業の道に踏出し、成敗を死生の間に争わんとするは、始めに先ず大義名分の道を明《あきら》かにし、次ぎに世道《せどう》人心に益する事を定めてゞなければならぬ。然《しか》るに汝は其《その》出発の第一歩に於て、興業射利の事に満身の精を打込み、一敗一励以て益〳〵《ますます》其《その》迷路を辿らんとするは、予《よ》の最も遺憾とする処である。『昔印度《インド》に一農夫あり、平生は親に孝に、兄弟に友愛深き性《さが》なりしが、或日《あるひ》山中に入りて、五彩長尾の極楽鳥が、地上に休《やすら》い居《お》りしを見付け、之《これ》を手捕にせんと思い、飛掛《とびかゝ》って之《これ》を押えしに、其鳥はポーッと四五《しご》尺を飛去り、又地上に匍匐《ほふく》した、今度こそは屹度捕押《きっととりおさ》えんと、呼吸を決して再び飛掛《とびかゝ》りしに、又ポーッと四五《しご》尺を飛去り、何でも片翼でも痛め居《お》るかのようである。そこで其《その》農夫は、今度は必ず此《この》鳥を間違なく捕え得る物と信じて、三度《たび》四度《たび》と飛掛《とびかゝ》り〳〵して、とう〳〵逕《みち》もなき深山《しんざん》に分け入り、腹は減る、身心は疲れる、日は西山に傾くの時となったので急燥《あせり》にあせって、飛掛《とびかゝ》り〳〵して居《い》たが、忽然《こつぜん》として其《その》鳥の行衛《ゆくえ》が知れぬようになった。何でも此《この》茂みの中と思うて薄暗き処に踏み込んだ一刹那、古き洞穴《ほらあな》の幾百丈《じょう》とも知れぬ、井戸の如き中に落込んだのである。其《その》農夫がはっと思うた時に、今までの迷《まよい》の夢は忽《たちま》ちに覚めたが、身は已《すで》に墜落の中にありて、手足をもがき、其《その》井戸の中途にあった一本の蔓《かずら》の根に手が触ったので、夫《それ》をやっと攫《つか》んで、一身をぶら下げる事が出来たが、何様《なにさま》身は暗黒の穴の中に釣り下って、只《たゞ》一筋の蔓《かずら》の根が命の綱である。夫《それ》とても誠に手便《たより》なき物にて、身動きの度々《たび〳〵》に、ぱり〳〵と音がして、這附《はいっ》いて居《い》る岩石から、根は離れつゝあるのである。夫《それ》と共に崩れ落《おち》る小石が、幾百丈《じょう》と深き井の底に落込む音は、

百口《こう》の半鐘を一度に撞き立てるが如き響を立て、今其《その》手にする蔓《かずら》が切れるが最後、身は百仞《じん》の底に落ちて、微塵《みじん》となるより外《ほか》ないのである。此時《このとき》山上紫雲の間に遊び玉《たま》える文珠《もんじゅ》、普賢《ふげん》の両菩薩は、此《この》農夫の叫び声が、何《いず》れかの地底より聞《きこ》ゆるに驚き玉《たま》いて、直《すぐ》に馳せ来《きた》りて、知恵万丈慈悲の御縄《おんなわ》を垂《た》れ玉《たま》い、一斉《いっせい》に声を張上げて曰《のたま》わく《汝農夫、一旦の迷夢覚《さむ》る時は、人間生死の界《さかい》なり、生死の界《さかい》は正覚《しょうがく》の刹那なり、今我が垂《た》れたる此《この》縄は、自他忍辱《にんにく》幾多行法の功徳を積んだる、百練《れん》の絆なり、凡念百劫の衆生、億兆の手を上げて、一斉《いっせい》に之《これ》に縋《すが》るとも、倶誓《ぐぜい》本願の功力広大にして、決して中断することなし、頓悔《とんげ》念仏帰依の心は、堕落地獄の刹那《せつな》に於て結定《けつじょう》すべし。速《すみや》かに凡百の疑念を去って、此《この》縄に縋《すが》るべし》と涙を垂れて告《の》り示し玉《たま》うと雖《いえど》も、元々穢土《えど》不離脱の農夫の手は、万力の鬼と化して、此《この》不浄垂法の蔓根《まんこん》を離さず、徒《いたず》らに悲鳴を暗黒の中《うち》に上げて、無法の救いを求むるのみである。菩薩は御声愈《おんこえいよ》〳〵悲しげに、我は倶誓《ぐぜい》の本願に渇仰し、已《すで》に六根《こん》を清浄し、五慾十悪の心魔に遠ざかりて、汝等《ら》を迷路に救うこと、其《その》数挙げて数う可《べ》からず、早く疑《うたがい》を去りて、此《この》縄に縋《すが》るべしと叫び玉《たま》えども、農夫は尚《なお》未だ私情一念の悪根を捨てゝ、倶誓《ぐぜい》本願の大綱《たいこう》に随《したが》う事能《あた》わぬ有様である』

と云う俚諺《りげん》がある。今汝図らずも、射利《しゃり》追随の事業を起《おこ》して、身を傷《やぶ》り心を戕《そこな》い、尚《な》お追い縋《すが》らんとする五彩の鳥は、豈奚《あにいずく》んぞ百仞《じん》の地獄、暗黒の洞中《どうちゅう》に落《おち》ざることを得んやと、自覚せねばならぬのである。其《その》兄たる予《よ》は、決して菩薩の六道を悟りし、解脱《げだつ》の仏には非《あら》ざれども、汝を思う慈悲の心念は、如何《いか》でか御仏《みほとけ》に劣るべきと思うのである。今兄が垂れたる慈愛の絆は、少くも今汝の縋《すが》り附いて居《い》る、蔓《かずら》の根に勝ること万々と信ずる。方今《ほうこん》文化の華とも云うべき、学理と学術の結晶に因って成効《せいこう》する鉱山事業は、汝等《ら》無感の力量にては、決して良果を収むべきものでないと云う事を、逸《いち》早く自覚して、男子一期《いちご》の方針を改めよ。予《よ》は決して徒《いたずら》に汝に無法の教訓と干渉とを為《な》す者でないと云う事を知ってくれ」

と、涙と共に説得したのである。龍造寺は庵主が説き聞かせたる物語りを、何と聞いたか分らぬが、直ちに内懐《うちぶところ》より一包の書類を取出し、側《そば》にある火鉢の中に投入《なげい》れ、火を点じて一片の灰燼《かいじん》と化せしめ双眼に涙を浮め、両手を膝にして、扨《さて》何事をか説出《ときいだ》す。

49　突如来訪せる怪紳士

北越の逆旅紳士と邂逅し
県吏饌を供えて兄弟を慰む

下《しも》の関《せき》の逆旅《げきりょ》に於て、兄弟図らず邂逅《かいこう》し、庵主が長《なが》〱敷《しき》説教に、龍造寺は両手を畳に突いて、暫《しば》らく落涙の体《てい》であったが、漸《よう》〱に頭を擡《もた》げ、

「狩場の雨に兄弟《はらから》が、仇を討《うち》にし安元《あんげん》の、昔を偲《しの》び諸共《もろとも》に、世の仇草《あだぐさ》を薙払《なぎはら》い、天に代りて道を行《や》り、地を平《たいら》げて人を矯《た》め、曾我《そが》にも恥じぬ武士道を、研《みが》かんものと思召《おぼしめ》す、兄上様に似もやらで、徒《たゞ》に利を趁《お》う市人等《しゞんら》の、群に交わり一筋に、卑しき業《わざ》を遂げなんと、急燥《あせ》る心の私《わたくし》を、猶《な》お人ケ間敷《ましく》思召《おぼしめ》し、枯葉に灑《そゝ》ぐ露かそも、僵馬《ふすめ》に糧《かて》の御教訓、今更《いまさら》尊き恩顔を、仰《あお》ぎ見るさえ身に恥じて、只《たゞ》恐ろしくのみ思いまするが、是《こゝ》を克《よ》く御聴取《おきゝとり》下されまして、私一期《わたくしいちご》の御願《おねがい》を、御聞《おきゝ》済み下さりますれば、世に有《あり》がたき事でござりまする。抑《そも》〱御教訓の大主意は武士としての大道、人としての大義、共に違背のあるべき様《よう》なく、只恐入《たゞおそれい》って御教訓に従いまするの外《ほか》ござりませぬが、私《わたくし》志業の出発一歩に於て、已《すで》に万世の志を愆《あやま》り、失敗に次ぐに失敗を以てし、今や已《すで》に人の産を傷《きずつ》け、人の財を失うこと、積んで茲《こゝ》に十二万余円と相成《あいな》り、青年一己の負債としては、吾人共《われひとゝも》に案外に存ずる事でござりまする、若《も》し此事《このこと》の顛末が御両親様の御耳にも入らば、只《たゞ》さえ物堅き御心《おこゝろ》に、嘸《さぞ》かしのお驚きと御嘆きは、目に見るよりも恐ろしく思いまするので、斯《か》くは途方に迷う訳でござりまする。此故《このゆえ》に天運万一私《わたくし》に尽きず、此《この》大難事の義務を果し敢《おお》せる時もござりましたなら、其時《そのとき》こそは御教訓に従い、心機忽《たちま》ちに一転致《いたし》まして、左右の御膝下に侍《はべ》って、武士の志業にお伴する事を万望致《いたし》ますのでござりま

する。其《その》運命の分限を、験《た》めし試みます其間《そのあいだ》は、不心得なる弟は、世に無き者とでも思召《おぼしめし》まして、私《わたくし》存分の活動をお赦《ゆる》し下さる様にとの願《ねがい》でございまする、申上《もうしあげ》るも恐入《おそれい》る事ではございますが、其間《そのあいだ》御両親様の御定省《おんみとり》と、私《わたくし》妻子の身上の事共《ことゞも》は、偏《ひと》えに兄上の御眷顧《けんこ》を御願申上《おんねがいもうしあげ》まする、其《その》代りに私《わたくし》は、今日限りに九州の事業全体を放棄致《いたし》まして、身を東北の曠野《こうや》に放ち、運命の輸贏《しゅえい》を一挙に賭して見たいと存《ぞんじ》まする。其《その》期間は、今日よりどうか十年と思召《おぼしめ》されて、鴻《こう》封雁信共《ふうがんしんとも》に断絶をして、死生の御通知さえも申上《もうしあげ》ませぬから、運あって再び温顔を拝しますまでは、世に無き者と思召《おぼしめし》お断念《あきら》め置《おき》を願上《ねがいあげ》まする」

と、最も堅き決心の程を申述《もうしのべ》たのである。庵主も現在の龍造寺が境遇にては、其辺《そのへん》が彼の性質上、適当の決心ならんと思うたから、心から其申出《そのもうしいで》を許し、持合せの金を過半龍造寺に分け与え、尚《な》お後《あと》〳〵の事共《ことゞも》まで夫是《それこ》れと申聞《もうしき》け、其《その》夜は図らずも兄弟旅の浮寝《うきね》に枕を並べて語り明《あか》し、翌朝は未明より起き出《い》で、衣服万端旅の調度をも世話して、大川《おおかわ》丸《まる》とか云える大阪行の汽船に乗込ませ、惜むも尽きぬ兄弟《はらから》の、訳なき涙に引分《ひきわ》くる、袂《たもと》と袖《そで》と振分けて、海と陸との東西に、悲《かな》しき別れを為したのである。

夫《それ》より庵主は故郷に帰り、娣《おとうとよめ》と甥《おい》との養育に注意し、両親には「男の子と云う者は、蓬桑《ほうそう》四方に志を伸べて、運命を開拓せしむる、所謂可愛子《いわゆるかわいこ》には旅させよの俚諺《りげん》に因《よ》るを最も可《か》とする」所以《ゆえん》等を説聞《とき》かせて、憂き年月《としつき》を送ったのである。彼《か》の秒《セコンド》は、世界の原始より終末まで、決して休止せぬものである、人類其他《そのた》の森羅万象は、各自此秒《このセコンド》の音に連れて、舞踊を続け、世界劇場にてダンス一頁《ページ》の筋書と、歴史の劇作とに憂身を窶《やつ》しつゝ、暮《くら》すものである。其秒《そのセコンド》は忽《たちま》ちにして三千百五十三万六千の音を立てゝ一ケ年を過《すご》した又夢の間に三億千五百三十六万の音を立てゝ十年は経過したのである。此《こ》の間に彼《か》れ龍造寺は、何《どん》なダンスを踊って、どんな歴史劇を演じたかは更《さ》らに分らなかった、庵主の監督に係《かゝ》る方の、歴史劇の報告はこうである。

「父は上顎下顎《うわあごしたあご》の歯が悉《ことゞ》く脱落して、半禿の残毛は、銀の如く白くなった、母は拳骨《げんこつ》位であった髷《まげ》が五厘饅頭《りんまんじゅう》位になって、リヨーマチスの為め歩行が不自由になり、眼鏡を掛けても、針の耳が通らず、僅《わず》かに日向好縁端《ひあたりよきえんがわ》で、孫の着物のつゞくり位を仕事とする様になった。庵主の妻と娣《おとうとよめ》の二人は各子供片手に内外《うちそと》の事に立働いては居《い》るが、世話女房染《じ》みたのが通り越して、世話女房煮染《にしめ》位になった。併《しか》し子供の手足は反比例に、驚くばかり伸びて、甥の道之助《みちのすけ》は十一歳何ケ月となって、小学校の成績は甲抜《こうぬ》けの優等尽しであった。茲《こゝ》で庵主の大失策は、彼《か》の鯉沼家再興の意思に急なるが為に此《この》道之助丈《だ》けを東京に呼登《よびのぼ》せ、彼《か》の阿《(安)》部博士に頼んで、早稲田に入学せしめた。丁度此頃《このころ》が彼《か》の不良少年発生の初期であって、一寸《ちょっと》の油断もなき中に、悪友の為めに損傷されて、不良少年の群に這入《はい》ったので、博士と庵主の狼狽《ろうばい》は一通りでなかった、直《すぐ》に退校はさせたが、間もなく、大病を煩《わずろ》うたので、諸所の病院に入れて全快させ、此儘《このまゝ》でも済まぬから、或る田舎の園芸学校に転校させ、やっと夫《それ》を卒業させて、故郷に孤棲して居《い》る母たる娣《おとうとよめ》の処に送り帰し、兎《と》も角《かく》鯉沼家丈《だ》けは継がせる事にしたのである、以上の顛末は即ち彼《か》の三億千五百三十六万秒《セコンド》間劇中の抜書ではあるが、一方龍造寺の方の芝居の景気は、一向に分らぬのである、甚しい事には其居所《そのきょしょ》さえ分らず、又死生さえ杳《よう》として知るべき手段《てだて》がないのである。其中起《そのうちおこ》った一事件は、十幾年孤閨《こけい》を守って居《い》た、貞操無比の娣《おとうとよめ》増女《ますじょ》は、天性至って孝心深き性質《うまれつき》にて、其《その》里方の鯉沼家にある一人の母が老病の床《とこ》に就く事となったので、庵主及《および》親戚協和相談の上、其《その》病母の介抱に従事せしむる為め、新《あらた》に出来た鯉沼家の里方に復籍せしむる事としたのである。

「此《これ》にて龍造寺は生きて居《い》ても死んで居《い》ても、庵主の目的たる鯉沼家は立つわ」「女性一人前の尽すべき、半生以上の貞操は立通《たてとお》したわ」「子供は生長したわ」「一時滅家に瀕した鯉沼家の再興は窳《ゆが》みなりに出来たわ」、此上《このうえ》は老母の看護《みとり》を終えて、孝道に欠点さえ無ければ増女《ますじょ》の生涯は立派なものであると云う事になったのである。処で一方庵主が間断なく憂身を窶《やつ》して居《い》る天下国家、即ち世間と云う物に対しての、不平不満の低気圧は、愈ゝ《いよ〳〵》益ゝ《ます〳〵》濃厚を加えて来て、最早《もはや》我慢も辛抱も出来ぬ事となって来た。殊に外交方面の危険と不体裁は、言語《ごんご》に絶する有様と成って来たので、庵主は両親と妻に其《その》意中を明かして、予《かね》て気脈を通じ、山間僻陬《へきすう》に潜伏して居《い》る、憂国同志の人々に事を謀《はか》るべく、意を決して飄然《ひょうぜん》と故郷を立出《たちいで》たのは、秋の田の面《も》の零《こぼ》れ穂《ぼ》に、飢《うえ》を囀《さえず》る雀等《ら》が、食を争う頃であった。夫《それ》より、山陰地方より廻《まわ》り〳〵て北陸に入り、越前《えちぜん》、加賀、越中《えっちゅう》より越後《えちご》に辿り着いた時は、最早遠山《もはやとおやま》が峯《みね》に雪降りて、近《ちか》谷々に紅葉《もみじ》散る、秋の末の頃であった。即ち新潟にて浦塩斯徳《ウラジオストック》より密行し来る《きた》同志に面会して、又此方《こちら》より同方へ密航させねばならぬ用向に従事したが、此等《これら》の秘密行為のために、京阪地方との通信は絶ゆるし不謹慎な事は為《し》て居《い》るし、路用の金には必死と行詰まると云うので、新潟の或る逆旅《げきりょ》に空しく淹留《えんりゅう》せねばならぬ事となったのである。時雨《しぐれ》降る日の炉辺《いろりべ》に、或《あるい》は書を読み筆を走らして、一日の悶《もだ》えを遣《や》るを所作として居《い》たが其時《そのとき》の詩に、

英雄雌伏奈機籌《えいゆうしふくきちゅうをいかんせん》。北陸千山復嘯秋《ほくりくのせんざんまたあきにうそぶく》。
不管天時風雨悪《かんせずてんじふうゝのあしきに》。壺中歳月付安流《こちゅうのさいげつあんりゅうにふす》。

或日《あるひ》の事、突如として這入《はい》って来た紳士があった。ラッコのチョッキに山高帽子、ロングコートに長靴で、ぴたり縁《えん》側《がわ》の板張に平伏して辞儀をするので、庵主の胸はどきんとした。是《これ》は何でも東京から、国事を探偵する官憲が、庵主の挙動を物色する為めに追掛けて来たものに相違ないと考えて、逸《いち》早く相当の覚悟は極《き》わめたのであった処が、徐《おも》ろに顔を上げるを見れば、豈《あに》図らんや夫《それ》が龍造寺であった。おやと庵主が意外の叫《さけび》をした時は、彼は満面充血の眼に涙さえ漂《たゞよわ》して、声も啞《つまり》て云い能《あた》わざる有様である。暫《しばら》くして、

「図らざる処にて、お兄様《あにさま》のご無事なお顔を拝しましたのは、私《わたくし》今生《こんじょう》の仕合《しあわ》せではござりますが、一通りならざる不孝の身を以て、押してお目通りを致《いたし》ますは、身の罪を弁えざる致方《いたしかた》でござりますが、余りのお懐かしさに、前後を忘れての推参、何卒万々の御赦免を願《ねがい》ます。下の関でお別れ申して以来の為体《ていたらく》は、お許《ゆるし》を得て追々に申上《もうしあげ》ますが、取敢ず御両親様は御機嫌宜《よろしゅ》う居《い》らせられますか」

是《これ》を聞く中《うち》に庵主は、嬉しさと懐かしさの感に打たれたものか、答える声はもう疾《と》うに曇って居《い》た。

「おう御機嫌良いぞ、安心せよ、道之助《みちのすけ》も増女《ますじょ》も達者で居《い》る。色々変《かわ》った咄《はな》しもあるが、急には出合わぬ。先ず何より貴様の健在は兄が一期《いちご》の喜《よろこび》である、何は兎《と》もあれ、世に憚《はゞ》からるゝ不埒の所行、少《すこし》は改むる気になったか、どうじゃ」

「世の諺に申《もうす》如く、己《おのれ》の欠《あく》び臭からずと、私《わたくし》の所行に就いて、其《その》善悪は分りませぬが、九州方面の筋悪《すじあ》しき債務丈《だけ》は、大略始末を付《つけ》ましたのでございます、残る処の物は友誼若《もし》くは法制の上に稍《やゝ》適法の物斗《ばか》りと相成《あいなり》ました次第でございますから、是《これ》からはお兄様《あにさま》のお咄《はなし》も多少は耳にも入る筈に心得て居《お》ります、扨《さて》、世の中と申す恐い風波《ふうは》に揉《も》まれて見ますると、お兄様《あにさま》の御教訓が不思議にも可笑《おかし》い程《ほど》思い当る事ばかりでございます、只管《ひたすら》、有難く存《ぞん》じまして、改めて厚くお礼を申上《もうしあげ》ます」

「おう、夫《それ》が分《わか》れば、千万の負債も物の数かはである、俺も貴様にこそ、講釈も為《す》るが、俺自身の自分の所行を吟味すれば、背《そびら》に汗する事が度々である、併《しか》し、其《その》結果が善にあれ悪にあれ、俺は善意の行為である。又夫《それ》が自己でない、期する所は世間である、自外他救《じげたく》である、天下国家の事である、貴様等《ら》の目に余り、耳に余る事があっても、夫《それ》は笑って呉《く》れるな」

「いや、今日お兄様《あにさま》の御在所を知りました事に付いて、一寸申上《ちょっともうしあげ》ますが、私の友人当県庁の警部長、久保村活三《くぼむらかつぞう》なる人は、前年福岡県の警部長を勤務して居《い》た事のある人にて、知事は籠手田安定《こてだやすさだ》と申す人でございます、其《その》両氏を他用にて訪問致《いたし》ました処、両人にて窃《ひそ》かに別室に私を招いて………

『君の賢兄杉山君は、今《いま》当市に滞在中である、予《かね》て半洋船《あいのこぶね》の帆船に、エンジンを窃《ひそ》めたる密猟船にて、異籍の露領に往復せしむる行為に、杉山君が関係ありとの嫌疑で、其事《そのこと》を東京より通知して来て居《い》る、夫《それ》が各方面である、萩港《はぎみなと》、松江港《まつえみなと》、西郷港《さいごうみなと》、舞鶴港《まいづるみなと》、伏木港《ふしきみなと》と時々変更あるが、今度は新潟港《にいがたみなと》である、浦塩《ウラジオ》領事からも注意が来て居《い》るのである、其《その》通知を手にしたのが今朝である、元々福岡に於て懇意なりし杉山君が、此《この》新潟市に滞在して居《お》らるゝ事を、今《いま》知るさえ驚いたのに、其《その》弟君たる君《きみ》が来訪せられたので、又驚いたのである、今知事公とも相談して見《み》ると、知事公も杉山君は剣道の友で、東京の山岡鉄舟《やまおかてっしゅう》先生との連絡で懇意であるとの事、旁《かた〴〵》表向き官憲の手に掛ける訳にはどうしても行かぬから、幸いの来訪故《ゆえ》、君《きみ》、お兄さんの処に行《いっ》て、両人で心配して居《い》ると云う事丈《だ》けを早く通じて貰《もら》いたい、もう已《すで》に所用済になって、間もなく東京へでも帰らるゝ模様ならば、県庁よりは最早出立《もはやしゅったつ》後なりとの通牒《つうちょう》をして、当庁は責《せめ》を遁《の》がるゝ積《つもり》である、兎《と》も角《かく》様子を聞いて何分の返事を頼む』との事でございました」

「うむ、最早《もはや》嗅ぎ付けたか、夫《それ》は尤《もっとも》である、大分日数も永くなったから、俺はもう用事は疾《と》うに済んで居《お》れ共《ども》、不見不知《みずしらず》の旅で、金が一文《もん》も無くなったが、大びらに東京との通信も出来ぬのは、今度は東京から直行して此処《こゝ》に来たのではない、九州から山陰、北陸を経て、此処《こゝ》に来たのであるから、東京の関係者との連絡が取ってない、故に万止むを得ず、全く方角違いの東京の子分の奴《やつ》に、偽名の手紙を出したが、先方が不在の為め延引《えんいん》して、やっと先刻三十円の為替手形が到着して居《お》るが、今日の日曜では夫《それ》を受取訳《うけとる》にも行かぬから、此《この》手形と印判とを宿に託して、明日早朝に新潟を出立《しゅったつ》する積りである。夫故《それゆえ》に知事や警部長に、徒《いたず》らに心配をさせるでもないから、貴様是《これ》から直《すぐ》に行って、明早朝《みょう》に立つから今度は失礼すると、よく礼を云うて断って来てくれ、夫《それ》から今夜は又共々に寝て夜と共に積《つも》る咄《はなし》をして、明朝《あす》別《わか》るゝ事に仕《し》よう」

と、茲《こゝ》に此《この》問題は打合《うちあわせ》済みとなった。

其《その》龍造寺が出て往ったと摺《すれ》違いに、庵主の身に大難事が突発した、夫《それ》は数日前、彼《か》の秘密用の為めに、日本船と偽って、一寸《ちょっと》寄港した密猟船が、出帆以来強烈な北の颱風《たいふう》に吹蹙《ふきしゞ》められて、船に損所を生じ、何とも凌《しの》ぎの道なく、直江津《なおえつ》港は平灘《ひらなだ》にて寄港出来ず、伏木《ふしき》までの航海に船が堪えず、万止むを得ず新潟に吹付けられ、港口《こうこう》に近づかんとする時、怒濤に巻かれて船を粉砕され、船員は破片と共に散乱し、米人にして加奈陀《カナダ》籍のリードと云える者と、密行の庵主の友人一人が、破《わ》れたるボートに縋《すが》り付いた儘《まゝ》、浜辺に打上げられ、万死に一生を得て、庵主の宿に濡れ鼠のようになって飛び込んで来た一事である、庵主は驚愕と喜びと当惑が一時に襲来したが、万策尽きて居《い》る時故《ときゆえ》、手短かに事情を咄《はな》して、直《すぐ》に二台の車を呼んで、濡れ衣服の上に庵主の外套と、和服のコートとを羽織らせ、幸いに肌付《はだつき》の金は、両人とも持って居《い》るから、兎《と》も角《かく》も新潟市を離れたら、適宜の方法によりて、管轄違いの長野市善光寺の某所に宿泊して、庵主を待つべしと申含《もうしふく》め追い立てたのである。

間もなく龍造寺も帰って来て、何《いず》れも首尾好《よ》き報を齎《もた》らして来たから、久し振りにて共々に食事をして、打寛《うちくつろ》ぎて有りし往事を物語ったのである。深雪《みゆき》降る夜《よ》の友垣《ともがき》は、薪《たきゞ》に勝《まさ》る炭々《すみ〲》の、憂き嬉しさを様々と、互《かた》み交《がわ》りに語《あ》げつろう、炉《いろり》に増して温《あたゝか》き、情けあふる丶兄弟《はらから》の、邂逅《めぐりあい》たる楽しさは拙き筆には書かれぬのである、其夜《そのよ》はとう〱諸共《もろとも》に眠りもやらず、遠里《とおざと》の鶏《とり》の声を聞くに至ったのである、然《しか》るに翌朝になって見ると、昨夜来の風雨にて、信濃川の水嵩《みずかさ》幾丈《いくじょう》を増したとかにて、附近市町村の騒動大方ならず、殊に北陸無比の長橋と称せられた、信濃川橋《しなのがわばし》はあわや洪水にて押《おし》流されんばかりの有様で、一人の渡橋者をも厳禁としたとの事である、為めに其日《そのひ》は空しく龍造寺と共に宿にて暮して居《い》たが、薄暮頃に突然龍造寺に一封の手紙が来た。

夫《それ》は警部長久保村活三《くぼむらかつぞう》氏からである。披《ひら》き見れば、

「御相宿《おあいやど》の高知県の林矩一《はやしくいち》君と同道にて料理店鍋茶屋まで御枉駕《おうが》を願う」と、林矩一とは庵主が久敷《ひさしき》以前からの偽名である。夫《それ》を書いて送ったは変ではあるが、夫《それ》が警部長丈《だけ》に面白いのである。

「好《よ》し面白い、往《いっ》て見よう」

と、龍造寺と共に出掛けて往《い》ったが、久方振りに旧友久保村、籠手田《こてだ》の両氏に面会して、又如何《いか》なる物語りがあるか、夫《それ》は次回に譲る事としよう。

50　祖国の危機を憂えて

兄弟再び南北に別れ
諺話更に雪山に深し

庵主は龍造寺《りゅうぞうじ》に伴われて薄暮の頃より籠手田《こてだ》知事久保村《くぼむら》警部長に面会すべく鍋茶屋へと出掛けたのである、名にしおう北の県《あがた》の冬の暮れ、眼も開けられぬ粟雪《あわゆき》を、嘯《うそぶ》く海の荒風に、卍巴《まんじともえ》と吹捲《ふきま》くるを、硝子《ガラス》障子に隔《へだて》つ丶、手炉《しゅろ》を囲み

し友垣《ともがき》は、十幾年振りの邂逅《かいこう》にて、音する鍋の沸々《ふつ〳〵》に、連れて豆腐か千賀小鯛《ちかこだい》、四面八満方《よもやまがた》の物語り、相互《かた》み交《がわ》りの
応答《うけこた》え、絶間《たえま》もなしに打廻《うちめぐ》る、盃の数畳《かさ》なりて、顔に漲《みなぎ》る紅潮の、湛《たゝ》えに近き頃となり、扨《さて》久保村は云えるよう。

「久方振りの酒莚《さかむしろ》、子極《ねがた》の陸《くが》の涯《かぎり》にて、雪を蓐《しとね》の物語り、尽きぬ中にも一入《ひとしお》に、先問度《まずといたき》は此《この》土地に、思いも寄らぬ珍客の淹滞《さすらい》、殊に今日まで吾儕《われ〳〵》に、何の信牒《しらせ》も無かりしは、事故《ことゆえ》あってか又外《ほか》に、余儀なき理由《わけ》のありしのか」

と、夫《それ》とは無しになじり問う、詞《ことば》に庵主は心中に、尠《すく》なからざる警戒の、慮《おもんぱか》りを起《おこ》せしが、いや待暫《まてしば》し、此《この》二人は、昔日《むかし》より、一入《ひとしお》我を知る友垣《ともがき》、武道の親交《ちぎり》に年古く、往《ゆき》通いたる人々故《ゆえ》、包み隠すは野暮《やぼ》の至《いたり》、事の顛末赤裸々に、打明け語って荒胆《あらぎも》を、抜いて見るのも可《よ》かるべしと、即時に決して座を正し、

「其《その》問いこそは僥倖《もつけ》のさいわい、夫《それ》を賢兄《きみ》等に告げざりしは、賢兄《きみ》等に友誼を重んずる、聊《いさゝか》儕等《われら》の心尽し、其訳《そのわけ》こそは二賢兄共《ふたりとも》、首傾《かし》けずして判《わか》るべし、抑《そもそ》も庵主が此《この》土地に、来《きた》りし事は先月の、末つ方より二賢兄《ふたり》とも、既に知って居《い》たではないか、夫《それ》に今日まで音信《おとずれ》の、我儕《われら》に無きは中央政府より、厳敷通牒《きびしきしらせ》を受けしより、賢兄《きみ》等は下僚に命《めい》を下し、事故の顛末細々《こま〴〵》と、探偵したが何より証拠、夫《それ》を我儕《われら》は知らず顔、今日まで旅宿《やど》に蟄居《ちつきょ》して、過ごして居《い》たは県《あがた》にて、他《た》に並びなき大官の、旧知の友が嫌疑の眼に、掛《かゝ》れるを知る故である、公私の別に賢兄《きみがた》等の、職務《たちば》を安すくさせんため、今は賢兄《きみ》より招かれて、隠れ潜《ひそ》むべき時ならず、下風《かふう》に趨《ゆ》いて本末を、親しく話すは身に取って、此上《このうえ》もなき倖《さいわい》なり、儕《わ》が心尽《づく》しを先ず識りて、是《こ》れから話す物語りを、私事《わたくしごと》の一節《ひとふし》と、思うて緩々《ゆる〳〵》聞き玉《たま》え、抑《そもそ》も儕《われら》が新潟を、地点に選びて浦塩《ウラジオ》や、西比利亜《シベリア》などに耳を伸べ、露西亜《ロシア》北政の鋒先《ほこさき》に、眼を離《は》なさゞる其訳《そのわけ》は、帝国の廟議浅薄に流れ、安危の鎖鑰《さやく》方外に逸し、恥辱を損得の数に加えず、徒らに戦《たゝかい》を忌《い》んで国力を蹙《しゞ》め、苟且偸安《こうしょとうあん》を以て国策とするを慨するより、止《や》むなく是《こゝ》に出《いづ》るのである、夫《それ》国家なる物は、栄辱を以て生命となす、辱《はじ》を忘るれば国家に非ず、即ち名なき民族の集団なり、国家と云う名を取除《とりの》けたる物である、此故《このゆえ》に国家には往昔《むかし》より興亡の歴史あり、力足らざる物は必ず亡ぶ、之《これ》を防ぐの道、宇宙間に決して無し、故に理由あれば何時《なんどき》にても亡ぶる物である、此《この》場合志士の務むべきは、只《た》だ其の亡び方の如何《いかん》にあるのみである、樽俎《そんそ》、揖譲《ゆうじょう》、事理、道徳、如何《いか》なる事の限りを尽すも、彼《か》れ意を只《た》だ力の一点に注い

で之《これ》を圧倒し来《きた》らば、何を以て亡びざるを得んやである。国を解せざる鄙流《ひりゅう》の族《やから》朝《ちょう》に立って、峨冠長衣《がかんちょうい》徒《いたず》らに国際の理義を尽すと雖《いえど》も、其《その》亡滅に帰するの時、何を以て其《その》責めを償わんとするやを問わば、只《た》だ茫《ぼう》として答えるの辞はないのである、彼《か》の印度《インド》の歴史を見よ、比爾西亜《ペルシャ》の歴史を見よ、土耳古《トルコ》、希臘《ギリシャ》の歴史を見よ、否な波蘭《ポーランド》を見よ、匈牙利《ハンガリー》を見よである。理に酔うて力に醒めざる者、悉《ことごと》く皆、然《しか》らざる者は無いのである、今帝国の有様は、理の酒に酔う鄙流《ひりゅう》の輩《ともがら》に向《むか》って帝国の千鈞《きん》を一髪《ぱつ》に掛け、力の上の亡滅に対する損害賠償を覓《もと》めんとするの時機である、見られよ露西亜《ロシア》は、多年国家呼吸器の障害に苦《くるし》んで、之《これ》をバルカンに求めて得ず、又之《これ》を阿富汗坦《アフガニスタン》、卑利斯坦《ペルジスタン》に求めて得ず、今や既に窒息の境遇に苦《くるし》んで居《い》るのである、故に挙国満朝の力を傾けて、東洋に突出せんと企て、既に国帑《こくど》二億六千万留《ルーブル》を注いで、烈寒瘠土《せきど》の西比利亜《シベリア》を通じ、以て浦塩《ウラジオ》に達せんとする大鉄道の布設に着手し、国内第一の名望家にして、経済上の大識見者と謳われたる、ウィッテ伯を起《おこ》して、西比利亜《シベリア》鉄道布設首部の委員長となし、日夜其《その》行程を急ぐの時、我国の大官はどうして居《い》た、椅子に臥し酒を仰いで、「なに、云う可《べ》くして行われざるの事は西比利亜《シベリア》の鉄道である、あの、バイカルの湖がどうして越せるものぞ、長蛇の中断は両片共《とも》に首《しゅ》と尾《び》とを欠く、只《た》だ事を構えて内政に偸安《とうあん》する露国一流の政策である、と罵《のゝし》って居《い》たではないか。然るに豈《あに》図らんや、其《その》バイカルの湖は、見る間に、フェレーボー《（ボート）》にて連絡を取り、半成の線路ハルピンに達せんとするの時に、露国は直《たゞち》に清国との秘密条約を発表し、欠《あく》びして手を伸ばすように、ぬーっとブランチ・ラインの南下を企てた、奉天《ほうてん》、遼陽《りょうよう》、金州《きんしゅう》、南山《なんざん》、旅順は、見る〳〵中《うち》に輸送の開始を成し、あれよ〳〵〳〵と云う中《うち》に径《たゞ》ちに朝鮮に爪牙《そうが》を伸べた、其《その》王室と内閣とは忽《たちま》ちにして露国公使館に贄《し》を齎《おく》るの有様となったでないか、歳《とし》久しく我国は、日韓協約の誼《ぎ》を重んじ、第一朝鮮王室の隆盛を謀《はか》り、第二朝鮮富強の基《もとい》を開き、第三朝鮮の独立までは無期限に資を投じて保護して遣《や》った、其《その》苦楽糟糠《そうこう》の好誼を無視するのは、其《その》背後に非議非道の露国と云う姦夫あるが為に非ずして何ぞやである、今や帝国安危の一髪は、多年放縦無稽に国政を玩弄して、一時の偸安《とうあん》にのみ酔うて居《い》た廟堂の汚吏《おり》に掛《かゝ》って、其《その》興亡を決せんとするではないか、二賢《き》兄《み》等《ら》は今猶《な》お此《この》当路に向《むか》って、現在国家の蒙《こうむ》りたる、損害賠償を覓《もと》めんと欲するのであるか、又夫《それ》を可能性の事と思惟するのであるが、予《よ》幸いにして永年知《えいねんち》を二兄に辱《かたじけの》うす、奚《いずく》んぞ肺肝《はいかん》を披《ひらき》て教《おしえ》を乞わざるを得んやである、予《よ》不肖なりと雖《いえど》も、我国祖先伝統の血液を享《う》けて、常に身を国家の安危に委《ゆだ》ぬ、之《これ》を坐視するに忍びず、之《これ》を傍観するに堪えず、身を挺して制機の大策を立てんとすれば曰《いわ》く、国法を犯す、曰《いわ》く法制を乱ると、忽《たちま》ちにして幾多枝葉の小属に命じて進退を拘束し、動《やゝ》もすれば桎梏其後《しっこくそのしり》えに臨まんとす、何事の児戯ぞ沐猴《もくこう》にして冠《かん》するの徒《と》、国運廻転の大豪傑を犯して、其裳《そのもすそ》を撐《ひ》かんとするやと云《いい》たくなるのである、二賢兄《きみら》等不幸にして濁世汚流の末《すえ》に入《い》って、身をユニホームに包むと雖《いえど》も、元是《もとこれ》憂国慨世の傑士、何の戯れにか、触れなば燃えんとする予《よ》を縛するの事を為《な》さんや、又何の慰みにか予《よ》に、憂世の涙を徒放《とほう》せしむるの事を為《な》さんやである、庶幾《こいねがわ》くは、二賢兄《きみら》、旧誼の私事を懐《おも》ふ勿《なか》れ、只《た》だ旧知奉公の精神を採って済世の大業に、義奮一片の誠を贈って呉《く》れられよ」

と、心を傾けて説いたのである、現今の世には爪の垢程《あかほど》もそんな事の分る人間は居《お》らぬが、此《この》二氏は素《もと》より日本武士道の精神を弁えたる、曠世《こうせい》の士人であるから、口を揃えて、

「よし分った、安心して遣《や》り玉《たま》え、出来る丈《だ》けの便利は足すよ、君が悪い事を仕《し》たと云うても、米国の密猟船に因って浦塩《ウラジオ》に無券の旅行をさせた事と、無券の洋人を内地へ入れたる丈《だ》けであるから、夫《それ》は手続上の事を追駆《おっか》け、事務にして仕舞《しま》えば幾等《いくら》も前例があるから、能《よ》く調べて遣《や》ってやるよ、其位《そのくらい》の事は何でもないが、縦《よし》んば容易ならぬ事件が起《おこ》ったとしても、元々主意を国家的善意に起《おこ》した事なら、我々の職務にどんな障害の犠牲が掛《かゝ》って来ても、此《この》国難を救い遂げる目的の前には、少しも恐れる事はないから、安心してしっかり遣《や》って呉《く》れ玉《たま》え」

と、青竹を割ったように、口を揃えて云うて呉《く》れた時には庵主は、

「あー日本はまだ亡びぬわい、日露戦争には屹度勝《きっとかつ》わい」

と思うた、斯《かゝ》る話を最前より押黙って聞いて居《い》た龍造寺は、一言《いちごん》も発しなかったが、庵主は両人の好意を心より謝して、明早朝出立《しゅったつ》の事を告げて、とう〳〵其《その》夜の十二時少し前に別れて宿に帰ったのである。夫《それ》から又、兄弟床《とこ》を並べて寝る事になったが、龍造寺は庵主の枕元に坐して、尤《もっと》も真面目な顔付で斯《か》く云うた。

「お兄様《あにいさま》、今日私は始めて阿方《あなた》が知事や警部長にお咄《はなし》になったのを能《よ》く側《そば》にあって聞《き》ゝましたが、私が幼少より褥《しとね》を同じゅうして成長した自分の兄は、こんな人で有ったかと云う事を始めて知りました、小耳にお兄様《あにいさま》が国事〳〵と云うて居《い》らっしゃるのは、一体どんな事が平民のする国事であるかと思うて、今日まで聞流《きゝながし》にして居《お》りまして、そんな詰まらない事よりも、男子の為《な》すべき事は、実業の事より外《ほか》はないと思うて居《い》ましたが、実に国事と云う物は実の入った面白い事でございます、私は幼少よりお兄様《あにいさま》と鬼ごっこも共に為《し》ました、百姓も共に為《し》ました、山遊び川遊びも共に為《し》ましたが、成長して世間に対する仕事丈《だ》けは、全く別々になって仕舞《しまい》ました、今日のお話で始めて自分の兄はこんな事を仕《し》て居《い》る人であったかと云う事を知りましたので、今では私の今日迄幾多の辛苦を累《かさ》ね、幾多の失敗を積み、幾多の人の産に危害を加えて、努力仕《し》ました実業は、夢見る片手に温《ぬる》い風呂に入って居《い》たような、馬鹿臭い事が分りました、私も武士の家に生れた者でございますから、今日から総ての仕事を打捨《うち》てまして、お兄様《あにいさま》の弟子となって、国事専門に尽したいと思いますが、どうでございましょう」

と云うから、庵主は思わず噴き出して笑《わろ》うた。

「貴様は俺より生れ勝《まさ》って居《い》る点は沢山あるが、国事に関する事は俺の方が先輩である、此《この》商売は中々一寸《ちょっと》早速に出来る事ではない、其《その》入門の試験に四鯛病《よんたいびょう》を根治させねばならぬ、夫《それ》は『長生仕鯛《ながいきしたい》、金儲《かねもう》け鯛《たい》、手柄《てがら》が立鯛《たてたい》、名誉《めいよ》が得《え》鯛《たい》』の四つである、即ち死、貧、功、名、の上の観念を解脱《げだつ》して、命は何時《いつ》でも必要次第に投出《なげだ》す、貧乏は何程《なにほど》しても構わぬ、縁の下の力持《ちからもち》をして、悪名計《ばか》りを取って、少しも不平がなく、心中常に爽然の感が漂《たゞよ》うて春風徂徠《しゅんぷうそらい》の中《うち》に徜《しょう》徉《よう》するが如き境涯にならねばならぬ、今の世の国事家は、往成《ゆきなり》に国事を触声《ふれごえ》に売歩《うりある》きて、次手《ついで》に死の責任は免がれよう、次手《ついで》に金は儲けよう、次手《ついで》に手柄自慢は仕《し》よう、次手《ついで》に美名は得ようと云う『四よう病《びょう》』に罹《かゝ》った患者計《ばか》り故、働けば働く程、害菌毒素を第三者に振り掛けて、世に多くの迷惑を掛けるのである、今若《も》し貴様が国事家となって入門するには、此《この》種類の国事屋の番頭により外《ほか》成れぬのである、夫《それ》では国事上に何の利益もないのである。真の国事家は国家が事実の上に利益する事である、故に其《その》国事家は損して、悪名を取って、身を粉に砕《くだ》き、揚句の果《はて》は死んで仕舞《しま》う、夫《それ》が大成功であるから、普通常識の考えからは大損である、先ずそんな事は止《や》めたが好《い》いと思う、俺は端《はし》なくこんな家業に取《とり》掛《かゝ》ったから、親を凍《こゞ》やし妻子を飢やし、身に襤褸《ぼろ》を纏《まと》うて道路に彷徨し、終《つい》には虱《しらみ》の吸う血程の月給を取る役人から、鍋茶屋で御馳走になって有《あり》がたいとお礼を云うて、こんな古雨戸を背負ったような堅い蒲団にくるまって、此《この》寒国に愉快がって寝ねばならぬ者に成り果《はて》た、故に貴様丈《だ》けは夫《それ》に仕《し》たくないと思うから、どうか貴様は人間並に身の振方《ふりかた》を付けてくれ」

と云うたので、龍造寺は何と思うたか、暫《しばら》く頭を下げて考えて居《い》たが、こそ〳〵と寝に就《つい》て仕舞《しも》うた、庵主も共にところ〳〵と眠ったかと思うと、窓打つ夜半《よわ》の寒風《かんぷう》と、霰《あられ》の音に夢覚めて、起《おき》よと歌う鳥の声、朝餉《あさげ》の支度もそこ〳〵に、其《その》宿を立出《たちいで》たが、龍造寺は善光寺まで送ると云うて、庵主に同行して呉《くれ》た、あゝ持つべき物は兄弟《はらから》か、丈《たけ》なす雪の野中《のなか》道《みち》、辿り〳〵て其《その》晩に長岡に所用ありて一泊し、其《その》翌日は又直江津《なおえつ》に一泊し、又高田《たかだ》の旧友の孤独に暮す老母を訪《おとら》い、とう〳〵四日目に長野町《ながのまち》の更科館《さらしなかん》と云う旅亭に辿り付《つい》たのである、此間《このかん》龍造寺は庵主をして、生来《しょうらい》始めて兄弟の親《したし》みを感ぜしめて、今尚《な》お夫《それ》が忘れ難《が》たな《ママ》いのである、道中荷物の宰領から、雨具草鞋《わらじ》の調度まで、一切龍造寺の世話賄《まかな》いに何の不自由もなく雪中の旅行を続けたが、此《これ》より、是《こゝ》に待居《まちい》たる西洋人一名と、友人一名と共に旅立《たびだ》たねばならぬのである、夫《それ》から幾多の艱難《かんなん》を嘗《な》めて木曾街道を辿り、名古屋に到着したのは、九日の後であった、此《この》道中の奇話珍談は筆に尽《つく》されぬ面白味があったが、夫《それ》は後日の談片に譲るとして、庵主は此《この》長野に於て龍造寺と云い得られぬ哀愁の念を忍んで袂《たもと》を別《わか》ったのである、或《ある》伊国の情話に、二人の兄弟が雪の山中にて離別をする時、兄は十哩《マイル》程山奥の鉱山に、雇主の命に依《よっ》て其《その》要書を届けねばならぬ、弟は八哩《マイル》先きの渓村《けいそん》に、孤棲する老母に糧《かて》を届けねばならぬので、両方共《とも》寸時も等閑《とうかん》にすべからざるの要務を持って居《い》るから、別《わか》るべき事は双方共《とも》決心をして居《い》た、然《しか》るに兄は弟の事を案じ、弟は兄の身の上を気遣い、或る繁れる大樹の下に火を焚《た》いた、暫《しばら》く沈黙して居《い》たが、兄は意《こゝろ》を決して弟に斯《か》く云うた、「弟よ、予《よ》は汝と共に母に顔を見せる事を無上の楽《たのしみ》として居《い》るから、遅くも明日の昼までには要務を仕舞《しも》うて是《こゝ》に来るから、汝は此薪《このたきゞ》に暖を取り、此餉《このかれい》を食して是《こゝ》に待ち居《お》らぬか」

「兄上よ、母の糧《かて》は尚《な》お半月を支《さゝ》うべし、予《よ》は予々《かねぐ》兄上の往《ゆ》く鉱山を一度見たいと思うて居《い》るから予《よ》が代《かわ》って鉱山に往《ゆ》きたいから、兄上は此所《こゝ》に居《い》て予《よ》の帰り来るを待ち玉《たま》わずや」

「いや、予《よ》は予《よ》が雇主より予《よ》が命ぜられたる要書を他人《ひと》に届けしむる事を好まぬ、是非共《とも》汝此所《こゝ》に待《まっ》て居《お》るべし」

と、此《この》兄弟切情の話の中《うち》に、峠の方の道より下《くだ》り来《きた》る一人の旅客があった、図らざりき夫《それ》が手紙を届く可き兄の鉱山の支配人ならんとは、故に兄は其《そ》の要書を親しく手渡して、兄弟共々にとう〳〵母の村に往《い》って糧《かて》を渡し、又共々に顔を揃えて母に見せて、限りなき母の喜《よろこび》を得て、共に元の雇主の所に帰り来たのである、夫《それ》から後に段々と聞いて見ると、其来《そのきた》りたる人は鉱山の支配人ではなかった、一羽の白鳥が飛来《とびきた》りて、其《その》兄の携えたる要書を其《その》支配人の家の窓際に置いて飛去らんとするので、不思議に思うて見て居《い》る中に、忽《たちま》ち夫《それ》が一つの老宣教師と化し「我は天使なり」と叫んで消失《きえう》せて仕舞《しも》うたとの事である。

素《もと》より一片の情話、取るに足らざれども、人種教育を異《こと》にしたる伊国でさえ、兄弟相思の情は無言沈黙の間に、径《たゞ》ちに神に感応するのであると云う諷諺《ふうげん》であると思う、庵主と龍造寺が長野駅頭の離別は伊国の兄弟と其《その》目的も境遇も異《こと》にしては居《い》るが、只《た》だ沈黙不言の中《うち》に心を浸した情合は、今尚《な》お髣髴《ほうふつ》として忘却し難いのである。

51　厄介な国事道楽者

漁夫弾を抱いて敵国に向い
暴漢母を倒して其財を奪う

其後《そのご》一ケ年計《ばか》り過ぎた頃、庵主が東京築地《つきじ》の台華社《たいかしゃ》楼上に晏居《あんきょ》の折柄《おりから》、警視庁の刑事係が一名突然と来て面会を求めた、会《お》うて見ると曰《いわ》く、

「貴殿の実弟たる、龍造寺隆邦《りゅうぞうじたかくに》氏が、今回或る北陸の漁民等《ら》数名と共に、漁船の親船一艘《そう》を仕立て、夫《それ》に日露戦役軍夫と称して一種の徒党を組み、莫大《ばくだい》の爆発薬と共に乗込んで、能登の七尾《なゝお》港から出帆せし形跡がある為め、八方捜索の末、貴下の実弟なる事を聞き出し、何かと御存じの事情もあらば承り度《た》しと思うて参上せり」

云々の咄《はなし》である、庵主ははっと思うた、「あの奴《やつ》、新潟の鍋茶屋一夕《いっせき》で急造憂国家になって、又胆切《きもぎ》れの大胆な事を始めたな、困った事を仕出《しで》かしたなぁ」とは思うたが、何様《なにさま》刑事の前で黙って居《い》る訳にも行かぬから、

「はい、龍造寺隆邦は僕の実弟に相違ありませぬ、併《しか》し此者《このもの》は幼少より商家に養子に行き、拙家《せっか》へ復籍後も、主に鉱山業に従事し、少しも対外交とか、内政上に対する政治思想とかには没交渉の男であります、僕は故郷にて一別後、十数年も面会せざりしが、昨年計らず新潟にて邂逅《かいこう》し、一夕《いっせき》宿を共にして旧事を語り明《あか》した位にて、其際《そのさい》も決して談、国事などに及ばなかったのであります、今のお咄《はなし》は余りに突然なのと、事柄が余り本人と懸隔がある為め、急に何等《なんら》のお答《こたえ》も出来ませぬが、先ず当方でも相当の捜査を仕《し》まして、何等《なんら》か事情を得ましたら、日頃懇意に致す警視総監閣下まで、直《たゞち》に申通《もうしつう》じましょう、何《いず》れにしても事柄が国事に関する事ですから、破廉恥《はれんち》罪とは違い、何等《なんら》隠蔽の必要もないと思いますから、御安心の上、今日は御引取を願います」

と云うたので、そこ〳〵に刑事は帰ったが、扨《さて》、龍造寺奴《め》何を仕出かしたか、何様《なにさま》捜査の仕様《しよう》もなく、取り敢えず新潟の彼の住所へ長電を打って問合せたら、翌朝返電が来た。

「主人は不在、居所も今日は分らぬ」

との事である、庵主も頓《とん》と行詰まり、あの龍造寺が、今《いま》不馴れの国事道楽などを初めて、首尾始末の付かぬような事を仕出かしては困るがなぁと、分けても親身《しんみ》は芋汁《いもじる》の、味は匂いの田舎武士、若い親爺の気になって、焚《た》く〳〵愚痴《ぐち》る炉《ろ》の炭の、起《おこ》る程には心にも、怒らぬ変な気煙《きけむり》で、燻《くすぶ》る儘《まゝ》に二三日《にさん》を、暮して居《い》たる午前二時頃、雨にも堪えぬ門《かど》の戸を、こつ〳〵叩く者がある、風か水鶏《くいな》か電報か、番の小僧が居穢《いぎた》なく、気他無《きたな》く、寝込んで起きぬ焦躁《もど》かしさに、自分で起《おき》て戸締りを、開ければ、にゅーと入《い》り来《きた》る、夜目《よめ》にも夫《それ》と知らるゝは、思い続けし龍造寺である、其《その》驚きと嬉しさ

に、云う事さえも後や先き、先ず居間へ伴いて、扨其《さてその》来意を問うて見れば、彼はにこ〳〵笑《わらい》を湛《たゝ》え、

「今夜参りましたのは、お兄様《あにいさま》が私の事で御心配になって居《い》るとの事を、新潟の宅《うち》から申《もう》して参りましたから、夜中《やちゅう》お休みの時にも拘《かゝわ》らず、参上致しました訳でございます、扨《さて》、私の今回致《いたし》ました事件は、元浦塩《ウラジオ》に在る私の友人が、何時《いつ》の間にかどえらい対外交の思想と成って居《い》まして、窃《ひそ》かに日本に帰ったが、一の知人も無い処から、私に手使《たよ》って来まして、現在日本外交の拙劣と、軍事計画の手後れは、切歯扼腕《せっしやくわん》に堪えぬと云う顛末を物語りまして、個人行為として敵国の鉄道橋梁其他《そのた》を破壊する考えであるが、何様《なにさま》肝心の爆発薬が手に入《い》らぬからと、夜を徹しての慷慨咄《こうがいばな》しでござりますから、私も日本人で、彼の一死を決した覚悟と精神を見捨てる訳にも参りませぬから、此間《このあいだ》より聊《いさゝ》か手蔓《てづる》を得て居《お》りました、米国捕鯨船の所有する爆発薬を、鯨を捕るよりも余計の代価で買い入れまして、其《その》男に遣《や》りました処が、此《この》爆発物買入れ等に使いました私の手下にある命知らずの漁民共《ども》が私に膝詰めの談判を致《いたし》ますには『我々は親の代から、魚と取組合《とっくみあい》をして、命を捨てねばならぬ職業であるのが、今度は千載の一遇で、敵国人と取組合《とっくみあ》って死ねる時が来ましたから、是非あの浦塩《ウラジオ》の先生と一緒に、露国に遣《や》って下さい、私共《わたしども》五人は、昨年の大暴風《おおしけ》に、三日も海中に漂うて、敦賀《つるが》の救難所で救われた者でござりますから、一年前に死んだと思うて出掛けます』と云《いい》ますので、其《その》友人と相談の結果、大賛成を致《いたし》まして、共に出帆させる事に致《いたし》ましたが、新潟や敦賀では出帆が面倒でござりますから、船を七尾《なゝお》に廻し、出帆を企てました処が、屹度《きっと》名前の知れた人で、戸籍の証明を出帆届に要する戦時中の取締であるとの事ですから、其浦塩《そのウラジオ》の友人に、私の名前と戸籍証を使用せしめて危うくも出帆させたのでございます、故に若《も》し発覚しましても、其《その》友人が私の名前を詐偽《さぎ》したと云う事になる丈《だ》けで、私には法律上の罪はございませぬと思います、私も段々考《かんがえ》まするに、其《その》友人を其儘《そのまゝ》に放って置くのも面白くありませんから、お目に掛《かゝ》ってお赦《ゆる》しを得ましたら、松花江《しょうかこう》の方に往《い》ける手蔓《てづる》がござりますのを幸《さいわい》、富山県の漁夫数人と、漁船に乗《のり》て出掛け、何なりと少し計《ばか》りでも敵国の物をぶち破《こわ》して来ようかと思い、唯今其《たゞいまその》準備中でございます、已《すで》に友人と先発の漁夫共《ども》は、敵国の鉄道橋桁《はしげた》を破《こ》わすには、笊《ざる》で帽子を拵《こしら》え、夫《それ》を頭に被《かぶ》り、其中《そのなか》に爆裂薬を入れて、川上から夜中流《やちゅうながれ》に従って立泳ぎをして、橋桁《はしげた》に到着し、夫《それ》を打付《うち》けて頭と共に橋《はし》

桁《げた》を破《こ》わすと申して居《い》ました、是等《これら》も新発明の破壊術とは思いますが、私は此等《これら》漁夫共《ども》より、今少し甘《うま》い工夫をして見たいと思うて居《い》ます、どうか、人間として生れ来《きた》った世に、復《ま》た遭う事の出来ぬ千載一遇の時でございますから、私の思い立ちを御許可なさって下さいませ」

と、ぺら〳〵と喋《しゃべ》るのである、庵主も須臾《しばらく》沈黙して彼が云う事を聴いて居《い》たが、徐《おもむ》ろに口を開いた。

「総て意外千万の事を聞く物である、汝にして左様《さよう》な対国家的思想のある者とは今まで思うて居《い》なかった、先ず我家の血統として、斯《か》る奉公の考《かんがえ》を起《おこ》した事丈《ことだけ》は取敢えず賞するが、此《この》種の事業としては、汝はまだ全くの素人《しろうと》である、生《う》ぶの小児《こども》である、男子仮染《かりそ》めにも国事に身を委《ゆだ》ぬる事を決する時には、其《その》精神と生命の消耗に、一定の覚悟がなくてはならぬ、其時《そのとき》々の出来心で、巧名をのみ趁《お》うて走る者、之《これ》を糞虫士《くそむしざむらい》と云う、今《いま》天下に充満する志士は皆此《みなこの》種類である、陽気の加減で、孵化《わい》て、這《は》い登っては落ち、這《は》い登っては落ちて、遂に糞汁《ふんじゅう》汚濁の中で溺死《できし》するのである、又千百万中其糞虫士《そのくそむしざむらい》の解脱《げだつ》したのが、蒼蠅士《はいざむらい》と云うのである、徒《いたず》らに権要や群衆に諂《こ》びて、迎歓の説をなし、出来る丈《だ》け説を売り問題を食うて、揚句の果《はて》は、蒼蠅《うる》さがられて、撲《たゝ》き殺される位が落《おち》である、汝の今の出来心即ち急造志士は、以上の者よりも今一層劣等である、予《よ》は天性の頑鈍《がんどん》ながら、苟《いやしく》も予《よ》は予《よ》の対国家的出発点に於て、其《その》精神と生命の消耗に屹度《きっと》覚悟を定めて居《い》る、第一は皇上の御《おん》為め、第二は国土民人の為め、第三は朝鮮の始末と釣り代えである、此《この》三つの為なら、何時《いつ》でも現在の生命を提供するが、其《それ》以外には決して死なぬ、後は其日《そのひ》々の出来事に対して、適当の智と才と体力とを尽すのみである。然《しか》るに汝は予《よ》の弟として、北国の漁民と同じく、笊《ざる》の帽子を頭に冠《かぶ》りて、爆裂薬を其上《そのうえ》に載せて北露の橋桁《はしげた》と共に頭を破《こ》わして済むと思うか、目に一丁字《いっていじ》なく、心に理非の弁《わきま》えなき漁民が、大和民族の一部として、全身の血を其《その》一挙に傾け尽すの決心は其《その》分限として賞するにも余りある事じゃが、汝は已《すで》に相当の識力と、理解力とを持ち、名家の血液を受けたる一男子である、夫《それ》が自《みず》から漁夫と選《せん》を同《おなじゅ》うするは言語道断である、汝已《すで》に口あり声あり、誠を以て道を説くに、何の不自由がある、動くには已《すで》に手あり足あり、進退坐作《ざさ》何の不自由かあらん、先ず夫《それ》を試みたる結果として善悪の期決に対し、腹を屠《ほふ》るも宜《よ》し、頭を割るも宜《よ》し、夫《それ》は其《その》以後に於て何の遅き事か之《これ》あらんである、君国の干城《かんじょう》には已《すで》に軍人あり、戦陣に命を捨《す》つるを目的とす、之《これ》に従うの軍夫又後方の勤務を以て身命を抛《なげう》つ、予《よ》が友数十は、已《すで》に政府の命《めい》を奉じて通訳の官たる者多々あるのである、此等《これら》は又夫《それ》を以て身命を抛《なげう》つのである、蓋《けだ》し汝は又何の蘊蓄《うんちく》あって此《この》企《くわだて》を為《な》すか、已《すで》に悪事業の為め人の産を傾むくる事十数、妻孥《さいど》十年、離散の苦楚《くそ》に吟《うめ》き、其《その》全責任ある汝が最終の結論は、漁夫と死を共にするに帰着することは、現在の兄として決して之《これ》を許す事が出来ぬのである、速《すみや》かに一心を立命の地に安んじ、中心より人に対《こた》え、世に報ゆるの策を決し、生死を之《これ》に賭する事をなすべし、殊に兄が慨嘆措《お》く能《あた》わざるの一事は、汝自《みずか》ら爆薬を米船に買《こ》うて之《これ》を友に与え、又自《みずか》ら快諾して己の名を其《その》友に名乗らせながら、法律上其《その》友が氏名詐称になる丈《だ》けで、自分は無罪なりと何と云う賤劣の精神なるか、人を欺《あざむ》くは罪にして、己れを欺《あざむ》くは罪に非《あら》ざるか、汝は先ず己の罪を知り、今予《よ》が与うる此《この》一書を携《たずさ》えて警視総監に面接し、事実真情残らず自訴して、自欺《じぎ》の大罪を改悟せずんば、決して予《よ》が弟たるを許さゞるべし、決して遅疑《ちぎ》逡巡はならぬぞ」

と、説き聞かせたのである、いと長き、夜半《よわ》の苧環《おだまき》口尽きて、窓枠漏るゝ東雲《しのゝめ》の、茜《あかね》さすまで繰り返し、解くも語るも口繁き、軒端《のきば》の雀啼《な》き交《か》わし、榊《さかき》売る声朗《ほが》らかに、隣の親爺も起出《おきい》でて、拍手叩く頃となった、夫《それ》より龍造寺は、庵主の手紙を携えて警視総監の官舎を訪問《おとず》れ、事件の顚末漏れもなく自首した処が、段々調査の結果、其《その》相手たる浦塩《ウラジオ》の友人を捕縛《ほばく》して対照せざる限りは、矢張《やはり》龍造寺が初めに信じた通り片言《へんげん》の自首にして、龍造寺を其儘《そのまゝ》罪に処する事も出来ぬので、自然其《その》友人が龍造寺の名を詐称して、七尾《なゝお》を出帆したと云う事に見做《みな》さゞるを得ぬ事と成ったそうである、夫《それ》から龍造寺は新潟を引揚げ、東京の住居となって、永く麻布三河台《あざぶみかわだい》の辺に居住して居《い》たが、其砌《そのみぎり》、庵主が洋行の留守中、又小説的俳優じみた一奇事を仕出かしたとの事である、夫《それ》は或る春の日に龍造寺が千住河原《せんじゅがわら》へ道楽の魚釣に往《い》って居《い》たら頻《しき》りに眠気を催して来たので、日当り良き兎《と》ある藁小積《わらこづみ》の蔭に居眠りを仕《し》てぐっすりと眠り込んでる中《うち》に、其藁《そのわら》小積《こづみ》の後《うしろ》の里道《りどう》の辺で、年頃五十計《ばか》りの老媼《ばあさん》の泣き叫ぶ声がするので、ふと目を覚まして窺《うかゞ》い見るに、三十格好の頑丈の若者が、其老媼《そのばあさん》の背負うて居《い》る荷物と、首に掛けて居《い》る財布まで剝取《はぎと》らんと強迫して居《い》るので、猶《なお》じっと見て居《い》ると、立上り様《さま》、老媼《ばあさん》を一蹴りに蹴倒《けたお》した、其老媼《そのばあさん》は真逆様《まっさかさま》に横の殻溝《からどぶ》に陥り、大怪我を仕《し》たらしいので、龍造寺は余りの乱暴を見兼て、予《かね》て巡査も奉職して居《い》たし、捕縄《とりなわ》の名人ではあるし、持合せた魚籃《びく》の僅《わず》かの苧縄《おなわ》を引解《ひきと》きて夫《それ》を携え一声掛けて、不意《ふい》に其《その》曲者に飛付いた、其《その》曲者も声に応じて驚いた時には、もう右手と頸に縄が掛《かゝ》って居《い》て、ばた付く所を脾腹《ひばら》を蹴《け》って弱《よ》わらせ、遥かの野良に居《い》る百姓を呼んで、老媼《ばあさん》の介抱をさせ、やっと人家まで連れて来て、直《たゞち》に千住《せんじゅ》の警察署に人を遣《や》り、自分の身許《みもと》から、事件の顚末までを陳述して引渡したのである、夫《それ》から其老媼《そのばあさん》の身上《みのうえ》を聞けば、生れは埼玉県安達在《あだちざい》の者なりしが、一人の息子が放蕩者にて、酒と博奕《ばくち》に身を持崩《もちくず》し、とう〳〵其《その》母は故郷にも居《い》堪えず、千住《せんじゅ》に出て来て、人仕事の傍《かたわ》ら小店を出して微《かすか》に暮して居《い》たが、其亭主が日清戦争中、田庄台《でんしょうだい》にて戦歿せる功に依り下賜せられた金《かね》合計二百円丈《だ》けを某《ぼう》銀行に預け置きしに、一時其《その》銀行が破産に瀕した時、村の誰れ彼の世話にて、夫《それ》を受取って貰《もろ》うて、以来は銀行と云うものは只々《たゞ〳〵》恐《こわ》い物と思い込み、夫の遺物の財布に其《その》金を収め、是《これ》は夫の命の代りの金故《かねゆえ》、息子の性根が直らねば決して遣《や》らぬと、頑張って、日夜肌身に着けて離さぬ故、其《その》息子は常に其《その》母を付け廻し隙を窺うので、母も薄気味悪るく、とう〳〵故郷の家を息子の居《い》ぬ中《うち》に畳《たゝ》んで、千住《せんじゅ》に引移《ひきうつ》ったは一年半も前との事、然《しか》るに其日《そのひ》どうしてか其《その》息子が母の居処を突止め、闖入《ちんにゅう》して来て恐喝したので、母は程能《ほどよ》く云宥《いいなだ》めて、自分の重立《おもだ》った手廻の品を風呂敷に包み、王子の親類方へ逃亡せんと企《くわだ》てたのを、其《その》息子が見付けて、先きの顚末に及んだとの事、此《こ》の始終の咄《はなし》を聞いた龍造寺は、自分が一日も父母に孝養せずして死別《しにわか》れたのを、常に心の底に持って不安の念に責められて居た処故《ところゆえ》、此《この》事件が甚《ひど》く龍造寺の頭を刺戟《しげき》したものと見え、老媼《ばあさん》を其《その》住所に連れ返すと共に、直《たゞち》に千住《せんじゅ》警察署に馳せ付け、彼《か》の罪人には種々の事情があるのを聞いた故、此儘《このまゝ》に自分に下渡《さげわた》して呉《く》れと懇々《こん〳〵》頼んだ所が、もう警察では一応の訊問も済み、罪状も分明なる上、前科も数犯の者故《ものゆえ》、折角《せっかく》の御申込ながら、下渡《さげわたし》の事は不可能であると承知してくれ、又貴下が此《この》罪人の捕縛《ほばく》に対する御尽力は、其《その》筋へ委敷《くわしく》報告して置《お》いたからとの事で、止むを得ずすご〳〵と引取って来たが、彼が悔恨の心は火のようになって、どうかして其者《そのもの》を自分と一処に悔悟させ、母に孝養がさせて見たくて、其《その》当分は全く抜け殻のようになって考込んで居《い》たが、不図《ふと》其《その》罪人が明日浦和の裁判所に送らるゝとの事を聞出《きゝだ》し、直《たゞち》に龍造寺は一種の大奇行を企てたのである、夫《それ》は其日《そのひ》の午後四時頃、浦和街道の人里離れた所を見澄し、不意に護衛巡査に当身《あてみ》をして、其《その》罪人を連れて大塚村《おおつかむら》の或る在家に一夕《いっせき》を潜伏し、夜を徹して其《その》男に人道の説諭をなし、彼が十分悔悟の心あるを見て、龍造寺は其《その》罪人の衣服を全部脱がせて自分が着、又其《その》罪人には自分の着て居《い》たモウニング服を全部着せ、嫌がるを無理に金を与えて、其《その》家より追出した後、其《その》家主を説得し、金を与えて大塚の警察に告訴させた、「私の内《うち》に是々《これ〳〵》の罪人が飛込んで来ました」と云うので、直《たゞち》に大塚警察から捕縛《ほばく》に来て拘引され、夫《それ》から五日計《ばか》り獄舎に入ったのである。其中《そのうち》に千住警察へ大塚署から照会があって、引渡された。全くの化けの皮が現われたので、改めて龍造寺は自分の意思と非行とを自訴した。千住でも困って、龍造寺を警視庁の方に廻したのである。当時の総監は随分磊落《らいらく》な人であった為め、龍造寺はとう〳〵罰金で放免となった。此《これ》に関聯《かんれん》した事を書けば、まだ面白い事が沢山あるが、此処《こゝ》には省く。此《この》顛末の為め龍造寺は其当身《そのあてみ》を呉《く》れた巡査を辞職させて、北海道の事業の支配人となし、其《その》親不孝の男は、麻布《あざぶ》の谷町《たにまち》辺に家を持たせ、庵主が帰朝の後、龍造寺が連れて来たから、殊更《ことさら》に説諭もした事があるが、悪に強ければ善にも強く、其後《そのご》は別人の如く母に孝養を尽し、是《これ》も龍造寺が世話で、其《その》母の死後、森岡移民会社とかの募集に応じて、南米に出稼《でかせぎ》をする事になったのである。龍造寺は俳児気《やくしゃき》の為め、生れて始めて牢獄と云う物に入《いれ》られたのである。

52 支那は永久亡びぬ国

一場の観劇心頭を刺され
対支議論傍若無人

段々記述する如く、龍造寺《りゅうぞうじ》と云う男は、庵主が全国幾百千の人と交際する中《うち》で、嶄然《ざんぜん》として一色彩を輝かして居《い》た変《かわ》り者であったと言うに躊躇せぬのである、庵主の畏友頭山《いゆうとうやま》翁の如きも「あの龍造寺と云う男は、貴様の弟ではあるが、貴様より二三《にさん》割方豪《え》らい男であるぞ」と云うて居《い》た、庵主も常にそう思うて居《い》た、元来が倜儻不羈《てきとうふき》の所に一種渾然たる柔順性を持ち、改悛の力に富んで居《い》るから、どんな六ケ敷《むつかしい》先輩長者でも、龍造寺の前には、ころりと転ばされて、愛憐の情を垂れられし事ある、所謂《いわゆる》大事に接触し得る資格を持って居《い》た事は、庵主今尚《な》お忘却せぬのである、夫《それ》が青年の第一歩に於て其《その》出発を過《あやま》ったが為めに、生涯此《この》器才を国家社会の上に試みる事が出来ずして死んだのは、庵主幾年の星霜を経過しても悵然《ちょうぜん》として愛惜《あいじゃく》の情に耐えぬのである。

扨《さて》、龍造寺が東京住居《ずまい》の中《うち》に日露戦争も終熄し、大勝利を占めて国民全体が戦勝の酒に酔うて居《い》る頃、龍造寺は庵主の処に来て斯《か》く云うた。

「私《わたくし》はお兄《あに》さまのお蔭で後《おく》れ馳せながら国家社会の事を考える憂国家の仲間に這入《はい》りましたが、元来東洋の安寧《あんねい》を生命とする我邦《わがくに》は、まだ大なる仕事が残って居《い》ると思います、日本の存立を外から壊《こ》わす露国は膺懲《ようちょう》しましたが、東洋を内から壊わして日本を危殆ならしむる支那と云う物がござります、此《こ》の始末を適当に付けて仕舞《しま》わねば、日本は決して安全でないと云う一大事が残って居《い》ます、故に私《わたくし》は及ばず乍《なが》ら、其《その》始末に取掛《とりかゝ》って見たいと思いますが、日本には兄《あに》さんが居《い》らっしゃるから、私《わたくし》は支那に這入《はい》りまして、適当な仕事を仕《し》て見ようと思《おも》います、どうかお許しを願《ねがい》ます」

と云うから、

「其《その》考付《かんがえつき》は至極好《よ》い、俺も永年其事《そのこと》にかゝって居《い》るが、中々《なか〱》六ケ敷事《むつかしいこと》である、併《しか》し支那に入込《いりこ》むのにどんな手蔓《てづる》で往《ゆ》く積《つもり》か」

「はい、夫《それ》はこんな書面往復の結果で参ります」

と云うて見せた数通の手紙を庵主が見て先ず一驚を喫したのである。

「是《これ》は支那革命の頭目数名との往復書類ではないか、殊に其《その》物資の問題に対する条項に対して貴様の考えはどうする積りか」

「夫《それ》が主眼で、革命党の内外に或る力を漂わして見る積りでございます、殊に私《わたくし》の刎頸《ふんけい》の友二人は横浜、上海《シャンハイ》にある英商と連絡して、此照電《このしょうでん》を受取《うけとり》ましたから断然出発したいと思います」

「宜《よ》し夫《それ》なら或《あるい》は東洋問題の一端緒を得るかも知れぬ、併《しか》し茲《こゝ》に一条件がある、『夫《それ》は貴様は此《この》事業を最終として其《その》成敗に拘《かゝ》わらず必ず死すると云う決心があるか、再び俺に遇わぬと云う覚悟があって出かけるのか』夫《それ》が聞《きゝ》たい、苟《いやしく》も身を君国の大事に任ぜんとする時、微塵《みじん》でも死生に纏綿《てんめん》した観念があっては、全部駄目である、夫《それ》はどうじゃ」

「其《その》儀に付《つい》ては篤《とく》と考えまして上海《シャンハイ》上陸の上、此《この》手紙を家族及《および》恩顧の人々へ出す積りで已《すで》に認《した》めて置《おき》ました」

「むう……此《この》手紙の決心なら宜《よ》い、貴様も国事家の開業式であるから、見苦しい事の無いまで決心をして、心往《ゆ》くまで此《この》事業に身を打込《うち》んで働いて見よ、取敢えず明日は兄弟で今生《こんじょう》の訣別式を行おう」

と約束をして、庵主は種々の薬剤等を取揃え、夫《それ》から銀行に談判して、若干《いくばく》の金貨を用意し、之《これ》を庵主が青年の時、長旅に出立《しゅったつ》する前夜に、母の手ずから賜わりし鬱金《うこん》木綿の古胴巻《ふるどうまき》に入れて待って居《い》ると、龍造寺が来たから、直《すぐ》に馬車を共にして帝国劇場へと乗込んだ、夫《それ》からあの食堂の一隅に陣取って、心にある丈《だ》けの事、心残りのない丈《だ》けの咄《はなし》をして思い罩《こ》めし種々の品を手渡して、夫《それ》から芝居の見物にかゝった処が、其外題《そのげだい》が《白石噺揚屋《しらいしばなしあげや》の段》である、此《これ》を見て居《い》る中《うち》に龍造寺は斯《か》く云うた。

「兄《あに》さん、お互い兄弟が今生《こんじょう》の離別に催された今日の芝居見は、実に生前死後の好記念とも成《なり》ましょうが、私《わたくし》は此外《このげ》題《だい》が気に入《いり》ませぬから、此《この》位でもう帰ろうでは有りませぬか」

「なぜそんな事を云うのじゃ」

「なぜって、奥州辺陬《へんすう》の土百姓《どびゃくしょう》の子の姉妹《きょうだい》が、孝貞無双の女性として、其《その》父を暴官に討たれ復讎《ふくしゅう》の念、燃ゆるが如く、幾多の艱難辛苦《かんなんしんく》を経て天下に其《その》大志を遂行せんとする此《この》演劇は、此《この》女性を主として組立てたる作者に、此鬚面《このひげづら》大男の我々兄弟が何だか揶揄《やゆ》されて、其《その》鞭撻の策《むち》に耐えられぬような気が致《いたし》ますからです」

「成程《なるほど》貴様にそう云わるゝと、俺も最前から、此女豪《このじょごう》の小娘に責められて何だか男の一分《いちぶん》に気恥しい心地がして居《い》た処じゃ、まぁ芝居は此《この》一幕切りとして、何処《どこ》ぞ恰好の処で咄《はな》す事に仕《し》よう」

と云うて又帝劇を出て、ぶら／＼馬車で市街のドライヴをしてとう／＼上野の精養軒《せいようけん》に這入《はい》り、一室に陣取って又物

語りを初めた。庵主曰《いわ》く、

「俺は今一つ貴様に聞いて置かねばならぬ事があるが、此間《このあいだ》の咄《はなし》では日本に危害を加える露西亜《ロシア》は懲らしたが、同じく日本に危害を加える支那が懲らしてないから、是《これ》も懲らさねばならぬと云うように聞《きこ》えたが夫《それ》に相違ないか、果《はた》してそうなら、革命軍に投じて、今後貴様が仕事をするのは、支那を懲らす為めに往《ゆ》くのか、其処《そこ》はどうじゃ」

「夫《それ》は違います、懲らす懲《こら》さぬは、其時《そのとき》の模様で所謂《いわゆる》臨機の処置でございますが、何《いず》れにしても日本に危害を加えぬと云う、屹《きっ》とした安全丈《だけ》は付けねば成《なり》ませぬ、元来は懲らさねばならぬ行掛《ゆきがか》りに成って居《い》ますが、其《その》懲らす好機会を日本の無能外交が失なって居《い》ますから、是《これ》から私《わたくし》が参りまして、甘《うま》く工夫をして臨機の処置を取ろうと思います」

「日本の無能外交が懲らすべき好機会を失《うしの》うたとはどんな事か」

「夫《それ》は日本は已《すで》に二十七八《しちはち》年に於て、或る此《この》好機会を捕えたから、日清戦争で懲らしました、然《しか》るに今度も対露外交の上に此《この》好機会を捕えたから日露の戦争となりまして、十分な勝利を得ました故に、其《その》結末には又十分に此《この》好機会を捕えて、戦果の上に平和の条件を収めねばなりませぬ、然《しか》るに全く当局の無能外交の為めに、夫《それ》を失いましたのでございます、而《しか》して其《その》好機会と云うは、彼《か》のポーツマス条約の出来た時に、日本は露西亜《ロシア》と戦《たゝか》うた血刀《ちがたな》の儘《まゝ》、夫《それ》を北京《ペキン》政府に突付け、『東洋で乱暴を働いた露西亜丈《ロシアだ》けは、二十三万の死傷と二十七億の軍費とを犠牲としてやっと懲戒して、夫《それ》はポーツマスの日露媾和《こうわ》条約で片付いたが、此露西亜《このロシア》に乱暴をさせた国は貴様の国である、即ち支那である、日本は露清の国交に付き正当なる外交の手続を以て、十年前より屢ゝ《しば〳〵》抗議と注意とを怠らなかった、曰《いわ》く《東洋の平和を保障する日本、支那の領土保全を主張する日本、即ち日本の世界に対する生存の基礎たる主義に背戻《はいれい》する露清の秘密条約は、終《つい》に国家生存の意義に於て大衝突を免れぬから、日本を省いての露清条約はせぬが宜《よ》い、日本も其間《そのあいだ》に参加せしめよ》と一再ならず警告したに拘《かゝ》わらず、貴様の国は大声《たいせい》に之《これ》を排除した、曰《いわ》く《支那は国際公法を解釈したる帝国であるぞ、日本を参加せしむべき必要が有れば、必ず之《これ》を参加せしむるであろう、其《その》必要がないから参加せしめぬのじゃ、且《か》つ思え、露清両国は、三千余英里の土壌を接した隣国である、故に土地民族に関したる外交問題は年中一日も絶えた事はない、夫《それ》を一々横から口を入れて、兎《と》や角《かく》云われて溜るものでない、日本に咄《はな》す可《べ》き事が有れば云うから、夫《それ》までは黙って引込んで居《お》れ》と云うたでないか、其《その》揚句に貴様は、あらゆる武器軍器にも超越したる、土地と云う物を秘密条約で露国に提供して、とう〳〵南満洲に永久の軍備的設備をさせたでは無いか、故に万止《や》むを得ず、日本は国家の全勢力を傾けて、開闢《かいびゃく》以来未曾有《みぞう》の大犠牲を払い、やっと喰い止めたのである、左《さ》すれば挑発せられた露西亜《ロシア》の乱暴は制止したが、之《これ》を挑発した支那は、一層の懲戒を加えねばならぬのである、故に是《これ》からは貴様の国の懲戒に取掛《とりかゝ》る事務である、極《ごく》消極に見積りても、将来永久に二度と再びこんな事の出来ぬ丈《だ》けの鎖鑰《さやく》は、押えて置かねばならぬ、日本は此の上、今一度、支那の外交行為で、二十三万人を殺し、二十七億の国帑《こくど》を抛《なげう》って溜るものか、国家は直ちに滅亡して仕舞《しま》うから、決して二度とこんな事の出来ぬ丈《だ》けの鎖鑰《さやく》を押える条件は取るぞ』と云うが、外務当局の当然の職責で、世界全国一言《いちごん》も云えぬ、同情せねばならぬ申分《もうしぶん》でござります、夫《それ》に日本の外交官が、北京《ペキン》で仕《し》た北京《ペキン》条約と云うは、どんな物でござります、啻《たゞ》に支那を懲戒せざるのみならず、無戦争で露西亜《ロシア》に贈った南満洲の租借地を、戦争して大犠牲を払った日本に其《その》証文の儘《まゝ》を交附したのではござりませぬか、従来此《この》証文には南満洲の土地は向《むこ》う幾年の間は、戦争にでも何でもお遣い下さい『露西亜《ロシア》殿』と書いて有った宛名に棒を引いて『日本殿』と書入《かきい》れた丈《だ》けではござりませんか、夫《それ》では此露西亜《このロシア》に対する年限経過の後は、直《すぐ》に支那に引上げられて、又露西亜《ロシア》に名前換《がえ》をされても仕方が無いではござりませぬか、夫《それ》で私《わたくし》は全く当局が好機会を失《うしの》うたと云うのでございます、夫迚《それとて》も今は過去《すぎさ》りし跡事《あとごと》でございますから、私《わたくし》は一身の精を抛《なげう》ち、邦家の為めに生死を賭して、此《この》重要関係ある支那に乗込み、一策を画して見ようと思《おも》いますので、兄《あに》さんの御許可を願うのでございます、其《その》一策と云うても、今日から十分の案も定めて居《い》ませぬが、大体に於て支那人をして、世界の大勢から、東洋全滅の運命にある事を知覚せしめ、彼《か》の三韓満蒙の如き、印度《インド》、波爾斯《ペルシャ》の如く、今や国土と民族の精気を脱落せんとしつゝあるに対して、西洋強国が、之《これ》に乗ぜんとする有様は、恰《あだか》も虎狼《ころう》の前の睡羊《すいよう》に斉《ひと》しき理を説いて、自覚発奮以て東洋の連衡《れんこう》共立を劃立《かくりつ》して見ようと云う様な、夢を考えて乗出《のりだす》のでござります、夫《それ》から先は所《いわ》謂《ゆる》臨機でございます」

「むう、まぁ能《よ》く夫丈《それだ》け考えた、俺は貴様の考《かんがえ》の経路を賞するのである、併《しか》し支那の事は、夫《それ》が名案の上策ではない、今俺が貴様の考えを定める前に、一二《いちに》参考に云うて聞かせる事があるから夫《それ》を克《よ》く理解した上で、考《かんがえ》を決定せよ、決して忘れてはならぬぞ」

第一、他の国に相談を初めたり、他の国を動かそうとする時には、先ず己れの国のどんな物かと云う事を知らねばならぬ。

今日本全国の大名巨姓の経綸家を、俺が委敷《くわしく》通覧して見るに、全部 悉《ことごと》く支那に対する考《かんがえ》は間違《まちご》うて居《い》る、夫《それ》は「日本は新進興隆の国である、支那は敗亡自滅の国である」と、こう思うて居《い》るのが大間違《おおまちがい》の基《もと》である、俺は日本は「即滅崩潰の国である、支那は健全永久の国である」と信じて居《い》る。なぜなれば、支那は往古《おうこ》より一度も全部統一せられた国ではない、唐虞夏殷周《とうぐかいんしゅう》、即ち禹陶文武《うとうぶんぶ》の聖代と雖《いえど》も、其《その》泰平は版図中の一部分の治績である、其他《そのた》は悉《ことごと》く自立の王国で有って、僅《わず》かに軽些《けいさ》貢物の実あるのみで、夫《それ》さえ永く続いた事はないのである、第一、通信交通機関と云う物がないから威令信《いれいしん》の実を及ぼす事が出来ない、夫《それ》から其《その》聖朝なるものも盛衰常ならず栄枯時なくし、凋落するから、其《その》歴史は黒い草紙に字を書くように辣薤《らっきょう》の皮を剝《む》くように同じ事計《ことばか》りをして、盛衰凋落して来たのである、始めには仁政で起《おこ》り、後には酒と女と建築の三つで潰《つ》ぶるゝのである、どんな聖代でも、二三《にさん》代目から長安宮《ちょうあんきゅう》、西安宮《せいあんきゅう》、銅雀台《どうじゃくだい》と云うような大建築を始めて、其《その》重租に狭い区域の人民が耐えられぬ、夫《それ》から酒池肉林、夫《それ》から宮女三千人、夫《それ》が衰枯凋落の結論であり、夫《それ》が四五《しご》千年も繰り返されて居《い》る、然《しか》るに夫《それ》でも決して国と民族は無くならぬのである、今は通信交通等の道が開けたから、我国より見て敗亡自滅のように見ゆれども、決してそうでない、俺は支那開闢《かいびゃく》以来の泰平は今日であると思うて居《い》る、現に長安、西安、銅雀の大建築はない、酒池肉林もない、宮女三千人もない、支那版図内は比較的に世界の大勢にも通暁して来て、夫《それ》相当に民族の国家論も、不完全なりに起《おこ》って来て居《い》る、若《も》し交通々信の無き事、昔日《むかし》の如き時ならば、支那大陸の大々的泰平を謳歌する時であると思う、即ち既往からあの通り、将来も永久にあの通りであって、決して潰れる気遣いのない国である、然《しか》るに日本はどうかと云えば民族土地が支那と接同して居《い》ても、彼は大であり、我は小である、彼は此《この》点丈《だ》けでも亜細亜《アジア》の主人である、我は亜細亜の属小であるは実際である、又文学美術も彼は師で、我は弟子である、只《た》だ彼に勝《まさ》れる処と云うは、我は開闢《かいびゃく》以来の統一国で、彼は開闢《かいびゃく》以来の不統一国である、我は統治の威霊が益々《ます〳〵》顕揚して居《い》て、彼は全く無威霊の国である、此丈《これだ》けである、故に我天皇は此理《このり》を夙《つと》に知ろし召されて、日本の国是を支那領土保全とお治定になった、なぜなれば、若《も》し世界の一強国が、支那の領土内に一威霊を輸入して、其《その》一角に軍備を成す時は、他の強国は機会均等の意義に因って、我も〳〵と軍備を持込《もち》んで来る、左《さ》すれば、日本は戦わざるに先《さき》だって、已《すで》に軍備に亡滅して仕舞《しま》う故に、日本は若《も》し支那の領土内に、軍備をなす者があったなら、国家を焦土にするも、最後の一人となるまでも、犠牲となって、其《その》相手を打《うち》潰して僅《わず》かに我国の存立を図る事になって居《い》る、故に支那の対韓政策で、日清戦争を開いて之《これ》を懲《こら》し、露国の南満旅順軍備で、日露戦争が開かれて、之《これ》を膺懲《ようちょう》したのである、夫《それ》を為《せ》ねば日本は直《すぐ》に潰れるのである、即ち支那の一外交の意志で土地を割譲して、外国に与えたならば、直《すぐ》に潰れる程の貧弱な日本である、故に貴様は先ず「支那は永久亡びぬ国、日本は何時《いつ》でも亡びる国である」と云う一例として、俺の此咄《このはなし》を能《よ》く知了《ちりょう》せねばならぬ、夫《それ》を知って支那の事を画策せぬ者は悉《こと〳〵》く駄目である、第二、は支那は世界中で特殊、国家機能を持って居《い》ることを知るのが中々《なか〳〵》六ケ敷《むつかしい》のに、《ママ》民族と、東洋立国の意義丈《だけ》を疎通《そつう》了解して、日本と東洋立国精神の同化を計り、決して其他《そのた》に触れざる事が真正な対支政策である。

53　庵主が懐抱せる支那政策案

壮図未だ発せず大患を起し
開腹数次俎上に戦う

庵主は支那政策に付《つき》、又話を続けた。

龍造寺《りゅうぞうじ》よ、汝支那に向《むか》って日本の政策を定めんと思わば、前に云う通り先ず「支那は永久亡びざる強国である、日本は支那の行為によりては、直ぐ目前に亡びる弱国である」と云う事を、第一の条件に置いて考えねばならぬぞ、夫《それ》から支那に対する外交手段は、他の諸外国に対する、同様の心得ではいかぬ、世界中で外交は、支那が一番甘《うま》い、又、商業貿易、経済政策で、支那をいじめては駄目《だめ》である、商業貿易は、世界中で支那が一番甘《うま》い、又決して組織的兵力で支那を圧迫しては駄目《だめ》である、組織と器械との圧迫に抵抗するには、支那は無組織と無抵抗力と云う、強き抵抗力を以て世界に抵抗して居《い》る、往昔《むかし》から英仏共《とも》に、軍《いくさ》には勝って支那を領有し得た者はない、支那に向《むか》っての百戦百勝は、事実に於て損をする丈《だ》けである、夫《それ》が世界中で支那が一番其《その》抵抗力が強いのである、故に外交と商業と軍事の支那に対する刺戟《しげき》は、恰《あだか》も象と云う猛獣に対する、虻《あぶ》や虱《しらみ》の刺戟《しげき》であると思わねばならぬ、然《しか》らば夫《それ》を差引《さしひい》て、支那政策の資料は何が残るか、さぁ此辺《このへん》を知るのが対支の識者である、其《その》識者が今日まで殆んど世界中に一人もないのである、世界中皆《みな》無駄骨を折りて、無駄損ばかりをして居《い》るのである、日本も正に其《その》一人である、今貴様は志を其処《そこ》に立てたからには、夫《それ》を知らねばならぬのである。

克《よ》く魂を腹の底に据え、落付いて考えよ、宇宙間に造物者の所為を凌駕して、之《これ》を具体的に変更する者は、人間より外《ほか》に無いのである、今富士の山を切崩《きりくず》して、平坦な土地にすることの事業を思い立っても、之《これ》に関する器械は出来るであろうが、其《その》器械の能率で、組織的に何百何十年で、綺麗に平坦にする予算を其《その》通りに器械を運転して実行する者は、人間でなければならぬ、左《さ》すれば支那を平穏にするには、物質と予算が入用《にゅうよう》ではあるが、其上《そのうえ》に人間の行為と云う事を徹底的に考えねばならぬ、故に先ず支那の人間と云う事を考えて見ると、其《その》端緒が直ぐに開ける、今支那に東亜の問題に付いて、咄《はな》しの出来る人間が何人居《い》るかと云うと、俺の考えでは知らざる者までを入れても凡《およ》三十人である、此《この》三十人と議論が一致結合さえすれば、支那の事は自由自在である、其僅《そのわず》か三十人がなぜ結合せぬかと云えば、各個人に一種の希望があるからである、何の希望であるかと云えば、金と権力が欲しいのである、故に先ず其《その》希望の金を与えるとしたら、一人仮りに二千万円を与えて、其《その》慾望を充たすとしたら、全部で六億円でないか、そこで今度は其《その》権力を与えるに付いて、独り支那丈《だ》けでなく、東亜の平和に対して、腹一杯に持って居《い》る丈《だ》けの議論を吐露《とろ》し得る丈《だ》けの発言権を与えて、東亜大会議なるものを組織し、其《その》会議員として十分の権力を揮《ふる》うべき力を与えるのである、此《この》場合に日本は秋毫《しゅうごう》の欲望をも有してはならぬ、誠意誠心東亜の平和さえ確立すれば、何等《なんら》野心は無い事を中心に定めて之《これ》を中外《ちゅうがい》に表明せねばならぬ、即ち東亜の平和が先ず消極的に日本を失わぬ第一の政策であることを理解して居《お》らねばならぬ、左《さ》すれば結論は、金が六億万円と彼等三十八人に大東洋平和会議の発言権とを与うる丈《だ》けとなるのである。然《しか》るに大事の問題は彼等が其《その》生命財産を保ち、又其《その》権力を行使するの力を維持するに必要なる確固な護衛力を持たぬのである、即ち秩序維持力が無いのである、其《その》場合には日本の天皇陛下が之《これ》を保証して下さるのである、夫《それ》は彼等が日本と共に議定した、東洋平和会議規則の範囲限度に依《よっ》て働くのである、斯《かゝ》る政策が仮りに確立するものとすれば、彼等は生存中に容易に得がたき金と権力とを得て、永久無限に日本及其他《およびそのた》の強国に侵害せられざる事になるのである、此《この》場合に成って、平和を希望せざる者は一人も無い筈である、扨《さて》、平和と云う事が、仮りに実現したものとすれば、茲《こゝ》に始めて東洋の繁栄、即ち文明の発達を企図せねばならぬのは、又相互当然の思想でなければならぬ、即ち繁栄発達せしむるには、東洋が真《まん》丸《まる》に一団となり、全世界の諒解を求める事に向《むか》って其《その》宣伝を発表するのが必要となるのである、曰《いわ》く、

一、全東洋の資源は、全世界の前に提供せられて、其《その》開拓を待って居《い》ますぞ。

二、全支那全日本の商業貿易は、全世界の力を招徠《しょうらい》して其《その》接触を期待して居《い》ますぞ。

三、夫《それ》に対する秩序上の危険は、根本より一掃せられて東洋に於ける其《その》各自の財産と生命とは、絶対に保護せらるゝの組織が出来て居《い》ますぞ。

四、東洋の資源は、世界と均等共通の力に依りて開発せらるゝ事に根本的に理解確定して居《い》ますぞ。

五、日支の両国は、全財産と全精力とを挙げて、オリエンタル・オーバアランド・エンド・オーバ《ママ》シー・ゼネラル・インシューランス・コンパニーの資本に投入しましたぞ、安心してお出《いで》なさい、安心して事業をお起《おこ》しなさい、安心して利益をお取《とり》なさい。

と、広告し得らるゝのである、以上の様《よう》な意味が、日本支那政策の根本でなければならぬ、其外《そのほか》にはどんな事を試みるも、皆怨《みなうらみ》を買い禍根を醸《かも》すの外《ほか》、見るべき成績はないのである、予《よ》は或る時、軍事当局を元老の前に引出して、諄《じゅん》〱と此《この》論を説いた事がある、元老曰《いわ》く、「実に名論である、世界中是程《これほど》穏当なる支那政策は有るまい、併《しか》し一つ合点の行かぬ事は、日支相談の上、世界に向《むか》って、『東洋の資源は無条件にて世界の前に提供するから勝手に利益を獲得せられよ、秩序の維持即ち泥棒防ぎは自費で日本が引受《ひきう》けて上《あげ》ます』と云うと『利益は世界が取って逃げて行くに、其《その》事業安全の保護は日本が自費でするわ』とは道理のない事ではないか、そんな事でどうして日本の軍隊の費用は、何処《どこ》から出て来るか、君《きみ》は軍隊の費用は幾干《いくばく》の物と思うて居《い》るか、殊に支那に出張すれば、日本に居《い》るよりももっと多額を要する事になるが夫《それ》は分って居《い》るのか」と云わるゝと、其《その》軍事当局は其《その》尾に蹤《つ》いて「帝国の軍人は、人の営利事業の寝ずの番は御免を蒙《こうむ》る、第一軍隊の威厳に係《かゝ》るから」と云うた、さぁ其処《そこ》で予《よ》が折合《おりあ》わぬ、「其《その》御両君の根性が、帝国軍人の威信を墜落し、世界に忌憚せられて終《つい》には我国を国家的盗賊呼《よば》わりをさるゝ元であります。

第一、軍人は平和秩序のサーバントと云うが本旨でございますぞ、夫《それ》から日本に居《い》る時は腹干《はらほ》し働いて居《い》るのですが、

　支那に行けば只《ただ》増《まし》手当を取る丈《だ》けですぞ。

第二、軍隊は国家防備の完全を限度とすべき物で、果して圧制侵掠の力まで蓄えねばならぬ物でございますか。

第三、夫《それ》に我国の軍隊が、平和秩序維持専門の事業をして、何処《どこ》に威信が汚《けが》れますか、防備以上の力を備えて、若《も》し夫《それ》が圧迫を超過した侵略にまで疑わるゝの行動をしたら、何処《どこ》に威信が保てますか、私《わたくし》は両君を前に置いて、帝国の威信を汚《けが》すものは軍隊であると叫びます。

　又元老閣下のお咄《はなし》の、利益は他人が得て、秩序維持の費用は自弁とは、道理にないとの御説《おせつ》は一応尤《もっとも》のようですが、夫《それ》が大間違でございます、人に向《むか》ってウエルカムを云う者は、之《これ》を云う資格が無ければなりませぬ、仮りに或る商店が今日売出を致しますに付き、花客《とくい》にウェルカムをしてどうかお出《いで》を願《ねがい》ますと云う其《その》主人の家は、其《その》家族中に下駄泥棒も居《お》れば、外套盗人《どろぼう》も居《い》る、其《その》主人も隙を窺《うかご》うてちょい〱其《その》客人の持物をちょろまかす根性があって、客人が呼べます

か、そうして其盗人《そのぬすびと》根性の取締費用は一切客人持ちとして、其《その》商店は客人を案内すると云う人格ある主人と云えますか、其《その》商店は少なくも、主僕総て一団となりて、真剣に善意を持って花客《とくい》を送迎し、万一紛失物等があったら、弁償する位の覚悟が無くては相《あい》成らぬものでございます、心を静かにしてお聞《きゝ》なさい、先年英米のインジニヤクラブの報告を調査した事がございます、曰《いわ》く強国が殖民若《もし》くは未開の地を開発するには既往の統計に依るに、山岳を拓き、河川を浚渫《しゅんせつ》し、諸建築をなす、所謂《いわゆる》固定資本なる物が、資本の百分中六十二で、残る三十八が流動資本である、而《しか》して利益は大抵一割を目的とするのであると、左《さ》すれば彼等は、一朝事変があった時には抱えて逃げられない固定資本を、仮りに一千万円の資本中六百二十万円は其《その》土地に投入せねばならぬのである、其《その》六百二十万円は着手第一に、先ず其《その》土地の人、即ち東洋ならば日支の人民が頂戴するのでございますぞ、夫《それ》から一割の利益を得んには仮りに資本一千万円の或る事業に対しても、凡其《およそその》三割のモンスペー即ち月払金凡《およそ》三百万円計《ばか》りは、労銀其他《そのた》の諸掛費に向《むか》って仕払わねばなりませぬ、此《これ》も其《その》土地の人民が、永久に頂戴致しますぞ、即ち年額三千六百万円の仕払である、夫《それ》に彼等の目的とする一割の利益即ち一百万円を加えて都合三千七百万円が、其《その》製品の売価となって世界に売出すのでございます、其《その》売った代価を、又持《もっ》て来て其《その》翌年も翌年も又三千六百万円宛《ずつ》を日支の土人に払《はろ》うて、彼は一百万円宛《ずつ》の利益を所得するのでございますぞ、即ち機会均等、門戸開放なるものゝ、日支両国の土人に対する賜物、即ち利益は仮りに一千万円の一会社を、英米の人が東洋に拵《こしら》えたとしても先ず一時限りに六百二十万円を頂戴し、次には永久に年々三千六百万円宛《ずつ》を、日支の人が頂戴するのでございます、そこで其莫大《そのばくだい》の金を得た日支の労働者などが、セービング或《あるい》は消費に対する向上は、忽《たちま》ちにして購買力の増進となります、即ち其《その》労銀の過半は、酒を飲み煙草《たばこ》を吸い、毎日の放歌高唱は総て是《こ》れ民族消費の音響でございます、夫《そ》れに対する供給の物資は、日本の努力でなければなりませぬ、四面環海《かんかい》であるから、原料の集収に便利である、器械と勤労の算用に敏捷《びんしょう》な民族であるが為め、能率の増進を図る事が容易である、東亜の各国に距離が接近して居《い》る為め、フレート其他《そのた》のエキスペンスが安価である、其《その》結果は遠距離で、費用の沢山掛《か》ゝる国の商品と十分競争が出来る余地があります、斯《か》ゝる努力の為めに其《その》向上した民族の消費丈《だ》けでも莫大《ばくだい》で、今から其数《そのすう》を計算するに苦《くるし》むので有《あり》ます、況《いわ》んや日支の単独経営権や、合弁経営権は元の通り依然として残存するに於てをやでございます、是等《これら》が世界に幾多の強国を産んだ、民族向上の顕著なる一大歴史の現象と云うのでございます、さぁ斯《こ》う成った時の日本の利益は、秩序維持の軍隊費の幾倍を支払い得ると思いますか、今閣下方の権威とする、海陸の軍隊は、無用の日月を煉瓦《れんが》の家の中で弁当を喰って寝て暮して居《お》ります、幾多の軍艦は振寧丸《ふりぎんたま》でぶー〳〵屁《へ》を垂《た》れ用もない海上を遊んで暮して居《お》りますぞ、夫《それ》を世界人道の為め、東洋開発の為め、機会均等門戸開放の為めに、自発的に支那と相談をして、世界に之《これ》を高唱して其《その》為めに此《この》海陸の軍隊が、善意に努力するのが何で威信に係《かゝ》りますか、何で損が行《ゆき》ますか、私《わたくし》は茲《こゝ》に閣下方の為めに門戸開放機会均等の国家の為めに、有難い一例をお咄《はなし》致《いたし》ましょう、昔日《むかし》浅草観音様の境内《けいだい》は、あの池の畔《ほとり》に榎《えのき》の並んで居《い》る所まで丶、夫《そ》れ以北は全部浅草田圃《たんぼ》と云うて、水の溜った沼田でございましたのを、飯田某《ぼう》とか云う者が、一坪二十銭一反《たん》六十円で買って、池を掘り縦横に溝を通じて、其《その》土を左右に刎《は》ね上げて、僅《わず》かに地面を拵《こしら》えましたとの事故《ことゆえ》、今でも一尺か二尺も掘れば水でございます、其《その》地上を浅草六区《ろっく》と称して、門戸開放、機会均等を宣言しました処が、八方の商人が押寄せて来まして、安芝居や、女義《むすめ》太夫、尻振踊《しりふりおど》り、手品軽業等が集《あつま》って幾多の繁栄を累《かさ》ねまして、一時は其《その》土地の六尺真四角の地上権が、六百円にもなったとの事でございます、さあ門戸開放、機会均等の賜《たまもの》はこんな物でございます、其《その》お蔭であの場所に、二十幾万の人口が群集して生活をして居《い》るので、即ち東京人口の十分の一は、あの場所に集《あつま》って、其《その》利益に喚喁《あぶ〳〵》して居《い》るのでござります、故に日支の両国は、満韓から西比利亜《シベリア》、松花江《スンガリー》、沿海州《えんかいしゅう》、黒龍江《りゅうこう》沿岸まで、皆《みな》一坪六百円の地上権になして、世界人口の十分の一、即ち二三《にさん》億の人口を招集したいのでございます。只《た》だ此処《こゝ》に重大なる要件は、秩序維持の法規でございます、夫《それ》が即ちちゃんと日支両国が最も鄭重に審議すべき、彼《か》の東洋平和会議で極《き》まる規則条件でございます、夫《それ》さえ強固に厳立して、之《これ》に対する警備さえ、永久不抜《ふばつ》の法を立て得たならば、門戸開放、機会均等位《くらい》、世界に結構な物はございませぬ、元来が私《わたくし》は生れるからの軍備拡張論者でございますが、其《その》拡張は基礎ある計画の下《もと》にでなければ、此程《これほど》恐ろしい戯れはござりませぬ、古人曰《いわ》く『天の時は地の利に如《し》かず』と、左《さ》すれば我日本は、亡ぶべき天の時は幾度《いくたび》有《も》ったかも知れませぬが、地の利が世界中絶好の優勢を占めて居《い》る為めに一度も外国に取られた事はございませぬ、又『地の利は人の和《わ》に如かず』と申《もうし》ますが、此程《これほど》地の利に富んで居《い》ても、人の和《わ》には敵《かな》いませぬ、其《その》人の和《わ》が三千年の訓練を経て、一種義勇の風《ふう》を成して居《い》ますから、相《あい》待って他から掠奪せられなかったのでございます、第一絶東と云うて世界の絶端に位して、気候が中温である、夫《それ》から強国は、太平洋五千浬《カイリ》の向《むこ》うか、又は印度《インド》、ペンガル《ママ》、スエズ、地中の諸海洋を隔てゝ居《お》りますが、まだ器械の進歩は、此《この》海を隔てゝ戦う程になって居《い》ませぬ、今仮りに米国が一万噸《トン》の軍艦一艘《そう》を以て日本を敵として攻撃するとしても、其《その》燃料が一昼夜三百噸《トン》と見て、バンカ、ハッチに一千噸入《トンいれ》るとし、三昼夜を駛《はし》ったら、其《その》軍艦は息の切れた人間のように、船の土左衛門であります、左《さ》すれば又三日の航海をなさんには、又一千噸《トン》の石炭船がお供をせねばならぬ、又其《その》三日の後は又一千噸《トン》の石炭船がなければ、九日の航海は出来ませぬ、日本の海岸まで来るには、少なくも五艘《そう》や六艘《そう》の壱千噸《トン》の石炭船を、お伴に連れねばなりませぬ、其《その》石炭船に、又護衛艦が入用《いりよう》です、夫《それ》から日本の海岸に其《その》軍艦が到着した丈《だ》けでは駄目《だめ》だ、夫《それ》が活動する丈《だ》けの石炭供給船が、米国から日本まで続き〳〵て供給して呉《く》れねば、其《その》軍艦の活動は出来ませぬ、一艘《そう》の軍艦でさえ夫《それ》です、少なくも日本の艦隊を打《うち》潰す丈《だ》けの軍艦に供給する運送船でも、米国から日本まで幾千万艘《そう》を要するので御座います、其《その》運送船を米国から日本まで連続せしむる丈《だ》けが、現代ではまだ不可能の事であると、欧米の軍事当局にはちゃんと勘定が出来て居《お》ります、さぁ御覧なさい、夫程《それほど》不便な所に日本と云う国を建国して呉《く》れた人は誰です、吾人《ごじん》は伊勢の天照皇大神宮様にお礼を申さねばなりませぬ、夫《それ》から此《こ》の民族を教養する事、玆《こゝ》に三千年にして、世界から見たら一種の狂人とも云うべき敵愾心が練習して有《あり》ます、其上《そのうえ》日本を亡ぼす丈《だ》けの軍艦を、東洋に持って来たらば、其《その》軍艦と兵士との食う物資がございませぬ、東洋には熱帯地も有って、一年に米が二度出来、四度も筍《たけのこ》の生《は》える土地は有《あり》ますが、夫《それ》は皆《みな》地の底に有る物資でございます、そこで東洋を攻略する為め、欧米の強国は、其《その》物資集収及《および》製造所から拵《こしら》えて懸《かゝ》らねばなりませぬ、好《よ》し夫程《それほど》にして日本を取ってどうかと云えば、土地狭小にして山岳多く、水力燃料共《とも》不完全にして、経営の十露盤《そろばん》が持てませぬ、一本の狭軌鉄道を布《し》くにさえ、一二哩《いちにマイル》間カーブと勾配なしでは出来ぬような貧弱な国柄である為め、只《たゞ》で貰《もろ》うても引合《ひきあわ》ぬと云う事を独逸《ドイツ》と米国の参謀局はちゃんと数字を示して発表致して居《い》ます、夫《それ》御覧じませ、人の取って引合《ひきあわ》ぬような処に、国家を建設して下さったお礼は又伊勢大廟に申上《もうしあ》げねばなりませぬ、其上《そのうえ》寒熱帯の分岐点に在るが為め、気流の険悪は世界一で、元寇の乱から、今度の日本海の海戦まで、皆之《みなこれ》を神風々々と云うて居《い》るではございませんか、夫《それ》で世界は屹度《きっと》確実に日本は欲しくない厄介千万である事を自白して居《い》ます、只《たゞ》支那が欲しい為めに、総て日本に考慮の交渉を持つのでございます、故に日本の軍備は国家の防備を限度とし、次ぎには東洋の秩序維持を限度として、其《その》得たる平和は、夫程《それほど》欲《ほし》がる世界の前に、支那と共にさらけ出して、両国の誠意をさえ披瀝すれば、東洋は只《た》だ向上進歩する計《ばか》りで、来《きた》る物は幸福より外《ほか》ござりませぬ、夫《それ》は門戸開放機会均等を、日支の自発的に発表するのでございます」と、予《よ》が攻め付けたので、其《その》元老と軍事当局の人は、永年の日支交渉の方針を誤まって居《い》た事を繰返して、全然同意をして呉《く》れた事があった。

併《しか》し斯《か》ゝる大局の大議論は、五十年弁当飯に馴れた役人には中々《なか〳〵》実行が出来ず、俺は爾後《じご》快々《おう〳〵》として沈黙して今日を送って居《い》る所であるから、予《よ》は、貴様が今度の支那行を賛成すると同時に、此《この》意義を含ませて、彼地《かのち》の志士をして、此《この》議論の圏内に入れたく、斯《か》くは心中を披瀝して云い聞かす訳であると云うた所が、龍造寺は手に持った一杯のコーヒーも、水の如く冷えて頭と共に冷化して仕舞《しま》い、暫《しば》くして初めて口を開いた。

「お兄《あに》さん、私《わたくし》は初めて支那と云う物の咄《はなし》を聞《き》ゝました、否《いな》、日本と云う物の咄《はなし》を聞《き》ゝました、今日まで私《わたくし》の考えて居《お》った事は、全部間違《まちご》うて居《い》ました、是《これ》から好《よ》く前後将来の事を考え、大略の方針を極《き》めまして出発する事に致《いた》しまする」

と云うて、其日《そのひ》は別れたのであった、夫《それ》から数日の間、音信も無かったが、其《その》月の二十二日に愈々《いよ〳〵》新橋から出発すると云うから、庵主も夫是《それこれ》と気を配りて、其日《そのひ》の時間前に馬車を共にして新橋停車場に往《い》ったが、見送りの人など一人も来て居《お》らぬから、

「家族も書生も朋友も誰れにも知らせぬのか」

と聞くと、

「是《これ》はお兄《あに》さんの米国行の例に倣《なろ》うたので、家族共《そも》には見送りを禁じ、友達には乗船後知らせる積りでございます」

と云うから、

「夫《それ》もそうだ、一人の真身の兄が見送る以外、別に見送人の必要もあるまい」

と云うて居《い》る中《うち》に、段々時間も切迫して来て、多くの乗客も立騒いで来た頃に、龍造寺は一寸用達《ちょっとようたし》に行《いっ》て来ますからと云うて、便所の方に行った、暫時《ざんじ》待って居《い》ても来《きた》らず、もう発車の振鈴《しんれい》が響いて来たのにどうしたかと、気を揉《も》んで居《い》ると、一人の赤帽が来て、

「龍造寺の旦那が一寸《ちょっと》貴方《あなた》を呼んで来て呉《く》れと申されます」

と云うから、一寸吐胸《ちょっととむね》を突かれ、便所に馳せ付けて見ると、龍造寺は小便所の階段の上に立って居《い》る、其所《そこ》に行《いっ》て先ず一驚を喫した。夫《それ》は彼《あ》の横長き尿樋《にょうひ》の流しは全部鮮血が漂うて居《い》る。

「どうしたのか」

と聞くと、

「何だか分りませぬが、放尿後尿道より出血してどうしても止《とま》りませぬ、此《この》通り尿口を摘《つま》んで居《お》りますが、出血が尿道に充満仕《し》ますから、離すと此《この》通り滝のように出ます」

と云う中《うち》、見る〳〵顔色も蒼白を呈して来たから、此《これ》は大変と思い、直《すぐ》に車を飛ばせて龍造寺の親友なる、木挽町《こびきちょう》の池田病院に連れ込んだ、院長は直ちに診察をしたが、何だか原因が分らぬ、種々手当の結果、一時出血は止《とま》ったが、又放尿時になると出血を伴うので、暫《しばら》くは大騒動である。其中《そのうち》池田院長の診断で全く膀胱内よりの出血と極《き》まって、其《その》施術を行《おこな》うたので、稍《やゝ》緩和して、十数日の後《のち》退院するの運《はこび》となった所が、自宅療養後、数日の後《のち》、又々出血を初めて、体力も漸次《ぜんじ》弱るから、今度は順天堂《じゅんてんどう》に入院せしめ、阿久津《あくつ》博士の専門治療を受けて居《い》る中《うち》、膀胱鏡などにて実見の結果、弥《いよ》〳〵膀胱癌と病名が確定して、入院より七日目位に腹部を切開して膀胱内より葡萄《ぶどう》の実の如き物を幾房《いくふさ》となく取出し、内部を電気で焼灼《しょうしゃく》して、一旦施術は終ったが、是《これ》が龍造寺最終の病気とは素人《しろうと》の庵主に気も付かず、只《た》だはら〳〵と心配ばかり仕《し》て暮して居《い》たのである。

54　一世の巨豪、癌腫に斃る

呻吟十年医療の妙を尽し
解剖総て医界の料に捧ぐ

龍造寺《りゅうぞうじ》が第一回の施術の腹部切開は、名にしおう当代の名医阿久津《あくつ》博士の執刀であるから、存分に徹底的に行われたので、案外に結果も宜敷《よろしく》、日ならずして退院して、庵主の宅にも来訪するようになったから、全快次第、早速に支那に行くべく準備をして居《い》た、一方庵主は、阿久津《あくつ》博士に挨拶に行って、段々話を聞くに、博士曰《いわ》く、

「元来が癌腫の事故《ことゆえ》、早くて一年、遅くて三年の中《うち》に復又《また〳〵》病勢の増進を見るべし」

との事である、庵主も尠《すく》なからず落胆して、此《この》模様にては兎《と》ても支那などに旅行せしむる心地もせず、段々研究の結果、斯《こ》う決心をしたのである。

「父母の片筐《かたみ》とも云うべき弟の身体《からだ》が、絶対に不治の病気とある以上は、庵主の健康と力が続く限り現代の医術にて、生命の持続される限り、最善の手を尽して見よう、次ぎには、設令《たと》え如何《いか》なる悪性の病気にもせよ、我家に生れて、我国民人の為めに、犠牲的の観念を以て立つ以上は、此《この》病気を以て無上の犠牲的行為が出来ぬ事はないから、此《この》病気を以て十分に研究の資料たらしむるが良き事である」、夫《それ》には龍造寺に其旨《そのむね》を申含《もうしふく》めねばならぬと思い、一日龍造寺に面会して斯《か》く云うた、「今回汝の病気に付いて、能《よ》く阿久津《あくつ》博士と相談して見《み》るに、斯々《かく〳〵》の病症にて、絶対に不治の病気であるとの事故《ことゆえ》、汝は左《さ》の覚悟をなすべし、

第一、男子一度《ひとたび》生を得て、発奮志を決し、国家民人の為に尽くすは、決して偏固の心を以て為《な》すべからず、其為《そのな》し得べき境遇と、為《な》し得べき事柄とを弁えざる可からず、此故《このゆえ》に汝は支那に行ってのみ然《しか》る志を成す物ではない、生きて世

に尽す事能《ことあた》わず、死して後《の》ち聞《きこ》ゆる事なき其身体《そのからだ》を以て全部医学上の研究資料に捧げ、人間の『モルモット』となる事、我家としては光栄此上《このうえ》なしと思う、若《も》し万一研究の結果、医学上に何等《なんら》かの成績を得るに至らば、兄は此上《このうえ》の満足なく、又若《も》し助命再生の好果を得なば、夫《それ》こそどんな献身的の御奉公でも出来る訳故《わけゆえ》、此際衷心《このさいちゅうしん》最も爽快にして、未練なき決心をなして、医師が為《な》すまゝ、又飲めと云う物は喩《たと》え糞尿腐敗の物にても、決して辞する事勿《なか》れ、予《よ》も亦《また》堅く其《その》決心をなし、費途《ひと》と時日とを顧慮する事なく屹度《きっと》献身的に汝が身体の保護に従事すべし」

と申聞《もうしき》かせたのである、龍造寺は満身の笑《えみ》を浮べて斯《か》く曰《い》うた。

「世に廃物利用と申事《もうすこと》を承り居《お》りましたが、私《わたくし》の体が夫《それ》になるとは、こんな難有事《ありがたいこと》はございませぬ、幼少より抜群の腕白にて、人となって処世の出発第一歩を誤まり、半世の流離困沌《こんとん》は、尽《ことごと》くお《ママ》兄様に御心配を掛《かく》る計《ばか》りの結果と相《あい》成り、最終に及んで聊《いさゝ》か自覚致します、君国を思うの道に入《い》りましたら、直《すぐ》に斯《かゝ》る難病に罹《かゝ》り一応落胆は致しましたが、只今《たゞいま》承われば、夫《それ》が医学界の資料になるとは、誠に以て有難事《ありがたいこと》にて、此上《このうえ》の廃物利用はござりませぬ、今日より私《わたくし》の体は、屹《きっ》と『モルモット』と心得、切るも突くも医師の勝手次第にて、薬物の如きも、薬は愚か研究の為めなら、湯でも飲みますから、御安心下さいませ」

と、快く決心の返事をしたから、庵主も大いに安堵して、夫《それ》から大抵病院住居《ずまい》をさせた、先《まず》東京での名家と云う名家、先ず阿久津《あくつ》、阪口《さかぐち》の専門博士より、青山《あおやま》、林《はやし》、土肥《どい》、金杉《かなすぎ》、佐藤《さとう》、松本《まつもと》の諸博士は勿論、庵主の平生依頼する牧《まき》、杉本《すぎもと》等の諸名医まで、種々様々の手を尽した治療を受けたのである、而《しか》して庵主の仕事としては先ず何よりも膀胱内の瘡面《そうめん》を清潔にすると云う条件の下に、看護人の熟練なる者を附随せしめ、毎日薬液を以て洗滌《せんでき》し、医師の指図に依って、食物に十分注意し、夫《それ》を丹念に持続せしめたのである、其中《そのうち》又膀胱内の癌の瘡面《そうめん》は、葡萄《ぶどう》の実の如く、粒々《つぶ〳〵》腫脹《しゅちょう》して出血を始めたから、種々手当の末、又々腹部切開の事に決したのである、阿久津《あくつ》博士を始め、其他《そのた》の名医達も、

「斯《か》く繰返しての荒療治を為《な》すも、何様《なにさま》疾患其物《そのもの》が悪性故《ゆえ》、一時の仕事たるに過ぎず、余りに痛わ敷《しく》てお気の毒である」

と申さるゝも、龍造寺は断然聞《きゝ》入れず、庵主も亦《ま》た龍造寺に、根本的同意をして、飽迄《あくまで》徹底的施術を要求するので、

阿久津《あくつ》博士は再び決心をして、大施術を執行せられたのである、今度は膀胱内の組織の悪しき所を、十分に切断して取《と》除《の》け、其瘡面《そのそうめん》を電気にて十分に焼灼《しょうしゃく》せられたが、何様《なにさま》大施術の事故《ことゆえ》、博士は満身の流汗《りゅうかん》は下着を透して、上衣まで絞るように至りたれ共《ども》、十分為《な》すべき仕事は為《な》さねばならぬと、其《その》施術を終られたのは、二時間の後であった、夫《それ》より龍造寺は、例に依って施術後の摂養に注意して、とう〳〵又本《もと》の通り位には回復したのである、丁度此《この》頃の事で、庵主の秘書役を頼んで居《い》る、陸軍出身の清水《しみず》と云う人がある、此人《このひと》の叔父君に当る老人で書家を以て業とする人があって、老年に及ぶも子供がないので、諸国を周遊して書道に遊んで居《い》た折柄《おりから》、不計《はからず》も胃癌となり、総ての医者に見放されるまゝ、責めても死水《しにみず》は一人の甥の清水に取って貰《もら》わんと、人に連れられて来たので、清水氏は懇切に介抱して居《い》る中《うち》、京都の或る寺より胃癌の妙薬を施薬すると聞き、夫《それ》を煎じて叔父君に飲ませて居《い》たら、最早死期に迫まって居《い》ると医師に云われた叔父君が、中々《なか〳〵》死なぬので、一同不思議に思い、尚一層其《その》薬を継続して飲ませて居《い》る中《うち》、或日《あるひ》血の糞便を排泄して以来、段々回復に向《むか》い、とう〳〵全快して、又々元の書家となって諸方を周遊して居《い》るので、清水氏は其《その》薬の種《たね》を見《み》付《つけ》出して、今夫《それ》を宅に植付けて居《い》るから、夫《それ》を龍造寺に飲ませては如何《いかん》との勧めにより、薬とさえ聞けば、何でも飲む龍造寺の流義故《ゆえ》、早速に其種実《そのたね》を得て、自宅内に五十坪計《ばか》りも蒔き込んで、其《その》枝葉を煎じて毎日の常飲料として龍造寺は暮して居《い》たのである、折から又段々と此《この》薬の話を聞くに、二十年前、泉州堺《せんしゅうさかい》の人で奥某《おくぼう》と云える人が、拳大《こぶしだい》の癌腫が胃の腑に発生し、先ず大阪病院にて見放され、夫《それ》より東京の胃腸病院にて見放され、赤十字病院にて見放され、帝国大学病院にて見放され、最後に順天堂《じゅんてんどう》にて見放されたので、弥《いよ〳〵》死期が数月の中《うち》に迫りたると聞き、夫《それ》なら帰って郷里の土とならんと思い、自宅にて療養中、或る人の勧めにて、右の植物を煎じて飲用せば、胃癌の全快疑《うたがい》なしと聞き、全然無駄と思いながら、手の尽《つき》たる後の気慰みに、夫《それ》を土佐の国より取寄せ、毎日の飲料として服用して居《い》たる処、五六《ごろっ》ケ月も過ぐるも中々《なか〳〵》死なぬので、益ゝ《ます〳〵》気を得て服用を続けて居《い》たるに、八ケ月目に及んで、或朝《あるあさ》真黒なる血の如き物を、多量に吐出したので、驚きの余り一時喪心したのを、家人《かじん》は驚きて種々介抱の末、人心《ひとごころ》に帰り、今までは水さえ胃中に収り兼ね、右の煎薬丈《だ》けは、種々の困難をして、やっと飲用して居《い》たのに、夫《それ》から後は先ず重湯《おもゆ》が嚥下《えんげ》出来る事となり、其次《その》には僅《わず》かな粥《かゆ》が食われ、漸次《ぜんじ》体力も回復して、爾後《じご》五ケ月にして平常に回復したので、其《その》薬草を以て内務省より許可を受け、治癌剤と命じ売薬として売出《うりだ》したる処、売行抜群なりと聞き、丁度清水氏の話と一致符合するに付《つき》、庵主は弟の可愛さと、研究の面白さとにて進んで此《この》薬の研究にも着手する事としたのである、夫《それ》から此《この》薬草を本《もと》として調査を遂げたるに、俗称「ハマヂシャ」と云い、和名「ツルナ」と云い、漢名「蕃杏《ばんきょう》」と云い、英名にて「エキスパンサー」と云うとの事、一見蔓生《まんせい》の如くして、黄なる小花を着け、葉は丸味を持って厚く、副食物としては茹《ゆで》て浸《ひた》し物、若《もし》くは味噌汁の身などに宜敷《よろしく》、「しゃき／＼」とした歯当り宜敷《よろしく》、少し塩気を含む味を有せり、種は堅き殻内《かくない》に芥子《けし》の如く、障隔内《しょうかくない》に群列して、其殻《そのから》の儘《まゝ》、播種《はしゅ》する時は、二ケ月位萌芽を生ぜず、故に槌を持って半ば打割って播種《はしゅ》するを常とす、夫《それ》より世間に癌腫とさえ聞けば、此《この》薬を施薬して飲用させて見たが、脈搏が良好となる事丈《だ》けは一般に同一であるが、子宮癌、肝臓癌、膀胱癌等には一切験目《きゝめ》を認めざりしが、胃癌丈《だ》けには慥《たし》かに顕著なる功験があるので、庵主の友人岸《きし》博士は、太《おお》いに此《この》薬草に興味を持ち、専ら製薬試験の事に従事せられ、数ケ月の後、一の製薬を得られた頃、丁度庵主の友人栗野《くりの》子爵の姉君の七十有余にならるゝ人が、又拳大の癌腫が胃腑《いのふ》に出来たるより、土肥《どい》博士の「ラジウム」治療等にて、種々手当も尽されたるが、更《さ》らに効験なきより、此《この》岸博士より製薬の散薬を貰《もら》い、夫《それ》を服用して五十幾日の持続の折柄《おりから》、或日《あるひ》看護婦が、気《け》たゝま敷《しき》報告に「御隠居様が多量の血便を排泄せられました」との声に驚き、一同駈付けて見るに、何とも形容の出来ぬ臭気にてありしと、夫《それ》から何《いず》れも応急の手当をなす内、漸次落付き日を経るに従って衰弱に衰弱を重ねたる体も、段々と回復して、とう／＼後には湯も咽《のど》に通らざりし病人が、性来好物の西瓜《すいか》を幾切れも摂取せらるゝに至ったとの事である、斯《かゝ》る薬を龍造寺が自宅内に沢山蒔付《まきつ》けて、平常不断に飲用する事を継続したので、其為《そのため》か脈搏丈《だ》けは何時《いつ》でも丈夫で暮して居《い》たが、何様《なにさま》難病故《ゆえ》、とう／＼三度まで腹部切開の施術を行い、同一の方法にて焼灼《しょうしゃく》しては快癒する事を繰り返したのである、数え来《きた》れば龍造寺が新橋停車場にて発病以来、丁度十年の間、各名医方も驚嘆する程、学理と薬剤と、施術と看護との四つに最善を尽したのは、

第一、医学上の研究

第二、父母の遺体に対する務め
第三、兄弟の恩情より、万一にも全快の機はなきやとの未練心
で有ったに相違ないのである。

其後《そのご》庵主が、郷里福岡へ帰省中「龍造寺容体不良」との電報に接したから、取る物も取り敢えず帰京して見たれば各医師が、「如何《どん》な龍造寺さんの健体も、今度は六ケ敷《むつかしい》と思います、夫《それ》は『ブルース』の性質が甚だ不良であるから電報を打《うち》ました」との事であった、病床に行って龍造寺に面会して見れば、顔頬《がんきょう》も左程《さほど》の衰弱は見えねども、脈と呼吸は素人《しろうと》にも大分多いようである、何でも十年目の病体故《ゆえ》、予《よ》を隊長として、皆《みな》代る〳〵夜伽《よとぎ》をせよと命令して、予《よ》も夜伽《よとぎ》看護を続けたが三日目の昼頃、俄《にわ》かに段落《だんおち》がして、医師が「カンフォル」の注射を始めた、又、食塩の注射をも為《し》た、夫《それ》から二三《にさん》時間奮闘の後、愈《いよ〳〵》絶望となって来て、もう頸髄が痙攣して来て、瞬《またゝき》が出来ぬように成って来た時、龍造寺は庵主に向《むか》って斯《か》く曰《い》うた。

「お兄《あに》様、大分気持が良くなって来ました、此塩梅《このあんばい》では今度も又難関を切り抜けまして回復するであろうと思います、今迄は色々の不養生を致しまして、御心配ばかりを掛《かけ》ましたが、今度こそはシッカリ保養を致します、此冬《この》を兎《と》や角凌《かくしの》ぐ為めには、熱海《あたみ》に頃合の家を見付けて置《おき》ましたから、体が動ける丈《だ》けに成《なり》ましたらば、腰を据えて熱海に転地仕《し》ようと思います、来春菜種《らいはるなたね》の花の咲く頃には屹度《きっと》全快するであろうと思います」

と云うから、庵主は思わず満身の血が凍る程不憫《ふびん》になって来た、今此末期《このまつご》に及び、此程《これほど》脳髄の明晰な男でも其《その》死期を知らぬのか知らん、況《いわ》んや度々の施術の時も自《みず》から進んで大施術を受けたのは、已《すで》に絶対に不治の病気たる事を知って居《い》たればこそ、其《その》旺盛な決心もあったのである、然《しか》るを「菜種《なたね》の花の咲く頃には全快仕《し》よう」とは、全く安楽国へ行《ゆ》く積りであると見えると思い、

「おゝ、そうじゃ、十年の星霜短かしとせず、今日まで汝が生命を持続したのは、全く汝が勇猛の結果である、此上《このうえ》は身心共《とも》無為の境界《きょうがい》に入《い》り、安楽の処に転地をして心安く暮せよ」

と云うたのが、庵主が愛弟龍造寺に対する今生後生《こんじょうごしょう》と限った最後の引導であった、夫《それ》から三十分立つか立たぬ中《うち》に、呼吸がごとんと響いて、跡はふーっと一つ長い息を吐いて落命したのである、此《これ》が東京府下中野郷字中野《なかのごうあざなかの》一千五十五番地の龍造寺が自宅の八畳の間に於てゞある、夫《それ》から立会《たちあい》医師の最後の診断も済んで、弥ゝ《いよいよ》龍造寺隆邦《りゅうぞうじたかくに》は死亡したとの知らせを為《な》し、親近の者も最後の式も終えたから、庵主は医師に向《むか》って斯《か》く云うた。「我が家憲として、家中死亡者は、何物でも掛《か》ゝり医立会《たちあい》の上、悉く《ことごと》解剖を行わせるのであるから、先生方の御相談で、どうか順天堂《じゅんてんどう》で至急解剖の上、病理研究の資料として戴きたいのである」

「夫《それ》は実に有難事《ありがたいこと》でござりますから、十年以前より今日まで龍造寺さんを診察した医師の方々に、只今《たゞいま》から至急通知を致しまして、明朝の十時に解剖を致す積りで、準備を致します」

と云うて一同引取られたのである、夫《それ》から其《その》夜は一同と共に愈《いよいよ》最後の夜伽《よとぎ》をして、明朝の八時半に自動車を以て龍造寺の遺骸を順天堂《じゅんてんどう》に送り付けたのである、其《その》解剖の結果は、

(1) 主病たる膀胱の癌腫は「クルミ」実のように収縮固結して、之《これ》を裁断したるに綺麗に尿道丈《だ》けの働《はたらき》をする事に成って居《い》たとの事

(2) 腎臓は両方とも、一方は腐敗一方は全部が化膿して居《い》たとの事

(3) 肺部に結核の病竈《びょうそう》がありしとの事

(4) 心臓部に結核の転移ありしとの事

(5) 脳部の解剖は脳量も目方も抜群普通の人より多量なりしとの事

右の如き事から幾多病理上の事を宜敷《よろしく》書いて、各部の写真を添え、広く之《これ》を配布せられたとの事である、要するに龍造寺の癌は、或る形式に於て直って居《い》たのである、死因は腎臓及《および》心臓であると確定したのである。

嗚呼《あゝ》庵主は生来始めて骨肉の弟を失《うしの》うたのである、夫《それ》も三回まで人切組板《まないた》の上に載せて、血塗《ちまみ》れになしてゞある、然《さ》れども庵主の心理状態は頗《すこぶ》る満足であった、如何《なぜ》なれば、如何《いか》にも夫《それ》が徹底的であったからである。

第一、効果は収めなかったが、出来得る限りの教訓を得たのである
第二、豪放不羈《ふき》の男ではあったが、生涯寸時間も兄弟友愛の情を失わなかったのである
第三、癌腫の病《やまい》に罹《かゝ》ったのを、十年間看護したのである
第四、現代に於てあらゆる名医の手にて、十分の治療をなし、又十分の研究をして貰《もろ》うたのである
第五、癌に対するあらゆる薬は、善悪とも飲ませ尽して、各其《かくその》成績を調べる事が出来たのである
第六、其《その》遺骸は帝国大学より解剖の講師が出張して、数十人の名医立会《たちあい》の上、熾烈《しれつ》なる眼力の焼点《しょうてん》に横《よこた》わって、其《その》学的資料に提供したのである

庵主は此上此《このうえこの》稿を書くに忍びぬから茲《こゝ》に筆を擱《さしお》くであろう、之《これ》を読む青年諸士は、庵主の兄弟が行為の善悪に拘《かゝ》わらず、諸士が兄弟間友情の何かの資料として呉《く》れられなば、庵主の満足よりも寧《むし》ろ龍造寺の冥福を祈る上に於て、多大なる功徳であると感謝するのである、庵主此間《このあいだ》龍造寺の後家の宅を訪《と》うて見たらば、庵主が曾《かつ》て書いて遣《や》った、不味《まずい》詩の掛物を壁間《へきかん》に掛け、其下《そのした》に龍造寺の位牌を祭《まつっ》て居《い》た、曰《いわ》く、

坎軻半世苦辛多《かんかはんせいくしんおおし》　吾弟十年倶病魔《ごていじゅうねんびょうまにともなう》
可憫呻吟唯問我《あわれむべし、しんぎんたゞわれにとう》　今秋菊信果如何《こんしゅうのきくしんはたしていかん》

55　夜陰に響く鉄槌の音

奇遇金蘭を契り
鐘音正覚を覓む

明治十七八《しちはち》年の頃であった、庵主が他県の人の紹介で、同郷の頭山満《とうやまみつる》氏に面会し、夫《それ》が動機となりて、郷里事業の興隆を思い立ち、久し振りにて福岡に帰ったが、何《な》にしろ壮年血気の頃であるから、一度《ひとたび》意気協合した上は、全く阿修羅王の如く荒れ廻り、一文《もん》なしで下駄もはかず、手拭《てぬぐい》も持たぬ儘《まゝ》石炭山の計画を立てたり、当時三四《さんよん》万円も掛《か》る新聞などを起《おこ》したり、見る事、聞く事、悉《ことごと》く旧套《きゅうとう》を打破して、弱りに弱った郷里の風紀を革新改造して居《い》る最中、庵主が玄《げん》洋社《ようしゃ》の機関たる、福陵新報《ふくりょうしんぽう》と云う新聞社に行って見ると、会計方《かた》を仕《し》て居《い》る一人の青年で、椅子に斗《ばか》り腰を掛けてぼんやりして居《い》るのがあった、庵主と毎日のように顔を見合せて、双方一言《いちごん》の挨拶もせず経過して居《い》たが、庵主は其《その》風采の通常でない所から、一種異様の感を持って居《い》た、或る夏の日の事、其《その》青年がつか〱と庵主の傍《そば》に寄って来て、

「あなた、非常に暑いから、一緒に海へ泳ぎに行こうではございませんか」

と云うから、庵主は余り突然の事ではあるが、其《その》突然が又面白かったので、

「はい、一緒に行きましょう」

と、共に海岸に行って腹散々《はらさん〲》遊泳して、がっかり疲れたので、海浜の松陰に休んで居《い》た処、其《その》男が云うには、

「あなたは毎日何を仕《し》て居《お》りますか」

と云うから庵主は、

「僕は毎日馬鹿の限りを尽して居《お》ります」

と云うと、其男《そのおとこ》がにやりと笑って、

「世の中で馬鹿らしい事は、皆《み》んな男のする事であろうと思います、僕は新聞社の会計を仕《し》て居《お》ります」

と云いく、双方衣物《きもの》を着て、共に新聞社に帰り、其男《その》は机の上に拡げて居《い》る帳面を見せた。

一金百七十円　　月給皆んなの分
一金二十八銭　　うどん食う
一金五十銭　　　ござく分らぬ
と云うような事を書いてある、庵主は其男《その》に向《むか》い、

「此《この》新聞社の月給は、皆《みんな》で百七十円ですか」

と聞くと、

「はい」

と云うから、

「此《これ》は何月分《なんげつ》ですか」

と尋《たづね》ると、

「夫《それ》は今月分です」

と云うから、

「何月分《なんがつ》と書いてないでは有《あり》ませぬか」

と問うと、

「今月私《わたくし》の手で、私《わたくし》が書きましたから今月分です」

と云う、庵主は面白いから、

「此《この》『うどん食う』と書いてあるが、是《これ》は誰が食いましたのですか」

「夫《それ》は同僚の吉田さんと食《くい》ました」
「此《この》ござ〳〵とは何です」
「夫《それ》は何であったか分らぬが、只《ただ》銭《ぜに》丈《だ》け五十銭足らぬように成《なり》ましたから、ござ〳〵と書きました」
「新聞社の会計はそんな事で良いのですか」
「いえ、新聞社でなくとも、日本国中の会計は皆んな此《この》通りで宜《よろし》いと思います」
「なぜですか」
「一体会計方と云う者は、嘘を書くのが一番悪るいと思います、事実有った通りの事を書き得る者なら、夫《それ》以上の良い会計方はないと思います、日本国中そんな会計方斗《ばか》りになったら、天下泰平であります、僕は自分で仕《し》た事を、其《その》通り僕が書いて居《お》りますから、決して間違はありませぬ、夫《それ》を事実忘れて居《お》っても、忘れぬ振りをして嘘で間都合《まつごう》を合せては済まぬと思います、又事実を書いて居《い》るのを信用せぬ社長なら、辞職した方が好《よ》いと思います、我社の社長は頭山《とうやま》君で、僕の書いた事を信用して呉《く》れる人ですから遣《や》って居《お》ります」
是《これ》を聞いた庵主は、何時《いつ》の間にやら目を見据え、体《たい》を堅くして、其《その》男の顔を凝視して居《い》たが、腹の中に言得《いいえ》られぬ慙愧《ざんき》の心が湧いて来て、強烈なる刺戟《しげき》を受け、実際師父以上の教訓を聞いた心地がしたのである、是《これ》は只人《ただびと》ではない、屹度《きっと》自分の為めになる友達として良い人である、と思うと同時に、玄洋社が天下を睥睨《へいげい》して四方を震慄《しんりつ》させて居《い》るのも、此《この》会計法一つではないかと、少なからず畏敬の念を起《おこ》したのである、此人《このひと》は姓を結城《ゆうき》、名を虎五郎《とらごろう》と云うて、当時二十五六《ごろく》歳で庵主とは五つ六つ年上であった、其《その》父は福岡藩の大家《たいけ》家老席にある久野《ひさの》氏の家来であって、陪臣の家ではあるが、有名な忠誠の人で、歳八十有余《ゆうよ》まで勤務せられたそうなが、其間《そのかん》に二度も閉門に遭うような大事件にあったが、主家でも此人《このひと》を使わずには居《い》られず、本人も亦《ま》た此主《このしゅ》に仕《つか》えずには居《い》られなかった程の人物であったとの事である、此《この》父の死後、母の手一つで育て上げられた虎五郎は、殆んど口にも筆にも尽されぬ程の、艱難《かんなん》の中に人となったが、世の有《あり》ふれた小児の如く、少しの「いじけ」気《け》もなく、ひがみ根性もなく、最も無頓着に、無邪気に生長して来たが元々父兄師長の訓戒があるではなく、小学校へさえ入学した事もなく、只《た》だ憂きに馴れたる母親の、肌寒き懐《ふところ》を、此上《このうえ》なき安楽の世界として、伸び〳〵と育って来たと云うが、此人《このひと》の著しき経歴である。

風薫る、立花山《たちばなやま》の北陰《きたかげ》に、藍《あい》の島打つ玄海《げんかい》の、濤《なみ》の音さえ響灘《ひゞきなだ》、幾《いく》暮れ告ぐる鐘崎《かねざき》の、沖に漂う漁舟《いさりぶね》、夫《それ》を前にした一漁村を新宮村《しんぐうむら》と云うのである、此《この》村は上古《じょうこ》より甚だ由緒ある所にして、新宮の名は筑前那珂《なか》の郡《こおり》にある、住吉神社の支祠《しゝ》として此《この》名あるとの事、本朝無類詩集に周光《しゅうこう》の作として「漁戸傍汀春柳暗《ぎょこみぎわにそうてしゅんりゅうくらく》。雲祠移岸古松青《うんしきしにうつってこしょうあおし》」の一聯《いちれん》あり、又釈蓮禅《しゃくれんぜん》の詩にも「沙塘岸遠漁村白《さとうきしとおくしてぎょそんしろく》。松越山高鳥路青《しょうえつやまたこうしてうろあおし》」の句ある如く筑前明媚の風光は、大概此辺《このへん》に展開せられて居《い》る其《その》一である、此《この》村に、母と共に小《さゝやか》な暮しをして居《い》た、一の奇童が即ち此結城虎五郎《このゆうきとらごろう》である、結城の母親は頼む夫に死別《しにわか》れ、幾多浮世の憂節《うきふし》に揉《も》まれて、生活の脅威に漂い、終《つい》に此《この》村に落付き、虎五郎と其《その》姉の難病に罹《かゝ》れる者の二人を育《はぐ》くみ、襤褸《つゞれ》させちょう針仕事、洗い濯《すゝ》ぎの傍《かたわ》らに、村の子供に手習の、仮名《かな》を教えを生業《なりわい》の、助けとなして暮せしが、虎五郎十二三《にさん》歳の頃よりして、其《その》母に至孝なる事は、一村の模範とも成るべき程にて、心なき村人も、自然と此《この》親子の風《ふう》に善化せらるゝに至ったのである、虎五郎は十二歳の時より、近村の鍛冶屋に弟子入して、十五歳の頃、母の許《もと》に帰りて、家の土間に、小《さゝ》やかなる鞴《ふいご》を据え、釘鍛冶の業《わざ》を始め、聊《いさゝ》かなりとも母の手助けをせんものと、夜も半《なかば》は眠らずに其業《そのわざ》を励み、僅《わず》かに得たる品物は、之《これ》を博多の町に負い行《ゆ》きて、一生懸命に母の生計を助けて居《い》たのである、然《しか》るに時恰《ときあだか》も維新と云う旋風《つむじ》の吹き荒《すさ》んだ後、西南戦争の前後であった為め、旧士族の窮困惨状は、眼も当てられぬ程で、結城は此僅《このわず》かなる釘鍛冶に、必要なる地鉄《ぢがね》の仕入にも困難し、日毎《ひごと》に其《その》苦痛に耐え兼ねて居《い》たが、風斗心付《ふとこころづき》しは、数年前此《この》村の浜辺にて、一艘《そう》の小《こ》蒸汽船が難破した節、此《この》漁民が気を揃えて尽力をしたので、其微塵《そのみじん》に破壊したる物の中《うち》、蒸気のボイラを謝礼として村民に贈り、其《その》船主は立去ったが、何様《なにさま》当時の事ゆえ、此《この》鉄の塊《かたま》りの丸き釜を何とも手の付けようもなく、其儘《そのまゝ》に海浜に打《うち》捨て転《ころ》がして有った、結城は夫《それ》にふっと目を付け、此《これ》を村の人々と相談をして、或る値段にて買入れ、之《これ》を釘となして売ったら、何程ずつか仕払う約束をして、我物となしたのである、然《しか》るに何様《なにさま》こんな大きな鉄塊《てっかい》を、釘の材料となすには、何程の大仕掛をなすも中々《なか〳〵》困難である、夫《それ》を如何《いか》にするかと見て居《お》れば、結城は晩景より一挺《いっちょう》の玄翁《げんのう》（大型鉄鎚）を提《さ》げて浜辺に出《い》で、月夜に乗じて其《その》ボイラの横腹を打始めた、其《その》音響は、海《うな》面《づら》に亘り山彦《やまびこ》に徹し、夜陰と共に鳴《なり》響き、村の誰彼は何事が始まったかと一驚を喫したが、後其事《のちそのこと》が分って村の耆老《きろう》は其《その》翌晩からは、

「あれは親孝行の音であるから能《よ》く聞いておけ」と孫や子供に教訓して、結城が年若《としわか》にして万事に精励なるを称賛して居《い》たとの事である、結城は毎晩〳〵夜陰に乗じ、満身の力を罩《こ》めて其《その》ボイラを玄翁《げんのう》で打って居《い》たが、玄翁《げんのう》が熱する斗《ばか》りになる時、やっとボイラの横腹に一つの穴を打抜いたのである、夫《それ》から鉄片を一つ二つと打落《うちおと》し、夫《それ》を鞴《ふいご》に掛けて細く針金のように打伸《うちの》ばし、とう〳〵其《その》古ボイラ一つを、全部釘に製して生計の基礎を拵《こしら》えた、夫《それ》が十五六《ごろく》歳の小児の仕《し》た事である、庵主は曾《かっ》て其《その》村に往《い》って、老人の咄《はなし》を直々《じき〳〵》に聞いた事があったが、

「結城さんが子供時代に、蒸気の釜を打割《うちわ》んなさる音を村の年寄は子供や孫を集めて、毎晩咄《はな》して居《い》ました、あの音は此《この》村中の若い者の耳に響く、親孝行の音であると申して居《い》ました、結城さんが此《この》村に来て、鍛冶屋を始められましてから、此《この》村の若い者や子供は、皆んな夜業《よなべ》を為《す》るように成《なり》ました」

と云うて居《い》た、今の世の中の若い者には、こんな事を云うたとて、何事の謎かと思うて聞く力さえあるまいが、此等《これら》が人間壮若の時からの修養の第一である、往古印度《むかしインド》の釈迦《シャカ》と云う人は悉達太子《シッタたいし》と云う、其国《そのくに》の皇太子であった、年若《としわか》にして人間の無常を感じ、宮殿楼閣や、錦衣玉食を捨てゝ、夜中宮闕《やちゅうきゅうけつ》を抜出《ぬけだし》て、檀特《だんどく》、雪山《せっせん》の深山《しんざん》に分け入り、謫仙《てきせん》を求めて、屹度《きっと》衆生を済度《さいど》し、正覚《しょうがく》の道に入れようとの本願を起《おこ》し、其《その》大法を謫仙《てきせん》に求めんと、あらゆる忍辱《にんにく》の業を積んで、修養をしたのである、夫《それ》には先ず「三界無安《さんがいむあん》」と云うて、前世、現世、未来とも人間に、安き心は一時《いっとき》もなく、先ず第一に「生きる」というて、食わねばならぬ、着ねばならぬ、人と交際せねばならぬ、其《その》生きて居《い》る苦《くるし》みは、物心の付く頃からして、一生の苦痛である、第二は「老ゆる」と云う恐ろしい事がある、如何程《いかほど》泣いても慟《わめ》いても、此《この》ずん〳〵年を取って慥《たし》かに間違なく、凋落する心細さを引止める事は出来ないのである、第三には「病む」と云う難儀があり、是《これ》も免《まぬか》るゝ事は出来ぬのである、痛い、苦しい、切《せつ》ない、と云う七顚八倒の大難事を屹度《きっと》免れぬのである、第四

には「死」と云う結論に到着する、散々生きて居《い》る苦《くるし》みをして、老ゆると云う心細い瀬を渡り、病苦と云う難儀を忍びて、其《その》揚句の果《はて》が、正に間違なく「死」ぬるのであるから、人間は一生涯七顛八倒の苦しみに弄《もてあそ》ばるゝ為めに、生れて来たような物である。夫《それ》を気の毒に思うて、最も深酷に感じた人が、悉多《シッタ》太子であり、又其苦《そのくるし》みを根本より救済しようと思うたのも、悉多《シッタ》太子である、故に其《その》救済方を聖哲仏仙の謫仙《たくせん》に求むるが為めに山に入ったので、是《これ》が釈迦《シャカ》の本願である、先ず物慾を去り、食を廃し、妻親を捨てゝ、心耳《しんに》を清澄にし、此《この》大法に接近せんと勤めたのである、其《その》山に入《い》る前には、

「箇中衆生悉是吾子《このうちしゅじょうことゞ〳〵くこれわがこ》」

と叫び、又、

「而今此処《しこうしていまこのところ》。多諸艱難《もろ〳〵のかんなんおおし》。唯我一人《たゞわれいちにん》。能為救護《よくきゅうごすることをなす》」

と高声《こうせい》に絶叫したのである、夫《それ》から山に入掛《いりが》けに、村人から一つの銅鑼《ドラ》と云う鐘を貰《もろ》うて曰《いわ》く、

「自分が深山《しんざん》に入って、飢えて起《た》つ事が出来ない時は朝に晩に一度ずつ、此銅鑼《このドラ》を打つから、其《その》音の聞《きこ》える間は、自分がまだ生存して、大法を求めて居《い》るものと思うてくれ」

と云うて、山に分け登った、其《それ》から今日まで入相《いりあい》の鐘と、暁の鐘を寺々で撞《つ》くのは、此《この》因縁であるとの事である、法華経には、

「撞鐘告四方《かねをついてしほうにつぐ》。誰有大法者《たれかたいほうをゆうするものぞ》。若為我解説《もしわがためにせつをとかば》。当以為奴僕《まさにもってぬぼくとなるべし》」と書いてあるにても分るのである、夫《それ》から其《その》鐘の音が、朝晩に絶えず、多年の辛苦《しんく》をして、斯《こ》の大法を得て下《くだ》って来た時、即ち出山《しゅつざん》の釈迦《シャカ》は何と云うた、曰《いわ》く、

「諸悪莫作《もろ〳〵のあくはなすことなかれ》。衆善奉行《おおくのぜんはうけおこなえ》」

と云うたのが本《もと》となって、後世千百万年の後までも、百万の経巻を縦横して、此《この》大法を説いて世界第一の大宗教を開き今日に至ったのである、故に丁度、結城が年若《としわか》にして、筑前新宮村《しんぐうむら》の海浜で、一の古ボイラを打った音を、其《その》村人が

親孝行の響《ひゞき》じゃと云うたのは、其撞《そのつ》く人の心と、聴く人の心が真《まこと》の道に触れて、如此釈迦《かくのごとくシャカ》が檀特《だんどく》、雪山《せっさん》にて撞《つ》いた鐘と、同じ意味の響《ひゞき》がしたのであると、庵主は今日まで思うて居《い》るのである。

斯《か》ゝる素養のある人を、福岡の頭山氏が呼寄せ、其《その》部下となして薫陶し、自分の経営する福陵新報社の会計となして居《い》た、其人《そのひと》に庵主が不斗《はからず》も出会い、共に海水浴をしたのが交りの初めとなり、一生涯の良友として少なからず自分の欠点をも補い、益友としての交りを全うしたのは、庵主も亦《また》生涯中の光栄と思うて居《い》るのである。

56　榎本武揚を救った大西郷

壮士指を割いて主家を救い
巨人身を捨てゝ忠臣を助く

結城は母と難病の姉と、二人の間に介在して、幼少より備《つぶ》さに世路《せろ》の艱難《かんなん》を嘗《な》め、学問とては小学校にも通う事《こと》出来ず、母が夜な〳〵近隣の小児に、習字を教うるに、自分は其群《そのむれ》に入《い》る事さえ出来ずして、土間の一隅に小さき鞴《ふいご》を据えて、釘鍛冶を毎晩の夜業として居《い》た位であるから、全くの聞覚え見覚えの外《ほか》、学業の交渉とてはないのである、夫《それ》も母親の識力を限りとして覚えた学問であった、稍《や》ゝ物心が付いて来ても、振仮名付《ふりがなつき》の真書《しんしょ》太閤記や、源平盛衰記、三国史や水滸伝を拾い読みに読んで、無上の物識顔《ものしりがお》をして居《い》た位である、丁度彼が十九歳の頃、或る造船所の職員が、何か調査の事あって此《この》村に来《きた》り、結城の家に一宿して、其夜咄《そのよばなし》に松脂《まつやに》と云う物の需要に付き物語を為《し》たのを聞き、不斗《ふと》結城が考《かんがえ》を起《おこ》したのである、是《これ》が結城の脳裏の、事業心の萌芽を生じた時である、此《この》福岡県と云う所は、北海岸一帯全部を松林とも云い得る場所にて、往昔《むかし》より十里松、千代の松原、生《い》きの松原などの名称多く、先ず門司《もじ》、大里《だいり》の海岸より、西は唐津《からつ》伊万里《いまり》の海岸まで、概して白砂青松《はくさせいしょう》を以て連続して居《い》るので、古人の風土記や、詩歌にまで数限りなく称《たゝ》え尽《つく》されてある此《この》松林は、大部分官林にして、私有若《も》しくは民有林は、殆んど稀《ま》れな位である、そこで結城は此《この》北方豊《ほう》、筑《ちく》、肥《ひ》の海岸にある、三四《さんし》十里間の大小松樹の数を調査すべく思い立ったのである、其頃《そのころ》結城の刎頸《ふんけい》の友として筑前遠賀郡《おんがごおり》の農家の悴《せがれ》に、大貝直太郎《おおがいなおたろう》と云う青年があった、夫《それ》と協議して、此《この》三ケ国の海岸に散布する松樹の数の調査に着手したが、其《その》着眼の奇抜なる事と、気魄《きはく》の旺盛なる事は、今より想像しても、一驚を喫するのである、此《この》大貝と云う青年も、天性の正直者で、至極《しごく》約束の堅い男であったから、互いに励み合《お》うて、幾月も〳〵も倦《ママ》怠と云う事を打《うち》忘れて、其事《そのこと》に専念従事したのである、素《もと》より両人とも貧家の悴《せがれ》であるから旅費や糧食の貯えとてもなく、或時《あるとき》は山の芋《いも》を掘りて食い、或る時は菌《きのこ》を焼いて食い、川渡しの船銭が無いと、代りに一本の破傘《やぶれがさ》を与えたり、大抵は宮寺《みやでら》の門や大木の下に野宿をして、とう〳〵此《この》三ケ国の松の樹を数え尽して、夫《それ》から其《その》松の樹の根元に、一斧宛《ずつ》の切形《きりがた》を付けて其処《そこ》から吹き出る脂《やに》を、篦《へら》の如き物にて採取する手順を立て、夫《それ》によりて幾干《いくばく》の松脂《まつやに》を、幾干《いくばく》の費用にて得らるゝと云う、立派なる組織的の計画を立て此《この》事業を以て、志士たる者が君国に奉ずるの資《し》を得ようと企てたのであるが、扨《さて》、斯《か》くまで計画はしたが、誰か此《この》事業の頭領たるべき人を見付出して其《その》指揮の下《もと》に努力するを最も適当の事と心得、色々物色した処、福岡の偉人、頭山満《とうやまみつる》と云う人が、多くの青年を引連れ、福岡市より三里隔《へだ》りたる、向《むか》い浜《はま》と云う人里離れし松林の中に籠りて、青年の教養に従事して居《い》ると云う事を聞出《きゝだ》して、結城、大貝の両人は、打《うち》連れて福岡に出て来て、頭山氏に面会を求めたのである、是《これ》が両人が始めて頭山氏に接近した最初である、世遠く人亡び、教義正《たゞし》からずして、青壮《せいそう》の士徒《いたず》らに道途に迷倒し、喧言咆哮《けんげんほうこう》の声、天下に充満して、一世悉《こと〴〵》く其《その》帰趣を失うの時、満身を慷慨の誠に染めて、救世の大志を懐抱し、深く草莽に跡を潜《ひそ》め、志士を覓《もと》むるの頭山氏は、忽《たちま》ちにして此《この》二壮士を愛撫したので、恰《あだか》も嬰児《えいじ》の乳房を含むが如く、枯苗《こびょう》の沛雨《はいう》に浴するが如く、活気全身に充満して、生死を斯人《このひと》に託せんとこそ決したのである、夫《それ》より両人は、右の松脂《まつやに》事業を頭山氏の名を以て其筋《そのすじ》に出願する事になったが、政府の方でも、

○何様《なにさま》西南大戦乱の余温《よおん》未だ冷めず、殊に頭山氏等《ら》の身辺、其《その》嫌疑と注目の濃厚なる時であると、

○其《その》松樹は国家唯一の物件であると、

○殊に此《この》地方の松樹は、天下風致風防の第一として保存しあるのと、

○其《その》事業が其《その》松樹全部に、斧鉞《ふえつ》の痕《あと》を入る、事の善悪に付て、官憲の判断付かざる事、等の故障の為めに、俄《にわ》かに許可の運びに至らざるより結城等《ら》は一入《ひとしお》の憤慨を累《かさ》ねて居《い》たが、其中《そのうち》少量の松脂《まつやに》を採収して、精製に従事して見たが、未だ器械業、化学業等の充分に発達せざる時であるから、其《その》成績も充分ならぬので、一時此《この》事業は断念する事となった、併《しかし》ながら結城の事業心は、斯《かゝ》る一挫折の為めに消滅すべき物でなく、とう〳〵種々研究努力の末、従来長き歴史によりて、放棄腐敗に帰して居《お》った、農産中の麦藁《むぎわら》を精製して、麦稈真田《ばくかんさなだ》を組み、之《これ》を帽子の原料として、外国に輸出する事を発明し、自《みず》から大阪、神戸、東京、横浜等に出張して、其《その》実験を収め、技工熟練の工人を引連れ帰り来《きた》りて、福岡市に此《この》製造所を開始したのである、日ならずして原料の収集頗《すこぶ》る民意に適し、工手《こうしゅ》の募集も案外人気に叶《かな》い、一時は其《その》収益多額に上《のぼ》った、元々義のある所、死生を避けず、道の存する所、難事を辞せざる的、全く志士の典型を以て任ずる頭山氏一派も、利を収め財に処するの道に至っては、全く無能力の境界にあるし、十数年最も悲惨の処世に沈淪《ちんりん》して居《い》たから、茲《こゝ》に俄然として蕭何《しょうか》の大才を得たる、高祖の思いをなしたのである、庵主の考《かんがえ》は、頭山氏等《ら》後世の発達は、一に此《この》結城の内助が又与《あずか》って一廉《かど》の力ありし物と思うのである、折柄《おりから》一波《いっぱ》動いて又一波《いっぱ》を生ずるは、浮世の慣い、此《この》結城の事業も、段々天下の周知する処となり、中国筋にも、山陰方面にも、此《この》廃物利用の事業を起《おこ》す者が沢山出来、とう〳〵阪神間の商館に対して、売込《うりこみ》の競争が初まったので、素《もと》より手薄き資本で遣《や》って居《い》た事業故《ゆえ》、結城もとう〳〵支《さゝ》え切れぬ破目となり、此《この》少し以前より、彼《か》の福陵新報の創立に着手せられ、弥〻《いよ〳〵》夫《それ》が創刊する事となったので、結城は頭山氏に擢《ぬ》かれて、其《その》会計方となって居《い》たから、庵主が初対面をして、前回に書いた通り、無二の益友として、友垣《ともがき》を結ぶ事となったのである、元来結城は、天性慨世の傑士たるの素質を有して居《い》た処に単純正操なる母の教訓を受け、其上《そのうえ》頭山氏の偉大なる薫陶に接したので、益〻《ます〳〵》思想上の操執を得て人物を上げるばかりであった、曾《かつ》て結城は母より斯《かゝ》る教訓を受けた事があった。曰《いわ》く、

「男子の第一に覚えて置かねばならぬ事は、親に孝行をする事である、夫《それ》を覚えたら、其《その》親を捨てる事を知らねばな

らぬ、夫《それ》が孝行の第二である、其親《その》を捨てるのは、旧恩ある御主人の為である、又友達に愛想を尽かされぬ事も肝要であるが、事と品に因《よ》っては、命も惜《おし》まぬ義理が出来る物である、夫程《それほど》の友達も、又捨てねばならぬ事がある、夫《それ》は旧恩ある御主人の為めである、夫《それ》が又孝行にも友誼にもなるのであると、死んだお前のお父様が常に云うて居《お》られたぞ」

と、云い聞かされたのである、小供の時は、何の気も付かずに聞いて居《い》たが、此《この》母の庭訓《ていくん》が、長《ひと》となるに従い結城の意思の根幹となって、彼は最も孝義の二つに絶対服従の男となったのである、維新と云う旋風《つむじかぜ》は、日本帝国を上下に吹捲《ふきまく》りて、三百年来鞏固《きょうこ》なる社会組織を破壊したので、結城の旧主人たる久野家《ひさの》は、木葉微塵《こっぱみじん》となり、殆んど朝夕《ちょうせき》の生計《たつき》に困るようになった、多くの家来も皆《みな》四方に散々《ちりぢり》ばら〳〵となって、此《この》旧主人の朝夕《ちょうせき》の面倒を見る者が一人もなかった、夫《それ》に彼《か》の結城の母親丈《だ》けは、磯の海松布《みるめ》の一房や、裏の蘿蔔《おおね》の一提《ひとさげ》を、昔に変る七宝の、貢《みつぎ》に代えて久野家の、厨《くりや》に納《い》れて旧恩を忘れぬまでの印ぞと、欠かさぬ務《つとめ》を仕《し》て居《い》たのであったが、之《これ》を見習《みなろ》うた結城も、旧主人の事とし云えば万事を捨て、駆け付け、何呉《く》れと世話をして居《い》た、待たでも変る年月の、経つに連れても久野家は、益《ます》〳〵困苦の淵に沈み、僅《わず》かに残る二品《ふたしな》の、家宝を売ってあまさかる、鄙《ひな》の住居《すまい》に潜《ひそ》まんと、其買人《そのかいて》をば探せしに当時何国《いずく》も同様の、境遇にある人々が、同様の宝物を売放す者、甚だ多く、一方家政の処分には、夕べも待たれぬ事情ありて、久野家及《および》旧臣の人々は、途方に暮れて居《い》たのである、結城母子は日頃より、片時忘れぬ主家の安危、夜も寝ず思い暮らせしが、如何《いか》にしても家宝の二品買人《ふたしなかいて》のなきに行止まり、其日《そのひ》の事に困まりし主家、多くの旧臣打寄《うち》りても、為《な》すべき道もなき折柄《おりから》、結城は身を挺《ぬき》んでて「其《その》家宝を予定の金に換える事を暫《しばら》く拙者に託せられたし」と申出《もうしで》たので何《いず》れも策尽きたる上の時故《ゆえ》、兎《と》も角《かく》二日間を期して汝に一任すべしとの許諾を受けた、結城は其二品《そのふたしな》を持って出て行ったのであるが、何にしても未だ世間と云う物を、知らぬ一青年が、何事を仕出《しだす》べきかと、多くの人々甚だ不安の心で待居《まちい》たるに、其日《そのひ》の晩景頃、結城はにょっこり其《その》旧臣寄合の席に帰り来《きた》り、所定より余分の金子《きんす》を携えて、一同の面前に投出した。曰《いわ》く、

「金は此丈《これだけ》で久野家の処置は出来ますか」と云うので一同はぎょっとして驚嘆したのである、結城は、

「夫《それ》聞いて安堵致しました、夫《それ》では皆様で何分《なにぶん》の御処置を宜敷願上《よろしくねがいあげ》ます」

と云うて引下《ひきさが》って、帰って往《いっ》たのである。

一体結城は此《この》時代、此折柄《このおりから》に如何《いか》にして、此《この》困難なる金策をして来かと云うに、結城は生涯此《この》顛末を、一言《いちごん》も云わざりしが、後に残る咄《はなし》を聞けば、結城は其二品《そのふたしな》を持って、城下より三里ばかり隔たりたる或《ある》村の豪家に到り、其《その》主人に面会して、

「此度《このたび》旧主家の破滅に付《つき》、退転蟄居《ちっきょ》の仕組をなすに無余儀金子入用《よぎなききんすにゅうよう》に付《つき》、誠に大事の品ながら、此二品《このふたしな》を抵当と致《いたし》若干の金子《きんす》恩借致度《いたしたく》、拙者事《こと》は其《その》旧臣結城虎五郎《ゆうきとらごろう》と申者《もうすもの》にて候《そろ》、若《も》し抵当不足に候《そうら》わば、今一品《ひとしな》や二品《ふたしな》は相添可申《あいそえもうすべく》抂《ま》げて御用立てを願上《ねがいあげ》ます」

と申述《もうしの》べたので、其《その》豪家の主人は、何心《なにごころ》なく其《その》風呂敷包を開き見れば、一見目を驚かす大家の重宝二品《ふたしな》と、今一品《ひとしな》の紙包を開けば、血に染みたる生々敷《なま〳〵しき》指一本出て来たのである、其《その》主人は直《すぐ》に結城の左手《ゆんで》を見れば、白布《しろぬの》を以て左の手を巻いて居《い》て、辞色厳《おごそ》かなる青年の態度であるから、ぎょっとすると同時に、其《その》切情を了解したので、二言《にごん》と云わず所望の金子《きんす》を用立《ようだて》たとの事である、此《こゝ》に於て結城が左手《ゆんで》の無名指《むめいし》は、生涯彼が忠君義烈の瘢痕《はんこん》として、其筐《そのかたみ》を止《とゞ》めて居《い》たのである、気高く意強く、言寡《ことばすくな》にして行い清き、男子の操執は大抵古今を通じて如此物《かくのごときもの》である、庵主後年之《これ》を先輩に聞く、維新の際、旧幕臣たる榎本釜次郎《えのもとかまじろう》氏は、幕府四百年の恩誼を思い、挺身《ていしん》官軍に抗し、蝦夷《えぞ》五稜郭に楯籠《たてこも》り、心力を尽して官軍と戦いしが、錦旗《きんき》の威耀《いよう》抗するに道なく、箭《や》尽き刀折れて、旧幕臣勝安房守《かつあわのかみ》に拠りて生死《しょうし》を託した、夫《それ》より勝氏は旧幕臣と、朝廷の大官と各々打《おの〳〵うち》寄りて榎本の忠誠に感激し、彼が助命の事を相談して、一同協力の誠を尽して見たが、何分にも剣戟《けんげき》を振りて、王師に抗したる重罪は、免《まぬか》るゝに道なく、皆《みな》涙を呑んで同情をしつゝ、彼《か》れの処刑を待つの外《ほか》なかったのである、茲《こゝ》に於て万已《や》むを得ず、勝安房守《かつあわのかみ》は榎本を膝近く招き、

「朝憲を正し大義を明《あきら》かにするには、貴所の一死を以てするの外《ほか》道あるべからず、速《すみや》かに覚悟せられよ」

と説得したので、榎本は莞爾《かんじ》として笑《えみ》を含み、

「釜次郎に今日死を許し賜う事、其《その》微忠を遂げ、志に終始あらしめらるゝ所以《ゆえん》、只《たゞ》天恩の忝《かたじけな》きを拝するの外《ほか》ござりま

せぬ」
と喜悦した、折柄《おりから》障子を開いて入来《いりきた》れる人は西郷隆盛先生であった、勝安房守《かつあわのかみ》と挨拶が済んだので、勝氏は側《わき》を指《ゆびさ》し、
「是《これ》こそ旧幕臣榎本釜次郎でござる」
と引合せたので、西郷先生は席を開いて辞儀をなし、
「ハア、阿方《アータ》が榎本ドンでゴワすか、命の方はドウなりましたか」
榎本曰《いわ》く、
「難有事《ありがたいこと》には、只今《たゞいま》勝氏より死を許されました処で、釜次郎此上《このうえ》の悦びなく、お礼を申述べた処でございます」
西郷先生曰《いわ》く、
「ハア、夫《それ》は貴方《あなた》のお為には、大層御都合の宜敷《よろし》い事《コツ》でゴワすが、朝廷の御為《おため》には、イカン事《コツ》でゴワすぞ」
勝氏側《そば》より曰《いわ》く、
「朝野《ちょうや》の大官、力を尽して助命を計議致《いたし》ましたが、万策尽きてトウ〱駄目《だめ》と相成《あいなり》ました」
西郷先生曰《いわ》く、
「左様《ソージ》ゴワすか、夫《ソイ》じゃア私《わし》が釜《かま》ドンはお助け申《もうし》ましょう」
勝氏曰《いわ》く、
「万策尽きたる朝敵榎本の死を、先生はどうしてお助けに相成《あいなり》ますか」
西郷先生曰《いわ》く、
「イヤナーに、溺《おぼ》る、人を助けるには、自分も一所に溺《おぼ》る、覚悟が宜敷《よろしゅう》ゴワす、皆さんが自分の衣物《きもの》の濡る、トヲバ嫌《きろ》うてござるから助かりマッセン、釜《かま》ドン貴方《あんた》と私《わし》と、一所に腹ば切りましょう、安神《あんしん》してゴザイ、勝さん私《わし》は是《これ》から政府に往《いっ》て咄《はな》して来ましょう」
と云うて、ポイと座を立って出て往《ゆ》かれたが、美事《みごと》榎本氏は御助命の御沙汰となって、維新後永く朝廷の大官として、

御奉公をせられたのであると。

　宇宙間の大偉人、大西郷先生と、北筑の一寒生《かんせい》、結城虎五郎と較ぶべきにはあらねども、二タ《ふ》品《しな》の宝物《ほうもつ》計《ばか》りで、主家を助けようとするから、百人寄りて会議をしても、決して助からぬのである、其二タ《そのふ》品《しな》の外《ほか》に、結城の精神を罩《こ》めた指一本を添えたから、直《すぐ》に助ける事が出来たのである、一本の指で足らねば腕も絶つ腹も切ると云う覚悟が、結城の魂にチャンと据りて居《い》たから、二言《にごん》と云わず其《その》豪家の主人に感応したのである、此等《これら》は庵主婆心只《たゞ》一場の繰言《くりごと》ながら、後生青年の一箴《いっしん》にもやと、序《ついで》ながらに書いて置くのである。

57　フランネルとモンパの争い

嫉婦を懲して二児を救い
挌闘を為して旧交を復す

　結城《ゆうき》は天性寡言黙行《かごんもくこう》の人であった、二十歳前後の時、用事あって或《ある》炭坑地に行き、二三《にさん》日滞在して居《い》る内、其《その》田舎宿にて不図風邪《ふとふうじゃ》に罹《かゝ》り、床《とこ》に就いた処が、其《その》部屋の後が隣の物置である、夜の十一時頃、夜叉《やしゃ》の如き声を絞り出して、一人の女が子供を其《その》物置小屋に連れて来て、罵《のゝし》り懲《こら》す様子である、其《その》子供は、執拗に打擲《うちたゝ》かれた上の事にて、声も立て得ず泣いて居《い》る、夫《それ》に如何《いか》にも耐え得られぬ怒りの声音《こわね》にて、其《その》女の方が狂わん計《ばか》りに叱り飛ばして折檻《せっかん》をする様子である、病中の結城は、聞くに耐えず、宿の女中を呼んで様子を聞けば、曰《いわ》く、
「あの隣の神《かみ》さんは、此《この》村から三里計《ばか》り東の、私《わたくし》と同じ村の人で、今二十二三《にさん》歳で厶《ござ》りますが、元々自分の村に嫁入《かたづき》まして、丁度今十歳に成る子供が御座いました、大変な嫉妬者《りんきもの》で、夫《それ》が本《もと》で、子供を捨てゝ夫婦別れを仕《し》ました、と云う〳〵隣の弥七《やしち》さんの所に又嫁入して来ましたが、矢張《やは》り嫉妬《りんき》と同じ様に継子《まゝこ》苛《いじ》めを致し、近所でも評判で厶《ござ》います、

丁度弥七さんも先《せん》の神《かみ》さんが死《しに》まして、あの男の子一人より外《ほか》ありませんが毎日炭坑に稼《かせぎ》に行《ゆき》ますので、其《その》帰って来て居《い》る間は皆人《みなひと》さんが驚く程《ほど》優しく致しますが、弥七さんが出て行ったら、金《きん》ちゃんと云うあの継子《まゝこ》を苛《いじ》める事に掛《かゝ》り切って居《お》り、自分が苛《いじ》めた事をお父さんに云う事はならぬと執拗《しつこ》く云い、打《ぶっ》たり擲《たゝ》いたりして、自分も涙を溢《こ》ぼして怒《おこ》って居《い》るのでございます、それ能《よ》くお聴きなさいませ、あんなに云うて自分も泣いて居《お》ります、あの子には弥七さんが留守になれば、食べる物も遣《や》りませず身体中《からだじゅう》傷だらけで厶《ご》ざいます、皆《みん》な可愛想にと思い、食物などを遣《や》りますと、夫《それ》が腹が立つと見えて、お母《つか》さんが何《な》にも遣《や》らぬから腹が減ったと人さんに云うたのであろうと半日も其《その》子を苛《いじ》めます、此《この》家のお婆さんが先月此《この》部屋で亡くなりましたが、幾度となく人にも頼んで、意見も致しましたが、村の人に自分の継子《まゝこ》苛《いじ》めを知られたと思うてからは、あの神《かみ》さんは泥坊《どろぼう》でもするように、夜の十一時頃からあの子を此薪《このまき》小屋に連れて来て、夜通し苛《いじ》めて、一夜も家の中に寝せず、あの小屋に捨てゝ居《い》ます、何とかしてあの子を助けて遣《や》りたいものでございます、中々《なか〳〵》に可愛いあれも丁度十歳になる男の子でございますよ」

と、之《これ》を聞いた結城は、

「はゝあ、其神《そのかみ》さんこそは、俺が曾《かつ》て医者に聴いた女の通有《つうゆう》病、本当の『ヒステリー』で、夫《それ》が多く嫉妬《りんき》と継子《まゝこ》苛《いじ》めなどに偏《かた》よって発作して来る、一つの発作病である、俺が試《ためし》に夫《それ》を直す事を工夫して遣《や》ろう」

と云うて、段々結城が聞合《きゝあわ》せて見ると、其神《そのかみ》さんの先夫《せんぷ》は、矢張《やはり》炭坑夫では有るが、一寸《ちょっと》話も解り俠気のある者であるとの事であるから、結城は其《その》給仕女を宿に咄《はな》して借り受け、人力車に乗せて、其先夫《そのせんぷ》の作次郎《さくじろう》と云う男を呼寄せ、段々種々《いろ〳〵》の咄《はなし》をして、其《その》男の子を給仕に遣《つか》ってやる、教育をして遣《や》ると云うて、その作《さく》一と云う子を結城が預る事にした、夫《それ》から結城は其《その》作一に段々咄《はなし》をして聞かせて、二日計《ばか》りもして結城の云う事を承諾させ、よく子供心に其《その》云う主意を呑込《のみこ》ませて、待って居《い》ると、案の定、夜の十一時頃、隣の弥七の嬶《かゝあ》は、其継子《そのまゝこ》を例の小屋に連れて来て、散々に苛《いじ》め、一時過《いちじすぐ》る頃、薪《まき》小屋に〆《し》め込んで、主家《おもや》に帰って行った様子であるから、結城は直《たゞち》に起き上って、其《その》宿の下女を案内者にして、隣の小屋に行き、外から掛けた鐉《かぎがね》を外《はず》して、其金《そのきん》ちゃんを連れて、自分の部屋に帰り食物などを腹一杯に遣《や》って、段々と可愛がって云うて聞かせ、夜明前に其嬶《そのかゝあ》が作次郎方で産んだ、彼《か》の作一に金《きん》ちゃんの衣物を着せ其《その》小屋の中に連れ行って、

「暫《しば》らく此処《こゝ》に寝て居《い》よ、夫《それ》はお前を産んだ本当のお母さんの気違病《きちがい》を直すのであるから」

と云い聞かせて、様子を聞いて居《い》たのである、処がまだ薄暗き朝の六時頃、其《その》隣の嬶《かゝあ》は、近所の人の起き出ぬ前にと思うて、其薪《そのまき》小屋に来《きた》り、戸を明けて内に入り、破れ蓆《むしろ》を被《か》ぶって寝て居《い》る作一を、二ツ三ツ擲《たゝ》いて抓《つね》って、

「此《この》餓鬼、起《おき》ぬか、昨夜《ゆうべ》もアレ程云うて置いたのに、悠々《ゆう〳〵》と寝くさるのは、此《この》母への面当《つらあて》か」

と、罵《のゝし》りて引起《ひきおこ》して見れば、夢にも忘れぬ自分の実子の作一であるから、

「ハア………」

と惘《あき》れた一刹那、結城は其《その》小屋の入口から這入《はい》って、

「おい神《かみ》さん、打擲《ちょうちゃく》するなら毎晩其《その》子と取代えて苛《いじ》めてはどうじゃ、俺は作次郎から其《その》子を預って教育をして遣《や》る、此《この》隣に泊って居《い》る福岡の者であるが」

と云うたので、其嬶《そのかゝあ》は結城の顔を見詰《みつ》めて居《い》たが、直ぐに倒れるように其《その》小屋の土間に打《うち》伏して、

「旦那様、御免下さいませ」

と云うて泣《なき》出した、折から亭主の弥七も、朝の交代で帰って来たので、結城は夫婦共《とも》に自分の宿に呼付けて色々と談判の末、二人の子供を結城が預る事にして、金《きん》ちゃんは、結城の知人で、直方村《のおがたむら》の鍛冶鉄工屋に奉公させる事に肝煎《きもい》り、作一は大隈《おおくま》の酒屋に奉公させて始終結城が監督をして、精神上の教育を加えた、後年に至り金《きん》ちゃんは、門司《もじ》に来て立派な鉄工の職人となり、作一は大阪にて、嘉島《かしま》商会と云う店を開いて、灘《なだ》や諸国の樽木《たるき》を商い、後には親の作次郎も引取った、結城は大阪にさえ行けば、必ず此家《このうち》を音信《おとず》れて居《い》た、又一方、弥七夫婦は、結城の教誡《きょうかい》に依って、夢の覚めたように善心になって、結城が後年筑豊《ちくほう》五郡に炭坑の借区《しゃくく》等を買収に行く時は、常に各村に案内等をした、其時《そのとき》庵主は結城の紹介にて、面会した事があった、後、庵主等《ら》が九州鉄道布設の為め、門司《もじ》に住居する時、庵主等《ら》も世話をして、

其金《そのきん》ちゃんの鉄工夫をして、下《しも》の関《せき》に少し斗《ばか》りの店を開かせ、門司《もじ》、下《しも》の関《せき》の商船会社支店の鉄物《てつもの》の入方《いれかた》をさせ、相当の信用を得る事となって、弥七夫婦も共に此《この》家に来て暮して居《い》た、総て結城の遣《や》り方は、前に云う寡言黙行《かごんもくこう》主義であって、其《その》成績は大概こんな物であると云う事を証拠立てる一つとして書いて置くのである。

此《この》結城の寡言黙行《かごんもくこう》に付いては、面白い話が沢山ある、今一を書けば、結城の友人に六田《むだ》と云う正直な古武士と、同じ正直者の瓜江《うりえ》と云う二人があった、昔時《むかし》より同質相戻《あいもど》るの喩《たと》えの如く、此《この》二人が結城の正直者と、相《あい》互いに何か意思の疎通を欠き面会しても物も云わぬまでに成って居《い》た、或日《あるひ》庵主が其瓜江《そのうりえ》と同道して、町を歩いて居《い》ると、向《むこ》うから結城が来た、好《よ》い折りであるから、仲直りをさせて遣《や》ろうと思い、三人同伴して歩く内《うち》、丁度六田《むだ》の門前を通行する事になったので、庵主は又好《よ》い折じゃと此《この》二人を其《その》家に引《ひき》入れて、座敷に上り込んだ、三人共寡言黙行《ともかごんもくこう》主義の権化《ごんげ》のような性格の者計《ばか》り落合《おちお》うたので、瓜江《うりえ》と六田《むだ》とは咄《はな》すけれ共《ども》、結城には物を云わぬ、結城は庵主とは咄《はな》すが、六田《むだ》と瓜江《うりえ》には物を云わぬ、唯《た》だ庵主のお饒舌《しゃべり》は、三人咄《ばなし》の焦点とのみなったのである、其時《そのとき》庵主は「ハイカラ」な「フランネル」の単衣《ひとえもの》の着て居《い》たから、結城が手持無沙汰で、余り一座が白《し》らけたのを見て、

「杉山は『フランネル』の単衣《ひとえもの》など着て、洒落《しゃれ》て居《い》るネ」

と云うと、日頃結城に不快の感を持って居《い》る六田《むだ》は、横から、

「ウン、此切《このきれ》は『フランネル』ではない『モンパ』である」

と云うた、サア是《これ》で結城はムッとして、

「イヤ、此《これ》は『モンパ』ではない『フランネル』じゃ」

「ナニ、馬鹿な、是《これ》は『モンパ』じゃ」

此《これ》からとう〳〵「モンパ」じゃ「フランネル」じゃ「モンパ」じゃ「フランネル」じゃと云うて居《い》たが、結城も六田《むだ》も訥弁《とつべん》で双方「モンパ」じゃ「フランネル」じゃの云い負けを心外に思い、結城は手近にある手付きの炭取《すみとり》を攫《つか》むが早いか六田《むだ》の横面《よこッつら》をぴしゃと擲《なぐ》った、さぁ六田《むだ》も其儘《そのまゝ》では済まず、飛付いて結城の胸を突いて倒し、夫《それ》から大立廻《おおだちまわ》りと

なった、そこで庵主がやっと取鎮《とりしず》め、夫《それ》で一段落を切って六田《むだ》の妻君が酒肴《しゅこう》と昼飯を御馳走した、夫《それ》を快く了《しま》って居《い》ると今度は食後の咄《はな》しに瓜江《うりえ》が政治談を庵主に持掛《もちか》けた。其《その》一節に、

「元来、共和とか立憲政体とか云う物は、英米仏と云うような大国でなければ行われぬ、日本のような小国では駄目である」

と云うと最前《さいぜん》から腹のむく〳〵して居《い》る結城は横から、

「馬鹿な事を云うな、小国でも行われる、殖民地を除いた英国でも白耳義《ベルギー》でもバルカン諸邦でも行われて居《い》る所は沢山あり、大国でも独逸《ドイツ》、露西亜《ロシア》、支那、印度《インド》はまだ行われて居《い》ないではないか」

と、只《たゞ》さえ訥弁《とつべん》の瓜江《うりえ》は、

「馬鹿とは何だ、夫《それ》でも行われて居《い》ると云う其《その》小国は英国を除くの外《ほか》、其《その》国の発達進歩の見込が丸《まる》でないではないか、夫《それ》が駄目《だめ》と云うのである、大国は皆此《みなこの》政体が可能性である、独、露、支、印、皆《みな》行いさえすれば、英、米、仏の如く発達するのである」

と、双方とも、大国じゃ小国じゃ大国じゃ小国じゃと云い募って居《い》る内《うち》に、口訥《くちとつ》し咽唖《のどあ》し双方共《とも》一度に立上って擲《なぐ》り合《お》うた、そこで又庵主が之《これ》を取鎮《とりしず》めたのである、此《これ》で永い間双方鬱積の気が晴れたに違《ちがい》ないと庵主が思うたから、海岸の気儘亭《きまゝてい》と云う料理屋に連れて行って仲直りをさせ、三人共《とも》牛飲馬食、放歌高唱して昔日《せきじつ》の交《まじわり》を復《ふく》する事になったのである、即ち三人の唖訥病《あとつびょう》患者の中に介在して永年を経過して来た庵主も相当に困難な者であった、此《これ》が結城の寡言黙行《かごんもくこう》主義の第二例である。或時《あるとき》庵主は結城と共に其《その》計画して居《い》る炭坑借区買収の金融に困難を生じたので、曾《かつ》て貸借の関係ある肥前《ひぜん》佐賀の金満家某《ぼう》に金借《かねかり》に出掛けた、先ず白山町《はくさんちょう》の某《それがし》の旅館に投じ、知人鮎川某《あゆかわぼう》を呼んで其金主《そのきんしゅ》に面談すべく申込んだ、鮎川氏曰《いわ》く、

「彼金主《かのきんしゅ》は、金は持って居《お》りますが、非常に吝《けち》な性分の人で、今は中々《なか〳〵》貸《かし》ませぬ、其上《そのうえ》石炭の事に付いては今、懲り〳〵して居《い》る処で有《あり》ます、既に昨日自分の抵当流れに取って居《い》た肥前炭千八百噸《トン》を、長崎の仏蘭西《フランス》船の焚料《たきりょう》に一噸《トン》

三円で売込み、倍額以上の利益を得る積《つも》りで居《い》た処が、自分の番頭が外国語が不充分な為めに其《その》代価が受取れず、二艘《そう》の仏国船は石炭を積んだ儘《まゝ》出帆して仕《し》舞《も》うたとの事、元来が長崎の『ホームリンガー商会』にでも頼んで売込んで置けばこんな間違は無いのに、手数料を取らるゝのがいやさに直《じき》売込をしたのが失策にてこんな事になったので、昨日からがっかりして蒲団を被《かぶ》って寝込み、石炭計《ばか》りは孫子《まごこ》の末まで関係する物でないと泣顔《なきがお》になって居《い》る処故《ところゆえ》、今貴下方《あなた》の石炭咄《ばな》しで金を借る事は到底出来ぬよ」

と云うので庵主は非常に弱り込み、今回金策の三千円入用《いりよう》の事は第一に従来得て居《い》る坑区の借区税、夫《それ》を納入せねば借区を没収せらるゝ事、第二は次に得る坑区の村《むら》契約金、夫《それ》を入れねば其《その》坑区は他人の手に取られて仕舞《しま》うと云う、少しも猶予の出来ざる命掛けの急要金策である、其《その》目星を付けて来た金主《きんしゅ》がそんな下らぬ事で金を貸さぬと極《きま》ると庵主等《ら》の事業に大番狂わせを起《おこ》すのである、そこで庵主は胸に八丁鐘を撞《つ》きながら鮎川氏に何とか尽力の仕様《しよう》は有《あ》るまいかと手を易《か》え品を易《か》えて相談をする。鮎川氏も元《もと》庵主等《ら》に満腔《まんこう》の同情を有する人故《ひとゆえ》、種々様々に工夫をする。夫《それ》でも斯《か》ゝる折柄《おりから》の事故《ことゆえ》、中々《なか〳〵》名案が出ぬので、二人はとう〳〵顔を見合せ、首うな垂《だ》れて沈黙に陥ったのである。此時《このとき》結城は先刻より次の間の襖《ふすま》越しに飯を食うて居《い》たが、突然びっくりするような大声で、

「其《その》長崎の石炭代を借り玉《たま》え」

と叫んだ、庵主も鮎川もびっくりして一方を顧み、

「取れざる石炭代を借《か》ってどうする」

と云うと、結城は飯椀《めしわん》を抱えながら間《あい》の襖《ふすま》を開けて、

「金主《きんしゅ》から君《きみ》が其《その》関係書類を譲り受けて長崎に行けば屹度《きっと》取れると思う、今証文を遣《や》って置けばいや応なしに借《か》れるよ、今から外《ほか》に金策に奔走しても駄目《だめ》と思う」

と云う。庵主は危ぶみながら其事《そのこと》を鮎川氏に咄《はな》すと、

「夫《それ》なら金主《きんしゅ》先生、何程《いくら》喜ぶか知れませぬ、直《すぐ》に行《いっ》て咄《はな》して来ます」

と云うて出て行き、間もなく書類全部に金子《きんす》借用証の案文を持って来た、其《その》証文に曰《いわ》く、

「此《この》売掛代金が取れたら六ケ月間は無利息で十二ケ月目に返済する事」

の文言《もんごん》が彼より自動的に認《したゝ》めありし位故《くらいゆえ》、余程弱って居《い》たと云う事が分るのである、夫《それ》から庵主は結城と共に若津港《わかつ》より汽船に乗りて長崎に翌朝到着し、緑屋《みどりや》と云う宿屋に泊り、直《たゞ》ちに長崎県庁の知人の役人に其《その》書類を翻訳して貰《もろ》うたら、生れて初めて見た「インヴイズ」から「フリー・オン・ポート《（ボード？）》」一噸《トン》三円と云う船長の「サイン」した書類までちゃんと揃うて居《い》た、夫《それ》を分らぬ番頭が、此《この》分らぬ書付を貰《もろ》うてまご〳〵して居《い》る処に其《その》石炭を積んだ船が出帆して仕舞《しも》うたから、がっかり落胆して泣面《なきつら》で佐賀に帰って来たのである。今から三十五年前の貿易の有様は総てこんな物であった。

夫《それ》から其《その》書類を持って長崎の仏国領事館に一見《いっけん》して貰《もろ》うたら、「此《これ》はちゃんと『ホームリンガー商会』で仕払うと書いてあるから其所《そこ》で受取《うけと》るがよい」との事で其《その》商会に行き、総計五千四百円から積込其他《そのた》の諸入費《にゅうひ》四百何十円を引去り凡《およそ》五千円計《ばか》りの金を受取《うけと》ったから、直《すぐ》に夫《それ》を其《その》商会から福岡の十七銀行に送金をして貰《もら》い、両人は又汽船に乗り博多に帰って来たのである、要するに三千円の金策に五千円を得て、而《しか》も六ケ月は無利息、十七銀行へは外国商館から金が廻って来たので一層信用せられ、金主《きんしゅ》よりは地獄で仏に逢《お》うたように感謝せられ、其《その》金で坑区の方の困難は全部解決した上に残金で又一の新坑区を得る事が出来たと云う、四方八方好都合の事となったのは、只《た》だ結城が飯椀《めしわん》を抱えた儘《まゝ》、

「其《その》石炭代を借り玉《たま》え」

と云うた一言《いちごん》が主因である、天性寡言《かごん》の結城が天性商事経済の事に腹捌《はらさば》きの好《よ》き事、大概此類《このるい》であった、庵主は此《この》一事件に「ヒント」を得て外国語を皆目《かいもく》知らず、まだ九州鉄道が僅《わず》かに博多鳥栖《とす》間開業当時、即ち門司《もじ》開港前に門司《もじ》より香港《ホンコン》にベンラワーと云う英国船を借入れ、石炭直輸出の嚆矢《こうし》として業を始めたのも、此《この》「ホームリンガー商会」の指導に因《よ》ったのである。

58　一攫《いっかく》千金の有利事業

壮士意を決して海島に入り
乃舅資を投じて大志を助く

結城《ゆうき》は福陵新報《ふくりょうしんぽう》の稍《やゝ》々普通経営が出来る頃、或夜《あるよ》突然庵主の家に来て、左《さ》の如き事を咄《はな》した、夫《それ》が訥弁《とつべん》であるから、ポツ、ポツ、ポツ、と兎の糞《ふん》の如き切々《きれぐ》の談話である。

(1)世は文弱的大平じゃ、此儘《このまゝ》では日本男児の腸《はらわた》は腐って仕舞《しま》う。
(2)玄洋社《げんようしゃ》も外交的の問題で命を捨てるかと思うて居《い》たら、今の様子では政党などの徒党的になりそうじゃ。
(3)今の内に玄洋社の圏外に出て働こうと思う。
(4)将来の安危に係《かゝわ》る外交問題は、差寄《さしより》が朝鮮の問題から始まると思う。
(5)支那も此儘《このまゝ》では済まぬ、露西亜《ロシア》も英吉利《イギリス》も、此儘《このまゝ》では済まぬと思う。
(6)先ず日本は朝鮮から片付けるのじゃ。
(7)夫《それ》が二千年来、日本男児として死を遂げた、先輩の霊を弔慰する第一と思う。
(8)俺は今から身を朝鮮に投じて、其《その》計画を仕《し》ようと思う。
(9)其《その》投ずる所は、朝鮮群島の中《うち》に、金鰲島《きんごうとう》と云う島で、日本にも釜山《ふざん》にも近く屈強の場所である。
(10)其《その》島に一二人《いちにひと》を入れて偵察して見るに、島民が淳朴で漁業専門である。
(11)故に俺は新宮村《しんぐうむら》で育って、漁業の事は大略心得て居《い》るから、五六《ごろく》人達者な若い者を連れて行って其《その》島に居住して先ず漁師になろうと思う。

(12)夫《それ》には漁船、漁具、其他《そのた》の準備に五百円計《ばか》り入用《にゅうよう》じゃ。
(13)夫《それ》が頭山《とうやま》君の諒解を得ずして、飄然《ひょうぜん》と抜け出るのであるから、金の事を頭山君に図りたくない。
(14)なぜなれば、事《こと》外交に関する問題が起《おこ》るかも知れぬから、失敗した時に、頭山君や玄洋社に累《わずらい》を掛けたくないからじゃ。
(15)君《きみ》が一己《いっこ》の工夫で、何とか五百円出来ぬか。

咄《はなし》は此丈《これだ》けであるが、庵主は此《この》結城の提言に、一々賛成せずには居《お》られなかった、なぜなれば、庵主の生存は、朝鮮問題の落着を除けば、全部無意義である、政府と喧嘩するのも、政党と戦うのも、頭山氏や結城と結託するのも、其《その》朝鮮の事が心中の秘奥《ひおう》で、玄洋社の興隆を計り、事業を計画するのも、金儲けが仕《し》たいのも、各国に先鞭を着け、何所《どこ》の有志家よりも、逸早《いちはや》く朝鮮問題の咽喉《いんこう》を押えんと云う事より外《ほか》に、目的はないのである。夫《それ》を結城が何時《いつ》の頃よりか、同じ問題に考《かんがえ》を起《おこ》して、現在目前に一身を其《その》問題に投入せんとまで考え、口外に切り出すまでの蘊蓄《うんちく》を持って居《お》ったのは、今では庵主よりも、又一歩抽《ぬき》ん出た曠世の傑士の行為であると、少なからぬ驚愕の思いと、敬畏の念を起《おこ》さずには居《い》られなかったのである。此《この》天下無二の同志が、庵主の牆壁《しょうへき》の間にあった事を知らざる不明を悔ゆると同時に、何とかして此《この》結城の決心を挫折せしめぬように、即刻其《その》所望を達せしめて遣《や》りたいと思うた、併《しか》し当時庵主等《ら》の境遇は、

(い)頭山氏は全く殻《から》のような炭山試掘権の二つ三つを持って、青柳《あおやぎ》と云う下宿屋に宿料《しゅくりょう》の仕払さえ出来ず、青息《あおいき》を吐《つ》いて居《い》る時である。

(ろ)玄洋社員は、未だ殆んど全部裁判所の指紙《さしがみ》配達夫の境遇を脱して居《お》らない位の時である。

(は)庵主は未だ羽織も持たず、一枚の縞《しま》の羽織を結城と交《かわ》り番子《ばんこ》に着て廻る位の時であるから、中々五百円などと云う大金を調える事は思いも寄らぬ事である。

斯《か》る境遇にも拘《か》わらず庵主は、

「好《よ》し大賛成である、其《その》金は俺が屹度拵《きっとこしら》えてやる、安心して遣《や》るべし」

と云い放った。此一言《このいちごん》で結城は寡言《かごん》な男であるから、黙々として其日《そのひ》は別かれて行《いっ》たが、数日の後、又飄然《ひょうぜん》として来た。曰《いわ》く、

(1)俺は七十になる老母と、病人の姉とを捨てゝ出て行くから、君《きみ》、出来る丈《だ》けの保護を頼むぞ。

(2)漁船は箱崎村《はこざきむら》の漁師の物を二艘計《そうばか》り買う事に約束したから安心せよ。

(3)漁具其他《そのた》食料のような物も、夫々《それぐ》買入れる事に選択して極《き》めて置いたから是《これ》も心配はない。

(4)明日か明後日《あさって》位から、金を渡さねばならぬから明日あたり金を持って来て呉《く》れ。

(5)俺は今日から五日目の未明に、箱崎《はこざき》の浜から乗《のり》出す筈にしたぞ、左様《さよう》なら。

と云うて、ぷいと出て行った。さぁ庵主は大恐慌を起《おこ》した、実は其《その》金策に付いて、庵主は日夜少しも油断した事なく、東西南北に奔走して、終《つい》には「金策ぼけにぼけて」目的《あて》もなく五六里《ごろく》もある田舎にまで行き、訪問する人もなく、咄《はな》して見る相手もなく、空《むな》しくすごくと帰って来て、一夜を輾転反側《てんくはんそく》に明《あか》した事も有るのである。最早《もはや》百計の術尽果《つきは》てたる揚句、今此《この》結城の一言《いちごん》に、庵主は更《さ》らに其《その》脳血を割られる大鉄槌を加えられたような心地がして、ぐうの音《ね》も出ぬ始末となり、人間が悪心を起《おこ》して、切取強盗をしたり、金故《かねゆえ》に道ならぬ事を為《す》るのはこんな時かと思うたのである。其《その》日《ひ》の昼頃、庵主は骨の抜けた阿呆《あほう》のようになって、中洲《なかず》と云う処をひょろく歩行《ある》いて居《い》たが、何様《なにさま》腹が減ったので、ふと林又吉《はやしまたきち》と云う庵主の叔父の門前を通行するのに気が付き、思わず其《その》家に這入《はい》って台所から、

「叔母さん、腹が減ったから飯を御馳走して下さい」

と云うて上り込んだら、叔父の声で、

「今、叔母さんは寺参りして留守じゃ、茂坊《しげぼう》じゃないか、どうして来た。誰も居《お》らぬから自分で出して茶漬でも食え」

と云う、庵主は其《その》声が雷霆《らいてい》にでも撃たれたように感じた。夫《それ》は此《この》叔父さんに、一年前百円と云う大金を借りて、利息も何も遣《や》らず、其儘《そのまゝ》に放り捨てゝあるので、此《この》叔父さん時々庵主の母の所に来て、散々いじめるとの事を聞いて居《い》る、其《その》叔父の家に無意識で這入《はい》り込んだのであるから、驚かざるを得ぬのである。夫《それ》から先ず台所で飯を腹一杯掻《か》き込んで

仕舞《しも》うて居《い》ると、

「茂坊、一寸爰《ちょっとこゝ》へ来い」

と来た、屠所《としょ》の歩みで、叔父の前に行くと、此《この》叔父さん元藩の漢学の先生で、廃藩後は先祖の遺禄たる奉還金の公債を、町人や百姓に貸して、大変高い利息を取り、蓄財を思い立ち、大分の金を溜めて居《い》るとの事である、其《その》食う物も食わずに溜めた金を、庵主が百円も借りて、一ケ年も放り捨てゝ、寄り付かぬので、怒《おこ》って居《い》るも何も、手の付けようもない程かっ〳〵と怒《おこ》って居《い》る処で、其前《そのまえ》に呼出《よびだ》されるのであるから、庵主も弱らざるを得ぬのである。むじ〳〵と躄《いざ》りて其前《そのまえ》に行くと、

「馬鹿者が百円と云う大金を、小店《こみせ》を出して一家の生計を営む資本になる大金であるぞ、夫《それ》を塵《ちり》か芥《あくた》のように遣い捨てゝ、現在の叔父の処に一ケ年も寄り付かぬと云うは、何と云う心得か、夫《それ》と云うも貴様が玄洋社とか、頭山とか、金の貴い事も知らぬ、梁山泊のような豪傑などと交際するからの事である。武士《さむらい》たる者は先祖――《ママ》鎗先《やりさき》の御遺勲で、子孫安穏に立行《たちゅ》く事を忘却してはならぬ。聖人も静《せい》以て身を修め、倹《けん》以て徳を養うとの教訓を垂《た》れ玉《たも》うた。国家とか、国民とか、身分不相応な事斗《ばか》りを言い、出来もせぬ大胆を口癖《くちぐ》せにし、一身一家の始末も付かぬ不行跡《ふぎょうせき》で、何《なん》で大世間の事が出来るか、貴様が少なくも人間並に成るなら、可愛い甥の事であるから、俺は金を返せなどとは云わぬ、向後《こうご》心を改めて、取止《とりと》めもなき悪友と交際を絶ち、一身を立て一家を営み、父母親戚に安堵させる事を心掛けよ」

と、開き直って親身の意見である、庵主は殊勝らしく手を突いて、

「叔父様《さん》の親にも勝る親身の御意見、有《あり》がたく存じます。私《わたくし》も昨年来、漸《ようや》く一身の行跡を後悔致しまして、どうがなして只今《たゞいま》の浪人境界を脱出致し、一身の独立を計りたいと存じまして、段々計画も致しましたが、どうしても旧友等《ら》と福岡に居《お》りましては、今迄の関係を改める事が出来ませぬから、色々工夫を致しまして、愈ゝ《いよ〳〵》此度《このたび》朝鮮海漁業の事に取掛《とりかゝ》る積りで、乗り出す筈でございます。一度乗り出しますれば、又何時《いつ》御目に掛《かゝ》れる事やらも分りませぬし、常々御心配斗《ばか》り掛けて居《お》りますから、今日は御暇乞《おいとまご》いに一寸《ちょっと》参上致しましたのでございます」

叔父は少しく涙を催して、

「むうそうか、夫《それ》は良い心掛けじゃ、其処《そこ》に気の付《つい》たと云うは、まだ見限る程の馬鹿でもない。併《しか》し其《その》朝鮮海の漁業と云うは、又失敗するような事業ではないか」

「いや、此《この》事業に付《つき》ましては、当業の者を数人調査にも遣《や》りまして、実際の報告も承わりて居《お》りますが、朝鮮群島の中《うち》に、此《この》博多の港より一番近い処に、金鰲島《きんごうとう》と云う所がございます、其《その》島は人気《にんき》も宜敷《よろし》く、漁師も極《ごく》幼稚で、其《その》島の附近は、海も極《ごく》穏かな所でございますが、漁獲の道具が一つもございませぬ為め、其《その》島の波打際から、海一面、昼も夜も、魚が舟も漕ぎ通せぬように寄集《よりあつま》り、只《たゞ》の抄《すく》い網でも、十分に漁獲があるそうでございます。夫《それ》を塩漬や乾魚に致しまして、下《しも》の関《せき》や博多の魚市場に持って来ますれば、其日《そのひ》に売れて仕舞《しま》うとの事でございますから、意を決して其方《そのほう》の仕事に従事致します積《つも》りでございます。併《しか》し資本もございませず、不完全な小舟一艘《そう》で乗り出しますので、此玄海灘《このげんかいなだ》の往復にどんな危険が起《おこ》るかも分りませぬから、日頃の御懇情に対し、一応の御暇乞《おいとまご》い丈《だ》けはして参りたいと存じ、参上致しましたのでございます」

「其《その》不完全な小舟で、あの玄海の荒海を往来するとは危険千万である。其《その》資本は何程あれば、大丈夫の船と其《その》魚を捕る漁具《どうぐ》が調うのじゃ」

「夫《それ》は船は大形の堅牢なのが三百円で、其《その》魚を立廻《たてまわ》して捕獲する網が二百円、其他《そのた》食料などの準備に百円か二百円掛《かけ》れば完全無欠でございます」

「夫《それ》なら俺は貴様が一生の生業に有《あり》付く事であるから、其《その》資本を出して遣《や》らぬ事もないが、俺は茲《こゝ》に親身になって貴様に咄《はな》さねばならぬ事がある。夫《それ》は俺も未熟ながら養子の身分で、先祖の家を受継ぎ、兎《と》や角《かく》今日までは来たが、貴様の知る通り男の子も三人まで持ったが、皆《みな》早世夭折《ようせつ》して、今では娘二人より外《ほか》ない、即ち此《この》林家を相続する嗣子《しゝ》がないのである。夫《それ》で二人の娘が少しでも困らぬように、第一倹素を旨とし、蓄財をして切《せ》めても多少の金なりと残して置いて遣《や》りたいと思うて今已《すで》に多少の金を持って居《お》る、夫《それ》を今貴様に貸す訳になるから、貴様は能《よ》く此《こ》の道理を考えねばならぬ。万一貴様が其《その》金を返せぬ時は、貴様の末弟駒生《こまお》が、今東京に留学して居《い》るのを、俺の家に養嗣子《ようしゝ》として呉《く》れる事を、屹度《きっと》承諾せねばならぬ。其上《そのうえ》ならば今貴様の入用《にゅうよう》の金を貸す事は何でもない、俺も今日まで貴様の親父にも屢〻《しば〱》其事《そのこと》を相談はして見たが、兎角《とかく》捗々敷《はか〲しく》要領を得ぬから、今貴様に心底打明けて屹度《きっと》咄《はな》すのじゃ」

「は、ぁ、夫《それ》では其《その》資本を叔父様《さん》に借用するには、東京に留学して居《い》る弟を抵当にせねばならぬのでございますなぁ」

「そうじゃ、金が無くなれば嗣子《しゝ》が入用《にゅうよう》、嗣子《しゝ》が出来れば金は減っても宜《よ》いのじゃ」

「宜しゅうございます。未熟の弟ではございますが、どうで、他家の跡目を継ぐのでございますから、叔父様《さん》の家の相続をするのなら有難くお受《うけ》をするでございましょう。又私《わたくし》も屹度《きっと》説得も致しますから、其《その》点は御安心下さいませ」

と答えたら、叔父はすうっと立って、足継台《あしつぎ》を持って来て、天井の下に釣るしてある。煤《すゝ》ぼたくれの真黒な提灯《ちょうちん》箱を下し、其中《そのなか》から金禄公債証書七百円を引出して、

「爰《ここ》に御先祖から頂戴した、当家の知行《ちぎょう》が此丈《これだ》けある。此《これ》を持って行って売払《うりはろ》うたら、五六《ごろっ》百円は得らる、であろう。夫《それ》で今度の貴様の事業に取付事《とりつくこと》にせよ、あ、俺も予々《かね〲》心痛の一大事に安心を得て満足じゃ、貴様決して今の詞《ことば》を間違える事はならぬぞ、確《しか》と約束したぞ」

「委細承知致しました」

と云うて、とう〱一人の弟を承諾もさせずに、叔父に抵当に入れて、七百円の公債をやっと借《かり》入れて、積日《せきじつ》の困難を解決する事が出来た。此《この》顛末を結城にも咄《はな》し、双方共《とも》一層の決心をして、猛然として此《この》朝鮮海の事業に取付《とりつ》くことが出来た。此《この》一事が、庵主と結城の魂の底に、深く〱刻み込まれて、朝鮮と云う命掛けの問題に対して、始めて具体的に余程《よほど》真面目に、身心に徹底して働く事になったように思われたのである。夫《それ》から弟にも、以上の大略を申聞《もうしき》けて、異議なく叔父の家を相続して呉《く》れる事と成ったから、叔父は大安堵をして、間もなく病気になり、弟と庵主は、其《その》当時の境遇で、出来る丈《だ》けは介抱もしたが、定命《じょうみょう》にや、とう〱叔父は帰らぬ人となったのである。此故《このゆえ》に庵主等が、生涯中生死の目的としたる朝鮮の問題も、今日の如く先《まず》一段落片付く事に成って見ると、結城の此《この》事業も、庵主の此《この》苦心も、

弟の犠牲も、此《この》朝鮮問題に対しては、間接に於て強き一廉《ひとかど》の隠功を成して居《い》ると云い得るのである。夫《それ》から当時庵主の処に来遊して居《い》た、朝鮮問題の大熱心家たる、筑後《ちくご》の人にて武田範之《たけだはんし》と云える篤学の青年にも此《この》顛末を申聞《もうしき》け、結城と共に海上の人となる事になり、又、結城の親友たる、彼《か》の瓜江《うりえ》氏も、結城と共々一葉《いちよう》の軽舟《けいしゅう》に身を託して乗《の》出《り》す事に成ったのである。夫《それ》から此《この》結城一行が、爾後《じご》三年間に試嘗《ししょう》した海上の辛惨《しんさん》は、到底筆にも口にも尽《つく》されぬ。殆んど古今の立志伝中にも容易に見得られざる困難を経て、凡百《あらゆる》大難と戦《たゝこ》うたのである。

○或《あるい》は一日支那海漂流の人となり
○或《あるい》は海賊と戦《たゝこ》うて死生を賭し
○或《あるい》は山林に入りて、材木に歳余《さいよ》の命を繋ぐ等

今之《これ》を記述すれば、東洋の文豪、曲亭馬琴翁《きょくていばきん》を呼起《よびおこ》して、補輯《ほしゅう》せしむるも、容易の業《ぎょう》には非ざる程の奇事珍説がある、夫《それ》が本《もと》となって、彼《か》の武田の如きは永く鮮人志士《せんじんどうし》の群に入って、日鮮《にっせん》の為に最終まで尽瘁《じんすい》する事となったが、庵主は又、陸上にあって、結城の遺族や、叔父の家の事等《ことなど》にて種々《いろ〳〵》思いも寄らぬ出来事と奮闘して居《い》たのであった。

59 万死に一生を得たる幸運児

猛鷲翼を延べて東洋を撃ち
庵主病を得て万死を免る

風光る青葉の夏も過ぎ行《ゆき》て、穣《みの》りの秋に月冴《さ》ゆる、利鎌《とがま》磨《と》ぐちょう世の様《さま》は、復《ま》た十廻《とがえ》りの年を経て、亜細亜《アジア》の陸《くが》に生い茂る、刈《か》り菰《ごも》とこそ乱れけれ、露国は強独猛英の、辛《つら》く慵《もの》う き外交に、弄《もてあそ》ばれて命なる、黒海《ブラックシー》の富源さへ、世界文化の市場《いちくら》に、行交《ゆきか》う道を断切られ、癇癪玉《かんしゃくだま》の強薬《つよぐすり》、国運賭して幾度《いくたび》か、強硬南下の勢《いきおい》に、バルカン六国を一蹴《いっしゅう》し、ボ

スポラ、ダーダネルスの海峡を、一手に握りて全欧の、海陸の市を荒さんと、企てたりしは屢〳〵《しばしば》にて、夫《それ》さえ多くの失敗に、国力次第に傾きて、外《ほか》は物かは内政の、蹉跌《さてつ》漸《ようや》く甚しく、此上《このうえ》は最後の運命を一挙に掛け、安危を一戦に決せんと、露国一代の英才「ウィッテ」伯を挙げて西比利亜《シベリア》鉄道施設首部の長官となし、一億六千万留《ルーブル》の大国費を投じて、彼《か》の烈寒瘠土《せきど》三千余英里の間に大鉄道を布設し、蜿蜒《えん〳〵》の蛇首《だしゅ》を渤海湾《ぼっかいわん》頭の大連に出して直《ただ》ちに東洋の海上に闖入《ちんにゅう》せんと企てたのである。此故《このゆえ》に其勢《そのいきおい》猛鷙の空を翔けるが如く、其《その》線路が哈爾賓《ハルピン》に達せんとするの一刹那《せつな》、俄然として転じて南満洲に支線を布設し、見る間に奉天《ほうてん》、遼陽《りょうよう》、金州《きんしゅう》、大連、旅順は彼が軍事的永久の施設地と変じたのである。只《ただ》さえ日本の上下惰眠《だみん》に耽《ふ》けりし官民は、恰《あだか》も百雷の枕辺《ちんぺん》に落下せしが如く驚駭《きょうがい》し、あれよ〳〵と云う中《うち》に朝鮮の上下は、又彼《か》れが威力の抱擁に陥ったのである。茲《こゝ》に於て、明治天皇陛下には帝国の安危と東洋の治乱と世界締盟《ていめい》の誼《よしみ》とを思召《おぼしめ》され、轟然たる一発の宣戦詔勅は日本国民の頭上に落来《おちきた》ったのである。

此時《このとき》まで彼《か》の結城は多数の部下を率いて根拠を対州《たいしゅう》の山間に置き、只管《ひたすら》熱心に名を朝鮮海漁業の事に仮りて、日鮮《にっせん》の関係に努力して居《い》たので、世人《せじん》は其《その》消息をさえ知らざりしに、恰《あだか》も虎豹《こひょう》の山林を出《い》でて閭里《りょり》に闖入《ちんにゅう》したるが如く、悉《ことごと》く其《その》部下を分《わか》って朝鮮の各道に分派し、単身俄然として其《その》郷里の福岡に現われたのである。彼《か》の武田範之《たけだはんし》和尚が身を朝鮮の一進会《いっしんかい》に投じて、死に至るまで尽瘁《じんすい》せし等は、全く此時《このとき》の反応である。而《しか》して結城が何事を為《な》すかと見てあれば、数日にして福岡に於ける有志を糾合し、忽《たちま》ちにして日露戦争に於ける軍夫の募集に着手したのである。曰《いわ》く、

「俺共《ども》の死場所が始めて出来た、死ぬ事は俺の権利だ、人に相談する必要はない、兵隊は死ぬが役目だ、夫《それ》が死なれるように仕《し》て遣《や》るのは、後方勤務の敏活軍夫の役目だ。故に俺共《ども》は兵隊が死なれるように仕《し》て遣《や》る為めに働いて、其《その》役目に死ぬのだ。双方命掛けでなければ戦《いくさ》は負けじゃ。故に俺の募集する軍夫は、兵隊以上の勇者でなければ出来ぬ事じゃ。筑前《ちくぜん》の壮士は、上下の別なく、此《この》勇ましい前古未曾有《みぞう》の大戦に突入し、弾丸炸裂の戦場に出入して、成仏得脱《とくだつ》の光栄に死ぬのじゃ」

と、直《すぐ》にどこをどうしたか、師団司令部等の允許《いんきょ》を得、筑前の壮士を箒《ほうき》で掃き寄せるように募集して戦場に送ったの

である。此間《このあいだ》結城は、庵主などへも殆んど面会の機会を得ぬ位で、今日福岡の市街を往来するかと思えば、明日は満洲鮮血の街《ちまた》に奔走して居《い》たのである、庵主は此《この》戦争前より、多く東京にのみあって、奔来《ほんらい》に遑《いとま》なかりし故、郷里などには一回も帰るの機会がなく、結城に面会が出来なかったのであった。而《しか》して日露の戦争は　天皇陛下の広大なる御威徳と、忠烈無比なる勇士の血戦に依りて連戦連勝、さしも世界に強猛を誇って居《い》た露国も、弓箭《ゆみや》を伏せ其塁《そのるい》を抜かれ、媾和《こうわ》の談判となったので、軍隊は光栄なる勝利の凱歌を奏して帰還する事となり、結城共《ども》の軍夫等《ら》も、漸次戦地を引揚げる事となった。此間《このあいだ》世間では結城一派の者共《ものども》が、莫大の利益を収得したなどと云い伝えたが、他は知らず結城の一身に纏《まつ》わる結論は、人の産を傾《かたむ》くる事《こと》十数、負債数万円と計上せられ、又、至孝なる結城は、老母の葬式を此間《このあいだ》に行い、差引残る物は以上の負債と責任と病耄《びょうもう》の姉と丈《だけ》であった、此《この》顛末を東京なる庵主に委《くわ》しく言い送りて来たから、庵主は左《さ》の意味の手紙を遣《や》った。曰《いわ》く、

「君《きみ》と俺との仕事は今回に限りて勝利であった。否《い》な全勝であった。俺は此《これ》まで内外総ての仕事が全部失敗ばかりであったが、夫《それ》でも矢張《やは》り尻拭《ぬぐ》いは為《せ》ねばならぬ、夫《それ》に今度は始めて全勝して、其《その》尻拭《ぬぐい》に努力するのは生前の光栄である、又当然の責務である。夫《それ》が完全に出来ねば、全勝の光栄は消滅するのである。即ち光栄ある尻拭《ぬぐ》いを愉快に仕《し》ようではないか。夫《それ》には債務があり、責任の嵩《かさ》んで居《い》る福岡に居《い》ては、何事も出来ぬ事じゃから、茲《こゝ》を能《よ》く君《きみ》考えよ、譬《たと》えば借銭あり、責任あって喰詰めた処は、丁度地を掘り下げて低くなった所のような物である。自分が仕事の鍬《くわ》で掘り下げたのじゃから、外《ほか》から土を持って来て元の通りに平らに埋《うず》めれば、夫《それ》で異議はないのじゃ、夫《それ》には何の関係もない。低くない高い地に来ねば、其《その》土はないのである。故に君《きみ》は直《たゞち》に東京に来《きた》れ、但し東京に来るに付《つい》ては、其《その》債権者などが、一種の疑懼心《ぎくしん》を起《おこ》して、心細《こゝろぼそ》がる物であるから、其《その》疑念を根本的に除去する為めに左《さ》の方法を採れ。

一週間ばかり連続して、毎日逆寄《さかよ》せよ《ママ》債権者の家に押掛くべし、曰《いわ》く、

『俺は光栄ある自信せし事業の為めに、君《きみ》に債務を負うたのじゃ、其《その》尻拭《ぬぐ》いをする事が出来ねば、従来の俺の仕事の光栄は全滅じゃ、縦令《よし》君等《きみら》が取らぬと云うて拒んでも、此《この》債務丈《だ》けは君《きみ》が咽《のど》を〆《し》めても返さねば俺の方の一分《いちぶん》が立《たゝ》ぬの

じゃ、夫《それ》には俺が働かねば返されぬ事は、債権債務等の事理を解する者の当《まさ》に理解すべき事である。併《しか》し夫《それ》が分らぬとすれば、君《きみ》が愚蒙なのであるから、俺は君《きみ》が理解するまで毎日来るのじゃ』

と云うてぎゅう〳〵責付《せめつ》けよ、必ず五日位で敵は屹度《きっと》陥落する」

と云うて遣《や》ったら、十日ばかりの間《あいだ》に結城より電報が来た。曰《いわ》く、

「債権者は三日間で落城した。直《す》ぐ立つ金があるなら五百ばかり直《す》ぐ送れ」

処が庵主は一文《もん》も金がない。そこで時計やら何やら掻《か》き集め、質屋へ叩き込んで五百円やっと拵《こしら》えた。

「金五百円送る、直《す》ぐ立て」

其後《そのご》五日目に、結城は庵主の本城たる築地《つきじ》一丁目の柳花苑《りゅうかえん》と云う料理屋の一室に坐り込んだ。夫《それ》から庵主は其《その》隣りの江口《えぐち》とか云う旅館に結城を入れて、久々振りに閑談《かんだん》に夜を徹した、寡言《かごん》の結城は曰《いわ》く、

「一汗かいて面白かった…………

低い処を埋《うず》める土は何処《どこ》にあるか、俺は明日から夫《それ》を掘りたい……」

庵主曰《いわ》く、

「其《その》土は東京にはない」

「俺は東京にあると思うて来たのに……」

「いや、東京は俺が低く〳〵〳〵〳〵掘下げて、もう泥水が出るまで掘って居《い》るから駄目《だめ》じゃ」

「夫《それ》なら何処《どこ》にあるのか」

「夫《それ》は北海道にある……俺の友達で本間英一郎《ほんまえいいちろう》と云う土木に明るい人の咄《はな》しに、北海道の小樽《おたる》に好《よ》い埋立地があるが、道長官がどうしても許可せぬと云うて居《い》た、君《きみ》は善でも悪でも構わぬ、是《これ》から直《す》ぐに其《その》本間の事務所に行って、図面を写して、総ての願書の様式を習《なろ》うて、直《すぐ》に郵便で出願せよ、俺が直《す》ぐに道長官から許可を取って遣《や》る。夫《それ》を種に何とでもして千変万化は君《きみ》が独特の長所じゃ。遣《や》って〳〵遣《や》りこくれ……出来るだろう」

「好《よ》し……」

結城は其日《そのひ》に直《すぐ》に本間の所に行った、晩方帰って来て、

「願書は郵便で今日出した。さぁ北海道長官に添書《てんしょ》を書け、俺は金が余って居《い》るから今夜上野発の汽車で立つ……」

庵主は用意して置いた書面を三通結城に渡した、一は長官に、跡《あと》の二は小樽《おたる》の豪士高野源之助《こうのげんのすけ》、金子元三郎《かねこもとさぶろう》の二氏に宛てた添書《てんしょ》であった、結城は何とも云わずにがさ〳〵カバンを片付け始めた。折柄《おりから》晩餐の膳が出た、結城は茶を掛けて又がさ〳〵と二三杯《にさん》掻《か》き込んで十円紙幣一枚を女中に投出し、

「おい此《これ》は茶代」と女中に遣《や》り「宿銭は杉山から取れ、左様《さよう》なら……」

と云うて庵主を顧み、にーっと笑《わろ》うてカバンを提《さ》げてどん〳〵出て行った。夫《それ》から結城からは三ケ月ばかりどこに居《い》ると云う手紙一本も来なかった。庵主は折々結城はどうしたかと心配して居《い》たら、ふいと一本の電報が来た。曰《いわ》く、

「埋立の許可を取って其《その》権利を三千円で売った、其《その》金で炭坑借区六つ取った、金足らぬ千円送れ」

庵主は孤灯の下に腕を組んで只《た》だ一驚を喫した。其《その》結城の素早き事、木鼠《りす》の枝を亘るようである。庵主は自分の遅鈍を顧みて、自《みず》から又一驚の外《ほか》ないのである。扨《さて》千円の送金はどうした物であろうか、当時庵主は料理屋、待合、宿屋を喰い倒おし其上《そのうえ》女中や帮間《ほうかん》の金まで借《かり》るばかりを万能として居《い》る時故《ときゆえ》、仕方も仕様もないのである、万策尽きて彼《か》の小樽《おたる》の豪士高野源之助氏に左《さ》の電報を打った。

「結城虎五郎《ゆうきとらごろう》へ金千円、僕の送金として渡して呉《く》れ、御願申《おねがいもう》す」

三日目に結城より返電が来た。

「金受取った、五六《ごろく》日中出立《うちしゅったつ》して東京に行く」

結城は東京に来た、素《もと》より寡言《かごん》な男であるから、簡単に仕事経過の報告をした、四五《しご》日すると上野発として突然一本の電報が来た。

「急用で今北海道へ行く」

と、夫《それ》から結城よりは杳《よう》として何の消息もない、中《うち》に其《その》年明治三十九年（3029年？年？）の十月二十八日となった。此日《このひ》庵主は大岡育造《おおおかいくぞう》氏と紅葉館《こうようかん》で、義太夫天狗《てんぐ》の真剣勝負を為《す》べき日であったので、鶴沢仲助《つるざわなかすけ》の師弟を呼んで盛んに義太夫の稽古をして居《い》たら、俄然として腹痛を起《おこ》し、居《い》ても立ってても溜らぬ。そこで万事を中止して麻布森本町《あざぶもりもとちょう》の自宅に帰り、懇意の長与称吉《ながよしょうきち》博士を呼んだら、

「強烈な盲腸炎で、熱は四十度、脈性宜しからず、直《たゞち》に外《ほか》の名医の立会を要す」

との事である、夫《それ》から更《さ》らに懇意な赤十字病院長の橋本綱常男《はしもとつなつねだん》を招いた。又、友人共《ども》よりは大学の青山胤道《あおやまたねみち》博士を呼んで、扨《さて》、長与氏と三人立会の結果、橋本氏と青山氏と枕頭《まくらもと》で大喧嘩を始めた。青山氏は曰《いわ》く、

「強烈な堆糞性盲腸炎にて、化膿の恐れがある故、直《たゞち》に腹部切開の必要がある」

と、橋本氏は曰《いわ》く、

「臨床上どこに化膿の疑《うたがい》があるか、予《よ》は今切開の時機に非ずと思う」

「切開の時機は何《いず》れの時を適当とするか、予《よ》は盲腸炎と診断の確定したる時は、何時《いつ》にても切開の時機なりと信ずるのである」

こんな事で摺《す》った揉《も》んだの喧嘩をするのである。庵主の苦痛と云うたら、灼熱の鉄丸《てつがん》を腹部に入れて居《い》る程《ほど》強烈である。夫《それ》で何《いず》れも懇意な青山、橋本の中に這入《はい》って喧嘩の仲裁をするのである。長与氏は仲に在ってまご〳〵して居《い》たが、耐えられずしてこそ〳〵帰って仕舞《しも》うた。次《つい》で青山氏はぷん〳〵と怒《おこ》って、

「杉山君、万止むを得ぬ……君《きみ》は名医橋本君の治療を受けて死生を決し玉《たま》え、僕は君《きみ》の全快を満腹に希望する」

と云うて、ぷいと立って帰って仕舞《しも》うた、橋本老先生は曰《いわ》く、

「杉山君、僕は君《きみ》に僕を押売りはせぬぞえ、青山の怒《おこ》るのも僕の主張も、各医術上の親切な議論である、取捨は君《きみ》の随意である。開腹を希望せらるゝなら、僕が今直《すぐ》に青山に電話掛けるよ」

と云わるゝから、庵主は曰《いわ》く、

「私《わたくし》は医術上の議論を取捨する丈《だ》けの知識を持ちませぬが、青山と貴方《あなた》の喧嘩は、病中ながら非常に面白く感じて居《い》ましたが、青山が私の此《この》大患を自分の議論の結末も付けずに、自分で怒《おこ》って帰って仕舞《しま》いました、一事に付《つい》ては医術に不親切なと同時に私《わたくし》にも不親切であると思います。怒《おこ》るのは青山の勝手で有りますが、病気に対しては責任を持って善悪とも、此《この》友人の此《この》病気は拙者が引受けて責任を持つからと云うて、なぜ私《わたくし》を連れて行って呉《く》れないでしょう、私《わたくし》は死んでも宜《よ》いですから、今では貴方《あなた》にお頼み致します。十分に手を尽して殺して戴きたい、少しも遺憾は有りませぬ」

と云うたら、神経質の橋本氏は涙を流して、

「充分に遣《や》るから任せ玉《たま》え」

と云うて、直《たゞち》に赤十字病院に電話を掛けて担荷《たんか》を呼んで、自分に其《その》横に付添うて入院せしめられた、夫《それ》から三日目に、難波一《なんばはじめ》氏、岩井禎造《いわいていぞう》氏、其他《そのた》、橋本氏と立会の上、何でも開腹して置くが安心と決定したかして、明朝十時に開腹と確定したのである。其日《そのひ》の午後四時頃、庵主が寝ながら看護婦の手で排便した処が、其《その》看護婦が何を驚いたか、ばた〳〵〳〵〳〵と庵主の病室から駈け出した、間もなく白い衣物《きもの》を着た医員が五七《ごしち》人又ばた〳〵〳〵〳〵と駈込んで来て騒動を始めた。間もなく橋本院長は病気で寝て居《い》たのに、寝巻の儘《まゝ》馬車で駈付けた。夫《それ》は医員から、

「杉山さんの盲腸は化膿して居《い》て、只今穿孔《たゞいませんこう》しました」

との電話にて、橋本院長は青山氏と喧嘩の次第もあり、間近く同業の岩佐《いわさ》博士の子息が盲腸炎穿孔《せんこう》で直ぐに腹膜炎を起《おこ》し、虚空を攫《つか》んで四十時間ばかりで死亡せられ、徳大寺《とくだいじ》侍従長の子息も同様であったのを見て居《お》られるから、斯《か》くは狼狽して駈《かけ》付けて呉《く》れられたとの事である。来診して見られたら、已《すで》に大化膿して居《い》た事が分ったので、庵主の耳に口を付けて、

「杉山君、僕は医者は下手だよ、此丈《これだ》けの化膿が分らなかった。併《しか》し君《きみ》は万死に一生を得られたのは腸管の中に穿孔《せんこう》したから、今後安静の養生さへ仕《し》て居《お》られれば、完全に平癒するから」

との事である。庵主は咄《はなし》を聞いて自分ながら悪運の強き事に驚いた。夫《それ》から余病も併発して危険にも瀕したが、二ケ

月ばかりの後、全く平癒したのである。さぁ命拾いをしたから跡は破れかぶれである。予《かね》て思うて居《い》た日本経済界の大革命、外資輸入の計画を以て、身体疲労の儘《まゝ》米国に渡航した。農商務次官藤田四郎《ふじたしろう》、帝国大学教授箕作佳吉《みつくりかきち》の両氏は其《その》時《とき》の同行者であった。此間《このかん》結城虎五郎は何を仕《し》て居《い》たろうか、夫《それ》は次回に書く事にする。

60　庵主の口添えが一挙六十万円

巨利を得て巨債を償い
旧恩を思うて墓前に謝す

庵主が万死に一生《いっせい》を得たる病体を提《ひっさ》げて、太平洋五千浬《カイリ》の航海を企て、米国に押渡り、唖《おし》と聾《つんぼ》と明盲《あきめくら》の儘《まゝ》に、世にも面白き事共《ことゞも》を為《な》さんと、半生住馴れし東《あずま》の都を後にして、波濤《はとう》の上の人と成った頃、結城は何事を為《し》て居《い》たであろうか。彼は已《すで》に石炭の宝庫とまで云われた北海道で、石炭の坑区を数ケ所占有したが、夫《それ》を転換洗煉《せんれん》して、優秀なる坑区二三《にさん》ケ所となし、夫《それ》を確実に所有したのである。斯《か》る迅速の働《はたらき》を為《な》し得たのは、往年頭山《とうやま》氏等《ら》と、九州筑豊《ちくほう》の炭田を開発して、玄洋社《げんようしゃ》の基本を建てた時に得た、尠《すくな》からざる経験が此《この》北方未開の地に馳駆するのであるから、斯《か》くは俊隼《しゅん〱》機敏の働《はたらき》を成さしめたのであったと思う。夫《それ》とても之《これ》に伴う巨額の資本を、如何《いか》にして調達したかゞ第一の疑問である。夫《それ》には彼が寡言《かげん》にして、人を魅する的《てき》の素質を有し、事に当り堅実にして、他の信を負荷するに足る丈《だ》けの素行を有して居《い》た為めに、逸早《いちはや》くも世に敏腕家の聞《きこ》えある、飯田延太郎《いいだのぶたろう》氏や、三井一派の人々と結託する事が出来たのである。然《しか》るに斯《か》る有望なる大炭田を獲得したる結城は、俄然として霊鷲《れいしゅう》の古林《こりん》に眠るが如く、蛟龍《こうりょう》の深淵に潜《ひそ》むが如く、静まり返りて音もなく、終《つい》には其《その》居所さえも分らぬように迹《あと》を潜《ひそ》めた。是《これママ》か結城でなければ出来ぬ芸当である。庵主の多くの知人は、気力才幹も結城に勝り、学識経験も結城を凌駕する程の者も沢山あるが、夫《それ》が大部分蹉跌《さてつ》失墜の厄《やく》に遭《お》うて、各地の辺隅に呻吟《しんぎん》するのは、皆押《みなおし》なべて延《の》べつ幕なしに、其《その》有する丈《だ》けの気力才幹を徒費消耗し、蓄うる所の学識経験を濫用連発して、人間栄枯の妙界に処するの真諦を解せず、ぎり〳〵舞いの飛んだり刎《は》ねたりに目を廻して、其日《そのひ》〳〵に幻影する、喜憂の妄想に昏倒して暮して居《い》る。所謂《いわゆる》息の通《かよ》う死骸同然の者ばかりである。お恥かしいが、後《の》ちに醒めた目から見れば、庵主も其《その》一人であったのである。其処《そこ》になると、結城は天性此《この》点の慧眼丈《だ》けは、普通に抜群して居《い》た男であった。扨《さて》、庵主は例の幕なしのぎり〳〵舞を、耳の聞《きこ》えぬ、口の利けぬ米国で実演した結果、何か相当の夢の様《よう》な、妄想を捕えて、日本に帰えって来たのは一ケ年ばかり後の事であった。其《その》夢は台湾に縦横の鉄道を張って一億円位の歳入を挙げたい。日本に外資を輸入して、全国を生産工業の衢《ちまた》と為《な》して見たい。此《この》夢の重さと云うたら、六千噸《トン》一万馬力のエンプレス・オブ・チャイナ号も沈まんばかりの船足で、横浜に着いたのであった。勿論此時《このとき》は、庵主の身体も、彼《か》のぐる〳〵舞の為めに、健康も大分回復し、体量も二十幾貫目となって居《い》たから、希望の夢と通算すれば、総噸《トン》数も多大な物で有ったに違いないのである。日本に着いた其《その》翌日から、又例のぎり〳〵舞を初めた。庵主は四五度《しごたび》も外遊を仕《し》たが、其《その》出発に際しては、一度も人に通知せぬ、其《その》帰朝に際しても、又人に通知せぬのである、故に其《その》出発前の忙がしさも、帰朝砌《みぎ》りの忙しさも同じ事である。只《た》だぐる〳〵舞の回転数に、少し増減が有る位である。帰朝の翌晩早くから寝《しん》に就いて、矢張《やは》り船室に横臥して居《い》るような心持で、ぐう〳〵遣《や》って引続きの面白い夢の継続を見て居《い》る所に、枕元に来て「おい〳〵」と起《おこ》す者がある、ふいと頭を上げて見ると大兵《たいひょう》肥満の大男である、夫《それ》がすっかり念慮の中から忘却して居《い》た結城であった、曰《いわ》く、

「体はもう大丈夫か」

庵主は寝惚《ねぼ》け顔で起上《おきあが》って、嬉しさの余りに直ぐ次の間の応接の椅子に掛《か》ゝった。

「うむ、此《この》通りじゃ、一体今迄何処《どこ》に居《い》たか」

「其処此処《そこここ》に行って遊んで居《い》た、仲々《なか〳〵》面白かった、君《きみ》が帰るのを待って居《い》た、俺は君《きみ》が留守中に、北海道で好《よ》き炭山の借区を二つ三つ取って、世に炭山熱の出るまで、遊んで寝て居《い》る積《つも》りで居《い》たが、もう福岡を出て足掛け四年にも成る

から、あの炭山を売《うり》飛ばさねば、あの逆捻《ぎゃくねじ》に捻《ね》じた郷里の借金取が、もう待たぬ事になったから、日夜売る事にばかり苦心して居《い》るが、今は万策尽きた所じゃ、何とか急に金にする工夫はないか」

「うむ、そう〳〵、あの低い所を埋《うず》めて、返す埋土《うめつち》の借金借区か、俺は忘れて居《い》た、君《きみ》は一体全身にエレキを掛けて、ぐる〳〵廻す時は見て居《い》る目まで廻るように働くが、時々停電するから困る、夫《それ》が君《きみ》の欠点じゃ、俺は決して停電せぬように廻す事は廻すが、夫《それ》が多く空車《からぐるま》の空廻《からまわ》しで、割合に能率の事を忘れて居《い》るから、夫《それ》が俺の欠点と思うて居《い》る、併《しか》し不思議にも君《きみ》と俺が計らず同業者に成ったとは面白いね」

「何が同業者じゃ」

「借金と云う商売が同業であろう、夫《それ》から借区と云う商売が同業であろう、又夫《それ》を金に仕《し》たいと奔走して居《い》るのが同業であろう」

「借金は同業かも知れぬが、君《きみ》が借区を持って夫《それ》を売る仕事を仕《し》て居《い》るような事は無いでないか」

「何、有るさ、俺は外国の金を借りて、日本全部を借区にして、夫《それ》で金を借りて金に仕《し》ようとして居《い》る所じゃから同じ事さ、只《たゞ》少し大きいと小さい丈《だ》けだ、君《きみ》の借区は、俺の借区の中の又其《その》借区で、比較すれば炭塊《たんかい》一こげか二こげであるから、売ろうと思えば直《すぐ》に売れるさ」

「君《きみ》は大法螺《おおぼら》を吹いて、俺の仕事の方を戯談《じょうだん》にするから困る、真面目に売る工夫を仕《し》てくれよ」

「何《な》に決して戯談《じょうだん》じゃない。其位《そのくらい》の仕事は訳ないよ。大きい借区は大きい事業家に売らねば売れぬ、小さい借区は小さい小商人《こあきんど》に売らねば売れぬ物である。夫《それ》で俺は米国の大きい事業家に売りに行《いっ》たのじゃ」

「君《きみ》はそんな事を云うけれ共《ども》、俺の借区も彼是《かれこ》れ二百万坪位はあるから小商人《こあきんど》では仲々《なか〳〵》買えぬよ」

「夫《それ》が小借区と云うのじゃ、そんな小借区を買う者は日本では、三井とか三菱とか古河《ふるかわ》とか云う小商人《こあきんど》が居《い》るから、夫《それ》に売ったら宜《い》いでないか」

「夫《それ》に仲々《なか〳〵》手を入れて運動して居《い》るけれども、酢《す》だの牛蒡《ごぼう》だのと云うて容易に買わぬよ」

「夫《それ》が売りようが悪いから買わぬのじゃ、そんな奴には買うようにして売らねば、殴《なぐ》られても殺されても、元が小商人《こあきんど》と云う者であるから買わぬ物じゃ、元来小商人《こあきんど》と云う者は、寛永通宝《かんえいつうほう》と鋳込《いこ》んだ一文《もん》の鐚銭《びたせん》を、手の掌《ひら》に乗せて、裏表をひっくり返して眺めて暮らして居《い》るような者であるから、其鐚銭《そのびたせん》の地金《じがね》が、若《も》し純金で出来て居《い》ると云う事を発見したらば、其時《そのとき》は又殴《な》ぐられても殺されても買うものである、なぜ君程《きみほど》の男が、鐚銭《びたせん》を純金で鋳立《いた》て、其小商人《そのこあきんど》に見せぬのじゃ、君《きみ》が唖《おし》のように無口な男であるから、成丈《なるた》け説明入らずで売る工夫をせねば、百年経っても売れる気遣いないのじゃ」

「君《きみ》と云い合えば俺が負けるから、何でも宜《い》いから売る工夫を仕《し》てくれ」

「うむ好《よ》し、君《きみ》が借金払いは俺も責任があるから工夫して遣《や》ろう」

「夫《それ》では頼むぞ、それ、是《これ》が借区券、是《これ》が図面、是《これ》が炭《たん》の見本、是《これ》が作業の収支計算書、是《これ》が噸《トン》当りの原価、是《これ》が各地に於ける石炭の市価の書付けである」

と、結城は一々説明付きで庵主に渡した、庵主曰《いわ》く、

「其炭《そのたん》の分析表は無いか」

「夫《それ》はまだ試験仕《し》てないけれども、大概空知《そらち》、幾春別《いくしゅんべつ》の上等炭《たん》の上位にあると思うて居《お》れば間違はないよ」

「夫《それ》がいかぬ、君《きみ》は何より先きに、分析表を一番に拵《こしら》えねば、鐚銭《びたせん》が純金にならぬよ。好《よ》し〳〵夫《それ》は俺が拵《こしら》えて遣《や》る」

と云うて別れたのは丁度其夜《そのよ》の十二時過《すぎ》で、忘れもせぬ、結城が長い間破れ応接の破れ椅子に掛《かか》って居《い》て、立上《たちあが》るなり其《その》椅子の破れ目に睾丸《きんたま》を挟んで、

「あ、痛い」

と叫んだ、庵主は飛《とび》付いて其《その》椅子を押えて遣《や》って、

「此《この》椅子は、時々客人の睾丸《きんたま》に喰い付いて、悲鳴を挙げさせるよ。併《しか》し君《きみ》は睾丸《きんたま》に喰い付かれる位だから屹度《きっと》金持に成るに違いないぞ」

「まぁだ持ちもせぬ内《うち》から喰い付かれて溜るものか。君此《きみこの》椅子は易《か》えたらどうじゃ」

「夫《それ》が俺か《ママ》貧乏じゃから、十五年も前から其《その》椅子じゃ、其《その》椅子も荒尾精《あらおせい》が仙台屋敷を引越す時に呉《く》れた椅子じゃ、あの荒尾も貧乏であったから、荒尾の所でも相当に客人の睾丸《きんたま》に喰い付くのに此《この》椅子も年期を入れて居《い》たのであろうよ」

と云うた。其後《そのご》結城は丸曲《まるま》げ木の椅子五脚を持たせて呉《く》れた、庵主は夫《それ》から又《ま》た結城の事が頭に往来仕出《しだ》して、早速書付けを添えて、庵主の友人、農商務省地質調査所の巨智《こち》部《へ》忠承《ちゅうしょう》博士の所に、此《こ》の結城の石炭を持たせて遣《や》ったら、間もなく精細なる分析表に、其炭《そのたん》の普通炭《たん》よりも抜群の良質であると云う証明書を交付し、其上《そのうえ》結城所有の炭坑、北海道留萌《るもえ》とか云う所は、博士が曾《かつ》て調査した事があるので、其《その》報告書の写《うつし》をも添えて送りて呉《く》れる程の親切な人であった。そこで庵主は其時《そのとき》までは逓信《ていしん》省の所属であった鉄道の掛り官に手紙を遣《や》って、鉄道で買上げる石炭の分析格付け書を写して貰《もら》い、夫《それ》と引合せて見たら、著《いちじ》るしく結城の石炭の方が優等であったので、庵主も口を添えて鉄道係りから左《さ》の意味の書付けを貰《もら》う事にした、其書付《そのかきつけ》に曰《いわ》く、

「本分析表に準ずる、該礦《がい》所より出炭する石炭を、政府指定の場所にまで輸送し来《きた》らば〇〇円の価格にて何時《いつ》にても買上《かいあぐ》べし、云々」

の趣意であったと思う、そこで庵主は早速結城に云うた。

「さぁ結城、鐚銭《びたせん》が純金になったぞ、此丈《これだ》けの道具を揃えて、此《この》価格から採炭費と、運賃と諸費用とを差引いて、其《その》政府の買上げ値段との差が即ち利益である事に確定さえして居《お》れば、例の小商人共《こあきんどども》は屹度此《きっとこの》炭山を買うに相違ないと思う。元来日本の小商人《こあきんど》と云う者は、政府の木葉《こっぱ》役人共《ども》の書いた物が、純金以上に非常に嗜《す》きな奴共《やつども》ばかりである故、是《これ》から君等《きみら》が勝手に好きの値段で此《この》山を売るが宜《よ》い」

と云うた。其後《そのご》庵主は又小一年ばかりも東西に奔走して結城の事を忘れ、旅行から久振《ひさしぶ》りに帰社して見ると、立派な純銀揃の煎茶道具が箱入になって一揃《ひとそろい》来て居《い》た。見ると結城虎五郎《ゆうきとらごろう》、飯田延太郎《いいだのぶたろう》と二つの名刺が付いて、御礼と書いてある。はて何《ど》うしたのであろうと思うて居《い》ると、其中《そのなか》から手紙が出て来た。曰《いわ》く、

「色々世話になった、北海道の炭山が三井に売れて、何でも六十万円とかに成ったから一寸《ちょっと》礼に来た」

と云う様《よう》な文意であったようである。其時《そのとき》の庵主の悦びは又一通りでなかった。

「あゝあ、流石は矢張《やは》り結城じゃ。立派に尻の括《くゝり》が付いた。左《さ》すれば矢張《やは》り尻仕末丈《しりじまつだ》けは俺よりか結城の方が甘《うま》いわい」

と、思わず独語したのであった。其後《そのご》も又、永い事《こと》面会の機会もなかったが、庵主が全国到る所、思いも寄らぬ所で、思いも寄らぬ人から挨拶を受ける、夫《それ》は曰《いわ》く、

「貴下御友達の結城さんから、予《かね》てお取換金《とりかえきん》の返済と、十分の御報償とを頂戴しましたので、誠に感謝して居《お》ります。お面会の時は宜敷《よろしく》」

との挨拶である。其《その》庵主の悦びは又幾何《いくばく》であろう。

「あーあ、矢張《やはり》結城は俺より尻《しり》の括《くゝり》が甘《うま》いわい」

と独語した。夫《それ》が其日《そのひ》庵主は、叔父から提灯《ちょうちん》箱の中の公債七百円を借りて、今日まで返されぬ為めに末弟の駒生《こまお》はとう〳〵抵当になって、其《その》家名を相続させたような始末の彼《か》の林家の公債も全部立派に返済して居《い》たので、庵主は或日《あるひ》其《その》叔父の墓前に額《ぬか》ずいて、

「叔父様よ、尚《な》お地下に霊在《いま》さば、今私《わたくし》の言上《ごんじょう》をお聞き下さいませ、昔日《せきじつ》恩借の恩金の御家禄七百円は、今回義友結城虎五郎が、総て其《その》返済を致し呉《く》れました。御臨終まで御心配の様《よう》でございましたから、どうかお心をお休め下さいませ。御遺族の事は弟駒生《こまお》が、微力ながらお受持申《うけもちもうし》て、保育を致して居《お》ります。又私《わたくし》も及ばずながら監視保護を怠たっては居《い》ませぬ。随《したが》って私共《わたくしども》の事業も、御蔭にて朝鮮の事にも深く歩武《ほぶ》を進むる事が出来まして、今日では他より容易に抜く事が出来ぬまでに成って居《お》ります。又一方、支那西比利亜《シベリア》、台湾南洋、終《つい》には米国にまで、手を延《の》べて、御国《みくに》の福利を計画致す事の出来ますよう相成《あいな》りましたのは、偏《ひと》えに叔父様が昔日《せきじつ》の御助恩に胚胎《はいたい》致す事と、衷心《ちゅうしん》より喜んで居《お》ります事を慥《たし》かに御聞取《おきゝとり》を願上《ねがいあげ》ます。今、御墓前に額《ぬか》ずいて此《この》積恩を拝謝し、此《これ》より捧げ奉る一片の法要は何卒

万僧の供養とも思召《おぼしめし》て御饗《おう》け下さいますように」

と、額《ひたい》を土地《つち》に埋《うず》めて長く謝恩の誠意を告げたのであった。此《この》法要を終《おわ》って庵主は又嘆息を発した。

「あー、、結城のお蔭で、一生出来まいと思うて居《い》た叔父の法要が出来た。只此上《たゞこのうえ》は、弟駒生《こまお》が身を立て道を行い、家名継続の道を子孫に伝えて呉《くれ》れば好《い》いが、是《これ》には俺も決して怠らず注意せねばならぬわい」

と、繰返して思うたのである。

扨其《さてそれ》から結城は、彼《かの》日露戦役に於ける軍夫一件の個人的負債等も、庵主の門外漢にて記憶し居《お》る方面を寄り〱に問合せ見ると、残る方なく片付けて居《い》たと思われたのである。彼は其《その》為め、一ケ月ばかり宛《ずつ》二回も郷里に帰りて、東西其《その》事務に鞅掌《おうしょう》して居《い》たらしい。其後《そのご》庵主は、折返し〱米国に渡航したので、結城とは交通も出来なかったが、彼は何時《いつ》の間にか、牛込区《うしごめく》の高台に邸宅を構えて、立派な東京の実業家に立並ぶ紳士と成って居《い》たのである。庵主は竹馬《ちくば》の友を初め、其《その》好友四方《よも》に多く、其数《そのすう》幾千百を以て数うれども、結城の如く中年より、頭山《とうやま》氏の門下に入って、其《その》志に随《したが》い、田舎新聞社の会計位の任に当りて、夫《それ》より又ぐっと後に、東京人が初めて九州福岡に旅行をして行ったと同様の庵主と初めて面会をして、只《たゞ》の数語を交《か》わしたばかりで、百年の交《まじわ》りを起《おこ》した。此《この》結城が如 欺《かくのごとく》機変縦横限りなき傑物であって、僅《わず》かの短時日に縦横した事蹟でさえ、今、筆の立て途《ど》にも困る程の経綸《けいりん》家であろうとは、夢々庵主は思わなかったのである。

61　寡言黙行の志士

病者死に臨んで剣刃を磨し
牝狸人を戒めて古諺を遺す

庵主元来が内外多忙の男である。なぜ左様《さよう》に忙がしい事務があるかと云えば、只《た》だ内外人《ないがいじん》に無暗《むやみ》に知人が多い処に、無職無業で不思議にも輦轂《れんこく》の下《もと》、天下のお膝元に四十年間無意義にて暮して来た為め、日本国中の人の集合する首府であるから、知る人が弥《いや》が上に多くなるのであった。夫《それ》が種々様々の事を持込んで来て、庵主を忙がしがらせるのである。そこで庵主は或る時、規則を設けた。

第一、商事会社の件には一切関係せぬ事

第二、鉱山の件には一切関係せぬ事

第三、議員選挙の件には一切関係せぬ事

第四、がらくた新聞は一切読まぬ事

是丈《これだ》け毎日の事務を切捨てゝ、成丈《なるた》け東京に居《お》らぬ工夫をして、郷里の福岡に三百年来閉鎖せられて居《い》た築港事業を、開拓して遣《や》ろうと思い立った事が、丁度、大正元年、即ち庵主が腸ネンテンの大患を遁《のが》れた、先帝陛下の崩御になって、故桂公爵《こ》が無分別にも政党を拵《こしら》えると騒ぎ出した、此時《このとき》に夫《それ》を機会の記念として、心機を一転したのであった。故に庵主は其《その》当時、一ケ月の半分は筑前《ちくぜん》の博多で暮して、其半《そのなかば》を東京で事務を所理《しょり》したのである。故に刎頸莫逆《ふんけいばくぎゃく》の友たる、結城などとも、殆んど面会するの機会が少なく、折に触れて結城は、築地《つきじ》の梁山泊を訪問して呉《く》れた事はあるが、庵主は不幸にして一度も結城の居宅《きょたく》を訪問する事が出来なかった。丁度大正十年の八月の末頃であったかと思う、結城より庵主に電話が掛《か》って来た。曰《いわ》く、

「少し病気で寝て居《い》るから、一寸《ちょっと》自宅まで来て呉《く》れよ」

と、庵主も何がな心に掛《か》ったから、用事を繰合《くりあわ》せて、牛込《うしごめ》の結城の宅を音信《おとず》れたが、流石結城は身始末の好《い》い男丈《だ》けに、其《その》居宅も長屋門になって居《い》て、家も檜《ひのき》造りで、庭園までも相当に行届いて居《い》る、我々浪人仲間には、是《これ》までに構え込んだ者は、未だ一人もないと思うた、二階の寝室に通って見ると、彼は見晴しの好《よ》き、二方縁の広い座敷に寝て居《い》るから、容子《ようす》を見ると、大分病み疲れて居《い》る。直《たゞち》に容体を聞くと、

「二《いち》二《に》週間前より胃腸を傷うて食欲《そこ》がない、大学の稲田《いなだ》博士に掛《かゝ》って居《お》れ共《ども》、捗々敷《はかぐしく》ない」

と、夫《それ》から庵主は杉山博士流の診察を始めた。

「脈も悪るくはないが何だか気の為か、底に不安が感ぜらるゝ、眼睛《がんせい》には一種の弱相を現わして、膚色《ふしょく》に底暗き或物《あるもの》を漂わして居《い》る」

何か用があって呼んだのかと問うたら、

「いや、何も用は無いが一遍会《お》うて見たかったからである」

と、夫《それ》から様々の雑談をして居《い》る中《うち》、妻君に命じて地袋《ちぶくろ》の中から刀を二三《にさん》本取出した。曰《いわ》く、

「此君《このきみ》から貰《もろ》うた、鞘に『力抜山《ちからやまをぬき》、気蓋世《きよをおおう》』と金蒔絵《きんまきえ》した国広《くにひろ》の刀が錆《さび》たようじゃから、綺麗にして貰《もら》いたい。又此《この》二本は大小揃の肥前忠吉《ひぜんたゞよし》である。是《これ》も錆《さび》た様《よう》じゃから、綺麗にして貰《もら》いたい」

と云うた、庵主も心中にて彼が歳を数えれば六十三である。夫《それ》が斯《かゝ》る病気をして、庵主を呼んで、国広《くにひろ》と忠吉《たゞよし》との刀の錆《さび》を落《おと》して呉《く》れと頼むのは、国と忠との二魂《たましい》が、死後に錆《さ》びて居《い》ては困ると云う心底では有《あ》るまいかと、暗黙の中《うち》に思うたのである。庵主は快く引受けて、夫《それ》を自動車に入れさせて、扨帰《さて》り掛けに妻君を別間に呼んで左《さ》の事を話した。

「結城が今度の病気は、大患であると思います。十分遺憾なき丈《だ》けの看護が必要と思います」

と、其後《そのご》度々電話で容体を聞いたら、大分工合が好《い》いとの返事ばかりであるから、聊《いさゝ》か安心はして居《い》たが、或日雪隠《あるひせっいん》に這入《はい》って居《い》たら、書斎の方に結城の声が聞こえる。

「あの男が中々《なかく》あの大病で、外出などの出来る筈はないが、又例の不養生で、少し宜《よ》いと云うので、もう出て来たに違《ちがい》ない。早速追返《おいかえ》して遣《やろ》う」

と思うて、早々に雪隠《せついん》から出て、書生に、

「結城が来て居《い》るだろう、何処《どこ》に居《い》る」

と云うと、書生はけゞんな顔をして、

「い、え、結城さんはお出《いで》に成《なり》ませぬ」

と云うから、庵主ははっと何かの暗示でも受けたように、丁度外出に用意して居《い》た自動車に飛乗って、不取敢《とりあえず》結城の家《うち》に行って見たら、案外にも結城の容体は好《よ》かった。結城は大変喜んで、

「もう日ならず全快すると思う、安心してくれ」

と云うから、庵主は一種の喜びに打たれた。夫《それ》から暫《しばら》く居《い》る中《うち》に、気を付けて見て居《い》ると、矢張《やはり》眼睛《がんせい》に一種不安の色がある、夫《それ》から声が何分《なにぶん》にも力がない、庵主は雑談数刻にして帰掛《かえりが》け、又妻君に、

「矢張《やはり》容体不穏である」

旨を警告して帰って来た。

夫《それ》から台華社《たいかしゃ》員の広崎栄太郎《ひろさきえいたろう》をして、日々結城の看護と、内外の用事の為めに、詰め掛けて行くように命じた、其《その》広崎の報告も其後《そのご》、容体不良の事はなかったが、丁度庵主が近県へ旅行をして不在の中《うち》、俄《にわ》かに容体に劇変を起《おこ》した、庵主が結城の枕辺《まくらべ》に駈け付けた時は、結城は見るも神々敷《こう〴〵しく》、綺麗な眠《ねむり》に入った骸《むくろ》となって居《い》た。家人の咄《はなし》を聞けば、

「昨夜中に二回喀血《かくけつ》して事切《ことぎ》れになった」

との事である、庵主の考えでは、強烈な胃カタールが長く持続した為め、胃の内膜が糜爛《びらん》に糜爛《びらん》を累《かさ》ねて、一種の胃潰瘍を起《おこ》して喀血《かくけつ》し、衰弱に耐え得られずして、永眠した物と思われた。庵主は其枕辺《そのまくらべ》に端坐《たんざ》して悵惆《ちょうちゅう》之《これ》を久《ひさしゅ》うして、回顧の念に耐え得なかったのである。心の中《うち》にて斯《か》く云うた。

「嗚呼《あゝ》結城よ、君《きみ》は予《よ》と相交《あいまじ》わる事、茲《こゝ》に三十六年、其間君《そのかんきみ》は小にしては、吾人《ごじん》同志の為め、大にしては、家国民人の為め、其《その》世に尽すべき事業の基礎に向《むか》って努力を仕《し》続けたのである。君《きみ》は幼より孝の終始を全うして、郷党を導き、財を軽んじ義を重んじて、多くの人を救うた、君《きみ》は同志対世の基礎たる新聞事業を創設して、其《その》今日あるの素《もと》を開いた、君《きみ》は麦藁《むぎわら》手工の事業を起《おこ》して外国貿易に対する郷国子女勤労の道を開いた。君《きみ》は九州炭なる土中産物の初歩を開発して、之《これ》を巴蜀《はしょく》の粟《ぞく》たらしむる、蕭何《しょうか》の任を尽し以て同志対世の出発力を助けた。君《きみ》は朝鮮海漁業の一番乗りをして、今日隆

盛の因を成した。君《きみ》は志士を選抜して、朝鮮魂なる物を植え込み、遠く今日日韓合邦《にっかんがっぽう》あるの素地を成した。君《きみ》は日露戦役に対して、常人の追随し能《あた》わざる程の、労苦と犠牲とを縁の下にて努め以て、帝国軍人の行動を助けた、君《きみ》は未開北地の炭田を開発して之《これ》を善用して自《みず》から対世《たいせい》の事業家たる資格を具備した、君《きみ》は是《これ》よりこそ、始めて鋒鋩《ほうぼう》鋭利の国広《くにひろ》を研《と》ぎ、忠吉《たゞよし》を磨いて、志士最後の志業に向《むか》って一大団員を画するの一段に及び不幸病《やまい》を以て今《い》ま終焉を予《よ》が面前に告げた。予《よ》が断腸の痛恨又何を以て喩《たと》えん、今君《きみ》が死と共に、予《よ》を電光の如く刺戟《しげき》する物は、予《よ》が生《せい》の一事である。予《よ》や君《きみ》と一生を賭し、一死を盟《ちかい》し事、其《その》幾回なるを知らず、中道にして、君《きみ》、予《よ》と改進の画策《はかりごと》を異にし努力縦横共《とも》に一日の寧《やすき》を貪《むさ》ぼらざりしは、最後の旗を同《おなじゅ》うして、凱歌を同日に唱えんと欲するに過ぎぬのであった。然《しか》るに今や予《よ》一人、荒寥狐兎《こうりょうこと》の間に残生して又何をか為《な》さんとするのである、予《よ》や天性の蠢愚《しゅんぐ》、其生素《そのせいもと》より犬豚《けんとん》の生《せい》に斉《ひと》しと雖《いえど》も、生《せい》は正《ま》さに生《せい》である、此生《このせい》の意義をして、君《きみ》を地下に顰笑《ひんしょう》せしめんとするの志業は、予《よ》の尤《もっと》も苦痛とする処である。君《きみ》は已《すで》に寡言黙行《かげんもくこう》を以て生涯を全うし、今将《ま》さに棺を蓋《おお》わんとす、予《よ》、已《すで》に狂言騒行を以て、徒らに一世を馳突し、生きて世に効なく、死して後《の》ちに名なきを恥ず。今や却《かえ》って怨む、君《きみ》が死の潔き事を」

と、思わず涙泗《るいし》の潸々《さん〱》たるを禁じ得なかったのである。夫《それ》から其《その》晩には、頭山《とうやま》氏、飯田《いいだ》氏、本城《ほんじょう》氏、染谷《そめや》氏、其他《そのた》、結城が生前知交の士は、彼が遺骸の枕辺《まくらべ》に対して灯香《とうこう》の薦《せん》をなし、一夕《いっせき》の通夜《つや》に、結城と永劫《えいごう》の別れを惜《おし》んだのである。妻君又稀世の賢婦人にして、家政機《はた》の如く斉《とゝの》い、遣代梭《けんたいおさ》の如く正しく、良人《おっと》生前の知交に対する、尤《もっと》も敬虔の情を尽さるゝので、見る人一層の哀《あい》を催したのであった。已《すで》に結城は此《この》賢婦人に因《よ》って子女諸婿《しょせい》の教養に抜群の善果を得て、常に後顧《こうこ》の憂《うれい》なく、独り垣外《えんがい》の来奔を自由に為《な》し得たのである、夫《それ》から又、結城の信友飯田延太郎《のぶたろう》氏は、真正なる結城の知己《ちき》であって、彼が生前死後の事に至るまで、一切を担任して、真情の限りを尽された。一同は只《た》だ感謝の意を以て、飯田君に対するの外《ほか》なかったのである。斯《かく》の如き有様にて、死後の始末の好《よ》き事は、庵主等《ら》が多くの友人中、此《この》結城程、手の入《い》らぬのは一つも無い位であった。往昔《むかし》頭山氏は、こんな事を云うた事がある、曰《いわ》く、

「結城は八分を知る男故《ゆえ》安心じゃが、杉山は十二分の男じゃから困る」

と、此《これ》は人を見るの明《めい》ある、頭山氏の至言と思う、夫《それ》が箴《しん》を為《な》して、果して結城の方は先ず〱斯《かく》の如く始末が宜《よ》いのである。さぁ茲《こゝ》に若《も》し庵主の方が死んだら、万事万端が、十二分に遣《や》ってあるから、どんな豪傑が出て来ても、始末に丈《だ》けは慥《たし》かに困るであろうと思う。夫《それ》は庵主がまだ死なぬ先から、此《この》頭山氏の箴言《しんげん》が、已《すで》に眼前に展開されて居《い》るからである。昔噺《むかしばなし》に、

「或る山村に、甲吉《こうきち》と乙助《おつすけ》と云う二人が居《お》った処が、其《その》旦那寺の和尚さんが、或日《あるひ》此《この》二人を呼んで云うには、此《この》寺に二匹の狸《たぬき》が居《お》って悪戯《いたずら》を仕《し》て困る。本堂の料具膳を食い荒したり、阿弥陀様を転がし落して鼻を破《こ》わしたり、各仏壇の供え物を食廻りたりして困るから、お前等二人で手分けをして、一疋《いっぴき》ずつ此狸《このたぬき》を捕《と》って呉《く》れぬかと頼まれた。そこで甲吉が云うには、一匹丈《だ》けなら私は受合《うけあい》ますが、お寺では狸《たぬき》が出て悪戯《いたずら》さえ為《せ》ねば宜うございますが《(か)》、詰《つま》り其《その》取れた狸《たぬき》は、私が頂戴しても宜《い》いのでございますかと云うので、和尚さんは、あゝ宜《い》いとも、捕れた狸《たぬき》はお前さんの自由であると答えた。そこで乙助が口を出した。いや申《もうし》和尚さん、元来狸《たぬき》はお寺の境内《けいだい》に居《い》るのでございますから、お寺の財産の一つでございます故に、私も甲吉も捕《と》れたら、其狸《そのたぬき》はお寺に差上《さしあげ》ますよ。狸《たぬき》の皮と云う物は鍛冶屋の丙作《へいさく》に売りましたら、高い値段で買いますと云うと、和尚さんは手を振って、いや私《わたくし》は人間でない、獣物《けだもの》を殺して、其《その》死骸をどうすることも出来ぬ、お前方《がた》の勝手に葬《ほうむ》って遣《や》んなさいと云われたので、甲吉も乙助も大変に喜んで、其狸《そのたぬき》の居処《いどころ》を和尚さんに聞いたら、和尚さんがあの本堂の後ろの大榎《おおえのき》の根に穴を掘って居《い》ると云われたので、乙助は其《その》帰り足に直ぐに、鍛冶屋の丙作の処に寄って、斯《か》く云うた。おい丙作どん、明日は俺が狸《たぬき》を一疋《いっぴき》持って来るが、肉は狸《たぬき》汁にして晩に御馳走をするが、皮は鞴《ふいご》の用に何程《いくら》で買うかえと云うたら、丙作は、いや丁度此頃《このごろ》狸《たぬき》の皮が破れて、鞴《ふいご》がかゝらぬから、八方に探して居《い》る処じゃ、今なら一貫文《もん》に買うよと云うので、乙助は大喜びをして、夫《それ》なら家の畳替が出来た上に、単《ひとえ》物《もの》が一枚着れるよと云うて、家に帰り、其《その》晩に雇いの男共《ども》と相談をして、明日はこれ〱の手段で、お寺の狸《たぬき》を捕って、晩には狸《たぬき》汁を拵《こしら》えて、御馳走をするぞ、又、皮は鍛冶屋の丙作に売って、一貫文《もん》の銭にして、家の畳替えを為《す》るのじゃと云うて明日を待ったのである。処が甲吉の方は、直《すぐ》に其《その》晩大榎《おおえのき》の側《そば》に羂《わな》を掛け、色々と狸《たぬき》の嗜《すき》な食物を並べて、

狸《たぬき》を釣ったから、直《すぐ》に夜明け前に一匹の狸《たぬき》が捕れたので、甲吉は其日《そのひ》の昼に肉を狸《たぬき》汁にして、一家中に振舞い、皮は直《すぐ》に鍛冶屋の丙作に持って行って、一貫文《もん》に買《こ》うて貰《もら》い、其《その》銭で畳替を仕《し》て仕舞《しも》うた。乙助の方は、朝飯後から、弟共《ども》を引連れて、鉈《なた》や鎌《かま》を提《さ》げて、其大榎《そのおおえのき》の処に行き、先ず小さき犬を連れて行て、其《その》穴に入《い》れて見たら、臭《におい》がするので、犬が気違いのようになるが、狸《たぬき》は出て来ぬ、乙助も又、気違のようになって、長竿でつゝくやら、様々の事を仕《し》て見ても、狸《たぬき》が恐れて出て来ぬので、とう〳〵青松葉を持って来て燻《くす》べ始めたので、狸《たぬき》は苦しまぎれに飛出して来た、夫《それ》を犬と乙助とで、鎌《かま》や鉈《なた》を振り廻して、八方に追い廻し、晩方まで掛《かゝ》って、隣側《がわ》にある竹藪の中に追込んだが、日は暮れるし、とう〳〵手を空《むなしゅ》うして帰って来た。其《その》晩に狸《たぬき》が乙助の家に遣《や》って来て云うには、おい〳〵乙助さん、今日お前さんが私《わたくし》を散《さん》〴〵追廻したが、私《わたくし》も、亭主の男狸《おだぬき》は今朝方《がた》甲吉さんの御馳走の羂《わな》で捕られたから、世の味気なさを感じ、お前さんに捕られて上げようかとも思うたが、お前さんがまだ捕れもせぬ私《わたくし》の皮を売る事まで饒舌《しゃべ》ったし、甲吉さんは昨晩から沈黙《だまっ》て私共《わたくしども》に御馳走をして、とう〳〵男狸《おだぬき》の亭主を捕って、肉は汁にして一家中に振舞い、皮は疾《とく》に丙作さんに売って、もう畳替まで仕舞《しも》うた位で、お前さんの饒舌《しゃべ》った事は甲吉さんが皆沈黙《みなだま》って実行して仕舞《しも》うたから、今私《わたくし》がお前さんに捕られて上げても、もう丙作さんも皮は買わぬし、三文《もん》にもならず捨てられる丈《だ》けであるから、あの丙作さんの韛《ふいご》の皮が、又破れる頃、黙って私丈《だ》けに御馳走でも仕《し》なさったら、浮世の義理と思うて、お前さんに捕られて上《あげ》ますから、当分はそんな軽挙《かるはずみ》な算用は仕《し》なされぬが好《よ》かろうよ、と云うたとの事、是《これ》が俗に云う捕《と》らぬ狸《たぬき》の皮算用と云う俚諺《りげん》である」

丁度結城の八分性と、庵主の十二分性が、是《これ》と同じ事である。庵主は疾《と》うから夫《それ》を自覚して居《い》るのである。是《これ》は結城の仏前で、頭山氏を前に置いて、庵主が心の中《うち》の伽話《とぎばなし》であった。

夫《それ》から結城の遺骸は、六親眷族《けんぞく》と、尊き高僧達の引導と、幾多親友の囲繞《いじょう》に因って、地下長《とこし》えに眠ったのである。

庵主其夜《そのよ》は親友結城の位牌を、其日庵《そのひあん》の仏壇に供えて、深夜まで読経に耽《ふけ》ったのである。詩あり、人元《ひともと》如水《みずのごとく》水如人《みずひとのごとし》。泡沫《ほうまつ》忽生《たちまちにしょうじて》還忽湮《またたちまちにいんす》。
酔夢《すいむ》醒時《さむるとき》秋已到《あきすでにいたる》。梧桐《ごどう》葉落《はおち》又天真《またてんしん》。

62　北陸の傑士広瀬千磨《せんま》

強弩苟も発せず
鳴箭権要を狙う

大正十一年九月廿七日、芝明舟町《しばあけふねちょう》の鳥羽館《とばかん》と云う旅館に、四五年《しご》間も止宿して、脚気《かっけ》と腎臓病の併発で、六十八歳を一期《いちご》として死亡した一人の老翁があった、此人《このひと》は、庵主が今を去る三十四五年《しご》前に、頭山満《とうやまみつる》翁の紹介で、大阪にて面会した、石川県士族広瀬千磨《ひろせせんま》と云う人である。頭山翁は、国事上無二の親友であって、終始刎頸《ふんけい》の交《まじわり》を継続し、殊に同年齢の事でもあり、病中より実に親身も及ばざる看護をして、頭山翁と妻君と賢息とが打寄《うち》って世話をせられたので、広瀬氏は息を引取《ひきとる》までも頭山翁の親切厚誼《こうぎ》を感謝したのである。庵主も知人ではあるし、常に広瀬氏の人となりに、崇敬の念を持《もっ》て居《い》たし、殊に頭山翁と昵懇《じっこん》の関係から、及ぶ丈《だ》けは手助けもして、生前死後の始末に関《たずさわ》ったのである。

此人《このひと》は元来石川県金沢市、長町《ながまち》と云う処に、安政二年卯《う》の八月を以て生れ、本姓は岡田《おかだ》氏、父は助右衛門《すけえもん》、号は静山《せいざん》と云い、某《そ》の四男であった。此《この》岡田助右衛門氏は、元尾張《おわり》の国星崎《ほしざき》の城主、岡田長門守重孝《ながとのかみしげたか》（三万石）の嫡孫《ちゃくそん》であって、世々《よゝ》前田家に仕《つか》えて、侍《さむらい》大将であって、食禄も千六百石を有する家柄であった。千磨は幼少の時から、同藩士広瀬仁次《ひろせじんじ》郎《ろう》氏の養嗣子《ようしゝ》となり、幼名を千磨八郎《せんまはちろう》と称したが、慶応四年、歳十四にして家督を相続し、元服して千磨と改めた。此《この》千磨は慶応二年の頃より、藩の学校明倫堂《めいりんどう》にて学業を修め、剣道は同藩士矢島源之丞《やじまげんのじょう》に就いて学んだのである。廃藩置県の後、彼《か》の明倫堂《めいりんどう》は官立学校となったので、千磨は選抜せられて是《これ》が学頭《がくとう》となったのである。明治四年、彼《か》の廃藩置県の詔勅煥発《かんぱつ》するに至って、各藩兵は同時に解隊せられ其《その》一部を選抜して官兵に徴せられたが、加州藩《かしゅうはん》にありては、堀尾猪之吉《ほりおいのきち》、中村虎三郎《なかむらとらさぶろう》、原正忠等《はらまさたゞら》が、彼《か》の選抜兵を引《ひき》連れて上京し、跡に残った在郷の有志杉村寛正《すぎむらひろまさ》、長谷川準也等《はせがわじゅんやら》は、彼《か》の解隊の兵員中にて、有為の青年を糾合《きゅうごう》して、天下国家の大事に率先して参加せんものと、計議を凝《こ》らしたのである、之《これ》に馳せ参じた者は、尤《もっと》も多数で有ったが、其重《そのおも》なる者は、当時陸軍中尉たりし島田一郎《しまだいちろう》一派の人士で、是《これ》が後年に金沢唯一の政治結社となって、忠告社《ちゅうこくしゃ》なる物を現出し、夫《それ》が又、基礎となって、終《つい》には東京紀尾井坂《きおいざか》の大久保参議斬殺事件等を迸出《へいしゅつ》したのである。即ち一方東京に在る、加州《かしゅう》出身の有志等《ら》は、相謀《あいはか》りて此《この》廃藩後の地方政治を整頓せんには宜しく藩吏を更迭《こうてつ》して時勢練達の人士を聘《へい》して、治績を挙げしむべしと云う議を起《おこ》して、時の参議板垣退助等《ら》に面して其《その》意見を開陳《かいちん》し、是等《これら》の賛同を得たるの結果、薩州の名士、内田正風《うちだまさかぜ》を以て県令に任じ、特に此《この》方面の事に当《あた》らしめたのであった。然《しか》るに明治七年、東京に於ては板垣氏等の首唱にて、彼《か》の愛国社《あいこくしゃ》の設立を見るに至ったので、島田一郎等《ら》の一派は、直ちに之《これ》に加盟して、同時に金沢にも政社を創立したのが、即ち前に云うた忠告社である。故に之《これ》が領袖《りょうしゅう》は、杉村寛正《すぎむらひろまさ》、長谷川準也等《はせがわじゅんやら》であって、此《この》政社に入社する者は忽《たちまち》に壱千数百名と註《ちゅう》せられ、北陸政界の気勢は、立《たちどこ》ろに隆盛を極《きわ》めたのである。然《しか》るに彼《か》の島田一郎一派の急進派は素《もと》より他の多数と意見の一致を見ず、相《あい》率いて退社し、同志と共に市内三光寺《さんこうじ》なる寺院に立籠《たてこも》る事となったが、其数《そのすう》は五百名に及んで、之《これ》を当時三光寺党と呼んだのである。一方、内田正風《うちだまさかぜ》の加州《かしゅう》に着任するや、専ら諸政を改革し、新旧の制度の適否を按配《あんばい》し、治績大いに挙《あが》った。就中尤《なかんずくもっと》も人目を惹いたのは、明治八年に此《この》金沢全部に自治的の区制を布《し》いた事である。即ち金沢を七区に分《わけ》て、各区に区長を置き、区民をして自由選出せしむる法を立てたが、千磨は、居所が第五区であったため、区民一致の選挙に因って、其《そ》の区長に選任したのである。此時《このとき》千磨は年僅《わず》かに十九歳の未成年たるのみならず、彼が平生志す所も亦《また》異なるが故に、断《た》って之《これ》を固辞したが、区民は更《さ》らに之《これ》を許さず、双方押合《おしあい》の中《うち》に、思わず歳月を過《すご》した。或る期間の後、区長千磨の俸給の預りなりとて、金百八十余円を県令より交付し来《きた》りしが、固《もと》より千磨の受くべき理由もなく、屡《しば》〱之《これ》を返付せるも、法規素《もと》より許すべからずとあって、とう〱夫《それ》を千磨の手許《てもと》に止《とゞ》め置かねばならぬ事となった。此頃《このころ》の区長の月給は、大枚二十五円三十二銭の割合であったけれ共《ども》、当時二十五円は、今日の二百五十円をも超過したる金額にて、当時千磨は、高等官以上の格式を以て取扱われたのであった。そこで当年十九歳の千磨は、此《この》二百円ばかりの大金を、どうしたかと云うと、其処《そこ》が千磨生涯の出発点を見ねばならぬ処である。千磨は此《この》大金を、どんと投じて金沢貧民学校の設立を叫んだ。此《この》青天の霹靂《へきれき》的千磨の行動には、全金沢市民が少なからず共鳴して、八方より寄附寄贈の山を成し、立処《たちどころ》に開校の運《はこび》となったのである。即ち地方の篤志者打寄《うちよ》って、職員の就任にも尽力し、立派に成立を見るに至ったのは、千磨と云う青年が、出発の第一歩に於て、終生の美事を成したと謂《い》い得らるゝのである。

夫《それ》から明治九年となった。即ち長州萩《ちょうしゅうはぎ》の乱と、肥前《ひぜん》佐賀の乱が起《おこ》った、之《これ》に対して此《この》加賀の三光寺党は、直ちに応じて兵を挙げんとしたが、何様《なにさま》遠隔の事ではあるし、とう〳〵其《その》間に合わなかったのである。此時《このとき》千磨は、深く薩長の政府に憤《いきどお》りを含むの余り、同志岡本順平《おかもとじゅんぺい》、川越政勝《かわごえまさかつ》の両士と共に、袂《たもと》を投じて彼《かの》三光寺党に加盟して画策したが、何《なに》様《さま》無援孤立の金沢にて西南長肥《ちょうひ》の義挙に応ずる事の困難なる為め、遂に其《その》機を失するに至ったのである。是《これ》より先き金沢の中村俊次郎《なかむらしゅんじろう》、石川九郎《いしかわくろう》の二人は、窃《ひそ》かに相《あい》携えて薩州《さっしゅう》鹿児島に赴き、親しく桐野利秋《きりのとしあき》に面議し、彼《か》の征韓論に纏《てん》綿《めん》する、総ての顛末を聴き、間もなく金沢に帰り、之《これ》を編纂して『桐陰仙譚《とういんせんたん》』なる一書を綴《つづ》りて、之《これ》を同志の面々に頒布《はんぷ》したので、石川県下に於ける志士一派の人々には一に西郷、桐野の先輩を崇拝し、何でも国運の開発、醜腥《しゅうせい》一掃の大快挙を共にせんとの覚悟を持たぬ者はなかったのである。此時《このとき》に当りて千磨は独り其選《そのせん》を異にして曰《いわ》く、

一、薩南に共鳴するは不善事に非ずとするも、其《その》共鳴点の主義は、更《さ》らに金沢志士の自覚的純粋なる本領たるべき事

二、薩摩、加賀、と其《その》主義を同《おなじゅ》うするも、地理を異にして人情風俗を異にす、如何《いか》にして薩州に附和雷同的共鳴の実を挙げ得べきか

三、已《すで》に薩南と加北《かほく》とは、山河万里の隔絶あり、如何《いか》にして意志と行為の連絡を取り得べきか

と、独り其《その》考慮に耽《ふけ》り、終《つい》に意を決して明治九年の末、単身金沢を出《い》でて東京に至り、鹿児島出身の志士、海老原穆《えびはらぼく》氏を訪《と》うて、互交《ごこう》を試みたのである。此《この》海老原なる人は、鹿児島私学校出身の、錚々《そう〳〵》たる一人物にして、所謂《いわゆる》鹿児島

の中央特派員である。自《みず》から評論新聞なる物を発行して、小松原英太郎《こまつばらえいたろう》、関新吾《せきしんご》等の諸氏は、当時其《その》執筆者であった。千磨は斯《か》ゝる故に此等《これら》の人に因《よ》って、中央の政情は、絶えず鹿児島の本部に手に取る如く通報せられて居《お》ったのである。千磨は斯る人々と往来して、中央と鹿児島との政情を、徹底的に偵察して金沢に帰り、独り計画を怠らなかったが、明治十年二月には、突然として鹿児島私学校党の事変が爆発したので、千磨は案を拍《う》って其《その》軽挙を慨嘆し、天下大勢上の権衡《けんこう》、必ず其均《そのきん》を失うべきを予想して煩悶したのであった。一方此《この》飛報の金沢に達するや、平生彼《か》の西郷、桐野を崇拝し、徹頭徹尾彼等と死生を共にせんと期待せる、忠告社及《および》三光寺党の如きは、即時袂《たもと》を投じて挙兵以て薩南に応ずべき筈なるに、水陸の隔絶と、軍資の不足と、政府監視の峻厳とは、多大の支障となって、忠告社は聊《いさゝ》か踟躊《ちちゅう》逡巡するに至ったのである。是《こゝ》に於て日頃過激派を以て任ずる三光寺党は、猛然と奮起し、素《もと》より成敗利鈍を顧みるの遑《いとま》なく、義、正《まさ》に立たざる可《べ》からざるに至って起《た》つは、男子の事たりと高唱し、終《つい》に忠告社と激論の末、三光寺党は蹶然《けつぜん》として忠告社と袂《たもと》を分《わか》ったのである。夫《それ》より三光寺党は、其《その》同志村井照明《むらいてるあき》、塩谷三郎《えんやさぶろう》、沢田孝則《さわだたかのりら》等と窃《ひそ》かに水沢駅《みずさわえき》の官金掠奪を計《はか》り、又一方水越正令《みずごしせいれい》、沢口期一《さわぐちきいちら》等をして、大阪表《おもて》に馳せ下り、形勢の偵察をなさしめたのである。然《しか》るに其事《そのこと》遂に露顕に及び、彼《か》の両人は警吏の為に捕縛《ほばく》せらるゝに至った。而《しか》して一方薩南の戦報は、日々に薩軍の不利を伝え、官軍は終《つい》に熊本城に連絡を取り、田原坂《たばるざか》の戦況亦《ま》た日に非なるを聞き、未だ其《その》戦旗を樹てざるに先《さき》だって、万事休するに至ったのである。是《こゝ》に於て三光寺党は、忽《たちま》ちに意を決して、他に直接行動を取るべく計画し、即ち薩南の敵を討つ能《あた》わずんば、近く中央にある要路の大敵を討って、其《その》官軍の勢力に一大刺戟《しげき》を与うべく肝胆を砕《くだ》いたのである。

是《これ》より先き、西南の戦雲酣《たけなわ》なるに及び、政府は官軍の増派に努力し、大阪鎮台《ちんだい》、近衛兵、北海道屯田兵《とんでんへい》等までも繰出《くりだ》し、尚《な》お不足を告ぐるより、檄《げき》を全国に飛ばして、旧士族の募兵をなすに至ったのである。是《こゝ》に於て千磨の一派は、千歳一遇の機、逸すべからずとなし、予《かね》て同志岡本順平《おかもとじゅんぺい》、川越政勝《かわごえまさかつ》、静川為景《しずかわためかげ》、金岩克己《かないわかつみ》、古屋虎太郎《ふるやとらたろう》、吉田吟二《よしだれいじら》等と相謀《あいはか》り、大いに為《な》す所あらんと企て、岡本、川越は議を齎《もた》らして、当時の浅野町組《あさのちょうぐみ》と称する一派の、遠藤秀景《えんどうひでかげ》、山田副忠《やまだそえたゞ》、大屋涼《おおやりょう》、山口信定《やまぐちのぶさだ》、藤井雅正《ふじいうたまさら》等と合議し、一派一同の賛同を得て、茲《こゝ》に東京の禁闕《きんけつ》守護の募兵たらん事を決し、市内善福寺内に会所を設け、一般に同志を募りたるに、忽《たちま》ちにして応募者二百名斗《ばか》りを得たので、直ちに願書に連署をなし、之《これ》を其筋《そのすじ》に提出したのであるが、左《さ》なきだに薄気味悪るき広瀬、遠藤等一派の出願であるから、当局の評議も逡巡遅疑《ちぎ》し、荏苒《じんぜん》として終《つい》に許否《きょひ》の命を伝え得なかったのである。兎角《とかく》する中《うち》に、薩南の事件も、漸次鎮定に趣《おもむ》いて来たので、此等《これら》の計画も、全部画餅に帰したのである。夫《それ》より一方、島田一郎、長連豪《ちょうれんごう》（つらひで）等《など》は、とう〳〵明治十一年の五月に、東京麴町区紀尾井坂《こうじまちくきおいざか》に於て、勢力冲天《ちゅうてん》の概《がい》ある、大久保参議を要撃して之《これ》を倒し、以て昨年挙兵の義約に代えて其《その》予期したる事を実行したのである。此《この》事件に聯盟《れんめい》したる嫌疑者の糺明《きゅうめい》せらるゝ者、甚だ多数に上《のぼ》り、一時は金沢上下の人心を震撼せしむる程の騒動であったのである。

是《これ》より先き広瀬の実弟たる、橋爪武《はしづめたけし》なる者は、深く島田、長等《ちょうら》と相《あい》結び、第一番隊の島田、長等《ちょうら》が、大久保参議を要撃する事とし、若《も》し失敗せば第二番隊を組織すべく相《あい》約したので、此《この》歳の春に於て、橋爪は因州《いんしゅう》鳥取の浅井寿篤《あさいひさあつ》なる友人を音信《おとず》れ、相謀《あいはか》るに此後挙《このこうきょ》の事を以てしたが、抑ゝ《そも〳〵》此《この》浅井なる人は、素《もと》より慓悍《ひょうかん》無比の豪傑にして、一諾の義気は、勇往無前にして、其《その》死を視《み》ること恰《あだか》も帰するが如きの人である。故に此《この》年の三月廿七日、浅井が橋爪と共に鳥取を発して、金沢に帰るや、丁度、長連豪等《ちょうれんごうら》も鳥取に在りし故、之《これ》と深く相謀《あいはか》ったが、長等《ちょうら》は其自《そのみず》から前挙の大任を負うの身なれど誠に切々の情を以て両人を送ったのである、曰《いわ》く、

「鸞鳳《よきひとはふ》伏し潜《かく》れて、鴟梟翔翺《あしきひとがはびこり》し、闒茸尊顕《つまらぬひとがよにもちい》せられて、讒諛志《へつらいものがこゝろざし》を得るの時に当り、我輩等《ら》、身を君国の大義に委《ゆだ》ねて、不良を剪除《せんじょ》せんとす。若《も》し愆《あやま》って目的を遂げ得ざるの時あらば、此《この》大義は忽《たちま》ちにして兄等《けいら》の身上《しんじょう》に懸《かゝ》るべし、其《その》任務の重きと、困難の程度とを増す事は、更《さ》らに我輩等《ら》に倍蓰《ばいし》するものあらん、願《ねが》わくは自重以て邦家の為めに尽瘁《じんすい》せられんことを」

と云うて両人を激励したのである。夫《それ》より両人は、共に結束して行程百廿里を踏破して金沢に着き、其《その》足にて夜間千磨の居宅を訪《と》うたのである。橋爪は曰《いわ》く、

「お兄様《あにさま》、只今《たゞいま》鳥取から帰国致しました。今回は鳥取の傑士浅井寿篤《あさいひさあつ》氏を同伴致しましたから、どうか御面会を願い

ます」

と云うので、千磨は素《もと》より橋爪等の平生を知り、又其《その》情を知る者であるから、欣然《きんぜん》として賓客《ひんきゃく》の礼を以て浅井を迎えたのである、曰《いわ》く、

「北地《ほくち》の沍寒《ごかん》、未だ其威《そのい》を墜《おと》さゞるの時、山河万里を跋渉《ばっしょう》して、駕《が》を茅屋《ぼうおく》に枉《ま》げらる、賤夫《せんぷ》の過栄、誠に謝するに辞なし、庶幾《こいねがわ》くは村菜野醪《そんさいやろう》の一盞《いっさん》を傾けて、遠来の労を医せられん事を」

と、浅井、又、千磨を揖《ゆう》して三拝の礼を返し、

「山陰の野生《やせい》、敢て賢弟橋爪氏の知を得て、笈剣《きゅうけん》を共にし其蹤《そのあと》に随《したが》い更《さ》らに紹介を辱《かたじけの》うして、尊兄の下風に謁《えっ》することを得る、衷心の歓喜、禁ずるに耐えず、願《ねがわ》くは愚蒙を憐んで、終日不違《ふい》の高教を垂れ玉《たま》わん事を」

と、是《こゝ》に於て千磨は直ちに酒肴《しゅこう》を命じて両人を饗《もてな》したが、盃廻《めぐ》り耳熱するに随《したが》って、三人は談論風《かぜ》の如く発して当世を慨《がい》し、終《つい》に夜を徹するに至ったのである。元来此《この》橋爪は、膂力飽迄《りょりょくあくまで》に強く敵多きを加うるに随《したが》って、意気荐《しき》りに強猛を加うるの性を備え、浅井は常に抜山蓋世《ばつざんがいせい》の概《がい》あって、人に後《おく》れを取りし事なし、唯此人《たゞこのひと》が生涯の失策と云うべき珍話は、曾《かつ》て大酔の余り、柔道の大家、戸塚《とづか》老先生に迫りて、柔道の試合を強要した。先生は、

「老夫病憊《びょうはい》の砌故《みぎりゆえ》、偏《ひと》えに試合の儀は許されたし」

と断ったのを、浅井は武士の面目を傷《きずつ》けられたりと主張して、強《し》いて先生を試さんとせしに、先生は万已《や》むを得ず、

「夫《それ》では病体であるから、拙者仰臥《ぎょうが》の儘《まゝ》、御随意にお試《ためし》を乞う」

と云わるゝに因《よ》り、大兵《たいひょう》にして飽《あく》まで強猛なる浅井は此《こ》の戸塚先生の胸部を、足の踵《かゝと》を以て満身の力を罩《こ》めてぐいと踏み付けた処が、先生更《さ》らに何の感《かん》もせざるにより、尚《な》お一層の力を振《ふる》うて蹂躙《じゅうりん》するも、少しの感じもなきより、浅井は頓《とん》と閉口し、今度は私《わたくし》をお試めしを乞うと云うを、先生は堅く辞したれども、いっかな浅井が聴《きゝ》入れぬので、先生又万已《やむ》を得ず、浅井が正座して居《い》る頸部《けいぶ》を平手を以てぽんと打った処が、浅井の頸《くび》にごくりと音がしたが、其儘《そのまゝ》に頸《くび》は右に傾いて引付け、満身の力を入れても元の通りにならぬので、負惜みの浅井は頸《くび》も腰も曲らぬ儘《まゝ》に、戸塚先生に向《むか》って、

「有《あり》がとうございます」

と挨拶をして帰宅し、種々治療の末、三日の後、旧態に復し、更《さ》らに贄《にえ》を戸塚先生の門下に執って、柔道の修業をしたことが、浅井終生の珍談として残って居《い》るのである。是《これ》より又千磨の談《はなし》に入《い》るのである。

63 大阪毎日新聞の成立

巨頭人を嗾し
奇人門に迫る

前回に書いた鳥取の豪傑、浅井寿篤《あさいひさあつ》は素《もと》より虎を搏《う》ち、龍を縛《ばく》するの勇者であったが、夫《それ》が一度《ひとたび》千磨の広義深情に触れては、柔順猫の如く、嬉々小児の如く、橋爪《はしづめ》氏等《ら》と笑い戯れ、千磨《せんま》の宅にて日を送ったのであるが、一閃《いっせん》の彗星《すいせい》天の一方に耀《かゞ》やくが如き、東京の警報を聞くや否や、此《この》小児の如き浅井、橋爪の二傑は、我破《がば》と起《た》って金沢を飛出《とびだ》した。一《ひと》口《ふり》の匕首《あいくち》は懐《ふところ》に呑まれて、肌、冷水の如く壮士一度《ひとたび》去って復《ま》た還らず、一決の意気翻《ひるがえ》って暁天《ぎょうてん》の雲の如く、共に易水《えきすい》の寒《さむし》を謳《うと》うて出掛けたが、其迅《そのはや》き事、俊隼《はやぶさ》の如きは金沢より三日市《みっかいち》迄二十三里の道途《どうと》を、一日にして踏破し、其処《そこ》より広瀬に今此所《こゝ》に着《つく》との報告をしたのでも分る。彼等が東京に着くや、直ちに島田一郎《しまだいちろう》、長連豪《ちょうれんごう》等《ら》の会合の座に押込み、激論夜を徹して終《つい》に彼等第一の壮挙に割込み、行動流るゝが如く立働いて、遂に明治十一年五月十四日、東京麹町区《こうじまちく》紀尾井坂《きおいざか》に於て、時の内務卿大久保利通氏を狙撃し、其《その》首を挙げたのである。浅井は其《その》年の七月十七日に、市ヶ谷監獄刑場の露と消ゆる時、

「今や薩南千百の知友の鬱魂《うっこん》を慰め得たり、男子志《こゝろざし》を遂げ、目的を達して瞑《めい》す、其《その》快、禁ぜざらんと欲するも得ず。只《た》だ此上《このうえ》は、皇家の万歳を祝し奉るのみである」

と云うて、死に就いたのである。彼は時に年二十六歳であったと思う、之《これ》に伴う千磨の実弟橋爪《はしづめ》氏は、此《この》紀尾井坂事件と共に就縛《しゅうばく》し、終身禁獄《きんごく》と云う刑名の下に東京佃島《つくだじま》の監獄に幽閉せられ、十一年経過の後、即ち明治二十一年に特赦を以て出獄したが、之《これ》には切に榎本武揚《えのもとぶよう》氏、井上毅《いのうえき》（こわし）氏等《ら》の熱誠なる尽力があった為めじゃと聞いて居《い》る。

扨《さて》、是等《これら》血気の青年等《ら》が、思う存分遣《や》りに遣《や》り散《ち》らした跡は、恰《あだか》も大風後の原野の如く、其《その》跡始末の困難なる事、言語道断である。往昔《むかし》より大禄を食《は》んだ千磨も、其《その》擁護力は次第に枯渇し、今は其日《そのひ》の始末にも苦悩する有様となったのである。万策尽きて、千磨はとう〳〵或る人の勧めに依り、製紙業に着手する事となり、茲《こゝ》に初めて大阪に赴き、製紙器械を買い入れ、熟練の職工を引連れて、金沢に帰り、兎《と》も角《かく》開業はしたが、素《もと》より士族の商法は越中《えっちゅう》褌《ふんどし》と同じ事で、当《あて》は向《むこ》うから外《はず》れ、立処《たちどころ》に失敗の憂目を見る事となった。其《その》滑稽の事歴は、到底庵主などの筆紙の能《よ》く尽す所でない。

千磨は曾《かつ》て当時の苦境を咄《はな》して曰《いわ》く、

「武士と憂国との兼業者が、営利事業を企て、失敗した時の困難は、往昔《むかし》からの咄《はなし》にも書物にも無い程の苦《くるし》みである。先ず藩主か政府か又は一派の首領株などの懐《ふところ》を当《あて》に、即ち金の事丈《ことだ》けには関係なく、腹一杯遣《や》る丈《だ》け遣《や》って、国家の為めに死ぬなどは、全くお茶の子さい〳〵であるが、先ず俺の遣《や》った製紙業は、紙を拵《こしら》える業であるから、紙さえ出来たら、其《その》喜びは喩《たと》うるに物なく、是《これ》からこそ此《この》紙で金が何程《いくら》でも、入用丈《にゅうようだ》けはぞろ〳〵涌《わ》いて来ると思うて居《い》た。当《あて》は直《す》ぐに外《はず》れて、暫《しばら》くすると大困難が起《おこ》って来た。夫《そ》れは人に金を借りて居《い》る事と人に金を貸した事と、只《た》だ此《この》二つ丈《だ》けを忘れて居《い》た為である。故に貸したのは全部分らぬから、回収など一つも出来ず、借りて居《い》た金の方は、色々の証拠証文などを以て、どし〳〵取りに来る、五月蠅《うるさ》いから一層の事、其《その》債権者を斬って捨てようかとも思うたが、当時不自由な事には、社会の上下周囲の事情は、借金取の斬捨《きりすて》を禁じて居《い》て、一人も俺の方に同情して呉《く》れぬ事になって居《い》る。若《も》し夫《それ》を構わずに、斬捨《きりすて》を遂行すれば、却《かえっ》て正義廉潔の俺の方を無視して、俺の首を取りに来る法律があるとの事、世の中に正義を無視し、廉潔を認めぬ法律があって、吾人《ごじん》が一日でも立《たっ》て居《お》れる道理が有る物でない。揚句の果《はて》は、天下憂国の志士の首と、素町人《すちょうにん》や、土百姓《どびゃくしょう》の借金取などの首とを釣り易《か》えにせんとする法律を有する国家と成り下っては、一日も吾々《われ〳〵》の生存する国家では無い事に何時《いつ》の間にか成り果てゝ居《い》たのである。故に当時吾人《ごじん》は、国家を怨《うら》み、政治を憤《いきどお》り、何とか甘《うま》い方法を考え出して、一死を賭しても、此《この》政府要路を叩き潰す事に苦心せねばならぬと思うたのであった。詰まり義の為めに必要なる金の生《な》る樹とも云うべき製紙業は、此《こ》の虫螻《むしけら》のような役人の拵《こしら》えた法律と借金取に潰されたのであった」

と、千磨は頷《あご》を解いて笑い倒れたのであった。

斯《か》ゝる次第で、千磨は到底金儲けの事業などは駄目である。夫《それ》よりも手馴れた政府叩き潰《つぶ》しの方が捷径《ちかみち》であると考え、志士を糾合して、一箇の集団を形成する事とし、当時の先覚者たる大儒、井口無加之《いぐちむかし》、河瀬貫一郎《かわせかんいちろう》等《ら》と謀《はか》りて、盈進社《えいしんしゃ》なる物が生れ出た、後年には、遠藤秀景《えんどうひでかげ》が社長となって、一団の青年子弟を集めたが、此頃《このごろ》又精義社《せいぎしゃ》なるものも出来た、前者は武断派と称し、後者は文治派と唱えたが、共に爾後《じご》の政界に聯立《れんりつ》して立働いたのであった。

其後《そのご》明治十四年頃となっては、千磨等《ら》の政治論も大分進歩し、又政府の方も大分手順が立つて来て、互いに鎬《しのぎ》を削りて政治を争うように成って来たので、とう〳〵国会開設の　大詔が発せらるゝに至りたるが、是《これ》と同時に、幾多の政党は強烈なる政府の圧迫に耐え得ずして、相踵《あいつ》いで解散若《も》しくは沈黙する事となったので、千磨は彼《か》の盈進社《えいしんしゃ》を遠藤秀景に一任して、天下四方に遊び、各地の政情を視察して廻る事に努めた。丁度此《この》期間、庵主は頭山満《とうやまみつる》氏の紹介によりて、明治十九年に大阪に於て広瀬に初めて面会したのであった。即ち今の大阪毎日新聞は、当時頭山満、柴四朗《しばしろう》、広瀬千磨、渡辺治《わたなべおさむ》、池辺吉太郎《いけべきちたろう》、書生ながら庵主等《ら》の集団から、大阪の藤田伝三郎《ふじたでんざぶろう》、其他《そのた》実業家の一派と連絡して成立したのであった。丁度当時庵主が別懇《べっこん》にして居《い》た後藤象二郎《ごとうしょうじろう》伯が、中《なか》の島《しま》の洗心館《せんしんかん》と云うに滞泊して居《い》たから、庵主は頭山に一度面会しては如何《いかん》と勧めたら、頭山曰《いわ》く、

「むう、後藤は面白い男とは思うて居《い》るが、今俺が官吏などと会っても仕方が無い。広瀬、貴様行って面会して見よ」

と云うた、当時頭山等《ら》の意気は、此《この》一語でも分るのである、夫《それ》から庵主は広瀬を同道して、洗心館《せんしんかん》に行って後藤伯の居《い》る大広間に這入《はい》ったら、丁度其《その》座に、田中市兵衛《たなかいちべえ》、河原信可《かわらのぶよし》などと云う人が居《お》った。後藤伯は其《その》面前で、

「おい杉山、僕に案内無しで、変な者を連れて来ては困るじゃないか」

庵主曰《いわ》く、

「官吏中の変な者の貴下《あなた》の所に、書生中の変な私《わたくし》が、変な男を連れて来て、何の差支えがありますか」

藤《とう》伯曰《いわ》く、

「来たら仕方がない、まあ其処《そこ》に坐り玉《たま》え」

千磨、庵主に向《むか》って曰《いわ》く、

「はゝあ、後藤と云う人は、町人などを集めて、お諂諛《べっか》を聴いて喜んで居《い》る人かね」

と云うたので、直《たゞち》に怒濤雷霆《どとうらいてい》の大喧嘩が始まりそうに成ったので、田中、河原の両氏は匇々《そう〳〵》に帰った。後藤伯、下女に命じて曰《いわ》く、

「おい〳〵飯を三つと酒を持って来い、さぁ町人は帰った、天下の名論でも聞くかね」

庵主曰《いわ》く、

「おい広瀬、頭山は後藤伯の事を官吏と云うて、容易に腰を上げぬが、後藤伯は日本官吏中の孟嘗君《もうしょうくん》である。否《い》な孟《もう》嘗君《しょうくん》以上である。其《その》証拠は、僕の如き鶏鳴《けいめい》でも、狗盗《くとう》でもない、全く無能の浪人、即ち長鋏《ちょうきょう》専門の者と、予期せざる親交を重ぬるような人であるが、頭山が後藤伯を諒解するにも、後藤伯が頭山を理解するにも、大分まだ手間が掛《か》るとは思うが、僕の考えでは、其《その》当人同士の後藤、頭山の距離間隙は、紙一重であると思う。故に君《きみ》は幸いの会合であるから、今日は腹蔵なく咄《はな》すが宜《よ》い」

後藤伯曰《いわ》く、

「頭山は物分り《ものわか》の宜《い》い男である様《よう》に思うて居《い》る、今、何を仕《し》て居《い》るか、又どんな事を云うて居《お》るか」

千磨曰《いわ》く、

「何《な》にも仕《し》て居《お》らぬ、又何とも言うて居《お》らぬです」

後藤伯曰《いわ》く、

「あ丶夫《それ》で宜《よ》い〳〵」

千磨曰《いわ》く、

「貴下《あなた》は今天下の政党をどう思うて見て居《お》りますか」

後藤伯曰《いわ》く、

「何とも思うて居《お》らぬ、分らぬ事を云う奴共《やつども》と思うて居《い》る、其癖《そのくせ》僕も一の政党じゃからね」

千磨曰《いわ》く、

「はぁ、貴下《あなた》が政党なら、吏党ですか、藩閥党ですか」

後藤伯曰《いわ》く、

「吏党って官権党の事かね、藩閥党って薩長党の事かね、そんな奴共《やつども》は、月給組合か、縁故協会かで、主義や綱領のある党派などでは勿論ない、僕は勤王党だよ」

千磨曰《いわ》く、

「は丶あ、夫《それ》では丸山作楽共《まるやまさくらども》の党派ですか」

後藤伯曰《いわ》く、

「は丶ぁ、あの丸山の事なら、此《この》杉山が能《よ》く知って居《い》る、あれはそんな党派では無いよ、あれは嘘吐《つ》きの法螺吹《ほらふき》党だよ、世の中に何か云うて、直《たゞち》にべそ〳〵泣く奴は、大概嘘吐《つ》きと思うて居《お》れば宜《い》いよ」

庵主曰《いわ》く、

「丸山は、僕の知交《ちこう》の士であるが、嘘か法螺《ほら》かは別として、全く無二の勤王家ですよ、僕の考えでは、貴下《あなた》の同郷の人士を中心とせる自由党はどうです。嘘を吐《つ》かぬ者が有りますか、法螺《ほら》を吹かぬ者が有《あり》ますか、世界中政治家の称号ある者で、嘘を吐《つ》かず法螺《ほら》を吹かぬ者は一人も有《あり》ませぬ。矧《いわ》んや貴下《あなた》の先輩、板垣さんの一派の自由党の如きは、自由民権を道路に触売《ふれうり》して、商売にして居《お》りますぞ。あの形状《ざま》を見て僕は年来の自由主義が嫌《きらい》に成って、断然廃業仕《し》ました。演舌《えんぜつ》に捉われず、新聞に欺《あざむ》かれずして、沈黙中に自己の自由を束縛せられず、自己の権利を伸張する主義には成《なり》ましたが、丸山の如きは、欠点は有《あり》ましょうが、全く本気物です、貴下《あなた》が嘘吐《つ》きと法螺吹《ほらふき》とを責めて捨てらる丶なら、夫《それ》と同時に貴下《あなた》も亦《ま》た自己を捨て、郷党を捨てらる丶、外《ほか》道は有《あり》ますまい」

千磨と後藤伯は、其中《そのうち》に飯をむしゃ〱食うて居《い》たが、千磨は微酔陶然として斯《か》く云うた。

「杉山、其《その》論は無理じゃ、人間と云う者は、他人の糞尿を忌《い》むと同時に、自己も亦《ま》た其《その》糞尿を垂れて居《い》る者である。そんな事は後藤伯にでも、誰にでも云う丈《だ》け野暮じゃぞ」

と云うたら、後藤伯は口一杯飯を頬張って居《い》た儘《まゝ》ぷうと噴き出されたので、傍《そば》に居《い》た下女は、大《おお》狼狽で其《その》噴飯の掃除に奔走したのであった。後藤伯は、

「おい〱飯時《めしどき》に糞《くそ》の咄《はなし》は禁物じゃ、今日は全く愉快であった」

夫《それ》から両人共《とも》に帰って来たが、千磨は途中で、

「おい杉山、今日の咄《はなし》はひっくるめて結論は我々の方が勝《かち》であったね」

と云うた。是《これ》が始まりで、千磨は去《さ》り難《がた》き後藤伯の友となったので、其後《そのご》も頻《しき》りに往来して居《い》たようであったが、庵主は其後《そのご》何かの都合で、後藤伯の所に暫《しばら》く往《い》かなかった。夫《それ》から一年ばかりも立った後の事であったと思う。庵主が大阪停車場前の常村屋《つねむらや》と云う家に居《お》って、或る朝、外出仕《し》ようとすると、玄関に東雲《しのゝめ》新聞と赤い字で書いた印袢纏《しるしばんてん》を着た一人の男が、にょっこり立塞《たちふさが》って取次の女中に向《むか》い、

「此家《このうち》に杉山と云う奴が泊って居《い》るか、居《い》るなら是《これ》へ出せ」

と云うて居《い》る。庵主も気の早い方の男であったから、丁度其処《そこ》に出掛って居《い》た処故《ところゆえ》、

「杉山は俺じゃが、何の用か」

と云うて其処《そこ》へ出たら其男《その》は、

「汝《おまえ》は数日前、土佐の壮士竹原某外《たけはらぼうほか》一人を、渡辺橋《わたなべばし》に於て川へ投《ほう》り込んだとの事じゃが、夫《それ》は事実か」

と云うから、

「貴様何を云う、自己の名も名乗らず、旅宿《りょしゅく》の玄関先に立《たち》はだかって、無礼の言《げん》を弄《もてあそ》ぶ、そんな奴に何事も応答する事は出来ぬ」

と云うて、打《うち》捨て、出掛けようとしたら、其《その》男はむんずと庵主の腕先きを捕えた、庵主は是《これ》は狂人かも知れぬから、軽挙《かるはずみ》に懲《こら》しめても如何《いかゞ》と、一寸《ちょっと》遠慮して居《い》ると、奥より宿の神《かみ》さんが飛んで出て来て、

「あら、東雲《しのゝめ》新聞の中江《なかえ》はんだすか、そんな処で、まぁお上《あが》りやす」

と云うので、庵主は、は、ぁ、此《この》男が東雲《しのゝめ》新聞の中江篤介《なかえとくすけ》（中江兆民）かと、始めて知ったのである、夫《それ》から庵主は其儘《そのまゝ》に中江を引《ひき》ずって、次の十畳ばかりの部屋に連れ込み、様子を聞くと、中江の咄《はなし》の要領は斯《こ》うである。

「汝《おまえ》は南区の英 亭《はなぶさてい》と云う料理屋で、山梨県の者と、長野県の者とに、あの愛国公党《あいこくこうとう》は駄目じゃ、あれは害国私党《がいこくしとう》じゃと云うたとの事、其《それ》を憤慨して、右の壮士が、汝《おまえ》に詰問を加えたら、汝《おまえ》が暴力に訴えて川へ投げ込んだとの事、其《その》一人は俺の書生で、新聞社に使って居《い》る者、一人は後藤伯の書生で、其《その》委嘱に依って俺が世話して居《い》る者、其《その》加害者が分らぬから、昨日後藤伯の宿所で此咄《このはな》しを仕《し》て居《い》ると、側《そば》に居《お》った加賀の広瀬千磨と云う男が、夫《それ》は常村屋《つねむらや》に泊って居《い》る杉山と云う者だと聞いたから、取紮《とりたゞし》に来たのじゃ」

と云うにあるのである、そこで庵主は答えた。

「そんな鼠輩《そはい》が二人、渡辺橋《わたなべばし》で予《よ》に打掛《うちかゝ》って来た事がある事は有ったが、今大阪では少しも珍らしい事ではない、申さば毎日でもあると云うてよい、其《その》二人が橋の上に飛《とび》出て来て、予《よ》の車の梶棒《かじぼう》を押えたから、予《よ》は直《す》ぐに車から飛《とび》下りると、一人がステッキで打掛《うちかゝ》って来たから、引外《ひきはず》して下腹を蹴り、一人は咽笛《のどぶえ》を摑んで、橋の欄干《らんかん》に押付けたら、向《むこ》うが誤って川に落《おち》込んだのである、予《よ》は溺《おぼ》れはせぬかと見て居《い》る内、抜手《ぬきて》を切って泳いで行《いっ》たから其《その》儘《まゝ》又車に乗って帰って来た、愛国公党の事は英 亭《はなぶさてい》でなくとも、此一二《このいちに》年間、予《よ》の到る処で悪口《あっこう》して居《い》る事は事実である、夫《それ》なら夫《それ》のよう

に、其《その》意趣の次第を名乗《なのり》掛けて、決闘でもするのなら、男一疋《いっぴき》と位は見ても遣《や》るが、往来人の予《よ》に、暗打《やみうち》同様に打掛《うちか》ゝって来たから、夫《それ》相当に所分《しょぶん》した丈《だ》けである、夫《それ》が貴様の書生か、後藤伯の書生か分った物でない、好《よ》し夫《それ》が誰の門下生であろうとも、予《よ》の前で無礼をする者は、夫丈《それだ》けの事をされるが当然である、夫《それ》で貴様はどう仕《し》ようと云うのか」

と云うと、中江は返事も何もせず、プイと出て行った、やがて昼頃にも成ったから、飯を食うて居《い》ると、又案内もなく遣《や》って来て曰《いわ》く、

「あれは今朝《こんちょう》、後藤伯が俺に、我々の書生共《ども》にそんな無礼を仕《し》た奴を捨てゝ置くと癖になるから、貴様自分に行ってうんと懲《こら》しめて来いと云うたから、尤《もっと》もと思うて俺は先刻貴様の所に来たのであったが、事情を聞くと、全く事実が相違して居《い》る、直《すぐ》に帰って取調べて見ると、全く貴様の云う通りで有ったから、そんな嘘を吐《つ》いて俺や後藤伯を欺《あざむ》いた奴は、一時《いっとき》も置く事は出来ぬから、直《すぐ》に放逐した、後藤伯も其《その》書生を追い出して仕舞《しも》うたから、此《この》交渉事件はもう落着したと思うてくれ」

実に其《その》淡泊にして率直なる事、竹を割った程好《い》い気持の男である、此《これ》が庵主が中江篤介と云う人に面会した始めてゞ、終《つい》には庵主が後年米国の紐育《ニューヨーク》に居《い》る時に、書を寄せて一年有半《ゆうはん》と云う書物と共に、癌腫病の生別を送って来て、庵主をして天涯の旅の空で号泣させる程の友誼《ゆうぎ》を積んだ中江篤介であった、夫《それ》から間もなく庵主が後藤伯の所に行くと、丁度其《その》席に又千磨も居《い》た、後藤伯は快活に、

「やあ、一昨日又此地《こっち》に来たよ」

と云われるから、

「今朝《こんちょう》中江と云う人が来ましたよ」

と云うと、

「あゝ、君《きみ》に紹介して遣《や》ったが、面白い男じゃろう」

と云われるから、

「あんな紹介が有《あり》ますか、僕の所に喧嘩を仕《し》に来ましたよ」

「何《な》に、夫《それ》でも紹介だよ、杉山を苛《ひど》い目に遭わせて来いと云うて遣《や》ったのが即ち紹介さ」

と云われるから、そんな乱暴な紹介があるものかと思うて居《い》ると、横から千磨が、

「其《その》書生を川へ投《ほう》り込んだ奴は、常村屋《つねむらや》に居《い》る杉山じゃと俺が云うたのじゃ」

と云うから、庵主は千磨に、

「君《きみ》はどうして俺が書生を川へ投り込んだのを知って居《い》たか」

と云うと、千磨はクス〳〵笑《わろ》うて、

「いや、丸《まる》で知らぬ、只《た》だ中江が面白い奴じゃから、君《きみ》に紹介仕《し》ようと思うて出鱈目《でたらめ》にそう云うて君《きみ》の所に遣《や》って見たら、夫《それ》が丁度其《その》川へ投り込んだ当人であって、偶然にも暗合《あんごう》した丈《だ》けだよ、面白い男じゃろう」

と、後藤伯と同じような事を云うて居《い》る、当時の人間は、後藤伯でも、千磨でも頭山でも庵主でも、大抵こんな悪戯《いたずら》者ばかりであったのである。

64 大義名分を以て後藤伯に説く

智嚢未然に徹底す
舌頭巨人を左右す

夫《それ》から千磨《せんま》は頻《しき》りに後藤伯と往来して居《い》たが、明治十八年に成立した伊藤内閣は十九年中に於て種々の打撃に遭遇した、第一、其《その》一月には北海道庁の新設事件、第二、井上伯の条約改正失敗、第三、其《その》四月には改進党大会の刺戟《しげき》、第四、其《その》七月には地方官制度改正の紛擾《ふんじょう》、第五、其《その》九月には大阪の破獄事件、第六、其《その》十月には紀州沖に於ける土耳古《トルコ》使節

の搭乗船ノルマントン号の沈没事件、第七、越えて二十年の三月には海防整備の詔勅下り、次《つい》で所得税法の発布事件、第八、とう〱其《その》七月には彼《か》の井上伯の条約改正中止、第九、其《その》十月には板垣伯の時弊《じへい》上奏、第十、其《その》十二月には例の保安条例の発布となって恰《あだか》も蜂の如く輦轂《れんこく》の下《もと》に群集して居《い》た全国の志士傑輩の全部は帝都の三里以外に放逐せられたのである、丁度庵主丈《だ》けは林矩一《はやしくいち》と偽名して居《い》た事と当時の伊藤総理の秘書官たる井上毅《いのうえき》なる人と深き諒解を有して有《い》たが為めに此《この》難を免れたが、満天下の志士は一層伊藤内閣を攻撃すべく随処に囂々《ごう〱》の声を発するに至ったのである、此時《このとき》に当りて広瀬千磨《ひろせせんま》は常に後藤伯の帷幕《いばく》に参して自《みず》から亜父范増《あふはんぞう》を以て任ずるの平生に因《よ》って彼が長舌は翩々《へんぺん》として閃《ひら》めき出したのである、即ち彼《か》れは当時薩長藩閥の輩《やから》に烈《はげ》しく叩き込まれて尤《もっと》も失意寂寥の位置に在る後藤伯に向《むか》って説いたのである、曰《いわ》く、

「王昭《おうしょう》の美も尚《な》お君寵を失い、楊貴の艶《えん》も終《つい》に馬嵬《ばかい》に斬らる、巨傑関羽も首を樊城《はんじょう》に梟《かけ》られ大勇張飛《ちょうひ》も寝首を范彊《はんきょう》に搔《か》かるゝに至った、人間傑輩《けっぱい》の終焉が此《かく》の如く悲惨なる所以《ゆえん》の物は、切に自《みず》から信ぜず己《おの》れを用いず狐疑《こぎ》逡巡して其《その》機に投ぜざりしの愚が遂に茲《こゝ》に至ったのである、今や天下擾乱の端を啓《ひら》き、志士潮《しお》の如く湧くと雖《いえど》も、時に重瞳隆準《じゅうどうりゅうじゅん》の首領なきが為め徒《いたず》らに草野に匆忙《そうぼう》の塵を揚げて、其《その》主義操執の以て天下に響動《きょうどう》すべき機能が無いではありませぬか、此時《このとき》に当りて閣下が一度《ひとたび》起って旗を高所に樹てなば、天下は忽《たちま》ちにして響の如く応じ蓆《むしろ》の如く捲《ま》くべしである、已《すで》に閣下の家門や大、徳厚く名高くして、其《その》義又孟嘗《もうしょう》、信陵《しんりょう》を凌ぐ轎櫃《きょうき》の費亦手易《ひまたてやす》く、三菱三井を指呼《しこ》する事を得べし、所謂《いわゆる》説くを要せずして其《その》行いに随《したが》わしむるの時である、閣下何の乏しき事あって彼《か》の薩長の軽輩裸跣《らせん》、僅《わず》かに主輿《しゅよ》に扈《こ》して鞋履《あいり》を捧ぐるの徒に一身を凌駕せられて、其《その》権勢に蹙々《しゅく〱》として居《お》らるゝのでありますか」

と、恰《あだか》も雷霆《らいてい》に沛雨《はいう》を濺《そゝ》ぐが如くに説き立てたのである、是《こゝ》に於て後藤伯の雄心忽《たちまち》にして眉宇《びう》に漲《みなぎ》り、彼《か》の世にも有名なる大同団結は一朝にして天下の四方に勃起したのである、而《しか》して千磨は常に伯に追随して満天下を周遊し、伯の事業に些《いさゝか》の違算をも生ぜなかったので、全国の山間僻陬《へきすう》に負嵎《ふぐう》する英雄豪傑は云うも更なり、野心家と云う野心家、浮浪人と云う浮浪人は一気呵成《かせい》に後藤伯の麾下《きか》に馳せ集まったのである、随《したが》って其《その》勢力の薩長内閣に刺戟《しげき》を与えたる事も

亦《ま》た甚大であって、此儘《このまゝ》に打捨《うちすて》置く時は如何《いか》なる一大事件が発生するやもはかり難《がた》く、殊に後藤伯統率の下に咆哮《ほうこう》する大同団結は其《その》力全く慢《あなど》る可《べ》からざるものがあるので、間近く西郷隆盛の統率したる西南の戦役に手懲《てこり》をして居《い》る当局であるから、共に作略相《あい》勉めて、とう〳〵後藤伯を二十二年に至って逓信《ていしん》大臣として入閣せしめたのである、此時《このとき》に当《あた》って野人道《やじんみち》を問えども後藤伯の名を問う者なく、機婦《きふ》糸を乱せども大同団結の義を誤る者なし、然《しか》るに天上の一方忽《たちま》ち震鈴音《しんれいおと》を正して伯を雲上に召す、伯の進退難《なん》、実に窮《きわ》まれりと謂《い》うべしである、伯曰《いわ》く、

「山陰山陽の演舌、五畿東海の宣言、余韻尚《な》お予《よ》が唇頭《しんとう》を離れず、今何の顔《かんばせ》あって百万の政友と別る丶に忍びんや」

と、其時《そのとき》側《かたわ》らに千磨あって曰《いわ》く、

「江南の橘《たちばな》、江北の枳《からたち》、皆《みな》土質に因《よ》って其《その》性を異にす、日本の国民が悉《ことごと》く勤王を以て性となすも蓋《けだ》し其類乎《そのるいか》、今閣下交《まじわり》を団友に結ぶ、若《も》し重きを団交に置いて、朝命を軽んぜば、此《こ》の大同団結は永劫、朝命に服せざるも私党の情に従うを以て大義となし、即ち、朝命に服せずして団情を貫徹するを以て主義の大綱となすべし、今や天下政党の簇出《そうしゅつ》、雨後の筍《たけのこ》も啻《たゞ》ならずと雖《いえど》も、其《その》野望と行動とは多く士人の常軌を脱し、終《つい》には国家を無視し、皇室を忘れて理論の万能に陥って居《い》るのである、閣下は夙《つと》に勤王の大義を唱え、前に鼎鑊《ていかく》を避けず、後に桎梏《しっこく》を畏《おそ》れず、孤剣二条の城廓に進入して時の将軍に対談し、朝幕の弁別、君臣の大義を説き、以て三百年委託政治の大権を奉還せしめられたるの大功は、維新の元勲中、誰か閣下の右に出《いづ》る者あらんや、今や政教共《とも》に弛《ゆる》み、薩長藩閥の奴輩私《ひそか》に党を龐廊《ほうろう》の中《うち》に樹て、私功を衒《てら》い公勲を没するの状は、恰《あだか》も彼《か》の政党等《ら》が衆愚集団の力を衒《てろ》うて、野心を主義と称して之《これ》を道路に強売《きょうばい》し、以て其《その》餌食を貪《むさ》ぼると何を以て択《えら》ぶべけんやである、更に閣下宣言の力、団員叫号の勢《いきおい》が強く、藩閥要路の肺腑《はいふ》を刺戟《しげき》し、周章《しゅうしょう》の閣議、狼狽《ろうばい》の内奏が因を成して、茲《こゝ》に朝命の降下となれり、夫《それ》を更《さ》らに穿鑿《せんさく》推考し、自《みず》から以て不快の念を起《おこ》し、此《この》朝命を無視し翻《ひるが》えって団員との私情にのみ殉じ玉《たま》う時は、閣下は最終は只《たゞ》団交あるを知って、朝命を蔑《ないがしろ》にするの結論となるのである、近く西南の役の結落、即ち大西郷の最終が台閣の要路に憤《いきどお》って朝敵に終りしと何を以て選ぶ事が出来ますか、閣下の位置経歴は只切《たゞせつ》に人臣たる者の大義名分に因《よ》って進退し、決して一時の毀誉褒貶に拘泥し玉《たま》うの

時に非ずと思います、今遠く其《その》事例を、元弘建武の間《かん》に視《み》るも其《その》英明の霊主に常侍する悪公卿悪宰相等《ら》の策略に出《いづ》る、君命なる物を私《ひそか》に穿鑿《せんさく》推考して正成《まさしげ》、義貞《よしさだ》が其《その》憤懣を私行《しこう》の上に漏《もら》さば、何を以て湊川《みなとがわ》、求塚《もとめづか》の忠死に因《よ》って芳勲《ほうくん》を千載に伝え、百世勤王の模範たる事を得ん乎《や》である、閣下は此際《このさい》何卒速《すみや》かに団員千百の異論に顧みる事なく、単身駕《が》を待たずして君命に報じ、即刻に参内《さんだい》其《その》聖旨を奉ぜられん事、是れ即ち千磨が万望の誠意であります」

と説立《ときたて》たのである。夫《それ》かあらぬか日ならずして、

「象二郎《しょうじろう》の体軀、尚《な》お聖鑑《せいかん》の照射に漏れず、朝命降下の恩命茲《こゝ》に黙止難《もだしがた》く、謹んで諸君と別《わかれ》を告ぐるに至る」

云々の告別辞を遺《のこ》して台閣に入ったのである、此《こゝ》に於て一時旺盛を極めたる大同団結も、直接間接に此《この》我国歴史上の大色彩たる大義名分論に打撃せられて雲散霧消したのであるが、今や政党の弊害天下に横流《おうりゅう》して、国政の本来を誤り、俗儒曲学又上下に跋扈《ばっこ》して、我国民性の魂魄《こんぱく》とも云う可《べ》き大義名分論は殆んど棄廃堙滅《いんめつ》に瀕して居《お》れども、今、大正壬戌《みずのえいぬ》晩秋の目前芝区西久保鳥羽館《しばくにしのくぼとばかん》の小室に横臥《おうが》せる一介の此《こ》の骸《むくろ》と成り果てたる千磨は、其《その》半生の既往に於て三寸不爛の舌頭より迸《ほとばし》り出《いで》たる大義名分論を以て帝国の巨傑後藤象二郎伯を慴伏《しょうふく》せしめ、幾多の大豪傑を包容したる大勢力ある大政党を立ろ《たちどこ》に雲散霧消せしめて、後に一の異論をも生ぜざらしめたる曠世《こうせい》の巨人であった事を、庵主をして永く忘却せしめぬのである。

夫《それ》より千磨が一片耿々《こうこう》の奇才は、用ゆるに所なく、終《つい》に其《その》年の総選挙に於て彷徨《ほうこう》する中立議員を糾合して茲《こゝ》に大成《たいせい》会《かい》なる政党を組織し、東肥《とうひ》の傑物佐々友房《さっさともふさ》の統率する所となり、千磨亦《ま》た其《その》帷幕に参する事となったのである、尋《つい》で明治二十五年には有名なる彼《か》の選挙干渉の結果、松方内閣は瓦解し伊藤内閣が成立したが、其《その》閣員は山県司法、黒田逓信《ていしん》、井上外務、後藤農商務、等の巨頭の顔揃えにて、世《よ》呼んで之《これ》を元勲内閣と称したが、曩《さき》の松方内閣の擁護派たりし大成会は変じて中央交渉部となり、又忽《たちま》ちにして国家主義を標榜せる国民協会となり、之《これ》に前閣員にして選挙干渉の張本人たる前内務大臣現枢密顧問官たる品川弥二郎《しながわやじろう》及《および》同顧問官たる侯爵西郷従道《じゅうどう》の二人は、相共《あいとも》に本官を辞して公然国民協会の首領となり、各《おの》〳〵東西に相《あい》別れて天下を遊説するに至ったのである、此時《このとき》に当《あた》って伊藤内閣は其《その》出発に超然内閣た

る事を標榜したのであるから、此《この》西郷、品川の二巨頭の此《この》国民協会に首領たる事を不可とし、交々《こも〴〵》其《その》退会を勧告したが、両人は断じて之《これ》に応ぜず、政府と協会と茲《こゝ》に断然とし絶縁するに至ったのは、蓋《けだ》し千磨、佐々《さっさ》等が抗扞《こうかん》其《その》進言を怠らざりしにあったこと、論を待《また》ぬのである、爾後《じご》国民協会は二十七年に至って「条約履行責任内閣樹立」の旗幟《きし》を以て起《おこ》り、所謂《いわゆる》対外硬派の中堅となりて大《おおい》に悪戦苦闘を続け、終《つい》に日清戦争の大鉄案を実行せしむるに至ったが、其《その》戦後に至っては協会が其《その》党弊に劣化せんことを慮《おもんぱか》り、其《その》自制謹守の実現として世に辱《はじ》ず時に媚《こ》びず、嶄然《ざんぜん》たる対議会宣言の中《うち》に左《さ》の一節を発表するに至ったのである。曰《いわ》く、

「先ず国家経綸《けいりん》の大業を醸成し、而《しか》して後に現内閣の失政を糺《たゞ》すべし」

云々と絶叫し平然として穏健主義を唱導するに至ったのも、蓋《けだ》し亦《また》千磨の提言にして所謂《いわゆる》千磨流とも云い得らるゝのである、日清の戦前には恰《あだか》も脱兎《だっと》の如く対外硬《こう》を唱え、戦後に於ては処女の如く国家的退謙《たいけん》の策を実現せしむる其《その》開閉活殺の自在なる、只《た》だ庵主等をして、屢《しば〳〵》舌を捲《ま》かしめたのである、世挙《よこぞ》って政党なる物は人に媚《こ》び民に阿《おも》ねるの時、造次顚沛《ぞうじてんぱい》にも国家を忘れず国歩の一段に触るゝ毎《ごと》に先ず自党の短弊を矯《た》めて、再び君国に奉仕せんとする其《その》心事や実に奥床《おくゆか》しくも又欽羨《きんせん》せざるを得ぬのである、之《これ》より三十年の頃に至って伊藤内閣は板隈《はんわい》野党の連合軍に包囲せられ、時の総理大臣伊藤博文《はくぶん》侯は伊東《いとう》書記官長に命じて流暢《りゅうちょう》なる漢文の辞表を草せしめ、之《これ》を闕下《けっか》に捧呈して骸骨を乞うに至ったが、其《その》後継者たる板隈《はんわい》の連合内閣は忽《たちま》ちにして内訌《ないこう》に次ぐに内訌《ないこう》を以てし、終《つい》に尾崎《おざき》文部大臣が共和主義の演舌をなせしを暮鐘《ぼしょう》として、其《その》後任者たる犬養《いぬがい》文部大臣が拝命数日の後、落花と共に内閣の大樹は顚倒して微塵《みじん》と成って仕舞《しも》うたのである、是《こゝ》に於て山県内閣は彼《かの》憲政党内閣たる板隈《はんわい》瓦解の後を受けて起《おこ》るや、彼《か》の平田《ひらた》、清浦《きようら》等の入閣せる処女内閣にして、老獪《ろうかい》無比たる山県侯を首班とせる雑種内閣なるを以て、千磨は紅舌《こうぜつ》三寸、大いに此《この》雑種内閣を相手として藩閥の余喘《よぜん》を絶たんと寝刃《ねたば》を合せ居《い》たるに、此《この》内閣頗《すこぶ》る奇略に富み、見る間に国民協会の上下を軟化せしめて立《たちどこ》ろに之《これ》を解体せしめ、新《あらた》に帝国党《ていこくとう》なる物を組織せしめた、蓋《けだ》し此等《これら》は千磨が千慮の一失にして心中尤《もっと》も遺憾とせし様子であった、是《こゝ》に於て千磨は暫《しばら》く閑居して微笑《ほゝえみ》の中《うち》に傍観して居《い》たが、之《これ》に代りて潑剌《はつらつ》たる手腕を振《ふる》うたのは斎藤修一郎《さいとうしゅういちろう》であ

った、其《その》彼が奇略縦横の異彩は帝国党の組織に晃々《こう〳〵》たる物であったが、間もなく彼は小疵《しょうし》全毒の身となりて政界を去るの止むなきに至りしは、庵主等《ら》の今尚《な》お遺憾とする所である、然《しか》れ共《ども》、千磨が深慮容易に再び帝国党の牙籌《がちゅう》に参せざりしは故こそあらんと見る中《うち》に、帝国党は山県内閣の幕僚と結託し終《つい》に、

「我党は現内閣と主義を同《おなじゅ》うする者なり」

と宣言するに至ったので、千磨は手を打って其《その》予期の的中を笑って居《い》たのであった、夫《それ》より山県内閣は新進多策の閣員を包擁せるを得意として、盛んに無報酬の忠義党を誘拐して居《い》たが、俄然として清国に団匪《だんぴ》の乱の勃興するに遭遇し、数次接衝《ママ》を重ねて終《つい》に出兵するに到ったが、此時《このとき》早く彼《か》の時遅く、伊藤侯は満を持するの期《き》熟して大政党の組織に着手し、政友会の出現と共に見る間に山県内閣を十重《とえ》二十重《はたえ》に追取捲《おっとりま》き、其《その》出兵の糧道を絶ったので、さしも得意なりし山県内閣も忽《たちま》ちに瓦解して仕舞《しも》うたのである、是《これ》より先き伊藤侯が板隈《はんわい》内閣に政権を渡して骸骨を乞うや、直《たゞち》に渡清の企《くわだて》を為《な》し板隈内閣の瓦解する頃、侯は清国よりの帰途下《しも》の関《せき》に着いた、此時《このとき》千磨は庵主に向《むか》って斯《か》く謂《い》うた、

「杉山よ、君《きみ》は伊藤侯と深交あり、此《これ》より君《きみ》単身下《しも》の関《せき》に至り、伊藤侯に面晤《めんご》し左《さ》の政策を説いては如何《いかん》、『侯の帰朝は定めて、朝廷の召電、即ち政局御下問の為めなるべし、果して然《しか》らば此《こ》の勅問に奉答せらるゝ筋合は決して此《この》政権を他に移動せしめず、是非板隈《はんわい》をして引起《ひきおこ》し〳〵足腰立たざるまで政局に当らしむるを帝国の慶事と思われたし、其訳《そのわけ》は彼等板隈《はんわい》は維新以来二十幾年他の政局の前面に横《よこた》わり、衆愚を集めて勢力と称し、暴理《ぼうり》を叫んで政論と唱え、事々物々輦轂《れんこく》の下に踏反《ふんぞり》返って政治の講釈をした者である、今両人が政局に当るや成立三月ならずして内訌《ないこう》一日の寧《ねい》なく、忽《たちま》ちにして瓦解の運命となる。是《これ》、蓋《けだ》し彼等が既往の歴史に対し決して無罪にて放免すべきの事に非ず、故に引起《ひきおこ》し鞭撻して其責《そのせめ》に任ぜしめ、弥ゝ《いよ〳〵》以て起《た》つ能《あた》わざるに至らば、満天下の面前に引《ひき》出し、汝等《ら》は此態《このざま》を以て三十年他人の政治を罵《ば》詈《り》したか、此態《このざま》を以て他人の政治を妨害したか、若起《もした》つ能《あた》わずんば従来の無礼を国家国民に謝せよ、然《しか》らずんば起《た》って再び時局を燮理《しょうり》すべし、二つながら不可能ならば速《すみやか》に手を牽《ひ》いて遠く政治界を脱して陛下に前罪を謝すべしと云うに至るまで、勅問《ちょくもん》に奉答してはいけない、此故《このゆえ》に　陛下に対し奉りては彼等は政治上の先輩にして、私共《わたくしども》後輩の者が微力

聖鑑《せいかん》を辱《はずかし》め、兎《と》も角《かく》今日まで奉仕致《いたし》たるを不断常住民間にあって政治の指南講釈を致《いたし》たる先覚にてござりまする故、今回の失墜は全くの過失と存《ぞんじ》まする、故に捧呈の辞表は此儘《このまゝ》にお下被遊《さげあそばされ》、徹底的彼等の政治技量の限《かぎり》を奉尽致す様《よう》、御下命被遊候《あそばされそうろう》が宜敷《よろし》と存《ぞんじ》まする、其上《そのうえ》絶対に御受け不可能の場合には更に又御下問に奉答申上《もうしあぐ》る場合もござります、何様此儘《なにさまこのまゝ》に辞表御聴許被為在候《おきゝずみあらせられそうろう》ては、此《この》後継として御奉公仕《つかまつ》る者共《ものども》が一入《ひとしお》の困難と存《ぞんじ》まする故、此間《このかん》叡慮の程、偏《ひとえ》に奉願上《ねがいあげたてまつる》』と奉答せらるゝが宜《よ》いと思うと、此際逸早《このさいいちはや》く冷飯を一杯喰わせて置け、若《も》し伊藤侯が此《この》呼吸を了得したならば力を労せずして此《この》大政党を撲滅し、伊藤侯等《ら》が維新以来の功績も愈《いよ〱》顕著となるを得べし、且又《かつまた》藩閥に勝利を得せしむるは、政党に勝利を得せしむるよりも憲政の為に効果多きを認識《みとむる》のである」

云々と説かれたので、庵主は直ちに下《しも》の関《せき》に馳せ下り、悠々自適の伊藤侯を此《この》筆法にて説いたらば、侯曰《いわ》く、

「僕は永年君《きみ》から色々の忠言を聞いたが此位《このくらい》適切なる妙策を聞《きい》た事はない、早速帰京して其《その》策を試むべし」

と、快諾せられたが、侯が帰京せし時は山県侯は既に参内《さんだい》し、略《ほゞ》内閣の組織が成って居《い》た時であったので此《この》千磨の妙案は実現はしなかったが、千磨が其《その》機略に敏なる事は大抵如此《かくのごとき》ものであった。

65 胸底深く畳んだ一大秘事

坎坷の少女道途に泣き
潔操の縫師二男を斥く

庵主は千磨《せんま》と極《ごく》懇意ではあったが、彼と寝食を共にし暮した事は、生涯を通算して極《ごく》短時日で、庵主の方が、東西南北と飄零《ひょうれい》を極《きわ》めて居《い》たからである、第一洋行を四回もし、日本にありても多くは、東西に奔走ばかりして居《い》て、東京は只《た》だ其《その》本拠たるに過ぎなかった、或時《あるとき》千磨は庵主の郷里福岡に来て、永く遊んで居《い》た事があった、其頃《そのころ》不図《ふと》庵主が福

岡に帰ったので、久振《ひさしぶ》りの邂逅《かいこう》故、一日の閑《かん》を偸《ぬす》み、福岡より三四里《さんよん》ある武蔵《むさし》と云う温泉に行って、物静かなる田舎宿に共に枕を並べて、一夜の歓談を尽した、其時《そのとき》千磨が幼少の時の回顧談を初めたので、とう〳〵暁《あかつき》を徹した事がある、今其咄《そのはなし》の記憶にある事丈《だ》けを辿りて、ぽつ〳〵と書いて置《お》こうと思う、此等《これら》は彼《か》れの秘話にして、千磨の死と庵主の死と共に湮滅《いんめつ》するからである、以下総て千磨の咄《はなし》を綴《つゞ》るが、彼の性情は其中《そのうち》に又躍如たる物がある。

千磨が壮年の時に、金沢の池田町《いけだまち》と云う処を通行して居《い》たら、如何《いか》なる人の娘か知らぬが、年頃十一二《いちに》位に見ゆるが、悲鳴を上げて小さき横町から駈け出して逃げる、其後《そのあと》から二人の男女が棍棒《こんぼう》のような物を持って追《おい》掛けて来たので、其《その》小娘は恐怖に恐怖を加えて、足もしどろに走って居《い》たが、其大路《そのおおじ》の真中で躓《つまず》き倒れた、夫《それ》を彼《か》の二人は追縋《おいすが》りて、あわや棍棒《こんぼう》で打たんとした、其処《そこ》へ千磨が通り掛《か》ゝったので、見るに忍びず直《す》ぐに其《その》二人を押《おし》止めた、夫《それ》から其《その》理由を聞けば、此《この》小娘が金を盗んだとの事で、打懲《うちこら》さんとしたのである、元来此《こ》の二人の男女は、其《その》裏横町の小商《こあきな》いをして居《い》る者で、名を平次郎《へいじろう》と呼び、其《その》小娘は金沢在《ざい》の長江郷《ながえごう》と云う所の郷士多木庄右衛門《たきしょうゝえもん》の娘であったが、此《この》多木一家の不幸は、頻《しき》りに累積して、此《この》娘が四歳の時、父母には死別《しにわか》れ、一人の兄は敦賀《つるが》より外国船の船員となりて、行衛《ゆくえ》不明となり、伯父なる者が強欲にて、家財全部を横領し、此《この》娘が十一歳の時、人入れ屋に頼んで、金沢の此《この》家に奉公に入れ、其《その》跡は財産全部を売払《うりはろ》うて、神戸に全家引越《ひっこし》て仕舞《しも》うたとの事、此《これ》は後に千磨が聞いた咄《はなし》であるが、千磨は先ず取敢えず其《その》男女の二人を取押《とりおさ》えて、其《その》理由を聞き、兎《と》も角《かく》も其《その》附近の知り人《びと》の家に連《つれ》行き（此《この》千磨の知人の名を忘れた）、其《その》小娘にも聞糺《きゝたゞ》したが、素《もと》より斯《か》ゝる小娘に蓄えの金銭等《など》有る筈もなく、又、衣服や簪《かんざし》などを買《こ》うた形跡もなき故、段々其《その》娘を慰めて聞《きゝ》糺《たゞ》して見ると、其《その》家に歳十三になる腕白息子があった、此《この》夫婦の者の愛子《まなご》で、常不断《つねふだん》甘やかしてばかり育てゝ居《い》る為め、段々に増長して、常に両親の目隙を窺《うかゞ》い、店の金銭を盗み、夫《それ》を此《この》小娘に磨《なす》り付けるので、此《この》娘は此《この》夫婦に屢ゝ《しば〳〵》殴打《うちちょう》擲《ちゃく》せられ、其《その》近所の者も、皆此《みなこの》夫婦の非道に爪弾《つまはじ》きをせぬはないとの事を知り、千磨は余りの不憫《ふびん》さに耐え兼ね、自身其《その》家へ出掛けて行って、其《その》息子なども取縛《とっち》めたら、直ぐに自白したので其《その》可憐の娘の冤罪《えんざい》は忽《たちま》ちに霽《は》れたので、千磨は其《その》知人と相談をして、此《この》小娘を貰《もら》い受け、其《その》知人が又曠世《こうせい》の義人なので、之《これ》を十四歳まで育て上げて、相当の教育を施したとの事である、此《この》娘は名は千世《ちせ》と云うて、段々と成長するに従って、人並み超えた崇高の品格を備えた女となったのである。左《さ》なきだに、寄り縋《すが》りなき郭公《ほとゝぎす》、他《あだ》し塒《ねぐら》の育《はぐく》みに長《ひと》となりたる娘故《ゆえ》、肌温《はだあたゝか》き父母《ちゝはゝ》の、慈悲《めぐみ》も知らぬ身ながらに、享《う》けたる血筋の正しくて、人の情けの身にや染《し》む、養い親への孝行も、人の目を引くばかりにて、只《た》だ頼母敷《たのもしく》誰人《たれひと》も、末の望みを神かけて、禱《いの》らぬ者もない位であったが、其中《そのうち》千磨は政治狂、慷慨《こうがい》病と云う疾患に取付《とり》かれ、血気に任せ東西に奔迷のみする身となったので、此千世女《このちせじょ》の消息なども、格別知らずに暮らしていたが、其後《そのご》千世女を養《やしの》うた其《その》千磨の知人某《ぼう》は、此《この》千世女が十六歳の時、仮初《かりそめ》の病にて幾多の思いを置土産、儚《はか》なく一人黄泉《こうせん》の客となった、夫《それ》より一家は俄《にわ》かに淪落《りんらく》の淵に陥《お》ちて、とう〳〵千世女は越前敦賀《えちぜんつるが》の鉄道技師井村某《いむらぼう》に貰《もら》われて其倅《そのせがれ》の妻となったとの事である。

名庭江《なにわえ》の、短かき葦《あし》の節の間も、我身に掛《か》る災禍《まがつみ》の、奇《くし》き悲運に縈《まつ》わりて、幼《いとけ》なきより父母《ちゝはゝ》と、家と兄とを失いて、残れる伯父は深山守《みやまも》る、鬼にも勝る心にて、血を吸うよりも恐ろしく、まだ花もなき女郎花《おみなえし》、若芽のまゝに人買《ひとかい》に、街《ちまた》の塵《ちり》と捨てさせて、身を潜《かく》したる挙動《ふるまい》に、羽《は》を折られたる小雀《こすゞめ》が、真鷹《まだか》の藪《やぶ》に入《い》る如く、声をも立てず泣き暮し、暁《あかつき》さそう東風《こちかぜ》に、旭の影と唯頼《たゞたの》む、人の情に拾われて、人並々に立習《たちなら》う、浮世の風に交《まじ》わりて、暮す間もなく又更に、養い親に死別《しにわか》れ、其《その》悲しみと嘆きとに、涙の乾く隙《ひま》もなく、年さえ未だ十六夜《いざよい》の、道暗き身を人妻に、嫁ぐも辛《つら》き嫁心、楫《かじ》なき舟の海上《うなづら》を、漂う思いで居《い》たのである、然《しか》るに此《この》千世女の夫となりたる人は、名を辰雄《たつお》と呼んで郷村の学校にても、学業好成績の性《さが》なりしが、学校の体操運動にて怪我を為《な》し、右手を折りて片輪となり、医療の数々を尽せど、田舎の事とて終《つい》には大阪病院にて肩口より切断する事となったので廃学の止《や》むなきに至ったが、其《その》妻たる千世女との愛情は、尤《もっと》も濃《こま》やかであったとの事である。姑《しゅうとめ》は多病の質《たち》であったが、千世女が二十《はたち》の春に永眠《みまか》り、父なる人は多く職務上の旅行ばかりで、家に在らざりしが、彼《か》の有名なる敦賀《つるが》トンネル開鑿《かいさく》中、岩石崩壊の犠牲者となったのである、是《こゝ》に於て家に残るは夫たる癈疾《はいしつ》の辰雄のみとなったが、何様《なにさま》働き人の父を失い、若夫婦ばかりにて、為《な》す事もなく暮して居《い》る中《うち》、貯えの家財も段々乏《とぼ》しく成り果てしより、千世女は甲斐《かい》々々敷《しく》も立働《たち》き、人仕事賃稼ぎ等にて、微《かす》かに煙を立てゝ居《い》る中《うち》、夫辰雄は烈敷《はげしき》肺患に罹《かゝ》り、三年の後、又終《つい》に帰えらぬ人となったのである、此時《このとき》は丁度千世女二十三歳の春であった、此《こゝ》に至って千世女は便り渚《なぎさ》の捨小舟《すておぶね》、又もや浪荒き浮世に行吟《さまよ》う事になり、終《つい》に舅《しゅうと》の懇意なりし、大阪の土木請負業川部正三郎《かわべしょうざぶろう》と云う人に引取られて、世話せられ、此間《このかん》如何《いか》なる筋合になったか、庵主記憶を逸したが、此井村千世《このいむらちせ》女《じょ》は大阪の北堀江《きたほりえ》にて、芸娼妓の衣類仕立の業《わざ》を始め、多くの女弟子と共に、裁縫刺繍の職に従事したのである、其頃《そのころ》、大阪南安治川《みなみあじかわ》の俠 商《きょうしょう》、西井直二郎《にしいなおじろう》と云える者の妾《めかけ》お栄《えい》なる芸妓の紹介にて、千磨がはからずも此《こ》の千世女に面会し、十幾年間と相《あい》見ざる、疎遠の間柄に不図《ふと》其面顔《そのおもかげ》に見覚《みおぼえ》あって名乗《なのり》合い、千世女は命の恩人なりとて、千磨に心の有丈《ありた》けを尽し、千磨も世に類なき貞女烈婦なりとて尊敬をせしが、素《もと》より此《この》千世女は其《その》家系と云い、気立てと云い、又云い得られぬ人世の悲惨を嘗《な》め来《きた》りたる人故《ひとゆえ》、最早女心の念《おも》いに絶え、仆《たお》れたる心など微塵《みじん》もなく、千尋《ちひろ》の崕《がけ》の磯馴松《そなれまつ》、湛《たゝ》うる色を愛《めづ》るのみ、近寄る道《すべ》も無かったが、千磨は心の底の一大秘密事として、耐え得られぬ程《ほど》思いに悩んで居《い》たとの事、庵主は千磨に此咄《このはなし》を聞いた時、

「君は有名な独棲家《どくせいか》であるが、なぜ正当な厳礼を尽して、其《その》千世女を細君に貰《もら》わぬか」

と云うたら、千磨の此《この》答えが千磨式にて振《ふる》って居《い》るので、庵主が永年其言《そのことば》に尊敬を表して千磨が死に至るまで改めなかったのである、千磨曰《いわ》く、

「夫《それ》はいかん、俺は道楽者では有るが、若《も》しそんな事を仕《し》たならば、千磨が根本的に此《こ》の世の中から消滅して仕舞《しま》うのである、俺は君等《きみら》の如き先天的の豪傑ではないから、俺は俺丈《だ》け相当の覚悟を持って居《お》らねばならぬ、抑《そもそ》も俺は国事に志を立てた其時《そのとき》に、家を持つまい繋累《けいるい》を拵《こしら》えまいと堅く決心をした、なぜなれば、何時《いつ》にても夫《そ》れ鎌倉と云う時には、素裸《すっぱだか》で即時に飛び出し、決して人に後れを取らぬようにするには凡夫の我々は、繋累《けいるい》があっては万一を恐れねばならぬ、故に俺が国事を断念せぬ限りは、一生宿屋住居《ずまい》である、一生無妻である、此《この》心は生涯決して改めぬ積《つも》りである。夫《それ》に若《も》しあの千世女でも妻に迎えるように成った時は、俺が国事を断念した時である、殊にあの女性《じょせい》は、俺が幼少の時、助けた人である、世話をした人である、夫《それ》に彼《かれ》が如き傑操《けっそう》の女性《じょせい》であるから、世に立身の見込なき我々浪客《ろうかく》の決して

弄《もてあそ》ぶべき女性《じょせい》ではない、併《しか》し俺が世に在る間は、其《その》可憐の性質と傑操《けっそう》の気性とを忘るゝ事が出来ぬ故、長く心の楽《たのしみ》として暮して居《い》るのである」

と云うて居《い》た、千磨は男子たる者の国事に処するの味と、男子たる者が女性《じょせい》に対するの味とを、併《あわ》せて知って居《い》た人である、庵主は常に心から此《この》点を尊敬して居《い》たのである、果《はた》せる哉《かな》、千磨が生涯は可也《かなり》多難であった、多岐《たき》であった、窮迫時《とき》なく、顕幽盈虚《けんゆうえいきょ》暫《しばら》くも一定しなかったが、此《この》筑前武蔵の温泉宿で為《な》した、夜咄《よばなし》の一言《ひとこと》丈《だ》けは、生涯を貫いて大正十一年九月廿七日、六十八歳を一期《いちご》として東京芝区明舟町鳥羽館《しばくあけふねちょうとばかん》の一室で永眠するまで、少しも其《その》心の色を変えなかったのである、此《この》点に付いて千磨は、真に終始ある豪傑であった事を、庵主は臆面もなく断言するのである。

夫《それ》から後《の》ち、彼《か》の千世女を千磨が心の友として、庵主に紹介したるは、何でも明治二十七八年の頃であったと思う、其時《そのとき》千世女は、大阪天王寺の片辺《かたほと》りに居住《すまい》し、見るから縦長い家屋に、女学校のように女の子が三四《さんし》十人ばかりも裁縫の稽古に来て居《い》たが、多くは大阪富豪の子女などであるとの事であった、又、千世女の容貌《きりょう》は、決して異彩異風などを衒《てら》わず、全く尋常な大阪風で、丸髷《まるまげ》に鉄漿《かね》を含《つ》けて、年頃三十二三《にさん》に見える年増盛《ざか》りでは有ったが、並より大柄の女性で色の白き、最も威厳に富んだ顔附で、其《その》又物云い挙動《ふるまい》には云い得られぬ優雅《しとやか》な風姿のある女性《じょせい》であった、此人《このひと》が十一歳の時、加賀の金沢で小商人《こあきんど》の夫婦の者に、殴打擲《うちちょうちゃく》までされる程の艱難《かんなん》を嘗《な》めた人であるとは思えぬ程、少しも憔悴《しょうすい》枯燥気《こそうけ》のない、生き〳〵とした女性《じょせい》であった、如何様《いかさま》幼少の時、此女性《このじょせい》の九死を助けて生育を助けた千磨が、此人《このひと》と交際をし、却《かえ》って己れを正《せい》に帰して、生涯の想懐《そうかい》にのみ止めたのも、決して無理では無いと思わせたのである、庵主は此《この》時《とき》彼《か》れの云うた声が、今猶《な》お耳に新たなるのである。千磨が最《い》と厳《おごそ》かに、

「此人《このひと》は筑前福岡の杉山茂丸《すぎやましげまる》と云う人でありまする、年若《としわか》では有《あり》ますが、僕の無二の親友であります、未だ一人も貴女《あなた》に人を御紹介申した事はございませんが、此人《このひと》には先年福岡で、貴女《あなた》の事を斗《はか》らず咄《はなし》ました事がございましたが、幸い今日此《この》近所まで来ましたから、序《ついで》ながら御引合申《おひきあわせもうし》ます、どうか、心置《こゝろおき》なくお交際《つきあい》下さい」

と云うたので、庵主も夫《そ》れ相当の挨拶をしたから彼女はずる〳〵と身を退《しりぞ》けて、丁寧に辞儀をして斯《か》く云うた。

「恩人広瀬様のお引合《ひきあわ》せで、始めましてお目通りを致《いたし》ます妾《わたくし》は井村千世《いむらちせ》と申《もうし》ます不束者《ふつゝかもの》でございます、爾後《このご》お心にお留め下さるようの者ではござりませぬ、能《よ》くこそお出《いで》下さいました、取散《とりちら》した女暮しに思いも寄りませぬ殿方のお越しお恥かしくてお詫《わび》の致様《いたしよう》もござりませぬ、只管有《ひたすらあり》がとう存《ぞんじ》ます、広瀬様には久敷《ひさしく》お目に掛《か》ゝりませなんだが益〻《ます〳〵》お変りもござりませず、御盛《ごさか》んの御様子何よりお嬉しく存《ぞんじ》まする、始終お尋ねとも存《ぞんじ》ますれど、相変らずお忙がしいかして、時折新聞などで拝見致《いたし》ましても、多くはお所も分りませず、存じ暮すばかりでござりました、どうか幾重《いくえ》にもお許《ゆるし》を願《ねがい》上《あげ》ます、今日《こんにち》は又不束《ふつゝか》な妾《わたし》を人ケ間敷《ひとがましく》、御親友の杉山様をお引合《ひきあわ》せ下さいまして、女で思召《おぼしめし》の程は分りませぬが、只々《たゞ〳〵》有《あり》がとう存《ぞんじ》まする、妾《わたし》もお陰様で御覧の通りの女暮しで、兎《と》や角《かく》致して居《おり》ますれば、御恩の程は決して忘却致《いたし》ませぬが、此後《このご》とても妾《わたし》の事丈《ことだ》けは、世にお忙がしい御身《おんみ》でどうか決してお心に掛けられぬように願上《ねがいあげ》ます、あゝ丁度好時《よいとき》にお出《いで》になりました、妾《わたし》の余手《あまりて》でお不断《ふだん》着のお羽織を一ツ拵《こしら》えて置《おき》ましたが、お届け申上《もうしあげ》る先も分りませず、仕《し》舞《まい》込んで暮して居《おり》ました、是《これ》とても手余りの零《こぼ》れ物で拵《こしら》えましたので、お恥かしくてお着《め》しを願うも恐れ入《いり》ますが、小《こ》鳥《とり》が襤褸《つゞれ》の巣をとも思召《おぼしめし》て、只《たゞ》の一度のお着《め》し捨《すて》にでも為《な》さって下さいましたら、如何《いか》ばかりか有《あり》がとう存上《ぞんじあげ》ます」

と云うて、箪笥《たんす》から畳紙《たとう》を開いて出したのが、大島紬《おおしまつむぎ》の綿入羽織、見るから尾羽打枯《おはうちか》らした千磨の着て居《い》るお召縮《めしちり》緬《めん》の垢染《あかじ》みた羽織と着替えさせたが、其中《そのうち》千世女の眴《めく》ばせで年嵩《としかさ》の女弟子が、茶と菓子とを持運《もちはこ》んだが、庵主も亦《また》千磨に眴《めく》ばせて、早々に此家《このや》を逃げ出し、表へ出てほっと一と息吐《つ》いた。

「広瀬、何だ此態《このざま》は、飛んでもない所に連れて来て、大の男が二人まで息の根も止まるほど云いまくられて、詞《ことば》の先で摘《つま》み出されたでないか、あの女は慥《たしか》に貴様や俺共《ども》よりも、五六《ごろく》枚上手《うわて》の代物《しろもの》であるぞ、日本国中の津々浦々まで、人らしい人には大概交際をして来て、未《ま》だそう手酷《てひど》い後《おく》れを一度《いちど》も取らぬ野郎が、一人ならず二人まで、斯《か》くもこっぴどく遣付《やっつ》けられて、人に顔向けが出来るか、あの女の外交辞令に対抗し得るような外交官は、今の政府などには一人も居《お》らぬぞ、俺は三十男、貴様は四十男で、ぐうの音《ね》も出されぬとは情けないでないか、『何が恩人だ』、『何が親友だ』、『何が生涯心の楽《たのしみ》だ』、貴様や俺はあの女の鼻糞《はなくそ》も嘗《な》められぬぞ、今時《いまどき》の岸田俊《きしだしゅん》（岸田俊子《としこ》）や、影山《かげやま》えい（景山英子《ひでこ》）のような女演《えん》舌遣《ぜつつか》いなどは、尻《けつ》をひん捲《まく》って、薪《まき》ざっぽうでぶん擲《な》ぐっても、ぐうとも云わせぬ程の此《この》乱暴者を二人まで向《むこう》へ廻して、爾後《じご》お目を留めて下さるな、又『女暮しの所に男の癖にのそ〳〵何で来た馬鹿者』又『思召《おぼしめし》の程は分らぬが、何で親友などと云うてこんな野郎を紹介したか』、『御恩の程は忘れては居《お》らぬ、妾《わたし》はこうしてチャンと喰って暮して居《い》るから、いろんな事を夢見て訳の分らぬ、知らない男などを連れて来る事はならぬぞ、羽織一枚遣《や》るから早く着てさっ〳〵と帰れ、馬鹿野郎』といわぬばかりの言分《いいぶん》には実に驚いたよ、そうして此丈《これだ》けの事を云《いい》廻した澱みなきあの詞遣《ことばづか》いと云ったら、何と云う甘《うま》い物であろう『丸で真綿《まわた》で首、牡丹餅《ぼたもち》に針』であったぞ」

と云うたら、千磨は道の半町《はんちょう》も歩行《ある》く間、押黙《おしだま》って居《い》たが、漸《ようや》くに口を開いた。

「俺も一通りの女とは思わなかったので、用心はして居《い》たが、あれ程であろうとは思わなかった、『女心の巾《はゞ》を捨てゝ、腸《はらわた》を洗《あろ》うた女』と云う者は、其《その》徹底さ加減は禅学以上である、もう俺もうっかり二度とはあの家に行かれぬ、此《これ》から行《ゆ》けば犬の喧嘩と同じ事で、うゝと唸《うな》られても、大警戒のびく〳〵物じゃ、又た多少の復讎《ふくしゅう》心などを持って出掛けて見《み》ても、あの権幕言廻方《けんまくいいまわしかた》とあの優雅《しとやか》な態度では、此上踏《このうえふん》だり蹴《けっ》たりされた上に、糞《くそ》まで喰わされるかも知れぬ、俺は今日限り恩人は廃業だ」

と云うて、後悔懺悔をした事があったが、両人共之《ともこれ》は生涯の大恥辱であるから、三十幾年間双方共《とも》、遂に口外せぬ大秘密であった。

66　星亨《ほしとおる》氏の乾分《こぶん》を威嚇す

怒濤翻って軽舟を弄び
万死を免れて一俠を得たり

千磨《せんま》の物語の中に、最《もう》一つ庵主も関係した、面白き事があった。

千磨が壮年の頃、郷里金沢を脱して東京に行《ゆ》く時、周囲の警戒が厳重なので、伏木港《ふしきみなと》に出《い》で、漁船を傭《やと》うて晩風《ばんぷう》に帆を上げ新潟に向《むか》った処が、其《その》夜の一時半頃から、強烈な西風に煽《あお》られ、名にしおう北海の狂瀾怒濤に揉《も》み立られて、笹《さゝ》葉《は》の如き漁船は、見る間に処々に損所を生じ、糅《か》てゝ加えて天運茲《こゝ》に尽きたか、其《その》船頭が癲癇《てんかん》持ちであった為め、全部帆舵《ほかじ》の操縦を放棄したので、万に一つも生きる余地は無い事になったのである、千磨は又天性船に弱く、其《その》以前から精神已《すで》に朦朧《もうろう》となり、運を天に任せて、両人共《とも》船中に昏倒して居《い》たら、翌未明に佐渡の夷港《えびすみなと》に碇泊《ていはく》して居《い》た大盛丸《たいせいまる》と云う小《こ》蒸汽船が、遥《はる》かの沖合に一艘《そう》の漁船が、田舎者が越中褌《えっちゅうふんどし》を乾《かわか》したように檣《ほばしら》の上に帆計《ほばか》りちら〱するを見付け、難破船に相違ないと、港内の救護班に通知して、共々に力を添え漕《こ》ぎ付けて呉《く》れたので、見ると二人の男が海水に浸って、仰向《あおむ》けに臥《ね》て居《い》た、やっと救い上げられ、十日間計《ばか》り手当を受けた後、人心地《ひとごこち》になって全快したので、千磨は其《その》船頭と協議を始めた。

「義助《ぎすけ》（船頭の名）、お前も俺も、何の天縁か、斯《か》く万死に一生を得た以上は、此後《このご》の命を無い物と思うて腹一杯思う存分の事を遣《や》って死《しの》うでは無いか」

「私も嬶《かゝあ》には死なれ、子供はなし、生地《うまれ》が信州であるから、伏木《ふしき》には別に親類とてもなく、心に掛《か》る事は一つもない、船は借り物、伏木に帰れば借金もある事故《ことゆえ》、旦那が供《とも》に連れて呉《く》れるなら、命限り遣《や》りましょう、私は何《な》にも覚えた事はないが、酒を飲むのと、喧嘩をするの丈《だ》けは、人に後《おく》れを取った事がない、唯《たゞ》困るのは昨年から不図《ふと》癲癇《てんかん》が起《おこ》りて、時々はっと思うて、引攣《ひきつり》やす、夫《それ》さえ不承《ふしょう》して下されば、腹一杯御奉公を致しやす」

千磨は咄《はなし》を聞いて驚いた。

「人間夫《そ》れ丈《だ》けの芸があれば立派な物じゃ、大酒を飲んで、喧嘩をして、時々癲癇《てんかん》を起《おこ》して、其他《そのた》に何も人間の道を知らぬと来たら、一寸《ちょっと》俺以上の快男児である、夫《それ》なら俺も云うて置くが、俺は又お前の病気の幾層倍にも勝《まさ》る国家病と云う大病があるから」

「旦那、其《その》国家病と云う病気は、どんな病気でごわすか、命にでも掛《か》る病気でごわすか」

「命に掛《か》る処《どころ》ではない、其《その》命が元手じゃ、先ず家を忘れ、身を忘れ、予《かね》て無き身と覚悟して、人の懐《ふとこ》ろを当《あて》に、世の為め人の為に計《ばか》り働くのじゃ、毎日無勘定と云う十露盤《そろばん》を持って、駈け廻る病気じゃ」

「夫《それ》じゃ旦那、漁夫と云う商売と同じような物じゃなぁ、板子一枚を便りとして、海の上を駈け廻ると同じようで、夫《それ》は病気じゃごわりませぬ、先ず夫《それ》がそんな商売でごわすわい」

「夫《それ》が決して商売でなく、屹度《きっと》病気じゃ、商売ならお前がように、今日からでも漁夫を止《や》めるが、俺のは病気じゃから、一生止《や》められぬ、死ぬまで止《や》まぬから病気じゃ」

「威勢の好《い》い病気ですなぁ、私も一つ其《その》病気に成りたい物ですが」

「何、訳はないよ、俺と一処に交際《つきあ》ってさえ居《お》れば、直《すぐ》に伝染するよ」

などと咄《はなし》して居《い》る中《うち》、体も医師の手当等で、段々良くなったから、助けて呉《く》れた人々に挨拶をして、一夜酒酌交《くみか》わして佐渡を立ち、新潟へ渡りて身仕度を整え、夫《それ》から酒田《さかた》の方に出て、兎《と》ある温泉にて湯治をした其《その》中に山伏ようの修験者が癲癇《てんかん》を全治せしめる妙術を知って居《い》ると云うので、義助は大信仰をして、二ケ月の後、義助は癲癇《てんかん》の難病は治ったが、千磨は義助より一ケ月前に其《その》温泉場を立って東京に来て、前に書いた通りの、活動をして居《い》たのである、義助は後から東京に来《きた》りて日夜千磨の左右に附随して、手助けをして居《い》た、千磨は其《その》正直男の義助を浅草蔵前《くらまえ》の「川定《かわさだ》」と云う親分に托したが、後には一廉《かど》の顔を売り出し、同区の千束町《せんぞくまち》に「川義《かわぎ》」と云う、宿車《やどぐるま》の親方となって、多くの子分と共に立働き、始終千磨が手足となって、隠密、探偵、用度《ようど》の便を成して居《い》たとの事、彼《か》の千磨が大同団結遊説の時などは、千里を遠しとせずして、千磨の前後に追随して働いたので、後藤伯などの目にも留り、高輪《たかなわ》の其邸《そのやしき》などにも永く出入をして居《い》たのである、或る時、此《この》「川義」と「河馬《かば》」と仇名《あだな》のある顔役（後《の》ち百尺亭《ひゃくしゃくてい》と云う料理屋の親方になった、）山本栄次郎《やまもとえいじろう》と云う男と二人千磨の所に来て、

「旦那、あの代言人とか云うて、自己《おのれ》の係り合いもねぇ事に銭を取って人に頼まれ、役人の処などに出這入《ではいり》をして、自己《おのれ》の勝手な事計《ばか》りをべら〳〵、御法《ごほう》とか御規則とか吐《ぬ》かして、人の地面や家屋敷などをずん〳〵捲《ま》き上げて仕舞《しま》うような奴を取〆《とっち》めるのは、世の為め人の為めに成るでしょうか、どうでしょう」

と云うので、庵主も丁度其処《そこ》に居《い》たから、

「夫《それ》は成る所《どころ》でない、夫《それ》が本当の世の為人の為めじゃ、今そんな事があるか」

と聞いたら、両人は、

「何《な》にあの代言と言う奴の得体が分らねえから、序《ついで》に旦那方に伺って置く丈《だ》けです」

と云うて帰ったが、其後《そのご》に庵主の友人、星亨《ほしとおる》氏の手下たる弁護士某《ぼう》と云うが、下谷御徒町《したやおかちまち》辺の或る豪家が死に絶え、跡に残った祖母《ばあ》さんと、十四歳になる孫娘とが、神田錦町《かんだにしきちょう》辺に掛けて大《おお》地面を持って居《い》たのを、其《その》親類と組んで横領染《じ》みた事の訴訟を起《おこ》し、既に其大家《そのたいけ》が敗訴とならんとするを見て、此侠客《このきょうかく》両人が其《その》大家に前から出入の関係ありしより同盟して、之《これ》を救済せんと企て、千磨や庵主の咄《はなし》を聞くと其儘《そのまゝ》、成田山の不動尊に参詣して、共に血を啜《すゝ》りて誓いをなし、其《その》翌晩に子分と共に、其《その》弁護士の家に闖入《ちんにゅう》し、其《その》弁護士をぐる〳〵捲《ま》きにして、辻便所の尿汁《にょうじる》の中に倒《さかさま》に立て、

「二度と此《かく》の如き事件の依頼を受ければ、世の為め人の為めに打《うち》殺して仕舞《しま》うぞ」と威嚇し、一方多くの子分は、其《その》依頼者たる親類の家に手分けして押《おし》掛け、悉《こと〴〵》く詫《わび》証文を取り、其《その》足にて打《うち》連れ下谷《したや》警察に自訴をしたので、事件の内容が明白し、当時の新聞紙も大分騒いだが、之《こ》れを聞付《きゝつ》けた千磨も庵主も、星亨《ほしとおる》氏も、其間《そのあいだ》に入《い》って尽力し、殊に下谷《したや》署

長根本某《ねもとぼう》氏の尽力宜敷《よろしき》を得たので、無事内済《ないさい》で解決し、何でも訴訟が民事とかにて願下《ねがいさ》げが出来るとて、此等《これら》は星氏が一切引受けて片付け、彼《か》の「川義《かわぎ》」「河馬《かば》」の両人は謝罪、謹慎、説諭、位で事済《ことずみ》となったのである、当時の警察事務は、殆んど絶対の権が署長にあったようである、其後其大家《そのごそのたいけ》の寡婦孤児は、星氏の尽力にて、所有地全部を横浜の平沼《ひらぬま》某《ぼう》に売却し、星氏監督の下《もと》に其《その》財産を保管して安穏になったとの事じゃが、其《その》娘が又大孝行娘であったので、政府よりは褒賞もあったとの事である、此《この》処置に感じて「川義」「河馬」の両人は、以来星氏に深く心服して、其後《そのご》何かと働いて居《い》たようであった、夫《それ》から幾年の後、何か政治上の衝突で、星氏が陸奥《むつ》外相邸に押《おし》掛けたとの急報を、竹内綱《たけ(の)うちつな》と云う人が齎《もた》らして駈《かけ》附けて来たので、庵主が往《い》って見たら、成程《なるほど》ステッキなど持った壮士ようの者が、大勢うろ〳〵して居《い》た、何でも其《その》問題は陸奥《むつ》氏等《ら》と庵主等《ら》が諒解ある事柄で、嫌でも星氏等《ら》に反対せねばならなかったから、庵主は止《や》むなく其間《そのかん》に坐し、終《つい》に「河馬」等を呼んで叱り付け、千磨は丁度病気入院中であった為め、病院より「川義」を呼んで説諭したので、星氏の後援隊が手薄くなり事件は無事片付いた、是《これ》で見ても両人は星氏の為にも大分働いた事が分るのである、庵主の考えでは、其頃《そのころ》の侠客《きょうかく》風の男は、第一正直で物事が分らず、只《た》だ気、之《こ》れ負うと云う位のが一番劣等の者であった、第二、秋毫《しゅうごう》も金銭関係がなく、平生に起因する恩義関係計《ばか》りであった、第三、何事をするにも、彼等は犠牲観念が先決問題で、何時《いつ》でも隊伍斉々《せい〳〵》一糸乱れずに働いて居《い》た、故に気持の好《い》い事、言語の外《ほか》で、彼等と交際する我々の方が、動《やゝ》もすれば気恥かしき心地がせられたのが常であった、今時《いまどき》のように金銭か権力かに関係して屁理屈《へりくつ》や、法律の楯を以て売る男とは、雲泥の差であったから、丁度江戸っ子の喰う鮪《まぐろ》の脂身のように、醤油さえ附けたら、互いに何時《いつ》でも好《い》い心持《こころもち》に喰われる、千磨の薫陶した此《この》両人の如きは、生粋の江戸っ子であった事を忘れ得ぬのである、其後《そのご》「川義」はチブスに罹《かゝ》りて死亡したので、千磨と庵主は一夜を仏前の伽《とぎ》に明《あか》し、総振舞をして葬儀を了《おわ》ったが、「河馬」は永く我々の処に出入をして居《い》た、或る時、庵主が芝《しば》の浜《はま》の家《や》に居《い》た時、「河馬」が遣《や》って来て、

「旦那、永々御厄介に成《なり》ましたが、少し計《ばか》りうっかりして居《い》られねぇ事が出来ましたので、お暇乞《いとまごい》に参《まいり》ました、有難うございます」

と、何か決心の色が見えるから、
「何か出入でも出来たのか」
と聞くと、
「はい、広瀬の旦那にも咄《はな》しましたが、只《た》だ、『下らねぇ事は止《や》めろ』と云われました計《ばか》りで、外《ほか》にお辞《ことば》もございませんから、もう遣《や》っ付けて仕舞《しま》う覚悟でございます」
と云うから、何事かと段々聞くと、此《この》男が開店して居《い》る料理屋に、改進党の頭分《かしらぶん》が、壮士二三《にさん》十人と宴会をして、酒の上の間違から乱暴をしたので、主人たる「河馬」が取鎮《とりしず》めようとしたら、其《そ》の子分の壮士等が、大勢寄りてたかって此《この》「河馬」の子分を袋叩きにして、自分も手痛き目に合わされ、座敷は破《こ》わされる、器具は砕《くだ》かれる、夫《それ》を其儘《そのまゝ》にして、壮士連は無断にて引上げて仕舞《しも》うたので、此儘《このまゝ》では世間に顔出しも出来ず、商売も此儘《このまゝ》に継続して行く事が出来ぬ、そこで彼が事務所に押掛《おしかけ》ようと覚悟して居《い》る処へ、明晩又改進党の野郎共《ども》が二三《にさん》十人計《ばか》りの宴会に、座敷を用意して置けと横柄《おうへい》に云うて来たから、もう堪忍袋の紐《ひも》を切らして、明晩は片端より叩き殺して、立派にお刑罰《しおき》を受ける覚悟であると、一伍一什《いちぶしじゅう》を明《あか》したので、庵主は、
「夫《それ》は好《よ》き覚悟である、立派に遣《や》って仕舞《しま》え、明晩は俺が広瀬と同道して、お前の働き振《ぶり》を見て遣《や》る、負けたら骨は俺共《ども》が拾うて遣《や》る、夫《それ》から其《その》広間は俺共《ども》が客をするから借切る、しかと云い付けたぞ」
と云うたら、見る間に彼はぱら〳〵と涙を零《こぼ》して、
「有難うございます」
と云うてお辞儀を三度計《ばか》りして帰った、夫《それ》から庵主は広瀬と相談をして、
「あんな、可愛相な男を捨てゝ置いてはいかん、明晩は往《い》って面倒を見て遣《や》らねばいかんぞ」
と云うたら広瀬は同意して、
「丁度明晩は保守党の頭領、鳥尾《とりお》子爵と何処《どこ》かで飯を喰う約束をして置いたから、見物がてら鳥尾を『河馬』の処に

連れて行《ゆこ》うかねぇ」
と云うから、
「夫《それ》は丁度面白い、併《しか》し鳥尾に喧嘩見物などの事を云うなよ」
と云うと広瀬は、
「うん、よし〳〵まだ何処《どこ》と処も云うて無いから丁度宜《よ》い、今から手紙を出して其処《そこ》に案内する事にしよう」
と、其《その》手筈にして別れた、翌日、庵主等《ら》は午後の三時頃から、手近の物共五六《ものどもごろく》人を引連れ、「河馬」の処に行き、間もなく鳥尾子《し》も来たので、盃盤相聯《はいばんあいつら》ねて宴を行《や》る半《なかば》、表の方が騒がしく成って来たから、庵主と広瀬は玄関に出掛けて見れば四五《しご》人の壮士が声高に「河馬」に何か掛合《かゝりあ》って居《い》る、「河馬」はぴょこ〳〵頭を下げて、
「何とも申訳ございませぬ、用意して居《い》たお座敷には、御贔屓《ひいき》の旦那方が、無理に先刻からお上《あが》りに成って、お断《ことわ》り申しても御聞入《おきゝいれ》ござりませぬから、どうか今日の処は御引取《おひきとり》を願《ねが》います」
と云うて居《い》る、夫《それ》を辞《ことば》荒く壮士が呶鳴《どな》り付けて居《い》る、此《この》一瞬間を捨て丶置けば、直《すぐ》に「河馬」も手下の者も、斬《き》って出ると思い、庵主がつか〳〵玄関の前に出ると、丁度顔馴《なじ》染みの改進党の頭株《かしらかぶ》の人が二三《にさん》人、後の方に立って居《い》たから、直《すぐ》に其人《そのひと》を指麾《さしまね》いて、
「やあ、丁度好《よ》い処じゃ、さぁ上《あが》り玉《たま》え、我々は直《すぐ》に引揚げるから」
と云うと、広瀬は又つか〳〵と下りて行って門の処で何か云うて居《い》た、何と云うたか知らぬが、三人計《ばか》りの首領株を引連れて上《あが》って行ったから、庵主は壮士連を又無理に引張《ひっぱ》り上げた、只《た》だ驚いたのは鳥尾子《し》で、何だかまご〳〵して居《い》たから、庵主は、
「丁度好《よ》い処に某々《ぼう〳〵》等《ら》が来られて、座敷が無いと困って居《お》るのを見兼ね、顔馴《なじみ》染の人々ではあるし、無理に引上げたから、今日はゆっくり政治談でも仕様《しよう》ではありませぬか」
と云えば鳥尾子《し》も、

「夫《それ》は面白いだろう」

など、生《な》ま返事をして居《お》られた、処で各《おの〱》座定まって盃がそろ〱廻り初めると、其中《そのなか》の壮士頭見《がしらみ》たような一人が、

「我々は用談があって来たのに、用意させて置いた座敷を先に占領されては困る、一体此家《こゝ》の亭主が不都合だ、亭主を呼べ」

と言い出した、是《これ》を聞くと同時に期せずして庵主も千磨もずうっと立上った、広瀬曰《いわ》く、

「お待ちなさい、我々は今日何等《なんら》用事あって来たのではない、只《た》だ日頃贔屓《ひいき》にする此家《このや》の亭主を、先日酒の上とは云え諸君が袋叩《ふくろだた》きになすのみならず、家屋盃盤《はいばん》に至るまで破損せられたと聞き、弱い商売の此家《このや》の亭主が、他に顔出しも出来ぬと口惜《くや》しがって居《い》るのを見るに忍びず、夫《それ》は全く一時の出来事、酒宴の上の間違であろうからと、或る慰安の道を講ずべく出て来たのである、天下の政党員ともあろう者が、左様《さよう》の行為は些《ち》と慎み玉《たま》え、日頃交誼ある改進党の諸士の為めに、我々は善意に其《その》非行を補わんとするまでゝある」

と、庵主も直《す》ぐに斯《か》く云うた。

「貴賤別《べつ》なき茶屋小屋などに来て、国士の分際にあるまじき人もなげの乱暴は、尤《もっと》も片腹痛《かたはらいた》き事である、夫《それ》は御分方《ごぶんがた》の面汚《つらよご》し計《ばか》りでない、我々が第一に困る、故に今日は善後の所置に来たのである、勿論酒の上で売らるゝ乱暴なら、素《もと》より罪もなき乱暴と思う故、夫《それ》なら此方《このほう》からも其《その》乱暴を買って上げても宜《よろし》い、どんな用談でも、揚句《あげく》の果《はて》は弱い者を相手に暴力を弄《もてあそ》ぶような用談なら、こんな処に来ぬがよい、今日は諸士が用談する前に、先日の非行を素面《すめん》の内に謝し玉《たま》え、然《しか》らずんば我々は考えがある」

と云うたら、其《その》懇意な改進党の首領株の人は只事《たゞごと》ならずと見たか直ぐに立って来て、

「いや、御尤《ごもっとも》千万、此間《このあいだ》は甚《はなは》だ出来が悪るかった、今日は其《その》損害も償い、亭主にも謝罪する積《つも》りで来たのじゃ」

と云うから、広瀬と庵主との両人は、一同に首《こうべ》を下げて其人《そのひと》を席に就《つ》かしめ、

「甚だ出過ぎた事を申出《もうしい》で、何ともお詫《わび》の仕様もない事で、どうか是非そう願いたい物である」

と、辞《ことば》を揃えて挨拶をしたら、其《その》首領株の人は、亭主を呼び出して、色々先日の詫《わび》をして、金百円の損害代と三十円の酒代とを遣《や》ったので、事は丸く収まったが、さぁ災難は鳥尾子《し》で、あの吝《けち》な禅僧閣下が夫《それ》を見ても居《い》られず、又百円の金を出して、今日の茶代として亭主に贈った、夫《それ》で万事は無事落着して、深更《しんこう》まで色々の咄《はなし》をして、共に別れて帰ったが、先方は針の筵《むしろ》であったろうと思う、喜んだのは、「河馬」一人で、其頃《そのころ》の金で二百三十円をせしめて、命拾いをして、夫《それ》から後は鳥尾子《し》や改進党の人々にも、非常に贔屓《ひいき》になって、可愛がられたと喜んで居《い》たのである。

67 終焉に侍《はべ》る巨頭の面々

昨日遺孤を托し
今朝涅槃に入る

庵主は稀世の親友広瀬千磨《ひろせせんま》の事歴を、輯綴《しゅうてい》して大分長々しくなったが、元来、前にも云う如く、寝食を共にして交《まじわ》ったのは、極《ごく》短期間であるから、此蓋世《このがいせい》の俊傑に対しては、其《その》筆致顕彰共《とも》に甚だ貧弱であった事を謹謝するのである、併《しか》し人間は棺を蓋《おお》わねば是非は分らぬと云うが、彼は庵主の友人中にて、武士道に終始ある、徹底した人物であった事丈《だ》けは、確かに立証し得るのである。幼にして義を好み、人となりて世を慨し、老いて益〻《ますます》利禄功名に恬淡《てんたん》であり、世に媚びず、人に諂《へつら》わず、迹《あと》を市井《しせい》の間に蔵《おさ》めて、更《さ》らに聞達《ぶんたつ》を求めず、其玲瓏《そのれいろう》玉の如き意思は、常に光風霽月《せいげつ》の中《うち》に往来して、造次顛沛《ぞうじてんぱい》にも、忠君愛国の事を離れず、其行蔵《そのこうぞう》総て儕輩《せいはい》の間を超越して蟬脱《せんだつ》自得の境涯は、只《た》だ人をして欽《きん》羨措《せんお》かざらしめたは明白な事実である、昨年八月、突如として庵主の家を訪《と》うて曰《いわ》く、

「時世は慥《たし》かに乱階に入《い》った、人心は已《すで》に腐敗に陥った、之《これ》を救うの策は只《た》だ人物にある、而《しか》して其人《そのひと》遠くして、教養の道益〻《ますます》弛《ゆる》まり、慨世の師友は殆んど全部黄土《こうど》に帰して仕舞《しも》うた、予《よ》は憂慮忡々《ちゅうちゅう》として眠《ねむり》を成さゞる事、又屡〻《しばしば》で

ある。

乱離処世似浮萍《らんりよにしよすふひようににたり》。　交友多亡半晦名《こうゆうおおくはほろびてなかばはかいめい》。
閑院敲詩眠未成《かんいんしをたゝいてねむりいまだならず》。　西窓雨送暁鐘声《せいそうあめはおくるぎようしようのこえ》。

今や予《よ》は栄達を求むるの身体なく、安逸を望むの家庭なし、只《た》だ是《こゝ》に些《いさゝか》の一事件あり、予《よ》は故ありて一女児を有す、今、北海道の鉄道部に、女書記生として勤務して居《い》る、然《しか》るに計らざりき、昨今腹部の大患に罹《かゝ》り、切開の大施術を為《な》すの止むなきに臨めりと、素《もと》より親友某《ぼう》の懇情に依って、或る病院に入院して療養を為《な》しつゝはあるが、予《よ》は親として之《これ》を傍観するに忍びず、今茲《こゝ》に幾干《いくらか》の資《し》を送らんと欲す、君《きみ》請《こ》う予《よ》が為めに之《これ》を弁じて呉《く》れよ」と、之《これ》を聞く庵主は、悲喜交々《こも〴〵》至りて、一驚をなした、此《この》千磨が年《とし》古稀に垂《なんな》んとして、一実子ある事の喜《よろこび》と、其《その》一粒種の子供が、大患に罹《かゝ》れりとの咄《はなし》を悲《かなし》んだのであった。

「何にしても子供があるとの咄《はなし》は何よりの喜びであるが、其《その》病気は何を措いても直《すぐ》に手当をするがよい、予《よ》が貧窶《ひんる》も今　幸《さいわい》に百金を有す、直《すぐ》に送金せよ」

と云うて之《これ》を千磨に与えたので、彼は衷心《ちゅうしん》より喜色を顕《あら》わして去った、爾後《じご》庵主は急性の腎臓炎を病んで、永らく築地《つきじ》の聖路加《セーロカ》病院に入院した為め、其後《そのご》に消息も聞かざりしが、不図《ふと》懇意のドクトル、芝桜川町《しばさくらがわちょう》の牧亮哉《まきりょうや》氏に面会した時、斯《か》く云うた。

「先生、毎年貴下《あなた》のお世話になる広瀬千磨が脚気《かっけ》病は本年は如何《いかゞ》や、殊に此間《このあいだ》北海道にある娘が病気と聞いたが、夫《それ》も如何《どう》哉《か》と気掛りである、先生御近所の明舟町《あけふねちょう》の鳥羽館《とばかん》に彼が止宿して居《い》るから一度御往診を煩《わずら》わしたし」

二三《にさん》日過ぎて牧《まき》氏は来《きた》って曰《いわ》く、

「此間《このあいだ》お咄《はなし》の広瀬氏を訪《と》うたら、娘さんの方は施術後の経過良好との報が来たそうな、本人の広瀬氏の脚気《かっけ》は、相変《あいかわ》らず発作して居《い》たから、直《すぐ》に治療をして置《おい》たが、本年の病症は甚だ悪性にて、予後尤《もっと》も不安を感ずるのである、浮腫《ふしょう》の模様、心臓の様子、何時《いつも》の如く中々《なか〳〵》手易《たやす》く治療の効果は有《ある》まいと思う、併《しか》し此後《このご》も極力手は尽すが、此事丈《このことだ》けは報告して置《おき》ます、只《た》だあの鳥羽館《とばかん》は、主人使用人共《とも》に甚だ深切《しんせつ》な宿にて、日夜の注意も行届《ゆきとど》き、殊に近所にお住居《すまい》の頭山《とうやま》氏は、御主人、妻君、御子息の方々代る〳〵見舞われて、手当に遺憾はないから、医師としても甚だ都合がよいのである」

との事であったから、庵主は忽《たちま》ちに吐胸《とむね》を突いて、

「夫《それ》は大変である、何にしても看護婦を二名丈《だ》け早く附けて、一層看護に遺憾なきようにお頼申《たのみもう》す」

と、牧《まき》氏に懇嘱して、其迹《そのあと》より庵主は病を推して自動車を飛ばして見舞《みも》うて見たら、千磨は平気な物で、枕辺《まくらべ》の壁に大徳寺大綱《だいこう》和尚の薄墨で書いた小掛物《こかけもの》を掛けて、夫《それ》を指さして笑《わろ》うて居《い》た、其《その》語に曰《いわ》く、

雷雨摎開中《らいうさっかいのうち》。　野花髣髴笑《やかほうふつとしてわらう》。

と、千磨曰《いわ》く、

「例年の通り復《ま》た脚気《かっけ》を遣《や》ったよ、併《しか》し毎年手慣れの牧《まき》君が治療をして呉《く》れ、殊に幸い予《よ》の極《ごく》懇意の医師が、此《この》宿に泊って居《い》るので、内外の注意懇切で、手当に遺憾は無いから安心して呉《く》れ、此処《こゝ》一週間もしたら全快すると思うよ」

と云うて居《い》た、景状甚《はなは》だ良好であるから、帰路牧《まき》氏に立寄って、容体を尋ねると、今日《こんにち》は大分工合も宜《よ》い様《よう》である、心臓が今一息回復すれば、案外良いかも知れぬとの事故《ことゆえ》、庵主は内心喜んで病院に帰臥して居《い》たら四五《しご》日の後、頭山氏から電話が掛《か》って来た。曰《いわ》く、

「急に面会したいから、直《すぐ》に鳥羽館《とばかん》の処まで来て呉《く》れ」

との事で、はっと思い駈け付けて見たら、千磨の枕辺《まくらべ》には頭山氏が端坐し、千磨は大分苦《くる》しんで居《い》た。庵主は直ちにはゝあ衝心《しょうしん》を初めたなと思うと、どっかと頭山氏の傍《そば》に坐った処が、二名の看護婦の外《ほか》に、二名の婦人が熱心に看護をして居《い》る、豈図《あにはか》らんや其《その》一名は頭山氏の注意にて、北海道より呼び寄せられた千磨の娘で、一名は千磨の極《ごく》懇意な友人の奥さんであるとの事、頭山氏曰《いわ》く、

「広瀬が貴様と俺に何か咄《はなし》があると云うから呼んだのだ」

と、他《た》は何にも云わぬ、其時《そのとき》千磨は苦しき中にぴたっと煩悶を止《と》めて斯《か》く云うた。

「俺は死生の観念に就いては、人に後《おく》れは取らぬ積りで、平生修養もして来た、若い者共《ものども》にも云うて聞かせもし、又、叱りも仕《し》て来たが、こんな病気になってこんな風に責め立てられると、斯《か》る見苦しき容体もせねばならぬのは甚だ残念である、貴様達も覚悟をして居《お》らねばいかぬぞ、扨《さて》、貴様達両人には永き生涯の交際をして来たが、今に至るまで終始変りなき友誼《ゆうぎ》を尽して呉《く》れて、衷心《ちゅうしん》より感謝に耐えぬのである、どうか跡は両人相談の上、しっかり遣《や》って呉《く》れ、頼むぞ、此《この》一言を云いたい為め来て貰《もろ》うたのじゃ、じゃあ失敬するぞ」

と云うて、間もなく長き息を吐《つ》いて、長き安静の眠《ねむり》に就いたのであった、庵主は眼前に千磨の長大なる遺骸を見詰め、此《この》崇高なる立派な臨終に向《むか》って発するの語が無かったので、只《た》だ心中に一の偈《げ》を唱えて居《い》た、曰《いわ》く、

告鐘四方遠《こくしょうしほうとおく》。　大法潜林巒《たいほうりんらんにひそむ》。　雲去青山近《くもさってせいざんちかく》。　道易且行難《みちやすくしてかつゆくかたし》。

曲肱野花畔《ひじをまぐるやかのはん》。　蟬声読涅槃《せんせいねはんをよむ》。　迷悟一場夢《めいごいちじょうのゆめ》。　覚来天籟寒《さめきたってんらいさむし》。


稍《やゝ》暫《しばら》く沈黙を守って居《い》た頭山氏は、すっと立って、

「杉山、一寸《ちょっと》来い」

と云うから、別室に行ったら曰《いわ》く、

「千磨の葬式は是《こ》れ〳〵の方法で営むが宜《よ》い、俺は不工合《ふぐあい》だから帰って寝るから」

との一言を遺《のこ》して、頭山氏は帰宅した、夫《それ》から頭山氏の妻君及《および》子息、又は書生連は、一斉《いっせい》に来て夫是《それこれ》と立《たち》働く中《うち》に、黒龍会長《こくりゅうかいちょう》の内田良平《うちだりょうへい》氏や、其《その》会員は又一斉《いっせい》に来て何乎《なんか》と尽力をする其中《そのうち》に、千磨の親友の老人連中も、大勢駈け付けられて、千磨の遺孤《いこ》令嬢を擁して、葬儀の準備をなし、宿の主人召使達迄、又総掛りでやっと入棺の式を終り、

霊南坂上《れいなんざかうえ》の禅寺へ霊柩を移して、一同は通夜《つや》を営み、其《その》翌晩まで、頭山氏と共に通夜《つや》をして其《その》翌日に親友故旧総立会の上、荘厳なる葬儀を行い、其《その》遺骸は寺僧の親切な注意によりて、寺内の一隅に墓地を譲り受け、之《これ》に埋葬して其《そ》の墓標には、維時《これとき》大正十一年九月廿七日卒去《そっきょ》と記したのであった、此時《このとき》に一層の感を深からしめたのは、千磨の無二の郷友たる飯田秀魁《いいだしゅうかい》氏は、古稀の老齢を提《ひっさ》げて態ゝ《わざ〳〵》郷里の金沢より上京せられ、通夜《つや》の席にも列して、参会一同の者へ叮寧《ていねい》なる挨拶もせられ、終始涙を以て誠悃《せいこん》を尽された事で、国事艱難《かんなん》を倶《とも》にせられた国士の典型、義友の心情は事毎《ことごと》に溢《あふ》れ一堂皆襟《みなえり》を正して之《これ》に対したのであった、飯田氏は頭山氏の宅にて庵主に斯《か》く曰《い》われた。

「広瀬も金沢では幼少より兎《と》や角《かく》一人前の男として立って来た者でござりましたが、不運にして幾回か遭遇しました国事の艱難《かんなん》に、死ぬ機会を得ませず、六十八歳の今日までも生き延びて、其《その》終焉に斯《か》く天下無双の豪傑頭山氏や、貴下《あなた》方の如き大名巨姓の方々の御介抱を受けましたのは、彼が幸福此上《このうえ》なきと同時に、末輩の私 共《わたくしども》が、だらしなき生涯を送りました為め、一度も彼が不快の念を慰める事も得致《えいたし》ませず、死別《しにわか》れますのでござりますから、私 共其他《わたくしどもそのた》郷友の残念は、此上《このうえ》もござりませぬ、私 共《わたくしども》は広瀬が斯《か》くまで限りなきお世話に成った事を、郷友を代表してお礼を申上《もうしあげ》る機会を以て、私 共《わたくしども》一同が、今日まで意気地なかりし事をも、併《あわ》せてお詫《わび》致さねばなりませぬ、此《この》一言を申述べたい為め、恥面《はじづら》を忍んで、夜を日に継《つい》で馳せ付けました次第でございます、どうか貴下より御一同様へ宜敷《よろしく》お執成《とりなし》を願《ねがい》ます」

と、何たる深酷《しんこく》な挨拶であろう、一時天下に加賀金沢の烈火児飯田秀魁《れっかじいいだしゅうかい》とて雷名を轟《とゞろ》かした、古武士の模範とも称すべき飯田氏の挨拶としては、当然の辞《ことば》とは云いながら、之《これ》を聞く庵主は、何だか雷霆《らいてい》にでも打たれたような気がして、背汗三斗《はいかんさんど》を禁じ得なかったのである「末輩の私 共《わたくしども》」「だらし無き生涯」「死にそこない」「意気地なき生涯」「恥面《はじづら》を忍んで」と並べられた時は、どうしても人事《ひとごと》とは聞けなかったのである、疾《とく》に人に弔《とむろ》うて貰《もら》わねばならぬ庵主が、どの面《つら》を下げて人の弔《とむら》いを為《な》すのかと、自問自答で縮み上ったのである、頭山氏も不工合《ふぐあい》と云うて此際二三《このさいにさん》日寝込んだが、此《この》感が庵主と同じであったのでは無かったかと後から思うたが、此所一寸《このところちょっと》庵主も頭山氏も「無言懺悔の鞭」に打たれた体裁であったと思う、「幾回も遭遇した国事の艱難《かんなん》に、死ぬ機会を失い」「人を殺す事《こと》無数」「恥を掻《か》く事千百」「揚句の果てが国家は此《かく》の如き有様である」と来たら、血の通うて居《い》る男子としては、此《この》飯田氏の此言《このげん》に縮み上らざるを得ぬ、今之《これ》を思い出すもぞっとするのである、庵主も今の世の中に生きて居《い》る以上は、世の人とぽち〳〵であるから、言う資格はないが、序《つい》でじゃから所感として青年共《ども》に言うて聞かせて置く、夫《それ》は他の動物、即ち禽獣《きんじゅう》と人間の違う所は恥を知ると知らざるが分岐点である、他の動物は「白昼道路で雌雄相戯《あいたわむ》れ」「他と食を争うて死生を顧みず」「他の食物を盗み食《くら》うも腹にさえ入《い》れば勝《かち》と心得」「強《つよき》は弱《よわき》を凌《しの》ぎ」「総ての行為に責任を負わず」「群を成して勢力と思い」「総て貯蓄の観念なくして其日《そのひ》を放縦にす」「飢寒痛苦の感覚は自己一個より分らぬ」等が他の動物性即ち禽獣《きんじゅう》である、然《しか》るに近頃は夫《それ》が人間の特性のように行われて来て、而《しか》も其《その》特性が多く中流以上の階級に限られ、尤《もっと》も濃厚に瀰漫《びまん》するに至っては、慥《たしか》に我国文明の禽獣《きんじゅう》化しつゝあるは、尤《もっと》も明白な事実である、人間廉恥を損得の勘定の中に加えざる以上は、名誉も金銭も必要の騒ぎではない、爵位を持《もっ》て禽獣《きんじゅう》の真似を為《な》し、勲章を持って禽獣《きんじゅう》の真似を為《な》し、大廈高楼《たいかこうろう》に住《じゅう》して禽獣《きんじゅう》の真似を為《な》し、自動車馬車に乗って禽獣《きんじゅう》の真似を為《な》し、錦衣玉食《きんいぎょくしょく》して禽獣《きんじゅう》の真似をしたら、何が名誉であるか、何が金持であるか、結論は禽獣《きんじゅう》の戯《たわむ》れである、尊者《そんしゃ》は卑者《ひしゃ》を愍《あわれ》み、富者《ふうしゃ》は貧者《ひんしゃ》を恵み、強者は弱者を助け、智者は愚者を教えてこそ人間であれ、禽獣《きんじゅう》界では其《その》反対である、尊者は卑者を凌《しの》ぎ、富者は貧者を虐《しいた》げ、強者は弱者を圧し、智者は愚者を欺《あざむ》くに至っては、恥と云う物を取除《とりのぞ》いた、人間外即ち禽獣《きんじゅう》の群である、階級と富貴と資産とは人間を飾る道具であって、禽獣《きんじゅう》界とは没交渉である、庵主も今此禽獣《このきんじゅう》界に伍して居《お》れど、前世が慥《たし》かに人間で在った為めか、飯田氏の此《この》挨拶には、少なからず廉恥心《れんちしん》を刺戟《しげき》せられたのである、庵主は茲《こゝ》に特筆する、人間界は已《すで》に過去の歴史となった。夫《それ》は広瀬千磨の生涯を限界点としたのではないか、不思議な事には飯田氏も前の言辞を庵主に言い放って、広瀬の葬儀を了《おわ》り、郷里金沢に帰って間もなく、広瀬の迹《あと》を追い黄泉《こうせん》の客と成って旅立った、庵主が精神上の寂寥も亦《ま》た一層劇甚となり、弥《いよ〳〵》人間界の薄暮《はくぼ》と成って来たのである。

嗟々《あゝ》千磨よ、汝は幼にして怜悧、壮にして志を起《おこ》し、長《おさ》となって人を助け世を救い、老となって云いたいがまゝ為《し》たい放題をなし、丁度人間界と禽獣《きんじゅう》界との分岐点に臨んで、勝手に病気を為《な》し、人間寂滅の暮鐘《ぼしょう》を聞くを相図《あいず》に、庵主等に一回の相談もなく、勝手な事を云うて枕頭《ちんとう》の「雷雨拶開《さっかい》の中《うち》、野花髣髴《ほうふつ》として笑う」の掛物を指《ゆびさ》し、ずん〳〵我々を置《お》て来投《きぼ》りで、独り旅に出掛けるなどは実に友達甲斐の無い男であるぞ、汝一人は夫《それ》で良《い》い心持《こゝろもち》かも知らぬが、後に残された我々は、ポンプの無い火事場で、自団駄《じだんだ》を踏まねばならぬでないか、又、飯田と云う爺さんもそうだ、四角四面の羽織袴《はかま》で、切り口上で、人を腹散々《はらさんざ》冷やかして直《す》ぐに、高端折《たかばしょり》の草鞋掛《わらじが》けでずん〳〵汝の後を追うて行くなど、余りと云えば加賀の人は無情である。

噫々《あゝ》千磨よ、汝は霊南坂上《れいなんざかうえ》で安穏に眠る、我々は市井泥土《しせいでいど》の禽獣《きんじゅう》界で、永劫に狂う、汝は涅槃《ねはん》浄土の笳簫《かしょう》に酔い、我々は魔界外道《げどう》の高利借金の鬼に追わる、汝は回向《えこう》方丈の香華《こうげ》に裹《つゝ》まれて、解脱《げだつ》の道に遊び、我々は白鬼黒龍の外道《げどう》に凌辱せられて、痴愚蛾冠《がかん》の沐猴《もくこう》と伍せねばならぬ、此位引《このくらいひき》合わぬ勘定が何処《どこ》にある、庵主は汝の死を弔うの口を以て之《これ》を祝し、却《かえっ》て躬《みず》から自己の生を弔うの適当なるを知るのである、汝霊あらば請う焉《これ》を饗《う》けよ。往昔《むかし》宋の倪儆《げいけい》詩あり、敢《あえ》て書して汝を祝し、又た予《よ》を弔うの偈《げ》に代う。曰《いわ》く、

平日守牆門《へいじつしょうもんをまもり》。狩時功走遣《しゅじそうけんにこうあり》。高堂彩冕人《こうどうさいべんのひと》。何不如黄犬《なんぞこうけんにしかざる》。喝《かつ》……。

聊《いさゝ》か以て広瀬千磨の伝となす。

百魔（終）

杉山茂丸（すぎやま・しげまる）

1864年生、1935年歿。福岡出身。号は其日庵。明治、大正、昭和の政財界舞台裏で、経済、内治、外交、軍事一体の経綸を仕事とした。国内、台湾、朝鮮における鉄道港湾開発事業や銀行創設、満鉄創設、外債導入などの実業から、日清日露の開戦および終戦講和、さらに内閣や政党の組織工作まで、伊藤博文、山県有朋を初めとする元老や内外の資本家と連携して活動。作家の夢野久作は長子で、その子にインド緑化の父として知られる杉山龍丸がいる。著作は、代表作の『百魔』『俗戦国策』（復刻版書肆心水）『其日庵叢書』（復刻版書肆心水『其日庵の世界』）のほか、趣味とした義太夫浄瑠璃関係を含め多数。

百　魔

刊　行　2015年1月
著　者　杉山 茂丸
刊行者　清 藤　洋
刊行所　書 肆 心 水

135-0016 東京都江東区東陽 6-2-27-1308
www.shoshi-shinsui.com
電話 03-6677-0101

ISBN978-4-906917-36-5 C0095

乱丁落丁本は恐縮ですが刊行所宛ご送付下さい
送料刊行所負担にて早急にお取り替え致します